HISTOIRE

DE LA

CONSTITUTION CIVILE

DU CLERGÉ

(1790 — 1801)

L'ÉGLISE ET L'ASSEMBLÉE CONSTITUANTE

PAR LUDOVIC SCIOUT

TOME PREMIER

PARIS

LIBRAIRIE DE FIRMIN DIDOT FRÈRES, FILS ET CIE

IMPRIMEURS DE L'INSTITUT, RUE JACOB, 56

HISTOIRE

DE LA

CONSTITUTION CIVILE

DU CLERGÉ (1790-1801).

INTRODUCTION.

S'il est une œuvre bien morte de la révolution, c'est évidemment sa constitution civile du clergé. D'incroyables rigueurs ont été inutilement employées pour l'imposer aux consciences catholiques, et cependant ses jours étaient déjà comptés lorsque les iconoclastes de la Convention jugèrent à propos de lui donner le coup de grâce. Le Directoire n'a pas osé la relever, et le premier Consul a fait rentrer dans son devoir la fraction du clergé constitutionnel qui avait survécu à la chute de son Église. Depuis le concordat, les ennemis du catholicisme ont bien souvent, au nom de la révolution, excité à la fois le pouvoir et la démagogie contre le clergé et les croyants, mais sans jamais invoquer contre eux le souvenir de la constitution civile. Les admirateurs systématiques de la révolution, qui cherchent à expliquer et à atténuer tant d'actes odieux commis par elle, n'accordent point vraiment à la constitution civile l'importance qu'elle mérite! ils oublient qu'après avoir été longuement et violemment débattue dans la Constituante, elle a été constamment à l'ordre du jour de cette illustre assemblée, qui pour l'interpréter et la faire exécuter a dû rendre toute une série de décrets importants, dont plusieurs ont été précédés de discussions vraiment mémorables. Si les assemblées révolutionnaires se sont continuellement occupées de la constitution civile, la France entière pendant plusieurs années a été profondément troublée par elle : l'agitation du pays réagissait avec force sur les assemblées, qui, par de nouveaux décrets, ne cessaient d'augmenter la perturbation générale. Cette œuvre colossale, qui a agité toute la France jusque dans les plus petits hameaux; qui a fait rendre un si grand nombre de curieux décrets par plusieurs assemblées célèbres, les admirateurs de la révolution la passent complétement sous silence! Bien qu'ils soient d'ordinaire très-prompts à vanter les lois révolutionnaires les plus injustes, ce n'est point de l'exhumation de la constitution civile qu'ils menacent le catholicisme; et lors même que son esprit les anime, ils ne parlent nullement de restaurer cette œuvre de la Constituante; ils s'abstiennent même d'en prononcer le nom, et ne songent pas à jeter les fleurs de leur rhétorique sur la défunte constitution civile, comme sur tant d'autres essais malheureux de nos assemblées révolutionnaires!

Eh bien, diront certains politiques, si les adversaires du catholicisme ont abandonné la lutte sur ce terrain, s'ils ont passé condamnation sur la constitution civile, pourquoi donc en parler? faut-il raviver des souvenirs irritants? Non pas! on aurait grand tort de croire que le silence sur cette période de notre histoire religieuse pourrait contribuer à l'apaisement des esprits. Les admirateurs de la révolution gardent le silence sur la constitution civile parce qu'ils y sont très-intéressés. Les catholiques sont à peu près les seuls qui en parlent, et ils ont chèrement payé ce droit! Pour éviter de nouvelles persécutions ils doivent insister fortement sur la constitution civile, et rappeler les désastres dont elle a été la cause directe. En agissant ainsi, ils ne font pas une œuvre de récrimination; ils appellent la lumière sur un point important de notre histoire, ils convient tous les hommes sérieux et de bonne foi à se rendre compte des malheurs occasionnés par les passions anti-religieuses, par des doctrines sur les rapports de l'Église et de l'État, que certaines gens nous prônent encore, et voudraient à toute force faire entrer dans notre législation. Ces doctrines ont été appliquées par la constitution civile, et elles ont produit les résultats les plus désastreux. Le vrai moyen d'empêcher le retour de pareils maux, c'est de ne pas laisser oublier à la France cette sévère leçon.

Une étude sérieuse de cette fameuse constitution civile du clergé, dont on a tant parlé jadis et dont on parle trop peu maintenant, doit infailliblement dissiper bien des préjugés. Cette œuvre si malheureuse de l'Assemblée constituante a causé au début de la révolution la plus déplorable scission ; la lutte commencée à son sujet entre le catholicisme et les passions révolutionnaires, entre les croyants et ceux qui s'intitulent les apôtres du progrès, dure encore, et malgré la lassitude qu'éprouvent tant d'esprits généreux, elle paraît destinée à durer des siècles. Plusieurs générations se sont succédé, et les passions ne se sont guère apaisées ; certains événements de notre histoire contemporaine leur ont même fourni des aliments nouveaux, les nombreux malentendus qui envenimaient le débat ne se sont guère éclaircis, et les deux partis continuent toujours à se rejeter les mêmes récriminations.

Pourtant, si la lumière s'est faite en partie chez certains esprits, si des hommes distingués, trop peu suivis malheureusement, ont rompu avec de violents préjugés, et sur beaucoup de points rendu justice au catholicisme, c'est à l'étude impartiale des faits qu'ils en sont redevables. Toutes les fois qu'on ne s'est pas contenté de phrases toutes faites en l'honneur de la révolution, et contre la religion et les jésuites, et qu'on a étudié sérieusement la période révolutionnaire, non-seulement l'histoire y a gagné, de graves erreurs ont été rectifiées, mais le catholicisme en a profité : on a mieux apprécié son rôle dans le passé et aussi dans le présent.

C'est par la constitution civile que la philosophie du dix-huitième siècle a déclaré au catholicisme cette guerre qui dure encore sous nos yeux. Il importe donc d'étudier sérieusement cette solennelle déclaration de principes sur la plus grande de toutes les libertés, cette première mise en pratique des théories que nous entendons tous les jours célébrer avec tant d'enthousiasme. En matière de liberté religieuse les déclarations sont peu de chose, trop souvent elles sont faites dans le but de masquer une intolérance effective : c'est par leurs actes qu'il faut juger les gouvernements. Nous montrerons dans le cours de ces études comment les apologistes éloquents, sincères en apparence, de la liberté religieuse, l'ont entendue et appliquée dès qu'ils ont été omnipotents, avec quelle audace ils l'ont foulée aux pieds dans leurs discours, dans leurs lois, et surtout dans leurs actes.

Pour expliquer et justifier les défiances que les esprits vraiment religieux éprouvent pour certains hommes et certaines doctrines, il suffit d'attirer l'attention des libéraux sérieux sur cette page de notre histoire. On y voit en effet l'indifférence religieuse aboutir au fanatisme avec une rapidité singulière et la révolution manquer à toutes ses promesses. Les philosophes, dès qu'il s'agit du catholicisme, oublient complétement leurs tolérantes doctrines, et passent bien vite de la persécution sournoise et hypocrite à la persécution brutale et sans pudeur. Les mots de tolérance, liberté religieuse, sont constamment répétés, et en revanche les consciences sont constamment opprimées. Les prédicateurs de tolérance, qui ont tant crié contre le fanatisme religieux, tant prêché à l'Église la douceur et le respect de la liberté d'autrui, se mettent tout à coup, au nom de la liberté et de la tolérance, à refaire la religion, à intimer aux évêques et aux prêtres l'adoption d'un catholicisme par eux seuls philosophes revu, corrigé et très-diminué. Pour briser des résistances qu'ils n'ont pas su prévoir, ces inventeurs d'un culte auquel ils ne croient pas emploient d'abord ces procédés astucieux et violents que les empereurs ariens ou iconoclastes employaient jadis contre les orthodoxes, et bientôt en viennent à des persécutions sanglantes, dignes des Néron et des Dioclétien. Bien avant l'affreuse période de notre histoire, que tout le monde connaît sous le nom de Terreur, ils font régner une terreur véritable, restreinte au clergé et aux catholiques, sous les yeux et souvent même avec la complicité de révolutionnaires très-modérés en politique. Dans leur folle imprévoyance, Constituants et Girondins font outrager et persécuter le prêtre et le croyant par des hommes dont ils se croient les maîtres, mais qui vont bientôt se retourner contre eux et les traiter absolument comme les catholiques.

La persécution religieuse n'a pas été un incident de la terreur, comme trop de gens se l'imaginent encore. Si la France a subi de 1792 à 1794 le joug le plus cruel et le plus honteux, si les proscripteurs et les bourreaux pendant cette période trop remplie de notre histoire ont été nos maîtres absolus, la constitution civile du clergé y a largement contribué, car les luttes religieuses, les mesures de persécution qui occupèrent les années 1790 et 1791 avaient opéré dans le pays une véritable désorganisation sociale. La persécution religieuse avait violemment divisé ceux qui avaient le plus grand intérêt à s'unir contre l'ennemi commun, et occasionné de monstrueuses coalitions, qui devaient toutes tourner au profit des révolutionnaires exaltés; tous les éléments conservateurs étaient violemment divisés. Le parti Girondin, qui comprit trop tard combien il était nécessaire de faire régner à la fois l'ordre et la liberté en France, n'avait cessé, par fanatisme antireligieux, d'exciter les passions de la populace et de donner l'exemple de l'arbitraire et de la proscription. Les révolutions soulèvent fréquemment des questions très-importantes, qui, tout en passionnant beaucoup de personnes, passent néanmoins par-dessus la tête du plus grand nombre. En voulant établir une nouvelle Église officielle, la Constituante avait atteint tout le monde, et porté la division jusque dans les hameaux les plus retirés; elle avait troublé la conscience de ceux-là même qui n'ont ordinairement d'autre soin que de vivre tranquilles sans s'inquiéter des perturbations politiques, et en les forçant de participer aux émotions et aux haines des partis elle avait aggravé considérablement une situation déjà pleine de dangers.

Qu'était-ce donc que cette constitution civile du clergé? Le produit d'une monstrueuse coalition; quelques sectaires qui suivant l'expression de Sieyès ne voyaient dans la révolution que l'occasion de faire l'apothéose des mânes de Port-Royal, et espéraient follement en exploitant les passions antireligieuses asservir l'Église de France à une coterie janséniste, en avaient dressé le plan. C'était à peu près le système de l'Église anglicane, avec la franchise en moins! Les incrédules l'adoptèrent avec transport en l'aggravant, et se chargèrent de l'imposer au pays avec l'aide de ceux qui devaient être les jacobins, et qui virent tout de suite que ces hommes d'État, si dédaigneux pour leurs auxiliaires leur frayaient le chemin sans le savoir. Mirabeau et Barnave unirent fraternellement leurs efforts pour implanter le schisme en France, et ils n'eurent pas d'auxiliaire plus zélé que Robespierre. La révolution, qui avait proclamé la liberté de conscience, entra ainsi dans la voie de la persécution, et elle y marcha bientôt à pas de géant. La constitution civile était déjà une œuvre détestable au point de vue des principes; on s'étudia à l'appliquer de la manière la plus vexatoire et la plus oppressive; la loi du serment entraînait forcément l'interdiction du culte catholique; tout fut permis contre ceux qui repoussèrent l'Église nouvelle, et le zèle pour la constitution civile devint le thermomètre du patriotisme. Le droit de pétition, la liberté de la presse, le droit de réunion, tous les droits de l'homme enfin furent audacieusement foulés aux pieds, lorsque les catholiques voulurent s'en servir pour protester. Il leur fallait adhérer à une Église hors de la communion du Saint-Siége, reconnaître au pouvoir civil le droit de bouleverser la discipline de l'Église, de conférer la juridiction spirituelle, de déposséder les pasteurs à son caprice, et d'imposer aux fidèles de prétendus évêques, qu'ils ne pouvaient considérer que comme des intrus. S'ils s'y refusaient, ils étaient obligés de vivre sans culte ; s'ils voulaient suivre leurs anciens pasteurs, ils s'exposaient à des vexations continuelles. Grâce à la constitution civile, la France au point de vue religieux présentait le même spectacle que l'Irlande : la majorité catholique y était expulsée de ses temples, et opprimée par une Église d'État que la minorité voulait lui imposer à toute force : elle avait ses orangistes insolents et oppresseurs dans une grande partie des hommes de 89, et quels excès ces orangistes de France n'ont-ils pas commis ou encouragés! Oui, sous le règne de cette Assemblée constituante dont on a tant exalté le libéralisme et la tolérance, on a vu à Paris, et dans plusieurs villes, des femmes fouettées publiquement pour avoir voulu entendre la messe d'un prêtre catholique et jouir d'un droit garanti par la constitution ! Et l'inaction des autorités devant de pareils excès est peut-être plus révoltante encore que la brutalité d'une populace égarée par ceux-là même qui auraient dû la contenir et l'éclairer !

L'Assemblée constituante, avant de se séparer, put voir quel mal elle avait fait par la constitution civile ; elle s'enleva à elle-même la possibilité de le réparer, en excluant de l'Assemblée qui devait lui succéder tous ceux qui avaient déjà quelque expérience de la vie politique.

Le rôle de l'Assemblée législative dans les questions religieuses est déplorable ; laissant de côté toute hypocrisie, elle en arriva bien vite à la persécution ouverte et déclarée ! On peut dire seulement, à sa décharge, qu'elle n'a fait en définitive que continuer le système inauguré par la Constituante, et tirer les conséquences nécessaires des principes posés par cette dernière Assemblée. Pour appliquer la constitution civile, la Constituante avait édicté toute une série de lois oppressives, et cependant elle n'avait pu briser la résistance qu'elle rencontrait chez les catholiques. Il était trop évident à la fin de 1791 que partout la constitution civile blessait profondément le sentiment religieux ; que dans un grand nombre de départements elle occasionnait les troubles les plus graves, et que le glaive seul et les proscriptions pourraient abattre les résistances désespérées qu'elle rencontrait non-seulement chez les partisans de l'ancien régime, mais encore chez bien des gens qui avaient accueilli 89 avec la joie la plus sincère. Il fallait donc l'abandonner, et pour ménager les révolutionnaires fanatiques suivre la voie tracée par quelques constituants désabusés. Tout en continuant de traiter l'Église constitutionnelle comme une Église d'État et de payer leurs traitements à ses ministres, il fallait laisser les catholiques exercer leur culte dans des temples nouveaux, avec leurs anciens évêques et leurs anciens curés, et les protéger vigoureusement contre toutes les violences des autorités locales et des clubistes. Réduite à elle-même, n'étant soutenue ni par violence ni par intimidation, l'Église constitutionnelle se serait écroulée rapidement, l'ordre public aurait été bien moins troublé, et la persécution religieuse n'aurait pas désolé la France.

Si au contraire on n'adoptait pas ce parti, il fallait tout accorder aux révolutionnaires fanatiques, proclamer comme eux que les mesures de rigueur adoptées par la Constituante avaient été insuffisantes pour implanter le schisme, et en décréter de plus terribles encore, afin de briser toutes les résistances.

Sans doute le pays était profondément troublé! sans doute il n'était plus possible de conserver certaines illusions naïves de 89, de s'imaginer qu'il suffisait de détruire les abus pour enlever tout prétexte de mécontentement, qu'il n'y avait point d'esprits turbulents et portés au mal, et que les pauvres et les ignorants dès qu'ils seraient assurés de la liberté et de l'égalité politiques n'auraient plus ni envie ni haine pour les classes supérieures! Il fallait renoncer et pour longtemps à cette félicité sans bornes que les hommes de 89 avaient un moment rêvée pour leur patrie, et lutter résolûment contre d'immenses difficultés. Cependant la situation n'était pas désespérée ; avec une politique honnête et prudente, avec la ferme résolution de maintenir l'ordre et de protéger dans leurs personnes et dans leur culte ceux dont la conscience repoussait la constitution civile, l'Assemblée législative aurait pu assurer à la France tous les avantages de la révolution sans excès ni catastrophes. Eût-elle échoué dans son entreprise, la France aurait été moins malheureuse, moins de sang aurait été versé !

Au lieu de suivre la route indiquée par le bon sens et le vrai patriotisme, la majorité de cette assemblée se lança dans une véritable politique de casse-cou. Elle repoussa avec mépris les conseils désintéressés de ces vrais patriotes qui avaient dirigé la révolution dans ses plus salutaires réformes et la voyaient avec effroi courir à sa perte. Partout les hommes de 89 se virent supplantés par d'autres encore plus imprudents et plus passionnés dans les questions religieuses. Le fanatisme antireligieux, qui s'était un peu refroidi chez les constituants, se donna plus que jamais libre carrière. Imposer la constitution civile au pays, et écraser ceux qui n'en voulaient pas, fut le plus important souci de l'Assemblée législative. La misère publique, les embarras financiers semblaient moins préoccuper le parti dominant que la prospérité de l'Église constitutionnelle. La Constituante avait proscrit l'exercice du culte catholique, mais n'avait pas osé faire un code complet de persécution. Grâce à l'Assemblée législative, le refus du serment schismatique ne fut pas seulement puni par l'expulsion de la cure et de l'église, par la pauvreté et des persécutions de toutes sortes si l'on continuait à exercer le culte, il fut considéré comme un crime et frappé des peines les plus graves. L'Assemblée rendit les décrets les plus odieux contre la liberté de conscience. On assistait alors à un spectacle étrange. Les révolutionnaires avaient recours à tous les moyens, se livraient à toutes les violences afin d'empêcher les citoyens paisibles de suivre leur culte, et l'on n'avait même pas la certitude d'échapper aux avanies en n'allant plus à aucune messe, lorsqu'on était connu pour fréquenter l'église avant l'introduction du schisme. Il fallait un auditoire aux prêtres constitutionnels; les révolutionnaires voulaient leur en composer un par force ou intimidation, car la religion avait beau être constitutionnelle, ils n'avaient pas plus envie qu'auparavant de fréquenter ses temples. Jamais indépendant du temps de Cromwell, jamais fanatique du long Parlement ne déclama avec plus de fureur contre l'épiscopat et le papisme, que les Isnard, les Lecointe Puyraveau, les François de Neufchâteau et tant d'autres qui demandaient le bannissement de tous les prêtres réfractaires, de ces « pestiférés qu'il faudrait envoyer en masse aux lazarets d'Italie », et criaient bien haut que contre eux il n'y avait pas besoin de preuves. Et ces hommes n'avaient pas même l'excuse de la conviction ! Cette religion qu'ils voulaient imposer aux autres au moyen des lois les plus draconiennes, ils n'y croyaient pas, ils la méprisaient ; et tel qui dénonçait alors comme des traîtres et des conspirateurs les gens qui ne voulaient pas aller à l'église constitutionnelle, devait, moins de deux ans après, piller et saccager ses églises, et souiller par d'infâmes profanations ces mêmes autels qu'il avait livrés d'abord au schisme, et au pied desquels il avait traîné de force des catholiques récalcitrants !

Louis XVI avait eu la faiblesse de sanctionner la constitution civile et les mesures déplorables qui avaient été décrétées pour l'établir. Mais lorsque l'Assemblée en vint à proscrire tout le clergé en bloc afin de laisser le champ libre à la misérable Église constitutionnelle, il trouva dans sa conscience et dans son amour de la justice une fermeté et une persévérance dont bien peu de souverains auraient été capables devant de pareils dangers. Se servir du droit constitutionnel de veto pour repousser cette inique proscription, c'était compromettre certainement sa couronne, et on ne lui cachait point que c'était peut-être exposer sa vie. La journée du 20 juin, au lieu de l'effrayer, rendit sa résolution plus inébranlable. Les Girondins lui offrirent un marché, que les politiques du temps, non encore désabusés sur leur compte, trouvèrent bien séduisant ; mais, comme condition indispensable de leur alliance, ils exigèrent la proscription des prêtres orthodoxes et l'interdiction de leur culte. Le roi, prêt à céder sur tout autre point, aima mieux s'exposer à tous les dangers que devenir un Henri VIII au petit pied. Les catholiques doivent approuver son refus, et même, en se plaçant exclusivement au point de vue politique, on est bien forcé de reconnaître qu'il aurait payé trop cher l'appui de ces hommes légers et imprévoyants qui, une fois maîtres du terrain, devaient succomber si vite et si misérablement.

La constitution civile a donc exercé sur la révolution du 10 août une influence décisive. Sans elle Louis XVI n'eût pas été obligé de faire usage du veto, et les Jacobins auraient été privés de ce puissant moyen d'exciter les passions révolutionnaires. D'ailleurs ils n'étaient pas encore assez forts pour renverser la monarchie constitutionnelle à eux seuls. Les Girondins n'avaient qu'à retenir leur frénésie anticatholique, et Louis XVI se laissait complétement guider par leurs chefs; les éléments conservateurs qui restaient dans le pays se ralliaient à eux bon gré mal gré, par la force des choses, et la France échappait au régime de la Terreur. Louis XVI ne leur demandait même pas l'abolition de la constitution civile, mais seulement que le prêtre catholique, dépouillé de tout traitement et chassé de ses temples, pût exercer son ministère sans être banni ou tout au moins interné. Mais c'était trop demander à l'esprit de tolérance des Girondins. Ils aimèrent mieux la persécution religieuse avec Marat et Robespierre que la simple tolérance du catholicisme avec Louis XVI, et ils reçurent leur récompense! On avait dit au commencement de la révolution : « Périssent les colonies plutôt qu'un principe... » les Girondins semblaient alors avoir pour devise « Périsse la société plutôt que l'Église constitutionnelle... en qui nous n'avons point foi! »

Ils firent donc le 10 août, se donnèrent le plaisir d'exiler tous les prêtres insermentés, et bientôt ils purent contempler les résultats de leur politique. Devant les massacres de septembre, il leur fallut bien ouvrir les yeux et déplorer leur victoire. Mais leur indignation aurait dû être mêlée de remords. Sans doute ils n'avaient point participé à cette horrible tuerie, mais sans eux elle aurait été impossible. Ces prêtres, assassinés dans les prisons des Carmes, de l'Abbaye, de Saint-Firmin, y avaient été entassés pour une croyance qu'ils avaient proscrite et traquée, et en vertu de lois dont ils avaient été les promoteurs ardents, dont ils avaient réclamé la sanction à Louis XVI le poing sur la gorge. Ils avaient renversé ce malheureux monarque parce qu'il s'opposait à leurs lois de proscription, et pour en venir à leurs fins ils avaient eux-mêmes poussé au pouvoir les égorgeurs de septembre. Cette cruelle leçon ne devait pas leur profiter : ils se montrèrent aussi mous et aussi imprévoyants lors du procès de Louis XVI, et succombèrent quatre mois plus tard, après avoir persévéré dans la persécution religieuse, voté les plus horribles décrets, et commis encore bien des maladresses et bien des fautes de tous genres. Au nom de la seule politique, la postérité a le droit de juger sévèrement les Girondins, pour leurs faiblesses et leurs bévues; ils ont en outre joué le rôle le plus odieux dans notre histoire religieuse : ils n'ont pas été seulement des persécuteurs acharnés; ils ont encore ouvert la voie à d'autres persécuteurs, qui les ont dépassés en fanatisme et en cruauté. Ils ne doivent pas seulement supporter la lourde responsabilité de leurs propres fautes, mais encore celle des crimes de la Montagne, qui sans eux n'aurait jamais été assez puissante pour faire tomber tant de têtes!

Sans doute la constitution civile ne fut pas la seule cause du régime de la terreur, mais il est maintenant établi qu'en portant le trouble dans toutes les classes de la société et sur tous les points du royaume, en empêchant tout rapprochement entre la monarchie chancelante et les Girondins, qui allaient être eux-mêmes débordés, elle a singulièrement facilité et accéléré le triomphe du Jacobinisme. Sans doute sous la Terreur bien des victimes furent immolées pour des causes tout à fait étrangères à la religion, mais de combien de noms la constitution civile n'a-t-elle pas grossi la liste des guillotinés et des suspects? Cette question : « Alliez-vous à la messe constitutionnelle ? » était constamment posée, par les présidents des tribunaux et commissions révolutionnaires, aux malheureux qu'on leur amenait sous quelque vague prétexte de complot contre la république; et une réponse négative entraînait presque toujours une sentence de mort. Et, parmi les milliers de suspects qui étaient en prison, un très-grand nombre à Paris, la majorité en province s'y trouvait pour ces motifs : « fanatique », « a tenu des propos contre les prêtres assermentés », « ne respire que le retour de son frère curé, et le rétablissement des monastères », « a signé une pétition en faveur des réfractaires », « annoncé des brefs », etc., etc.

Enfin le moment arriva où l'on reconnut clairement dans quel but tant de gens avaient soutenu si énergiquement la constitution civile. On vit un grand nombre de ces mêmes hommes qui l'avaient imposée au pays avec force tirades hypocrites sur le christianisme, sur la primitive Église et le retour à la pureté des premiers âges, jeter bas leur masque, et montrer à nu leur haine furieuse contre tout ce qui, de près ou de loin, pouvait tenir à la religion. Le schisme n'avait été pour eux qu'un moyen de préparer les esprits à l'abolition du christianisme; quand ils crurent que le moment était venu, on les vit accabler de leurs outrages et fouler aux pieds cette Église constitutionnelle dont l'établissement avait coûté au pays tant de larmes et de sang. Les évêques, les prêtres constitutionnels, pour colorer leur faiblesse, avaient crié bien haut que la révolution ne porterait pas la plus légère atteinte à la foi, que la religion allait refleurir comme au temps de la primitive Église, qu'ils étaient prêts à mourir pour la foi si, par impossible, la révolution osait opprimer les consciences. En 1791 on avait exigé et obtenu leur adhésion au schisme, en 1793 on leur demanda l'apostasie. Ils avaient faibli une première fois; lorsqu'ils furent invités à commettre un crime encore plus grand, beaucoup d'entre eux descendirent au dernier degré de l'avilissement. On vit des prêtres constitutionnels en grand nombre, ainsi que plusieurs de leurs évêques, abdiquer scandaleusement leurs fonctions, déclarer qu'ils n'avaient été que des imposteurs, apostasier devant la déesse Raison, et se marier bien vite avec n'importe qui! Il y eut alors une orgie effroyable de vandalisme et d'irréligion; les Jacobins, fiers de leur triomphe, et trop souvent aidés par ces apostats, assirent des prostituées sur les autels, saccagèrent tout ce qui servait encore au culte, et, dans leur frénésie antireligieuse, commirent plus d'une fois, devant une foule en délire, des profanations qui n'étaient pas seulement des attentats à la religion, mais à la pudeur publique dans le sens le plus restreint du mot!

La chute de Robespierre entraîne celle d'un grand nombre de persécuteurs : quelques adoucissements sont apportés à la législation, beaucoup de prêtres bannis rentrent secrètement en France : les lois cruelles qui les frappent et rendent le culte impossible ne sont pas encore abrogées, mais la police est moins active, les traqueurs de prêtres se sont dévorés en partie dans leurs luttes intestines; néanmoins les survivants sont toujours animés de la même rage, et font des efforts continuels pour ramener les catholiques aux beaux jours de la Terreur. La persécution n'est plus sanglante, mais il faut éprouver des vexations sans nombre. Malgré tant de ruines amoncelées par le fanatisme anticatholique, la religion se relève, mais elle a deux ennemis parfois coalisés contre elle, la révolution et le schisme. L'Église constitutionnelle a été détruite comme institution d'État; son clergé ne reçoit plus de traitement; une partie de ses évêques et de ses prêtres, sans attendre un ordre formel du pouvoir, l'a reniée publiquement avec tout le christianisme, ou a promis avec un scandale presque aussi grand de ne plus exercer le ministère sacerdotal. Une autre fraction, éclairée par les hontes et les catastrophes dont elle vient d'être témoin, est retournée à l'orthodoxie. Mais une partie considérable de ce clergé persiste à troubler l'Église. Ces évêques et ces prêtres espèrent encore qu'après la tourmente révolutionnaire la France reviendra à la constitution de 1791, et que l'Église constitutionnelle sera de nouveau adoptée comme Église officielle et imposée aux catholiques. Ils essayent de réparer de leur mieux les brèches faites à la constitution civile par la révolution elle-même, et de recruter des adhérents à leur Église plus que jamais abandonnée. Les catholiques et les constitutionnels reprennent cette guerre de pamphlets que la terreur seule avait pu arrêter. Les constitutionnels affirment leur orthodoxie et nient impudemment, malgré l'évidence, que le Saint-Siége les ait jamais condamnés. Trop souvent ils recourent, comme auparavant, à la dénonciation et à la calomnie pour exciter le pouvoir à persécuter les catholiques. Les administrations locales, tiraillées par ces deux cultes rivaux, souvent les persécutent tous les deux à la fois, mais souvent aussi favorisent les constitutionnels par haine du catholicisme.

Comment s'imaginer qu'après une pareille expérience un gouvernement désireux de ramener la tranquillité dans le pays pût songer encore à tourmenter les ministres du culte pour un serment ou une déclaration quelconque! Il fallait être alors aveugle et insensé pour oublier les désastres que le serment exigé par la loi du 27 novembre 1790 avait causés! L'État ne salariait plus aucun culte; n'était-il pas naturel d'attendre pour sévir contre les membres du clergé qu'ils fussent sortis de leur ministère, et qu'ils eussent réellement conspiré contre l'État! Était-il raisonnable d'imposer de nouveau à ce clergé si persécuté un serment captieux, lorsqu'il avait acquis si chèrement le droit d'être méfiant! Les consciences furent troublées ; ce fut pour le pouvoir une raison de les troubler davantage, en imposant un peu plus tard un nouveau serment, qui ne servit qu'à augmenter les justes inquiétudes des catholiques. Depuis 89 leurs persécuteurs n'avaient rien appris ni rien oublié.

Mais ce n'était pas encore assez, après un échec momentané les efforts des proscripteurs furent encore une fois couronnés de succès. Deux membres du Directoire et la majorité des Conseils les avaient exaspérés par leur modération politique et leur tolérance religieuse. Les lois contre les prêtres venaient d'être rapportées, et en fait le système tant préconisé actuellement de l'Église libre dans l'État libre venait d'être établi dans des conditions presque normales. Cette fois encore la révolution ne manqua point de verser dans son ornière habituelle. Des philosophes prêtrophobes, des jacobins attardés voyant que la nation allait enfin répudier les derniers restes de leur système, firent le fameux coup d'État de fructidor. On sait quelles en furent les conséquences politiques : les élections de quarante-neuf départements déclarées nulles, deux directeurs, cinquante-deux députés et une foule de journalistes condamnés à la déportation en Guyane, la liberté de la presse aussi impudemment violée que celle des élections, la résurrection des mesures les plus cruelles contre les émigrés qui voudraient rentrer en France. On connaît moins l'influence de ce coup d'État sur la liberté religieuse : elle fut atroce! et si les fructidoriens ne firent pas autant de mal que les terroristes, il faut l'attribuer seulement à leur impuissance, car ils avaient autant de fanatisme et aussi peu de scrupules. En 89 celui qui aurait prédit une horrible persécution se serait vu traiter de visionnaire et de calomniateur. Quand le règne de la Terreur fut fini, quoiqu'il y eût encore bien des entraves à la liberté religieuse, devant les désastres causés par par la persécution, devant son impuissance bien constatée à détruire le catholicisme en France, on dut croire son retour impossible. Mais on avait compté sans les fructidoriens!

Le Directoire se donna le droit de déporter sans jugement tous les prêtres qui troubleraient la tranquillité publique, c'est-à-dire, dans la langue révolutionnaire, qui exerceraient le culte catholique. La chasse aux prêtres fut immédiatement reprise avec presque autant de fureur que sous Robespierre. Les malheureux captifs n'étaient plus, il est vrai, condamnés à la guillotine, mais à une mort lente et cruelle après d'atroces souffrances endurées en Guyane, ou dans une prison étroite et malsaine, et plus d'une fois au milieu de leurs tortures ils durent envier le sort de leurs confrères à qui la férocité des Septembriseurs n'avait du moins fait souffrir qu'une courte agonie!

Ceux qui échappaient à la déportation ne pouvaient exercer leur ministère qu'en cachette, comme aux jours de la Terreur. Les fructidoriens l'avaient voulu : tout le monde crut dès lors que le régime républicain avait pour conséquence nécessaire, inévitable, la persécution religieuse; et on le crut d'autant mieux qu'elle ne fut pas restreinte aux seuls catholiques, et que les constitutionnels eux-mêmes subirent de cruelles vexations. Évidemment ce que le Directoire poursuivait avec une telle rage, ce n'était pas le clergé, ancien ordre de l'État, c'était la religion elle-même; et il ne fut plus permis de douter que le gouvernement issu du 18 fructidor n'en voulût absolument au christianisme, lorsqu'on le vit essayer de reprendre avec moins d'éclat l'œuvre des terroristes qui avaient intronisé le culte de la déesse Raison, et demandé d'une manière très-menaçante aux ecclésiastiques de se déprêtriser. Au culte de la Raison succéda une espèce de culte officiel qui se célébrait chaque décadi dans les églises qu'on avait restituées à leur première destination. Le Directoire voulut forcer et les catholiques et les constitutionnels à transférer le dimanche au décadi, dans le but de faire disparaître la fête religieuse dans la fête civile, et pour y arriver il ne recula point devant une persécution véritable. Beaucoup d'administrations municipales ou centrales prirent des arrêtés qui interdisaient de célébrer l'office dans les églises un autre jour que le décadi; et ce jour-là la cérémonie civile entravait considérablement l'exercice du culte, lorsqu'elle ne le rendait pas impossible. On était obligé de chômer rigoureusement le décadi, mais il fallait s'attendre à toutes sortes de vexations si on chômait le dimanche. Aux termes de la loi du 14 germinal an VI, les ouvriers des ateliers et chantiers de l'État qui commettaient ce crime si grave contre la république devaient être immédiatement congédiés. La guerre ne fut pas seulement dirigée contre le dimanche, mais aussi contre le maigre : un autre article de cette loi du 14 germinal défendit de faire coïncider les jours de marché à poisson avec les jours d'abstinence, et les marchands qui en dehors des jours si judicieusement fixés mettraient leur poisson en vente devaient être punis par la loi. Le Directoire avait contre les récalcitrants une arme terrible, dont il se servit cruellement. La loi du 19 fructidor lui donnait le droit de déporter sans jugement tout prêtre qui lui déplairait, et elle ne distinguait pas entre les catholiques et les constitutionnels. Les prêtres catholiques furent déportés en masse par le seul motif qu'ils étaient catholiques. Beaucoup de constitutionnels, pour avoir refusé de transférer le dimanche au décadi furent arrêtés, conduits à l'île de Ré, et enfermés dans les mêmes prisons que les catholiques.

Pendant la seconde partie de la période directoriale, la prêtrophobie prit en toute liberté ses cruels ébats; aussi la plupart des écrivains soi-disant libéraux ont-ils pris grand soin de se taire à peu près complétement sur les persécutions du Directoire, aussi bien que sur celles qui signalèrent l'installation du clergé constitutionnel. Si l'infâme conduite du Directoire à l'égard de tous les chrétiens, catholiques ou constitutionnels, était mieux connue, on s'étonnerait beaucoup moins de l'indifférence avec laquelle le pays accueillit sa chute. Les vaincus du 18 brumaire, après avoir si mal gouverné la France, n'éprouvaient que ce qu'ils avaient fait subir à des hommes bien plus capables et bien plus estimables qu'eux !

Sous le Directoire aucun culte n'était salarié, le régime tant vanté de la séparation de l'Église et de l'État était mis complétement en pratique, malgré les réclamations constantes du clergé constitutionnel, qui voulait retrouver ses traitements de 1790. La religion et le pouvoir civil n'avaient aucun point de contact, et cependant les consciences étaient indignement opprimées : tant il est vrai que la liberté religieuse ne peut être assurée par aucun système, par aucune formule, dans un pays gouverné par des hommes qui ne sont ni justes ni loyaux ! Est-ce que des gouvernants capables de fouler aux pieds un concordat par passion antireligieuse pourraient sous le régime de la séparation des pouvoirs se faire scrupule de violer le droit commun au détriment de la religion qui leur déplairait? Il n'existe point de formule politique qui paralyse le fanatisme religieux ou antireligieux : l'histoire religieuse du Directoire l'a trop bien prouvé; aussi est-elle particulièrement bonne à méditer par les partisans de la séparation absolue de l'Église et de l'État !

La stupide persécution du décadi avait dégoûté même les constitutionnels du régime républicain. Ils avaient toujours espéré que le Directoire finirait par rétablir officiellement leur Église avec tous ses honneurs et tous ses traitements, et dans cette espérance ils l'avaient constamment flatté. Ils furent obligés de renoncer à leurs illusions. En 1799 les catholiques et les constitutionnels, malgré leur animosité réciproque, sentaient la nécessité d'une réunion qui serait impossible tant que durerait le gouvernement issu du coup d'État de fructidor. Tout le monde, en religion comme en politique, soupirait après la tranquillité, et était prêt à la payer des plus grands sacrifices. Le Directoire avait fait la partie belle à Bonaparte : il sut en profiter !

Maintenant il est de mode d'adresser au concordat de très-vives critiques; mais pour l'apprécier équitablement il faut se reporter à soixante-dix ans en arrière. Ceux qui le blâment au nom d'un certain libéralisme ont vraiment l'air de ne pas se douter de l'horrible situation dans laquelle l'Église de France se trouvait alors, après dix années de souffrances, après deux persécutions !

La joie universelle inspirée par la conclusion du concordat montre suffisamment combien un pareil acte était nécessaire. La persécution était si profondément entrée dans les habitudes et dans les traditions des gouvernants, qu'il fallait pour rassurer les consciences, et contenir les passions antireligieuses, un acte éclatant, un pacte solennel qui déclarât à la France et à l'Europe que le gouvernement français rompait complètement avec cette politique persécutrice que la révolution avait toujours suivie jusqu'alors au nom de la liberté et du salut de la patrie. Qui oserait douter, en présence des faits, que le régime du concordat de 1801, quelques critiques qu'on ait été fondé à lui faire, ne vaille mille fois mieux que la constitution civile de 1790, que le régime directorial de 1795 à 1797, et surtout que celui de la persécution décadaire et de la déportation en Guyane, auquel le premier consul a mis fin. Les prêtres, qui depuis deux ans étaient réduits à se cacher pour éviter la déportation, et les laïques, qui ne pouvaient entendre la messe ni chômer le dimanche sans s'exposer à de graves vexations, étaient naturellement très-résignés à faire tous les sacrifices possibles pour obtenir la liberté religieuse dans ses points les plus essentiels. Le premier consul en leur donnant satisfaction fit preuve d'une habileté et d'un esprit de tolérance tout à fait inconnus aux hommes qui l'avaient précédé : il en recueillit naturellement les fruits. Les adversaires du régime concordataire peuvent si cela leur plaît relever dans le concordat de 1801 une foule de défauts; toutes leurs critiques retomberont d'un poids écrasant sur les auteurs de la constitution civile et sur les fructidoriens (1).

---

(1) Ce que nous défendons ici, c'est le système concordataire en lui-même et la résolution prise par le premier consul de rendre la paix à l'Église et de traiter avec le saint-siége. Nous n'entendons nullement défendre certaines dispositions du concordat, et encore moins les articles organiques, qui n'en

II

Il n'est donc pas étonnant que les écrivains de l'école soi-disant libérale aient gardé si longtemps et gardent encore sur la constitution civile un silence prudent. Lorsqu'ils sont obligés d'en parler, c'est généralement sur la Convention qu'ils rejettent les malheurs dont le fanatisme antireligieux de la constituante a été la véritable cause, et leur tactique est de confondre avec les autres excès de la terreur les persécutions religieuses commencées par les révolutionnaires modérés. C'est à peine s'il est parlé de la constitution civile et des décrets qui l'ont exécutée dans certaines histoires de la révolution, très-détaillées du reste et justement célèbres; la persécution religieuse y est toujours laissée soigneusement dans l'ombre, quelquefois même les faits qui s'y rapportent sont complétement dénaturés. On peut faire aux philosophes et aux publicistes de l'école libérale le même reproche qu'à ses historiens. Il est vraiment curieux de voir la constitution civile complétement escamotée dans des livres qui traitent de la liberté politique, de la liberté de conscience, et où des luttes et même de simples polémiques religieuses d'une importance très-secondaire sont étudiées avec soin. Est-ce ignorance? Nous ne pouvons nous l'imaginer? Faut-il donc croire qu'on aime mieux se taire que rendre hommage à la vérité historique, lorsqu'elle est importune! ou bien que, ne jugeant pas son parti capable de la supporter, on craint de se brouiller avec lui, si l'on contredit ses rancunes injustes et ses admirations préconçues? Quel qu'en soit le motif, il est trop clair que les historiens libéraux pour la plupart n'ont presque pas parlé de la constitution civile, et que plusieurs d'entre eux ne l'ont nullement présentée sous son véritable jour. Nous ne devons pas nous en étonner, il leur est parfaitement inutile d'attirer l'attention du public sur une époque pendant laquelle leurs doctrines ont produit de si déplorables effets et abouti justement à des actes qu'ils font profession de rechercher et de flétrir énergiquement lorsqu'ils croient pouvoir les imputer à leurs adversaires.

font pas plus partie que la constitution civile ne faisait partie du concordat de François Ier.

Mais les catholiques n'ont point de semblables raisons de garder le silence. Ils doivent au contraire, dans un double but, travailler de toutes leurs forces à faire connaître sous leur véritable jour la constitution civile et la période révolutionnaire qui l'a suivie.

D'abord c'est une époque de persécution, une époque vraiment mémorable, et les catholiques de France ne doivent pas laisser inconnue la gloire que leurs pères ont acquise par leur constance et leur fermeté. Ils doivent aussi avoir sans cesse présents à la mémoire les admirables exemples de dévouement qui leur ont été légués. Nous lisons avec un vif intérêt le récit des persécutions que les catholiques d'Angleterre et d'Irlande ont si longtemps éprouvées, mais n'oublions pas que deux siècles et demi après Henri VIII on a voulu en France nous imposer comme en Angleterre une Église officielle fabriquée par le pouvoir, et que cinquante mille prêtres et religieux ont pendant dix ans souffert des persécutions dignes des Tudors, bravé d'abord la pauvreté et les fureurs populaires, puis l'internement, puis la déportation et la mort pour sauver le catholicisme en France! Bien des laïques ont été à la hauteur du clergé! Tant qu'il a été possible de parler et d'écrire, ils ont répandu partout de courageuses apologies; quand la persécution s'est étendue sur toute la France, ils ont, au risque de leur liberté et de leur vie, entendu la messe dans les bois, dans les montagnes, sur la mer. Il y eut alors dans toutes les classes de la société une sainte émulation à souffrir pour Dieu; des grandes dames, des militaires, des magistrats, comme de simples paysans, comme de pauvres servantes s'exposèrent résolûment aux plus grands dangers pour cacher des prêtres, pour leur faire célébrer le saint sacrifice dans quelque retraite ignorée, et pour procurer aux mourants les secours de la religion; et le moins qu'il pût arriver à ces courageux chrétiens, en cas de découverte ou de simple soupçon, était d'être envoyés rejoindre cette foule immense de personnes de tout âge et de toute condition que les révolutionnaires avaient entassées dans d'innombrables prisons improvisées, parce qu'elles étaient suspectes de fanatiser, c'est-à-dire de se croire une âme et de préférer Jésus-Christ à la déesse Raison. Il y eut à cette époque, encore si rapprochée de nous, des scènes de martyre qui ne le cèdent en rien à celles qui se sont passées sous Néron, Dèce ou

Dioclétien, et l'Église de France du dix-huitième siècle s'est montrée digne de celle de saint Irénée et de saint Pothin. Nos martyrs ont montré le même calme et la même fermeté que ceux de la primitive Église, et souvent les persécuteurs révolutionnaires se sont montrés plus acharnés et plus barbares que les proconsuls romains !

Nous devons donc payer à la mémoire de tous ceux qui ont souffert pour la foi dans cette terrible époque un juste tribut de reconnaissance et de vénération. Si les gouvernements issus de la révolution, malgré le fatal exemple donné par les hommes de 89, ont tous, à l'exception de l'infâme Commune de 1871, renoncé à ressusciter la persécution révolutionnaire, et n'ont pas même osé revenir aux procédés de la Constituante à l'égard du catholicisme, il faut l'attribuer surtout à la persévérance et à l'indomptable énergie dont nos pères ont fait preuve pendant la révolution. Lorsqu'il devint évident qu'on en voulait à la religion elle-même, sans s'inquiéter du danger ils ont mis en pratique la vieille devise : « Fais ce que dois, advienne que pourra ! » et l'événement a montré combien les honteuses transactions qu'on leur proposait auraient été inutiles. Beaucoup ont péri simplement, courageusement, sans s'être avilis comme tant de politiques qui se croyaient bien habiles, et les survivants ont vu s'écrouler pour toujours l'édifice de schisme et de persécution qui avait été élevé à si grands frais contre le catholicisme, enfin replacé par un véritable homme d'État dans les temples dont la persécution l'avait chassé pendant dix ans. Les révolutionnaires ont beau garder un silence calculé sur la constitution civile, et essayer d'en faire perdre le souvenir, ils n'ont pas encore pu oublier qu'elle leur a valu l'échec le plus complet et le plus désastreux, et qu'elle leur a révélé le danger de blesser profondément le sentiment religieux d'une nation, fût-elle impie à la surface !

Nous n'avons pas la présomption d'entreprendre une nouvelle histoire de la révolution. Le but de ces études est simplement d'attirer l'attention sur un côté trop négligé de cette terrible époque, en montrant ce qu'était cette constitution civile du clergé qui a causé tant de désastres, de quelle manière elle a été appliquée, et quelle a été son influence sur la marche de la révolution. Les historiens qui se sont occupés de la question religieuse se sont bornés pour la plupart à rendre compte des discussions qui ont précédé le vote des lois de persécution. Nous avons essayé de faire plus que l'histoire parlementaire de la constitution civile : nous avons cherché à donner une idée de la manière dont les lois de persécution furent appliquées, ainsi que des diverses sortes de vexations et de violences qui, dans toute la France, furent exercées contre les fidèles à cause de leur foi religieuse.

Nous ne nous dissimulons point les innombrables difficultés de la tâche que nous nous sommes imposée. Il n'est guère facile de donner une idée exacte des souffrances très-diverses que le clergé et le peuple catholique éprouvèrent en France pendant la période révolutionnaire. Sans doute on trouve dans *le Moniteur* toutes les lois de persécution avec les discussions qui les ont précédées, mais il n'en est pas moins fort difficile de dire exactement où en était la liberté, ou plutôt l'oppression religieuse, à telle époque de la révolution. Il ne faut pas croire que les lois de persécution aient été partout appliquées d'une manière uniforme ; très-souvent leur rigueur a été encore aggravée par les directoires des départements ou des districts, sans que l'Assemblée qui les avait votées s'en soit aucunement inquiétée. Très-souvent aussi les autorités locales ont pris spontanément des mesures vexatoires, hors de la limite de leurs attributions et empiété audacieusement sur le pouvoir législatif, qui n'avait garde de s'en plaindre, car elles flattaient ainsi ses passions antireligieuses et préparaient la voie à des lois encore plus rigoureuses. N'a-t-on pas vu, en 1792, un grand nombre de départements se mettre effrontément au-dessus de la constitution et prendre des arrêtés pour appliquer une loi de persécution qui était frappée du veto royal ! Et lorsqu'après la terreur les prêtres détenus furent mis en liberté par une loi, certains départements retardèrent d'une manière scandaleuse l'exécution de cette mesure. Si l'on veut connaître où en était la liberté religieuse dans une localité quelconque de 1791 à 1801, il faut sans doute connaître la loi générale, mais il est presque aussi important de savoir quels arrêtés le directoire du département a pris sur la matière. Il faut rechercher encore si le directoire du district ne s'est pas avisé de faire du zèle. Très-souvent les directoires de district, sous prétexte d'appliquer les arrêtés des administrations départementales, les ont traités comme celles-ci traitaient trop souvent les lois. Ils ont pris aussi de leur propre autorité une foule d'arrêtés tracassiers et vexatoires. Ce n'est pas encore tout, la municipalité du lieu, livrée bien plus encore aux passions locales, asservie très-souvent au club des jacobins, pouvait aussi de mille manières tourmenter les croyants. Les municipalités des villes, dévouées pour la plupart au parti révolutionnaire, montraient une grande ardeur à persécuter, et souvent même outrepassaient scandaleusement des lois déjà fort iniques; les municipalités rurales, au contraire, étaient beaucoup plus calmes, et il y en avait même qui s'efforçaient de protéger leurs curés. Pendant la période la plus sanglante de la terreur, ces administrations furent reléguées au second plan : les représentants en mission, et les comités révolutionnaires établis par eux furent les seuls arbitres de la vie et de la liberté des catholiques. Il importe aussi de connaître leurs arrêtés, dont malheureusement beaucoup ont disparu.

Nous nous sommes donc efforcé de réunir dans ce travail le plus grand nombre possible d'arrêtés locaux, car ils contiennent toute l'histoire de la persécution révolutionnaire hors de Paris. C'est par eux que l'on peut juger de la dose d'esprit révolutionnaire qui avait pénétré dans nos diverses provinces. Nous en avons trouvé un certain nombre chez ceux des historiens de nos départements ou de nos provinces qui n'ont pas jugé à propos de passer sous silence les troubles occasionnés par la persécution religieuse.

Nous avons été assez heureux pour trouver beaucoup d'arrêtés et de documents inédits sur la constitution civile, aux archives nationales, dans les cartons du comité ecclésiastique de l'Assemblée constituante, et dans ceux des comités de constitution, des rapports et des recherches. Bien qu'il fût chargé seulement de préparer les décrets sur les questions religieuses, le comité ecclésiastique a joué un rôle très-actif et très-étranger à ses attributions. Au lieu de se renfermer dans des travaux législatifs, il a constamment empiété sur le pouvoir exécutif, et travaillé à l'établissement de la constitution civile, en correspondant avec les autorités et les sociétés révolutionnaires, leur traçant leur marche, dirigeant leur zèle, recevant les dénonciations. Les départements, les districts lui envoyaient leurs arrêtés, et en même temps bien des lettres confidentielles sur les innombrables difficultés qui arrêtaient l'établissement de la constitution civile, sur leurs expéditions contre les couvents de religieuses, et les actes arbitraires qu'ils se croyaient permis contre les insermentés et leurs adhérents. Cette correspondance est pleine d'aveux de la plus haute gravité; elle montre à quel degré d'aveuglement dans les questions religieuses le parti révolutionnaire modéré était descendu. Les sociétés des jacobins, déjà très-nombreuses et très-puissantes, venaient harceler le comité de leurs déclamations furibondes contre les insermentés, et réclamer dès le début de la révolution les mesures de rigueur qui furent décrétées plus tard. Des évêques et des prêtres constitutionnels envoyaient aussi au comité ecclésiastique des lettres où l'impopularité, la solitude et les misères de l'Église constitutionnelle étaient exposées tout au long. Les comités des rapports et des recherches ont aussi travaillé à établir l'Église de l'Assemblée. Si le comité ecclésiastique était fréquemment consulté au point de vue de l'interprétation des lois de persécution, ces deux comités l'étaient constamment au point de vue de leur application rigoureuse et des poursuites à intenter contre les catholiques de toutes conditions. Les départements, les districts, les municipalités, leur envoyaient leurs arrêtés de persécution, avec des rapports sur la situation religieuse de leur pays, des procédures entamées, des dénonciations contre ceux qui s'opposaient à la constitution civile, et leur rendaient compte des mesures de rigueur qu'ils avaient déjà prises ou comptaient prendre contre eux, ainsi que des troubles qui avaient eu lieu sur leur territoire. Tous ces documents si divers prouvent très-clairement que si l'Église constitutionnelle a, suivant les localités, rencontré plus ou moins de résistance, elle en a rencontré partout, et que partout il a fallu bien vite recourir à des mesures arbitraires et tyranniques pour essayer de la soutenir.

En faisant l'histoire de la constitution civile, c'est-à-dire d'une faute capitale de la révolution, d'un acte éminemment maladroit et mauvais, auquel bien des hommes qui ont joué en politique le rôle le plus honorable ont eu le malheur de contribuer, il nous faudra dévoiler des injustices sans nombre, des énormités bien peu connues, grâce à la tactique que nous avons signalée plus haut. Nous aurons aussi le regret d'attaquer souvent, avec beaucoup de vivacité, des personnages qui se sont illustrés pendant la révolution par leurs talents ou leur courage, mais que leur irréligion a rendus persécuteurs dans toute la force du terme. Bien peu d'hommes distingués dans le parti de la révolution modérée se sont tenus à l'écart de la constitution civile. La persécution révolutionnaire est si peu connue dans son ensemble et dans ses détails, et l'erreur qui en fait un simple épisode de la Terreur est tellement répandue, qu'en l'exposant sous son véritable jour et en indiquant ses premiers auteurs on court grand risque de se voir imputer un esprit de dénigrement systématique contre l'œuvre tout entière de la révolution, et de mettre de bien mauvaise humeur des personnes honorables, mais dont le siége est fait depuis longtemps. Quand on aborde un pareil sujet, ceux que la vérité toute nue sur la persécution révolutionnaire importune singulièrement n'ont souvent rien de plus pressé, pour détourner l'attention, que de crier qu'on en veut aux principes de 89. On vous passe la Convention, et même la Législative, semblent-ils dire aux chercheurs indiscrets, mais ne touchez pas à la Constituante, sinon, anathème sur vous! C'est presque le pendant du fameux « Ne touchez pas à la reine! » Quand donc dira-t-on résolûment dans le camp du libéralisme « *Amicus* 89, *sed magis amica veritas?* » Au reste, s'il est incontestable que beaucoup d'hommes de 89 ont foulé aux pieds la liberté religieuse dans ses droits les plus sacrés, nous reconnaissons parfaitement que pour y parvenir ils ont dû se faire les premiers violateurs des principes qu'ils venaient de proclamer!

C'est ce que nous prouverons pièces en main. D'innombrables documents établissent que la liberté de conscience de 1790 à 1793 n'a pas eu de plus grands ennemis que les chefs de la gauche de l'Assemblée constituante et les girondins de la législative; que la grande majorité du clergé, d'abord favorable à la révolution modérée, en a été écartée par la constitution civile, avec autant de maladresse que de brutalité. Nous montrerons les fautes énormes commises par les constituants et les girondins dans les questions religieuses, en nous servant de leurs écrits, de leurs discours, de leurs actes publics et des rapports de leurs agents : et tout esprit impartial reconnaîtra, après cette enquête, qu'en les signalant comme les auteurs volontaires de beaucoup de maux, et la cause indirecte d'horribles excès qu'il était pourtant facile de prévoir, nous n'obéissons pas à un esprit de dénigrement systématique, mais au désir de faire triompher la vérité historique, et de réfuter les erreurs et les calomnies intéressées que les révolutionnaires persécuteurs ont accumulées contre le clergé et la religion, leurs victimes, et que leurs descendants politiques se complaisent trop souvent à répéter de confiance.

Nous n'essayerons donc point de dissimuler les fautes d'aucun parti, pas plus celles des opprimés que des oppresseurs. Nous nous sommes toujours souvenu de ces paroles du vénérable cardinal Billiet racontant l'atroce persécution endurée pendant la terreur par le clergé savoisien. « ... Nous avons rapporté avec une égale sincérité les faits honorables pour le clergé, et les faiblesses dont quelques prêtres ont donné de tristes exemples. En fait d'histoire il faut dire le bien et le mal, ou ne pas écrire... Les actions héroïques et les fautes commises peuvent également servir de leçons. »

L'ÉGLISE
ET
L'ASSEMBLÉE CONSTITUANTE.

CHAPITRE Ier.

LE CLERGÉ FRANÇAIS EN 1789.

I. La grande lutte entre l'Église et la révolution commence réellement avec la constitution civile. — La confiscation des biens du clergé n'aurait pu par elle-même entraîner un pareil résultat si les révolutionnaires après l'avoir exécutée avaient laissé l'Église de côté. — Le fanatisme antireligieux les entraîne.

II. La révolution est intéressée pour plusieurs causes à calomnier l'ancien clergé. — Sa division en haut et bas clergé. — Elle est plus politique qu'ecclésiastique. — Comment les richesses du clergé étaient réparties. — Le clergé ordre politique avait ses assemblées. — Leur caractère. — Diverses sortes d'assemblées. — Modes d'élection. — Les assemblées levaient des décimes sur le clergé pour payer à l'État le don gratuit et subvenir aux besoins de l'ordre. — Elles s'occupaient de sa situation financière et politique. — Le clergé levait sur lui-même ses décimes, les répartissait et jugeait les différends qui s'élevaient dans son sein à leur sujet. — Il se trouvait ainsi plus mêlé à la société laïque que le clergé actuel. — Ordres religieux. — Leur décadence. — Elle doit être en grande partie attribuée à la commende. — Cet abus a été soigneusement entretenu par l'ancien régime dans son intérêt propre. — Triste rôle des abbés commendataires.

III. Situation fâcheuse de l'Église en 1789. — Langueur générale. — Les philosophes prétendent juger tout le clergé sur quelques abbés de cour. — L'épiscopat en 1789. — Sa dignité. — La jalousie des curés contre le haut clergé se fait jour lors des élections aux états généraux. — Ils se laissent abuser un moment par les philosophes. — Ceux-ci trouvent dans le gallicanisme et le jansénisme deux auxiliaires puissants. — Importante distinction à faire entre le gallicanisme parlementaire et le gallicanisme épiscopal. — Pourquoi le gallicanisme a subsisté avec l'ancien régime et n'a pu lui survivre. — L'existence des abbés de cour lui a été favorable. — Formation d'un parti philosophico-janséniste, qui s'allie aux philosophes contre l'Église. — Caractère libéral des cahiers de l'ordre du clergé.

Pour bien saisir les véritables causes et le véritable esprit de la persécution révolutionnaire il faut se reporter à 1790, à l'époque de la confection de cette fatale constitution civile du clergé qui fut la grande machine de guerre du fanatisme antireligieux contre l'Église catholique de France. On parle toujours de 1792 et de 1793, parce qu'alors les jacobins ont pu donner libre cours à la rage qui les animait contre le catholicisme et ont immolé d'innombrables victimes. Pendant cette horrible période de la Terreur, le système de persécution révolutionnaire a produit ses plus abominables effets; mais il était déjà mis en pratique depuis plusieurs années; il s'était développé vite, mais progressivement, logiquement. Pour bien l'apprécier, il ne faut pas le prendre au moment où il a donné ses plus hideux résultats, mais à son origine. Il faut voir quels sont ceux qui l'ont créé, quel était leur programme, quel caractère avait leur œuvre, et quelles conséquences immédiates son application devait entraîner.

La grande lutte du catholicisme et de la révolution n'a commencé en réalité que du jour où l'Assemblée constituante a entrepris de créer une Église nouvelle, où elle a méconnu l'indépendance du pouvoir spirituel en décidant qu'elle pouvait seule remanier et refondre le catholicisme, comme une administration quelconque. Personne ne l'a mieux caractérisée que l'illustre auteur de l'*Ancien régime et la révolution*.

« Une des premières démarches de la révolution française, dit M. de Tocqueville, a été de s'attaquer à l'Église, et parmi les passions qui sont nées de cette révolution, la première allumée et la dernière éteinte a été la passion irréligieuse. Alors même que l'enthousiasme de la liberté s'était évanoui, après qu'on s'était réduit à acheter la tranquillité au prix de la servitude, on restait révolté contre l'autorité religieuse. Napoléon, qui avait pu vaincre le génie libéral de la révolution française, fit d'inutiles efforts pour dompter son génie antichrétien, et de notre temps même nous avons vu des hommes qui croyaient racheter leur servilité envers les moindres agents du pouvoir politique par leur insolence envers Dieu, et qui tandis qu'ils abandonnaient tout ce qu'il y avait de plus libre, de plus noble et de plus fier, dans les doctrines de la révolution se flattaient encore de rester fidèles à son esprit en restant indévots. » (1)

On croit généralement que la guerre entre l'Église et la révolution a commencé en 1789, dès que les états généraux ont été convoqués ; que les hésitations du clergé lorsqu'il s'agit de la réunion des trois ordres et son attitude à l'égard du tiers au début de la révolution ont exercé une immense influence sur nos luttes religieuses. Beaucoup d'historiens attribuent aux décrets de confiscation des biens du clergé autant d'importance qu'à la constitution civile elle-même.

Nous n'avons garde de méconnaître l'immense gravité de ces événements, mais nous ne croyons pas qu'ils aient exercé une influence décisive sur la lutte terrible qui devait avoir lieu fort peu de temps après. L'histoire est pleine de démêlés très-graves, qui sous les constitutions anciennes eurent lieu dans plus d'un royaume entre l'ordre du clergé et les autres ordres de la nation sans qu'il en soit résulté ni schisme ni persécution, et le fait seul de la confiscation n'était pas capable de produire des résultats aussi désastreux. Bien après la Constituante, plusieurs États de l'Europe ont sous nos yeux copié la conduite des hommes de 89 à l'égard de l'Église, mais se sont arrêtés à la constitution civile. Ils ont enlevé au clergé tous les honneurs, toutes les prérogatives, ainsi que les biens considérables dont il jouissait depuis un temps immémorial, et lui ont accordé à la place, comme par grâce, un salaire généralement inférieur à

---

(1) Ici M. de Tocqueville, en paraissant croire que la passion irréligieuse de la révolution était déjà éteinte, a contre son habitude montré trop d'optimisme. S'il lui avait été donné de vivre quelques années de plus, il aurait vu que les descendants des persécuteurs de la révolution étaient parfaitement dignes de leurs grands-pères. Les événements l'ont trop bien montré : le signe par excellence du révolutionnaire, qu'il soit jacobin ou socialiste, c'est la prêtrophobie : c'est là le trait caractéristique et immuable qu'on est sûr de retrouver dans les nombreuses variétés de l'espèce. Depuis 93 les vrais révolutionnaires n'ont été au pouvoir qu'un seul instant ils se sont montrés divisés sur les questions politiques, mais en revanche ils ont avec un touchant accord profité de leur triomphe éphémère pour renouveler les massacres de septembre et pour faire le sac des églises comme au temps de la Convention. Après quatre-vingts ans ce parti a voulu tout uniment reprendre la persécution révolutionnaire au point où la Montagne l'avait laissée.

celui que l'Assemblée crut devoir allouer au clergé de France.

Et il n'y a pas eu de schisme, d'évêques intrus imposés par l'autorité civile, de proscriptions, ni d'échafauds! et pourtant le clergé n'a été ni complice ni indifférent, bien loin de là! Il a proclamé bien haut que cette spoliation était injuste et dictée par un esprit de méchanceté et de haine : une polémique très-vive s'est engagée, les rapports de l'Église et de l'État ont été encore plus tendus qu'auparavant; la paix religieuse est fort troublée dans les pays où cette spoliation a été exécutée, et cependant les événements les plus regrettables produits par cet antagonisme sont loin d'avoir la gravité de ceux qui se sont accomplis pendant la période la moins violente de la lutte à laquelle la Constitution civile a donné lieu. Entre les deux situations il y a un abîme!

L'Assemblée constituante, après avoir détruit le clergé comme ordre politique, après l'avoir spolié de ses propriétés, pouvait très-bien s'arrêter là, comme l'Espagne, l'Italie l'ont fait plus récemment. Le clergé aurait été mécontent; les rapports de l'Église et de l'État auraient été extrêmement tendus, soit! Des gouvernements qui se sont faits les serviles imitateurs de la révolution française, jusque dans ses ridicules et ses iniquités, ont eu du moins le bon sens de ne pas lui emprunter la constitution civile. Ils ont jugé inutile et dangereux de forcer au schisme ceux qu'ils avaient dépouillés, et ont mieux aimé supporter les embarras de cette situation que courir les risques d'une pareille entreprise. Le respect de la religion n'a pas influé sur leurs déterminations; toutes les fois qu'ils l'ont pu faire sans s'exposer à un danger sérieux, ils ont méconnu la liberté de conscience des catholiques; mais le souvenir de la défaite éprouvée par la révolution française, dans sa tentative de transformer le catholicisme, les a empêchés de courir une aussi périlleuse aventure; et il a bien fallu reconnaître que rien ne les forçait à refondre le catholicisme après l'avoir dépouillé, et que les choses n'en allaient pas plus mal parce qu'ils n'avaient pas ajouté le schisme à la spoliation! Et pourtant, on ne saurait trop le répéter, s'ils ont gardé cette attitude relativement modérée, c'est uniquement par prudence; mais ils ont su du moins profiter de l'exemple de leurs devanciers!

A la différence de beaucoup d'historiens, nous ne saurions donc voir une liaison nécessaire entre les lois qui ont enlevé au clergé sa situation politique, ainsi que ses propriétés, et la constitution civile. L'Assemblée pouvait et devait, à notre avis, résoudre autrement la question des biens du clergé ; mais les décrets de confiscation une fois rendus, et rédigés comme il lui plaisait, elle pouvait très-bien en rester là. Quelque mauvais que fussent ces décrets, la Constitution civile n'en découlait pas logiquement ; rien ne l'obligeait à la faire, mais elle y était poussée violemment par son fanatisme antireligieux, par son désir d'avilir la religion et de l'exploiter à son profit en attendant qu'elle pût l'anéantir complétement.

L'Assemblée n'en est pas venue à décréter l'asservissement et la persécution de l'Église parce qu'elle l'avait spoliée ; elle l'a spoliée au contraire avec la ferme intention de l'asservir ensuite et de la persécuter si elle lui résistait.

Nous devons sans doute exposer et apprécier les faits révolutionnaires antérieurs à la Constitution civile, pour l'intelligence des événements que nous aurons à raconter ; mais nous nous appliquerons principalement à faire ressortir tout ce qui, dans ce prologue de la grande lutte religieuse, est caractéristique des dispositions du clergé et des révolutionnaires. Les faits accomplis alors, bien que très-graves, ne devaient pas nécessairement entraîner la persécution religieuse, et cependant elle est venue à leur suite ; il est donc très-utile de rechercher quels étaient les hommes qui les ont exécutés, de quels préjugés et de quelles passions ils étaient animés. Ainsi dirigée, l'étude de cette période, si courte et si remplie, est fort instructive pour qui veut étudier la persécution révolutionnaire, car dès le début le fanatisme antireligieux des philosophes a fait présager le sort qu'ils réservaient aux catholiques. La masse du parti révolutionnaire, excitée par les odieuses calomnies qu'on ne cessait de répandre contre la religion et le clergé, a fini par réclamer violemment la persécution religieuse ; mais si les chefs du mouvement n'avaient pas eu dès le début de la révolution l'idée préconçue de renverser le catholicisme, elle se serait parfaitement contentée des premières lois contre le clergé. La haine contre la religion s'est parée du prétexte de restaurer les finances de l'État et de réformer les abus. Avec ces grandes phrases on a fait appel aux passions et aux convoitises populaires ; mais en réalité dans l'exécution de ces lois qu'on disait inspirées par le patriotisme le plus pur et la nécessité de sauver la patrie, on s'est inquiété fort peu, et des finances de l'État et de l'intérêt général ; on a fait avec rapidité et avec passion ce qui, même en se plaçant exclusivement au point de vue politique, devait être exécuté avec calme et réflexion. On pouvait à la fois restaurer les finances, détruire les abus, établir les rapports de l'Église et de l'État sur une base solide et acceptée des deux parts : c'était une œuvre magnifique à entreprendre ; les révolutionnaires n'en ont même pas soupçonné la grandeur ; ils n'ont songé qu'à une seule chose, vexer le clergé le plus possible, et se sont beaucoup plus soucié de lui enlever son argent que d'en faire profiter l'État. Si les importantes questions de la propriété ecclésiastique, de l'indemnité du clergé, de la liberté d'association au point de vue religieux ont été si vite, et si mal résolues pour la tranquillité du pays et la stabilité de nos institutions, il faut s'en prendre à ces esprits imbus de l'intolérance philosophique, qui n'avaient cherché en soulevant ces grandes discussions qu'à exciter les passions populaires, afin de réaliser leur dessein d'asservir et d'avilir le catholicisme. Si les premières lois contre le clergé, premier ordre de l'État et grand propriétaire, ne conduisaient pas fatalement à la persécution révolutionnaire, elle était du moins décidée dans l'esprit de leurs auteurs, qui comptaient sur elles, et sur l'immense émotion produite par leur discussion, pour préparer les esprits à une entreprise d'une bien autre gravité.

II.

Le clergé français d'avant 1789 a été extrêmement attaqué par les révolutionnaires de toute nuance, par les exaltés comme c'est naturel, et aussi par bien des modérés, qui, au fond, ne peuvent lui pardonner d'avoir fait subir un grand échec à la révolution. Il y a eu aussi des catholiques zélés qui l'ont assez maltraité : tout en admirant son héroïque résistance, ils lui ont reproché trop sévèrement peut-être, mais non sans raison, d'avoir été imbu de doctrines beaucoup trop favorables à la domination de l'autorité laïque sur l'Église, et d'avoir ainsi facilité involontairement les entreprises des auteurs de la constitution civile. A peine les états généraux étaient-ils réunis, que de nombreux pamphlétaires lançaient contre le clergé une foule de calomnies intéressées, dans l'espoir de rendre populaire d'abord l'idée de spoliation, puis celle de persécution. La révolution s'est rendue coupable de telles atrocités à l'égard du clergé, que ses défenseurs à outrance, pour atténuer l'odieux de sa conduite, ont jugé indispensable de crier partout que ses victimes étaient peu dignes d'interêt, que le clergé comme corps avait commis d'énormes fautes politiques, et que les individus dont il se composait n'avaient pas été animés du véritable esprit de leur état, et par leur conduite avaient excité dans la nation un juste dédain et une irritation profonde qui expliquent les excès dont ils furent victimes. En outre on ne manque pas de déblatérer contre les moines et leurs richesses, contre le luxe des évêques, la licence des abbés de cour, l'orgueil du haut clergé, son zèle ardent pour tous les abus de l'ancien régime, etc., etc.

On a beaucoup écrit et péroré sur l'ancien clergé. Depuis quatre-vingts ans il circule sur son compte dans le parti libéral une collection de phrases toutes bien connues d'avance que chacun répète avec une admirable fidélité; et malgré tout cela, ou pour mieux dire, à cause de tout cela, fort peu de personnes se font une idée un peu nette de ce qu'était le clergé de France avant 1789.

Tout en répétant les mots de haut et de bas clergé, quelquefois en les appliquant très-ridiculement au clergé actuel, beaucoup de personnes parlent de cet ancien ordre comme s'il formait, ainsi que le clergé contemporain, un tout compacte et homogène. C'est une grave erreur. Ce qui explique la diversité, l'inexactitude, et souvent l'injustice des jugements portés sur le clergé de l'ancien régime, c'est qu'en réalité, comme la société laïque, il se subdivisait en ordres très-séparés par l'origine de leurs membres, leurs habitudes, leurs fonctions, leurs relations avec la société civile, et qu'il était à peu près impossible de porter un jugement d'ensemble sur un clergé composé d'éléments aussi divers.

L'Église avait son haut et son bas clergé, à peu près comme la société laïque était divisée en noblesse et tiers état. Ainsi que les deux ordres laïques, celui du clergé admettait en fait sinon en droit de nombreuses subdivisions. Le haut clergé renfermait des éléments fort divers. Beaucoup d'évêques et même d'abbés vivaient absolument comme les évêques et les prêtres du clergé actuel; ils étaient seulement plus à leur aise, mais leur genre de vie et leur manière d'être n'avaient rien de commun avec l'existence de certains gros bénéficiers et abbés de cour. Il existait entre ces deux fractions du haut clergé à peu près la même différence qu'entre la noblesse de cour et celle de certaines provinces. Le haut clergé, qui jouissait de la plus grande partie des biens de l'Église, avait aussi entre ses mains tout son pouvoir politique; c'était lui qui composait presque exclusivement les assemblées du clergé chargées de régler la situation financière et politique de l'Église de France, ainsi que la représentation de l'ordre du clergé dans les pays d'États.

Les évêques, les membres de beaucoup de chapitres, les abbés commendataires et réguliers formaient le haut clergé; le clergé paroissial était qualifié de bas clergé. Ces dénominations, qui maintenant nous paraissent si étranges, n'avaient rien dans l'origine qui évoquât une idée d'orgueil ou de mépris : on disait le haut et le bas clergé, comme dans un pays voisin on dit la chambre haute et la chambre basse; malheureusement le bas clergé était tout à fait annulé dans l'organisation politique du clergé de France. La raison de cette inégalité se trouve dans notre ancien droit public : le clergé paroissial jouissait de fort peu de propriétés en comparaison du haut clergé; par conséquent tout le pouvoir politique de l'ordre se trouvait depuis des siècles appartenir aux ecclésiastiques usufruitiers de propriétés territoriales qui dans des temps plus anciens participaient aux avantages et aux charges de la féodalité, et dans des temps plus modernes valaient encore des avantages tout particuliers à leurs possesseurs.

Il y avait en France cent trente-quatre évêchés très-inégaux en territoire comme en revenus, et comme leurs richesses provenaient de fondations, il n'y avait aucun rapport entre l'étendue d'un évêché et sa dotation. Les évêchés les plus riches étaient ceux de Strasbourg (300,000 livres de revenu), Paris (200,000), Metz (200,000), Cambrai (150,000), Rouen, Toulouse (100,000), Bayeux (90,000), Reims (80,000). Venaient ensuite quatre évêchés valant soixante mille livres, et deux de cinquante mille, mais les revenus du plus grand nombre variaient de vingt à quarante mille. Les évêchés les moins rentés étaient ceux de Saint-Paul-Trois-Châteaux, Tulle, Saint-Flour, Digne (12,000 livres), Glandève, Orange, Senez (10,000), Belley (8,000), Vence (7,000). L'épiscopat anglican, malgré le protestantisme, était encore plus riche que l'épiscopat français.

Il y avait un chapitre cathédral pour chaque diocèse et en outre plus de trois cents chapitres attachés à des églises collégiales. Quelques-unes de ces corporations possédaient des biens très-considérables. Il y avait aussi en France près de huit cents abbayes d'hommes, dont les quatre cinquièmes étaient en commende. Les plus riches étaient celles de Saint-Germain-des-Prés(150,000 livres de revenu), Saint-Étienne, Anchin (70,000), Corbie, le Bec (60,000) et cinq ou six autres qui atteignaient cinquante mille livres. Il y en avait aussi dont le revenu ne valait que neuf cents livres, et la moitié des abbayes rapportait moins de six mille livres.

Le clergé de France, comme grand propriétaire jouissant d'un grand nombre de droits féodaux, avait une foule d'affaires à régler. De plus il contribuait aux charges de l'État d'une manière toute particulière, en lui accordant régulièrement une somme sous l'ancien titre de don gratuit. On en a beaucoup profité pour crier au privilége : ce n'était pas exact à proprement parler. Plus habile que les autres ordres, ou mieux servi par les circonstances, le clergé avait simplement conservé à son profit les anciens usages : on ne peut traiter de privilégiés, dans la stricte acception du mot, les corps moraux qui sont parvenus à se soustraire aux envahissements du pouvoir central. Le clergé pour régler ses affaires temporelles, et payer sa dette à l'État, tenait régulièrement des assemblées. Uniquement instituées pour régler les intérêts politiques et matériels du clergé agissant comme corporation, comme ordre de l'État, ces réunions n'avaient rien de commun avec les conciles, et alors même que le gallicanisme parlementaire paraissait avoir aboli en fait les conciles nationaux ou provinciaux, elles se tenaient avec une parfaite régularité. Quelquefois les députés du clergé y traitaient des questions religieuses, sur l'invitation ou avec la permission du roi ; mais comme elles n'étaient ni convoquées dans cette intention, ni composées suivant les règles prescrites pour les conciles, leurs décisions n'avaient point d'autre valeur que celle d'une consultation rédigée en commun par les ecclésiastiques présents à l'assemblée.

Les *grandes assemblées ordinaires* du clergé se tenaient régulièrement de dix ans en dix ans depuis 1606. Les *petites assemblées ordinaires* se tenaient régulièrement de cinq ans en cinq ans depuis 1625; on les nommait aussi assemblées des comptes, parce qu'elles devaient s'occuper exclusivement de l'examen des comptes concernant les frais des assemblées et les recouvrements des décimes et du don gratuit. Il se tenait aussi des assemblées extraordinaires pour les affaires graves et imprévues.

Les grandes assemblées ordinaires étaient convoquées par le roi, en vertu d'une lettre de cachet envoyée aux deux agents généraux du clergé. Ceux-ci en donnaient avis aux seize métropolitains qui députaient aux assemblées ordinaires. Il est bon de remarquer que douze diocèses, appartenant à des provinces conquises (1), n'étaient pas réputés appartenir au clergé de France, pour ce qui concernait les affaires économiques; ils faisaient leur don gratuit séparément ou avec les États de leur province.

Les métropolitains des seize provinces dites du clergé de France convoquaient une assemblée provinciale, composée des délégués de chaque diocèse pour nommer des députés à l'assemblée ordinaire. Chaque province devait envoyer deux évêques et deux ecclésiastiques du second ordre.

L'assemblée réunie à Paris nommait un premier et un second président, deux promoteurs et deux secrétaires. Le premier président nommait des commissaires chargés d'examiner les pièces justificatives du rapport présenté par les agents généraux. L'assemblée, divisée en bureaux comme nos chambres actuelles, nommait aussi des commissaires pour examiner les affaires importantes.

Elle accordait le don gratuit que des commissaires royaux venaient solennellement lui demander; elle réglait aussi les affaires particulières de l'ordre du clergé; ce que chaque diocèse devait payer pour sa part contributive, et à chaque assemblée le clergé présentait au roi un cahier contenant ses demandes et ses doléances sur la situation de l'Église au point de vue spirituel et au point de vue temporel (2).

---

(1) Arras, Belley, Besançon, Cambrai, Metz, Orange, Perpignan, Saint-Claude, Saint-Omer, Strasbourg, Toul, Verdun.

(2) Il eût bien mieux valu que le clergé fût libre de tenir des conciles; mais du moins les assemblées lui fournissaient quelquefois l'occasion de traiter en commun des besoins spirituels de toute la France et d'exposer ses

Les petites assemblées ordinaires se tenaient tous les cinq ans, se composaient seulement d'un député de chaque ordre par province, devaient durer moins longtemps et s'occuper seulement de comptes ; mais en fait on y traitait de toutes les affaires relatives au clergé comme dans les grandes assemblées.

Tous les ans le clergé de France levait ainsi sur lui-même deux millions de décimes. Ils étaient employés d'abord à payer les douze cent quatre-vingt-douze mille livres *du contrat* accordées pour aider au payement des rentes constituées sur l'hôtel de ville : le reste servait à payer les dépenses générales, les frais de recouvrement et les nombreux agents du clergé.

Les évêchés, participant au gouvernement temporel du clergé, étaient au point de vue de la perception des décimes divisés en dix-sept généralités (1), comprenant chacune un certain nombre de diocèses : chaque généralité avait un receveur provincial, et chaque diocèse un receveur particulier, et un *bureau diocésain*, appelé aussi *chambre diocésaine,* établi pour faire sur chaque bénéfice la répartition de la portion des décimes à laquelle le diocèse avait été taxé par la grande assemblée ordinaire. Les receveurs particuliers remettaient les fonds aux receveurs provinciaux, qui les transmettaient au receveur général du clergé établi à Paris.

Les bureaux diocésains établis sous Louis XIII étaient présidés par l'évêque et composés généralement de députés des différents corps ecclésiastiques : les curés y étaient représentés. Ces bureaux connaissaient en première instance des contestations qui s'élevaient au sujet des décimes. Les appels étaient portés devant les *chambres souveraines ecclésiastiques*, qui renfermaient chacune dans leur ressort un certain nombre de bureaux diocésains. Ces chambres siégeaient à Paris, Lyon, Rouen, Bordeaux, Tours, Toulouse, Bourges et Aix.

Ainsi le clergé payait ses taxes sous les anciennes dénominations, et avec les anciennes formes autrefois communes à tous

---

griefs au pouvoir. Les gouvernements issus de 1789 ont imité l'ancien régime en empêchant la tenue des conciles, mais se sont montrés encore plus illibéraux que lui en n'accordant pas même à l'épiscopat cette faible compensation des assemblées !

(1) Paris, Rouen, Caen, Nantes, Bourges, Poitiers, Bordeaux, Tours, Toulouse, Montpellier, Aix, Grenoble, Lyon, Riom, Châlons, Amiens, Dijon.

les ordres dans un grand nombre d'États ; il faisait lui-même la répartition et le recouvrement des subsides qu'il avait consentis et jugeait les contestations qui s'élevaient à leur occasion. On voit qu'il administrait ses biens avec une liberté qui étonne les Français du dix-neuvième siècle. Dans un pays qui se prétend libéral par excellence, nous sommes habitués à voir les personnes morales soumises, pour ce qui concerne leurs biens et leur régime intérieur, à une tutelle très-étroite et très-minutieuse. Mais dans l'ancienne France si la liberté politique manquait complétement, les êtres moraux, et souvent même les individus, jouissaient pour certaines choses d'une indépendance que nous ne comprenons plus maintenant.

L'ordre du clergé avait donc un grand nombre d'affaires à régler avec une foule de personnes appartenant à toutes les classes : il était en rapports constants avec la société laïque, se trouvait fréquemment avec elle en communauté d'intérêts, et même la connaissait beaucoup mieux sous certains aspects que le clergé actuel. L'ancien clergé, grâce à son organisation, était beaucoup mieux préparé que la noblesse à la vie parlementaire. C'est M. de Tocqueville qui en a fait la remarque.

Les personnages les plus marquants du clergé de France, comme richesses, comme crédit, étaient certainement les évêques, les gros bénéficiers et les membres des chapitres. Les évêques, étant les premiers pasteurs de l'Église, occupaient naturellement le premier rang dans le clergé considéré comme corps politique : cependant ils ne composaient pas à eux seuls le haut clergé. On a vu que les ecclésiastiques du second ordre étaient représentés aux assemblées. Les évêques jouissaient de grandes prérogatives, honorifiques et politiques : beaucoup d'entre eux étaient comtes et seigneurs de leur ville épiscopale avec droit de haute et basse justice : ils étaient au niveau des membres les plus importants de la noblesse. Mais il ne faut pas croire que dans leur diocèse, sur leur clergé, leur puissance fût sans limites. Depuis le concordat de 1801 le pouvoir des évêques est en France bien plus étendu qu'il ne l'était sous l'ancien régime. Maintenant les évêques nomment tous les curés, et les révoquent presque tous : les curés inamovibles sont en petit nombre. Au contraire, avant 1789 les curés étaient inamovibles pour la plupart, et l'évêque avait peu d'influence sur la nomination du plus grand nombre d'entre eux. Dans certains diocèses, sur cinq ou six cents cures, l'évêque n'en avait pas cent à donner directement. Beaucoup de canonicats étaient à la nomination soit du chapitre lui-même, soit du souverain, soit de certains patrons : quelques-uns étaient directement conférés par le pape. Il n'y avait guère de chapitre cathédral qui ne nommât à un certain nombre de cures; quelques-uns en avaient soixante, quatre-vingts même à leur collation; beaucoup de collégiales et d'abbayes jouissaient des mêmes droits; certains abbés nommaient à quarante cures dans le même diocèse. Il y avait aussi des cures à la nomination du roi, à celle des seigneurs, de telle sorte que l'évêque dans beaucoup de diocèses n'en avait qu'un nombre assez restreint à sa disposition. Il pouvait refuser l'institution canonique aux sujets présentés par ces divers patrons; mais il devait le faire par un acte écrit, motivé, et susceptible de tous les recours prévus par le droit canon. Les curés titulaires, qui pour la plupart n'étaient pas nommés par lui, jouissaient de l'inamovibilité, et s'ils manquaient à leurs devoirs l'officialité procédait canoniquement contre eux; mais ils étaient solidement garantis contre toute révocation arbitraire et contre tout abus de pouvoir.

Les chapitres formaient des corporations religieuses très-riches et très-indépendantes. Beaucoup d'entre eux étaient composés d'une quarantaine de chanoines, appartenant tous à des familles influentes, et jouissant de prébendes de quatre ou cinq mille livres, ayant à leur suite trente ou quarante prébendés ou chapelains, et investis en outre du droit de nommer à une partie des prébendes et des chapelles, ainsi qu'à un grand nombre de cures du diocèse. Ces corporations réclamaient rigoureusement tous leurs droits et jouissaient d'une tout autre importance que les chapitres rétablis par le concordat. Certains abbés par leur naissance, par le revenu de leurs bénéfices et les droits qu'ils leur conféraient, étaient des personnages presque aussi importants que les évêques.

Les ordres religieux possédaient une partie considérable des biens du clergé. Les écrivains ecclésiastiques contemporains, les plus hostiles à la révolution, ont constaté avec beaucoup de franchise la décadence affligeante de presque tous les instituts monastiques. Pendant les vingt années qui avaient précédé la révolution, le nombre des religieux avait diminué sensiblement. En 1770 il était de 26,774, et en 1790 il était descendu à 17,000. Quelques années auparavant, l'archevêque Loménie de Brienne avait été chargé d'opérer de grandes réformes dans les couvents; mais ce prélat de cour, désireux avant tout de jouer un rôle politique, était l'homme le moins apte à remplir une mission aussi difficile. Loin de relever les ordres religieux, il rendit leur décadence encore plus rapide (1).

Il ne faudrait pas s'imaginer, d'après certains pamphlets, rédigés souvent par ces mêmes folliculaires qui, à la suite de Marat et d'Hébert, excitaient au pillage et au meurtre, que cette décadence des ordres religieux se manifestât par de nombreux scandales. Les esprits droits et sans passion voyaient avec tristesse des abbayes jadis célèbres, et toujours assez riches pour entretenir au moins cent religieux, gardées tristement par cinq ou six sujets, quelquefois moins encore, tandis qu'un abbé commendataire, qui n'avait d'autre titre à sa dignité que la noblesse de sa famille et la faveur d'un ministre, jouissait des gros revenus et les dépensait quelquefois d'une manière fort peu ecclésiastique. Les moines qui menaient une conduite réellement scandaleuse étaient très-peu nombreux, mais cette ferveur qui est la base de la vie monastique avait complétement disparu chez la plupart d'entre eux. Le monde a le droit d'être exigeant envers ceux qui font profession de vivre dans une sainteté plus qu'ordinaire et de prendre à la lettre les préceptes les plus rigoureux de l'Évangile. On est, avec raison, plus sévère pour un prêtre que pour un laïque, pour un moine que pour un prêtre séculier. Parmi ces moines tant décriés par des gens qui devaient plus tard montrer quelles passions les avaient toujours animés, il s'en trouvait un grand nombre qui valaient certainement des prêtres séculiers honorés de l'estime publique; mais ce n'était pas encore suffisant. Beaucoup d'entre eux, sans donner aux gens du monde un légitime sujet de scandale, ne leur procuraient cependant aucune édification : ils menaient dans leur monastère une

---

(1) L'archevêque d'Arles à l'Assemblée du clergé de 1780 appréciait ainsi les résultats de cette mission. « On répand l'opprobre sur une profession sainte; l'insubordination exerce au dedans ses ravages; la cognée est à la racine de l'institution monastique, et va renverser cet arbre antique, déjà frappé de stérilité dans quelques-unes de ses branches... » (*Mémoires de Picot*, tome V, p. 137.)

vie douce, tranquille et inoccupée : on n'avait rien de grave à leur reprocher, mais on se demandait pourquoi ils étaient moines. Tout le monde ne croyait pas aux calomnies que certaines gens débitaient contre eux, mais devant leur tiédeur et leur petit nombre l'esprit public s'habituait à croire que l'état religieux était devenu impossible au dix-huitième siècle, et à désirer qu'on employât à d'autres usages des biens immenses qui ne paraissaient plus affectés à leur destination primitive.

Les ordres savants n'avaient pas discontinué leurs travaux, mais la ferveur, chez eux comme chez les autres, s'était bien refroidie; les meilleurs d'entre leurs membres étaient plutôt des archivistes et des bibliothécaires que des religieux. La règle sur une foule de points était mise en oubli : certains religieux, qu'elle soumettait à un régime austère, l'avaient complétement abandonnée pour vivre très-confortablement. Les pamphlétaires de la révolution en ont profité pour tonner contre leurs prétendus excès de table et leurs festins pantagruéliques. Les ordres mendiants étaient beaucoup moins relâchés : les capucins étaient restés populaires, et lorsque l'Assemblée supprima les ordres religieux, beaucoup de villes et de communes lui demandèrent de les conserver. Les ordres très-sévères comme les trappistes s'étaient fort peu ressentis du relâchement de la discipline et de la ferveur.

Il serait trop long de rechercher toutes les causes de la profonde décadence de ces ordres religieux, qui avaient jadis donné à la France tant de saints et de savants. Il est certain que la commende (1) en France a beaucoup contribué à la ruine de l'état monastique et jeté en même temps un grand discrédit sur le reste du clergé.

De tout temps les biens des abbayes ont excité de fortes convoitises : Charles Martel disposa d'un grand nombre d'entre elles en faveur de ses officiers et de ses courtisans. On vit donc des abbés laïques, qui n'étaient abbés du couvent que pour s'emparer de ses revenus. Malgré les réclamations énergiques des conciles, ce monstrueux abus dura fort longtemps. Mais plus tard il fut rétabli au profit d'ecclésiastiques, et on

---

(1) Les canonistes définissent ainsi la commende « une provision d'un bénéfice régulier accordée à un séculier avec dispense de régularité ».

vit dans beaucoup d'abbayes un ecclésiastique séculier jouir des revenus, des droits et des prérogatves d'un abbé sous le titre de commendataire, tandis qu'un religieux portant celui de prieur exerçait le gouvernement spirituel sur les moines. Les commendes ecclésiastiques paraissent avoir commencé vers le quatorzième siècle : d'abord le commendataire n'avait que l'administration des biens de l'abbaye entre le décès de l'abbé et l'installation de son successeur, et cette administration était pour l'ordinaire limitée à six mois. Mais les commendataires en arrivèrent bientôt à garder toute leur vie la jouissance des fruits du bénéfice. Au dix-huitième siècle ils recevaient les mêmes honneurs que les abbés titulaires, et exerçaient toutes les prérogatives dont jouissait l'abbaye, comme le droit de justice, le droit de nomination à certaines places, et venaient immédiatement après les évêques. Ils n'avaient point de juridiction sur les religieux, qui obéissaient à un prieur claustral : le monastère était donc complètement spolié en leur faveur. On disait jadis pour justifier la commende qu'elle avait été établie pour obliger les moines à partager leurs richesses avec le clergé séculier; mais au lieu de lui venir en aide, la commende servait beaucoup trop souvent à enrichir des hommes tout à fait déplacés dans l'état ecclésiastique. Le commendataire devait diviser le revenu en trois lots : un pour lui, un pour les religieux, le troisième pour les frais et réparations; mais il prenait ordinairement le dernier lot pour lui, en se chargeant des réparations, qu'il faisait à sa guise ou qu'il oubliait de faire.

Ainsi tous les revenus de la communauté avec tout ce qui faisait sa splendeur extérieure étaient confisqués au profit d'un ecclésiastique étranger. Les donations anciennement faites au profit d'un ordre religieux ne lui profitaient plus : elles enrichissaient une suite d'abbés commendataires, qui se trouvaient jouir des richesses de l'ordre sans participer à la moindre de ses obligations. Les abbayes soumises à un pareil régime devaient par la force même des choses tomber rapidement en décadence. Le prieur claustral, véritable supérieur, était placé dans un état d'infériorité humiliant; l'abbé commendataire n'avait et ne pouvait avoir d'autre souci que de tirer le plus de revenu possible de son abbaye : sa prospérité comme maison religieuse lui importait peu; au contraire, moins il y avait de moines plus il était tranquille dans son exploitation ; car la commende ainsi pratiquée ne mérite pas un autre nom.

Aussi les nombreux couvents de France renfermaient-ils fort peu de sujets chacun ; des abbayes illustres qui avaient renfermé jadis des centaines de moines n'en avaient plus que cinq ou six : beaucoup de couvents étaient seulement gardés par deux ou trois religieux (1). Tous les monastères ne présentaient pas un spectacle aussi affligeant, mais on a le droit de dire qu'en 1789 la situation générale des ordres religieux était déplorable. La commende avait été en France doublement nuisible, car elle avait à peu près tué la vie religieuse et jeté le discrédit le plus complet sur tout ce qui se rattachait de près ou de loin aux ordres religieux ; aussi tous les amis de l'Église doivent-ils maudire cette fatale institution, stigmatisée avec tant d'éloquence par l'illustre auteur des *Moines d'Occident*.

« ... Aux désordres partiels que l'élection avait entraînés, surtout dans les maisons trop directement soumises à l'influence des grandes races féodales, la nomination directe par les rois, conférée par le concordat de 1516, substitue un désordre universel radical et incurable. Le titre d'abbé, porté et honoré par tant de saints, tant de docteurs, tant d'illustres pontifes, tomba dans la boue. Il n'obligeait plus ni à la résidence ni à aucun des devoirs de la vie religieuse ; il ne fut plus qu'une sinécure lucrative, dont la couronne disposait à son gré ou au gré de ses ministres, et trop souvent au profit des passions ou des intérêts les plus indignes. En vain le scandale permanent de ces monastères privés de leurs chefs naturels et exploités par des étrangers qui n'y apparaissaient que pour en pressurer les habitants, excita-t-il d'unanimes et fréquentes réclamations : en vain les états de Blois et de Paris, comme la plupart des assemblées politiques et religieuses du seizième siècle demandèrent-ils le retour de l'ancienne discipline, tout fut inutile : le mal alla toujours en s'aggravant ; la notion même de la disposition pieuse et charitable de ces glorieuses créations de la foi de nos pères fut bientôt oblitérée dans l'esprit de ceux qui disposaient ainsi des trésors du passé comme de

---

(1) M. Jules Sauzay, dans son livre si remarquable sur la *Persécution révolutionnaire dans le département du Doubs*, cite parmi les abbayes ainsi abandonnées celle de la Grâce-Dieu, dont le personnel se composait uniquement d'un abbé mitré franc-maçon et d'un autre religieux, qui se partageaient les sept mille livres de rente de l'abbaye. Tout le monde trouvera comme lui qu'ils ne devaient pas pouvoir se regarder sans rire (tome I, page 35).

ceux qui s'en repaissaient. Ce magnifique patrimoine de la foi et de la charité, créé et grossi par les siècles, expressément consacré par ses créateurs au maintien de la vie régulière et commune et au soulagement des pauvres, se trouva ainsi transformé en caisse fiscale, en dépendance du trésor royal, où la main des souverains puisait à volonté pour essayer d'en rassasier la rapacité de leurs courtisans, et, comme on l'a dit, pour *assouvir et asservir* leur noblesse... » (Introduction, p. 163.)

Aux termes du concordat de François Ier, le roi de France, pour les abbayes, devait nommer au pape un religieux du même ordre, âgé d'au moins vingt-trois ans ; et si le roi s'obstinait à ne pas exécuter cette clause du traité dans les trois mois du jour du refus fait en plein consistoire, le pape pouvait y pourvoir directement. Les rois n'en tinrent aucun compte, et présentèrent des ecclésiastiques séculiers et même des laïques non mariés (1). Le concile de Trente (session 25, chapitre III, *De regularibus*) déclara solennellement que les réguliers devaient être seuls élus aux abbayes ; mais cette sage prescription, comme tant d'autres de ce grand concile, fut complétement éludée, et les papes, pour faire admettre par l'autorité civile des réformes de la plus haute importance, se résignèrent à ne pas insister sur celle-là. Les rois tenaient essentiellement à conserver un moyen aussi commode d'enrichir des favoris, de récompenser certains services, et de se faire des créatures dans le clergé séculier. Ils travaillèrent même très-activement à étendre la commende et à substituer partout des abbés de leur choix aux abbés élus par les réguliers. Louis XIV pour arriver à ce résultat ne recula point devant les plus odieux abus de pouvoir (2).

---

(1) Les conciles et les papes ont pendant des siècles protesté contre les commendes : Innocent VI a dit dans une constitution du 28 mai 1353 : « L'expérience fait voir que le plus souvent, à l'occasion des commendes, le service divin et le soin des âmes est diminué, l'hospitalité mal observée, les bâtiments tombent en ruine, et les droits des bénéfices se perdent tant au spirituel qu'au temporel ; c'est pourquoi, à l'exemple de quelques-uns de nos prédécesseurs, et après en avoir délibéré avec nos frères les cardinaux, nous révoquons absolument toutes les commendes et les concessions semblables..... » Il y eut encore bien d'autres plaintes, mais le pouvoir civil était trop intéressé à cet abus.

(2) M. Gérin, dans son important ouvrage sur l'*Assemblée* de 1682 (page 90

La commende a duré jusqu'en 1789 : la cour de France l'a exploitée à son profit pendant plusieurs siècles. Le mal qu'elle faisait à la religion était visible pour tous, et cependant il faut reconnaître que l'Église ne l'a pas énergiquement combattue. M. de Montalembert s'est demandé avec un douloureux étonnement pourquoi le saint-siége et le clergé de France sont restés dans une telle inertie devant un abus aussi monstrueux. L'éloquent historien semble persuadé que l'Église aurait pu, par un vigoureux effort, opérer une réforme que la résistance du pouvoir civil et la complicité intéressée d'une partie du clergé rendaient si difficile. Malheureusement cet abus était intimement lié à l'ancienne constitution de la monarchie française : il assurait au roi une réserve illimitée, où il puisait à son gré pour récompenser ses courtisans; il fournissait à la noblesse une magnifique occasion de placer ses cadets, et au clergé séculier d'immenses ressources. Il avait fini par ne plus trop déplaire aux parlements, parce qu'il contribuait à mettre l'Église sous la dépendance de l'État, empêchait les ordres religieux de vivre dans leur liberté primitive, avec des chefs indépendants, et mettait leurs richesses et leur influence féodale à la disposition de créatures du roi... Et puis c'était un usage si commode! les fils des parlementaires en profitaient quelquefois comme ceux de la noblesse. Le roi étant à la fois le protecteur de l'Église, selon les usages gallicans, et le chef d'une noblesse mal constituée, et en somme assez besogneuse, il était presque impossible qu'il en fût autrement. Pour opérer cette réforme, il aurait fallu empêcher l'invasion de l'aristocratie dans l'ordre

et suiv.), donne les plus curieux détails sur l'abus que Louis XIV faisait des biens ecclésiastiques. Lorsqu'il voulait réduire en commende une abbaye qui avait droit à un abbé régulier, mais dont il avait besoin pour récompenser une de ses créatures, il envoyait, aussitôt après le décès du titulaire, signifier aux religieux qu'ils eussent à recevoir un abbé de son choix. Très-souvent ils protestaient; alors ses agents avaient recours de son aveu aux moyens les plus odieux : on chassait certains religieux, on en épouvantait d'autres, on en achetait quelques-uns, et on faisait rendre par le conseil un arrêt favorable à la prétention du roi. M. Gérin donne les plus curieux détails sur la manière dont l'abbaye de Cluny fut remise en commende, et rappelle que la querelle de Louis XIV et d'Innocent XI fut très-envenimée par le refus du pape de donner en commende les abbayes de Saint-Germain-des-Prés et de Saint-Denis au comte de Vexin, fils adultérin du roi et de madame de Montespan.

ecclésiastique, et faire une révolution complète dans les rapports de l'Église et de l'État. Cet abus constamment caressé et étendu par l'ancien régime ne pouvait finir qu'avec lui (1).

Comme les abbayes, les canonicats étaient souvent accordés à des ecclésiastiques nobles soutenus par de hautes influences. Il y avait en France plusieurs chapitres nobles très-bien rentés dont on se disputait avidement chaque prébende vacante (2). Les bénéfices de chanoine ou de chapelain dans les collégiales moins importantes étaient ordinairement conférés à des ecclésiastiques appartenant à la bourgeoisie. Les fonctionnaires du temps ne mettaient pas moins de persistance à les demander pour leurs fils, que les grandes familles à solliciter pour les leurs une bonne abbaye ou une prébende dans un grand chapitre ; et pour porter un nom

(1) Si les papes avaient beaucoup insisté sur l'abus des commendes, et trop pressé les rois d'y renoncer, des réformes plus importantes auraient été entravées, et d'avides conseillers auraient certainement poussé les rois à s'emparer de la plus grande partie des biens des couvents et des évêchés. L'Église paraît avoir appréhendé ce danger ; aussi ses efforts ont-ils en généralement pour but de maintenir la commende dans de justes limites : malheureusement le pouvoir civil en a usé sans vergogne. Le clergé séculier, qui en profitait largement, n'était nullement disposé à poursuivre sa suppression et à aider le saint-siége dans une entreprise aussi hardie. L'Église avait fini par être tellement garrottée par le gallicanisme parlementaire, que si au dix-huitième siècle un pape eût exigé la suppression de la commende, il eût excité contre lui un déchaînement universel en France. Les parlements auraient crié à l'empiétement sur les droits de la couronne, à l'attentat aux libertés de l'Église gallicane ; ils tenaient surtout à lui conserver la liberté d'être plumée par le pouvoir civil ! Il est certain que beaucoup d'évêques et d'ecclésiastiques influents et remuants auraient combattu cette réforme : les meilleurs auraient trouvé que le pape agissait avec un zèle indiscret. Il est curieux de constater que sous l'ancien régime, tout rempli de parlementaires et d'abbés fascinés par la splendeur royale, une réforme générale aurait été plus difficile à opérer que dans des temps barbares, et que les obstacles, quoique moins brutaux en apparence, auraient été beaucoup plus sérieux. Sous l'ancien régime, ceux qui voulaient introduire une innovation désagréable aux légistes étaient sûrs de se voir arrêtés à tout jamais par des procédures interminables, et comme enserrés dans leurs replis. D'ailleurs les gallicans ecclésiastiques n'étaient pas trop défavorables à la commende : Fleury lui trouve de l'utilité lorsqu'elle augmente les revenus des dignitaires véritables du clergé séculier.

(2) C'étaient les chapitres cathédraux de Strasbourg, de Lyon, de Saint-Claude, les collégiales de Saint-Julien de Brioude, Saint-Victor de Marseille, Saint-Pierre de Macon, Saint-Pierre de Vienne, Saint-Chef de Lure, d'Ainay, et de Gigny.

roturier, certains ecclésiastiques qui obtenaient, à force de sollicitations et d'intrigues, les canonicats de mille, douze cents, quinze cents livres, ne faisaient pas plus honneur à leur profession que les cadets de grande famille qui se faisaient donner les plus gros bénéfices. Il faut dire pourtant qu'un grand nombre de chapitres cathédraux très-bien rentés étaient recommandables par la dignité et la régularité de leurs membres ; que beaucoup de collégiales renfermaient des prêtres pleins de science et de vertus, des théologiens de mérite, des érudits distingués. Grâce à ces chapitres, des ecclésiastiques très-respectables, mais qui ne pouvaient plus, à cause de leur âge ou de leur santé, exercer utilement le ministère paroissial, trouvaient une retraite honorable et le moyen de se livrer à l'étude. Les érudits, les historiens, les théologiens de mérite, que l'ancien clergé de France a produits en si grand nombre, n'appartenaient pas pour la plupart au clergé paroissial, trop occupé par les soins continuels du ministère pour se livrer à l'étude avec une très-grande assiduité. Ils faisaient généralement partie de ces chapitres, lorsqu'ils n'appartenaient pas à un ordre religieux. A ce point de vue l'institution des collégiales était d'une très-grande utilité. Il y avait sans doute des réformes à opérer, mais il était insensé de les supprimer toutes (1).

Le clergé paroissial était de beaucoup le plus nombreux et aussi de beaucoup le moins riche. Dans un grand nombre de localités il ne profitait pas lui-même de la dîme, qui était perçue par de gros bénéficiers, et se trouvait réduit à la portion congrue. Certaines paroisses possédaient des biens-fonds, mais il n'y avait aucune comparaison à établir entre leurs propriétés et celles du

---

(1) Certains chapitres avaient un personnel très-nombreux. Il y avait une multitude de titres de chanoines prébendiers, semi-prébendiers, et de chapellenies. Mais beaucoup de prébendes et de chapelles rapportaient quatre ou cinq cents livres ; il y en avait même qui n'en rapportaient que cent : aussi le même titulaire possédait-il souvent deux ou trois de ces maigres bénéfices, et par suite tel chapitre qui comptait officiellement trente chapelains n'en avait en réalité que sept ou huit résidents.

Le besoin d'une institution semblable aux anciennes collégiales pour les prêtres obligés de se retirer se fait sentir en France depuis longtemps. De concert avec le gouvernement lui-même, l'archevêché de Paris a établi depuis quelques années à la suite du chapitre des chanoines dits prébendés : c'est un retour, très-justifié du reste, aux collégiales et aux chapellenies.

haut clergé et des ordres religieux. Aussi les ecclésiastiques des paroisses étaient-ils à peu près comptés pour rien dans le clergé considéré comme ordre de l'État.

III.

Telle était en résumé la situation politique et financière du clergé de France en 1789. Son influence morale avait été depuis un demi-siècle bien ébranlée dans toutes les classes de la société, surtout dans les classes élevées. La philosophie du dix-huitième siècle avait créé une secte animée contre l'Église catholique du fanatisme le plus violent et le moins scrupuleux dans le choix des moyens; et le clergé français vivait dans un état de marasme et de langueur qui favorisait singulièrement les attaques continuelles de ses adversaires (1). Aucun talent de premier ordre ne s'était depuis longtemps produit parmi ses membres. Les ravages de la philosophie l'inquiétaient vivement; il sentait instinctivement que de grands maux pouvaient tout à coup fondre sur lui, et cependant il faisait très-peu de chose pour les prévenir. Comme l'ancien régime, auquel il était si étroitement lié, il paraissait tomber de vétusté : les esprits passionnés et superficiels le croyaient fermement; et les philosophes, qui s'obstinaient à ne voir dans l'Église qu'une institution humaine et à nier non-seulement la force, mais l'existence même du sentiment religieux, triomphaient déjà de sa chute prochaine.

Les hommes qui ne jugeaient du clergé que d'après certains abbés mondains devaient croire en effet qu'il n'y avait chez ses membres ni foi sincère ni vocation, et qu'il suffirait de dé-

---

(1) Il en était à peu près de même dans toute l'Europe catholique et dans les États protestants. Écoutons M. de Pressensé, ministre protestant lui-même : « Rien n'est triste comme l'histoire religieuse du dix-huitième siècle : la piété languit, la science est nulle, au moins du côté des défenseurs du christianisme. En Angleterre et en Allemagne un vent desséchant souffle sur les cœurs et les esprits; on prêche dans les chaires protestantes, dans celles qui sont debout, une religion sans grandeur, sans mystères, qui n'a ni les hardiesses de la philosophie ni celles de la foi. La place est démantelée, on traite avec les opinions du jour, et les lâches compromis sont fréquents..... » *L'Église et la Révolution française*, p. 13.)

pouiller l'Église de ses richesses et de ses priviléges pour les en détacher complétement et voir tout l'édifice du catholicisme s'écrouler comme par enchantement. La conduite de certains abbés de cour excitait justement leur mépris; le philosophisme prétentieux de certains autres, qui montraient plus de dignité extérieure, les rassurait complétement sur le succès de leur entreprise. Des abbés qui, vivant de l'Église, professaient hautement les erreurs du temps, et se trouvaient doctrinalement plus éloignés du catholicisme que bien des ministres protestants, ne pouvaient inspirer la moindre inquiétude à ceux qui les retrouvaient dans les salons les plus profanes comme dans leurs loges de francs-maçons.

Mais ces philosophes, qui se croyaient si éclairés et si habiles, faisaient preuve de la plus étrange légèreté en jugeant un corps aussi nombreux que le clergé d'après une poignée d'individus qui n'en étaient que des membres gâtés, ou de simples parasites. Pour eux, toute la France était représentée par les salons, encyclopédistes et les soixante mille ministres de l'Église par quelques hommes à qui des abus invétérés, soigneusement entretenus par le pouvoir civil, avaient permis de jouir d'une partie des biens du clergé, sous la seule condition de porter à peu près son habit. S'ils avaient regardé un instant autour d'eux, ils auraient vu que le clergé ne prenait pas au sérieux ces abbés, qui le compromettaient en s'engraissant à ses dépens.

« ... Le clergé, dit l'abbé Barruel, témoin de la persécution révolutionnaire, résistait au torrent : ses membres n'étaient pas eux-mêmes tous exempts des vices du siècle. Il faut le dire à la gloire de Dieu, d'où vient toute sa force, le clergé ne semblait pas annoncer toute la constance dont il a donné l'exemple. On pouvait le diviser en deux parties : l'une, trop étrangère au vrai sacerdoce, *n'avait que le nom et la moitié de l'habit ecclésiastique*; elle fuyait les travaux de l'autel en recherchant ses bénéfices par la faveur des courtisans; elle était le scandale et l'effroi de l'Église bien plus que son appui. »

« L'autre partie, bien plus nombreuse, était celle des prêtres occupés du salut des âmes et des fonctions ecclésiastiques. C'était là vraiment le corps du clergé : en général il était instruit de ses devoirs; s'il était des pasteurs qui n'eussent vu dans l'Église que ses richesses, il en était encore plus à qui la foi était précieuse, et bien peu paraissaient disposés à la trahir : il fallait abattre tout ce corps des pasteurs pour compléter le triomphe des impies.... » (*Histoire du clergé*, tome I, p. 23.)

Cette première catégorie d'ecclésiastiques si bien caractérisée par Barruel comptait seulement quelques centaines d'individus ; mais ils étaient les plus riches du clergé, les plus privilégiés et les moins dignes de l'être. Quand bien même ils eussent été exemplaires, l'envie et la calomnie, dans ce siècle de philosophisme, se seraient déchaînés contre eux, à cause de leur caractère et des avantages dont ils jouissaient. Mais par malheur ils donnaient fortement prise à la critique, et on comprend aisément combien leur impopularité devait être grande. La tactique des ennemis du catholicisme consistait à les représenter comme la personnification de tout le clergé : elle eut malheureusement un grand succès : et beaucoup de gens en vinrent naïvement à juger de la vocation des curés et vicaires congruistes, presque aussi pauvres que nos desservants actuels, d'après celle de certains commendataires et chanoines grands seigneurs, qui avaient quelquefois quitté l'uniforme pour prendre le petit collet et avec lui un gros bénéfice, rendu vacant par la mort subite d'un parent, et qu'on ne voulait pas voir sortir de la famille!

A la fin du dix-huitième siècle il existait entre ces deux catégories du clergé un antagonisme assez marqué, et qui donnait les plus vives espérances aux ennemis de la religion. Jusqu'au dernier moment ils comptèrent sur la jalousie des curés bourgeois à l'égard des évêques et des abbés gentilshommes, et ne cessèrent de l'attiser. En ceci comme en bien d'autres choses, les philosophes jugeaient le clergé superficiellement. Lorsque la religion n'était pas menacée, ces dissentiments pouvaient se produire, quelquefois même avec un certain scandale ; le meilleur moyen de les faire cesser, c'était d'étendre sur l'autel une main sacrilége.

Les évêques étaient presque tous nobles ; la cour dans ses choix donnait la préférence à ceux qui appartenaient à la haute noblesse. Il est absurde de soutenir, comme l'ont fait certaines gens, qu'un bourgeois ou un enfant du peuple peut seul faire un bon prêtre : la noblesse dans tous ses degrés a fourni à l'Église des hommes éminents par leur zèle, leur science et l'austérité de leurs mœurs. Saint Charles Borromée, saint François de Sales et tant d'autres en sont la preuve. Que diraient ces esprits étroits et passionnés si un défenseur du haut clergé nobiliaire proclamait la bourgeoisie incapable de fournir de bons prêtres, parce qu'elle a produit le cardinal Dubois? La vérité est que toutes les classes sont représentées parmi ceux qui ont honoré l'Église comme parmi ceux qui l'ont affligée. Mais on a le droit de regretter que l'ancien régime ait obligé l'Église à fournir une position et des revenus aux cadets de l'aristocratie. Il eût bien mieux valu qu'elle fût grevée d'un lourd impôt au profit de la royauté et de la noblesse, et qu'elle ne fût pas obligée de recevoir parmi ses membres certains fils de cette dernière. Alors même qu'ils savaient garder les convenances de leur état, la dignité du clergé en souffrait, on attribuait les mêmes motifs intéressés aux nobles qu'une vraie vocation avait fait entrer dans l'Église. La présence de ces ecclésiastiques tièdes et indifférents à une foule de choses qui émeuvent le cœur d'un prêtre dévoué, ralentissait singulièrement l'ardeur et le zèle du corps tout entier. A ce point de vue les philosophes avaient bien tort de crier contre cette catégorie d'ecclésiastiques. Pour eux elle était précieuse; et si elle n'avait pas existé, ils auraient été obligés de l'inventer.

Trop souvent ces abbés, lorsqu'ils appartenaient à d'illustres familles, arrivaient à l'épiscopat : sous Louis XVI de pareils choix étaient devenus très-rares; cependant les habitudes étaient si fortes que ce vertueux monarque, malgré sa répugnance, avait consenti à la nomination de Talleyrand. En 1789 la grande majorité de l'épiscopat se composait de pasteurs respectables, qui avaient certains préjugés de la noblesse, mais aussi une admirable dignité dans toute leur manière d'être. Si l'ancien clergé comptait des hommes légers et mondains, en revanche beaucoup de ses membres savaient allier à la gravité, à la sainteté du prêtre, un grand air, une politesse exquise, qui, loin de contraster avec leurs vertus sacerdotales, les faisaient encore plus apprécier par la société laïque. Beaucoup de prélats, d'archidiacres, de chanoines, apportaient dans l'exercice de leurs fonctions la grâce, la distinction natives de leur caste, tempérées et ennoblies par les vertus de leur état, et soigneusement entretenues par un contact continuel avec l'élite de la société. Il n'en était pas moins fâcheux que l'épiscopat parût systématiquement fermé au clergé paroissial, sauf de très-rares exceptions : c'était à la fois très-injuste et très-dangereux dans un pays où l'amour propre exerce un si grand empire. En 1789 les idées d'égalité avaient pénétré dans le clergé, les philosophes avaient habilement exploité tout ce qui pouvait jeter la discorde parmi ses membres, et il existait chez beaucoup d'ecclésiastiques du clergé inférieur une irritation sourde contre le haut clergé. Lorsqu'il s'agit de procéder aux élections des états généraux, cette irritation se traduisit par des manifestations assez inconvenantes. M. Beugnot, dans ses Mémoires (tome I, p. 109), donne des détails curieux sur l'attitude des curés du bailliage de Chaumont, au moment des élections.

«... L'ordre du clergé nomma pour président l'abbé de Clairvaux et deux curés pour secrétaires. Les curés étaient de beaucoup les plus nombreux dans cette chambre, où il apportaient une envie déchaînée contre les moines et contre le clergé. Sans nul doute, il faut faire la part d'honorables exceptions, mais en général ces prêtres imprudents et fort ignorants avaient perdu le respect de la chaîne sacrée qui unit entre eux les divers degrés de la hiérarchie ecclésiastique. Ils marchaient en aveugles à la conquête des dîmes, à l'abaissement du haut clergé, à la dispersion des ordres religieux ; si on leur en eût laissé le temps et les moyens, ils auraient établi le presbytéranisme sans le vouloir et le savoir. Les curés avaient nommé pour leur président l'abbé de Clairvaux ; ils avouaient tout haut qu'ils n'avaient décerné cet honneur qu'à la fortune de l'abbé, et parce qu'il était sans nulle comparaison le membre de la chambre qui pouvait le plus magnifiquement représenter, c'est-à-dire leur donner les meilleurs dîners. Quelque excellents que fussent ceux qu'il donnait, ils n'empêchèrent pas qu'on ne l'abreuvât d'amertumes durant sa présidence : il lui fallait subir de la part des ecclésiastiques ces reproches, ces quolibets contre les moines, que les séculiers bien élevés ne se permettaient plus... »

Le respectable évêque du Mans fut aussi traité avec irrévérence aux élections de 1789 par un clergé qui devait pourtant opposer une magnifique résistance à la constitution civile (1). Si les révolutionnaires n'avaient pas couru après la persécution, il leur aurait été facile de régler la situation de l'Église dans l'État, car les curés se résignaient parfaitement à l'abaissement du haut clergé, et la confiscation passait par-dessus la tête du plus grand nombre. Ils en vinrent au contraire, par la constitution civile, à effacer toutes les divisions.

(1) Dom Piolin, *Histoire du diocèse du Mans depuis la révolution*, tome I, p. 17.

Le clergé paroissial, plus recruté dans la bourgeoisie qu'il ne l'est maintenant, avait quelques-uns des préjugés de cette classe. Il avait des sentiments d'envie contre le haut clergé, et réclamait hautement la suppression des abus. Souvent, il est vrai, ceux qui criaient le plus fort agissaient simplement comme le renard de la fable devant des raisins trop élevés pour lui. Mais, en somme, il y avait chez ce clergé beaucoup de régularité et un sincère désir de voir réformer les abus de l'Église et de l'État. Sa confiance était très-grande ; il crut un moment que les philosophes si acharnés depuis longtemps contre les dogmes de la religion se réconcilieraient avec elle, ou du moins ne la persécuteraient jamais dès que certains abus auraient été réformés. Les flatteries intéressées que ces philosophes prodiguèrent aux curés leur tournèrent un peu la tête, mais dès qu'ils virent la religion menacée, ils luttèrent courageusement pour elle. Malheureusement ils avaient donné lieu à leurs adversaires de trop compter sur leur crédulité et sur leur ressentiment contre le haut clergé, et la religion en souffrit.

La révolution rencontra dans sa guerre contre l'Église deux auxiliaires importants, le gallicanisme et le jansénisme. Pendant plusieurs siècles deux gallicanismes bien distincts ont coexisté en France sans se mêler, et en se regardant l'un l'autre avec une méfiance réciproque ; Pithou, Dupuy, Denis Talon et d'autres laïques sont les oracles du gallicanisme des parlements ; Bossuet et l'abbé Fleury sont les représentants les plus illustres du gallicanisme épiscopal. Il n'entre pas dans notre sujet de signaler les différences qui existent entre ces deux gallicanismes, nous nous contenterons de rappeler qu'avant 1789 la France pouvait être considérée comme gallicanisée, moins par une conviction bien ferme et bien raisonnée que parce que le système contraire ne pouvait pas être librement professé. Depuis que Louis XIV avait fait rendre la déclaration de 1682 par une assemblée honteusement travaillée, et dont il avait d'avance, par les manœuvres les moins loyales, écarté tout esprit indépendant (1), le gallicanisme régnait en despote sur l'Église de

---

(1) M. Gérin, dans son ouvrage sur l'assemblée de 1682, donne les renseignements les plus curieux et les plus circonstanciés sur la manière dont Louis XIV s'y prit pour garrotter cette assemblée par avance, la composer à son gré et séduire ses membres par des distributions de bénéfices. Il imposa aux assemblées provinciales un modèle de procuration pour leurs dé-

France. Heureusement il avait ses degrés ; et si l'on était contraint d'être gallican, on pouvait l'être plus ou moins. Les membres du clergé n'acceptaient point dans son entier le gallicanisme des parlements, dont les théories sérieusement appliquées auraient certainement réduit l'Église de France à la situation de l'Église anglicane et de l'Église russe. Fénelon, bien longtemps avant la révolution, avait signalé avec une admirable éloquence les dangers que les théories des parlements et des gens du roi faisaient courir à la religion. Bossuet lui-même avait dû lutter avec le gallicanisme parlementaire, et s'était vu réduit à combattre un Ponchartrain. Personne n'a mieux critiqué le gallicanisme parlementaire que l'oracle des gallicans ecclésiastiques, l'abbé Fleury, dans ses opuscules. Les écrivains de l'école parlementaire ont professé sur les rapports de l'Église et de l'État une doctrine qui consacrait brutalement l'asservissement de la religion à tous les caprices du pouvoir civil. Il serait impossible de s'expliquer la faveur dont ces théories, illibérales et despotiques au possible, ont joui auprès de l'école dite libérale, si elles n'avaient pas conduit directement à l'exploitation de la religion par l'État : le libéralisme a absous la théorie en faveur de ses conclusions pratiques.

Il a été plus d'une fois établi, et par des catholiques et par des libéraux, que la constitution civile n'était pas autre chose que du gallicanisme à outrance (1). Nous en sommes profondé-

putés qui préjugeait le résultat des délibérations de la future assemblée. Il leur intima l'ordre de choisir les députés qui lui convenaient, et jamais *la candidature officielle* ne fut pratiquée avec plus d'audace. On s'abstint de convoquer à ces assemblées ceux qui auraient pu voter pour des députés indépendants, et certains députés furent choisis par des lettres de cachet. M. Gérin, dans deux chapitres extrêmement curieux, a fait le dénombrement des membres de l'assemblée de 1682 avec la très-longue énumération des évêchés et des riches abbayes qui leur furent distribuées pour récompenser leurs votes complaisants.

(1) On a dit quelquefois, afin d'excuser la révolution, qu'il ne fallait pas trop lui en vouloir de la constitution civile, parce qu'elle n'était pas autre chose que le gallicanisme exagéré. Certains écrivains ont poussé ce raisonnement si loin, qu'à les entendre il faudrait presque décharger le révolution de cette énorme faute, et la mettre sur le compte de l'ancien régime. Si on appliquait cette manière de raisonner au tribunal et aux commissions révolutionnaires, on pourrait dire aussi qu'ils sont un legs de l'ancien régime, sous lequel on a vu des tribunaux extraordinaires et des jugements très-iniques. Mais, d'un autre côté, on pourrait soutenir que l'ancien régime n'a

ment convaincu. Mais si la révolution a mal fait d'adopter certaines théories de l'ancien régime, elle a eu encore plus grand tort de ne pas imiter dans la pratique sa modération relative. Si le gallicanisme a duré si longtemps sous l'ancien régime, c'est uniquement parce qu'il s'est montré inconséquent avec lui-même. Sans doute, le gallicanisme parlementaire strictement appliqué aurait réduit l'Église de France à la servitude la plus étroite et la plus abjecte; mais l'état politique et social, l'esprit, les habitudes de l'ancienne France ne permettaient pas au pouvoir de pousser ces principes gallicans jusqu'à leurs conséquences extrêmes. Des écrivains, comme le Voyer de Boutigny, pouvaient les exposer dans toute leur crudité, en tirer sur le papier les conséquences les plus logiques et en même temps les plus schismatiques, mais les plus hardis ne songeaient pas à les mettre rigoureusement et régulièrement en pratique. La constitution civile devait nécessairement amener une lutte terrible, car elle prétendait faire passer dans le domaine des faits ce qui n'avait été jusqu'alors que de la pure théorie, et d'autre part l'ancien régime avait entraîné dans sa chute tout ce qui empêchait le gallicanisme de devenir franchement hétérodoxe, et donné le pouvoir à des hommes qui avaient voué au catholicisme une guerre à outrance. La révolution s'est empressée de détruire tout ce qui pouvait servir de prétexte au gallicanisme, et elle a voulu ensuite faire en son nom ce que l'ancien régime n'avait jamais osé : elle a ainsi dévoilé tous ses vices, dissipé les illusions qu'on pouvait se faire sur son compte, et montré qu'il n'avait plus de raison d'être dans la société nouvelle. L'Église constitutionnelle, qui paraissait destinée à faire régner

---

fait que suivre de plus anciennes traditions, et ainsi de suite! En fait de tyrannie et de persécution, il n'est guère possible d'inventer. On a volé, emprisonné, assassiné, condamné injustement dans tous les temps; ce qu'on reproche à la révolution, ce n'est pas d'avoir commis des crimes inconnus jusqu'alors, c'est d'en avoir accumulé dans un bien court espace de temps plus qu'il n'en avait été commis en plusieurs siècles, et de les avoir exécutés au nom de la liberté et de l'humanité. Pour ce qui regarde l'Église, on peut relater dans l'histoire du gallicanisme parlementaire, qui a duré plusieurs siècles, bien des actes attentatoires à sa liberté, bien des indignités qui ne sont pas suffisamment connues, mais qu'est-ce que tout cela auprès d'une seule loi de l'Assemblée constituante, auprès des souffrances et des avanies endurées sous son règne?

despotiquement le gallicanisme en France, lui a porté au contraire un coup mortel.

Beaucoup de pratiques gallicanes trouvaient leur explication dans les richesses du clergé, sa participation comme ordre au pouvoir politique, ses tribunaux particuliers, les droits féodaux exercés par un grand nombre de ses dignitaires : la révolution ayant changé tout cela, le gallicanisme n'était plus que l'asservissement de l'Église au pouvoir civil ; et la question étant posée aussi nettement, tel qui avait été gallican sous l'ancien régime devint très-logiquement ultramontain sous le concordat de 1801.

Les gallicans anciens avaient grand tort, à notre avis, mais nous n'entendons nullement les comparer à ceux qui maintenant, soit par haine de la religion, soit par servilité envers le pouvoir, quel qu'il puisse être, soit pour ces deux motifs réunis, ressassent maladroitement, sans même les bien comprendre, les théories des anciens parlementaires (1). Il y a en effet une telle différence entre la situation du clergé de France avant la révolution et celle qui depuis lui a été faite, que la plupart des gallicans les plus célèbres, s'ils revenaient au monde, seraient très-certainement traités d'ultramontains, car le gallicanisme de la plupart d'entre eux n'avait pour base ni l'hostilité religieuse, ni la servilité, mais le fait de leur existence au milieu d'un ensemble d'institutions dont il ne subsiste absolument rien !

Si le clergé, sauf quelques esprits à la fois éminents et clairvoyants comme Fénelon, s'inquiétait trop peu des dangers du gallicanisme, il faut l'attribuer à sa situation particulière, aux garanties de sécurité que le pouvoir lui présentait. L'Église supportait souvent des tracasseries de la part des autorités ; mais il était bien rare que le débat dépassât les proportions d'une querelle de famille. Le respect pour l'autorité royale était encore en 1789, pour une grande partie des Français, comme une seconde religion, et le clergé n'échappait point à son empire. Le pouvoir du roi, intimement uni à la religion depuis des siècles, et son protecteur officiel, semblait presque participer à

---

(1) Il est curieux de comparer les écrits des anciens gallicans avec ceux des publicistes modernes qui se disent pompeusement leurs successeurs : comme les premiers l'emportent par la science, le sérieux, et l'indépendance du caractère ! quelle triste impression on éprouve en passant de Févret à M. Dupin !

sa sainteté, et exerçait sur le clergé du dix-huitième siècle une influence bien différente de celle que le plus solide gouvernement de notre temps peut exercer sur des prêtres qui ont déjà vu plusieurs révolutions. D'ailleurs, la royauté était très-souvent moins gallicane que les parlements : à la fin du dix-huitième siècle, lorsque les querelles entre le clergé et les magistrats prirent un caractère d'acrimonie et même de haine qui leur avait été généralement étranger jusqu'alors, la cour se montra souvent favorable au clergé. Le gallicanisme parlementaire régnait en théorie, mais dans la pratique il était singulièrement adouci ; le véritable gallicanisme qui a régné en France n'était ni parlementaire ni épiscopal, mais une sorte de compromis entre les deux. Certaines théories gallicanes étaient évidemment détestables, mais on n'aurait pu les appliquer sans en venir à une persécution véritable ; et qui pouvait croire alors à une persécution ? Maintenant tout est changé ! Le clergé se souvient de la persécution révolutionnaire, et de l'oppression du premier empire ; selon les temps, des appels à la persécution par le pouvoir, au pillage et au massacre par la populace, ont été constamment lancés depuis un demi-siècle par le parti révolutionnaire, et tout récemment Paris a vu se renouveler les massacres de Septembre ! Avant 1789 on n'avait au sein du clergé aucune de ces craintes, de ces préoccupations qui, on peut le dire, font partie intégrante de l'existence du prêtre au dix-neuvième siècle ; on ne sentait pas la nécessité de se garer tantôt des attaques du pouvoir, tantôt de celles d'en bas, tantôt encore de la coalition de la démagogie et du gouvernement. Le pouvoir civil n'apparaissait pas au clergé comme un ennemi plus ou moins violent, ou dans d'autres circonstances comme un ami douteux, désireux de ses services, et en même temps tout prêt à le compromettre et à l'abandonner à ses ennemis. L'ensemble des institutions et le caractère des hommes atténuaient sensiblement les mauvais effets des doctrines gallicanes, et rassuraient les esprits sur leurs conséquences. Maintenant c'est bien différent !

Du reste la prédominance de l'élément aristocratique dans le clergé a beaucoup favorisé le gallicanisme. Les membres de la noblesse qui étaient entrés dans l'Église avec une vocation médiocre, et que le zèle de la maison du Seigneur dévorait beaucoup moins que celui de la maison royale, dont ils tenaient leurs bénéfices, ne se préoccupaient pas beaucoup de la dignité et de l'indépendance de l'Église lorsqu'elles n'étaient pas très-ouvertement menacées. Grâce à la constitution politique de l'ordre du clergé, ils jouissaient d'une influence tout à fait disproportionnée avec leur petit nombre, et pesaient d'un grand poids sur les décisions de leur ordre. Naturellement portés vers le pouvoir civil, ces ecclésiastiques étaient gallicans parce qu'ils étaient tièdes et attachés surtout aux avantages matériels de leur position. Les philosophes et les libéraux en criant si fort contre les abbés de cour se sont vraiment montrés bien ingrats !

Il faut constater toutefois qu'à partir de la seconde moitié du dix-huitième siècle la situation était un peu modifiée. Les parlementaires de cette époque ne ressemblaient déjà plus à ceux du siècle précédent : jamais le gallicanisme n'avait été plus mesquinement tracassier ni plus brutal dans ses procédés. Ce changement tenait à l'influence très-grande des jansénistes dans la magistrature et à l'invasion de l'esprit philosophique parmi les membres des parlements. Cette grande institution de l'ancien régime était profondément altérée dans son esprit.

Le jansénisme avait aussi un certain nombre d'adeptes dans le clergé : certains ecclésiastiques étaient en rapports constants avec la petite Église ouvertement schismatique d'Utrecht. Les jansénistes de France s'étaient bien gardés d'imiter leurs frères de Hollande : il ne leur aurait sans doute pas été permis de constituer comme eux une Église à part, mais quand bien même cette faculté leur aurait été accordée par l'État, ils n'en auraient certainement pas usé. En établissant un schisme franc avec des évêques à eux, ils auraient formé une église singulièrement restreinte, et éloigné une foule de personnes sur lesquelles ils gardaient une grande influence en ne se séparant pas officiellement de l'Église. Bien que peu nombreux, ils étaient très-remuants, et surtout très-forts dans les parlements, qu'ils firent souvent marcher d'après leurs rancunes et leurs passions. Tous ne devaient pas adhérer à la constitution civile ; quelques-uns même l'ont combattue avec habileté et courage : mais les plus remuants formaient une coterie admirablement organisée, et leur ambition allait jusqu'à prétendre dominer toute l'Église de France, et ils se flattèrent un moment d'y parvenir grâce à la constitution civile dont ils furent les principaux rédacteurs (1). Comme le vieux type parlementaire, le type janséniste avait subi vers la fin du dix-huitième siècle d'assez graves altérations. La philosophie du jour avait envahi certains jansénistes sans les conquérir complétement; il y avait des esprits étrangement partagés entre Rousseau et l'abbé de Saint-Cyran! Généralement ces jansénistes, très-ardents contre l'Église, conservaient dans la forme les traditions de leur parti; mais on était souvent étonné de les entendre soutenir des théories qui eussent bien scandalisé l'abbé de Saint-Cyran et le père Quesnel. Beaucoup d'hommes issus de familles jansénistes de la magistrature et du barreau avaient conservé la gravité traditionnelle de leurs parents, leurs formes de langage, quelques-unes de leurs habitudes; mais en réalité ils n'étaient plus jansénistes qu'à la surface; les idées philosophiques dominaient chez eux, et cependant on les jugeait encore jansénistes et chrétiens sur certaines apparences, certaines habitudes héréditaires. Ces pseudo-jansénistes se montrèrent en général très-zélés pour la constitution civile, et comme ils inspiraient aux personnes simples et de bonne foi moins de défiance que les philosophes, ils furent pour le catholicisme de très-dangereux adversaires.

Il faut dire aussi que certains membres du clergé tenaient des discours et affichaient des doctrines tout à fait inconciliables avec leur profession. Tout le monde connaît la satire sanglante de Gilbert sur l'abbé sophiste et bel esprit. Elle n'a rien d'exagéré; certains abbés faisaient parade de la philosophie la moins chrétienne, d'autres, moins avancés, croyaient de bon goût de faire aux erreurs du jour des concessions déplo-

---

(1) M. de Pressensé, qui est très-favorable aux jansénistes, apprécie en ces termes leur situation en 1789. « Il y a quelque chose de plus triste que la destruction de Port-Royal des Champs, c'est la décadence morale du jansénisme : cette grande école, qui a donné à la France Saint-Cyran et Pascal, est vraiment tombée en enfance. On ne s'y entretient plus que de miracles apocryphes..., les persécuteurs excitent l'indignation et les persécutés prêtent à rire..... » (p. 13.) Ces persécutés surent maintes et maintes fois faire persécuter leurs adversaires par le parlement. Tout le monde connaît l'histoire des convulsionnaires. Un miracle d'une autre espèce avait fait aussi le plus grand bruit parmi les jansénistes : le diacre Pâris aurait fait pleuvoir une grêle de pierres sur les vitres d'un vitrier qui aurait mal parlé de lui en travaillant dans l'église Saint-Médard (*Mémoires de Picot*), et ce miracle se serait renouvelé plusieurs fois.

rables; et la franc-maçonnerie comptait dans le clergé un certain nombre d'adeptes.

L'esprit philosophique avait complétement envahi la noblesse sauf dans certaines provinces reculées. Une partie importante de la bourgeoisie était violemment irréligieuse; elle lançait alors contre l'Église ces mêmes injures, ces mêmes cris de rage qui de nos jours ne sortent plus guère que des bas-fonds de la société. Quand on étudie de près les actes officiels, les protestations, les adresses émanées de la bourgeoisie révolutionnaire, on est obligé de reconnaître qu'elle était de toutes les classes la plus animée contre la religion. Les classes inférieures étaient alors beaucoup plus religieuses qu'elles ne le sont aujourd'hui, mais le révolutionnaire bourgeois et homme de lettres à partir de 1789 ne cessa de les exciter contre la religion, et s'adressa surtout à la populace des villes, et ses efforts furent couronnés de succès. L'incrédulité et l'indifférence qui étaient descendues de la noblesse et de la bourgeoisie sont depuis 1789 descendues lentement de la bourgeoisie au peuple des villes, puis en dernier lieu à celui des campagnes; les dispositions antireligieuses des classes supérieures se modifièrent profondément dans la suite, mais l'exemple qu'elles avaient primitivement donné ne cessa point d'exercer sur le peuple une déplorable influence.

Nous n'avons point dissimulé les défauts du clergé de l'ancien régime; mais nous croyons avoir le droit de soutenir que ce clergé a été indignement calomnié par certains écrivains, et que beaucoup d'autres l'ont jugé trop légèrement. Les abus qui existaient dans l'Église de France sous l'ancien régime étaient pour la plupart imputables au pouvoir civil, et soigneusement entretenus par lui dans son intérêt propre : il serait souverainement injuste de les lui imputer à crime. Quant aux autres abus, elle manquait complétement de liberté pour les réprimer. Il ne faut pas oublier que le gallicanisme n'a jamais eu d'autre but que de garrotter l'Église, et de lui ôter toute initiative, même dans ses affaires les plus intimes. Les années, les siècles s'écoulent, des abus surgissent qui n'ont pas été prévus, des dangers inconnus jusqu'alors menacent le catholicisme, et l'Église a la bouche close et les mains liées par les arrêts des parlements. Elle ne peut pas songer à demander l'intervention du Pape, ce serait susciter un tumulte épouvantable. Il n'y a plus de conciles provinciaux grâce aux progrès du gallicanisme. Les évêques sous des rois barbares pouvaient s'assembler librement pour réformer les abus ; mais les intendants, les gens du roi et les parlements ne veulent pas entendre parler de conciles : leur routine en serait peut-être dérangée, et l'opinion publique pourrait s'en émouvoir. Si on s'engageait dans cette voie, il faudrait peut-être s'écarter de quelque maxime de Pithou ou de Dupuy ; et pour eux c'est un des plus grands malheurs qu'on puisse imaginer. Ils préfèrent prononcer de loin en loin des condamnations contre quelques-uns des écrivains qui insultent le clergé, et en tirer parti pour se poser en sauveurs, de la religion et exiger que l'Église se contente d'être un instrument entre leurs mains. Somme toute ils ne font que la compromettre, et faire retomber sur elle tout l'odieux de leurs condamnations, qui n'arrêtent en rien les progrès de l'irréligion. Comme l'a si bien dit M. de Tocqueville : « Cette demi-contrainte qu'on imposait alors aux ennemis de l'Église loin de diminuer leur pouvoir l'augmentait ;.... une complète liberté de la presse aurait été moins dommageable à l'Église ». Si les évêques font des efforts individuels pour opérer certaines réformes nécessaires, ils sont criblés d'appels comme d'abus, de vexations de toutes sortes, et finalement obligés d'y renoncer. L'Église de France, malgré ses priviléges et les honneurs dont elle est entourée, n'a pas la moindre liberté d'allures. Le gallicanisme, tant célébré, et pour cause, par tous les ennemis de la religion, l'enveloppe tout entière, comme un immense filet dont les mailles très-serrées, et que l'on resserre tous les jours davantage, ne laissent absolument rien passer. L'ancien régime avait fait ce tour de force de rendre l'Église catholique de France assez semblable au point de vue de l'asservissement à l'Église anglicane, sans tomber cependant dans le schisme. Depuis 1682 il s'en était approché le plus possible, il le côtoyait constamment ; on peut même dire que par moments il l'effleurait, pour se retirer brusquement, puis l'effleurer encore ; en pilotes habiles, les parlementaires savaient diriger leur barque à travers une foule d'écueils plus dangereux les uns que les autres, et sans jamais toucher : dès que le gouvernail n'a plus été dans leurs mains, il y a eu un choc affreux, et la constitution de 1791 est venue se briser sur l'écueil du schisme et de la persécution.

Plus on étudie l'histoire de la révolution, plus on apprécie l'étendue de la faute qu'elle a commise en déclarant tout de suite la guerre à la religion. En s'y prenant adroitement elle aurait pu associer le clergé à son œuvre de rénovation politique, ou tout au moins s'assurer sa neutralité. M. de Tocqueville, qu'on ne peut accuser de souhaiter le retour de la dîme et des droits féodaux, a vengé éloquemment l'ancien clergé des calomnies lancées contre lui, et présenté sous son véritable jour l'esprit politique dont il était animé en 1789.

« Je ne sais si à tout prendre, et malgré les vices éclatants de quelques-uns de ses nombres, il y eut jamais dans le monde un clergé plus remarquable que le clergé catholique de France au moment où la révolution l'a surpris, plus éclairé, plus national, moins retranché dans les seules vertus privées, mieux pourvu de vertus publiques et en même temps de plus de foi. La persécution l'a bien montré. J'ai commencé l'étude de l'ancienne société plein de préjugés contre lui, je l'ai finie plein de respect. Il n'avait à vrai dire que les défauts qui sont inhérents à toutes les corporations, les politiques aussi bien que les religieuses, quand elles sont fortement liées et bien constituées, à savoir la tendance à envahir, l'humeur peu tolérante, et l'attachement instinctif et parfois aveugle aux droits particuliers du corps. » (*L'Ancien régime et la Révolution,* p. 169.)

Sans doute, diront certaines personnes, l'ancien clergé français était recommandable à beaucoup de points de vue, et on a porté contre lui des accusations injustes, mais ses vues politiques étaient déplorablement arriérées ; il s'était fait le plus énergique défenseur des abus de l'ancien régime, et il était impossible que sur le terrain des réformes il y eût la moindre entente entre le tiers état et lui : il faut donc imputer à son obstination et à son défaut de sens politique une partie considérable des maux dont il a été victime.

Pour savoir réellement ce que pensait l'ordre du clergé sur la constitution politique du royaume, sur les abus à corriger, il faut prendre ses cahiers, qui ne demandent nullement le maintien des abus de l'ancien régime. Les voici résumés par M. de Tocqueville :

« Si l'on veut se faire une idée juste des révolutions que peut subir l'esprit des hommes par suite des changements survenus dans leur condition il faut relire les cahiers de l'ordre du clergé en 1789. »

« Le clergé s'y montre souvent intolérant et parfois opiniâtrément attaché à plusieurs de ses anciens priviléges, mais du reste aussi ennemi du despotisme, aussi favorable à la liberté civile, et aussi amoureux de la liberté politique que le tiers état ou la noblesse. Il proclame que la liberté individuelle doit être garantie non point par des promesses mais par des procédures analogues à celle de l'*habeas corpus*. Il demande la destruction des prisons d'État, l'abolition des tribunaux exceptionnels et des évocations, la publicité de tous les débats, l'inamovibilité de tous les juges, l'admissibilité de tous les citoyens aux emplois, lesquels ne doivent être ouverts qu'au seul mérite ; un recrutement militaire moins oppressif et moins humiliant pour le peuple, et dont personne ne sera exempt ; le rachat des droits seigneuriaux qui, sortis du régime féodal, dit-il, sont contraires à la liberté : la liberté illimitée du travail, la destruction des douanes intérieures ; la multiplication des écoles privées. Il en faut une suivant lui dans chaque paroisse, et qu'elle soit gratuite. »

« Dans la politique proprement dite, il proclame plus haut que personne que la nation a le droit imprescriptible et inaliénable de s'assembler pour faire des lois et voter librement l'impôt. Nul Français, assure-t-il, ne peut être forcé à payer une taxe qu'il n'a pas votée lui-même ou par représentant. Le clergé demande encore que les états généraux librement élus soient réunis tous les ans ; qu'ils discutent en présence de la nation toutes les grandes affaires, qu'ils fassent des lois générales auxquelles on ne puisse opposer aucun usage ou privilège particulier ; qu'ils dressent le budget et contrôlent jusqu'à la maison du roi, que leurs députés soient inviolables et que les ministres leur demeurent toujours responsables. Il veut aussi que des assemblées d'états soient créées dans toutes les provinces et des municipalités dans toutes les villes. Du droit divin pas le moindre mot... » (*L'Ancien régime et la Révolution*, p. 169.)

Combien de gens autour de nous exaltent les conquêtes de 89, déclament contre l'esprit illibéral du clergé, et pourtant soutiennent des gouvernements et des gouvernants qui ne promettent pas plus en fait de libertés, mais savent très-bien les escamoter presque toutes !

CHAPITRE II.

CONFISCATION DES BIENS DU CLERGÉ.

I. Les élections du clergé ne se font point en prévision d'une persécution. — Flatteries intéressées prodiguées aux curés. — Les philosophes en veulent à la religion elle-même. — Leur programme tracé par Voltaire, Montesquieu, Rousseau. — Ils se hâtent d'en poursuivre l'application.

II. Le clergé consent avant la noblesse à la réunion des ordres. — Nuit du 4 août. — L'Assemblée agit avec une précipitation imprudente. — Excès à Paris. — Sac de la maison de Saint Lazare. — Prise de la Bastille. — Foulon et Berthier assassinés. — Pitoyable attitude de Bailly. — Pour exciter un soulèvement général contre l'ancien régime, certains révolutionnaires envoient de faux courriers annoncer dans toute la France que des brigands fauchent les blés. — Panique générale. — On s'arme partout. — Excès de toutes sortes, pillages, extorsions; incendies, meurtres commis par les populations affolées. — Dans une foule d'endroits on fait croire aux paysans que le roi leur ordonne de piller les châteaux. — Attitude déplorable de l'Assemblée devant toutes ces horreurs. — Elle craint surtout des complots royalistes, et institue les comités des rapports et des recherches. — Ces comités empiètent sur le pouvoir exécutif et l'annulent. — Le major de Belzunce assassiné à Caen. — Des individus s'emparent des lambeaux de son corps pour les manger. — Interrogatoire et aveux des coupables. — Horribles excès dans le midi jusqu'en 1790. — Mollesse et imprévoyance des révolutionnaires modérés. — Insolence des tribunes. — Leur odieuse influence.

III. Les révolutionnaires veulent un clergé salarié, parce qu'ils espèrent ainsi poursuivre plus facilement leurs desseins contre la religion. — On propose de revenir sur une décision prise et de déclarer la dîme non rachetable. — Discours insensé de Mirabeau sur le salariat et la propriété. — Discours très-important de Sieyès sur le rachat de la dîme. — Nouvelle renonciation du clergé le 11 août. — Il renonce encore à l'argenterie des églises. — Grégoire exprime des appréhensions sur la sûreté du clergé. — Projet de Talleyrand sur la confiscation des biens ecclésiastiques. — Projet plus radical de Mirabeau. — Discussion. — Aveux précieux de Barnave et de Garat. — Plan remarquable de Malouet. — Il conciliait tout, et prévenait la persécution religieuse. — Mirabeau assimile la religion à la magistrature et à l'armée. — Sa proposition est adoptée. — Mesures d'exécution. — Le 20 décembre l'aliénation d'une partie des biens du clergé est votée. — Proposition de Bouche contre l'archevêque de Paris.

Le clergé députa aux états généraux quarante quatre évêques, deux cent cinq curés, cinquante-deux abbés et chanoines, et sept religieux. Bien qu'il dût s'attendre à des luttes assez vives, il ne prévoyait nullement que les états généraux dussent bientôt imposer le schisme à toute la France; s'il eût pu soupçonner seulement une partie des dangers dont la religion était menacée, il se serait montré beaucoup plus circonspect dans ses choix. Les philosophes, et les ministres eux-mêmes, travaillèrent activement à faire nommer des ecclésiastiques favorables aux idées nouvelles. Barruel accuse formellement Necker de manœuvres électorales. Il aurait, d'après lui, fabriqué de prétendues lettres des curés du Dauphiné contre l'épiscopat, et pour influencer les électeurs, il les aurait répandues dans la province et au loin, avant que la protestation des prétendus auteurs de ces lettres pût être connue.

Dès leur arrivée à Versailles les curés furent accablés de caresses par les partisans de la révolution : c'était à qui les louerait, les exalterait; le mot de curé était alors prononcé par les révolutionnaires avec une expression bien différente de celle qu'il a maintenant dans leur bouche. La révolution essaya tout de suite de se créer des partisans en faisant appel à l'envie et à la cupidité. Des hommes qui devaient plus tard traiter le ministère des curés de superstition et de fanatisme, et demander des lois draconiennes contre ceux qui l'exerceraient, accablaient ces mêmes curés de flatteries et de belles promesses. Ils faisaient appel aux sentiments d'envie et de rancune qui pouvaient subsister chez certains d'entre eux, en leur répétant sans cesse qu'ils étaient les maîtres d'abaisser et d'humilier le haut clergé, et de s'attirer une immense popularité. Ils faisaient également appel à leurs sentiments intéressés en leur laissant croire qu'une grande partie des richesses enlevées aux abbayes et aux chapitres serait consacrée à leur donner de beaux traitements. Certains curés, naturellement avides d'argent et d'honneurs, et envahis déjà par les doctrines nouvelles, ne songèrent plus qu'à profiter de la révolution, pour satisfaire à la fois leurs rancunes particulières et leur ambition. Beaucoup d'autres, sans se laisser prendre complétement à toutes ces simagrées, eurent la naïveté de croire qu'en faisant de fortes concessions pécuniaires, et en supprimant certains abus, le clergé apaiserait les révolutionnaires, et que la religion deviendrait ainsi plus florissante que jamais. Sans doute le clergé ne devait pas hésiter à faire de grands sacrifices, mais il lui fallait en même temps se méfier des entraînements généreux que les révolutionnaires cherchaient à provoquer par un feint amour de la paix, et par de belles phrases qui semblaient tout promettre et en réalité ne les engageaient à rien.

Deux sentiments dominaient alors chez les chefs du mouvement révolutionnaire, une confiance excessive en eux-mêmes et dans la société française, et une haine acharnée contre le catholicisme. Le premier de ces sentiments leur était commun avec toute la nation : ils ne négligèrent rien pour propager le second, et sans venir à bout de faire partager à toute la France leur haine réfléchie du christianisme en général, et du catholicisme en particulier, ils soulevèrent contre l'Église les plus violentes passions, et en profitèrent pour organiser un peu plus tard une véritable persécution.

M. de Tocqueville a consacré un des plus éloquents chapitres de son livre sur l'ancien régime et la révolution à soutenir cette thèse que la guerre au catholicisme n'était qu'un incident de la grande révolution, « un produit passager des idées, des passions, des faits particuliers qui l'ont précédée et préparée, et non son génie propre ». Il a fait deux parts très-distinctes dans la philosophie profondément irréligieuse du dix-huitième siècle : dans l'une se trouvent les opinions qui se rapportent à la condition des sociétés, aux principes des lois civiles et politiques ; elles forment suivant lui la substance de la révolution. D'un autre côté, les philosophes se sont attaqués avec fureur à l'Église, ils ont même voulu détruire les fondements du christianisme ; mais le christianisme avait bien plus allumé ces haines furieuses comme institution politique que comme doctrine religieuse ; on en voulait beaucoup plus au prêtre, parce qu'il était alors dans la société civile, propriétaire, seigneur décimateur, que parce qu'il était ministre de la religion : « A mesure que l'œuvre politique de la révolution s'est consolidée, dit M. de Tocqueville, son œuvre irréligieuse s'est ruinée. »

Il est certain que bien des gens poursuivaient avant tout dans le clergé un ordre de l'État, une partie importante de l'ancien régime; mais il n'en est pas moins vrai que lorsqu'il a été dépouillé de ses biens, de ses priviléges, ils ne se sont pas tenus pour satisfaits, et qu'ils ont en masse très-bien accepté la persécution religieuse et l'oppression, non pas seulement des membres du clergé, mais encore des catholiques laïques qui leur restaient fidèles. On dira sans doute qu'ils ont cédé aux entraînements de la lutte; qu'en révolution les vainqueurs dépassent généralement le but qu'ils s'étaient assigné. Cette explication ne peut en tous cas avoir de valeur que pour les hommes de 89. Mais maintenant que le clergé a cessé d'être un corps politique, qu'il ne jouit d'aucun privilége, qu'il est pauvre comme Job, la révolution a-t-elle cessé de l'attaquer? Le parti qui a fait la constitution civile et la persécution religieuse s'est perpétué jusqu'à nous avec les mêmes passions, et une singulière influence sur les révolutionnaires plus modérés : il reste ce qu'il était au moment de la Constitution civile, et c'est bien de lui qu'on peut dire qu'il n'a rien oublié ni rien appris! Est-ce que la révolution depuis quatre-vingts ans ne montre pas contre le clergé la même animosité qu'au temps où il était grand propriétaire, décimateur, haut justicier? Est-ce que les curés de campagne à neuf cents francs par an ne sont pas attaqués avec autant de fureur que les abbés commendataires, et les gros bénéficiers en 1789? Sans doute il faut tenir compte de la différence des époques : en 1789 on commençait seulement à insulter le clergé en toute sécurité; depuis quatre-vingts ans on s'en est donné à cœur joie : cette occupation n'a plus même l'attrait de la nouveauté, et cependant on voit qu'elle a un charme indicible pour tous les révolutionnaires un peu prononcés. Bien qu'ils ne cessent de lancer contre le clergé les plus étranges accusations politiques et les plus grossières calomnies, pour exciter contre lui les masses ignorantes, c'est bien la religion elle-même qu'ils poursuivent, et plus d'une fois dans leurs congrès ils l'ont proclamé avec beaucoup de franchise. Bien qu'on entendit souvent les menaces les plus sanguinaires contre le clergé actuel, beaucoup de gens croyaient de bonne foi que 93 avec ses horreurs contre les prêtres ne pourrait jamais revenir. La révolution a obtenu un triomphe momentané dans la seule ville de Paris, et 93 est revenu. Si on a de nouveau fermé et saccagé les églises, peut-on s'en prendre aux priviléges du clergé, à son existence comme ordre politique ? Lorsqu'on parle de monseigneur Dulau et de monseigneur de la Rochefoucauld, assassinés aux Carmes, on peut soutenir que la haine politique contre le clergé, si récemment dépouillé de ses priviléges, a pu contribuer à armer le bras des assassins. Mais monseigneur Darboy avait-il été jamais, de par son siège, comte évêque, haut justicier ? Et le père Captier, son prieuré d'Arcueil avait-il rien de commun avec un prieuré d'ancien régime ? Ses assassins lui avaient-ils jamais payé la dîme ?

La secte philosophique poursuivait avant tout l'anéantissement de la religion, et, malgré ses belles phrases sur la tolérance, elle ne reculait pas devant la persécution : en attendant qu'elle pût réaliser son rêve, elle conseillait aux souverains de mettre la main sur la religion, de lui enlever toute indépendance et de l'exploiter à leur guise. Voltaire écrivait en 1768 au ministre russe Schouvaloff :

« Les princes catholiques commencent un peu à réprimer les entreprises de la superstition, mais au lieu de couper la tête à l'hydre ils se contentent de lui mordre la queue, ils reconnaissent encore deux puissances, ou ils feignent de les reconnaître. Ils ne sont pas assez hardis pour déclarer que l'Église doit dépendre uniquement du souverain. Il n'y a que votre illustre souveraine qui ait raison ; elle paye les prêtres, elle leur ouvre la bouche et la ferme, ils sont à ses ordres, et tout est tranquille...»

Réduire le catholicisme au niveau de l'Église ignorante et servile de Russie, voilà l'œuvre à laquelle Voltaire conviait ses disciples ! Ils ont profité de ses leçons : les lauriers de Catherine ont empêché la Constituante de dormir ; elle a voulu aussi payer les prêtres, leur ouvrir la bouche et la fermer, et traiter les opposants comme Catherine traitait les Polonais grecs unis !

Montesquieu lui-même, qui s'érigeait en défenseur de la liberté de conscience, lui portait une bien rude atteinte, en refusant de reconnaître une de ses conséquences les plus nécessaires, le droit de propagande.

« Comme il n'y a guère que les religions intolérantes qui aient un grand zèle pour s'établir ailleurs, parce qu'une religion qui peut tolérer les autres ne songe guère à sa propagation, ce sera une des bonnes lois civiles, lorsque l'État est satisfait de la religion établie, de ne point souffrir l'établissement d'une autre... Lorsque les lois ont cru devoir souffrir plusieurs religions, il faut aussi qu'elles les obligent à se tolérer entre elles. Il est donc utile que les lois exigent de ces diverses religions non-seulement qu'elles ne troublent pas l'État, mais aussi qu'elles ne se troublent pas entre elles. »

J.-J. Rousseau a solennellement proclamé le pouvoir absolu de l'État sur la conscience humaine.

« Il y a une profession de foi purement civile dont il appartient au souverain de fixer les articles, sans pouvoir obliger personne à les croire : il peut bannir de l'État quiconque ne les croit pas ; il peut le bannir non comme impie, mais comme insociable, comme incapable d'aimer sincèrement les lois, la justice et d'immoler sa vie à ses devoirs ; que si quelqu'un après avoir reconnu publiquement ces dogmes se conduit comme ne les croyant pas, qu'il soit puni de mort : il a commis le plus grand des crimes, il a menti devant les lois. » (1)

Les philosophes étaient profondément pénétrés de cette doctrine. Ils professaient pour la religion le plus souverain mépris, mais ils étaient bien forcés de reconnaître qu'elle conservait un grand empire sur une foule de gens, et qu'elle pouvait servir de frein aux classes inférieures. Ils voulaient donc bien la tolérer encore pendant quelque temps pourvu qu'elle ne les gênât en aucune façon et qu'elle fût complétement dans leurs mains. Pour arriver à ce résultat il fallait suivre la théorie de Voltaire, nier hardiment la distinction des deux pouvoirs, faire de l'Église une administration à leur service, qui prêcherait au peuple le respect de leurs propriétés et la soumission au pouvoir, c'est-à-dire aux philosophes. Ils ne concevaient pas d'autre système religieux que celui d'une Église officielle très-liée à l'État. Seulement ils ne voulaient pas que cette Église officielle fût l'Église catholique, qu'ils trouvaient beaucoup trop indépendante, mais une Église gardant certaines formes catholiques pour tromper le vulgaire, et complétement organisée d'après leurs idées. Ils suivirent en conséquence un système bien simple, et qui malgré son extrême impudence pouvait réussir avec un peuple aussi léger

---

(1) « A la lecture de ces lignes, dit M. de Pressensé, page 19, il me semble voir dans le lointain, Robespierre célébrant la fête de l'Être suprême en face de la guillotine... »

que le nôtre. Était-il question de faire quelque chose en faveur du catholicisme, ils déclamaient avec fureur contre toute Église officielle, contre l'intervention de l'État dans le domaine de la conscience ; s'agissait-il au contraire de déterminer les rapports de l'Église et de l'État sous la nouvelle constitution, ils rentraient en plein dans le système de l'Église officielle, ils proclamaient l'omnipotence de l'État, son droit incontestable d'établir une religion nationale, ou de la changer, et développaient la théorie de Rousseau dans toute sa crudité. Une Église un peu officielle était quelque chose d'abominable si elle restait catholique ! mais une Église fabriquée par l'Assemblée pouvait être tout à fait officielle ; on était en droit de l'associer complètement à l'État, d'assimiler ses chefs à de hauts fonctionnaires, de faire intervenir solennellement les pouvoirs publics dans ses moindres arrangements, de lui donner une subvention qui n'était accordée à aucun autre culte, et de persécuter ceux qui refuseraient de la reconnaître. Et les révolutionnaires suivant les besoins de la cause prenaient l'un ou l'autre de ces systèmes parfaitement opposés, comme dans Molière maître Jacques, suivant les questions, prend son habit de cuisinier ou sa souquenille de cocher. Mirabeau surtout a excellé dans cet exercice : il a plus d'une fois dans le même discours soutenu tour à tour les deux systèmes avec cette impudence qui faisait le fond de son caractère, et qui lui a peut-être encore plus servi que son immense talent (1).

Le plan des philosophes était d'avance bien arrêté. Ils devaient d'abord :

Détruire le clergé comme ordre politique,

Lui enlever ensuite toutes ses propriétés,

---

(1) Mirabeau, comme tous les philosophes, n'a jamais considéré la liberté religieuse que comme un sujet d'amplifications utiles à lui-même et à son parti. En 1787 il voyageait en Allemagne, et regrettait que Frédéric n'autorisât point le mariage des prêtres catholiques, et surtout qu'il refusât de laisser à ceux qui se marieraient les revenus de leurs bénéfices ecclésiastiques, « mesure, disait-il, que nous oserions croire digne de ce grand homme. » Ainsi ce grand homme aurait été encore plus grand s'il avait offert une prime aux prêtres qui se marieraient, forcé les catholiques à accepter malgré leur conscience des prêtres mariés, et enrichi des apostats à leurs dépens. La Convention devait agir ainsi ! On voit que si Mirabeau n'a pas imposé le mariage des prêtres au moyen de la constitution civile, ce n'est point par tolérance, mais par prudence, et qu'il aurait adopté le système de la Convention lorsqu'il aurait cru le moment favorable.

Profiter de l'émotion soulevée par cette première campagne contre le clergé, pour le déconsidérer, faire appel aux passions violentes contre lui, et, ce qui était fort important, habituer le pays à le voir bafouer et traîner sur la claie, et à entendre l'Assemblée résoudre les questions religieuses en souveraine maîtresse. Puis lorsque les passions seraient bien excitées, le clergé bien dépopularisé, on suivrait les conseils de Voltaire, on couperait la tête à l'hydre, on ne garderait que des prêtres auxquels on pourrait ouvrir ou fermer la bouche à volonté; on fixerait les articles d'une profession de foi purement civile, et on se souviendrait des paroles de Rousseau pour punir les récalcitrants!

Tels étaient les desseins de ceux qui dirigeaient alors le parti révolutionnaire. Telle fut la politique qu'ils suivirent dès qu'ils se trouvèrent à Versailles en face de l'ordre du clergé.

II.

Lorsque le tiers état exigea que les pouvoirs fussent vérifiés en commun, ce qui devait entraîner, comme tout le monde le pressentit alors, le vote par tête, et par voie de conséquence la suppression des trois ordres, l'opposition du clergé à cette transformation des états généraux fut moins vive que celle de la noblesse. Celle-ci vota la vérification séparée, à la majorité de 188 voix sur 114, et le clergé à la majorité de 133 voix sur 114. Dans la négociation qui suivit, le clergé se montra plus favorable à la conciliation, et fit connaître qu'il était disposé à renoncer à toute exemption pécuniaire. Lorsque Target vint avec une députation l'inviter « au nom du Dieu de paix » à s'unir au tiers, il fut favorablement accueilli, et si la réunion fut seulement effectuée quelques jours plus tard, on peut dire qu'elle était décidée à partir de ce moment. Le clergé n'était pas encore blasé sur les phrases de ce genre; maintenant, quand on lui fait des objurgations pareilles, il les prend pour ce qu'elles valent. Mais alors on pouvait croire à la sincérité du plus grand nombre des partisans de la révolution. Après une invitation pressante du tiers, quelques ecclésiastiques (1) se joignirent à lui. Le 17 juin

---

(1) Trois ecclésiastiques d'abord allèrent trouver les membres du tiers, c'étaient trois curés du Poitou, les abbés Jallet, Lecève et Balard. Les deux

le tiers se déclarait Assemblée nationale, et le clergé, à la majorité de 149 voix sur 115, se ralliait à lui. Le 24, la majorité du clergé, conduite par l'archevêque de Vienne, vint prendre séance avec le tiers état. Bientôt après, le vertueux archevêque de Paris, qui faisait partie de la minorité du clergé, céda à de pressantes sollicitations, et vint à l'Assemblée.

On peut dire que l'ancien régime fut détruit à la mémorable séance du 4 août. Les populations, frappées d'une singulière panique, avaient commis d'horribles excès, et l'on cherchait les moyens d'apaiser les passions imprudemment soulevées. Cédant à un entraînement généreux, les privilégiés s'élancèrent à l'envi à la tribune pour renoncer à leurs droits et demander l'égale répartition des charges publiques. Les nobles, les ecclésiastiques, les parlementaires firent assaut de générosité, et renoncèrent gratuitement à tous leurs privilèges. L'évêque de Nancy, M. de la Fare, s'exprima en ces termes :

« Accoutumés à voir de près la misère et la douleur des peuples, les membres du clergé ne forment pas de vœux plus ardents que ceux de la voir cesser. Le rachat des droits féodaux était réservé à la nation qui veut établir la liberté ; les honorables membres qui ont déjà parlé n'ont demandé le rachat que pour les propriétaires ; je viens exprimer au nom des membres du clergé un vœu qui honore à la fois la patrie, la religion et l'humanité. Je demande que si le rachat est accordé, il ne tourne pas au profit du seigneur ecclésiastique, mais qu'il soit fait des placements utiles pour les bénéfices mêmes, afin que leurs administrateurs puissent répandre d'abondantes aumônes sur l'indigence. »

L'Assemblée, dans cette nuit mémorable, avait décrété l'abolition du servage, des juridictions seigneuriales, des droits exclusifs de chasse, de colombier, de garenne, l'égalité des impôts, le rachat de la dîme, la faculté de rembourser les droits seigneuriaux, l'abolition de la vénalité des offices, la destruction des privilèges de villes et de provinces, etc., etc.

Ce dévouement était admirable ; cependant la froide raison avait le droit de blâmer cette généreuse mais imprudente pré-

---

premiers furent nommés évêques constitutionnels, le lendemain leur exemple fut suivi par six curés, ensuite par dix autres, dont l'abbé Grégoire faisait partie.

cipitation. Tel est le caractère de la nation française, elle ne calcule la portée ni de ses exigences ni de ses concessions : elle s'imagine parfois qu'elle peut établir d'un seul coup la félicité universelle, et prend avec une promptitude fiévreuse des déterminations qui n'engendrent que la discorde et la guerre! Tel était surtout le caractère des hommes de 89! ils croyaient qu'on refait une société en une séance, que la haine, l'envie, la cupidité, ne peuvent tenir devant une belle scène de générosité et d'attendrissement. Il fallait sans doute abolir ce qui restait de la féodalité, mais ne point tout abattre d'un seul coup. Il était indispensable, au moment où la France craignait une immense jacquerie, où la propriété était menacée, de la respecter soigneusement, même dans celles de ses conséquences qui étaient impopulaires. Il ne fallait pas faire avec tant de précipitation de généreux sacrifices, que le peuple oublie bien vite, s'il ne les attribue au calcul et à la peur. Ce n'est point par des scènes dramatiques, quelque belles qu'elles puissent être, qu'un grand peuple peut transformer sans trouble ni guerre civile son organisation politique et sociale. Si l'on avait discuté froidement, et pendant un certain nombre de séances, toutes les importantes questions tranchées si vite en une seule nuit ; si l'on avait fait avec les privilégiés des stipulations nettes et précises ; si l'on avait strictement déterminé les droits et les obligations de chacun après l'abolition du système féodal, ainsi que les mesures transitoires qu'il était indispensable d'adopter, on se serait livré à un travail long et fatigant, mais du moins on aurait enlevé tout prétexte spécieux à ceux qui ne cherchaient qu'à soulever les masses ; on aurait raffermi dans les esprits le respect de la propriété, et évité à la révolution bien des obstacles et bien des hontes. Malheureusement on ne savait pas se résigner à travailler utilement pour la paix et la liberté ; on aimait mieux s'enthousiasmer et s'embrasser un jour, quitte à se déchirer ensuite à belles dents. Cet accord général était trop beau pour n'être pas factice. Beaucoup d'esprits sages disaient que la révolution était faite en réalité par la nuit du 4 août, mais ils n'étaient pas écoutés. Les partis se dessinèrent dans l'Assemblée plus tranchés que jamais. Ceux qui s'intitulaient constitutionnels, et qui en réalité demandaient une république démocratique avec un roi nominal formèrent le côté gauche, conduit par Mirabeau, Barnave, Duport, Lameth, Lechapelier, Lanjuinais, etc.; ceux qui trouvaient qu'on allait bien vite, avec Maury et Cazalès à leur tête, formèrent le côté droit; les modérés, véritables partisans de la monarchie constitutionnelle, se groupèrent au centre; mais, malgré le talent de leurs chefs, Mounier, Malouet, Lally, ils devaient échouer dans leur œuvre de conciliation.

L'Assemblée était encore le 4 août sous l'impression des scènes effroyables qui venaient d'épouvanter Paris et toute la France. On avait commencé par répandre le bruit que l'archevêque de Paris était la seule cause de la désunion des états généraux, et qu'il empêchait une partie du clergé de se joindre à l'Assemblée nationale : d'horribles menaces furent proférées contre lui, et bientôt on essaya de les réaliser. Le 13 juillet plusieurs barrières de Paris avaient été forcées et incendiées; des brigands armés de bâtons et de piques avaient pillé les maisons de ceux qui étaient accusés d'hostilité à la révolution. « On vit bien, dit Bailly, que ce prétexte du patriotisme n'était que le manteau du crime et du vol. » « Ces brigands, dit encore Bailly, qui avaient servi dans l'affaire de Réveillon, et depuis dans tant d'autres, étaient mis en œuvre par ceux qui voulaient précipiter la révolution, et qui hasardaient peut-être cette révolution, plus assurée par la marche sage et légale de l'Assemblée. » Les boutiques des armuriers furent forcées. La maison de Saint-Lazare fut envahie par une foule furieuse et mise à sac. La grande bibliothèque de la communauté, qui contenait 50,000 volumes et plusieurs bibliothèques à l'usage des clercs et des deux pensions établies dans la maison furent détruites. La caisse, qui ne contenait heureusement que cinq ou six mille livres, fut pillée ainsi que le modeste pécule des prêtres et des clercs de la congrégation. On conservait soigneusement la chambre de saint Vincent de Paul avec son mobilier et les objets qui lui avaient appartenu; tout fut saccagé et brisé. Sa statue, qui était dans le vestibule, fut mise en morceaux, et sa tête portée au bout d'une pique. Heureusement aucune indécence ne fut commise dans l'église. Le couvent des filles de la Charité établi en face fut visité violemment par les mêmes émeutiers, sous prétexte de blé caché, mais elles ne subirent aucun de ces outrages qui un peu plus tard devinrent inséparables de ces perquisitions. La populace n'avait pas encore été suffisamment excitée par les prétendus réformateurs du catholicisme.

Le 14 juillet la Bastille était prise, Delaunay et Flesselles égorgés (1), la garde nationale instituée, toute force régulière éloignée de Paris, la désertion encouragée dans l'armée. Une effroyable panique se répandait par toute la France ; ce premier sang versé, loin d'inspirer l'horreur du meurtre, semblait en avoir développé le goût. Quelques jours après (22 juillet), Foulon et Berthier étaient assassinés devant l'hôtel de ville. La populace les égorgea, mais leur perte avait été décidée par des hommes qui étaient au-dessus d'elle. « Foulon et Berthier, dit M. Thiers, furent poursuivis et arrêtés loin de Paris avec une intention évidente. Il n'y eut de spontané à leur égard que la fureur de la multitude qui les égorgea... » Ceux qui s'étaient créés eux-mêmes les magistrats de la ville de Paris montrèrent une mollesse et une inhabileté remarquables ; ils ne surent qu'adresser à une populace altérée de sang de timides supplications (2). Malheureusement ce n'est pas sur elle seule qu'il faut faire retomber la responsabilité de cet horrible événement (3). Grâce à la mollesse du comité, à l'imprévoyance de Lafayette, qui n'avait pas fait garder l'hôtel de ville, le malheureux Foulon est accroché à un réverbère, puis on lui coupe la tête pour la mettre au bout d'une pique. Bien peu de temps après, Berthier est conduit à l'hôtel de ville : les autorités n'étaient que trop prévenues et de son arrivée et du sort qui lui était destiné ; eût-il été le dernier criminel, elles devaient, après ce qui s'était passé, tenir à honneur d'empêcher la populace de commettre un nouveau crime. Elles se montrèrent aussi molles et aussi maladroites que lorsqu'il s'était agi de défendre Foulon. Berthier tomba en se défendant courageuse-

(1) MM. de Salbray, major, Mirai, aide-major, Person, lieutenant d'invalides furent assassinés également, comme complices du gouverneur de la Bastille ; deux simples soldats de la garnison, accusés d'avoir tiré sur le peuple et conduits à l'hôtel de ville, furent saisis et pendus par les factieux.

(2) « Le comité et Bailly font pour Berthier ; ce qu'ils avaient fait pour Foulon, ils prient, ils raisonnent, ils n'agissent point. » (*Mémoires de Ferrières*.)

(3) La populace était excitée ouvertement par des hommes qui ne voulaient pas égorger eux-mêmes, mais désiraient voir le meurtre s'accomplir sous leurs yeux. « On a remarqué, dit Bailly, témoin oculaire, et dans la place et dans la salle même quelques personnes d'un extérieur décent mêlées à la foule, qui l'excitaient à la sévérité. Un particulier bien vêtu s'adressait au bureau, s'écriant avec colère. « Qu'est-il besoin d'un jugement pour un homme jugé depuis trente ans ? »

ment contre les assassins. Ils déchirèrent son cadavre : l'un d'eux lui arracha le cœur ; un autre lui coupa la tête, la prit dans ses mains, et, avec le plus grand sang-froid, monta l'escalier de l'hôtel de ville pour la présenter aux nouvelles autorités. On lui dit avec beaucoup d'égards qu'elles étaient occupées et ne pouvaient le recevoir !

La faiblesse de Bailly a été sévèrement blâmée ; les amis de la révolution ont plaidé pour lui les circonstances atténuantes ; mais lorsqu'un homme dans sa position a vu commettre successivement sous ses yeux deux crimes horribles sans être capable de les empêcher, et que, racontant dans ses mémoires, ses impressions du soir de cette fatale journée, il se déclare fort triste, mais commence par dire naïvement : « J'étais libre de l'inquiétude qui me pesait depuis l'arrestation de M. Berthier, » on éprouve un sentiment voisin de l'indignation. Il avait de trop bonnes raisons de craindre que Berthier ne fût assassiné comme Foulon : les brigands ne l'ont pas pris à l'improviste ; n'importe, il n'a pas su prévenir un nouveau malheur ; quelques heures après Foulon, Berthier, sous ses yeux, a été percé de coups, décapité, on lui a ouvert le corps pour lui arracher le cœur ! Après une pareille journée Bailly rentre chez lui, chagrin sans doute, mais « libre de l'inquiétude qui lui pesait depuis l'arrestation de M. Berthier » (1). Ce malheureux a été égorgé ; évidemment il n'y a plus lieu d'être inquiet sur son sort ! Les mémoires de Bailly renferment plus d'un trait de cette force. L'horrible martyre qu'on lui fit endurer, et l'attitude si digne qu'il sut tenir devant ses bourreaux ont fait du maire de Paris une des plus nobles figures de la révolution ; mais on peut être un très-honnête homme, savoir mourir courageusement et n'être qu'un administrateur incapable et dangereux en temps de révolution. Ce vieillard si faible et si timide devant la populace ne dut sa popularité momentanée qu'à ses défauts, et le jour où il montra quelque fermeté, sa popularité s'envola pour faire place à la haine la plus sauvage.

Les brigands et les assassins avaient beau jeu avec un homme aussi prévoyant et aussi capable ! Bailly représentait parfaite-

(1) « Je craignais et je souhaitais l'arrivée (de Berthier), dit également Bailly après avoir raconté le meurtre de Foulon, pour être débarrassé de cette inquiétude, et que l'événement *quel qu'il pût être*, fût passé. »

ment la majorité du parti dit alors constitutionnel; comme elle, il se refusait à croire que le peuple pût commettre des crimes, et lorsqu'il lui avait laissé saisir ses victimes il ne savait qu'adresser de vaines supplications à des misérables altérés de sang. Mais du moins Bailly n'était pas capable de provoquer des troubles qui pouvaient aboutir à des crimes affreux, comme certains de ses amis politiques, qui, sans s'inquiéter des conséquences de leurs actes, excitaient la populace de propos délibéré afin que ses excès produisissent dans toute la France une terreur utile à leur parti. « Peut-être, dit Ferrières, à propos des meurtres de Foulon et de Berthier, n'était-on point fâché de placer comme un grand exemple, sous les yeux du pouvoir, ce hideux et sanglant tableau des justices populaires. » C'était bien le dessein de ces hommes que Bailly avait vus exciter la populace au meurtre de Foulon.

Pour renverser complétement l'ancien régime et faire perdre tout espoir à ses partisans, des hommes qui n'appartenaient pas au parti révolutionnaire le plus accentué, qui devaient même en être les victimes, résolurent d'exciter un soulèvement général, et de faire prendre les armes à toute la population, soit dans les villes, soit dans les campagnes. Ils comptaient ainsi frapper d'effroi tous ceux qui pouvaient être opposés à leurs projets de transformation politique, et les forcer à la fois à accorder tout ce qu'on leur demandait pour sauver leurs propriétés et leur vie, et à s'incliner humblement devant le parti qui pouvait à son gré exciter et retenir les fureurs populaires. La première partie de ce programme réussit, c'était du reste la plus facile : la seconde avorta complétement, et ceux qui avaient déchaîné les passions révolutionnaires se virent bientôt supplantés par d'autres, dans la direction du mouvement.

Le pays était fort inquiet, et s'attendait aux plus grands événements. Il n'était pas difficile avec beaucoup d'audace de susciter une immense émotion : il s'agissait seulement de n'être pas scrupuleux sur le choix des moyens. Immédiatement après le 14 juillet on vit sur toutes les routes de France des courriers annonçant l'arrivée de bandes de brigands qui fauchaient les blés. Aussitôt les villes, travaillées déjà par l'esprit révolutionnaire, et les campagnes, fort inquiètes d'une détestable récolte, sont prises d'une panique incompréhensible. Tout le monde s'arme, se donne des chefs pour combattre des brigands que l'on ne vient jamais à bout de découvrir. Mais en même temps, et c'était là ce que voulaient les auteurs de la panique, des comités se forment partout qui renversent ou annulent complétement les anciennes municipalités et toutes les autorités existantes; qui s'emparent de l'administration, du commandement de la force armée, procèdent à des enquêtes, des informations, des arrestations. Cette foule de gens de toutes espèces qui avaient pris les armes dans le plus grand désordre pour combattre des brigands imaginaires, pille et dévaste les châteaux, et commet de nombreux assassinats. Les comités qui se sont mis eux-mêmes à la place des autorités, sous prétexte de veiller à la sûreté des citoyens, font des perquisitions et des arrestations nombreuses : sous prétexte de complot contre la nation, ils jettent en prison certaines personnes suspectes d'attachement à l'ancien régime; ils prétendent que c'est pour leur sûreté, mais il leur arrive plus d'une fois de surexciter ainsi les passions de la populace, et de lui laisser immoler ses victimes (1).

La révolution du 14 juillet fut ainsi étendue de Paris à toute la France. On ne sait encore à qui attribuer positivement la conception et l'exécution d'un pareil plan. Ses véritables auteurs n'avaient garde de s'en vanter sur le moment, car il fallait absolument pour les besoins de la cause que le mouvement eût été spontané. Plus tard lorsqu'ils se virent débordés, et menacés par leur propre armée, ils furent encore moins disposés à se proclamer les auteurs peu scrupuleux d'un mouvement qui avait déjà tourné contre eux. On a répété souvent que Mirabeau en était l'auteur; il s'en est défendu, ce qui ne prouve rien, vu le caractère du personnage (2). Malouet dans ses mémoires accuse positivement Duport, Menou, Beauharnais, d'Aiguillon d'avoir organisé cette affreuse panique, et payé les faux courriers avec l'argent du duc d'Orléans. Il a entendu Adrien Duport s'écrier peu de temps après ces événements : « La terreur,

(1) Il ne faut pas oublier que Foulon et Berthier furent arrêtés par des comités qui s'étaient créés eux-mêmes, et lancés par eux au milieu d'une populace qu'on avait eu grand soin d'exciter au meurtre.

(2) Mirabeau eût été encore plus gêné dans ses relations avec la cour si on avait eu à lui reprocher de son propre aveu une pareille complicité. Peut-être n'a-t-il pas été un des principaux organisateurs de cette panique, mais il est difficile de croire qu'il n'y ait point participé.

la terreur, comme il est malheureux qu'on l'ait rendue nécessaire ! » Cette fraction de l'Assemblée croyait venir à bout de la résistance des nobles en leur prouvant qu'ils étaient comme perdus au milieu de populations affolées, et disposées à se servir contre eux des armes qu'elles avaient prises pour résister à des brigands imaginaires.

Si l'on ne peut que soupçonner les noms de ceux qui ont ainsi épouvanté la France entière, tout le monde est d'accord pour reconnaître que tout a été préparé et combiné à l'avance. On ne peut évidemment attribuer à un simple hasard la présence simultanée sur toutes les routes de ces nombreux courriers qui répétaient tous la même fable.

Partout elle fut prise au sérieux. Ainsi, par exemple, à Mamers dans le Maine, deux courriers arrivent tout à coup, le 23 juillet, et rapportent avec effroi que cinq ou six mille brigands envahissent le pays, que Nogent et La Ferté-Bernard ont été pillés, et que la horde dévastatrice n'est plus qu'à trois quarts de lieue. On répand également le bruit que quinze mille brigands ont pillé la ville du Mans; et la population est tellement affolée de terreur que la journée du 23 juillet est restée longtemps célèbre dans le bas Maine sous le nom *du jeudi fou* (1). Les populations soulevées par ces beaux contes se livrèrent à des excès de toutes sortes.

Il en fut de même en Alsace, à l'autre extrémité de la France, à Guebwiller, le chapitre et le château du prince abbé de Murbach furent pillés ; plusieurs châteaux dévastés, le greffe du bailliage de Landser détruit. Dans le Sundgau, les juifs furent pillés et horriblement maltraités. La ville de Soultz par son énergie fit reculer une bande de trois mille paysans. Mais les belles forêts de ce pays furent dévastées et les gardes menacés de mort s'ils osaient faire la moindre opposition aux pillards.

Moins d'un mois après cette jacquerie les syndics des municipalités, qui l'avaient laissée faire, rédigeaient un code pratique à l'usage des campagnes. En voici quelques articles :

1° Les municipalités ont un pouvoir absolu quant à l'administration des communautés ou paroisses.

2° Il ne faut plus payer les impositions au roi.

3° Tout créancier doit perdre sa dette active.

---

(1) Dom Piolin, *Histoire de l'Église du Mans pendant la Révolution.*

4° Les juifs sont payés par les titres qu'on leur a pris.
5° Il faut les chasser tous de la province.
6° On ne doit plus rien aux seigneurs.
7° On n'a plus besoin de juges, chaque municipalité étant le juge naturel des habitants de son territoire (1).

En Normandie, et dans le nord de la France, on se livrait surtout au pillage des blés ; on maltraitait, on assommait les marchands, et toutes les personnes suspectes sous prétexte d'accaparement. Au bout de trois ou quatre jours d'attente vaine, il fallut bien reconnaître qu'il n'y avait pas de brigands ; mais beaucoup de ceux qui s'étaient armés pour les combattre se conduisirent en vrais brigands. Les plus honnêtes et les moins déraisonnables crurent partout voir des accapareurs, et les traitèrent en vrais seigneurs féodaux.

Les lettres particulières renferment de curieux détails sur cette crise. Les commissaires des états du Dauphiné écrivaient à des députés :

« ... Messieurs, vous êtes déjà prévenus des désastres affreux qui affligent cette province, le tableau en devient de plus en plus effrayant, on ne saurait en calculer les suites. Un *grand nombre de châteaux a déjà été livré aux flammes et au pillage, et les incursions se portent sur des maisons particulières. Les propriétés de tous genres sont menacées d'un bouleversement prochain. Les brigands répandus dans les campagnes supposent des ordres du roi d'après lesquels ils se disent autorisés à rétablir l'égalité dans les fortunes* ; en conséquence ils font croire à une grande partie des habitants de ces campagnes qu'en pillant, ravageant, incendiant, ils opèrent le bien public. Nous voyons arriver à chaque instant des courriers de toutes les parties de la province qui viennent réclamer le secours des forces militaires. Mais outre que le Dauphiné ne fut jamais plus dépourvu de troupes qu'il l'est dans ce moment, le peuple se soulève et s'oppose à l'activité de celles qu'on veut mettre en mouvement. Il menace d'assassiner les citoyens braves et honnêtes qui voudraient se joindre aux divers détachements de troupes qu'on se propose d'envoyer dans les lieux où leur présence serait absolument nécessaire. Enfin, messieurs, nous sommes dans une crise terrible, notre position particulière est surtout effroyable,

---

(1) M. Véron-Réville, *Histoire de la Révolution dans le département du Haut-Rhin.*

vous sentez combien il est urgent que vous veniez à notre aide pour garantir la province d'une entière dévastation (1).

Aux environs de Lyon d'horribles excès furent commis ; l'échevin Imbert Colomès, de l'avis des électeurs de la sénéchaussée de Lyon, qui s'étaient provisoirement emparés de certaines attributions du pouvoir, comme ceux de Paris, envoya dans les campagnes des détachements de gardes nationales pour essayer de rétablir l'ordre. Un rapport fut envoyé au comité des recherches. Le détachement sauva la chartreuse de Saleth, qui avait été pillée et que les bandits allaient incendier. Il fut obligé de livrer un assez long combat, à la suite duquel il fit vingt et un prisonniers ; quelques-uns d'entre eux, dit le rapport, étaient nantis de poison. Ce fait est affirmé plusieurs fois. Les gardes nationaux trouvèrent le château de Varenas pillé et brûlé : ils attaquèrent pendant la nuit le château de Ferrières, occupé par une bande de soixante brigands, qui fit feu sur eux et se dispersa dans l'obscurité ; ils purent néanmoins en arrêter un certain nombre, et poursuivirent le reste jusqu'à Saint-Chef et Crémieux. Ceci se passait dans les derniers jours du mois de juillet.

C'était partout la même chose : une chanoinesse de Remiremont écrivait le 27 août à une de ses amies de Paris que les environs de Remiremont étaient saccagés, et de faux placards affichés partout. On disait aux paysans que le roi les autorisait à piller les châteaux. Ce conte odieux avait été répété dans une foule de localités. Nous en retrouvons encore la preuve dans une lettre du vicomte de Carbonnières, également remise au comité des recherches. Pendant dix heures il a été le prisonnier de deux cent cinquante insurgés, qui ont exigé la remise de ses titres et brûlé tous ses meubles.

« ... Mais ce qu'il y a de plus étrange, c'est que ce soient les vassaux des terres, *et que ces malheureux croient fermement agir au nom du roi* ; ils montraient beaucoup de douleur vis-à-vis d'un aussi bon seigneur que des ordres impératifs y forçassent, *mais qu'ils avaient eu des avis que Sa Majesté le voulait ainsi* ; sept ou huit autres châteaux du voisinage ont eu des traitements égaux, tous par leurs vassaux et tous croyant agir par ordre du roi... »

(1) Cette lettre du 3 août 1789 est aux archives du comité des rapports.

Le marquis de Rennepont, seigneur de Roches et Bettaincourt près Joinville en Champagne, vit le 21 juillet son château des Roches envahi par une bande très-nombreuse de paysans qui le sommèrent de leur céder, d'abord une partie, puis la totalité de ses bois, en le menaçant, s'il refusait, de les détruire par la hache et le feu. Un ancien procès avait adjugé ces biens à la famille du marquis, et le domaine lui avait été compté en conséquence. Les paysans pendant toute une nuit le tinrent bloqué dans son château, puis enfin allèrent chercher un notaire pour dresser l'acte de cession auquel le propriétaire fut contraint d'acquiescer. Le lendemain il alla protester à Joinville, mais aucun huissier n'osa signifier sa protestation à ceux qui lui avaient ainsi arraché par violence sa signature. Il se plaignit au comité des rapports, qui le 13 septembre ordonna à la municipalité de Chaumont de prêter main forte au juge criminel pour instruire l'affaire. Les extorsions de ce genre furent très-nombreuses ; au lieu de saccager un château et de briser des meubles, ce qui ne valait aux factieux que le plaisir de détruire, certaines fortes têtes de village persuadaient au paysan qu'il valait bien mieux faire consentir par le propriétaire, le couteau sur la gorge, la cession de certains biens à la commune, ou lui faire souscrire un billet pour une somme assez ronde. La haine pour le système féodal et la joie d'être libre se traduisirent de cette manière bien plus souvent qu'on ne pense, et les comités reçurent à ce sujet de nombreux rapports, qui n'étaient pas de nature à faire envisager sous un aspect poétique l'effervescence révolutionnaire de certains pays.

Les environs de Paris furent naturellement attristés par des scènes déplorables. A Saint-Germain-en-Laye, le 18 juillet, un malheureux nommé Sauvage fut égorgé sous prétexte d'accaparement, et sa tête promenée au bout d'une pique. La députation envoyée par l'Assemblée pour apaiser les perturbateurs ne put réussir à le sauver, et faillit même être mise à la lanterne. Elle fut plus heureuse à Poissy, où les députés conjurèrent le peuple à genoux de laisser la vie à un malheureux nommé Thomassin, qui avait déjà la corde au cou. Une harangue de l'évêque de Chartres le sauva (1).

Que faisait l'Assemblée devant toutes ces horreurs ? Ses me-

---

(1) *Mémoires de Bailly.*

neurs considéraient avec un grand sang-froid cette explosion qu'ils avaient soigneusement préparée et dont ils n'avaient pas prévu tous les odieux résultats, mais qu'ils croyaient devoir assurer leur triomphe à tout jamais; car ils comptaient bien que la noblesse, cruellement châtiée de son opposition, accourrait tout éperdue se mettre à leur discrétion en les priant humblement de la protéger. Ils s'imaginaient vainement que les masses populaires rentreraient dans l'ordre dès qu'ils le voudraient. Des députés qui voulaient la révolution pure de tout excès, et poursuivaient l'établissement de la monarchie constitutionnelle, s'étonnèrent et s'indignèrent. Lally-Tollendal proposa le 20 juillet une proclamation destinée à éclairer le peuple. Bien qu'elle fût extrêmement modérée, elle souleva l'indignation de Robespierre et de Buzot: « On ne pouvait, dit Robespierre, blâmer ceux qui s'étaient soulevés pour repousser une conspiration horrible dirigée contre la nation. » Le projet de Lally fut rejeté. Lafayette prétendit avoir pris des mesures infaillibles pour rétablir la tranquillité. Lally s'écria : « Je décharge ma conscience des malheurs qui vont résulter de votre refus, et je me lave les mains du sang qui pourra couler. »

Ses appréhensions étaient trop bien fondées, puisque le surlendemain Lafayette, malgré les mesures qu'il avait prises, voyait égorger sous ses yeux Foulon et Berthier. Mais la gauche de l'Assemblée assistait à tous ces meurtres avec une horrible indifférence, et il ne lui entrait pas dans la tête que les fureurs populaires pussent jamais se tourner contre elle. D'après Mirabeau, il ne fallait pas s'émouvoir autrement de ces assassinats.

« Il faut, disait-il, des victimes aux nations, on doit s'endurcir aux malheurs particuliers, et l'on n'est citoyen qu'à ce prix. » Sur l'avis donné par Gouy d'Arcy qu'on dressait une liste de proscription de soixante noms parmi lesquels se trouvaient des députés, l'Assemblée vota une pâle et insignifiante adresse (1).

---

(1) Bailly, le matin même du 22 juillet, avait fait rendre aux électeurs réunis à l'hôtel de ville, un décret d'après lequel on devait conduire à l'abbaye « ... les personnes soupçonnées du crime de lèse-nation arrêtées et saisies par la clameur publique..... » C'était, disait-on, dans le but d'empêcher la populace d'égorger immédiatement les malheureux qu'elle poursuivait : on lui donnerait satisfaction en les emprisonnant, et on laisserait se passer ainsi son premier moment de fureur. Bailly, lorsque Berthier lui fut amené, essaya pour le sauver d'user de ce moyen, on sait avec quel succès! Pendant la

Elle confia provisoirement au Châtelet le droit de juger les accusés du crime de lèse-nation. Pour rétablir l'ordre et veiller à la sûreté générale, elle créa un comité des rapports et un comité des recherches, qui se mêlèrent à la fois d'administration, de justice, et de police, correspondirent avec toutes les autorités, reçurent les rapports, les dénonciations des autorités constituées et des simples particuliers. Le comité des recherches était institué pour recevoir les dénonciations contre les agents civils et militaires et les conseillers du roi entrés dans la prétendue conspiration du 14 juillet. « Le calme ne se rétablira point, disait Rewbell, tant que le peuple verra que l'Assemblée refuse de punir les grands coupables qui ont médité sa ruine ; il croira que nous voulons le livrer à la vengeance de ses ennemis, et, devenu furieux, il se fera lui-même justice. » Ainsi l'on s'occupait bien moins de punir les pillards et les assassins que de persécuter des adversaires politiques menacés déjà dans leur vie et dans leurs biens (1). Par ces comités, l'Assemblée s'empara en réalité du pouvoir exécutif, et à côté du gouvernement qui fonctionnait officiellement elle en installa un second, à demi caché, irresponsable, agissant généralement dans l'ombre, détruisant auprès des autorités diverses l'influence morale du premier, et permettant seulement au véritable pouvoir exécutif

---

révolution ce fut la mode d'envoyer les gens en prison *pour leur sûreté :* seulement la populace les égorgeait pendant le trajet !

Après les meurtres de Foulon et de Berthier, Lafayette voulut donner sa démission de commandant de la garde nationale. Bailly l'en détourna, et il fut convenu qu'il la donnerait pour faire connaître son mécontentement, et la reprendrait sur les instances qu'on ne manquerait pas de lui faire. Cette comédie fut jouée avec peu de succès, car si le peuple fit de belles promesses à Lafayette pour lui faire reprendre sa démission, la tranquillité publique n'en fut pas plus assurée.

(1) Si la France en 93 a été soumise au plus épouvantable régime par les jacobins, il faut reconnaître que des révolutionnaires plus modérés leur avaient sans le savoir frayé le chemin. En 89, au lieu de s'indigner des meurtres de Foulon, de Berthier et de plusieurs autres, ils en tiraient prétexte pour persécuter ceux que la populace menaçait du même sort. On pérorait contre les conspirateurs du 14 juillet, comme plus tard contre les conspirateurs du 10 août, qui n'étaient autres que Louis XVI et ses défenseurs, et on continuera à accuser les victimes. Pour justifier le tribunal révolutionnaire Danton dira impudemment que si l'on veut empêcher le peuple de renouveler les massacres de septembre, il faut juger et exécuter les prétendus conspirateurs. Dès 89 on voit poindre ce système.

de s'occuper des affaires dont il ne lui plaisait pas de se mêler. Les comités, étant une émanation de l'Assemblée, auraient eu une grande force pour rétablir l'ordre s'ils avaient voulu sincèrement y travailler; mais, comme l'Assemblée elle-même, ils n'osaient ni réprimer ni même blâmer sévèrement les actes coupables commis au nom de la révolution, et évitaient soigneusement toute responsabilité désagréable. Ils annulaient l'autorité du roi et des ministres, et ne savaient point, par compensation, prendre le pouvoir d'une main ferme. Ils ne montrèrent d'énergie que pour persécuter le clergé (1).

Le comité des recherches s'attribua les pouvoirs les plus illimités; le moindre prétexte lui suffisait pour faire des perquisitions, saisir les correspondances. Il ne respectait même pas la liberté individuelle: sur un mandat signé Voidel et Cochon, on faisait des arrestations non-seulement à Paris, mais dans toute la France (2). La proclamation anodine de l'Assemblée ne calma nullement la populace. Elle continua à s'agiter, à piller et à commettre toutes sortes de violences. Le 3 août elle égorgeait Châtel, lieutenant du maire de Saint-Denis. Le même jour le comité des rapports faisait à l'Assemblée les communications suivantes :

« Les propriétés, de quelque nature qu'elles soient, sont la proie du plus coupable brigandage : de tous côtés les châteaux sont brûlés, les couvents détruits, les fermes abandonnées au pillage : les impôts, les redevances seigneuriales tout est détruit, les lois sont sans force, les magistrats sans autorité, la justice n'est plus qu'un fantôme qu'on cherche inutilement dans les tribunaux. »

---

(1) Volney fit établir le comité des rapports, Duport le comité des recherches. Sur ce dernier comité, voir l'Appendice n° 1.

(2) Sur un ordre du comité des recherches signé Voidel et Cochon, un nommé Rambouillet, se disant aide-major du bataillon Saint-Magloire de la garde nationale de Paris, vint à Limoges, montra son mandat et demanda à la garde nationale de cette ville de lui fournir un détachement pour procéder à l'arrestation de madame de Jumilhac, qui demeurait à douze lieues de Limoges. Il déclara qu'il saurait pourvoir aux besoins de cette troupe. Le détachement lui fut fourni le 16 juillet. Mais plus tard plusieurs officiers de la garde nationale de Limoges écrivirent à Bailly pour qu'on leur tînt compte d'une somme de 123 livres qu'ils avaient déboursée pour cette expédition. Bailly envoya leur réclamation au comité qui avait des fonds à sa disposition.

Pour le règlement du comité, ses ressources pécuniaires et leur emploi, voir l'Appendice n° 1.

Dans le Mâconnais et le Beaujolais soixante-douze châteaux avaient été brûlés. Les attroupements se reformaient toujours, même lorsque la force armée était parvenue une fois à les dissiper. Le désordre était à son comble dans toute la France. Bailly disait « qu'un moteur invisible semait à propos les fausses nouvelles, les craintes, les défiances pour perpétuer le trouble. » A Paris on venait annoncer qu'on avait vu des bandes de brigands à Montrouge, que huit cents hommes armés montaient les Champs-Élysées pour égorger sans doute les patriotes, etc., etc.

Il semblait que l'abolition des droits féodaux, votée d'enthousiasme pendant la nuit du 4 août, aurait dû arrêter tous ces désordres. Il n'en fut rien. On en avait complétement aboli un très-grand nombre, et tous les autres avaient été déclarés rachetables. Les populations ne surent pas ou ne voulurent pas faire cette distinction, et dans une multitude de localités elles refusèrent de payer tous les impôts. L'abolition immédiate du droit de chasse eut aussi des conséquences déplorables. Des esprits prudents les avaient prévues, et dans l'intérêt de la sécurité publique ils auraient voulu qu'on prît certaines dispositions transitoires. On n'en tint aucun compte, on ne prit aucune précaution, et toutes les propriétés furent envahies par des bandes d'hommes armés, qui, sous prétexte de se livrer au plaisir de la chasse, jadis réservé aux seigneurs, dévastèrent les récoltes et commirent très-souvent des actes du plus odieux brigandage.

On continua toujours à s'emparer de force des titres et à les brûler, à saccager les châteaux, et souvent même à assassiner leurs propriétaires. Dans le Languedoc notamment il se passa des scènes épouvantables. Mme de Barras, près d'accoucher, vit couper son mari en morceaux. Dans le Maine, le comte de Montesson et M. Bureau de Roullée, son beau-père furent égorgés dans la ville de Ballon, sous prétexte d'accaparement, et leurs têtes promenées au bout d'une pique par les assassins. Heureusement cinq de ces misérables furent arrêtés, et trois d'entre eux condamnés à mort. Le comte de Falconnaire, vieillard impotent, vit son château envahi par des factieux, qui allumèrent un bûcher, y jetèrent tous ses titres, le mirent dessus et lui brûlèrent les pieds. Il en mourut peu de temps après. Deux de ses meurtriers furent exécutés à Alençon ; mais on ne saurait se faire une idée de la colère que des condamnations aussi justes excitaient non-seulement chez les révolutionnaires violents, mais encore chez les modérés. En Franche-Comté, Mᵐᵉ de Watteville fut forcée, la hache au-dessus de sa tête, de faire l'abandon de ses titres ; la princesse de Listenais dut faire la même renonciation : on lui avait mis une fourche sur le cou, et ses deux filles étaient évanouies à ses pieds. Le comte de Montessu et sa femme eurent pendant trois heures le pistolet sur la gorge, et furent jetés dans un étang. Le baron de Montjustin resta suspendu pendant une heure dans un puits, entendant ses tourmenteurs délibérer s'ils devaient le laisser tomber au fond, ou lui faire subir une mort encore plus cruelle. Ces crimes restèrent impunis pour la plupart. Cependant des exemples étaient nécessaires. On s'obstina tout d'abord à soutenir que ces attentats étaient uniquement l'effet d'un premier mouvement d'effervescence, mais l'ordre ne se rétablit point, et des bandes armées continuèrent à piller et à assassiner pendant tout le reste de l'année 1789 et le commencement de 1790.

Le major de Belzunce fut assassiné à Caen, le 12 août, dans une émeute, et l'on vit des scélérats couper des morceaux de son cadavre, les uns pour en faire un horrible trophée, les autres pour s'en repaître. Bien qu'il y ait eu dans l'histoire de la révolution des actes de cannibalisme parfaitement prouvés (1), on est naturellement porté à croire qu'ils ont dû seulement se produire au plus fort de la terreur, lorsque la guerre étrangère et la guerre civile avaient déjà surexcité toutes les passions ; il n'entre point aisément dans l'esprit que de telles abominations aient pu se passer au début de la révolution, quelques jours après la glorieuse nuit du 4 août ! Malheureusement le fait existe, nous en avons trouvé la preuve irrécusable dans la procédure qui fut dirigée contre les coupables, et dont les pièces ont passé sous nos yeux (2).

Nous donnerons simplement la partie la plus importante des interrogatoires. Le principal coupable s'appelait Pierre

---

(1) Notamment celui dont M. Guillin de Poleymieux fut victime en 1791. (Voir tome II, chap. ıx.)

(2) Cette procédure fut envoyée au comité des recherches ; elle est restée dans ses archives.

Hébert, journalier, âgé de soixante ans, habitant la paroisse de Mottot. Le 12 août, jour de l'assassinat de M. de Belzunce, il était au milieu de la foule.

« ... A répondu qu'il vint au carrefour de Saint-Pierre, où il vit un cadavre qu'on lui dit être celui de M. le vicomte de Belzunce, qu'il s'en approcha, et qu'il demanda à ceux qui l'environnaient la permission de couper un morceau de la chair du cadavre ; que sur la réponse qui lui fut faite qu'il pouvait en prendre, *il coupa à une des cuisses environ un quarteron, dont il donna partie à quelques particuliers qui lui en demandaient* :

« A lui demandé par quel motif il s'est porté à cet acte d'inhumanité. »

« A répondu qu'ayant été informé par le bruit public que M. de Belzunce avait formé des projets destructeurs contre la ville, il regardait comme une fête *sa destruction*, et qu'en agissant ainsi il ne croyait pas manquer à qui que ce soit ; il ajoute au surplus qu'il avait bu quelques coups et qu'il était gris... »

« A lui demandé ce qu'il fit de la chair qui restait. »

« A répondu qu'il se rendit chez le nommé Pelpelle, boulanger, paroisse Saint-Nicolas, *qu'il y fit cuire le morceau de chair, et qu'ensuite il se rendit chez la veuve Lafarge, où il le mangea.* »

Dans un second interrogatoire, il déclare que des factionnaires étaient placés près du cadavre ; mais ce n'était plus qu'un tronc mutilé, la tête, les bras, les pieds étaient coupés, et le corps ouvert ! Il avoua encore en avoir distribué des morceaux à d'autres gens de son espèce (1).

Le boulanger Pelpelle déposa que le morceau de chair était « gros de trois quarterons » ; Hébert était venu lui demander d'un air fort tranquille de faire cuire cette viande à son feu : ne se doutant de rien, il le lui permit, mais un rassemblement se forma autour de sa boutique ; il apprit quel était l'homme qu'il avait reçu et le chassa avec indignation. Nous avons vu plus haut que le cannibale n'eut garde d'oublier son morceau, et qu'il alla le manger ailleurs.

Une nommée Joséphine Richer, femme Sasson, âgée de quarante-huit ans, sage-femme de profession, fut également arrêtée

---

(1) Ces « particuliers » ne sont pas tombés sous la main de la justice. Qu'on se figure autour de ce cadavre horriblement mutilé tous ces chacals à figure humaine, se partageant ses lambeaux !

pour avoir pris des morceaux du corps de M. de Belzunce : la justice trouva chez elle, dans un bocal d'esprit-de-vin, une oreille et un morceau de chair! Elle avait joué un rôle dans l'émeute et excité au meurtre. Pour se défendre, elle soutint qu'elle avait gardé par respect ces lambeaux humains dans de l'esprit-de-vin, qu'elle ne croyait pas commettre un crime, « puisqu'on embaume ainsi les rois ».

Ces misérables furent retenus en prison; mais on s'intéressait à eux! on ne voulait pas que le meurtre de M. de Belzunce fût puni. Le comité des recherches fit des démarches auprès du garde des sceaux pour arrêter en leur faveur le cours de la justice. L'archevêque de Bordeaux, alors garde des sceaux, fut réduit à se justifier devant Palasne Champeaux, alors président du comité des recherches, qui voulait faire mettre en liberté ces deux scélérats. «... Vous paraissez désirer, écrivit le ministre, qu'on rende la liberté aux prévenus punis par une longue détention, et vous croyez la mort de Belzunce liée à des circonstances qu'il serait peut-être bon de faire oublier. » Il lui déclara nettement que tel n'était pas son avis; que de pareils forfaits ne devaient pas rester impunis. Il envoya au comité les interrogatoires des prévenus en le priant de les lire et de s'édifier ainsi sur leur compte. Nous ne croyons pas que le comité ait insisté. Si la gauche de l'Assemblée contenait Robespierre et quelques futurs terroristes, elle était en grande majorité composée d'hommes qui devaient être dégoûtés et effrayés devant de pareilles abominations. Mais ils avaient vanté sur tous les tons la douceur et la vertu du peuple; leur siège était fait, la leçon fut perdue pour eux. Ils ne songèrent qu'à jeter un voile sur ces crimes, à protéger leurs auteurs, et à traiter de calomniateurs et de conspirateurs ceux qui osaient en rappeler le souvenir. Il ne faut pas oublier que pendant ce temps-là on poursuivait avec beaucoup de rigueur pour des conspirations chimériques des personnes soupçonnées d'être hostiles à la révolution !

Le comité des recherches semblait avoir pour principe d'assurer l'impunité à tous ceux qui avaient pillé ou assassiné depuis le 14 juillet. A peu près à la même époque, il intercédait auprès du garde des sceaux en faveur d'un individu qui, pour avoir fait ouvrir de force les portes d'un magasin de blé, avait été condamné à neuf ans de bannissement par jugement prévôtal. Le ministre répondit qu'il ne pouvait y consentir parce que « ce serait ôter à la justice le peu de force et d'activité qui lui restent ». L'indulgence excessive, on peut presque dire la faveur qu'une partie de l'Assemblée accordait aux pillards et aux assassins fut bientôt connue de tout le monde, et il en résulta les plus tristes conséquences. De toutes parts on demandait comme une chose due, et avec une insolence véritable, la mise en liberté pure et simple des plus grands coupables (1). Tel était le résultat des tirades de certains députés en faveur des pillards. Robespierre surtout se distinguait par son ardeur à trouver des conspirateurs parmi ceux qui avaient été pillés et incendiés, et à demander leur mise en jugement.

D'horribles excès furent commis dans le Sarladois et dans le Périgord, où les paysans avaient été soulevés au moyen des contes les plus absurdes. On leur avait dit que le roi, en sabots et en habits de paysan, s'était présenté à l'église dans le banc d'un seigneur qui l'avait chassé honteusement, et que pour ce motif le roi ordonnait à tous ses sujets du tiers de brûler les bancs seigneuriaux, ainsi que les titres, et qu'il donnait quittance générale de toutes les rentes seigneuriales (2).

---

(1) Nous avons retrouvé aux archives du comité des rapports une curieuse pétition du corps électoral de la Guerche, près de Château-Gontier, en faveur de quatre paysans qui avaient pillé le chartrier du château d'Hauteville. On pourrait soupçonner ceux qui l'ont rédigée d'avoir été les complices des quatre condamnés.

Les auteurs de cette supplique commencent par adresser les plus grossières injures à celui qui a été pillé, le sieur de la Rattrie, et à lancer contre lui les calomnies les plus odieuses et les plus invraisemblables. C'est lui, le volé, l'incendié, qui est le vrai coupable! Une femme alliée de sa famille « a pu se repaître du souhait cannibale de voir exterminer toute la nation citoyenne, et de contempler avec une joie féroce la trace de ses pas imprimée dans le sang des citoyens cultivateurs ». Les paysans condamnés ont été entraînés par force : le propriétaire volé est l'auteur d'un véritable guet-apens : il a fait préparer des fagots et brûler d'autres papiers à la place de ses titres : il a voulu, disent-ils, « jouer *cette dangereuse comédie* afin de les incriminer auprès de l'Assemblée nationale, et afin peut-être d'exciter les citoyens à s'égorger,... Parce que le seigneur d'Hauteville aura eu l'adresse, et probablement de bonnes raisons de *faire exécuter le simulacre de l'incendie de son chartrier*, faudra-t-il que quatre cultivateurs utiles périssent, que leurs familles soient ruinées, dispersées, et meurent de misère? » Il est difficile de pousser l'impudence plus loin.

(2) Comité des rapports.

« Il est des boute-feux écrivait-on au comité des rapports, qui dans certaines paroisses osent faire croire au paysan que le roi et l'Assemblée ont proscrit les nobles, prêtres, et seigneurs, et *qu'il y a 600 livres de pension de récompense pour celui qui en tuera un;* en d'autres lieux, que la loi martiale consiste de trois seigneurs ou nobles en tuer un, de trois prêtres, un... »

Aussi les paysans brûlaient tous les titres féodaux, et dressaient des potences devant les châteaux, pour y attacher et le censitaire qui payerait sa rente, et le seigneur qui oserait la recevoir! Ils s'autorisaient des décrets du 4 août pour refuser de payer aucun impôt. Le 29 novembre, M. de Bars, propriétaire du château de Faurie, près Sarlat, reçut la visite d'une bande d'insurgés qui saccagea tout chez lui, et le contraignit à faire donation d'un moulin et d'un pré d'environ six mille livres à un meunier qui était à leur tête, et à leur payer au moins quatre mille livres en rentes et quittances d'arrérages. M. de Bars se réfugia à Sarlat, et porta plainte : trois des meneurs furent arrêtés et emprisonnés dans cette ville. Les pillards et les révolutionnaires qui les excitaient en furent exaspérés : poursuivi par des assassins, M. de Bars fut obligé de se sauver de Sarlat. A Salagnac il fut saisi par une bande de quarante hommes qui l'enfermèrent dans un cachot, où il passa toute la nuit, s'attendant à être pendu le lendemain matin. Les brigands sonnèrent le tocsin dans quinze paroisses, et réunirent ainsi plus de six cents hommes à Salagnac. Ils traînèrent leur prisonnier dans la boue, et l'accablèrent d'insultes et de coups. La garde nationale de Sarlat fit une tentative pour le délivrer, mais jugea ensuite plus prudent de parlementer. Les chefs de la bande déclarèrent qu'ils tueraient sans pitié M. de Bars, si on ne relâchait pas les trois prisonniers. La garde nationale ne jugea pas à propos d'employer la force, et consentit à l'échange.

Les officiers municipaux de Milhau, en Rouergue, écrivaient le 6 décembre 1789, au comité des rapports.

«... Dans des temps où l'indépendance assure l'impunité, et où les ressentiments particuliers ne daignent pas même se couvrir d'aucun prétexte, on a pu, abusant des décrets de l'Assemblée, persuader à des gens simples et avides qu'ils pourraient prévenir le terme fixé pour l'abolition des redevances, ou le redressement de leurs griefs;

de là des renonciations extorquées à main armée des réclamations à force ouverte d'usurpations prétendues; de malheureux propriétaires chassés de leurs héritages... Dans ces petites communautés les juges sont éloignés et l'on n'ose y recourir, les conseils sans autorité; les propriétaires riches ou accrédités sont devenus odieux ou suspects; il *n'existe de force que pour nuire, elle est nulle pour réprimer...* »

Cet état de choses dura jusqu'en 1790 : le 19 janvier le comte de Touchebœuf-Clermont vit son château de Peyrille envahi par une bande de furieux, ses meubles saccagés, ses titres brûlés. Ils le forcèrent de leur accorder quittance de tous les arrérages qui lui étaient dus, avec restitution des rentes perçues depuis six ans. Ils ne se tinrent pas encore pour satisfaits, et exigèrent ensuite le remboursement des rentes perçues depuis vingt-neuf ans! Ils voulaient encore que le remboursement leur fût fait immédiatement. Le comte et son fils se sauvèrent la nuit, et se réfugièrent à Cahors. Quatre jours après le château de Besse, aux environs de Sarlat, qui appartenait également au comte de Touchebœuf, était saccagé comme celui de Peyrille.

De nombreux propriétaires furent victimes de semblables extorsions : très-souvent les pillards exigeaient, le couteau sur la gorge, qu'on leur rendît l'équivalent des rentes qu'ils avaient payées depuis plusieurs années. Des communes qui étaient en procès avec des propriétaires vinrent chez eux leur voler leurs titres à main armée!

En janvier 1790 les populations de plusieurs provinces n'étaient pas encore calmées; le comité des rapports reçut une liste de châteaux dévastés dans le Quercy et le Périgord; certains chefs de la garde nationale paraissaient s'entendre parfaitement avec les brigands. Le comité ne voulut pas s'occuper lui-même de toutes ces affaires, et répondit à ceux qui l'en pressaient qu'il fallait attendre le résultat des poursuites commencées par le parlement de Bordeaux. Mais les anciens tribunaux n'avaient aucune autorité, et leur action était perpétuellement entravée.

Les forêts de l'État, celles du clergé, et très-souvent même celles des particuliers, étaient dévastées par des bandes armées qu'il était impossible d'arrêter. Les fonctionnaires de la maîtrise des eaux et forêts de Paris envoyaient aux comités les rapports les plus graves (1). Le dégât matériel était immense; mais l'audace et le nombre toujours croissant de ces dévastateurs armés étaient faits pour inspirer les plus vives inquiétudes.

Les hommes de lettres et les légistes qui dirigeaient alors le parti révolutionnaire avaient fait appel aux passions haineuses de la populace, pour renverser tous les obstacles qu'ils pourraient rencontrer. Pour le moment, ils paraissaient avoir remporté le plus éclatant triomphe : un soulèvement général avait renversé une partie des autorités anciennes, et celles qui subsistaient encore n'avaient même plus assez de force pour remplir leur mission, en attendant que des autorités nouvelles créées par l'Assemblée vinssent les remplacer définitivement. L'impossibilité d'un coup d'État monarchique était devenue manifeste dès le premier moment : l'armée était si bien passée à la révolution que bien loin d'oser la lancer contre l'Assemblée, on redoutait souvent de s'en servir pour réprimer les plus infâmes brigandages. Les officiers hostiles à la révolution étaient sans influence sur leurs troupes, souvent même maltraités et chassés par elles. Néanmoins les chefs du mouvement n'auraient pas même été en droit de s'écrier comme Pyrrhus, qu'ils étaient perdus s'ils remportaient encore une pareille victoire, car c'était leur victoire elle-même qui les perdait ! Ils avaient déchaîné des passions furieuses, excité des haines et des appétits auxquels ils ne pouvaient donner une pâture suffisante. Ils avaient cru se faire des instruments dociles de tous ces malheureux exaltés, de tous ces misérables qui cherchent dans les troubles publics l'occasion de satisfaire leurs passions; et, sans le savoir, ils s'étaient mis eux-mêmes sous leur dépendance, jusqu'au moment où leurs véritables meneurs jugeraient opportun de les renverser.

Il fallait absolument calmer les passions furieuses soulevées au début de la révolution; et les chefs du mouvement de 89 étaient les hommes les plus impropres à soutenir une politique d'apaisement. Beaucoup d'entre eux en reconnurent la nécessité au bout d'un certain temps; mais ils n'eurent recours

---

(1) Les bois de Boulogne et de Vincennes étaient saccagés par des malfaiteurs armés, ainsi que toutes les chasses royales.

pour rétablir l'ordre qu'à des procédés naïfs et maladroits. Ils furent assez imprudents et assez aveugles pour laisser se former à côté d'eux une puissance grossière, brutale, dirigée habilement par les hommes les plus dangereux. Elle sut d'abord se faire accepter par eux, à cause des insultes qu'elle prodiguait à leurs adversaires, et elle finit par exercer sur les décisions de l'Assemblée une influence aussi honteuse pour sa dignité que désastreuse pour le pays. Nous voulons parler du peuple des tribunes. Dès le début de la révolution on le vit prendre part aux débats par ses applaudissements et ses huées, transporter dans le local même des séances de l'Assemblée les violences de langage, les vociférations des places publiques et des carrefours. Ces interrupteurs des tribunes, pendant la séance et au sortir de la séance, lançaient aux députés trop peu révolutionnaires des injures que les chefs de la gauche par respect pour eux-mêmes n'auraient pas osé proférer, mais qu'ils étaient fort heureux d'entendre prodiguer par d'autres à leurs adversaires. Il leur fallut bien vite compter avec ces tristes auxiliaires, faire des concessions de plus en plus grandes à leurs passions jusqu'au moment où ils durent se résigner à recevoir leurs insultes à leur tour. Mirabeau lui-même eut le temps d'en faire l'expérience (1). Plus tard certains constituants, membres de la Convention, durent payer cher leurs anciennes complaisances pour la populace des tribunes, devenue l'auxiliaire dévouée de leurs proscripteurs.

« La terreur, dont les républicains ne proclament la date qu'en 1793, dit Malouet (*Mémoires*, tome 1, p. 353), date pour tout homme impartial du 14 juillet, et je serais personnellement en droit de la faire remonter plus haut... La veille de la constitution des commu-

(1) En général les écrivains libéraux ont essayé de nier ou tout au moins de pallier la faiblesse et les complaisances des hommes de 89 pour le parti du désordre. M. de Pressensé a rompu avec cette tradition, et blâmé éloquemment leur coupable imprévoyance : « Pour avoir voulu en faire leur instrument (le peuple) et rien de plus, les classes libérales devaient finir par se plier à ses impétueuses volontés, en intronisant le despotisme de la rue, qui est après tout le pire de tous et qui d'ailleurs ramène à l'autre. On applaudit au peuple qui prend et renverse la Bastille. C'est le même cependant qui entourera la guillotine sur la place de la Révolution. Nous verrons que l'émeute n'exerça jamais un plus impérieux ascendant que lorsque la question religieuse fut posée devant la représentation nationale... » (P. 38.)

nes en assemblée nationale, nous étions, au moment de la délibération, dans une agitation extrême; je proposai à l'Assemblée d'examiner froidement et sans tumulte avant de former le décret de quel côté se trouverait la majorité, promettant que le parti de l'opposition, dont j'étais, s'y soumettrait et signerait l'arrêté comme unanime si nous étions dans la minorité. Nous étions sûrs du contraire, et dans un instant tous les *Non* se rangèrent de mon côté, au nombre de plus de trois cents. Pendant ce mouvement un homme de la taille et de la figure d'un portefaix, mais très-bien vêtu s'élance des galeries dans la salle, fond sur moi, me prend au collet en criant : « Tais-toi, mauvais citoyen ! » Mes collègues vinrent à mon secours, on appela la garde; l'homme disparut, mais la terreur se répandit dans la salle; les menaces suivirent les députés opposants, et le lendemain nous ne fûmes que quatre-vingt dix. »

On ne fit absolument rien pour conjurer un danger aussi sérieux. « Ce n'est pas tout de découdre, disait Catherine de Médicis à Henri III, après le meurtre du duc de Guise, il faut savoir recoudre. » Les priviléges étaient abolis, l'égalité de tous les citoyens proclamée, de magnifiques résultats obtenus en fort peu de temps; mais il n'en était pas moins nécessaire de maintenir l'ordre dans la rue, comme autour de l'Assemblée. Il ne fallait pas, après avoir aboli les priviléges politiques, donner le privilége du désordre à un certain nombre d'individus, et en venir bientôt à leur donner pour retraite les tribunes et les alentours de l'Assemblée. Les hommes honnêtes et paisibles qui avaient salué avec bonheur les premières réformes de la révolution ne formèrent bientôt plus, suivant l'expression de Malouet, qu'une foule craintive. Le désordre régnait partout, et l'Assemblée paraissait trouver mauvais qu'on s'en plaignît. Beaucoup de gens, qui ne désiraient nullement le retour des droits féodaux et des anciens abus, commençaient à regretter le temps où leurs propriétés étaient respectées, où le citoyen le plus obscur ne courait pas le risque d'être assassiné comme accapareur par quelques furieux. L'ordre matériel est le besoin le plus pressant, le plus impérieux de toute société policée; il n'y a pas de sacrifice auquel elle ne se résigne, afin d'y pourvoir : notre pays surtout a maintes fois affirmé ce besoin d'ordre matériel d'une manière trop éclatante pour qu'il soit permis de l'oublier. Bien que les hommes de 89 n'eussent pas notre expérience sur ce point, le bon sens seul, et le spectacle qu'ils avaient sous les yeux auraient dû les éclairer. Au lieu de satisfaire à cette exigence si légitime, ils traitèrent de traîtres, de conspirateurs, d'ennemis de la révolution ceux qui regrettaient de l'ancien régime la tranquillité matérielle qu'il leur avait assurée : ils s'acharnèrent si bien après eux qu'ils rendirent les uns à la cause de la monarchie absolue et dégoûtèrent les autres de la révolution. Ils s'imaginaient naïvement n'avoir pas autre chose à redouter que le retour de l'ancien régime ! Trop souvent l'homme de lettres ou le légiste regardait, avec un sourire ironique sur les lèvres, la populace piller la maison de M. le comte ou de M. le chanoine, et restait tranquille dans son cabinet pour y aligner des phrases sur la douceur, les vertus du peuple, et les conspirations tramées contre lui. L'inquiétude allait tous les jours en croissant : ceux qui comptaient profiter du désordre se réjouissaient ouvertement. Parmi les honnêtes gens, les uns cherchaient à s'illusionner, les autres, bien qu'il leur fût impossible de prévoir tous les désastres futurs, attendaient avec une résignation passive, de tristes événements. Les journées des 5 et 6 octobre ne durent pas les rassurer (1) !

III.

Le clergé n'existait plus comme ordre politique : c'était un grand succès pour les idées nouvelles, mais les philosophes trouvaient que ce n'était rien encore. A l'inverse de la foule, ils en voulaient beaucoup moins au clergé considéré comme corps politique qu'à la religion elle-même : c'était cette dernière qu'ils voulaient asservir en attendant qu'il leur fût possible de la détruire complétement. Ils étaient décidés à dé-

(1) « La France, dit Malouet, ne fut plus alors qu'une foule craintive. » Le 21 octobre, à propos de l'assassinat du boulanger François, Robespierre s'emporta encore contre ceux qui demandaient des décrets sévères, et réclama la punition des prétendus conspirateurs royalistes. Le 23 l'Assemblée rendit un décret pour protéger un sieur Couet, de Gien, qui avait été accusé par la populace de faire germer les blés pour les perdre, parce qu'il y avait chez lui une douzaine de gerbes germées après une inondation. Pour éviter le sort de François, il avait abandonné toute sa récolte et on l'avait forcé de déposer à l'hôtel de ville une somme de 37,261 livres pour acheter des uniformes à la garde nationale.

pouiller le clergé de ses propriétés, et à lui donner à la place un salaire qui le mettrait sous la dépendance la plus étroite du pouvoir civil. Le salaire du clergé par l'État fut, à la suite de nombreuses discussions, élevé par la Constituante à la hauteur d'un dogme politique. Des révolutionnaires modérés, qui n'appartenaient pas au clergé, avaient beau prouver qu'il valait beaucoup mieux lui laisser une fraction de ses biens après en avoir judicieusement déterminé l'emploi; que les finances n'y perdraient rien; que la tranquillité publique y gagnerait beaucoup, ainsi que la dignité de la religion, dont l'Assemblée feignait aussi de se préoccuper; c'était peine perdue. L'Assemblée répondait toujours aux meilleurs arguments : le salaire, le salaire, comme Harpagon répète son fameux « sans dot ». Pourquoi donc la Constituante tenait-elle si fort au salaire? Avait-elle étudié soigneusement cette question, soit au point de vue des principes, soit au point de vue pratique? Nullement, elle voulait un clergé salarié, parce qu'elle espérait le tenir ainsi à sa discrétion, et paralyser toutes ses résistances en lui faisant craindre de perdre son pain; et elle ne voulait pas d'un clergé un peu indépendant, parce qu'il n'aurait pas manqué de s'opposer énergiquement aux innovations religieuses qu'elle méditait, et qu'elle comptait au besoin imposer par la force aux consciences catholiques.

Telle était la pensée de la plupart des philosophes lorsqu'ils discutaient la question de la propriété ecclésiastique et exaltaient le salaire du clergé. Depuis trente ans au moins le parti philosophique répétait sur tous les tons que les prêtres devaient être les dociles agents du pouvoir; que le catholicisme, s'il voulait se laisser tolérer dans ce siècle de lumières, devait se résigner à subir de profondes modifications. Le salaire lui fournissait un excellent prétexte pour dépouiller complétement le clergé, et préparer ainsi, sans en avoir l'air, l'exécution de son plan contre la religion catholique. Comme le système du salaire annuel n'avait après tout rien d'impie ni d'antireligieux en lui-même, les philosophes pouvaient le prôner à leur aise sans découvrir complétement leur jeu : sans doute le clergé devinerait leurs desseins et les dévoilerait, mais ils se réservaient de crier bien haut qu'on les calomniait, et que le jour n'était pas plus pur que le fond de leurs cœurs.

Nous ne prétendons nullement que tous les membres de la

Constituante qui ont voté la confiscation des biens du clergé aient fait ce calcul. Les chefs de la gauche l'ont fait certainement, et beaucoup de gens, soit dans l'Assemblée, soit en dehors d'elle, les voyant se prononcer pour le salaire avec tant de persistance, se sont rangés de leur côté. Sans doute leurs partisans n'étaient pas tous animés d'une ardeur aussi fanatique contre la religion, mais il leur était bien indifférent qu'elle fût maltraitée, et ils ne se souciaient pas assez de sa liberté et ne voyaient pas assez loin pour se séparer de leur parti sur la question de la propriété ecclésiastique. Les meneurs de la gauche avaient l'intention bien arrêtée de modifier le catholicisme : sur quels points? ils ne le savaient pas encore précisément. Des sectaires portent toujours leurs efforts sur certains dogmes de la religion ; mais les philosophes de 1789 se trouvaient dans un état d'esprit tout différent. Ils voulaient asservir le catholicisme et en faire un instrument docile du pouvoir civil, leur réforme devait être dirigée dans ce sens; quant à la manière de l'exécuter, quant aux innovations à introduire sur tel ou tel point, ils étaient prêts à faire de larges concessions aux passions et aux fantaisies de ceux qui les aideraient dans leur tâche. Il ne faut donc point s'étonner de voir des jansénistes ou des philosophico-jansénistes rédiger la constitution civile pour les disciples de Voltaire et de Rousseau. Les philosophes connaissaient leur haine pour le saint-siége, et ne craignaient pas qu'ils laissassent subsister quelques liens entre l'Église de France et la Papauté, et pour les rompre habilement, tout en gardant certaines apparences, ils les savaient bien plus habiles qu'eux-mêmes. Ces jansénistes déblayaient le terrain; leur phraséologie religieuse rassurait les gens qui n'y regardaient pas de près, et les philosophes, pour récompenser leurs services, faisaient des concessions importantes à leurs passions de secte sur des questions qui laissaient les voltairiens tout à fait indifférents. Cette coalition se fit pendant la campagne dirigée par les philosophes contre la propriété ecclésiastique. Les jansénistes voulaient une Église séparée en fait du centre de la catholicité; pour y arriver, ils se faisaient les auxiliaires des philosophes, mais cependant ils ne désiraient pas que cette Église nouvelle, dont ils comptaient bien être les maîtres, fût absolument à la discrétion de l'État, et préféraient d'abord au salaire une dotation territoriale. Ils virent bientôt qu'ils n'étaient pas assez forts pour se passer des philosophes. Mais au début quelques-uns d'entre eux montrèrent une certaine indépendance, lorsqu'on discuta la dotation du clergé.

Pendant la fameuse nuit du 4 août il avait été décidé que les dîmes seraient rachetées. La stipulation était expresse, et c'est à tort que certains historiens ont supposé que la question n'était pas tranchée (1). Buzot, dans la séance du 6 août, déclara hautement, au milieu des applaudissements de la gauche, que les biens ecclésiastiques appartenaient à la nation, et prétendit que les cahiers du clergé en lui demandant l'augmentation des portions congrues avaient reconnu son droit. Il était difficile de raisonner plus à côté de la question, car ces cahiers supposaient le maintien de l'Église dans ses droits politiques et le vote par ordre. « Le clergé, dit-il encore, n'a rien de mieux à faire que de sauver lui-même les apparences, et de paraître faire de lui-même tous les sacrifices que des circonstances impérieuses le forceront à faire. » On a beaucoup reproché au clergé d'avoir manqué d'esprit de conciliation; pourtant il en avait fait preuve le 4 août, et c'était par de pareilles insolences qu'on prétendait l'attacher à la révolution. Le 10 août, à l'occasion d'un projet d'emprunt, un député proposa de grever les biens ecclésiastiques d'une somme annuelle de 1,500,000 livres pour les intérêts, et de 500,000 pour l'amortissement, et d'un droit semblable aux annates sur les bénéfices vacants.

L'archevêque d'Aix et plusieurs évêques déclarèrent que le clergé était prêt aux plus grands sacrifices. La discussion s'engagea vivement sur la question du rachat. On voulait que les dîmes ecclésiastiques fussent déclarées supprimées sans rachat, et qu'au contraire les dîmes passées à des laïques fussent rachetables. L'état se chargerait de subvenir aux besoins des ecclésiastiques. Plusieurs orateurs qui devaient plus tard soutenir énergiquement la constitution civile résistèrent aux philosophes. Lanjuinais déclara hautement que la dîme était sacrée, que son prix devait être racheté, et placé pour l'entretien du clergé et le soulagement des pauvres. Le curé Jallet,

---

(1) M. Thiers, qui dans son *Histoire de la Révolution* ne peut être suspect de partialité pour la propriété ecclésiastique, dit très-nettement que proposer ainsi de supprimer la dîme sans indemnité, c'était « revenir sur une résolution prise ».

futur constitutionnel, se montra peu favorable au rachat ; les campagnards, selon lui, préféreraient dans beaucoup de pays continuer à payer la dîme en nature. L'évêque de Dijon demanda que le rachat fût fait en biens fonds, et l'abbé Grégoire soutint cette proposition. Quand on voit la même théorie soutenue par des gens qui plus tard prirent des partis si opposés, on est en droit de croire qu'un accord aurait pu s'établir sur ce terrain ; mais les fanatiques antireligieux craignaient que l'exécution de certains de leurs projets n'en fût entravée, et Mirabeau fit un discours extrêmement violent contre le rachat de la dîme. Il nia qu'elle fût une propriété ni même une possession, elle n'était, selon lui,

« ... Qu'une contribution destinée à cette partie du service public qui concerne le ministère des autels : c'est le subside avec lequel la nation salarie les officiers de morale et d'instruction ! J'entends à ce mot de salaire beaucoup de murmures, et l'on dirait qu'il blesse la dignité du sacerdoce ! Mais, messieurs, il serait temps dans cette révolution, qui a fait éclore tant de sentiments justes et généreux, que l'on abjurât les préjugés d'ignorance orgueilleuse qui font dédaigner les mots salaire et salarier. Je ne connais que trois manières d'exister dans la société : il faut y être mendiant, voleur, ou salarié. Le propriétaire n'est lui-même que le premier des salariés, *ce que nous appelons vulgairement la propriété n'est pas autre chose que le prix que lui paye la société pour les distributions qu'il est chargé de faire aux autres individus par ses consommations et ses dépenses* : les propriétaires sont les agents, les économes du corps social. »

Il est difficile de professer sur la propriété et le salariat une théorie plus ridicule et plus dangereuse à la fois. C'est proclamer hautement que toute propriété quelle qu'elle soit est à la discrétion de l'État, c'est-à-dire qu'il n'y a point de propriété. Pour détruire la propriété ecclésiastique, Mirabeau prêchait le communisme. En 89 bien des modérés ne cherchaient point à arrêter les excès de la populace, parce qu'ils ne croyaient point qu'après avoir pillé les châteaux elle dût un jour s'attaquer à eux ; ils furent bien détrompés au bout de deux ou trois ans ! De même aussi, bien des gens attaquaient avec fureur la propriété ecclésiastique par des arguments qui s'en prenaient à toute espèce de propriété, et ils croyaient fermement que la propriété ecclésiastique serait seule ébranlée. Leurs descendants peuvent voir maintenant quel chemin ont fait ces doctrines que le grand orateur de la révolution a prônées avec tant d'insolence.

Mirabeau n'avait pas cessé de faire appel aux passions, et de lancer des affirmations audacieuses, sans toucher le fond de la question. Sieyès lui répondit par un des discours les plus sérieux qui aient été prononcés à l'Assemblée constituante.

« J'aurais désiré, dit-il, qu'on eût avisé aux moyens de subvenir aux besoins du clergé avant d'abolir; on ne détruit pas une ville, sauf à aviser aux moyens de la rebâtir. L'Assemblée a arrêté le 4 août que la dîme était rachetable, et aujourd'hui il s'agit de la rédaction de cet article, et l'on vous propose de prononcer que la dîme ne doit point être rachetée. Soutiendra-t-on qu'il n'y a dans ce changement aucune différence de rédaction ? Certe la plaisanterie est trop léonine... »

Il ne faut pas supprimer la dîme, continue Sieyès, il faut simplement la remplacer comme il a été décrété le 4 août. Il répondit avec beaucoup de force et de logique aux affirmations de Mirabeau. On discute la propriété ecclésiastique, mais où trouve-t-on des titres originaires parfaitement évidents ? Par haine pour une espèce de propriété, on arrive ainsi à les ébranler toutes. Il établit très-nettement que Mirabeau avait eu tort de comparer la dîme à un impôt, qu'on est libre de conserver ou d'abolir, car jamais la nation n'a établi cette taxe. « Toutes nos coutumes sont dans ce cas ; elles n'ont pas dit : la dîme sera payée, elles ont dit : c'est à tort que quelques-uns refusent de payer la dîme. » C'est une redevance que les propriétaires se sont jadis imposée volontairement, et ils étaient libres de donner leurs biens sous certaines conditions. La dîme est une propriété qu'il ne faut pas éteindre, mais transformer par le rachat. Pourquoi la supprimer au profit des propriétaires et leur faire un cadeau de 70 millions de rentes? Lorsqu'ils ont acheté leurs terres, ne leur a-t-on pas tenu compte, pour le prix d'acquisition, des dîmes dont elles étaient grevées. C'est un pur cadeau, car les terres sont achetées constamment moins la dîme qui les grève. On parle de l'intérêt des fermiers, mais la charge de la dîme est comptée aussi bien pour les fermages que pour les ventes. La dîme supprimée, le propriétaire élèvera son fermage d'autant : on ne peut donc parler de l'avantage du peuple, le profit est pour les riches, tandis que la somme provenant du rachat serait à la fois utile à l'Église et à l'État sans manquer au but primitif des dîmes. Il déclara nettement à l'Assemblée qu'après une pareille décision l'État ne devait plus s'attendre à percevoir les dîmes, et qu'en attendant le clergé serait exposé à mourir de faim.

« J'ai beaucoup entendu dire qu'il fallait bien aussi que le clergé fît son offrande ; j'avoue que les plaisanteries qui portent sur le faible dépouillé me paraissent cruelles... Ne faisons pas dire à la France, à l'Europe que le bien même nous le faisons mal. Je vous demande, non pas s'il vous est commode, s'il vous est utile de vous emparer de la dîme, mais si c'est une injustice. Ils veulent être libres, ils ne savent pas être justes... »

Ces paroles mémorables peuvent s'appliquer à beaucoup d'actes des révolutionnaires même modérés. Ils ne savaient pas, ou plutôt ils ne voulaient pas être justes, et ils voulaient surtout être libres de satisfaire pleinement leurs rancunes, qu'elles fussent ou non fondées. La question du rachat des dîmes avait été traitée de haut et avec beaucoup de sens pratique par Sieyès : personne ne lui répondit sérieusement. Les membres de la gauche ne pouvaient pas dire publiquement : « Nous gaspillons volontairement d'immenses ressources, parce que nous sommes dominés dans cette discussion par une arrière-pensée antireligieuse. Nous voulons être libres de fabriquer une nouvelle Église, et nous serions désolés d'être justes envers l'ancienne. » A la séance du 11 Garat cria bien fort que les corps moraux existaient seulement par la société, et qu'elle pouvait à son gré les détruire et s'emparer de leurs biens. Goupil de Préfeln et Ricard parlèrent pour l'abolition complète des dîmes. Alors plusieurs curés se lèvent, déclarent qu'ils les abandonnent complétement, et viennent signer leur déclaration au bureau. L'archevêque d'Aix, plusieurs évêques et gros bénéficiers plus intéressés qu'eux à la conservation des dîmes déclarent y renoncer... « Pendant une demi-heure, dit *le Moniteur*, le bureau est plein de membres qui vont signer leur déclaration au milieu des applaudissements et des mouvements tumultueux de l'Assemblée et de l'auditoire. » L'archevêque de Paris fit sa renonciation en ces termes.

«... Que l'Évangile soit annoncé, que le culte divin soit célébré avec décence et dignité, que les églises soient pourvues de pasteurs vertueux et zélés, que les pauvres du peuple soient secourus, voilà la destination des dîmes, voilà la fin de notre ministère et de nos vœux; nous nous confions dans l'Assemblée nationale, et nous ne doutons pas qu'elle ne nous procure les moyens de remplir des objets aussi respectables et aussi sacrés. »

Le cardinal de La Rochefoucauld, archevêque de Rouen, et l'évêque de Perpignan s'associèrent solennellement à cette déclaration. Il était convenable de témoigner cette confiance; mais quand bien même ils l'auraient éprouvée un moment, il leur aurait été impossible de la conserver longtemps.

Il fut donc décidé, le 11 août, que les dîmes de toutes natures possédées par les corps séculiers ou réguliers, les bénéficiers, les fabriques étaient abolies, sauf à aviser aux moyens de subvenir d'une autre manière aux besoins du culte divin; mais jusqu'au moment où les anciens possesseurs entreraient en jouissance de leur remplacement, les dîmes devaient êtres perçues. Les dîmes laïques étaient déclarées rachetables, et jusqu'à ce que l'Assemblée eût réglé les conditions de ce rachat, la perception devait être continuée (article 5). Mais, comme Sieyès et tous les hommes pratiques l'avaient annoncé, les dîmes ecclésiastiques ne furent plus payées; les populations ne comprenaient pas qu'il fallût encore payer un impôt contre lequel on avait tant crié. Leur recouvrement devint impraticable. Le comité ecclésiastique se donna un mal énorme pour éclairer les autorités et stimuler leur zèle, mais ce fut inutile. L'État perdit ainsi des sommes importantes, mais les philosophes avaient bien d'autres soucis!

Il fut décidé également (article 5) que le casuel des curés serait supprimé dès que leurs traitements auraient été réglés; qu'à l'avenir on n'enverrait en cour de Rome aucuns deniers pour annate (1) ou pour quelque autre cause; et que les diocésains

(1) L'annate était primitivement une somme égale à une année de revenu d'un bénéfice; le titulaire nouveau la payait en recevant l'investiture. En France avant 1789 c'était un droit très-inférieur au revenu d'une année que les pourvus de bénéfices consistoriaux nommés par le pape acquittaient en retirant leurs bulles. L'Église est une vaste société, chacune de ses fractions a des besoins particuliers; mais l'Église a aussi des besoins généraux, auxquels il est juste que chacun contribue. Telle est l'origine du droit

s'adresseraient aux évêques pour toutes les provisions de bénéfices et dispenses. En édictant cette dernière disposition l'Assemblée cessait de s'occuper des biens du clergé pour s'aventurer sur un terrain bien plus délicat. Par l'article 17 elle « proclame solennellement le roi Louis XVI restaurateur de la liberté Française. »

Cette discussion prouva très-clairement que la gauche avait son parti pris sur la manière de régler les rapports de l'Église et de l'État. Mirabeau dévoila audacieusement le plan de l'Assemblée, son dessein arrêté d'avoir un clergé fonctionnaire, officier de morale et d'instruction. Ainsi, dans le système de Mirabeau, lorsque le prêtre parlerait en chaire ce ne serait plus au nom d'une Église fondée avant tous les États de l'Europe et qui s'étend sur toute la terre, mais au nom du gouvernement, pour l'utilité de ce gouvernement, qui a besoin qu'on enseigne au peuple à ne pas voler et à respecter son autorité; ce ne serait plus un pasteur véritable, mais un agent de l'État, tenant de lui son autorité sur les consciences; et cet officier de morale devrait naturellement se tourner vers le pouvoir pour savoir de lui sur quels points de morale il lui fallait appuyer, et s'il n'y en avait pas sur lesquels la politique exigeait qu'il glissât légèrement! Quand bien même les philosophes n'auraient pas déjà annoncé depuis longtemps leur intention formelle de modifier le catholicisme, la déclaration de Mirabeau, applaudie par la majorité, aurait amplement suffi pour donner l'éveil aux consciences. L'Assemblée voulait bien autre chose que la réforme des abus, elle méditait un grand coup, non pas contre les gros bénéficiers, mais contre le catholicisme lui-même. Dans la question des dîmes elle s'était dit, « le salaire du clergé facilitera l'exécution de mes projets, » et elle n'avait même pas voulu examiner quel parti présentait le plus d'avantages au point de vue de la pacification des esprits et des finances de l'État. L'impulsion était donnée : dans toutes les discussions sur les biens du clergé on

---

d'annate. En vertu du même principe, dans beaucoup de diocèses les bénéficiers payaient à l'évêque un droit identique sous le nom de déport. L'annate ne pouvait plus exister si l'État confisquait les biens du clergé; mais tant que cette confiscation n'était pas prononcée, on avait le droit de blâmer l'Assemblée d'abolir ainsi un usage parfaitement licite en soi, et qui datait de plusieurs siècles, sans entamer la moindre négociation avec le saint-siége.

retrouvera la même détermination, de plus en plus arrêtée, de se faire un clergé servile, et de ne lui accorder dans ce but aucune propriété territoriale.

A la séance du 26 septembre un député proposa de demander à l'Église le sacrifice de son argenterie, qui devait, disait-il, s'élever à cent quarante millions ; le clergé, par l'organe de l'archevêque de Paris, accéda à cette demande, et déclara abandonner tout ce qui n'était pas nécessaire à la bienséance du culte. Lorsqu'il faisait des renonciations de ce genre, on ne lui en savait aucun gré ; les révolutionnaires disaient avec un air impertinent qu'elles étaient bien inutiles, car ils auraient pu prendre de force ce qu'on leur abandonnait, et qu'elles n'étaient faites que dans le but de sauver les autres biens. Si le clergé n'avait pas fait ses renonciations pécuniaires du 4 août, du 11 août et du 26 septembre, nous entendrions aujourd'hui des partisans modérés de la révolution se plaindre de son avarice et de son indifférence pour les maux du peuple, et proclamer hautement que s'il avait fait seulement certains sacrifices, la généreuse Assemblée n'aurait jamais pris le parti radical de lui enlever tous ses biens et d'instituer le salaire des cultes, qui est maintenant en défaveur auprès d'une fraction du libéralisme !

Après les affreuses journées des 5 et 6 octobre la famille royale avait dû s'installer au Tuileries. L'Assemblée allait aussi quitter Versailles pour Paris. Les passions étaient horriblement soulevées, et les ennemis du clergé l'avaient désigné aux outrages et aux coups des brigands. Les prédications furibondes des philosophes avaient rapidement porté leurs fruits ; déjà la populace ne s'attaquait plus aux ecclésiastiques à cause de leurs opinions politiques, mais à cause de leur ministère. Les ecclésiastiques de la gauche de l'Assemblée craignaient pour eux-mêmes, et l'abbé Grégoire, qui avait déjà fait assez de sacrifices à la popu-

---

(1) Si l'Assemblée avait tenu compte du discours de Siéyès, de grands maux auraient été évités. M. de Pressensé, qui ne peut être suspect d'amour pour la dîme, s'est exprimé très-nettement sur ce sujet. «... Sans prétendre qu'on dût se conformer à ses vues, nous croyons que c'est dans cette voie qu'il fallait chercher la conciliation des droits anciens et des intérêts nouveaux. On ne courait pas le danger d'exaspérer la résistance cléricale, et on attachait l'Église de France à la liberté, en la lui concédant largement. C'est ce qui ressortira avec plus d'évidence des orageuses discussions sur les biens ecclésiastiques... »

larité pour être sûr de ne courir aucun risque tant que la seule qualité de prêtre ne serait pas un motif de proscription, exprimait à la séance du 8 octobre les craintes que la translation prochaine de l'Assemblée à Paris lui faisait éprouver pour la sûreté de tous les ecclésiastiques. « Pense-t-on que les députés du clergé puissent se rendre à Paris, et braver en sûreté les outrages et les persécutions dont ils sont menacés?.... Quel est le délit des ecclésiastiques de cette Assemblée?... » Et sans faire aucune distinction il louait la conduite du clergé depuis la révolution, exaltait les écrits révolutionnaires de certains ecclésiastiques ses amis (1), et faisait ressortir l'empressement avec lequel tous ses confrères avaient renoncé aux dîmes. « Quel est le prix qu'ils en reçoivent? Le peuple de Paris les outrage. Il n'y a pas de jour que les ecclésiastiques ne soient insultés à Paris. » Et il demandait que l'Assemblée fît au peuple une proclamation pour l'inviter à ne plus insulter les membres du clergé. Il n'avait rien exagéré. Lorsque l'Assemblée dut traiter à Paris les questions religieuses, l'insolence des tribunes dépassa toute mesure, et la foule hurlante qui se pressait à ses portes fit courir les plus grands dangers aux ecclésiastiques députés et à leurs défenseurs laïques.

Le 11 octobre, Talleyrand, au nom d'un comité institué le 28 août pour examiner un projet d'emprunt, réclama la confiscation des biens du clergé. Un évêque venait ainsi demander la spoliation de son ordre, et prêter son concours aux ennemis du catholicisme, dont il connaissait parfaitement les mauvais desseins. Mais il était entré uniquement dans l'Église à cause des avantages qu'elle lui offrait; il prévoyait sa ruine : en habile homme il tournait le dos à une corporation qui allait cesser de l'enrichir, et spéculait sur sa spoliation au profit de son ambition personnelle.

(1) Il ne fut pas heureux dans ces apologies, car il exalta un pamphlet violent sur la mainmorte d'un abbé Clerget, curé de Franche-Comté. Dans ce pamphlet on trouvait cette fable odieuse, que les comtes de Maîche, seigneurs de Montjoie, avaient droit lorsqu'ils étaient en chasse l'hiver d'ouvrir le ventre à un paysan pour s'y chauffer les pieds. En copiant une ancienne charte on avait écrit *serf* au lieu d'un *cerf* à quatre pattes dont il s'agissait, et dont la chair et la peau, en vertu de cette charte, appartenaient au seigneur. Ce conte odieux et burlesque à la fois obtint sur le moment un certain succès, et nous ne serions pas surpris de le voir reparaître encore dans les journaux d'un certain parti. (V. M. Jules Sauzay, tome I.)

L'évêque d'Autun avait complétement adopté sur ce point les idées des philosophes. Il proposa donc à l'Assemblée de s'emparer de tous les biens du clergé, et de lui assurer seulement un traitement convenable (1). Revenant sur le décret du 11 août, il estimait le produit des dîmes à 80 millions, celui des biens fonds ecclésiastiques à 70. La nation confisquerait les biens fonds. Sur le prix de vente on rembourserait la rente que le clergé payait à l'État. Avec le reliquat et le produit des dîmes, l'État assurerait au clergé à peu près cent millions de revenus, variables suivant le prix du blé, qu'on estimerait tous les dix ans. Plus tard cette charge serait réduite à 85, peut-être à 80 millions, par l'extinction d'un grand nombre de titulaires de bénéfices que l'on pourrait supprimer. Cette dotation du clergé serait solennellement reconnue comme dette de l'État.

Les dîmes seraient payées avec les autres impositions; la seconde année elles seraient diminuées au profit des plus pauvres. Une commission de 36 membres, où les ecclésiastiques seraient en majorité, surveillerait cette immense opération, à moins qu'on ne préférât une assemblée spéciale. Les titulaires de bénéfices subiraient une réduction dans leurs revenus. Les curés ne pourraient pas avoir moins de douze cents livres par an, et dans les villes leur casuel ne serait pas entièrement supprimé. Il serait interdit de faire des vœux dans aucune communauté jusqu'à ce que l'Assemblée eût pris une décision sur celles qui devaient être conservées.

Deux jours après, le 13 octobre, Mirabeau, qui voulait à toute force présenter dans les questions religieuses les motions les plus radicales, demanda à l'Assemblée de décréter :

1° Que la propriété des biens du clergé appartient à la nation, à la charge pour elle de pourvoir à l'existence des membres de cet ordre;

2° Que la disposition de ces biens sera telle qu'aucun curé ne pourra avoir moins de douze cents livres, avec le logement.

La gauche tenait beaucoup aux douze cents livres des curés,

---

(1) Dans le système proposé par Talleyrand, on devait toucher encore la dîme pendant quelque temps, puis on la convertirait en une prestation en argent au profit de l'État. Comme Malouet le fit observer plus tard, ce plan reposait sur la conservation de la dîme détruite le 11 août; on se souciait beaucoup d'enlever la dîme au clergé, mais non d'en alléger les contribuables, sur lesquels on aimait à s'apitoyer officiellement.

et en parlait constamment, dans l'espoir d'acheter ainsi leur complicité, ou tout au moins leur neutralité dans la guerre qu'elle allait faire au catholicisme.

Depuis le décret du 11 août sur les dîmes, la question de la propriété ecclésiastique était vivement débattue en dehors de l'Assemblée, dans les journaux et dans les pamphlets. Les diverses fractions du parti révolutionnaire, dociles à l'impulsion donnée par les chefs de la gauche lors de la discussion des dîmes, s'étaient réunies pour réclamer l'abolition de la propriété ecclésiastique et le salaire du clergé. L'opinion contraire était cependant défendue, en dehors du haut clergé et de la droite, par des esprits vraiment libéraux, mais indépendants des passions du moment. Sieyès publia un écrit dans lequel il combattit énergiquement les adversaires de la propriété ecclésiastique, et dévoila avec beaucoup de verve les mesquines passions qui faisaient agir la plupart d'entre eux. Il répond aux philosophes, qui ne veulent voir dans le clergé qu'un corps moral....

«... La nation est-elle donc autre chose ? Vous aurez beau faire déclarer à la nation que les biens dits ecclésiastiques appartiennent à la nation, je ne sais ce que c'est que déclarer un fait qui n'est pas vrai. Lors même que saisissant le moment favorable vous feriez déclarer que les biens du Languedoc appartiennent à la Guyenne, je ne conçois pas comment une simple déclaration pourrait changer la nature des droits... »

«... Souffrirez-vous que de petites passions haineuses viennent assiéger votre âme, et réussissent à souiller d'immoralité et d'injustice la plus belle des révolutions ? Quitterez-vous le rôle de législateur pour vous montrer ; quoi : des anti prêtres ? Ne pouvez-vous oublier un instant cette animosité contre le clergé dont je ne conteste point l'existence... Mais est-ce à vous de recueillir les opinions qui règnent à cet égard dans les rues, dans les cafés et dans les salons de Paris ? Devons-nous servir cette jalousie bourgeoise qui tourmente l'habitant des petites villes contre M. le chanoine ou M. le bénéficier ? Toutes ces misères de l'homme privé ne sont point faites pour nous guider dans notre carrière. Le clergé comme tous les corps de l'État doit être pris en masse. Il faut dire, il faut savoir au moins ce qu'il doit être avant de l'attaquer dans ce qu'il est... »

On engagea une discussion très-vive sur la propriété ecclésiastique. Camus, le futur rédacteur de la constitution civile, fit cette fois acte d'indépendance à l'égard des philosophes. Il soutint le droit du clergé à être propriétaire. Il a fait des acquisitions sous l'autorité des lois : on envahit ses biens sous Charles Martel, et Charlemagne donna la dîme comme indemnité. « Si les corps se sont éloignés de leur destination, il faut les y rappeler, mais non les détruire... » Si l'administration de leurs biens appartient à la nation, comme on le prétend, elle ne peut en disposer sans acquitter la créance privilégiée qui les grève, c'est-à-dire sans s'occuper des pauvres, sans assurer la subsistance des pasteurs. Il ne suffit pas de s'occuper des curés, il faut penser aussi aux évêques, aux chapitres, aux communautés savantes; il faut donc rejeter la proposition, ou attendre, pour décider en connaissance de cause, que le comité ecclésiastique ait remis les états de l'avoir et des dettes du clergé.

L'abbé d'Eymar défendit la propriété ecclésiastique en principe, et offrit l'abandon de la moitié ou des trois quarts de son revenu net. Maury fit un discours très-incisif, qui excita les colères de la gauche.

«... La ruine absolue du clergé séculier et régulier semble être décidée dans cette Assemblée ; mais si c'est la force du raisonnement qu'il faut combattre, nous pouvons ne pas désespérer de notre cause... Le clergé possède, puisqu'il a acquis et qu'il a reçu. Les biens du clergé appartiennent à la nation comme la province de Bourgogne appartient à la nation, et la province de Bourgogne a des propriétés : de même les biens du clergé appartiennent à la nation et le clergé a des propriétés : le clergé possède parce qu'il a acquis et reçu : qu'on prouve qu'il a usurpé... Que diriez-vous d'un seigneur de paroisse ruiné qui après avoir assemblé ses créanciers leur abandonnerait les fonds dont il a doté la cure ? Cet exemple vous révolterait sans doute : eh bien, messieurs, vous allez donner cet exemple sur quarante-cinq mille paroisses... »

Barnave, qui représentait alors tout autant que Robespierre le parti prêtrophobe, fit, en attaquant la propriété ecclésiastiques, des déclarations de principes extrêmement graves.

«... Le clergé, dit-il, existe par la nation : la nation pourrait le détruire : il résulte évidemment de ce principe que la nation peut retirer des mains du clergé des biens qui n'ont été affectés et donnés que pour elle... »

Ainsi le sacerdoce n'existe que par l'État, il n'y a pas d'Église distincte de l'État ! c'est seulement une fonction administrative. Un autre enfant terrible du parti, Garat jeune, dit avec une franchise dont les chefs de la gauche ne durent pas être fort satisfaits pourquoi la révolution tenait tant à un clergé salarié!

« Il importe à la nature d'une constitution publique et d'une nation que les fonctionnaires ne soient payés que par la nation. S'ils sont propriétaires, ils peuvent être indépendants : *ils attacheront cette indépendance à l'exercice de leurs fonctions...* »

Pourquoi donc cette peur effroyable de l'indépendance du clergé dans l'exercice de ses fonctions? C'était déjà un vrai secret de comédie? on pouvait s'écrier comme dans Beaumarchais, « qui trompe-t-on ici?... »

Un député peu connu, Pellerin, parla avec beaucoup de science et d'habileté en faveur de la propriété ecclésiastique, mais le discours capital de cette discussion qui dura près de trois semaines est celui de Malouet. Sans doute il n'obtint pas le succès qu'il méritait mille fois de remporter, mais il n'en est pas moins vrai que si l'Assemblée l'avait écouté, elle nous aurait légué une situation religieuse beaucoup moins troublée. Celui-là mérite tous les éloges de la postérité qui dans une discussion aussi grave n'épouse les passions d'aucun parti, pèse soigneusement les intérêts engagés, et sait offrir à un pays obéré et troublé des combinaisons capables de rétablir les finances de l'État et de maintenir la tranquillité. Combler le déficit et relever le crédit, assurer la paix religieuse pour le présent en résolvant pacifiquement les questions les plus irritantes, et l'assurer aussi pour l'avenir, en déterminant sagement la position de l'Église dans l'État, tel était le triple but que Malouet s'était assigné, et que l'Assemblée aurait pu atteindre si elle était entrée dans la voie qu'il lui montrait. Mais ce qu'elle voulait ce n'était point la pacification religieuse, mais le conflit, mais la guerre violente, afin de profiter du trouble et de l'agitation des esprits pour en finir avec la religion. Mirabeau se fit l'interprète de ces sentiments, et n'eut pas de peine à remporter la victoire.

Avant d'exposer en détail les mesures qu'il comptait proposer, Malouet réfuta certaines doctrines à la mode dans le parti philosophique, en spécifiant la nature même de la possession du clergé, et en prouvant qu'on ne pouvait retourner contre lui l'édit de 1749, qui au contraire consacrait son droit. Le grand argument des philosophes était celui-ci : l'ordre du clergé a disparu, donc il ne peut plus être propriétaire. Malouet établit que les biens n'avaient pas été donnés à ce corps politique qu'on appelait l'ordre du clergé, mais à tel évêché, telle communauté, telle paroisse. Il n'y a pas un grand propriétaire des biens de l'Église de France qui s'appelle le clergé ; les propriétés de l'Église sont subdivisées en autant de dotations distinctes qu'il y a de services religieux représentés par les évêchés, les chapitres, les cures, etc. Il n'y a plus d'assemblées du clergé, mais les paroisses et autres corps moraux subsistent toujours : ce sont les véritables propriétaires (1).

Malouet fit à la gauche des concessions assez importantes ; de vrais libéraux ont même trouvé qu'il était allé un peu loin (2). On ne peut du moins l'accuser d'avoir par la roideur de ses doctrines effarouché ses adversaires : il soutint énergiquement que les représentants de la nation « ne pouvaient sans un mandat spécial anéantir le culte public et les dotations qui lui sont assignées, mais seulement en régler mieux l'emploi, en réformer les abus et disposer pour les besoins publics de ce qui se trouverait excédant au service des autels et au soulagement des pauvres ».

Il combattit avec beaucoup d'habileté le projet de l'évêque d'Autun, et demanda si c'était bien là ce qu'on promettait au

---

(1) Si on eût dit : « Les états de Bretagne sont supprimés, ce pays rentre dans le droit commun ; la province de Bretagne n'existe plus, donc tous les biens communaux et hospitaliers qui existent dans cette ancienne province, et dont les états, maintenant supprimés, surveillaient l'administration et réglaient la situation au point de vue des impôts, sont sans maître et appartiennent à l'État », tout le monde se serait récrié, et aurait démontré que ce raisonnement était à la fois ridicule et odieux. On ne disait pourtant pas autre chose pour justifier la spoliation de l'Eglise : l'ordre du clergé représenté par ses assemblées n'était pas plus propriétaire des biens des paroisses que les états de Bretagne ne l'étaient des biens communaux de la province. Comme ces états, il exerçait simplement, en vertu des lois politiques de l'ancien régime, une haute administration sur ces biens ; mais les passions ne tiennent jamais compte de la logique ni même de la simple évidence !

(2) Notamment M. de Pressensé.

clergé le jour où le tiers état l'adjurait au nom d'un Dieu de paix de se réunir à lui.

« C'est précisément parce qu'on entend dire d'un ton menaçant : il faut prendre les biens du clergé, que nous devons être plus disposés à les défendre, plus circonspects dans nos décisions. Ne souffrons pas qu'on impute quelque jour à la terreur, à la violence, des opérations qu'une justice exacte peut légitimer... »

Cet éloquent appel à la loyauté, à l'esprit de concorde, à un patriotisme éclairé et prévoyant, ne devait pas être entendu. Après s'être ainsi adressé aux sentiments généreux, Malouet, qui connaissait parfaitement le fond de la pensée de beaucoup de membres de la gauche, mais espérait ramener à une politique prudente et réfléchie un certain nombre de députés encore indécis, exposa un plan complet de réforme de la propriété ecclésiastique.

Il nia formellement que la volonté générale de la nation se fût manifestée contre elle, mais se fût-elle manifestée, la nation n'en serait pas moins obligée d'exécuter les conditions sous lesquelles les biens dont il s'agit ont été donnés à l'Église. En réalité toutes ces propriétés ont été par indivis et par substitution léguées aux pauvres en même temps qu'à l'Église : la nation doit agir en conséquence. Tel est le point de départ de son système de réforme.

Il faut donc prendre avant tout sur ces biens de quoi subvenir aux besoins de la religion et des pauvres, l'excédant seul sera attribué à l'État. Les revenus du clergé, selon l'estimation de Malouet, s'élèvent à 160 millions. Les réformes, suppressions, réductions à opérer sur divers établissements permettent de prélever une somme annuelle de trente millions pour les pauvres : avec une aliénation successive d'immeubles pour la valeur de quatre cents millions, on pourrait mener à bien cette opération (1).

Ainsi donc les biens de l'Église seraient surtout employés à assurer la subsistance des pauvres, tout en respectant la dignité du clergé, qui pourrait faire ce grand sacrifice sans s'avilir lui-même ni blesser les droits sacrés de la religion. La dignité du

(1) *Moniteur*, séance du 13 octobre.

clergé, l'indépendance du catholicisme étant ainsi sauvegardés, on procéderait à une réforme très-complète; on réduirait le nombre des évêchés, des abbayes, des canonicats; une commission ecclésiastique serait chargée de proposer toutes ces suppressions et de ne conserver que les bénéfices réellement utiles. Provisoirement il serait sursis à toute nomination de bénéfices et à toute admission de novices dans les ordres religieux.

Le plan de Malouet était extrêmement sage, et il devait être rejeté par l'Assemblée à cause de sa sagesse. Il donnait satisfaction à ceux qui voulaient des réformes, et en même temps maintenait la paix religieuse du pays, en ne dépouillant pas brutalement le clergé comme un coupable ou un malfaiteur, et en l'associant au contraire à cette grande œuvre de transformation. Il sauvegardait toutes les convenances et tous les droits en faisant choisir par le clergé lui-même les établissements religieux qui seraient supprimés. Si l'Assemblée adoptait cette manière de procéder, une grande opération financière était heureusement consommée, la révolution modérée obtenait un succès éclatant; de terribles dissensions religieuses étaient écartées pour le présent et l'avenir. Malouet avait parfaitement deviné les projets de certains philosophes et combiné son plan de manière à les déjouer. Si l'État faisait vendre une partie considérable des biens du clergé par l'Église elle-même, la paix publique ne pouvait pas être troublée par les querelles religieuses qu'une vente faite par l'État seul devait nécessairement amener. La question des acquéreurs de biens nationaux qui devait agiter si tristement le pays ne pouvait même pas s'élever, et l'opération se faisait dans de bien meilleures conditions. Mais ce n'était encore là que le moindre avantage du plan de Malouet au point de vue de la tranquillité publique qui aurait dû pourtant tenir une grande place dans les préoccupations de l'Assemblée.

Une commission ecclésiastique serait chargée de réduire le nombre des évêchés, des chapitres, des bénéfices de toute espèces. Elle devait être évidemment bien plus apte à un travail aussi difficile qu'un comité composé de laïques, et uniquement préoccupé de mettre à la charge de l'État le moins de traitements possible. Mais s'il était important que cette réforme fût judicieusement faite, et les biens vendus canoniquement, il l'était bien plus encore que toutes ces réductions fussent opérées conformément aux règles de l'Église. C'était l'unique moyen d'éviter le schisme et la persécution religieuse. En se concertant avec l'épiscopat français, cette commission aurait régularisé toutes les suppressions qui avaient besoin de son concours. Elle se serait également entendue avec le pape, pour la réduction des évêchés, qui ne pouvait se faire sans son aveu. Malouet avait eu soin de n'en pas parler expressément, pour ne pas faire pousser à la gauche des cris de fureur ; mais la commission proposée par lui aurait certainement recouru au saint-siége ; aucun principe schismatique posé à l'avance dans la loi n'aurait pu entraver cette négociation ; les suppressions et réductions ainsi faites auraient été parfaitement légitimes, et les préjugés de la gauche auraient été ménagés puisque l'Assemblée n'aurait pas traité directement avec le saint-siége. La suppression violente d'un grand nombre d'évêchés par le pouvoir civil seul, à la suite de déclamations anticatholiques, a été la cause d'un schisme, d'une horrible guerre civile, et d'une persécution religieuse de dix ans : en coupant court à toute occasion de conflit sur ce terrain, en résolvant à la fois la question des biens du clergé et des modifications à apporter dans les circonscriptions épiscopales, on évitait la persécution religieuse, ainsi que les maux incalculables dont elle a été la cause.

Sans doute il était alors permis de croire que les luttes religieuses n'amèneraient ni un dix août, ni des journées de septembre, avec leurs épouvantables conséquences ; mais la situation était déjà assez grave, les passions assez surexcitées pour qu'il fût très-coupable de repousser un plan aussi sérieux de conciliation, tout justement parce qu'il résolvait très-bien la difficulté, et ne permettait pas à certains fanatiques antireligieux d'asservir et d'exploiter la religion à leur profit en attendant qu'ils pussent la détruire. Rien n'était moins louable en soi-même que leur projet, et sans pessimisme aucun on avait déjà le droit de croire qu'il entraînerait les plus déplorables conséquences.

Le plan de Malouet fut combattu vivement par les principaux orateurs de la gauche, par Garat, Pétion, Duport, Thouret, Chapelier, qui tous montrèrent qu'ils voyaient surtout dans le salaire un excellent moyen d'asservir le clergé. Chapelier s'éleva avec colère contre la proposition de Malouet : si on laissait des propriétés foncières au clergé il faudrait lui laisser le droit de s'assembler pour s'en occuper, et ce serait le rendre trop indépendant, et peut-être reconstituer l'ordre du clergé. Toute réunion ecclésiastique lui était odieuse, comme elle l'était du reste au parti tout entier, et il n'avait garde de faire une exception en faveur des conciles, que la constitution civile aura soin de ne pas permettre. La gauche voulait à tout prix un clergé fonctionnaire, prêchant une religion arrangée par l'État; telle est la doctrine dont Mirabeau assura le triomphe définitif. Les deux discours qu'il prononça contre la propriété ecclésiastique ne renferment rien d'original; il réunit et développa avec un talent bien supérieur tous les arguments mis en avant par ses collègues de la gauche. Ils ne s'accordaient pas toujours, aussi peut-on relever bien des contradictions dans ces deux discours! Mais avec son aplomb habituel il ne s'en inquiétait pas. Personne ne savait mieux que lui combien il est facile en France de faire admettre par des hommes qui se piquent de libéralisme et de tolérance les conclusions les plus illibérales et les plus intolérantes, pourvu qu'on les ait fait précéder de quelques phrases hypocrites. Il reproduisit l'argumentation à la mode dans le parti philosophique, n'accorda aux personnes morales qu'un droit de propriété résoluble au caprice de l'État, et soutint constamment cette théorie, absolument fausse en droit comme en fait, que c'était le clergé, ordre politique, qui était propriétaire, comme si un être moral ne pouvait être propriétaire sans posséder des droits politiques. En même temps Mirabeau lançait beaucoup de sophismes faits pour ébranler la propriété laïque. Ceux qui demandent maintenant la séparation de l'Église et de l'État, et déclarent le salaire des ministres des cultes une institution illibérale et presque immorale, doivent, pour être conséquents avec eux-mêmes, en vouloir bien profondément à Mirabeau, car personne plus que lui n'a défendu le salaire du clergé, et personne non plus ne l'a présenté plus crûment comme un instrument de domination et d'exploitation!

«... Le service des autels, disait-il, est une fonction publique; la religion appartenant à tous, il faut par cela seul que ses ministres soient à la solde de la nation, comme le magistrat qui juge au nom de la loi, comme le soldat qui défend au nom de tous les propriétés communes... »

Ainsi négation formelle de l'Église! la religion dépend de l'État, comme la magistrature et l'armée : bientôt Mirabeau en déduira très-logiquement qu'il n'y a pas de juridiction spirituelle, que l'État a le droit de bouleverser toute l'Église, de détruire des diocèses, et d'en créer de nouveaux, par la raison bien simple qu'il peut détruire des tribunaux et en créer d'autres ; licencier des régiments et en former de nouveaux. Avec de pareils principes, on pouvait, on devait s'attendre à toutes les usurpations sur le domaine religieux. La discussion pour la forme roulait sur la propriété ecclésiastique, mais en réalité elle allait bien plus loin. Tout le monde comprenait déjà que des débats bien autrement passionnés allaient s'élever sur la liberté religieuse de la majorité des Français.

On s'est quelquefois étonné de l'attitude du clergé pendant cette longue discussion. Sauf l'abbé de Montesquiou, qui, dans un discours habile et modéré, établit que la nation pouvait bien supprimer certains établissements ecclésiastiques mais à la charge de leur assigner un meilleur emploi, et releva avec beaucoup de précision des erreurs assez graves qui avaient été faites dans la supputation des revenus de l'Église, le haut clergé ne fit guère que protester. On a prétendu que s'il avait lui-même présenté un plan de réforme dans lequel il aurait fait l'abandon d'une grande partie de ses richesses, il aurait pu sauver sa situation. Nous n'en croyons rien. En renonçant volontairement aux dîmes, le clergé avait déjà fait l'abandon de la moitié de ses revenus; on ne lui avait su aucun gré de ce sacrifice. Depuis il en avait offert d'autres, et les philosophes affichaient de plus en plus des principes qui étaient la négation de la liberté religieuse elle-même : tout sacrifice nouveau était inutile, car on ne lui reconnaissait même pas le droit d'en faire, et la question en octobre 1789 n'était déjà plus posée entre la propriété et le salaire annuel, mais entre la liberté des consciences et le schisme forcé. Sans doute ce schisme n'était pas encore formulé dans son application, mais il était décidé en principe dans l'esprit des philosophes, et pour eux c'était l'important; et en attendant ils se livraient à de continuelles bravades contre la religion et donnaient parfaitement à entendre qu'ils se préparaient à lui porter un coup mortel. Le haut clergé n'avait pas autre chose à faire que protester en principe, et laisser Malouet proposer son plan de conciliation, qui aurait eu encore moins de succès s'il avait été mis en avant par un évêque.

L'abbé Grégoire avait dès le 8 octobre signalé les dangers sérieux que le clergé courait à Paris. Pendant la longue discussion des biens ecclésiastiques, la populace, excitée tous les jours par de nouvelles calomnies, devint de plus en plus menaçante (1). Le 30 et le 31 des attroupements tumultueux, et prêts à se porter à tous les excès, s'étaient formés à la porte de l'Assemblée. Le 2 novembre, jour de la clôture de la discussion, dès six heures du matin une troupe nombreuse armée de piques et de bâtons entourait l'Assemblée, et adressait les plus odieuses menaces aux membres du clergé. M. Martin, curé de Béziers, reçut à la porte un coup de bâton sur la tête, et fut obligé de se retirer. Des députés laïques favorables au clergé n'osèrent pas entrer dans la salle. La proposition de Mirabeau fut votée par 568 voix contre 346, avec deux modifications. On déclara simplement que les biens du clergé étaient à la disposition de la nation, et qu'on n'en disposerait que sous la surveillance et les instructions des provinces. Il importe de constater que dans cette discussion, comme dans celle des dîmes, des jansénistes bien connus, qui plus tard embrassèrent le schisme, comme Camus, Grégoire, Gouttes, Jallet, etc., se prononcèrent en principe contre la théorie de Mirabeau et des philosophes sur les biens du clergé, et réclamèrent pour l'Église une dotation territoriale : quoique très-hostiles à l'ancien régime, ils entrevoyaient quelques-unes des conséquences du système tant prôné par les philosophes, et professaient des doctrines assez anglaises sur le rôle d'une église officielle.

Le 7 novembre le décret fut rédigé, et le même jour l'Assemblée fit une faute colossale en politique : elle décréta qu'aucun ministre ne pourrait être député! Tout le monde sait que de mesquines considérations de personnes lui firent prendre cette déplorable décision.

Le 28 octobre, sur la proposition du comité des rapports, l'Assemblée, ajournant le débat sur la question des vœux religieux, avait défendu leur émission dans tous les monastères de

---

(1) Sur le théâtre le clergé était couvert d'injures dans des pièces ignobles. Il en fut ainsi pendant toute la révolution.

l'un et l'autre sexe. Ce n'était que le prélude d'une mesure bien plus grave. Le 9 novembre Treilhard demanda qu'il fût sursis à la nomination de tous les bénéfices n'ayant pas charge d'âmes ; mais, sur la proposition de Dupont, l'Assemblée déclara qu'il serait également sursis à la nomination des évêchés et des archevêchés qui viendraient à vaquer : il serait permis seulement de nommer aux cures. Tout le monde savait, et Dupont l'avait déclaré, que cette décision était prise en vue des suppressions et des remaniements de diocèses que l'Assemblée voulait évidemment faire seule, sans le concours d'aucune autorité ecclésiastique. Tout annonçait donc que le schisme allait être bientôt décrété. Le 8 Talleyrand avait demandé que l'État prît bien vite possession des biens ecclésiastiques. Il en donna cette raison, qui caractérise parfaitement l'époque :

« ... Quand vous avez reconnu à tout citoyen le droit de chasser sur son terrain, les moissons d'autrui ont été ravagées... Quand vous avez supprimé les droits féodaux en ordonnant le remboursement, les archives ont été brûlées... Dans ce désordre les biens ecclésiastiques peuvent être considérés comme ouverts à tout le monde... »

Le 19 novembre, sur la proposition de Treilhard, il fut décidé que les scellés seraient mis sur tous les chartriers où étaient les titres des propriétés ecclésiastiques, et que l'on ferait l'inventaire des meubles qui en dépendaient. Les curés en furent exempts. On prétendit avec beaucoup d'emphase que ce décret avait pour but d'arrêter les déprédations des titulaires, et on prodigua au clergé beaucoup d'insultes à son occasion. Les municipalités, les gardes nationales, les clubs en profitèrent pour envahir les abbayes et les couvents, pour insulter les ecclésiastiques, et commettre audacieusement une foule de déprédations sous prétexte de les empêcher. Sur la motion de l'abbé d'Abbecourt, il fut décidé que dans le délai de deux mois tous les titulaires de bénéfices seraient tenus de faire devant les juges royaux ou municipaux une déclaration détaillée des biens meubles et immeubles appartenant à leurs bénéfices.

Le 4 décembre, au milieu d'une discussion sur la caisse d'escompte, Talleyrand proposa d'appliquer au besoin à la dette nationale le domaine de l'État et quelques portions des biens du clergé. L'abbé d'Abbecourt proposa d'employer au service de l'État le tiers revenant aux abbés dans les revenus des abbayes et de le consacrer à un emprunt de 800 millions. Le 18, la discussion roulait encore sur les finances. Treilhard demanda à l'Assemblée de s'emparer complétement de l'administration des biens du clergé « pour ne pas le détourner de ses fonctions saintes et le faire revenir aux temps de la primitive église » : il mit encore en avant le sempiternel argument de la gauche : si on laissait la moindre propriété territoriale à l'Église, l'ancien ordre du clergé renaîtrait de ses cendres, comme le phénix de la fable. Il proposa l'aliénation immédiate d'une partie des biens de l'Église jusqu'à concurrence de quatre cents millions. On vendrait de préférence les biens qui ne produisaient pas de revenus, comme les maisons et les établissements des villes. Le 20 décembre, après un vif débat, et malgré les efforts de Montesquiou et de Maury, cette aliénation fut votée.

L'Assemblée commençait déjà à ne plus s'en prendre aux biens mais aux personnes. Le 5 janvier 1790 Bouche voulut faire décréter que les revenus des bénéficiers absents sans mission seraient confisqués. On voulait atteindre ainsi le vénérable archevêque de Paris, dont la vie avait été menacée dans les journées des 5 et 6 octobre, et qui avait dû se retirer à Chambéry, parce que l'Assemblée n'était pas capable de le protéger. L'abbé Grégoire soutint la proposition de Bouche par un petit discours qui est un chef-d'œuvre d'hypocrisie et de mauvaise foi.

« ... Les bénéficiers français expatriés sont absents, ou par pusillanimité, et notre décret provoquera leur retour en les mettant sous la protection de la loi, ou par la crainte de partager les dangers de la patrie dans ce moment d'orage, et alors ils ne doivent pas en partager les avantages; ou par antipatriotisme et alors nous ne devons aucun égard à ceux qui seraient allés dans les terres étrangères cacher leur honte et l'argent de la France... »

On savait trop ce que valait la protection de la loi pour certaines personnes! Grégoire avait donc oublié les paroles si émues qu'il avait prononcées le 8 octobre à l'Assemblée au sujet des dangers si sérieux qui menaçaient le clergé : c'était pourtant cette fureur populaire justement stigmatisée par lui qui avait contraint l'archevêque de Paris à prendre la fuite. Mais depuis ce temps-là Grégoire n'avait cessé de se rapprocher du parti avancé, et dans « ce moment d'orage » il se ménageait sa faveur pour obtenir bientôt un évêché. Maury rétablit la vérité sur les événements qui avaient déterminé l'archevêque à s'exiler. Camus cita de vieilles ordonnances d'Orléans et de Blois qui défendaient aux ecclésiastiques de sortir du royaume ; d'Espréménil lui répondit qu'elles ne privaient pas les absents de leurs revenus, que d'ailleurs Bailly et Lafayette avaient dit au prélat que sa vie n'était pas en sûreté; Chapelier défendit la motion de Bouche. Foucault s'écria : « On a cité les ordonnances de Blois et d'Orléans, mais au temps où elles ont été rendues il n'y avait ni lanternes ni baïonnettes... » L'Assemblée décida que les revenus des bénéficiers absents seraient séquestrés.

CHAPITRE III.

LE SCHISME SE PRÉPARE.

I. La loi départementale et la loi municipale votées par l'Assemblée livrent la France à l'anarchie. — Ridicule impuissance du pouvoir central. — Les municipalités seules chargées de maintenir l'ordre. — Elles s'en acquittent fort mal, et empiètent sur toutes les autres autorités. — Le directoire du Jura dénonce leurs excès et leurs illégalités. — Certaines municipalités osent s'ériger en tribunaux. — Lettre du comité des rapports. — Les pillages continuent. — L'Assemblée au lieu de prendre des mesures énergiques fait une mauvaise proclamation. — Les populations sont soulevées par des contes absurdes. — Lettre des autorités de Bourbon-Lancy. — Émeutiers du midi. — Le blé est pillé ou taxé de force en Normandie. — Lettre de la ville de Dieppe.

II. Rôle déplorable de la garde nationale. — Son arrogance. — Les municipalités ne peuvent rétablir l'ordre que par elle, et l'Assemblée la soustrait à leur autorité. — La garde nationale, au lieu de réprimer les émeutes, ne songe qu'à tracasser les prétendus contre-révolutionnaires. — Ses prétentions ridicules. — Lettre de la garde nationale de Limoges. — Lettre du comité des rapports à la garde nationale de Puylaroque. — Pillages commis par celle de Rocroy. — Arrestations arbitraires. — Violences commises par la garde nationale d'Hesdin. — Son arrêté. — M. de Goyon et la garde nationale de Montréal. — Violences, menaces de mort, séquestration, extorsion d'argent. — Émeute à Anderny contre les juges. — Nouveaux assassinats.

III. Le comité ecclésiastique. — Le décret qui supprime pour le présent et l'avenir les ordres religieux blesse les droits de la conscience. — Le rapport de Chasset montre que le schisme va être décrété. — Proposition de dom Gerle. — Sa véritable portée a été obscurcie par l'esprit de parti. — En l'adoptant, on épargnait à la France des maux immenses. — Fureur des révolutionnaires. — Adoption de l'ordre du jour la Rochefoucauld. — L'Assemblée veut forcer l'Église à reconnaître que les vœux religieux sont canoniquement dissous par ses décrets. — Autre décret attentatoire à la conscience. — Protestations des catholiques du midi. — La fermeture de beaucoup d'églises occasionne dans le midi des scènes déplorables. — Bailly et Maillard. — Ventes des biens nationaux. — Manœuvres, fraudes et vols commis à cette occasion. — Le pape déclare que le silence gardé par lui jusqu'alors sur l'Église de France ne peut être considéré comme une approbation de ce qui a été fait.

La majorité de l'Assemblée avait vu avec une indulgence regrettable les horreurs commises au début de la révolution, et elle avait beaucoup trop négligé de prendre les mesures nécessaires pour en prévenir le retour et punir sévèrement leurs auteurs. En décembre 1789 lorsque la Constituante réorganisait définitivement le pays par une loi départementale et une loi municipale, les pillages et les incendies n'avaient pas encore cessé : les excès, les crimes que des forcenés commettaient tous les jours ne pouvaient être attribués à une émotion violente, mais passagère, causée uniquement par la chute de l'ancien régime. Le triomphe de la révolution était assuré : il ne s'agissait plus de prendre la Bastille et de frapper de terreur les privilégiés, mais de fonder la liberté en France, et il fallait absolument rétablir la tranquillité publique troublée depuis longtemps, et protéger les Français à la fois contre la tyrannie d'en haut et celle d'en bas.

En édictant les lois des 14 et 22 décembre 1789 sur la nouvelle organisation de la France, l'Assemblée montra une fois de plus combien l'esprit pratique lui faisait défaut. Quand on étudie ces deux lois on marche de surprise en surprise! Il est en effet difficile de commettre en une seule fois une telle quantité de fautes lourdes. M. Mortimer Ternaux (1), après avoir fait la longue énumération des principales erreurs de cette nouvelle organisation, résume ainsi son appréciation : « On aurait voulu de propos délibéré organiser l'anarchie qu'on n'aurait pu s'y prendre mieux... » Tous ceux qui se donneront la peine d'étudier ces deux lois seront forcés de reconnaître la justice de ce jugement.

Les Français étaient divisés en citoyens actifs et non actifs. Pour être citoyen actif il fallait réunir plusieurs conditions, et surtout payer une contribution directe de la valeur de trois journées de travail (2). Sous l'ancien régime tous les contri-

---

(1) *Histoire de la Terreur*, tome I, p. 24. — M. Duvergier de Hauranne, dans son *Histoire parlementaire*, a relevé avec beaucoup d'autorité les inconvénients du système adopté par l'Assemblée.

(2) Art. 3 de la loi du 22 déc. 1789. — Il fallait être Français, payer cette

buables avaient voté pour les états généraux, et les assemblées communales se composaient de la population entière. D'après cette loi, les citoyens actifs se réunissaient en assemblées primaires formées par cantons. Chacune de ces assemblées nommait un électeur à raison de cent citoyens actifs présents ou non présents à l'Assemblée mais ayant le droit d'y voter. Pour être éligible il fallait être citoyen actif, mais payer une contribution plus forte fixée au moins à dix journées de travail.

Ces électeurs du second degré nommaient les députés à l'Assemblée nationale, ainsi que les membres des administrations de département et de district (1).

La France était divisée en départements et les départements en districts. Chaque département était administré par un conseil de trente-six membres avec un procureur général syndic, chargé spécialement de faire exécuter ses arrêtés. Le conseil tenait une session annuelle; il nommait un Directoire de huit membres, qui était toujours en activité, pour l'expédition des affaires.

Les électeurs de chaque district nommaient un conseil de douze membres et un procureur syndic. Ce conseil nommait un directoire de quatre membres qui était toujours en activité.

Les administrations de département devaient respecter dans l'exercice de leurs fonctions les règles établies par la constitution et les décrets de l'Assemblée; mais la loi prenait fort peu de précautions pour réprimer leurs excès de pouvoir. De même pour les administrations de district : il était dit qu'elles étaient entièrement subordonnées aux administrations des départements, mais ces dernières n'avaient pas les moyens de faire respecter leur autorité.

Il y avait dans chaque commune une municipalité élue par les seuls citoyens actifs. Le conseil général de la commune était composé d'un maire, d'un procureur de la commune, d'un certain nombre d'officiers municipaux suivant la population, et de

---

contribution, être majeur de vingt-cinq ans, domicilié dans le canton au moins depuis un an, n'être point serviteur à gages.

(1) Dans beaucoup de départements les électeurs demandèrent une indemnité. Voir l'appendice 2. Pour être éligible aux assemblées de département et de district il suffisait de payer la contribution de dix journées de travail. Pour être élu député il fallait payer une contribution directe de la valeur d'un marc d'argent et avoir en outre une propriété foncière quelconque.

notables. Ces derniers devaient être deux fois plus nombreux que les membres du corps municipal, et ils n'étaient appelés que pour les affaires importantes. Pour occuper des fonctions municipales, il fallait remplir les mêmes conditions d'éligibilité que pour les conseils de département et de district.

Il y avait dans cette organisation un vice radical. L'Assemblée avait créé une hiérarchie d'autorités administratives, sans donner aux plus élevées aucun moyen sérieux de se faire respecter par celles qui leur étaient subordonnées. Dans son optimisme, elle avait paru ne pas même supposer qu'un conseil municipal, ou de district, pût violer la loi ou résister à son supérieur hiérarchique; mais en revanche elle avait montré la plus grande défiance à l'égard du pouvoir exécutif; elle lui avait donné la direction de toute cette machine administrative sans lui confier la nomination d'un seul de ses agents, sans lui donner les moyens d'obtenir leur obéissance. Il avait seulement le droit de suspendre, sauf recours à l'Assemblée, les administrations qui compromettaient par leurs actes la tranquillité publique, mais il ne pouvait intervenir pour empêcher le mal de se faire : il le voyait préparer sous ses yeux, et il lui fallait attendre qu'il devînt irréparable. Non-seulement le recours hiérarchique n'était pas sérieux, mais on ne trouvait de responsabilité à aucun degré. Personne n'a mieux exposé que M. Mortimer Ternaux les vices monstrueux de cette organisation.

« La force d'action y avait d'autant plus d'intensité que l'on descendait plus bas dans l'échelle hiérarchique. Si les ministres, les administrateurs de département et même de district en avaient été très-médiocrement pourvus, les administrations municipales en avaient été surabondamment dotées : l'initiative de toutes les mesures importantes, et notamment de toutes celles qui concernaient le maintien de la tranquillité publique, avait été confiée exclusivement à celles-ci : à peine avait-on laissé aux pouvoirs supérieurs un droit de contrôle, lequel ne pouvait s'exercer que lorsqu'il n'était plus temps de réparer les fautes dues à l'ineptie ou à la malveillance d'autorités subalternes abandonnées à elles-mêmes, sans règle, sans guide et sans frein. »

« Enfin, ce pouvoir si exorbitant n'était pas remis entre les mains de magistrats uniques, dont la responsabilité personnelle aurait été du moins engagée : on en avait investi des administrations collectives. Grâce à une si déplorable combinaison, les meneurs avaient toute facilité pour se tenir dans l'ombre, et faire manœuvrer à leur gré les marionnettes dont ils tenaient les fils et qu'ils avaient placées au premier plan. »

« Tout le monde délibérait, personne n'avait mission d'agir. Seulement quand les circonstances commandaient une résolution prompte et décisive, le moindre des officiers municipaux s'arrogeait le droit de ceindre l'écharpe officielle, et sans délégations comme sans mandat, prenait de sa propre autorité les décisions les plus importantes et souvent les plus irréparables (1). »

Un pareil système d'administration aurait été extrêmement défectueux même dans le pays le plus calme. Mais lorsque les villes étaient constamment troublées par des émeutes, les campagnes par des bandes armées, les propriétés livrées au pillage, il était indispensable de créer une administration capable d'agir avec vigueur et célérité, de redresser les abus de pouvoir commis par les autorités inférieures. On craignait le pouvoir royal, disait-on, mais il fallait bien pourtant qu'une autorité quelconque fût chargée de faire respecter la loi, et l'Assemblée à la fin de sa carrière fut tout étonnée de voir que grâce à ses propres décrets elle était elle-même réduite à l'impuissance, et sa volonté comptée pour rien. Il fallait absolument rétablir l'ordre et la tranquillité dans les rues des villes, comme sur les chemins, et on ne pouvait arriver à ce résultat si certains fonctionnaires n'étaient pas spécialement chargés d'agir sous leur responsabilité personnelle, et si l'on ne savait pas à qui s'en prendre lorsque l'ordre avait été troublé avec la connivence, plus ou moins déguisée, des autorités locales. Sans doute la municipalité était subordonnée au district, celui-ci au département, le département au pouvoir exécutif; mais toutes ces autorités subordonnées les unes aux autres sur le papier n'étaient point reliées entre elles : cette prétendue hiérarchie n'était qu'un leurre ; en réalité toutes ces administrations exerçaient leurs attributions avec une indépendance complète à l'égard de celle qui leur était supérieure, et une impuissance non moins complète sur celles qui leur étaient subordonnées. Le législateur avait conjugué le verbe commander sans rien faire pour assurer l'obéissance.

Pendant toute la révolution, les municipalités, comme il était naturel de s'y attendre, exercèrent d'une manière déplorable

(1) *Histoire de la Terreur*, tome I, p. 24 et 25.

les pouvoirs importants qui leur avaient été confiés, et on a le droit de dire que par leur impéritie et leurs illégalités elles préparèrent le règne de la Terreur. Aux termes de la loi du 21 octobre 1790, les officiers municipaux, lorsque la tranquillité publique était troublée dans leur commune, devaient déclarer que la force militaire allait être employée à l'instant pour rétablir l'ordre public. Cette déclaration devait se faire en exposant à la principale fenêtre de l'hôtel de ville, et en portant dans les rues et carrefours un drapeau rouge. Les gardes nationaux ou les soldats requis devaient marcher précédés de ce drapeau, et accompagnés d'un officier municipal au moins, qui était chargé de faire trois sommations à l'attroupement. Pour que la force publique pût être mise en mouvement il fallait une réquisition de la municipalité ; si elle ne pouvait se réunir parce que ses membres étaient introuvables pour la plupart, ce qui arrivait généralement dans les circonstances difficiles, comme personne n'était chargé par la loi spécialement et sous sa responsabilité de veiller à la sûreté publique, la force armée était prête quand le crime était commis, et trop souvent l'officier municipal, peu pressé, escorté par des gardes nationaux aussi peu zélés que lui, arrivait à temps pour constater qu'un magasin avait été forcé et pillé, ou pour décrocher un corps inanimé, suspendu déjà depuis quelque temps à une lanterne !

Si les municipalités montraient une mollesse et une incapacité déplorables toutes les fois qu'il s'agissait de rétablir l'ordre, en revanche elles montraient une ardeur fiévreuse à accaparer tous les pouvoirs. Elles touchaient à tout, se mêlaient de tout, voulaient tout diriger dans leur commune, justice, administration, finances, culte, et pour maintenir leurs empiétements elles usaient souvent des procédés les plus arbitraires contre les citoyens. La doctrine révolutionnaire que chaque municipalité est maîtresse absolue sur son territoire et n'a d'injonction à recevoir d'aucune autre autorité, n'était pas encore professée ouvertement, mais déjà beaucoup de municipalités la mettaient audacieusement en pratique. Sans tenir compte des injonctions dépourvues de sanction des conseils supérieurs, elles commettaient tous les jours des empiétements et des abus de pouvoir, contre lesquels la loi nouvelle n'offrait que des voies de recours à peu près dérisoires.

Pour prouver que nous ne lançons à la légère aucune de ces

accusations, nous allons invoquer le témoignage de gens dont on ne peut nier la compétence, et qu'on ne peut accuser davantage d'hostilité systématique à la révolution. Le directoire du Jura, qui prenait ses fonctions au sérieux, envoya au comité des rapports des plaintes très-graves contre les municipalités de son département, et malgré son étendue nous citerons cette pièce à peu près en entier, parce que les vices énormes de l'organisation administrative créée par la Constituante y sont signalés avec beaucoup de force et par une autorité non suspecte. Un acte d'insoumission d'une importante municipalité avait déterminé le Directoire à se plaindre à l'Assemblée. Il avait envoyé une adresse à toutes les municipalités pour relever les abus qu'elles se permettaient généralement : celle de Lons-le-Saulnier s'était trouvée blessée, et avait déclaré solennellement que cette adresse serait dénoncée à l'Assemblée et remise au département avec invitation de répondre dans les vingt-quatre heures si ce blâme s'adressait à toutes les municipalités. Alors le directoire envoya à l'Assemblée un mémoire dans lequel il justifiait son adresse aux municipalités, et se plaignait des illégalités qu'elles ne cessaient de commettre :

« ... Il est notoire que depuis l'organisation des municipalités mille plaintes se sont élevées par et contre elles, cela est attesté par la correspondance qu'a entretenue le procureur général syndic avant que l'assemblée administrative n'entrât en activité.

« Tantôt c'étaient des citoyens qui se livraient à des excès tumultueux, et les municipalités ne pouvaient les contenir, parce qu'elles ignoraient les bornes de leur autorité ou craignaient de la compromettre par le défaut de force ou de moyens.

« Tantôt c'étaient les municipalités elles-mêmes qui, entraînées par le désir de faire le bien, et prévenues de l'idée qu'elles étaient revêtues d'une autorité illimitée, exerçaient des actes qui dégénéraient en vexation, et caractérisaient un abus de pouvoir. »

« Ici les municipaux donnaient les tutelles, apposaient les scellés, se persuadant que ces actes de juridiction leur étaient attribués, et que les justices seigneuriales n'étaient plus en activité.

« Là, sous prétexte de l'attribution de la police administrative et contentieuse, ils jugeaient arbitrairement de tous délits dans leurs terres ou dans leurs bois ; ils arrêtaient les délinquants, condamnaient, emprisonnaient, exécutaient : ils allaient jusqu'à prononcer des décrets.

« Ailleurs des municipalités voisines prétendant des droits l'une sur l'autre dégradaient à l'envi leurs bois et communaux, et se livraient parfois à des hostilités dangereuses qui intéressaient la tranquillité publique. Dans plus d'un endroit les patrouilles faisaient *fort* (sic) contre les délinquants, et se rendaient successivement les attaques qu'elles recevaient.

« Plus loin on maltraitait les officiers de justice, les gardes préposés à la conservation des propriétés, on méconnaissait l'autorité des tribunaux, surtout de ceux des eaux et forêts. Les municipalités, se croyant libres de disposer de leurs bois, ordonnaient des coupes, et livraient au parcours des rejets non défensables, non reconnus tels.

« Dans d'autres endroits les municipalités venaient d'elles-mêmes dans les communaux prétendus usurpés ; elles faisaient rouvrir les chemins sur les riverains, sans égard aux haies et fossés qui les délimitaient et sans aucune forme de justice.

« Ailleurs on taxait le blé au marché, on l'arrêtait, on le vendait forcément au-dessous du prix d'achat. Quelques municipalités s'opposaient à ces arrestations, d'autres les appuyaient. Des municipalités s'étaient permis de se réunir pour faire des règlements sur cet objet intéressant, d'autres donnaient leur démission. » La crise fut telle un instant qu'elle nécessita le secours du pouvoir exécutif.

« ... (1) Par faiblesse, ignorance, crainte ou excès de zèle, on a dit qu'elles étaient rarement au niveau de leurs fonctions, c'est-à-dire que la plupart tombaient dans des écueils et saisissaient difficilement le juste point de leurs fonctions ; que le nombre de celles qui savaient conserver le niveau était rare, et c'est une vérité trop certaine que le département ne pouvait dissimuler... »

Le comité des rapports, après avoir examiné cette lettre du département aux municipalités, qui avait été si incriminée par ces dernières, approuva complétement la conduite du Directoire, qui envoya aux municipalités la lettre du comité avec une nouvelle adresse dans laquelle il justifiait la première.

« ... Nous retraçâmes non pas des fautes, ou des excès qui se fussent commis dans ce département ou par vous-mêmes, *mais ceux dont la France entière présentait l'affligeant tableau.* »

Malheureusement le directoire du Jura était parfaitement autorisé à dire que les nombreux abus par lui signalés à l'Assemblée se commettaient dans toute la France. Bien d'autres

---

(1) Ici le département donne des explications sur la circulaire qu'il a envoyée aux municipalités, et sa querelle avec celle de Lons-le-Saulnier, qu'il accuse plus loin de beaucoup de mauvais procédés et de manquements intentionnels (août 1790).

directoires dont les départements étaient beaucoup plus troublés par l'esprit révolutionnaire signalaient au comité des abus encore plus graves, et des désordres bien plus odieux.

Ce n'était pas seulement dans le Jura que les municipalités s'arrogeaient le droit de s'introduire de force dans le domicile des citoyens, et de faire des perquisitions illégales; quelquefois même elles empiétaient sur les tribunaux et osaient prononcer des condamnations. Le comité des rapports écrivait en décembre 1789 aux officiers municipaux de Nogent-sur-Seine.

« ... Le comité des rapports a vu avec peine, messieurs, que vous avez pris sur vous de faire faire des recherches dans les granges et greniers, et d'ordonner l'apport des grains sur les marchés. Les décrets de l'Assemblée ont déterminé la plus grande liberté dans la circulation et vente des grains dans l'intérieur du royaume, et rien ne contrarie davantage cette liberté que les recherches et les ordres que vous avez cru pouvoir donner. Mais en supposant même que votre conduite eût été à cet égard conforme à la loi, il vous était interdit de prononcer des condamnations contre les contrevenants, et c'était au juge ordinaire que vous auriez dû vous adresser, et le comité a lieu de croire que ce juge ne se serait pas permis de condamner sans l'entendre le sieur B... »

On voit que la municipalité de Nogent-sur-Seine prétendait exercer sur ses administrés le despotisme le plus complet. Elle voulait, comme tant d'autres, faire à la fois de l'administration, de la justice et de la police, et réussissait seulement à entasser illégalités sur illégalités. Si les municipalités avaient été, comme elles le prétendaient, animées du plus pur patriotisme, elles auraient eu besoin de tout leur temps, et de toute leur activité pour remplir la redoutable mission de maintenir la paix publique, que la loi leur avait confiée si imprudemment. Les pillages et les incendies avaient continué pendant les premiers mois de 1790, surtout dans l'Agénois et le Quercy. Le député Lachèze dénonça ces excès à l'Assemblée : des châteaux avaient été brûlés, six personnes avaient été assassinées : il n'était plus question de droits féodaux ; le premier moment d'exaltation était passé depuis longtemps : le vol, le pillage à main armée devenaient une habitude pour une foule d'individus, et le vicomte de Mirabeau put qualifier très-justement tous ces événements «... la guerre de ceux qui n'ont rien contre ceux qui ont quelque chose... » Ces insurrections locales n'étaient point politiques, mais antisociales. Le 6 février, Grégoire, président du comité des rapports, rendit compte des troubles qui se perpétuaient dans le Quercy, le Rouergue, le Périgord, le bas Limousin, et une partie de la basse Bretagne.. « Quelques paysans, réunis en troupes, portent la désolation dans toutes les propriétés nobles ou roturières : ils augmentent en nombre à mesure qu'ils étendent leurs ravages. »

Les députés étaient ébahis ! Comment ! après la nuit du 4 août, après l'abolition de la dîme et des droits féodaux, la France pouvait encore renfermer des mécontents ! La haine de l'ancien régime n'était donc pas la seule cause des excès commis en 1789 ; est-ce que les aristocrates auraient eu raison de le soutenir? Le peuple, bon naturellement, continuait, bien que délivré de ses chaînes, à saccager les propriétés comme au premier moment, sans même respecter celles qui appartenaient aux roturiers ! On trouva que travailler à la Constitution était le vrai moyen de calmer les passions et d'arrêter les incendiaires !

Maury proposa des mesures énergiques et très-praticables. On les trouva trop rigoureuses : on s'indigna, Robespierre tout le premier, qu'il proposât de livrer aux tribunaux les porteurs de décrets et d'ordres supposés qui excitaient au désordre, et de les rendre responsables des suites de leurs provocations (1). L'Assemblée recourut à son remède ordinaire, une proclamation ! c'était une panacée qui devait guérir tous les maux ; et bien qu'elle eût déjà éprouvé plus d'une déconvenue, l'Assemblée croyait encore à l'efficacité d'un pareil remède. Talleyrand fut chargé de rédiger cette pièce importante ; mais cette fois, contrairement à ses habitudes, l'évêque d'Autun manqua complétement de sens pratique. Peut-être avait-il compris que l'Assemblée désirait seulement sauver les apparences, et voulait-il la servir comme elle le souhaitait ! Cette proclamation destinée

---

(1) Charles Lameth vint dire à la tribune : « On a brûlé, dans l'Agénois, un château à moi : le peuple égaré par des insurrections dangereuses, déplorera bientôt ses erreurs : dans mon opinion il est plus malheureux que coupable. » Peut-être le château n'avait-il pas grande valeur, et le propriétaire pensait-il qu'un accroissement de popularité compenserait sa perte, qui n'était peut-être qu'une conséquence très-inattendue de ses propres manœuvres, ou tout au moins de celles de ses amis.

à faire comprendre certains décrets de l'Assemblée et à ramener au respect de la propriété les esprits grossiers, qui avaient été séduits d'abord par des contes absurdes, puis entraînés par le goût et l'habitude du pillage, devait être brève et catégorique. Au contraire Talleyrand fit une dissertation d'une longueur effrayante, même pour des esprits cultivés. C'est une véritable amplification, un exercice de lettré, où les principes qu'il s'agit de défendre sont expliqués mollement et avec des précautions excessives. Les gens du peuple n'y pouvaient absolument rien comprendre : ainsi rédigée, cette proclamation était inutile et dangereuse.

Aussi les troubles continuèrent; mais l'Assemblée n'en voulait pas entendre davantage. En vain Clermont-Tonnerré lui disait avec trop de vérité : « On flatte maintenant le peuple, comme on flattait jadis les rois. » Elle s'en référait au pouvoir exécutif, dont les municipalités se moquaient impunément, et au zèle de ces mêmes municipalités, qui prétendaient pour la plupart avoir bien autre chose à faire. Pourtant il aurait été indispensable de châtier rigoureusement les misérables qui soulevaient le peuple avec de faux décrets. Le 25 mai 1790 les officiers municipaux de Bourbon-Lancy (Saône-et-Loire) annonçaient au comité des rapports que des bandes insurgées s'étendaient au loin autour d'eux.

« ... On a fait croire à ce malheureux peuple, ou du moins il prend pour prétexte, qu'il *existe un décret de l'Assemblée nationale qui taxe le blé, le pain, le vin, les viandes, et les autres comestibles à un prix très-bas, et que les municipalités, de concert avec les fermiers et propriétaires, ont célé ce décret pour vexer les misérables*, et leur faire acheter ces denrées plus cher que ne l'entendait l'Assemblée nationale. Voilà le prétexte, et voici les conséquences. »

« Des mauvais garnements des villes et des campagnes s'attroupent, ils forcent les autres citoyens à se joindre à eux. Ils forcent également les municipalités à faire une taxe à leur fantaisie du blé, du pain, du vin, etc.; ils se portent ensuite en foule et en armes chez les fermiers cultivateurs, cabaretiers et propriétaires; ils se font donner du vin au prix de leur taxe, et même sans payer; ils enlèvent les blés, qu'ils conduisent dans les chefs-lieux de canton pour les faire débiter aux prix qu'ils jugent à propos. Les fermiers et les propriétaires sont forcés d'abandonner les maisons, qui restent exposées au pillage des séditieux; les municipalités sont obligées de leur céder, parce qu'elles ne peuvent les contenir, et qu'elles sont exposées à leurs violences pour peu qu'elles veulent leur remontrer leurs torts.

« Le 21 de ce mois le parti était pris d'égorger la municipalité et la garde citoyenne de cette ville, si elles refusaient de taxer le blé à vingt sols la coupe, et de piller. Heureusement que la garde se trouva nombreuse, et que, sur le point d'être forcée, les cinq coups de fusil qu'elle tira dissipèrent les factieux. »

Ces officiers municipaux ajoutent que la ville est en grand danger : la populace est tout à fait excitée, et les citoyens aisés, redoutant ses excès, sont partis. Heureusement quelques citoyens résolus ont tenu tête aux factieux, et il leur est arrivé du secours.

On était donc exposé, même dans les pays où les officiers municipaux voulaient faire leur devoir, à être tout au moins spectateur, sinon victime, des scènes les plus déplorables. Qu'on juge par là de la situation des propriétaires et des gens paisibles dans les nombreuses communes où les municipaux étaient de connivence avec les émeutiers, où la garde nationale, au lieu de veiller à la tranquillité publique, faisait constamment des émeutes et tyrannisait les citoyens !

L'extrême indulgence qu'on avait montrée pour les pillards des campagnes et ceux qui les excitaient devait naturellement porter ses fruits. Une lettre adressée au comité des rapports, par le procureur du roi près la sénéchaussée et le présidial de Montauban, contient des indications assez intéressantes sur les auteurs de ces troubles.

Le 5 février 1790 un nommé Lalane avait dit, à Montclair, en Quercy, « *qu'il existait des décrets qui ordonnaient d'incendier les châteaux*, qu'il savait les faire sauter par le moyen de la mine, et s'y emploierait si on voulait le suivre. » Des témoins déclarèrent avoir entendu ce discours. Il fut arrêté. Presque en même temps, soixante-deux individus furent emprisonnés à Montauban, avec d'autres, pour avoir attaqué et dévasté des châteaux : quarante-quatre furent décrétés sans être arrêtés. Comme c'était « le fruit de l'égarement et de la séduction », le procureur du roi requit leur élargissement, qui fut accordé; mais que faire des autres?

« Tous ces particuliers, au nombre de cent-six, sont pour la plupart des paysans fort riches et pères de famille. Les décrets dont ils sont entachés les éloignent des fonctions de citoyens actifs. Certains sont de ceux à qui dans les campagnes on est d'usage de confier les fonctions municipales, soit à cause de leur aisance, soit parce qu'ils savent lire et écrire... »

La désorganisation sociale avait évidemment fait de grands progrès dans ce pays, et ce magistrat semblait la regarder comme un mal irréparable, puisqu'il paraissait désirer que ces pillards reprissent leurs fonctions de citoyens actifs et pussent être élus aux municipalités! Les poursuites étaient suspendues depuis plusieurs mois contre ces individus, et contre Lalane, l'homme aux faux décrets, depuis que l'Assemblée avait été prévenue de tous ces événements. Le comité des rapports, assez embarrassé, répondit que cela regardait les tribunaux; mais ils n'avaient aucune force, et l'Assemblée, qui avait sans cesse à la bouche des paroles de commisération pour les pillards, aurait dû protéger leur action. Mais lorsqu'elle jugeait nécessaire de sévir elle entendait en laisser la responsabilité et l'odieux aux tribunaux, en gardant pour elle le rôle de la clémence ; et elle énervait ainsi l'action de la justice.

Les pillards en étaient venus à se persuader qu'ils ne seraient jamais poursuivis. En juin 1790 le comité des rapports fut prévenu qu'à Epinac, près d'Autun, toutes les propriétés du seigneur avaient été pillées par des factieux qui avaient menacé de tuer son représentant et de promener sa tête au bout d'une pique, et dit hautement qu'il n'en résulterait rien pour eux. Dans d'autres localités les pillards se disaient sûrs d'obtenir une amnistie.

Les campagnes de Normandie étaient désolées par des bandes de malfaiteurs qui empêchaient de porter le blé dans les villes. La municipalité de Dieppe écrivit le 23 avril 1790 au duc d'Harcourt, gouverneur, et aux municipalités de Rouen, le Havre, Yvetot, Saint-Valery, pour leur exposer l'anarchie qui désolait le pays de Caux et leur demander secours. Comme le désordre augmentait rapidement, le lendemain, 24 avril, elle tint séance avec plusieurs autres municipalités voisines, et cette réunion constata les violences exercées sur les autorités locales et les laboureurs aisés, pour les forcer à vendre le blé à vil prix, et décida qu'elle ferait une adresse à l'Assemblée pour lui exposer cette situation et demander sa protection contre les pillards.

« En ce moment, dit l'adresse, un trouble effrayant commence à ébranler les campagnes du pays de Caux qui environnent la ville de Dieppe ;... un vertige d'envahissement les tourmente, il exalte les têtes de la trop nombreuse classe des individus sans propriété qui ne sont ni laboureurs ni véritablement dans le besoin... Enivré d'une prédomination insultante, ce peuple forcené, muni d'armes et de cordes, met à prix les têtes et *menace de la fatale lanterne, et annonce que les têtes lui serviront à jouer à la boule* : cette multitude aveugle méconnaît les représentations, le vœu et les pouvoirs de chaque municipalité : nulle autorité ne la contient. »

Ces révoltés empêchent de porter le blé au marché ; ils tiennent les municipalités en chartre privée jusqu'à ce qu'elles aient souscrit à leurs volontés, et font des perquisitions vexatoires; le blé qu'ils ont extorqué à vil prix est revendu très-cher à ses propriétaires, auxquels ils imposent des prix qu'ils sont obligés d'accepter de peur de les voir réaliser leurs affreuses menaces et incendier leurs maisons.

II.

L'Assemblée avait commis une grande faute en confiant sans contrôle à plusieurs officiers municipaux la charge de maintenir la paix publique. Par surcroît de malheur, ces municipaux, pour exercer une fonction aussi délicate, n'avaient entre les mains que l'instrument le plus détestable qu'on pût imaginer. Nous voulons parler de la garde nationale. A peine a-t-elle été établie, que les comités de l'Assemblée ont été inondés de réclamations contre les excès dont elle se rendait coupable. Ce corps, institué, disait-on, pour rétablir l'ordre, n'a jamais cessé de le troubler et d'opprimer ces mêmes citoyens dont il devait défendre les droits.

Dans les petites villes surtout, les officiers de la garde nationale se regardaient comme des personnages. La noblesse, à la fin de l'ancien régime, occupait presque tous les grades de l'armée ; certains bourgeois furent si glorieux de s'habiller en officiers, que leur tête en tourna complétement, et qu'ils se laissèrent aller à une foule d'actes qui auraient été du dernier grotesque s'ils n'avaient pas trop souvent entraîné des conséquences déplorables. L'égalité des droits était proclamée, mais bien des gens s'en montraient peu dignes. A la révolution, beaucoup de de bourgeois se crurent gentilshommes; c'était leur manière de comprendre l'égalité; et la France fut inondée de Messieurs Jourdain. Dans la garde nationale on rencontrait constamment M. Jourdain, major ou capitaine, traînant un sabre comme un capitan de théâtre, se querellant avec ses collègues, avec ses subordonnés, avec la municipalité, avec tout le monde, et ne filant doux qu'avec les émeutiers.

Les gardes nationales s'étaient constituées elles-mêmes. L'Assemblée rendit assez tard une loi organique; en attendant elle décida (30 avril 1790) qu'elles resteraient maîtresses de leur propre organisation jusqu'à ce que la loi fût décrétée, et les municipalités furent priées de ne pas intervenir dans leurs affaires sans leur consentement. On encourageait ainsi la garde nationale à se regarder comme une autorité. L'Assemblée se montrait vraiment trop conséquente avec elle-même. Les ministres devaient agir par les directoires, sur lesquels ils n'avaient point de prise; les directoires devaient se faire obéir des municipalités, mais n'avaient contre elles aucun moyen sérieux d'action; les municipalités ne pouvaient faire exécuter leurs ordres que par la garde nationale, et celle-ci, bien entendu, était soustraite à leur direction, et il leur fallait traiter avec elle de puissance à puissance. Quand on réfléchit à ce qu'une telle désorganisation devait fatalement amener, on ne s'étonne plus de voir les campagnes dévastées, les marchés envahis par des bandes armées qui taxent les subsistances, les revendent le double ou le triple, et menacent de la lanterne ceux qui ne veulent pas se soumettre à leurs extorsions.

La garde nationale était une institution purement politique. On l'avait organisée pour arrêter les brigands invisibles qui fauchaient les blés, et allaient tout saccager. Lorsque des bandes s'étaient mises réellement à brûler les châteaux et à dévaster toutes les propriétés, on avait répété partout avec une audace incroyable qu'elle était nécessaire au maintien de l'ordre. Quelquefois, il est vrai, des magistrats intelligents, des officiers courageux et dévoués, avaient, avec l'aide de la garde nationale, empêché des scènes déplorables; mais il arrivait bien plus souvent que la garde citoyenne laissait commettre tous les excès. Son existence même était une cause de désordres et de violences dans des pays où la tranquillité n'aurait jamais été troublée si elle n'eût pas été organisée. La garde nationale ne se croyait nullement instituée pour maintenir la tranquillité générale, mais pour assurer la prédominance de la bourgeoisie des villes sur toutes les autres classes de la société, et elle se regardait surtout comme dirigée contre les nobles et tous ceux qui pour un motif quelconque pouvaient regretter l'ancien régime. Elle avait la tête farcie des intrigues, des complots ténébreux des nobles et des prêtres, et ne songeait qu'à les déjouer : peu lui importait pendant ce temps-là qu'on dévastât les propriétés ; sauf un petit nombre d'exceptions, les bourgeois croyaient naïvement que leur tour ne viendrait jamais. Autant la garde nationale était tracassière, arrogante à l'égard des anciens privilégiés et des bourgeois trop peu zélés pour la révolution, autant elle était molle, craintive à l'égard de la populace. S'il s'agissait d'aller faire une perquisition dans un château, ou dans l'hôtel d'un magistrat du parlement ou du présidial, elle était prête bien vite ; elle devançait même tous les ordres, et accomplissait avec une promptitude et une rigueur singulières ces missions exemptes de danger, qui lui fournissaient l'occasion de molester des personnes d'un rang élevé et de pénétrer dans tous les secrets de leur intérieur. Mais quand il s'agissait de réprimer les violences de la populace contre des nobles, des bourgeois suspects d'aristocratie, ou simplement contre de prétendus accapareurs, c'était tout différent ; on ne venait pas à bout de la réunir, elle marchait d'un pied boiteux comme certaine divinité des anciens, et on la voyait arriver quand le mal était fait, tout juste pour ramasser les cadavres des victimes. Au milieu des émeutes certains gardes nationaux favorisaient ouvertement la populace et se rangeaient de son côté. Ces soldats citoyens n'aimaient la garde nationale que pour porter un uniforme et un panache, traîner un sabre, faire une visite domiciliaire chez M. le ci-devant marquis ou M. le ci-devant comte, et regarder curieusement dans leurs papiers ; mais ils n'avaient nulle envie de se battre avec des émeutiers. Pourquoi se donner tant de mal contre un peuple égaré ? Est-il toujours prudent de s'opposer aux actes de justice populaire ? Après tout, à qui en veulent-ils ? à des aristocrates, à des gens qui doivent comploter ? Leur sang est-il donc si pur ?

Pour prouver que nous ne calomnions point la milice citoyenne, nous citerons la partie la plus importante d'une adresse de la garde nationale de Limoges à la municipalité de cette ville, qui fut chargée par elle de la remettre à l'Assemblée.

« ... Notre tâche pénible *ne se borne pas au rôle subalterne d'exécuter des décrets*, ce n'est pas seulement pour leur prêter main forte que nous sommes armés. Nous devons de concert avec la municipalité surveiller les ennemis de la révolution, découvrir les moyens perfides que les méchants citoyens emploient pour parvenir à leurs fins sinistres : leurs complots, leurs démarches, leurs écrits, leurs discours et *leurs pensées* doivent faire l'objet de nos recherches et de notre curiosité. »

A la bonne heure, voilà qui est franc ! La tâche subalterne de faire respecter la loi est au-dessous de la garde nationale : elle se regarde comme une institution de police politique, un grand comité des recherches, dont les membres portent des fusils et surveillent les pensées de leurs concitoyens ! Mais ceci n'est pas une prétention en l'air; cette belle théorie va trouver son exécution immédiate. La garde nationale de Limoges a délibéré sur les affaires publiques : elle se plaint à la municipalité d'un journal qui lui déplaît : il faut le dénoncer à l'Assemblée; mais, comme le comité des recherches pourrait être un peu lent, il faut provisoirement le supprimer. Elle lui adresse encore bien d'autres demandes. Heureusement la municipalité de Limoges est moins hardie, et tout en remerciant la milice citoyenne de son zèle, elle lui annonce qu'elle transmettra son adresse à l'Assemblée, mais qu'elle n'a pas le droit de satisfaire à ses demandes (24 mai 1790).

La délibération de la garde nationale, dit la municipalité qui l'envoya au comité des rapports, tendait : 1° à exiger une adhésion par écrit, tant de la part des ecclésiastiques que de tous autres citoyens sans exception, aux décrets de l'Assemblée nationale; 2° à la suspension provisoire de la feuille hebdomadaire de Limoges et à la dénonciation de son rédacteur à l'Assemblée nationale, « à l'effet de parvenir à la suppression dudit ouvrage périodique ». On voit que les soldats citoyens prétendaient faire bien autre chose que monter leur garde !

D'autres gardes nationales ne se contentaient pas de prendre des délibérations et de faire des dénonciations : elles sortaient de leur territoire pour vexer et opprimer les citoyens paisibles. Le comité des rapports fit écrire une lettre très-sévère à la garde nationale de Puylaroque, par un de ses membres, le comte de Praslin. La gravité des faits avait troublé sa placidité habituelle. Il lui reproche d'avoir contraint des citoyens à l'accompagner dans ses excursions sur le territoire des autres communes, d'avoir exigé des amendes, imposé des taxations contre tout droit. Il aurait déféré cette affaire à l'Assemblée si elle n'avait pas été déjà portée au tribunal de Montauban. Le comité terminait ainsi :

« Il espère que vous n'emploierez vos forces que pour remplir cet objet et assurer l'exécution des jugements, et surtout pour faire obtenir aux victimes des excès qui ont été dénommés la justice qu'ils demandent au tribunal de Montauban. »

Cette dernière recommandation était malheureusement empreinte de cette naïveté toute particulière dont les comités des rapports et des recherches n'ont jamais pu se débarrasser.

Le comité des rapports reçut aussi des plaintes très-vives des communes de Pouilly, Taillet, Chaudière, petit et grand Hongréaux, Hiraumont et Cens, le gué d'Houssu et le bourg Fidèle contre les gardes nationaux de Rocroy,

«... qui sous prétexte de servir désolent les campagnes, enlèvent les bestiaux, qu'ils conduisent dans leur ville, et ne les restituent que quand le maître de quelques bœufs a signé un billet quelconque ou a donné une somme comptant. Le dernier billet que ladite milice a fait signer à un villageois portait cinquante écus payables le 20 novembre. Ce vol manifeste a irrité le peuple : outre les cent cinquante livres de ce billet il avait donné six livres comptant. » (22 décembre 1789.)

Le comité invita la municipalité de Rocroy à interdire de semblables expéditions.

La garde nationale ne se contentait pas d'opérer les arrestations arbitraires prescrites par les municipalités : elle en faisait de sa propre autorité, quelquefois même malgré les magistrats. Les comités reçurent une foule de réclamations contre ces arrestations faites en dépit de toutes les lois. Nous avons vu entre autres un rapport de Murinais sur l'arrestation d'une dame de Dolomieu, qui avait l'habitude de se rendre tous les ans aux eaux d'Aix, et voulait aussi y aller en 1790. La municipalité, instruite de son intention, n'y mit pas le moindre obtacle, mais la garde nationale s'y opposa. «... Elle a même, dit le rapport, porté l'abus d'autorité jusqu'à écrire dans les municipalités voisines pour que madame de Dolomieu fût arrêtée si elle se présentait... » Et un jour, pendant qu'elle faisait une simple promenade en voiture, elle fut arrêtée par la garde nationale à une demi-lieue de chez elle. Le comité (8 juillet) invita le maire «... à faire en sorte que la milice qui doit être aux ordres de la municipalité ne s'écarte pas de son devoir...» Mais l'Assemblée n'avait pas donné à ce malheureux maire les moyens de maintenir cette milice dans son devoir.

Les dissensions intestines de la garde nationale donnaient lieu souvent aux scènes les plus violentes. Si la municipalité essayait d'intervenir, le désordre était à son comble. La petite ville de Hesdin (Pas-de-Calais) fut un moment bouleversée par les prétentions extravagantes et les violences coupables de sa garde nationale. Elle avait formé un comité d'administration et fait un règlement tendant à établir une taxe pour la payer. La municipalité lui déclara qu'elle outrepassait ses pouvoirs, ce qui l'exaspéra au dernier point. La tranquillité en fut complétement troublée : on fit alors circuler dans la ville une pétition demandant à la municipalité de modifier l'organisation de la garde nationale. Un Sr Legrand, procureur, qui avait signé cette pétition, voit tout à coup son étude envahie par sept ou huit gardes nationaux qui le somment de le suivre, et sur son refus le prennent au collet et le traînent dans une réunion de la garde nationale, où le commandant et les officiers le somment de déclarer s'il est un des auteurs de la requête ; il soutient son droit, est menacé, et peu s'en faut qu'il ne subisse le sort d'un autre signataire de la demande, qui a été arrêté par la garde nationale, terrassé, foulé aux pieds, meurtri de coups de crosse.

La garde nationale d'Hesdin tenait audacieusement ces assemblées illégales, et y convoquait son monde à son de caisse, à la barbe des officiers municipaux. Dans une de ces réunions, elle osa prendre l'arrêté suivant, qui dans sa naïve insolence montre parfaitement comment à cette époque la garde nationale comprenait son rôle.

« Nous, commandants, officiers, bas officiers et fusiliers de la garde nationale, sur ce qui nous a été rapporté ce matin, par la députation du corps à l'hôtel de ville, pour se plaindre d'une requête incendiaire (1) dont le sieur Legrand, procureur, est reconnu l'auteur, justement alarmés des suites funestes que les écrits incendiaires peuvent avoir... »

«... Vu le peu de cas que les officiers municipaux ont fait de la plainte.. »

« *Il a été arrêté que ceux des citoyens qui seraient convaincus de fabriquer ou de colporter aucun écrit contre la garde nationale d'Hesdin seront arrêtés et constitués prisonniers, et qu'ils garderont prison jusqu'à ce qu'il en soit autrement ordonné.* »

Voilà donc les lettres de cachet rétablies contre ceux qui ont l'audace de critiquer la garde nationale. La municipalité dénonça au comité des rapports cet inqualifiable arrêté. Le comité lui répondit qu'il n'avait pu voir « sans la peine la plus vive *l'espèce de mésintelligence qui paraît se manifester* entre deux corps dont l'union est si désirable pour la tranquillité publique ». Il donna complètement raison à la municipalité, mais l'invita à ne pas modifier l'organisation de la garde nationale. Il déclara que cette dernière avait agi illégalement et abusivement, mais, « confiant dans la pureté de ses vues... », il invita tout le monde à la conciliation. Non-seulement il commettait la faute de relever trop mollement de pareilles illégalités, mais il encourageait indirectement la garde nationale dans ses ridicules prétentions en la mettant presque sur le même pied que la municipalité. Ce ne fut pas seulement à Hesdin que la garde nationale eut l'audace de s'ériger en tribunal : dans beaucoup d'endroits elle forma des comités qui prétendaient contraindre les citoyens à se soumettre à leurs jugements. Après avoir été victime des procédés brutaux et arbitraires de certains gardes nationaux, il fallait souvent lutter contre la tyrannie de ces comités.

Instituée pour exécuter les décisions des autorités, la garde nationale affectait le plus grand mépris pour l'autorité judiciaire, et trop souvent elle était excitée par les municipalités à la braver et à empêcher l'exécution de ses arrêts. Si la milice citoyenne et la municipalité étaient d'accord pour opprimer un citoyen, le malheureux était réduit à quitter le pays. Voici une preuve frappante de l'anarchie dans laquelle la France se trouvait déjà.

(1) Cette pétition est rédigée au contraire avec beaucoup de modération.

M. de Goyon la Hérouse, propriétaire aux environs de Montréal en Condomois, fut accusé par la garde nationale de cette ville, d'avoir tenu des propos injurieux à quelques-uns de ses membres, et de s'être montré sans la cocarde nationale. La municipalité épousa la querelle de la garde nationale, et donna l'ordre d'arrêter M. de Goyon. Comme sa vie était en danger, il se réfugia à Bordeaux. La municipalité et la garde nationale de Montréal voyant que leur proie allait leur échapper la réclamèrent avec une ténacité et un emportement dont on ne peut se faire une idée. Des députés de Montréal vinrent réclamer le fugitif à Bordeaux comme *prisonnier d'État ;* mais la garde nationale de cette ville refusa de le livrer. Alors ses persécuteurs le dénoncèrent au comité des recherches, tandis que de son côté il s'adressait au parlement de Bordeaux et au comité des rapports. Les gens de Montréal écrivirent les lettres les plus violentes au comité des recherches. M. de Goyon disait que sa vie avait été en danger : « ... Sa vie ! il eût été aisé de la lui ôter si on eût voulu écouter la voix du ressentiment et de la vengeance... Il a mérité les rigueurs de la loi, il faut qu'il en subisse les peines » ; et ils demandaient que M. de Goyon « soit mis en lieu de sûreté, pour qu'il puisse être livré à MM. les officiers municipaux, quand il leur plaira de le réclamer ». Le comité des recherches répondit simplement qu'il fallait poursuivre cette affaire avec exactitude et célérité ; que si M. de Goyon était coupable, la justice le punirait. La municipalité et la garde nationale de Montréal se prétendirent autorisées par cette lettre à commettre toutes les violences contre lui. Le parlement de Bordeaux avait déclaré qu'il serait sursis à l'exécution du décret de prise de corps lancé contre M. de Goyon par la municipalité de Montréal. Quand il voulut signifier cet arrêt à la municipalité, tous les huissiers qu'il envoya en furent empêchés par force. Il s'en plaignit au comité des rapports, qui écrivit en ces termes à la municipalité et à l'état-major de la garde nationale de Montréal :

« ... Le sieur Goyon de la Hérouse se plaint, messieurs, que vous vous opposez à la signification d'un arrêt du parlement de Bordeaux qui surseoit à l'exécution d'un décret de prise de corps que vous avez poursuivi et rendu contre lui à l'occasion d'une rixe particulière. Il rapporte différents actes à l'appui de ses plaintes. Il ajoute que vous l'avez forcé à s'expatrier, que sa personne et ses biens ne sont pas en sûreté, et qu'enfin vous empêchez d'une part l'exécution de l'arrêt du parlement, et que de l'autre vous mettez tout en usage pour exécuter le décret dont il a été reçu appelant. Nous lui répondons que puisqu'il est en instance au parlement par raison dudit décret et même sous la sauvegarde de la loi, vous devez non-seulement laisser agir le cours de la justice et empêcher toute voie de fait contre sa personne et ses biens, mais encore prêter main-forte aux huissiers chargés de la commission pour que la signification de cet arrêt soit incessamment faite et qu'il puisse jouir de la liberté qui lui est due, sauf aux parties à poursuivre l'instance d'appel. » (Signé Faydel, 14 avril 1790.)

M. de Goyon avait fourni au comité la preuve authentique des obstacles violemment opposés par ses adversaires à la signification de l'arrêt qui lui était favorable. Nous allons voir comment les municipaux et les capitans Fracasse de Montréal tinrent compte des recommandations si douces du comité.

Le 24 mai, c'est-à-dire plus d'un mois après, lorsque les passions auraient dû être un peu calmées, un huissier partit de Bordeaux pour signifier à Montréal l'arrêt du parlement en vertu des ordres du comité des rapports. Le commandant de la garde nationale et plusieurs officiers se jetèrent sur lui et le mirent en prison, en le menaçant de le fusiller ou de le pendre. Ceux qui l'accompagnaient subirent le même sort ; quatre hommes qui avaient indiqué les maisons où il devait faire des significations furent également arrêtés.

Alors ces misérables, dévoilant toute la bassesse de leur caractère, déclarèrent à l'huissier qu'ils allaient brûler les pièces ; le tinrent prisonnier pendant quatre jours en le menaçant de mort à chaque instant, et le contraignirent à signer de fausses déclarations et un faux récit de son voyage, en lui déclarant qu'il allait être pendu s'il refusait. Mais ce n'est pas encore le plus beau de l'histoire. Ils allèrent trouver Mme de Goyon, lui déclarèrent qu'ils allaient pendre l'huissier de son mari et les gens qui l'accompagnaient si elle ne signait pas immédiatement le désistement des poursuites, avec promesse de payer quatre mille livres, dont moitié leur serait remise sur-le-champ. Mme de Goyon leur répondit d'abord qu'il lui fallait l'autorisation de son mari, puis sous la menace de voir son château brûlé elle donna l'argent. Mais l'huissier ne fut relâché qu'en faisant devant notaire la déclaration inexacte qu'il n'avait rien signifié. Lorsqu'il fut en liberté et en lieu sûr, il protesta contre l'indigne violence qu'il avait subie et les signatures qu'on lui avait extorquées, et en fit un procès-verbal qui fut envoyé au comité des rapports.

Rébellion armée contre la justice, violences, séquestration, menaces de mort, argent extorqué, tout était réuni dans cette affaire!. Et pourtant il nous a été impossible de rien découvrir qui puisse nous autoriser à penser qu'une poursuite sérieuse ait été intentée contre ceux qui avaient ainsi bravé toutes les lois. Souvent des crimes consommés restaient impunis; celui qui après avoir subi bien des outrages et couru de grands dangers était parvenu à sauver sa vie devait s'estimer très-heureux d'en être quitte à si bon compte. Beaucoup de partisans des idées nouvelles trouvaient qu'en pareil cas il valait mieux s'abstenir de toute poursuite, et faisaient des phrases sur « les esprits égarés, les intentions pures ». Ils ne voulaient donner aucune suite aux affaires les plus graves, sous prétexte d'apaiser les esprits, mais en réalité parce qu'ils avaient le pressentiment de leur impuissance et redoutaient de dévoiler leur faiblesse. Ils aimaient mieux dire avec les violents, que réclamer la punition de ces perturbateurs; c'était commettre un acte à la fois aristocratique et inhumain!

La justice était sans force; nous avons vu comment on traitait ses agents : les magistrats eux-mêmes étaient quelquefois exposés à de sérieux dangers. Dans le département de la Moselle les forêts avaient été dévastées par les populations. En vertu de l'article 11 du nouveau Code criminel, les juges de Briey se rendirent à Anderny pour y juger un grand nombre de délinquants. A peine étaient-ils arrivés dans cette localité qu'ils furent assaillis par une nuée de furieux, qui leur firent les plus horribles menaces et les empêchèrent de siéger. Ils se réfugièrent au presbytère, où ils furent bloqués. En vain dirent-ils aux factieux, pour s'en délivrer, qu'ils allaient partir bien vite sans tenir aucune audience, ceux-ci refusèrent de leur rendre la liberté, en disant qu'il reviendrait d'autres juges, et ils leur déclarèrent qu'ils ne les laisseraient point partir tant que les procédures intentées contre eux ne leur auraient pas été remises et brûlées sous leurs yeux. Le temps s'écoule; les factieux, croyant que les juges n'oseront pas se sauver, s'en vont pour la plupart dans les cabarets. La servante du curé, pour endormir leurs soupçons, affecte de préparer le dîner des magistrats. Ceux-ci, profitant, d'un moment où la surveillance des révoltés est moins active, se partagent les pièces de procédure, se sauvent à travers champs, et parviennent en faisant mille détours à dépister leurs persécuteurs. La municipalité d'Anderny était restée dans une complète inaction, et n'avait osé rien tenter pour délivrer les magistrats.

Lorsque les nouveaux tribunaux furent installés, bien qu'ils eussent été élus par le peuple, ils furent bientôt, comme les anciens, déclarés suspects d'aristocratie et de modérantisme, et on réclama leur remplacement. Le parti révolutionnaire avancé ne pouvait supporter aucun frein, et voulait en outre que toutes les institutions fussent employées au service de ses passions haineuses.

Les gens à courte vue avaient crié bien haut, après le meurtre de Foulon et de Berthier, que de pareilles atrocités ne se renouvelleraient pas; cependant on continuait toujours à assassiner, comme à piller les châteaux (1). En avril 1790, M. de Beausset, commandant du fort Saint-Jean à Marseille, fut assassiné pour avoir refusé de rendre le fort, et sa tête promenée au bout d'une pique. A Valence M. des Voisins, en Corse le colonel de Bully furent également assassinés pour n'avoir pas voulu se soumettre humblement aux exigences révolutionnaires. Le même sort menaçait tous les chefs militaires qui ne voulaient pas livrer leur commandement aux clubistes. La désorganisation générale avait atteint l'armée. Les soldats, excités par les révolutionnaires, se révoltaient contre les officiers, les chassaient ou les retenaient prisonniers pour leur arracher les fonds du régiment. La discipline était complétement perdue, et les soldats se livraient trop souvent à des actes de rébellion et de brigandage.

---

(1) Au mois de février, la populace de Béziers s'était soulevée pour arracher à la justice des contrebandiers de sel, avait enlevé de l'hôtel de ville cinq commis qui s'y étaient réfugiés et les avait pendus. La condamnation de Favras arrachée au Châtelet, qui venait d'acquitter plusieurs personnages accusés de crimes analogues, n'était pas faite pour ramener le calme dans les esprits. Les gens sensés ne furent nullement convaincus que Favras eût voulu, comme on le prétendait, introduire nuitamment dans Paris une armée contre-révolutionnaire afin de se défaire de Bailly, Necker et Lafayette, d'enlever le sceau de l'État, d'entraîner le roi et sa famille à Péronne. Mais la révolution demandait déjà des victimes, et on osait de moins en moins les lui refuser.

III.

Il nous faut maintenant revenir aux discussions de l'Assemblée. Elle a posé en principe que les ministres de la religion doivent être asservis à l'État, et qu'il faut absolument leur donner un salaire annuel, et leur refuser toute dotation territoriale pour assurer leur asservissement. Elle a déjà commencé à mettre son projet à exécution : il lui reste bien peu de chose à faire pour anéantir complètement tout ce qui assurait matériellement l'indépendance du clergé. Au fond, ce n'est plus cette question qui la préoccupe; elle songe surtout à bouleverser le catholicisme; son comité ecclésiastique depuis quelque temps travaille à lui fabriquer un catholicisme nouveau, corrigé, remanié, émondé sur le modèle de l'Église soi-disant orthodoxe de Russie. Messieurs les réformateurs du comité ecclésiastique de l'Assemblée constituante auraient été dignes d'être les ministres de Catherine II !

Ce trop fameux comité a été établi le 20 août 1789. Il était composé de quinze membres : Lanjuinais, d'Ormesson, Grandin, Martineau, de Lalande, le prince de Robecq, Sallé de Choux, Treilhard, Legrand, Vaneau, Durand de Maillane, l'évêque de Clermont, Despatis, de Courtilles, l'évêque de Luçon.

La droite y était représentée par plusieurs de ses membres, les adversaires du clergé étaient des canonistes sérieux avec une nuance janséniste, à l'exception de Treilhard et de Legrand. Le rapport de Treilhard sur la suppression des ordres religieux divisa le comité en deux camps bien tranchés.

« Il y eut à ce sujet quelques murmures, dit Durand de Maillane (1), il fallut s'expliquer sur leur cause, c'est-à-dire sur ce qui arrêtait le comité, et qui n'était autre chose que la diversité d'avis parmi les membres sur les points capitaux de son travail. Alors on se proposa, pour détruire la cause de ce mal d'abord, de changer ou de renouveler les membres de ce comité, mais pour ne pas faire injure à ceux d'entre eux qui n'avaient eu que des sentiments conformes aux décrets de l'Assemblée, elle prit le parti plus sage de renforcer ce comité par autant de membres nouveaux qu'il y en avait d'anciens;

(1) *Histoire apologétique du comité ecclésiastique*, p. 33.

ils furent élus à la majorité relative dans les trente bureaux électeurs de l'Assemblée... »

Cette fournée, qui eut lieu le 7 février 1790, se composait de dom Gerle, Dionis du Séjour, l'abbé de Montesquiou, Guillaume, de la Coste, Dupont de Nemours, les futurs évêques constitutionnels Massieu, Expilly et Thibaut, l'abbé Gassendi, prêtre du même bord, Boislandry, Fermon, dom Breton, religieux qui devait jeter le froc aux orties, et Lapoule. Sauf l'abbé de Montesquiou, et peut-être deux autres membres encore, les nouveaux élus appartenaient au parti schismatique, qui eut désormais une majorité compacte dans le comité. Aussi Durand Maillane, dit-il naïvement : « Avec ce renfort, dont le choix reçut un peu d'influence *jacobite*, le comité se vit en état d'aller et d'opérer. » Il n'y fut plus question que d'établir un schisme, et de l'imposer par force. Les évêques de Clermont et de Luçon, Boutillier, Robecq, Sallé de Choux, l'abbé de Montesquiou, les curés Vaneau, Grandin et de Lalande donnèrent leur démission; on la refusa, c'est-à-dire qu'on s'abstint de les remplacer. Il y avait une telle divergence de vues entre ces membres et la majorité nouvellement formée que toute discussion était impossible. Le comité se divisa en trois sections : la première devait s'occuper de la constitution civile, les deux autres des déclarations des bénéficiers et des affaires ecclésiastiques; mais la première étant chargée spécialement du sujet pour lequel le comité avait été institué, elle dut admettre les membres des autres sections. On forma aussi un comité des dîmes par l'adjonction au comité ecclésiastique de commissaires des comités de finances, d'impositions et d'aliénations. Le comité ecclésiastique devint bien vite une puissance; dans le cours de ces études nous aurons souvent à parler de son intervention continuelle dans l'administration du royaume, et de la manière dont il fit appliquer les lois sur les biens du clergé et sur le schisme.

Les philosophes avaient avoué franchement qu'ils ne voulaient pas d'un clergé propriétaire, même réduit à une modique dotation territoriale, parce qu'il serait alors trop indépendant du pouvoir. Le salaire du clergé pour eux n'était qu'un moyen d'attaque contre la religion elle-même. Ils avaient longuement et violemment battu en brèche la propriété ecclésiastique, agissant en cela comme un assiégeant, qui commence par déployer de vigoureux efforts contre les ouvrages avancés de la place qu'il veut prendre. Cette première attaque avait réussi, et ils cherchaient à enlever encore une nouvelle position en se débarrassant des ordres religieux.

L'état monastique et ses traditions dans les pays où l'Église latine a dominé sont complétement incompatibles avec les véritables églises d'État. Le premier soin d'Henri VIII fut de détruire les couvents, et il n'a jamais été question d'ordres religieux dans les Églises asservies de l'Angleterre et des États scandinaves, qui longtemps après la réforme gardaient encore un très-grand nombre d'usages et de formes catholiques (1). Joseph II et tous les souverains qui ont tenté de recommencer à leur profit l'œuvre d'Henri VIII, en conservant les apparences, ont montré une grande aversion pour les ordres religieux. Dans les pays catholiques où l'Église était sous la main du pouvoir civil, ils ont toujours été vus par lui de mauvais œil, et surveillés particulièrement. Il est glorieux pour les instituts monastiques que dans tous les pays où on a voulu asservir la religion à l'État on les ait regardés comme un obstacle à l'exécution d'un pareil dessein. Il est évident que l'existence des ordres religieux est une anomalie dans un clergé de fonctionnaires; que ces prêtres, qui ne reçoivent ni n'attendent rien de l'État, et vivent isolés du monde, hors de la pression morale des autorités civiles, offrent bien peu de prise aux menaces comme aux séductions du pouvoir. Leur existence seule, en présence d'un clergé séculier devenu trop fonctionnaire, serait une protestation permanente contre un pareil état de choses, et un exemple dangereux. De bons moines, vivant saintement, pratiquant leurs devoirs, édifiant les fidèles, même en supposant qu'ils n'ouvrent jamais la bouche sur les rapports de l'Église et de l'État, sont une peste véritable pour les hommes politiques qui veulent l'asservissement de la religion !

Les philosophes le sentaient parfaitement; sans doute la décadence des ordres monastiques était alors un fait incontestable : l'Église, dans cette terrible épreuve, ne recevait d'eux aucun

---

(1) Il est vrai que dans l'Église esclave de Russie il y a des moines, mais ils sont aussi asservis que les popes : il faut aussi faire la différence des civilisations et des Églises.

secours, ils ne faisaient même que l'embarrasser : mais les instituts religieux dépouillés de leurs richesses, et débarrassés en même temps de la commende, et de l'intervention continuelle du pouvoir civil dans leurs affaires, pouvaient se retremper dans une vie austère, se recruter désormais de sujets attirés par une vocation complète, et apporter à l'Église un concours précieux dans un avenir peu éloigné. Cette transformation, qui, malgré les despotes d'en haut et d'en bas, s'est effectuée sous nos yeux, au milieu d'obstacles de toutes sortes, les philosophes la redoutaient déjà. Ils décidèrent que les religieux seraient libres de rentrer complétement dans le monde, et qu'il serait défendu à l'avenir d'émettre des vœux religieux, de former de nouvelles congrégations ni de ressusciter aucune des anciennes.

En agissant ainsi l'Assemblée dépassait singulièrement son droit. Sous l'ancien régime l'État donnait une sanction sévère aux vœux religieux. Celui qui les avait émis n'était plus maître de sa personne ; la loi le contraignait à les exécuter, à porter l'habit de son ordre, à rester dans son couvent. Une sanction civile avait été ajoutée à un vœu religieux. L'Assemblée pouvait déclarer que cette sanction était désormais abolie, qu'elle abandonnait l'exécution des vœux à la conscience, et n'y contraindrait plus. Mais son droit s'arrêtait là ; elle ne pouvait aller plus loin sans porter atteinte à un droit politique, la liberté d'association, et sans empiéter brutalement sur le domaine de la conscience. Nous sommes heureux de constater que depuis quelque temps certains admirateurs décidés de la Constituante lui ont sur ce point donné complétement tort (1).

Le rapport de Treilhard ne concluait pas à la suppression complète des ordres religieux pour le présent et pour l'avenir,

---

(1) Notamment M. de Pressensé : « ..... Il y avait là une atteinte directe à la liberté de conscience, car c'était déclarer d'avance que le principe de la liberté d'association serait suspendu pour tout ordre religieux, lors même qu'il se soumettrait entièrement aux lois du pays. Ce funeste malentendu a duré jusqu'à nos jours. Il est plus d'un homme politique qui se croit libéral pour avoir contribué à expulser de son pays la Société de Jésus ou tel autre ordre religieux. Il s'imagine que pour ce haut fait toutes les bassesses lui seront pardonnées dans ce monde et dans l'autre..... » (p. 90). Il est intéressant de voir un ministre protestant défendre la liberté des ordres religieux constamment méconnue par des gens qui se disent catholiques à l'occasion !

mais les philosophes la réclamaient ardemment. La discussion commença le 12 février. Rœderer fit un discours extrêmement violent contre les ordres religieux. Pétion, Barnave, Garat aîné déclamèrent avec fureur contre les couvents, et réclamèrent l'interdiction absolue des vœux monastiques pour l'avenir. *La Religieuse* de Diderot faisait alors le fond des déclamations à la mode comme soixante ans plus tard le *Juif errant* d'Eugène Sue. Le 13 février l'évêque de Nancy demanda qu'avant de poursuivre la discussion on reconnût que la religion catholique apostolique et romaine était la seule religion de l'État. Le parti philosophique travaillait à asservir la religion et à en fabriquer une nouvelle à son gré; la droite voulait faire prendre à l'Assemblée des engagements qu'elle pût lui rappeler lorsque les philosophes voudraient exécuter leur dessein. Ils le comprirent très-bien, et entrèrent dans une grande fureur. Charles Lameth déclara qu'il dénonçait à la patrie l'intention d'armer le fanatisme pour de vils intérêts d'argent. Dupont de Nemours répondit qu'évidemment le catholicisme était la seule religion nationale et qu'il ne fallait pas délibérer. Rœderer, inaugurant le système d'hypocrisie qui fut plus tard si soigneusement suivi par la gauche, cria qu'on faisait injure à l'Assemblée en disant que la religion était en danger; et la proposition fut repoussée par l'ordre du jour. Delacoste demanda la conservation des ordres savants et des ordres très-austères, comme les trappistes et les chartreux, qui n'avaient point participé à la décadence générale. Grégoire défendit les instituts religieux, soutint que les campagnes avaient perdu à l'expulsion des jésuites, et déclara « qu'il serait impolitique et dangereux à la fois de supprimer tous les établissements ecclésiastiques. » L'abbé de Montesquiou fit en leur faveur un discours à la fois modéré et habile : il rappela qu'il fallait distinguer entre le vœu religieux et sa sanction civile, et établit parfaitement la distinction entre les droits de la conscience et ceux du pouvoir civil, que la gauche méconnaissait complétement au profit de ce dernier :

> « On ne peut pas rompre les vœux : je dirai donc aux religieux : Si vous voulez sortir, sortez; si vous ne le voulez pas, demeurez, car votre vœu est un contrat, et je n'ai pas le droit de rompre un contrat. Vous êtes hommes (aux députés), tout ce qui est humain vous appartient... Vous êtes hommes, tout ce qui est spirituel n'est pas de vous. »

Il présenta un projet de décret portant que les religieux étaient libres de quitter leurs couvents ou d'y rester. Sur la proposition de Thouret et de Barnave, l'Assemblée vota que toutes les congrégations étaient supprimées, sans qu'il fût possible d'en établir d'autres. Ce décret, digne préambule de la constitution civile, qu'il est du reste allé rejoindre, remplit de joie tous les philosophes.

L'Assemblée ne décida rien encore quant aux couvents de femmes. La pension des moines mendiants qui sortiraient du cloître fut fixée par le décret du 20 février à sept cents livres jusqu'à cinquante ans, huit cents livres jusqu'à soixante-dix, et mille livres après; celle des non-mendiants fut de deux cents livres plus élevée. La pension des frères lais ou convers variait suivant leur âge de trois cents à cinq cents livres. Certains membres du comité auraient voulu donner la même pension à tous les religieux, ce qui aurait été parfaitement injuste, leur position et leurs habitudes ayant toujours été différentes. Robespierre, dans son zèle démagogique, avait déclaré à la tribune que s'il y avait une distinction à faire, elle devait être au profit des religieux mendiants. Voidel aurait voulu que les chiffres des pensions fussent fixés si bas, que les religieux fussent poussés par la misère et la faim à rompre leurs vœux; mais la lutte religieuse n'était pas encore assez violente pour que cette odieuse proposition pût être acceptée (1). Martineau en parlant sur le chiffre des pensions, et faisant l'énumération des dettes dont les maisons religieuses étaient grevées laissa échapper cet aveu : « Lorsque vous avez mis les propriétés du clergé à la disposition de la nation, vous avez décrété plutôt une opération politique qu'une opération financière. » C'était parfaitement vrai; pour les chefs du parti, l'opération financière n'était qu'un prétexte.

Une partie des biens du clergé était aliénée, on résolut de lui enlever l'administration de ce qui n'était pas encore vendu.

---

(1) Les jésuites furent compris dans ce décret sur la proposition de Barnave et de Grégoire, qui déclarèrent qu'il fallait ainsi réparer une grande injustice de l'ancien régime. Le parti soi-disant libéral a souvent reproduit leurs diatribes contre l'Église de France, mais sur ce fait particulier il ne s'est pas montré aussi sévère pour l'ancien régime. Il lui est même arrivé souvent d'invoquer avec un air de triomphe cette proscription que Barnave et Grégoire ont flétrie.

C'était parfaitement logique avec les décrets précédemment rendus; tout le monde s'y attendait, et cependant cette spoliation définitive, cette mise en pratique d'un nouveau système qu'on avait très-franchement exalté comme un moyen d'asservissement, causèrent une vive émotion. Bien que la partie fût évidemment perdue d'avance, le clergé et ses amis résolurent de se défendre énergiquement jusqu'au bout.

Le 9 avril, Chasset lut un rapport au nom du comité des dîmes, qui demandait l'expropriation complète du clergé, et l'établissement du salaire en argent.

« ... Le culte, disait-il, est un devoir de tous, tous sont censés en user, parce que le temple du Seigneur est ouvert à tous. La milice sainte est entretenue pour l'utilité de tous, de même que l'armée. Il est juste et constitutionnel de faire supporter les frais du culte par tous au moyen d'une imposition générale... »

La gauche revenait toujours à sa malheureuse comparaison de la religion avec l'armée; si elle ne songeait guère à maintenir la subordination et la discipline parmi les troupes, en revanche elle faisait les plus grands efforts pour se préparer un clergé servile. D'après le plan du comité des dîmes, les biens de l'Église devaient être administrés par les assemblées départementales ou de district; les dîmes abolies à partir du 1er janvier de l'année suivante pour être remplacées par un traitement en argent. La première section du comité ecclésiastique avait fixé ces traitements à la somme de 133, 884, 800 livres, et avait décidé qu'il n'y aurait plus qu'un seul évêché par département. Il n'était pas question, bien entendu, du concours de l'autorité ecclésiastique pour opérer cette suppression. Ce rapport laissait pressentir que le comité tenait en réserve bien d'autres projets aussi dangereux et aussi hétérodoxes.

Les moins soupçonneux comprenaient que cette opération financière sur les biens de l'Église, était étroitement liée à un projet essentiellement schismatique. La dépossession complète du clergé était un acte de la plus haute gravité; il fallait absolument la combattre, parce qu'aussitôt après son exécution le comité ecclésiastique allait en faire sortir, comme d'une boîte à surprise, un schisme religieux qui pouvait avoir les conséquences les plus épouvantables. Si le plan du comité n'était pas adopté, l'exécution des projets de schisme et de persécution auxquels il servait de base se trouvait heureusement entravée. C'est ce qui explique la lutte si vive que la droite se crut obligée de soutenir, et la discussion orageuse qui s'éleva quelques jours plus tard au sujet de la motion de dom Gerle. Nous ne comprenons point que certains historiens de bonne foi se soient si fort étonnés de l'animation que le clergé porta dans cette discussion, qui ne roulait, disent-ils, que sur un vil intérêt matériel (1). Ce qu'on discutait en réalité sous le couvert d'une opération financière c'était cette fameuse constitution civile dont les bases étaient déjà connues et qui allait être immédiatement démasquée après la discussion.

Charles Lameth, parlant plus pour les tribunes et la populace de Paris que pour l'Assemblée, accusa avec fureur le clergé de conspiration : « ... L'aristocratie redouble d'efforts : pendant la quinzaine de Pâques, on n'a pas craint d'abuser des choses les plus sacrées pour égarer le peuple... » Et il déclama violemment contre l'évêque de Blois. L'évêque de Clermont et plusieurs députés quittèrent la salle. A la séance du 11 avril il y eut des discours de conciliation. Delloy et Agier proposèrent de payer les curés, pour une partie en blé, et Grégoire fit un discours remarquable en faveur de la dotation territoriale. Son insuccès l'avertit que pour obtenir quelque chose de la révolution il ne fallait jamais la contredire, et il s'en souvint désormais. Treilhard fit un long et violent discours : l'évêque de Nancy lui répondit avec émotion, et termina par une vive protestation à laquelle la droite entière s'associa. L'archevêque d'Aix demanda à l'Assemblée ce qu'étaient devenues les promesses qu'elle avait faites au nom d'un Dieu de paix, rappela tous les décrets successivement rendus contre le clergé, et qui détruisaient chacun

---

(1) « A entendre les membres du haut clergé, dit M. de Pressensé (p. 94), on eût dit que le bûcher du martyre était dressé au pied de la tribune. Il ne s'agissait pourtant que de quelques titres de rente à brûler... Lever les bras au ciel, Et crier au blasphème et à la persécution était tout à fait hors de propos... » Et pourtant l'auteur a dit, quelques lignes plus haut, que le rapport de Chasset « n'était pas de nature à pacifier la discussion, car sa communication faisait prévoir les mesures plus graves encore, qui livreraient définitivement l'Église au pouvoir civil... » L'honorable écrivain, qui ne veut à aucun prix de l'asservissement d'aucune Église au pouvoir civil, ne devrait donc point s'étonner de l'attitude du clergé; et s'il était resté calme après un tel rapport, il n'aurait pas manqué de l'accuser d'imprévoyance et d'inintelligence politique.

les garanties solennellement offertes par le précédent. Il offrit de nouveau un emprunt de quatre cent millions pris sur les biens du clergé, qui en payerait les intérêts et rembourserait le capital par des ventes successives, faites suivant les lois canoniques et civiles. L'abbé de Montesquiou fit ressortir l'injustice de la révolution à l'égard du clergé.

Alors un chartreux qui hésitait entre le catholicisme et la révolution, dom Gerle, souleva un violent orage en reprenant la proposition de l'évêque de Nancy.

« Pour fermer la bouche à ceux qui calomnient l'Assemblée, dit dom Gerle, et pour tranquilliser ceux qui craignent qu'elle n'admette toutes sortes de religions en France, il faut décréter que la religion catholique, apostolique et romaine est et demeurera pour toujours la religion de la nation, et que son culte sera seul autorisé... »

La droite applaudit avec transport. La gauche entra dans une violente fureur. Si cette motion était adoptée, il lui fallait renoncer à son idée fixe de persécuter le catholicisme et de fabriquer à sa place une Église nouvelle. Elle sentit la portée de l'attaque, et résolut de la parer en cachant son ardent désir de persécution sous un faux zèle pour la tolérance religieuse, et la liberté de conscience qu'elle allait fouler aux pieds si impudemment quelques semaines plus tard !

Charles Lameth dit d'un ton méprisant que c'était une question de théologie. Goupil de Préfeln pour esquiver le débat répondit, comme on l'avait fait le 13 février à l'évêque de Clermont, que c'était parfaitement inutile, que la religion de Clovis, de Charlemagne et de saint Louis serait toujours la religion nationale. On donna de nouveau lecture de la proposition avec un amendement fait pour rassurer sur les conséquences que son adoption pourrait entraîner. «... Les citoyens non catholiques jouiront de tous les droits qui leur ont été accordés par les précédents décrets... » la droite applaudit vivement. Plus la proposition était acceptable, plus elle était dangereuse pour la gauche. Charles Lameth, ce type accompli du révolutionnaire suffisant et insuffisant, fit l'éloge des sentiments religieux de l'Assemblée, qui avait humilié les superbes, et réalisé ces paroles de Jésus-Christ : « Les premiers sont les derniers ; » il ne soupçonnait guère que lui et ses amis cesseraient bientôt d'être les premiers de la révolution pour en devenir les derniers. Il parla toujours suivant son habitude de fanatisme et de guerre civile, et finit par déclarer que personne ne pouvait douter que la religion catholique, dont l'État veut payer le seul culte, ne soit la seule religion de l'État. Malgré l'opposition de la droite, la discussion fut renvoyée au lendemain.

La gauche jetait feu et flamme contre la motion de dom Gerle. Sa fureur se conçoit parfaitement ; mais il est vraiment singulier que des partisans de la révolution modérée, qui blâment vivement la constitution civile, aient reproduit les déclamations de la gauche contre la proposition Gerle, et soutenu qu'elle était destructive de la liberté de conscience, qu'elle aurait reconstitué l'ordre du clergé avec tous ses abus, et même anéanti la nouvelle constitution politique. La gauche a dit et ressassé les même choses, lorsqu'elle a voulu imposer le schisme aux consciences catholiques ; à l'entendre, la constitution de 91 était perdue, et tous les abus de l'ancien régime allaient revenir si un évêque destitué par l'Assemblée continuait à diriger les prêtres qui ne voulaient pas de la constitution civile. Lorsque des hommes se sont montrés aussi esclaves du fanatisme antireligieux, lorsqu'ils ont abusé d'une manière aussi ridicule et aussi odieuse de certaines accusations, on doit dans toutes les questions qui se rattachent au clergé et à la religion se défier grandement de leurs phrases et aller directement au fond des choses. Depuis un certain temps beaucoup de libéraux ont rompu avec une détestable tradition, et réprouvé la constitution civile ; mais sur certains points encore ils en sont à répéter de confiance les déclamations des hommes de 89. Pourquoi ces hommes si intolérants, si violents en mai 1790, lorsqu'ils discutaient la constitution civile elle-même, devraient-ils être regardés comme animés des plus pures intentions et crus dans toutes leurs assertions, lorsque au mois d'avril ils discutaient une question qui tenait de si près à cette constitution civile, et pouvait même la rendre impossible si elle était résolue dans un certain sens?

La motion de dom Gerle, même avec son amendement, blessait l'égalité religieuse, disent encore les libéraux. C'est vrai, mais elle pouvait empêcher un violent attentat contre la liberté religieuse, qui était depuis longtemps préparé par la gauche. Nous ne contestons point l'importance de l'égalité religieuse; mais elle est moins nécessaire que la liberté ! On sait bien nous le dire à nous autres catholiques, quand nous obtenons après de grands efforts la liberté religieuse dans un État protestant; on nous trouverait bien exigeants et même bien ingrats si nous en faisions fi, et si nous demandions en plus l'égalité religieuse avec l'Église protestante officielle!

On a tort, en examinant cette question, de raisonner absolument comme si en 1872, lorsque l'égalité religieuse est depuis si longtemps pratiquée en France et dans quelques États de l'Europe, on venait demander impérieusement la création d'une Église d'État. En 1790 la situation était tout à fait différente; le système des Églises d'État était en vigueur dans presque toute l'Europe.

Ce système n'exclut point en lui-même la liberté religieuse. L'Angleterre, qui possède une Église officielle dotée de priviléges pécuniaires et honorifiques de la plus haute importance, est le pays par excellence de la liberté de conscience. Qu'elle détruise l'Église anglicane, la liberté des autres cultes n'en sera pas plus grande. En 1790, dans la plupart des pays protestants il y avait une Église d'État, et il n'était pas question de réclamer l'égalité religieuse en faveur des catholiques, par la raison bien simple que la liberté leur était refusée. Le catholicisme était violemment opprimé par des Églises officielles protestantes, notamment en Angleterre et dans les États scandinaves. Ces Églises officielles subsistent toujours; la situation des catholiques a changé complètement en Angleterre, mais l'égalité religieuse ne leur est pas accordée, et en Suède, les catholiques ne sont pas encore admissibles aux emplois publics : toutes choses dont les libéraux modernes pour la plupart prennent fort bien leur parti. Dans un grand nombre d'États de l'Allemagne, les catholiques étaient en 1789 moins bien traités par les protestants que les dissidents de l'Alsace par l'ancien régime. Il n'y avait donc rien de monstrueux à soutenir en 1790 que la France pouvait donner à l'Église catholique une prééminence quelconque sur les autres; en conservant une Église d'État avec la liberté de conscience, l'admissibilité de tous les citoyens aux emplois, on était encore de beaucoup en avance, au point de vue du libéralisme, sur la plupart des États protestants contemporains, notamment sur l'Angleterre, et même sur les États-Unis!

Mais le véritable motif de la proposition était bien plus élevé : il s'agissait d'opposer un puissant obstacle au schisme et à la persécution religieuse que la gauche méditait ; et ces dangers-là, l'événement l'a trop prouvé, étaient bien autrement sérieux que ceux dont la gauche menaçait le pays, pour le cas où la proposition aurait été adoptée : on a répété absolument les mêmes déclamations pour faire adopter la constitution civile, et rejeter le veto, et l'on devait s'en servir plus tard pour bannir impitoyablement tout prêtre insermenté, et pour instituer le tribunal révolutionnaire.

Si l'Assemblée avait adopté la motion de dom Gerle et néanmoins voté la constitution civile, les libéraux n'auraient eu aucun sujet de plainte contre cette proposition puisqu'elle n'aurait produit aucun effet. Si, au contraire, elle avait selon toutes les probabilités délivré la France de la constitution civile, on ne peut nier qu'elle aurait épargné au pays les plus effroyables désastres : il faudrait donc rechercher si son adoption aurait eu pour résultat d'infliger au pays des maux différents, mais assez grands pour balancer le bien qu'elle aurait opéré en empêchant une persécution terrible. Poser la question c'est la résoudre. Cette motion n'aurait pu être votée que par la réunion à la droite d'un certain nombre de membres qui votaient habituellement avec la gauche, et qui auraient voulu rassurer les catholiques : et cette déclaration une fois votée, ces députés auraient continué à voter avec la gauche toutes les réformes qui n'auraient pas lésé essentiellement la doctrine catholique, et il n'y avait pas lieu de craindre qu'ils devinssent tout à coup partisans de la dîme et de la corvée. On parlait beaucoup de réformes que le vote de cette proposition aurait empêchées. Cet argument aurait été spécieux si la motion Gerle avait été présentée le lendemain du 4 août, mais toutes les réformes que l'État pouvait opérer n'étaient-elles pas déjà faites ? Il ne restait plus qu'à mutiler la religion ! La droite ne le voulait pas, et la gauche le voulait : là était la question. Il n'est pas certain que le vote de la proposition eût conservé au clergé quelques épaves de sa fortune : les députés qui auraient fait la majorité en sa faveur pour rassurer les consciences n'auraient peut-être pas accepté les propositions de l'archevêque d'Aix : mais, quand bien même ils les auraient acceptées, le résultat était-il si désastreux pour la révolution honnête ? On était quitte de la constitution civile et de dix ans de luttes et de persécution religieuse ; le clergé était dépouillé de la plus grande partie de ses biens, et on lui assurait avec le reste une dotation territoriale : les ennemis du salaire des cultes, pour être conséquents avec eux-mêmes, doivent regretter que les choses n'aient pas tourné ainsi !

Mais l'avenir était compromis, disent les libéraux, une Église d'État était créée ! le principe de l'égalité religieuse était méconnu. Il ne faut jamais dire, même en pareille circonstance, périsse la liberté plutôt qu'un principe ! Il est du reste fort probable que le vote de la proposition de dom Gerle n'aurait eu qu'un effet passager, fort heureux sans doute, puisqu'il empêchait la persécution religieuse, mais ce danger une fois écarté le parti révolutionnaire aurait su parfaitement remettre l'Église dans l'état où elle se trouvait avant cette motion. Jamais l'Assemblée ne s'est piquée de tenir exactement ses promesses au catholicisme, et on pouvait être très-rassuré sur les conséquences de son vote. Il est même probable que l'Assemblée l'aurait fait payer aux catholiques par des tracasseries nouvelles. En mettant les choses au pire pour les partisans de l'égalité absolue, il en aurait été de cette motion comme de cet article de la charte de 1814 qui faisait du catholicisme la religion de l'État, et qui ne ressuscita point l'ancien régime.

La gauche sentit qu'il fallait procéder avec circonspection, faire de belles phrases, étaler de grands principes, quitte à les fouler aux pieds un mois plus tard. Elle prétendit qu'on soupçonnait injurieusement la nation ; que la liberté religieuse serait violée si on adoptait la proposition. On parla aussi de l'égalité religieuse, mais avec beaucoup moins d'insistance, car elle était alors bien peu à la mode, même dans les pays les plus libéraux, et d'ailleurs la révolution, qui avait proclamé la liberté des cultes, ne l'avait nullement établie, telle qu'en France on l'applique maintenant, car les cultes protestants n'étaient pas payés : l'Église officielle fabriquée par le comité ecclésiastique devait être seule rétribuée par l'État, et ses prêtres étaient des fonctionnaires publics ; son organisation, son administration, étaient des affaires publiques essentiellement liées à l'État. L'égalité était donc blessée. Les défenseurs de la motion de dom Gerle réclamaient pour l'Église catholique une suprématie absolument identique à celle que l'Assemblée accorda très-bénévolement à l'Église constitutionnelle quelques semaines plus tard. On demandait que son culte fût le seul public ; mais alors ce mot signifiait un culte subventionné par l'État, mis sous sa protection spéciale, exercé dans des églises ouvertes à tous (1). Le culte de l'Église constitutionnelle était aussi le seul public, comme le dit plus tard Talleyrand avec les applaudissements de l'Assemblée : il voulait alors qu'on tolérât l'exercice du culte catholique, que beaucoup de gens voulaient proscrire, et il expliquait à l'Assemblée que dans ce cas l'Église constitutionnelle conserverait toujours sa suprématie, car elle aurait le culte public donné à tous par l'État, tandis que les catholiques, laissés libres de s'associer pour louer des églises, exerceraient en toute liberté, comme les autres sectes, un culte privé. Si la motion de dom Gerle eût été admise, l'Église catholique eût joué, à l'égard de tous les dissidents, le rôle que Talleyrand voulait faire jouer à l'Église constitutionnelle en face de l'ancienne Église catholique et des sectes protestantes (2). Mais quelques semaines après l'Assemblée trouva que les non-conformistes seraient ainsi trop favorisés ; ce qu'elle déclarait odieux, oppressif pour des protestants, était encore beaucoup trop beau pour des catholiques.

L'adoption de la motion de dom Gerle aurait pu éviter au pays la persécution religieuse et tous les maux qu'elle a entraînés. C'est à ce point de vue que nous la défendons, car nous sommes persuadé que, la constitution civile une fois

---

(1) Chasset venait de dire à la tribune, au nom du comité des dîmes : « Le culte est un devoir de tous, tous sont censés en user parce que le temple du Seigneur est ouvert à tous. La milice sainte est entretenue pour l'intérêt de tous... » Il en concluait que tous devaient contribuer à ses frais. Voilà le culte public tel qu'on l'entendait alors : les sectes protestantes jouissaient de la liberté de louer des églises et d'y exercer leur culte, mais c'était une société privée qui était maîtresse de ses temples ; elle pouvait par conséquent y admettre seulement les personnes qui contribuaient aux dépenses. L'autre culte au contraire était public parce qu'il était subventionné par l'État et non par une société privée, et parce qu'il était ouvert à tous. Le mot public ne doit pas ici s'entendre de la publicité extérieure, les sectes protestantes étaient libres de laisser entrer dans leurs temples comme dans une église de l'État ceux qui ne participaient point aux frais de location : mais culte public voulait dire culte soutenu par l'État, comme on dit fonctionnaire public ; on plaçait alors l'épithète, public, partout où nous mettons « officiel. »

(2) Voir tome II, chapitre VI.

écartée, elle n'aurait pas plus servi au catholicisme que la déclaration inscrite dans la charte de 1814, et qu'elle aurait fourni aux gouvernements plus ou moins libéraux qui devaient se succéder en France une magnifique occasion de se mêler davantage des affaires de l'Église, et de lui faire subir encore plus de tracasseries, en alléguant pour prétexte la protection toute spéciale dont l'État était censé l'entourer.

L'Assemblée allait donc décider si elle se contenterait de la spoliation du clergé ou si elle s'attaquerait à la religion elle-même. Tout le monde l'entendait ainsi : il ne s'agissait ni d'une question d'argent ni d'une question de suprématie, mais de la liberté religieuse des catholiques. Les fanatiques antireligieux qui s'imaginaient n'avoir encore rien fait frémissaient de rage en pensant que le vote de la fameuse proposition pouvait les empêcher de réaliser leurs projets, et ils étaient prêts à en venir aux dernières extrémités. De leur côté, les membres de la droite étaient décidés à faire une protestation éclatante. D'après Ferrières, certains d'entre eux avaient décidé que si la motion de dom Gerle était rejetée, ils quitteraient la salle, traverseraient en corps les Tuileries et viendraient en habit noir et l'épée au côté déposer leurs protestations entre les mains du roi (1). Mais la cour eut peur de voir les Tuileries envahies par une populace furieuse, et le roi fit prévenir les députés qu'il ne les recevrait pas. On a beaucoup critiqué cette démonstration projetée par la droite, on l'a presque accusée d'avoir voulu soulever les esprits contre l'Assemblée. Ce reproche est vraiment étrange : de pareilles démonstrations dans cer-

(1) Les révolutionnaires accusaient d'hypocrisie beaucoup de députés laïques de la droite; à les entendre, ils couvraient leurs vues politiques d'un faux zèle religieux. Il est trop certain que bien des membres de la noblesse laissaient fort à désirer au point de vue religieux, mais les révolutionnaires n'avaient pas le droit de crier à l'hypocrisie. Les temps de persécution et de troubles ramènent toujours à la religion, ou tout au moins rapprochent d'elle un certain nombre d'esprits, qui auparavant s'en tenaient éloignés. D'ailleurs l'établissement d'une église schismatique et la persécution du catholicisme constituaient à la fois une grande iniquité et un immense danger pour la société entière : il n'était pas nécessaire d'être un catholique fervent pour redouter d'aussi grands maux, et vouloir éviter un pareil bouleversement. Pour réprouver la persécution infligée à une religion il n'est nullement besoin de lui appartenir. S'est-on jamais avisé de dire à ceux qui blâmaient la révocation de l'édit de Nantes et déploraient ses conséquences : Pourquoi vous plaignez-vous? est-ce que vous êtes protestants?

taines villes du midi auraient pu produire de l'effet, mais à Paris, où les députés étaient journellement outragés de la manière la plus ignoble, au seuil de l'Assemblée elle-même ; où les rues étaient pleines de braillards et de coupe-jarrets prêts à assommer ou à lanterner les citoyens qui manifesteraient leurs sympathies pour la droite, une telle démonstration ne pouvait être que périlleuse pour ses auteurs. Les députés de la droite savaient parfaitement qu'en faisant une semblable protestation contre la conduite de l'Assemblée à l'égard du catholicisme ils s'exposaient à la fureur d'une populace déjà habituée au crime, tandis que les ennemis de l'Église s'agitaient bruyamment, sans courir aucun risque, dans le but d'intimider un certain nombre de députés.

Tout Paris était en émoi grâce au parti révolutionnaire. A force de sollicitations, on avait, au club des Jacobins, déterminé dom Gerle à retirer sa motion. Comme plus tard sous la Convention, une foule hurlante assiégeait les abords de l'Assemblée et remplissait les tribunes. Bailly et Lafayette, craignant de nouveaux assassinats, avaient réuni un grand nombre de gardes nationaux. Les députés favorables à la motion étaient insultés et menacés. Les membres de la gauche étaient ravis, ils voyaient l'Assemblée presque envahie par des factieux, les députés qui hésitaient accablés de sollicitations impérieuses ; et comme Barrère et Marat le firent pour eux deux ans plus tard, ils haussaient les épaules et prenaient des airs méprisants quand on disait que la dignité et la liberté de l'Assemblée n'étaient pas respectées. Avez-vous peur ? disaient-ils à de Foucauld, qui protestait contre l'attitude et les menaces des révolutionnaires. Non ! Eh bien, alors de quoi vous plaignez-vous ? Barrère, Danton, Marat devaient tenir le même langage aux Girondins lorsque tout annonçait que la Convention allait être envahie (1).

(1) Tous ceux qui ont voulu soit envahir brutalement, soit simplement intimider les assemblées, ont constamment suivi la même méthode. Ils ont toujours dit d'un air méprisant à ceux qui prévoyaient le danger : « Avez-vous peur ? » Ces derniers, par prudence, ne pouvaient dire à la tribune : « Nous ne craignons rien pour nous, nous sommes inébranlables dans nos résolutions, mais il n'en est pas de même de certains de nos collègues, qui pourront voter avec nous si la discussion a lieu dans des conditions normales, mais qui voteront n'importe quoi pour éviter une émeute si l'Assem-

Il n'y eut pas, à proprement parler, de discours ni de discussion, mais une suite d'interpellations, d'interruptions, de mouvements tumultueux. La rue avait débordé jusque dans la salle des séances de l'Assemblée : on y discuta comme dans la rue ! Bouchotte montra clairement pourquoi la gauche repoussait la motion.

« ... Si le décret avait été rendu, auriez-vous constitutionnellement dit que la nation n'admet plus les vœux ecclésiastiques ? Il nous reste à prononcer des décrets que la promulgation de celui-ci pourrait arrêter ou empêcher... »

Sans doute si la motion eût été déjà adoptée, il eût été illogique d'interdire l'émission des vœux : elle eût peut-être empêché un décret qui violait à la fois la liberté religieuse et la liberté d'association : le malheur n'aurait pas été grand (1) ! Mais lorsque le clergé était dépouillé de ses priviléges politiques et de ses biens ; que les vases sacrés eux-mêmes ne restaient plus à prendre, quels étaient donc ces décrets importants qui n'avaient pas encore paru, et dont la motion aurait pu priver le pays ? Que pouvait-on désormais faire contre le clergé sans toucher à l'essence même de la religion ? Mais la gauche, qui voulait absolument l'opprimer, jetait les hauts cris comme si les catholiques, au lieu de chercher à détourner d'eux-mêmes un immense danger, préparaient contre elle une nouvelle Saint-Barthélemy et se trouvaient en force pour la faire.

Menou proposa un ordre du jour évasif, qui fut à peu près repris par La Rochefoucauld. On refusa d'écouter les principaux orateurs de la droite. Cazalès ne put obtenir d'être entendu : un décret formel interdit la parole à Maury : d'Espréménil, repoussé violemment de la tribune, dit hautement que M. de La

blée est menacée, » et les perturbateurs en ont toujours profité ! Une émeute qui gronde à la porte de l'assemblée a toujours déterminé certains esprits à voter contre leur opinion véritable. C'est ainsi que des votes tristement célèbres ont été enlevés à Paris, et c'est bien pour perpétuer cette tradition que les révolutionnaires veulent à toute force faire siéger les assemblées là où il existe une populace nombreuse et disposée à les envahir.

(1) Les dispositions de cette loi qui étaient attentatoires à la liberté de conscience, et que Bouchotte signalait comme un triomphe de la révolution, ne sont plus en vigueur maintenant. De ce côté la motion de dom Gerle n'eût pas créé d'embarras aux générations futures.

Rochefoucauld, par le ton respectueux de sa motion, ajoutait l'hypocrisie à l'insulte, et s'écria : « Lorsque les Juifs crucifièrent Jésus-Christ, ils lui disaient : Nous te saluons, roi des Juifs. » Quand on pense aux votes que l'Assemblée allait rendre peu de temps après, et qui étaient déjà arrêtés dans l'esprit des meneurs, on ne peut relire sans un certain dégoût les phrases doucereuses par lesquelles on essayait d'esquiver la motion de dom Gerle. D'Estourmel, député du Cambrésis, rappela le serment fait par Louis XIV à Cambrai de maintenir exclusivement la religion catholique ; alors Mirabeau s'élança à la tribune :

« Puisqu'on se permet des citations historiques dans cette matière, je vous supplie de ne pas oublier que d'ici, de cette tribune dont je vous parle, on aperçoit la fenêtre d'où la main d'un monarque français armé contre ses sujets par d'exécrables factieux, qui mêlèrent des intérêts temporels aux intérêts sacrés de la religion, tira l'arquebuse qui fut le signal de la Saint-Barthélemy. Je n'en dis pas davantage, il n'y a pas lieu à délibérer... »

D'abord on ne voyait pas cette fenêtre de la tribune ; ensuite le fait de l'arquebuse de Charles IX n'est nullement établi, mais Mirabeau n'y regardait pas de si près, et son auditoire n'était pas difficile en pareille matière. Mirabeau avec toute la gauche évoquait le fantôme d'une persécution des dissidents pour s'assurer les moyens de persécuter cruellement les catholiques. Comme d'habitude, il parla de tolérance en Tartufe, et dans le but d'être lui-même intolérant et persécuteur tout à son aise. L'ordre du jour La Rochefoucauld fut voté en ces termes :

« L'Assemblée nationale, considérant qu'elle n'a ni ne peut avoir aucun pouvoir à exercer sur les consciences et les opinions religieuses, que la majesté de la religion et le respect profond qui lui est dû ne permettent pas qu'elle devienne l'objet d'une délibération ; considérant que l'attachement de l'Assemblée nationale au culte catholique, apostolique et romain ne saurait être mis en doute, au moment même où ce culte va être mis par elle à la première classe des dépenses publiques, et où, par un mouvement unanime, elle a prouvé son respect de la seule manière qui pouvait convenir au caractère de l'Assemblée nationale, a décrété et décrète qu'elle ne peut ni ne doit délibérer sur la motion proposée, et qu'elle va reprendre l'ordre du jour concernant les biens ecclésiastiques... »

Quand on se reporte aux décrets nombreux dont la religion fut aussitôt l'objet dans cette même Assemblée, pour être avilie et persécutée, la sanglante allusion de d'Espréménil revient naturellement à l'esprit !

Pendant le cours de la séance quelques députés s'étant montrés inquiets de voir l'Assemblée entourée à la fois d'émeutiers et de gardes nationaux, Lafayette était venu déclarer qu'il n'était pas un garde national qui ne donnât la dernière goutte de son sang pour prêter main-forte à l'exécution des décrets de l'Assemblée et à l'inviolabilité de ses membres. Malgré cette belle phrase, les députés de la droite furent insultés au sortir de la séance : Maury et le vicomte de Mirabeau faillirent être fort maltraités. Même après le vote de l'Assemblée, il y eut dans Paris une vive agitation : les journaux révolutionnaires lançaient feu et flamme contre le clergé. Les *Annales patriotiques* prétendaient que si la motion était rejetée, le clergé avait l'intention de « faire lapider par les fanatiques les défenseurs du peuple ». On reconnaît les mêmes révolutionnaires qui en septembre 1792 diront aux gens du peuple que leurs femmes et leurs enfants seront égorgés s'ils n'égorgent pas eux-mêmes de malheureux prisonniers ! Les « fanatiques » d'alors ne songeaient qu'à lanterner les prêtres et leurs défenseurs.

La droite se réunit dans l'église des Capucins pour délibérer sur l'opportunité d'une protestation. Le lendemain elle voulut se réunir encore, mais la même populace qui la veille assiégeait l'Assemblée vint la poursuivre dans cette église, et par ses clameurs, ses huées, et ses sifflets, la força de se séparer sans avoir rien décidé.

La dépossession complète du clergé fut votée dans la séance du 14 avril. Les abbés Royer et Gouttes, qui ne perdaient pas grand'chose à ce vote, et espéraient gagner quelque bon traitement en flattant la révolution, soutinrent le système de la gauche (1). L'archevêque d'Aix réitéra son offre de quatre cents millions, qui fut encore dédaigneusement repoussée. Cependant certains députés de la gauche n'étaient pas encore absolument convertis au système du salaire : il y en avait qui ne reculaient pas devant le schisme, mais préféraient une Église dotée en biens fonds comme celle d'Angleterre. Ils désiraient établir

---

(1) Ils en furent bientôt récompensés par l'épiscopat constitutionnel.

définitivement en France une Église officielle et hétérodoxe ; les philosophes, au contraire, ne regardaient pas le schisme comme un but, mais comme un moyen ; l'Église constitutionnelle devait leur servir à abattre le catholicisme ; ils comptaient ensuite briser leur instrument. Goupil de Préfeln présenta un amendement tendant à conserver leurs biens fonds aux archevêchés et aux évêchés : le duc de La Rochefoucauld demanda qu'une dotation territoriale servît à payer la moitié des traitements, et que l'autre fût payée en argent : l'Assemblée n'en tint aucun compte.

Il est un fait que l'esprit de parti a voulu nier, et qui ressort de toutes ces discussions avec une incontestable évidence : c'est que le traitement annuel a été accordé au clergé comme compensation des biens qui lui ont été enlevés. Il a été déclaré positivement que ces biens étaient à l'État, à la charge d'assurer l'existence du clergé. Les députés les plus antireligieux ont dit et ressassé mille fois, qu'on n'avait pas le droit de protester au nom des donateurs de l'Église, parce que l'État en prenant leurs biens, et en assurant également l'existence du clergé, exécutait leur intention. Il est inutile de multiplier les citations. On s'est toujours appuyé sur ce fait du salaire pour soutenir la légitimité des confiscations. Les partisans de la suppression complète du salaire des cultes ne peuvent la proposer que comme un coup d'autorité ou une mesure de salut public ; il ne leur est pas permis de contester le caractère que les Constituants ont voulu expressément donner à ce salaire. Sur ce point comme sur tant d'autres, tout en portant aux nues les hommes de 89 et en s'indignant contre ceux qui les critiquent, beaucoup de personnes méconnaissent complétement leurs doctrines.

En supprimant les vœux monastiques l'Assemblée n'avait pas entendu seulement dispenser les religieux de toute contrainte matérielle, elle avait voulu que l'Église regardât aussi les vœux comme dissous au point de vue de la conscience. Les religieux qui profitaient de la loi pour quitter leurs couvents commettaient une grave infraction aux règles de leur état, et s'ils étaient prêtres il leur était interdit de dire la messe. L'Assemblée entra dans une grande colère en apprenant que l'Église maintenait ses droits sur la conscience des religieux : la dispense de l'Assemblée devait tout à fait équivaloir à celle du pape ! Le 22 avril Bouche déclama violemment contre un mandement de l'évêque d'Ypres (1) qui prononçait des peines spirituelles contre les moines sortis de leurs couvents. Il accusa l'évêque d'exciter ainsi à la révolte contre les décrets de l'Assemblée, déclara qu'il fallait absolument exterminer cette oppression *aristocratico-épiscopale*, et demanda que le comité ecclésiastique préparât dans les huit jours un projet de loi « propre à assurer l'état, les espérances, et la tranquillité des religieux et des religieuses qui sortiraient du cloître ». Merlin et Voidel en profitèrent pour tonner contre les évêques étrangers qui avaient une partie de leur juridiction en France. Treilhard appuya la demande de Bouche, et l'Assemblée vota sa proposition, et décida en même temps que les évêques étrangers ne pourraient plus avoir de juridiction en France. Avant même que la constitution civile ne fût votée, l'Assemblée s'érigeait déjà en pontife et traitait les questions de conscience.

Un mois après elle avait à discuter sur la constitution civile elle-même, mais en réalité il ne s'agissait plus alors que de questions secondaires. Cette constitution avait été déjà discutée en principe, et la majorité de l'Assemblée avait montré trop clairement ce qu'elle voulait pour que la discussion officielle sur la constitution civile pût présenter beaucoup d'intérêt. Il ne s'agissait plus de savoir si on ferait un schisme, mais de quelle manière on s'y prendrait (2).

Les derniers votes de l'Assemblée sur les biens du clergé et sur la motion de dom Gerle, et les bravades de certains députés avaient convaincu les catholiques les plus clairvoyants de l'imminence du schisme. Dans le midi, on s'attendit tout de suite aux plus grands maux, et les populations alarmées firent de nombreuses protestations. On a représenté l'émotion soulevée chez les catholiques par les votes de l'Assemblée comme l'explosion d'un fanatisme brutal qui réclamait la persécution des dissi-

---

(1) Une fraction de la Flandre française dépendait des évêchés de Tournai et d'Ypres.

(2) Le sens et la portée de la motion de dom Gerle adoptée par la droite ont été étrangement défigurés par l'esprit de parti. Ceux qui méditaient la persécution des catholiques ont évoqué à cette occasion le fantôme de la persécution des dissidents, comme on l'a du reste évoqué toutes les fois que les catholiques ont fait la réclamation la plus juste. Lorsqu'ils demandaient la liberté de l'enseignement ne les a-t-on pas accusés de poursuivre par là une nouvelle révocation de l'édit de Nantes ? N'évoque-t-on pas sans cesse en 1872 le fantôme de la dîme, de la corvée, et du fantastique droit du sei-

dents. On a traité aussi de manœuvre contre-révolutionnaire et d'hypocrisie les justes plaintes des catholiques contre la constitution civile. Le système de calomnies que les révolutionnaires ont adopté contre les victimes de cette constitution a été appliqué bien avant sa promulgation ; et le mouvement suscité par les discussions que nous venons d'analyser a été aussi travesti, aussi défiguré, que le mouvement plus grave encore qui s'est produit après la proclamation du schisme et la loi du serment. Pour montrer qu'il ne s'agissait pas du tout d'une nouvelle révocation de l'édit de Nantes, nous allons examiner quelques-unes de ces protestations des catholiques du midi contre lesquelles les révolutionnaires ont poussé de si grands cris.

Les catholiques d'Uzès réunis dans l'église des Capucins rédigèrent une pétition, et la firent parvenir à l'Assemblée ; nous en citerons la partie la plus importante :

« Considérant que si les lois n'ont aucune autorité sur les consciences, elles exercent l'inspection la plus légitime sur tous les actes qui en manifestent les sentiments ; qu'en n'imposant aucune contrainte sur les opinions, en n'exigeant aucun témoignage qui les contrarie, en appelant sans distinction de religion tous les membres quelconques de la société à la participation commune de ses avantages elles satisfont pleinement à tous les droits de l'homme et du citoyen ; mais que ces droits ne sauraient faire obstacle à l'établissement d'un ordre public uniforme ni autoriser à le troubler quand il est établi.. »

Les pétitionnaires font allusion aux scènes des 5 et 6 octobre, qui leur font craindre que le roi ne soit pas libre.

gneur! Sans doute les catholiques demandaient alors une prérogative contraire à l'égalité absolue des cultes, qui n'était pas posée en principe et ne devait pas être pratiquée par l'Assemblée ; mais le fanatisme antireligieux avait créé une situation telle qu'en avril 1790 le catholicisme, pour n'être pas persécuté, devait être mis un peu au-dessus des autres cultes. D'ailleurs les cultes dissidents n'auraient pas été opprimés. Lorsque l'émancipation des catholiques fut décrétée en Angleterre, l'Église d'État ne fut dépouillée ni de ses biens ni de ses prérogatives honorifiques, et cependant une liberté complète fut accordée aux catholiques, et personne n'osa prétendre que leur émancipation était un leurre et serait bientôt anéantie si l'Église anglicane n'était pas abolie ! Les protestants de France, si le projet de la droite avait été adopté, se seraient trouvés dans la même situation que les catholiques d'Angleterre après l'émancipation, et l'Église de France aurait été incomparablement moins privilégiée que celle d'Angleterre.

« Considérant enfin que l'Assemblée nationale a besoin de s'environner de tout l'appareil de la force militaire pour se mettre à couvert des orages que les passions excitent autour d'elle, que ses précautions annoncent le danger; que leur insuffisance à l'égard de quelques-uns de ses membres le prouve avec certitude... (1)

« 1° de demander à l'Assemblée nationale et au roi que la religion catholique, apostolique et romaine soit déclarée par un décret solennel être la religion de l'État et jouisse seule des honneurs du culte public.

« 2° de persister de plus fort dans la demande qu'ils ont déjà faite de la conservation du siége épiscopal et du chapitre cathédral de la ville d'Uzès ainsi que de tous les établissements religieux qui s'y trouvent, et de ne pas cesser de solliciter le succès de cette demande, dont les motifs particuliers et pressants ont été développés dans une première adresse...

« 3° de demander que nul changement ne soit fait dans l'organisation du clergé sans le concours de la puissance ecclésiastique, conformément aux lois du royaume.

« 4° de réclamer pour le roi la plénitude et l'exercice du pouvoir suprême.

« 5° de supplier le roi et l'Assemblée nationale pour faire cesser les inquiétudes des bons citoyens *de transporter leur séjour hors de Paris* et dans telle autre ville du royaume qu'il leur plaira de choisir, et là de réviser dans leur sagesse les décrets sanctionnés ou acceptés depuis le 5 octobre. »

Les citoyens catholiques de Montauban écrivaient à l'Assemblée :

« ... La prééminence que les citoyens de Montauban demandent pour la foi catholique ne tend point à atténuer les décrets qui ont été rendus en faveur des non-catholiques, et nous avons applaudi en voyant la patrie les rendre susceptibles de ses bienfaits. Le décret que nous sollicitons en faveur de la foi catholique est pour lui assurer cette protection spéciale, cette stabilité, cette prééminence qui est due à une religion qui peut être considérée comme celle de toute la nation eu égard à la trop grande majorité des Français qui la professent... »

---

(1) Ce considérant a dû exciter chez les révolutionnaires une irritation très-vive, à laquelle ils ont donné libre cours en l'attribuant à leur zèle pour la tolérance et l'égalité religieuses.

Des adresses de Nîmes, de Toulouse, d'Alais, conçues dans le même esprit, avec plus ou moins de vivacité dans la forme, protestent contre les suppressions d'évêchés qui vont être prononcées par la constitution civile, demandent la conservation de leurs couvents, et réclament pour le roi un pouvoir exécutif plus complet.

Il y a une partie politique dans ces pétitions ; ceux qui les ont signées avaient le droit incontestable de demander, par exemple, que le pouvoir exécutif eût plus d'autorité. Ceci ne fait plus discussion maintenant ; il est avéré que la constitution de 91 a été tuée par ce vice radical : du moins pour les nombreuses constitutions qui lui ont succédé, on a profité de l'expérience, et elles n'ont plus été défectueuses de ce côté. Mais en 1790 le parti dominant regardait comme des criminels ceux qui trouvaient que le pouvoir exécutif n'était pas assez fort pour faire exécuter la loi ; et ceux qui demandaient deux assemblées avaient la ferme intention de rétablir la corvée et les lettres de cachet! Trouver que l'Assemblée n'était pas très-bien à Paris était un crime abominable (1)! Maintenant tous les gens raisonnables sont d'accord pour reconnaître que le pouvoir exécutif avait été mis par l'Assemblée dans une impuissance ridicule et dangereuse pour le pays, que réclamer deux chambres n'est pas un cas pendable, que la constitution civile a été au moins une folie, et qu'on a débité mille extravagances au sujet du véto. Mais alors pourquoi accepter de confiance les déclamations, les accusations passionnées, de ces hommes qui se sont si souvent et si profondément trompés,

---

(1) Les événements des 5 et 6 octobre avaient donné à beaucoup d'habitants de la province de vives inquiétudes sur les conséquences du séjour de l'Assemblée à Paris. Les hommes qui suivaient les doctrines de Malouet et de Mounier en étaient très-inquiets, les royalistes ardents qui espéraient à tort que le bien naîtrait de l'excès du mal en étaient moins affectés. Il est certain que si les Assemblées n'avaient pas siégé à Paris, la révolution aurait pris une tout autre direction : les grandes réformes se seraient faites, mais beaucoup d'excès auraient été évités. Quand bien même la Constituante aurait fait en mai 1790 une révision de ses décrets comme le demandaient les catholiques d'Uzès, il n'y aurait pas à se récrier : elle en avait déjà rendu d'attentatoires à la conscience, et si elle avait corrigé sa loi départementale et sa loi municipale, c'eût été un grand bonheur pour le pays.

et qui les lançaient avec fureur au moment même où ils s'embourbaient avec une déplorable opiniâtreté (1) ?

Le maire et les officiers municipaux d'Alby présentèrent aussi à l'Assemblée une pétition rédigée avec sagesse et modération :

« Les peuples, disait-elle, ne croiront jamais, nous ne pouvons vous le dissimuler, messieurs, qu'il appartienne a aucune assemblée politique de prononcer sur des matières dogmatiques ou sur des objets de discipline étroitement liés au dogme. »

Les pétitionnaires exprimaient un vif désir de voir la nouvelle constitution politique s'affermir en France, et demandaient la conservation dans leur ville « d'une église célèbre fondée longtemps avant la monarchie, d'un clergé séculier et régulier qui l'édifiait ». Une pétition avait été faite le même jour 3 mai 1790, par les citoyens actifs, en faveur des couvents, des chapitres de la ville, et de la hiérarchie ecclésiastique ménacée.

Le club des Impartiaux, fondé par Malouet, et dont six prélats (2) faisaient partie, rédigea un programme. Les articles 8 et 9 avaient trait à la question religieuse :

« Art. 8. Nul ne doit être inquiété pour ses opinions religieuses ni pour le culte rendu en commun à la divinité ; mais l'expérience des siècles passés n'a que trop appris combien la tranquillité et l'intérêt même de l'État exigent que la religion catholique continue à jouir seule dans le royaume à titre de religion nationale de la solennité du culte public... »

« Art. 9. Pour assurer dans tous les cas et contre tous les événements la dépense du culte public, l'entretien de ses ministres, et les secours dus aux pauvres et fondés pour eux, il est essentiel de conserver aux églises une dotation territoriale. En conséquence, jusqu'à ce que la dotation nécessaire ait été déterminée et solidement assurée, il ne doit pas être fait d'autre aliénation des biens de l'Église que celle décrétée le 19 décembre dernier comme secours extraordinaire. »

---

(1) Douter alors que l'Assemblée ne fût pas admirablement à Paris était un crime abominable : cela révélait l'âme la plus noire ; et certains révolutionnaires qui comptaient sur les tribunes pour enlever les votes difficiles, et ne se doutaient guère du destin qui les attendait, se montraient les plus ardents à couvrir d'injures toutes ces pétitions, qui les auraient sauvés de l'échafaud si on en avait tenu compte.

(2) Voir *Mémoires de Malouet.*

On voit qu'il ne s'agissait pas du tout de persécuter les dissidents. Les pétitions du midi réclamaient carrément pour l'Église une prééminence analogue à celle de l'Église anglicane actuelle, mais ne demandaient nullement qu'on portât atteinte à la liberté de conscience des dissidents ni qu'on leur interdît aucun emploi public. L'adoption de la motion de dom Gerle pouvait sauver les catholiques d'une persécution ; et il est puéril de soutenir qu'il aurait fallu retirer les concessions faites aux protestants. D'abord la logique ne l'exigeait nullement ; et l'eût-elle exigé, l'Assemblée n'en aurait rien fait, et le meilleur moyen de la faire revenir sur sa décision et de la pousser à se déjuger au détriment des catholiques eût été de lui en demander davantage ! Jamais elle ne s'est souciée d'être conséquente avec elle-même lorsque les catholiques en pouvaient profiter : et elle s'est toujours au contraire inquiétée de la logique lorsqu'elle contrariait leur liberté.

Ces pétitions excitèrent la fureur des révolutionnaires de toutes nuances qui accablèrent d'insultes leurs auteurs, et poursuivirent avec la plus grande rigueur la fermeture des établissements ecclésiastiques supprimés par les nouveaux décrets. Dans beaucoup d'endroits ils y procédèrent avec une brutalité et une indécence qui faisaient penser au temps des guerres de religion où les protestants brisaient les autels, les confessionnaux et renversaient les statues. Les révolutionnaires ne négligèrent rien pour associer les protestants à leurs irrévérences et à leurs outrages envers le culte catholique, et quelques-uns d'entre eux prirent à l'égard des catholiques irrités et menacés de persécution une attitude au moins imprudente, et qui chez des catholiques vivant au milieu d'un État protestant aurait été fort blâmée par les libéraux et les protestants. La révolution n'accordait pleine liberté de conscience à la minorité que pour la retirer à la majorité ; en maintenant la liberté aux protestants elle ne paraissait pas se préoccuper d'un principe, mais chercher simplement un moyen de battre en brèche une autre religion (1).

(1) La révolution faisait aux protestants une situation bien meilleure que celle des catholiques dans les États protestants les plus libéraux. On dira peut-être que la révolution a donné une impulsion profonde à la liberté religieuse, et que le catholicisme en a profité dans les autres États. C'est une erreur : les états protestants n'ont pas regardé les décrets de l'Assemblée en faveur de leurs coréligionnaires comme un hommage sincère à la

Les populations du midi, plus impressionnables et moins patientes que celles du nord, étaient persuadées que la persécution religieuse allait arriver ; et l'irritation générale des esprits produisit les scènes les plus déplorables. Souvent dans la même ville il fallait procéder d'après la loi nouvelle à la fermeture et à la spoliation complète de la plus grande partie des églises ; et parmi les temples supprimés il s'en trouvait beaucoup qui depuis des siècles étaient entourés d'une vénération toute spéciale. L'émotion était légitime, et comme les projets du comité ecclésiastique étaient connus, on s'attendait à bien pire encore. Ceux qui venaient fermer les églises et prendre les vases sacrés avaient à traverser une foule frémissante de colère et d'indignation. Trop souvent leur air hautain et méprisant, leurs propos grossiers étaient faits pour l'exaspérer ; elle sentait instinctivement qu'ils étaient capables d'en venir aux plus odieuses profanations, et ce pressentiment ne devait pas être trompé. Les populations voyaient renverser et détruire ce qu'elles avaient toujours vénéré ; elles entendaient des brocanteurs estimer par avance ce qu'ils pourraient retirer de la vente des vases sacrés ; elles voyaient la joie des spéculateurs qui comptaient s'enrichir en démolissant les églises et vendant leurs matériaux ; et tous ces gens-là péroraient sur les vertus de la primitive Église, répétaient les phrases à la mode, et les populations catholiques se voyaient traitées avec le plus grand mépris par tous ces clubistes, tous ces pêcheurs en eau trouble ! A Montauban six cents femmes armées d'épée et de pique et secondées par un bataillon de la garde nationale, s'opposèrent à l'inventaire du mobilier d'un couvent de cordeliers : les protestants s'en mêlèrent, on se battit à l'hôtel de ville qui resta aux catholiques. Plusieurs personnes périrent dans cette déplorable émeute. A

---

liberté religieuse, mais comme dictés par un esprit d'opposition au catholicisme, et la persécution sanglante à laquelle la révolution s'est livrée depuis n'a fait que fortifier leurs premières impressions. Dans les pays très-protestants, en Suède par exemple, la France révolutionnaire était regardée comme un peuple d'athées. Lorsque les États protestants se sont relâchés de leurs rigueurs envers les catholiques, ils ont pris leur temps et leur moment. L'émancipation catholique en Angleterre a eu lieu bien longtemps après la révolution. En Suède on l'attend encore : plusieurs des États-Unis d'Amérique n'ont cessé que bien longtemps après la révolution d'exiger un serment protestant pour l'exercice des droits civiques, et d'exclure les catholiques des fonctions publiques.

Nîmes la guerre civile régna pendant quelque temps, et elle fut terminée par le massacre de plus de trois cents catholiques (1) ! Tous les torts bien entendu furent rejetés sur ces derniers. User du droit de pétition, se plaindre des décrets de l'Assemblée, protester d'avance contre le projet de schisme et de persécution qui était déjà rendu public, c'était commettre toute une série de crimes !

A Paris le parti de la persécution religieuse se coalisa de plus en plus avec les révolutionnaires de la rue, dont l'audace et l'impudence ne connurent plus de bornes dès qu'ils virent que l'Assemblée les ménageait et les craignait à la fois. Bailly et Lafayette étaient, pour le malheur de la France, chargés de maintenir l'ordre dans Paris ; mais le pauvre Bailly, dans ses tentatives pour rétablir la tranquillité perpétuellement troublée, ne se montrait ni plus habile ni plus énergique que lorsqu'il s'était agi de protéger Foulon et Berthier. Il était du reste d'une faiblesse déplorable à l'égard des révolutionnaires les plus dangereux, et dans sa crédulité naïve il croyait toujours avoir devant lui d'honnêtes gens égarés, lorsqu'il avait affaire à des scélérats consommés. Il appartenait à cette catégorie de très-honnêtes gens qui, par leur incapacité et leur naïveté, jouent admirablement le jeu des perturbateurs et des coquins. Avec des dehors brillants et chevaleresques, Lafayette n'était pas autre chose que Bailly à cheval ; comme le malheureux maire de Paris, il était crédule, imprévoyant et avait foi dans la garde nationale ; malgré ses objurgations, ses démissions simulées, qu'elle feignait de prendre au sérieux pour conserver un géné-

---

(1) Les deux partis se sont rejetés, au sujet des événements de Nîmes, une foule de récriminations et d'accusations, et il est bien difficile de retrouver l'exacte vérité au milieu d'un si grand nombre d'affirmations passionnées et de versions contradictoires. Les documents originaux devraient être aux archives soit du comité des rapports, soit du comité des recherches, car ces comités furent chargés par un décret de s'occuper de l'affaire de Nîmes, mais il nous a été impossible de retrouver même une seule pièce relative à ces événements. Ces documents si importants ont-ils été perdus, ou confondus avec d'autres ? Il serait fort intéressant de tenir les rapports et les lettres qui ont été envoyés à l'Assemblée sur cette déplorable émeute ; nous avons pu nous convaincre par de semblables comparaisons que les comptes rendus des émeutes du temps donnés par *le Moniteur* sont très-incomplets, que les pièces citées par lui sont souvent les moins importantes, et qu'en outre elles ne sont pas toujours exactement rapportées.

ral qu'elle ne craignait pas, c'était lui en réalité qui obéissait à son armée (1). Malgré les efforts impuissants de Bailly et de Lafayette, le parti du désordre fit dans la capitale de rapides progrès, et les discussions religieuses lui servirent de prétexte pour commettre impunément toutes sortes d'excès.

Nous ne saurions trop le répéter, la confiscation des biens du clergé, pour les chefs du mouvement, était beaucoup plus un moyen d'arriver à la persécution religieuse qu'un expédient financier. Quand le clergé fut dépossédé définitivement, la révo-

(1) Il existe aux archives du comité des recherches une lettre de Bailly au sujet du trop fameux Maillard. Le maire de Paris, à cause de ses relations antérieures avec lui, fit en sa faveur une démarche que Maillard semblait se croire en droit d'exiger. Il écrivit au comité des recherches, le 17 août 1790, une lettre assez brève pour lui annoncer que Maillard, lieutenant des volontaires ci-devant connus sous le nom de *vainqueurs de la Bastille*, est soupçonné : qu'il est venu lui apporter une pièce qui peut tendre à sa justification, qu'il l'envoie au comité... Dans cette pièce, qui n'était pas autre chose qu'une apologie emphatique, Maillard demande fièrement de quoi on l'accuse, et se vante des prétendus services qu'il a rendus à l'humanité... « Un homme qui sans autre intérêt que celui de l'humanité et de la justice a pu le 5 octobre 1789 exposer sa vie pour sauver la vôtre, celle du général, celle des représentants de la commune de Paris, celle des membres de l'Assemblée nationale et peut-être même celle de la famille royale, est encore prêt à affronter tous les dangers que peuvent lui préparer tous les ennemis du bien public. » Ainsi, loin d'être un perturbateur, Maillard avait sauvé tout le monde. On voit que de tout temps les plus odieux révolutionnaires, lorsqu'ils ont été accusés, ont émis avec beaucoup d'aplomb cette étrange prétention. Cette lettre a un post-scriptum assez curieux, et qui explique pourquoi Maillard s'est adressé à Bailly. « Daignez, monsieur le maire, vous rappeler les témoignages que vous reçûtes de ce que j'avance, et de la manière dont vous me témoignâtes votre reconnaissance lorsque vous me dîtes, les larmes aux yeux et en me serrant la main : Monsieur Maillard, je vous ai les plus grandes obligations, mais si les méchants m'eussent fait périr, le peuple aurait perdu le meilleur de ses amis. » Le pauvre Bailly, dans les moments de trouble, avait toujours la larme à l'œil, et parlait avec effusion aux plus affreux coquins, s'imaginant ainsi obtenir des résultats merveilleux ! Ses épanchements avec Maillard lui avaient attiré les importunités de cet odieux personnage, qui était sous le coup d'une accusation assez sérieuse. Il s'occupait d'enrôlements clandestins, et la police avait envoyé au comité des recherches une attestation de deux citoyens portant que Maillard leur avait proposé, ainsi qu'à des *vainqueurs de la Bastille*, de s'enrôler pour servir dans le Brabant, qui était alors très-agité, ou bien à Avignon parmi les affidés de Jourdan Coupe-Tête, et Maillard avait eu l'audace de leur dire qu'il avait des ordres du ministre pour faire ces enrôlements.

lution, qui avait atteint son but, s'y prit assez mal pour tirer parti de sa spoliation. En acceptant soit le plan de Malouet, soit les offres de l'archevêque d'Aix, l'Assemblée n'aurait pas troublé le pays, et elle aurait peut-être restauré plus complétement les finances que par une confiscation complète, exécutée surtout dans de pareilles conditions et par de pareils agents! On se soucia beaucoup plus de dépouiller l'Église que de tirer de ses biens un parti avantageux; il y avait d'ailleurs tant de personnes qui avaient intérêt à ce que la vente se fît mal! Si l'État se vit très-souvent déçu dans ses justes espérances, ce ne fut pas perdu pour les révolutionnaires spéculateurs. La vente de tant de domaines importants et d'une aussi grande quantité d'objets mobiliers précieux exalta au dernier point la cupidité d'une foule de personnes, et fut l'occasion d'un grand nombre d'actions honteuses. Lorsqu'on procéda au récolement des vases sacrés, des trésors de tous les chapitres et de toutes les abbayes, combien d'objets précieux disparurent! car le zèle désintéressé de la révolution n'inspirait pas tous ceux qui sollicitaient de semblables missions. Lors même que l'inventaire avait été bien fait, qu'aucun calice ou ostensoir n'avait disparu, il ne fallait pas regarder de trop près certains vases sacrés, certains ornements où des pierreries avaient été enchâssées, car on aurait bien souvent constaté la disparition des plus belles! Les commissaires, déjà surchargés de besogne, oubliaient d'en dire le nombre dans leurs procès-verbaux; ils ne pouvaient entrer évidemment dans certains détails; et si plus tard il s'élevait quelque difficulté, on jurait ses grands dieux qu'on avait trouvé les objets en cet état, que si telle émeraude, tel rubis avait jamais été attaché à tel ou tel ornement, il en avait été retiré avant que l'État mît la main sur les biens de l'Église. Luther, faisant allusion à l'amour de certains sectaires de son temps pour les vases sacrés, avait dit que les soleils des ostensoirs enlevés au catholicisme avaient fait de nombreux protestants. On ne pouvait pas ne pas se rappeler ces paroles en voyant le zèle que certaines gens affichaient pour la révolution depuis qu'elle leur fournissait de si belles occasions de trafiquer et de pêcher en eau trouble.

La mise en vente d'une si énorme quantité de biens fonds devait naturellement donner le goût de la spéculation. Les personnes les plus honorables répugnaient à acheter des biens d'église; elles laissèrent donc le champ libre aux spéculateurs qui eurent recours à toutes les ruses possibles pour acheter à vil prix. Des agents préposés aux ventes et même des membres des municipalités et des districts trouvèrent moyen de faire au détriment de l'État des acquisitions magnifiques. On vendait aux enchères publiques, mais ils avaient soin d'annoncer la vente trop tard, quelquefois même de ne l'afficher que le matin même, et faute de concurrents ils achetaient à vil prix. Le président du district de Laon, en surchargeant une date, en faisant disparaître des soumissions et en avançant la vente d'un jour, sut acquérir un bien important (1). Sa fraude fut découverte et punie, mais beaucoup d'autres furent plus adroits. Il y eut des acheteurs qui trouvèrent moyen de lasser l'administration et de se faire céder des propriétés bien au-dessous de leur valeur. Il les faisait acheter par des hommes de paille qui ne pouvaient payer : alors on adjugeait les biens sur folle enchère à de nouveaux hommes de paille apostés par eux et ainsi de suite, et ils finissaient ainsi par lasser les administrations, qui très-souvent montraient une grande hâte à vendre les biens du clergé, parce qu'elles se disaient : « Si le clergé profite d'un mouvement de réaction, il se trouvera en présence de ventes déjà opérées. » Comme la mise à prix des biens nationaux était basée sur la valeur des baux, les fermiers qui les voulaient acheter se faisaient tous à l'envi plus pauvres les uns que les autres, dissimulaient leurs loyers, et faisaient au besoin quantité de faux serments (2).

La vente d'un si grand nombre d'églises et de chapelles donna surtout à la confiscation des biens du clergé un caractère frappant de persécution. Les philosophes, quand ils vendaient

---

(1) Ed. Fleury, *le Clergé de l'Aisne pendant la révolution*, 2 volumes in-8°, 1852.

(2) M. de Tocqueville a dit que la confiscation des biens du clergé avait fait à la France *une mauvaise conscience :* le mot est profondément vrai à un double point de vue. Cette confiscation a fait à la France nouvelle une conscience troublée qui depuis quatre-vingts ans est un obstacle à la paix religieuse. Elle a en outre développé singulièrement les instincts cupides et ébranlé la notion de la propriété. Beaucoup de gens ont profité de cette confiscation, mais un bien plus grand nombre s'est trouvé dans l'impossibilité d'assouvir les convoitises que la révolution avait éveillées, et la haine contre la propriété n'a fait que s'accroître au sein des masses. Aujourd'hui des ennemis de la société vont répétant que la bourgeoisie s'est enrichie en 1789 avec les biens du clergé, que ces biens appartenaient au peuple, et qu'il doit maintenant les reprendre sur elle ; et ces paroles produisent leur effet !

une église pour la démolir, songeaient à satisfaire leur haine pour le catholicisme, et non au bien modique bénéfice que la vente de ses matériaux et de sa superficie devait procurer à l'État. Grâce à leur fanatisme antireligieux, les arts firent des pertes irréparables. Beaucoup d'églises, remarquables par leur architecture, ou par leurs vitraux, ou par les œuvres d'art qu'elles renfermaient, furent stupidement démolies. Des ouvriers, entraînés par la fièvre de la spéculation, se réunissaient sans avoir un sou vaillant, pour acheter une église, une abbaye. Ils arrachaient les boiseries, les plombs, dégradaient tout afin de se procurer quelque argent, et finissaient par se trouver dans l'impossibilité absolue de payer. Lorsque leur acquisition avait été ainsi dépouillée de tout ce qui avait quelque valeur artistique, ils en étaient dépossédés faute d'argent, et elle était vendue sur folle enchère à un prix minime (1).

Pendant que la philosophie du dix-huitième siècle, non contente d'asservir le clergé de France, s'efforçait encore de détruire les anciens monuments de la religion, et d'habituer les populations à voir renverser tout ce qui attestait la foi de leurs pères, le chef de l'Église suivait avec une silencieuse douleur les progrès menaçants du fanatisme antireligieux. Les circonstances étaient d'une gravité exceptionnelle, et cependant la voix du pasteur suprême tardait à se faire entendre. Des motifs d'une haute sagesse l'avaient déterminé à s'abstenir pendant longtemps de toute allusion à la situation de l'Église de France ; mais lorsqu'il devint évident que la religion elle-même était menacée, il crut devoir, dans une allocution prononcée le 29 mars 1790, expliquer le silence qu'il avait gardé jusqu'alors, et faire part de ses anxiétés au monde chrétien.

Pie VI déclare dans son allocution que l'Assemblée constituante s'étant d'abord occupée des affaires politiques de la France, il ne se croyait pas alors le droit d'intervenir. Mais l'Assemblée a tout à coup envahi le domaine de la religion, et l'a traitée comme si elle devait être l'esclave et l'instrument du pouvoir (2). Il relève tout ce que la Constituante a décrété dans un

---

(1) Une association d'ouvriers perruquiers de Saint-Quentin acheta ainsi un domaine trois cent mille livres sans pouvoir le payer : sur folle enchère il fut seulement revendu 165,000. Ed. Fleury, t. I, p. 306.

(2) « Actum illic primo fuit de publica œconomia ordinanda, cumque ea

dessein hostile à la religion. Au moment où elle donnait aux dissidents la faculté d'arriver à tous les emplois, elle frappait le catholicisme et empiétait sur les droits de la conscience par son décret sur les vœux religieux. Il gémit sur les malheurs et sur les divisions qui affligent la France livrée à la philosophie du dix-huitième siècle (1). Devant tous ces maux il se demande quel est le meilleur parti à prendre ; s'il doit se taire ou parler ? Il cite saint Grégoire le grand, qui invite à bien tenir compte des circonstances au milieu desquelles on se trouve, afin de ne point parler lorsqu'il serait bon de se taire, et de ne point garder un silence compromettant quand il serait utile de parler (2). Il invite le monde chrétien à prier pour l'Église, et déclare qu'en prononçant cette allocution il entend seulement prouver qu'il ne s'abuse pas sur l'étendue des outrages faits à la religion, et que s'il n'intervient pas encore dans les affaires de l'Église de France, il ne faut point l'attribuer à son indifférence et encore moins à son acceptation des décrets de l'Assemblée (3). Il donne à entendre qu'il rompra le silence lorsque le bien de l'Église et sa propre dignité l'exigeront.

Le pape ne se départit jamais de cette attitude prudente et réservée. Des difficultés politiques étaient mêlées aux questions religieuses et les compliquaient encore. Pie VI crut devoir laisser le clergé de France se défendre comme il l'entendrait, tant que la religion ne serait pas ouvertement attaquée. Tout en déplorant la spoliation de l'Église, il attendit pour la blâmer publiquement que l'Assemblée eût décrété le schisme. Plus tard il engagera le clergé à s'occuper surtout de la religion en péril, et à ne pas songer aux pertes qu'il a éprouvées. Bien

---

dirigenda esset ad populorum levanda onera, ad nostras ministerii curas nequaquam pertinere videbatur. Sed ab illa constituenda gradus repente factus est ad religionem ipsam tanquam politicis negotiis subjici ac inservire deberet... » Theiner, *Documents inédits sur l'Église de France*, tome I.

(1) Natio,... mancipatur concilio philosophorum se invicem mordentium et obtrectantium.....

(2) « Discrete quidem vicissitudinum pensanda sunt tempora, ne aut cum restringi lingua debet per verba inutiliter defluat, aut cum loqui utiliter potest semetipsam pigre restringat... »

(3) « Declaramus taciturnitatem nostram non ad incuriam, multoque minus ad approbationem esse referendam, et necessarium esse pro hoc tempore silentium, donec per alias rerum vicissitudines quas deo protegente, proximas, propitias speramus, utiliter loqui possimus... »

que cette allocution exprimât la tristesse et l'inquiétude que les décrets de l'Assemblée lui faisaient éprouver, elle ne contenait aucune parole qui pût empêcher une négociation, si le parti qui dominait en France avait eu la pensée d'en commencer une avec lui. Il réservait seulement ses droits et ceux de l'Église, et empêchait que son silence ne fût exploité comme une approbation de décrets de l'Assemblée. Nous verrons plus tard, que sur ce point il ne se méfia pas encore assez de l'impudence et de la fourberie révolutionnaires. Cette protestation très-digne et très-vague laissait au clergé français toute sa liberté d'action, et ne pouvait arrêter aucun projet sérieux de conciliation; mais toute idée de transaction était repoussée également par les constitutionnels et par les Jacobins.

Pie VI donna en même temps une preuve de sa modération en annonçant, le 31 mars, au cardinal de La Rochefoucauld que, vu la difficulté des temps, il autorisait les évêques à dispenser des vœux réguliers. Qu'on rapproche de cette lettre la loi par laquelle l'Assemblée, empiétant sur le domaine de la conscience, venait de dissoudre les vœux, et de les prohiber pour l'avenir en exigeant que le clergé regardât les vœux supprimés par elle comme canoniquement dissous, et l'on verra de quel côté se trouvait le véritable esprit de conciliation!

CHAPITRE IV.

LA CONSTITUTION CIVILE.

I. L'inopportunité et l'hétérodoxie de la constitution civile démontrées même par des jansénistes hostiles à la cour de Rome. — Son texte. — Décret additionnel des 5-24 novembre.

II. La constitution civile n'était pas civile le moins du monde; elle tranchait évidemment une foule de questions de l'ordre spirituel. — Une constitution vraiment civile n'aurait pu exister que sous l'ancien régime. — La révolution ayant enlevé au clergé ses priviléges et son pouvoir politique, il n'y avait plus matière à une constitution vraiment civile du clergé. — Mépris des Constituants pour la religion, qu'ils trouvaient bonne seulement pour les faibles d'esprit et les classes inférieures. — L'Assemblée s'est déclarée au-dessus de l'Église dans toutes les questions religieuses qu'il lui plairait de traiter. — Langage de ses membres les plus autorisés. — Ridicules tirades des Constituants sur la primitive Église.

III. La constitution civile n'était pas seulement schismatique, elle était encore hérétique, car elle niait le caractère essentiel de l'Église. — L'Église est une société spirituelle composée d'hommes; de là un double caractère, de là deux sortes d'actes qu'elle commande. — L'Assemblée méconnaît violemment cette vérité. — Beaucoup de Constituants très-ignorants en religion sont entraînés à faire des décrets schismatiques, par le désir d'avoir moins d'évêques et de curés à payer sur les biens enlevés à l'Église. — La réduction des évêchés constituait un grand empiétement sur le pouvoir spirituel. — Polémique engagée à ce sujet. — Cette réduction n'était pour les fidèles d'aucune utilité. — L'Assemblée a prétendu l'opérer par elle-même en repoussant avec mépris le concours de l'Église. — L'exposition des principes. — Mgr de la Luzerne. — Maultrot et Jabineau. — Singulière consultation d'Agier.

IV. Le système des constitutionnels revient à dire que l'État, en donnant un traitement aux ministres de l'Église, devient le maître absolu de l'Église elle-même, et l'absorbe complétement dans ses attributions les plus essentielles. — Discours de Treilhard. — Son étrange manière de discuter. — Le concile de Chalcédoine. — Les prétentions de l'Assemblée démenties par les faits.

Nous allons maintenant examiner la constitution civile dans son esprit et dans ses diverses dispositions. Pour prouver son inopportunité, nous n'aurons qu'à rappeler les besoins légitimes qu'elle méconnaissait, l'émotion et le scandale produits par elle dans toute la France. Pour faire ressortir toute la gravité de ses erreurs théologiques, et donner une idée de la controverse qui s'éleva à son sujet, il nous suffira d'invoquer un chef-d'œuvre véritable de clarté et de modération, cette magnifique exposition des principes des évêques députés à l'Assemblée, qui a devancé et prévu les décisions du souverain pontife. Nous ferons aussi des emprunts aux mandements que les évêques de France ont publiés isolément, et dont plusieurs sont regardés par des juges compétents comme des œuvres très-remarquables de discussion théologique. Nous appellerons aussi à notre aide certains controversistes ecclésiastiques et laïques, qui attaquèrent vigoureusement la constitution civile aussitôt que le projet du comité ecclésiastique fut connu. Parmi ces écrivains se trouvent plusieurs jansénistes, comme Jabineau, Maultrot, Vauvilliers, qui, loin de pousser au schisme comme le gros de leur parti, ont au contraire réfuté la constitution civile dans des consultations et des brochures écrites avec autant d'esprit que d'érudition. Leurs réfutations ont d'autant plus de valeur qu'il est impossible de les accuser d'ultramontanisme, car au milieu même de leurs apologies de la vraie doctrine on voit percer une défiance et un ressentiment tout jansénistes à l'égard du saint-siége. Leur témoignage n'en est que plus précieux, car ce qu'ils défendent ce n'est certainement pas la prérogative de Rome, qu'ils n'aiment guère, c'est l'Église universelle elle-même, c'est l'autorité spirituelle, chassée de son domaine légitime, absorbée par la puissance civile. Ils démontrent d'une manière irréfutable que par la constitution civile l'Assemblée a assujetti la France à un régime religieux fondé sur une doctrine qui n'est pas autre chose que le protestantisme d'Henri VIII. Qu'importe que le rituel ne soit pas changé, que le côté extérieur, et qui frappe davantage les masses et les esprits superficiels, ait été à dessein laissé sans altération! avec la constitution civile, il n'y a plus de société religieuse, mais seulement des agents du pouvoir qualifiés par lui de fonctionnaires religieux. Nous invitons fortement ceux qui ont quelque défiance des actes épiscopaux, et des motifs qui les ont dictés à lire les écrits dont nous parlons; leurs auteurs ne perdaient rien à la révolution et n'avaient pas le moindre zèle pour la cour de Rome. En combattant la constitution civile ils ont rompu avec la majorité de leur parti et se sont exposés à la haine des révolutionnaires. Quand ils démontrent que la constitution civile blessait la religion en des points essentiels, leurs motifs ne peuvent en aucune façon être suspectés.

La constitution civile du clergé votée le 12 juillet 1790 est divisée en quatre titres : 1° sur les offices ecclésiastiques, 2° la nomination aux bénéfices, 3° les traitements du clergé, 4° la résidence. Elle est ainsi conçue :

TITRE Ier. — DES OFFICES ECCLÉSIASTIQUES.

Article 1. Chaque département formera un seul diocèse, et chaque diocèse aura la même étendue et les mêmes limites que le département.

Art. 2. Les siéges des évêchés des quatre-vingt-trois départements du royaume seront fixés... Suivent les noms des villes où les évêchés seront établis (1).

Tous les autres évêchés existant dans les quatre-vingt-trois départements du royaume, et qui ne sont pas nommément compris au présent article, sont et demeurent supprimés.

Art. 3. Le royaume sera divisé en dix arrondissements métropolitains, dont les siéges seront Rouen, Reims, Besançon, Rennes, Paris, Bourges, Bordeaux, Toulouse, Aix et Lyon.

Suivent les noms de ces arrondissements d'après leur position géographique, comme les côtes de la Manche, le nord-est, le centre, etc., avec la liste des départements que chacun d'eux doit contenir.

---

(1) Ces villes étaient presque toutes d'anciennes cités épiscopales : elles ont été conservées pour la plupart comme siéges des évêchés lors du concordat de 1801 et lorsque le nombre des évêchés fut augmenté sous la restauration. Cependant l'évêché du Pas-de-Calais, fixé à Saint-Omer par la constitution civile, a été depuis établi à Arras; celui des Landes, établi à Dax, l'est maintenant à Aire; celui des Basses-Pyrénées, fixé à Oléron, l'est maintenant à Bayonne; celui de l'Hérault est à Montpellier, au lieu de Béziers; celui de l'Aude à Carcassonne, et non à Narbonne; celui des Hautes-Alpes à Gap et non à Embrun; celui de Corse à Ajaccio, et non à Bastia. La constitution civile avait créé des évêchés à Sedan, Châteauroux, Guéret, Colmar, Vesoul, Saint-Maixent, dans des départements qui n'ont pas actuellement d'évêché sur leur territoire. Les évêchés de Versailles et de Laval créés par elle ont été rétablis canoniquement à différentes époques.

Art. 4. Il est défendu à toute église ou paroisse de France, et à tout citoyen français, de reconnaître en aucun cas, et sous quelque prétexte que ce soit, l'autorité d'un évêque ordinaire ou métropolitain dont le siége serait établi sous la dénomination d'une puissance étrangère, ni celle de ses délégués résidant en France ou ailleurs : le tout sans préjudice de l'unité de foi et de communion qui sera entretenue avec le chef visible de l'Église universelle, ainsi qu'il sera dit ci-après.

Art. 5. Lorsque l'évêque diocésain aura prononcé dans son synode sur des matières de sa compétence, il y aura lieu au recours au métropolitain, lequel prononcera dans le synode métropolitain.

Art. 6. Il sera procédé incessamment, et sur l'avis de l'évêque diocésain et de l'administration des districts, à une nouvelle formation et circonscription de toutes les paroisses du royaume ; le nombre et l'étendue en seront déterminés d'après les règles qui vont être établies.

Art. 7. L'église cathédrale de chaque diocèse sera ramenée à son état primitif, d'être en même temps église paroissiale et église épiscopale, par la suppression des paroisses, et par le démembrement des habitations qu'il sera jugé convenable d'y réunir.

Art. 8. La paroisse épiscopale n'aura pas d'autre pasteur immédiat que l'évêque. Tous les prêtres qui y seront établis seront ses vicaires et en feront les fonctions.

Art. 9. Il y aura seize vicaires de l'église cathédrale dans les villes qui comprendront plus de dix mille âmes, et douze seulement où la population sera au-dessous de dix mille âmes.

Art. 10. Il sera conservé ou établi dans chaque diocèse un seul séminaire pour la préparation aux ordres, sans entendre rien préjuger, quant à présent, sur les autres maisons d'instruction et d'éducation.

Art. 11. Le séminaire sera établi, autant que faire se pourra, près de l'église cathédrale, et même dans l'enceinte des bâtiments destinés à l'habitation de l'évêque.

Art. 12. Pour la conduite et l'instruction des jeunes élèves reçus dans le séminaire il y aura un vicaire supérieur et trois vicaires directeurs subordonnés à l'évêque.

Art. 13. Les vicaires supérieurs et vicaires directeurs sont tenus d'assister, avec les jeunes ecclésiastiques du séminaire, à tous les offices de la paroisse cathédrale, et d'y faire toutes les fonctions dont l'évêque ou son premier vicaire jugera à propos de les charger.

Art. 14. Les vicaires des églises cathédrales, les vicaires supérieurs et vicaires directeurs du séminaire, formeront ensemble le conseil habituel et permanent de l'évêque, qui ne pourra faire aucun acte de juridiction, en ce qui concerne le gouvernement du diocèse et du séminaire, qu'après en avoir délibéré avec eux ; pourra néanmoins l'évêque, dans le cours de ses visites, rendre seul telles ordonnances provisoires qu'il appartiendra.

Art. 15. Dans toutes les villes et bourgs qui ne comprendront pas plus de six mille ames, il n'y aura qu'une seule paroisse ; les autres paroisses seront supprimées et réunies à l'église principale.

Art. 16. Dans les villes où il y a plus de six mille âmes, chaque paroisse pourra comprendre un plus grand nombre de paroissiens, et il en sera conservé ou établi autant que les besoins des peuples et les localités le demanderont.

Art. 17. Les assemblées administratives, de concert avec l'évêque diocésain, désigneront à la prochaine législature les paroisses, annexes ou succursales des villes ou de campagne qu'il conviendra de réserver ou d'étendre, d'établir ou de supprimer, et ils en indiqueront les arrondissements d'après ce que demanderont les besoins des peuples, la dignité du culte et les différentes localités.

Art. 18. Les assemblées administratives et l'évêque diocésain pourront même, après avoir arrêté entre eux la suppression et réunion d'une paroisse, convenir que dans les lieux écartés, ou qui pendant une partie de l'année ne communiqueront que difficilement avec l'église paroissiale, il sera établi ou conservé une chapelle où le curé enverra, les jours de fête ou de dimanche, un vicaire pour y dire la messe et faire au peuple les instructions nécessaires.

Art. 19. La réunion qui pourra se faire d'une paroisse à une autre emportera toujours la réunion des biens de la fabrique de l'église supprimée à la fabrique de l'église où se fera la réunion.

Art. 20. Tous titres et offices autres que ceux mentionnés en la présente constitution, les dignités, canonicats, prébendes, demi-prébendes, chapelles, chapellenies, tant des églises cathédrales que des églises collégiales, et tous chapitres réguliers et séculiers de l'un et l'autre sexe, les abbayes et prieurés en règle ou en commende, aussi de l'un et de l'autre sexe et tous autres bénéfices et prestimonies généralement quelconques, de quelque nature et sous quelque dénomination que ce soit, sont, à compter du jour de la publication du présent décret, éteints et supprimés sans qu'il puisse jamais en être établi de semblables.

Art. 21. Tous bénéfices en patronage laïque sont soumis à toutes les dispositions des décrets concernant les bénéfices de pleine collation ou de patronage ecclésiastique.

Art. 22. Sont pareillement compris aux dites dispositions tous titres et fondations de pleine collation laïcale, excepté les chapelles actuellement desservies dans l'enceinte des maisons particulières ; par un chapelain ou desservant à la seule disposition du propriétaire.

Art. 23. Le contenu dans les articles précédents aura lieu, nonobstant toutes clauses, même de réversion, apposées dans les actes de fondation.

Art. 24. Les fondations de messes et autres services, acquittés présentement dans les églises paroissiales par les curés et par les prêtres qui y sont attachés, sans être pourvus de leurs places en titre perpétuel de bénéfice, continueront provisoirement à être acquittées et payées comme par le passé, sans néanmoins que dans les églises où il est établi des sociétés de prêtres non pourvus en titre perpétuel de bénéfice, et connus sous les divers noms de filleuls, agrégés, familiers, communalistes, mépartistes, chapelains ou autres, ceux d'entre eux qui viendront à mourir ou à se retirer puissent être remplacés.

Art. 25. Les fondations faites pour subvenir à l'éducation des parents des fondateurs continueront d'être exécutés conformément aux dispositions écrites dans les titres de fondation ; et à l'égard de toutes autres fondations pieuses, les parties intéressées présenteront leurs mémoires aux assemblées de département, pour, sur leur avis et celui de l'évêque diocésain, être statué par le corps législatif sur leur conservation ou leur remplacement.

TITRE II. — Nomination aux bénéfices.

Art. 1er. A compter du jour de la publication du présent décret, on ne connaîtra qu'une seule manière de pourvoir aux évêchés et aux cures, c'est à savoir, la forme des élections.

Art. 2. Toutes les élections se feront par la voie du scrutin et à la pluralité absolue des suffrages.

Art. 3. L'élection des évêques se fera dans la forme prescrite et par le corps électoral indiqué, dans le décret du 22 décembre 1789, pour la nomination des membres de l'assemblée de département.

Art. 4. Sur la première nouvelle que le procureur général syndic du département recevra de la vacance du siége épiscopal, par mort, démission ou autrement, il en donnera avis aux procureurs-syndics des districts, à l'effet par eux de convoquer les électeurs qui auront procédé à la dernière nomination des membres de l'assemblée administrative, et en même temps il indiquera le jour où devra se faire l'élection de l'évêque, lequel sera, au plus tard, le troisième dimanche après la lettre d'avis qu'il écrira.

Art. 5. Si la vacance du siége épiscopal arrivait dans les quatre derniers mois de l'année où doit se faire l'élection des membres de l'administration du département, l'élection de l'évêque serait différée et renvoyée à la prochaine assemblée des électeurs.

Art. 6. L'élection de l'évêque ne pourra se faire ou être commencée qu'un jour de dimanche, dans l'église principale du chef-lieu du département, à l'issue de la messe paroissiale, à laquelle seront tenus d'assister tous les électeurs.

Art. 7. Pour être éligible à un évêché, il sera nécessaire d'avoir rempli, au moins pendant quinze ans, les fonctions du ministère ecclésiastique dans le diocèse, en qualité de curé, de desservant ou de vicaire, ou comme vicaire supérieur, ou comme vicaire directeur du séminaire.

Art. 8. Les évêques dont les siéges sont supprimés par le présent décret pourront être élus aux évêchés actuellement vacants, ainsi qu'à ceux qui vaqueront par la suite, ou qui sont érigés en quelques départements, encore qu'il n'eussent pas quinze années d'exercice.

Art. 9. Les curés et autres ecclésiastiques qui par l'effet de la nouvelle circonscription des diocèses, se trouveront dans un diocèse différent de celui où ils exerçaient leurs fonctions, seront réputés les avoir exercées dans leur nouveau diocèse, et ils y seront, en conséquence, éligibles, pourvu qu'ils aient d'ailleurs le temps d'exercice ci-devant exigé.

Art. 10. Pourront aussi être élus les curés actuels qui auraient dix années d'exercice dans une cure du diocèse, encore qu'ils n'eussent pas auparavant rempli les fonctions de vicaire.

Art. 11. Il en sera de même des curés dont les paroisses auraient été supprimées en vertu du présent décret, et il leur sera compté comme temps d'exercice celui qui se sera écoulé depuis la suppression de leur cure.

Art. 12. Les missionnaires, les vicaires généraux des évêques, les ecclésiastiques desservant les hôpitaux, ou chargés de l'éducation publique, seront pareillement éligibles, lorsqu'ils auront rempli leurs fonctions pendant quinze ans, à compter de leur promotion au sacerdoce.

Art. 13. Seront pareillement éligibles tous dignitaires, chanoines, ou en général tous bénéficiers et titulaires qui étaient obligés à résidence, ou exerçaient des fonctions ecclésiastiques, et dont les bénéfices, titres, offices ou emplois se trouvent supprimés par le présent décret, lorsqu'ils auront quinze années d'exercice comptées comme il est dit des curés dans l'article précédent.

Art. 14. La proclamation de l'élu se fera par le président de l'assemblée électorale dans l'église où l'élection aura été faite, en présence du peuple et du clergé, et avant de commencer la messe solonnelle qui sera célébrée à cet effet.

Art. 15. Le procès-verbal de l'élection et de la proclamation sera envoyé au roi par le président de l'assemblée des électeurs, pour donner à Sa Majesté connaissance du choix qui aura été fait.

Art. 16. Au plus tard dans le mois qui suivra son élection, celui qui aura été élu à un évêché se présentera en personne à son évêque métropolitain ; et s'il est élu pour le siége de la métropole, au plus ancien évêque de l'arrondissement, avec le procès-verbal d'élection et de proclamation, et il le suppliera de lui accorder la confirmation canonique.

Art. 17. Le métropolitain ou l'ancien évêque aura la faculté d'examiner l'élu, en présence de son conseil, sur sa doctrine et sur ses mœurs; s'il le juge capable, il lui donnera l'institution canonique ; s'il croit devoir la lui refuser, les causes du refus seront données par écrit, signées du métropolitain et de son conseil, sauf aux parties intéressées à se pourvoir par voie d'appel comme d'abus, ainsi qu'il sera dit ci-après.

Art. 18. L'évêque à qui la confirmation sera demandée ne pourra exiger de l'élu d'autre serment, sinon qu'il fait profession de la religion catholique, apostolique et romaine.

Art. 19. Le nouvel évêque ne pourra s'adresser au pape pour en obtenir aucune confirmation ; mais il lui écrira comme au chef visible de l'Église universelle, en témoignage de l'unité de foi et de la communion qu'il doit entretenir avec lui.

Art. 20. La consécration de l'évêque ne pourra se faire que dans son Église cathédrale par son métropolitain, ou, à son défaut, par le plus ancien évêque de l'arrondissement de la métropole assisté des évêques des deux diocèses les plus voisins, un jour de dimanche, pendant la messe paroissiale, en présence du peuple et du clergé.

Art. 21. Avant que la cérémonie de la consécration commence l'élu prêtera, en présence des officiers municipaux, du peuple et du clergé, le serment solennel de veiller avec soin sur les fidèles du diocèse qui lui est confié, d'être fidèle à la nation, à la loi et au roi, et de maintenir de tout son pouvoir la constitution décrétée par l'Assemblée nationale et acceptée par le roi.

Art. 22. L'évêque aura la liberté de choisir les vicaires de son Église cathédrale dans tout le clergé de son diocèse, à la charge par lui de ne pouvoir nommer que des prêtres qui auront exercé des fonctions ecclésiastiques au moins pendant dix ans. Il ne pourra les destituer que de l'avis de son conseil, et par une délibération qui y aura été prise à la pluralité des voix, en connaissance de cause.

Art. 23. Les curés actuellement établis en aucunes églises cathédrales, ainsi que ceux des paroisses qui seront supprimées pour être réunies à l'église cathédrale et en former le territoire, seront de plein droit, s'ils le demandent, les premiers vicaires de l'évêque, chacun suivant l'ordre de leur ancienneté dans les fonctions pastorales.

Art. 24. Les vicaires supérieurs et vicaires directeurs du séminaire seront nommés par l'évêque et son conseil, et ne pourront être destitués que de la même manière que les vicaires de l'église cathédrale.

Art. 25. L'élection des curés se fera dans la forme prescrite, et par les électeurs indiqués dans le décret du 22 décembre 1789, pour la nomination des membres de l'assemblée administrative du district.

Art. 26. L'assemblée des électeurs, pour la nomination aux cures, se formera tous les ans à l'époque de la formation des assemblées du district, quand même il n'y aurait qu'une seule cure vacante dans le district ; à l'effet de quoi les municipalités seront tenues de donner avis au procureur-syndic du district de toutes les vacances de cures qui arriveront dans leur arrondissement, par mort, démission ou autrement.

Art. 27. En convoquant l'Assemblée des électeurs, le procureur-syndic enverra à chaque municipalité la liste de toutes les cures auxquelles il faudra nommer.

Art. 28. L'élection des curés se fera par scrutins séparés pour chaque cure vacante.

Art. 29. Chaque électeur, avant de mettre son bulletin dans le vase du scrutin, fera serment de ne nommer que celui qu'il aura choisi en son âme et conscience comme le plus digne, sans y avoir été déterminé par dons, promesses, sollicitations ou menaces. Ce serment sera prêté pour l'élection des évêques comme pour celle des curés.

Art. 30. L'élection des curés ne pourra se faire ou être commencée qu'un jour de dimanche, dans la principale église du chef-lieu de district, à l'issue de la messe paroissiale, à laquelle tous les électeurs seront tenus d'assister.

Art. 31. La proclamation des élus sera faite par le corps électoral, dans l'église principale, avant la messe solennelle qui sera célébrée à cet effet et en présence du peuple et du clergé.

Art. 32. Pour être éligible à une cure, il sera nécessaire d'avoir rempli les fonctions de vicaire dans une paroisse ou dans un hôpital, ou autre maison de charité du diocèse, au moins pendant cinq ans.

Art. 33. Les curés dont les paroisses auront été supprimées en exécution du présent décret, pourront être élus, encore qu'ils n'eussent pas cinq années d'exercice dans le diocèse.

Art. 34. Seront pareillement éligibles aux cures tous ceux qui ont été ci-dessus déclarés éligibles aux évêchés, pourvu qu'ils aient aussi cinq années d'exercice.

Art. 35. Celui qui aura été proclamé élu à une cure se présentera en personne à l'évêque avec le procès-verbal de son élection et proclamation, à l'effet d'obtenir de lui l'institution canonique.

Art. 36. L'évêque aura la faculté d'examiner l'élu, en présence de son conseil, sur sa doctrine et ses mœurs ; s'il le juge capable, il lui donnera l'institution canonique ; s'il croit devoir la lui refuser, les causes du refus seront données par écrit, signées de l'évêque et de son conseil, sauf aux parties le recours à la puissance civile, ainsi qu'il sera dit ci-après.

Art. 37. En examinant l'élu qui lui demandera l'institution canonique, l'évêque ne pourra exiger de lui d'autre serment, sinon qu'il fait profession de la religion catholique, apostolique et romaine.

Art. 38. Les curés élus et institués prêteront le même serment que les évêques dans leur église, un jour de dimanche, avant la messe paroissiale, en présence des officiers municipaux du lieu, du peuple et du clergé. Jusque-là ils ne pourront faire aucune fonction curiale.

Art. 39. Il y aura, tant dans l'église cathédrale que dans chaque église paroissiale, un registre particulier, sur lequel le secrétaire greffier de la municipalité du lieu écrira sans frais le procès-verbal de la prestation du serment de l'évêque ou du curé, et il n'y aura pas d'autre acte de prise de possession que ce procès-verbal.

Art. 40. Les évêchés et les cures seront réputés vacants jusqu'à ce que les élus aient prêté le serment ci-dessus mentionné.

Art. 41. Pendant la vacance du siége épiscopal, le premier, et, à son défaut, le second vicaire de l'église cathédrale remplacera l'évêque, tant pour ses fonctions curiales que pour les actes de juridiction qui n'exigent pas le caractère épiscopal ; mais en tout il sera tenu de se conduire par les avis du conseil.

Art. 42. Pendant la vacance d'une cure, l'administration de la paroisse est confiée au premier vicaire, sauf à y établir un vicaire de plus, si la municipalité le requiert ; et dans le cas où il n'y aurait pas de vicaire dans la paroisse, il y sera établi un desservant par l'évêque.

Art. 43. Chaque curé aura le droit de choisir ses vicaires ; mais il ne pourra fixer son choix que sur des prêtres ordonnés ou admis pour le diocèse par l'évêque.

Art. 44. Aucun curé ne pourra révoquer ses vicaires que pour des causes légitimes, jugées telles par l'évêque et son conseil.

Le titre III fixait les traitements du clergé, mais il fut tout de suite modifié par une autre loi du 24 juillet, que nous analyserons plus loin. Nous constaterons seulement que les traitements de l'Église constitutionnelle étaient très-raisonnables, très-élevés même si on les compare aux traitements actuels du clergé catholique.

Le titre IV est intitulé : *de la résidence*. Un évêque pour s'absenter plus de quinze jours de son diocèse avait besoin d'un congé du directoire du département ; un curé avait besoin de l'autorisation et de l'évêque et du directoire de district. D'après les articles 6 et 7, les évêques, curés, vicaires pouvaient être élus à la plupart des fonctions politiques ou administratives, avec les restrictions suivantes. Ils pouvaient être membres du conseil général soit d'une commune, soit d'un district, soit d'un département, mais ne pouvaient être ni maires, ni officiers municipaux, ni membres du directoire. Seulement, cette incompatibilité n'était décrétée que pour l'avenir, et ceux qui étaient déjà investis de ces fonctions pouvaient continuer à les exercer.

Un décret du 18 octobre s'occupa des curés dont les paroisses seraient réunies ou supprimées. Ils pouvaient, s'ils le réclamaient, être nommés premiers vicaires des paroisses auxquelles ils seraient réunis, ou bien recevoir une pension de retraite égale aux deux tiers du traitement qu'ils auraient eu si leur cure avait été conservée : cette pension ne pouvait excéder 2,400 livres.

Un décret additionnel des 15-24 novembre régla la conduite que l'évêque élu devait tenir si le métropolitain refusait de le consacrer. L'élu devait alors avec deux notaires se présenter successivement chez tous les suffragants du métropolitain, afin de se faire consacrer. S'ils refusaient tous, le tribunal de district jugeait leur refus d'institution, et prononçait ainsi sur la doctrine de l'élu. S'il jugeait qu'il y avait eu abus, il le renvoyait demander la consécration à un évêque quelconque étranger à la métropole. Le refus de ce dernier n'était pas prévu.

Il n'est aucunement nécessaire d'être théologien pour reconnaître à la simple lecture que la constitution civile contient des innovations très-graves en ce qui concerne l'organisation de l'Église et sa discipline. Il n'est pas plus nécessaire d'être un politique profond pour reconnaître aussi que, même en laissant de côté la question si grave de la compétence des Constituants en pareille matière, il était bien téméraire à l'Assemblée de se lancer dans une entreprise aussi dangereuse, lorsque la réorganisation civile et politique de la France exigeait d'elle de si grands efforts. Bien loin d'être utile à son œuvre de rénovation politique, qui rencontrait naturellement de grands obstacles, une réforme religieuse ne pouvait que lui susciter des difficultés inextricables, fournir aux mécontents un prétexte au moins spécieux, et détacher d'elle un certain nombre d'adhérents et beaucoup d'esprits indécis jusqu'alors. Quand bien même l'assemblée n'eût pas compris l'odieux de son entreprise, elle eût dû raisonnablement s'en abstenir. La sagesse la plus vulgaire lui commandait de ne pas entreprendre tant de choses à la fois. Si elle avait différé, les philosophes auraient essayé sans doute d'asservir le catholicisme; il y aurait eu une lutte assez violente. Cependant le clergé mécontent de plusieurs décrets de l'Assemblée, tracassé mais non persécuté, n'aurait pas perdu tout espoir de conciliation; et d'un autre côté beaucoup de révolutionnaires se seraient familiarisés avec l'idée d'un clergé soumis aux lois civiles, mais indépendant dans le domaine de la conscience, et conservant sa hiérarchie et sa discipline traditionnelle. Il y aurait eu certainement des luttes religieuses, mais elles n'auraient pas eu, tant s'en faut, l'importance de celles que la constitution civile fit naître, ni surtout leurs horribles conséquences.

Nous n'avons pas l'intention de rendre compte des séances qui furent consacrées par l'Assemblée à l'examen des propositions du comité ecclésiastique. En discutant les points fondamentaux de cette déplorable constitution civile, nous rappellerons les principaux arguments qui furent présentés pour ou contre elle, soit à l'Assemblée, soit dans l'ardente polémique qui s'engagea en dehors de son enceinte. La discussion de la Constituante manqua absolument de grandeur et de dignité; la majorité était acquise d'avance au projet du comité. La vue des malheurs causés par la constitution civile devait plus tard dessiller les yeux d'une partie de ses membres; mais alors ils étaient complétement dominés, les uns par le fanatisme antireligieux, les autres par l'esprit de parti. La liberté religieuse eut néanmoins d'éloquents défenseurs, mais la majorité avait son parti pris, et ne consentait même pas à les écouter avec décence; trop souvent son attitude n'était pas plus digne que celle du peuple des tribunes, dont elle encourageait les inconvenantes et odieuses démonstrations. Elle ne répondait guère que par des huées ou des injures aux arguments les plus graves; et les défenseurs les plus sérieux de la constitution civile ont fait preuve d'une obstination si singulière à n'envisager qu'un côté de la question, et d'une audace tellement étrange dans leurs assertions et leurs citations qu'on ne peut s'empêcher de concevoir les doutes les plus graves sur leur bonne foi.

II.

La constitution dite civile par l'Assemblée n'était pas civile le moins du monde. De quoi traitait-elle en effet? Du mode de nomination des pasteurs de tout ordre. Elle réglait leur nombre, supprimait beaucoup de diocèses, en instituait quelques-uns, détruisait un grand nombre d'institutions ecclésiastiques, bouleversait le droit canon, créait un mode nouveau d'administration pour les évêques, réglait les séminaires, etc., etc.

Qu'y a-t-il de civil dans toutes ces dispositions, ou plutôt, ci cela est civil, qu'y a-t-il donc de religieux dans l'Église?

« On est tenté de rire, s'écriait Maultrot, lorsqu'on entend appeler constitution civile du clergé le règlement des offices ecclésiastiques, de la manière d'y pourvoir, et l'obligation de résider. Qu'appellera-t-on constitution spirituelle si c'est là une constitution temporelle et profane? Cette constitution, qu'on appelle civile, est celle que le clergé a reçue de Jésus-Christ et de l'Église. »

Ce titre est absurde, car dans l'état politique créé par la Constituante, le clergé ne pouvait avoir une constitution vraiment civile. Sous l'ancien régime, il l'aurait pu, car il possédait des biens considérables, et sa situation était privilégiée dans certains cas, distincte dans d'autres, de la condition du reste des citoyens. Avant la révolution il y avait donc matière à une constitution vraiment civile du clergé, parce que cette constitution ne pouvait être que la réglementation de ses droits spéciaux et de ses priviléges politiques et financiers. Elle aurait fixé certaines règles relatives à la représentation de l'ordre du clergé dans les états généraux ou provinciaux, déterminé ses immunités, et sa manière de contribuer aux charges de l'État. Car le clergé en France ne constituait pas seulement la corporation religieuse, qu'il forme naturellement dans tout pays, aussi bien à Rome qu'en Irlande, et aux États-Unis, mais encore une corporation politique reconnue par l'État, qui élisait un tiers de la représentation nationale, possédait d'immenses richesses territoriales, des priviléges, des justices particulières aussi bien que la noblesse. Il y avait certainement dans cette situation un élément civil que la nation pouvait réglementer ou modifier.

Mais la révolution avait précisément renversé, anéanti ces droits, ces priviléges, cette organisation politique du clergé qui était pour ainsi dire juxtaposée à son organisation religieuse. L'Église ne possédait plus aucune seigneurie, aucune juridiction civile; bien plus, à la différence de la noblesse, dont on avait supprimé seulement les priviléges honorifiques et les droits féodaux, tous ses biens lui avaient été enlevés; il ne lui restait plus un pouce de terre; cette influence territoriale qu'exercent toujours les grands propriétaires, même dans le pays le plus égalitaire, il lui était impossible d'y prétendre désormais. En un mot il n'y avait plus d'ordre politique du clergé; les évêques et les prêtres n'étaient que de simples citoyens exerçant des fonctions ecclésiastiques, qui ne leur procuraient aucun privilége politique.

Mais ils recevaient un traitement, dira-t-on peut-être. Sans doute! mais ce salaire n'était qu'une indemnité représentant les biens enlevés à l'Église. On nie actuellement que le traitement stipulé par le concordat ait gardé ce caractère, mais pour celui que l'Assemblée constituante accordait au clergé il ne saurait y avoir de question. Les auteurs de la constitution civile l'ont assez répété. Nous discuterons plus loin les conséquences absurdes qu'ils ont voulu en tirer, et nous n'aurons pas de peine à prouver que le fait seul du salaire de ses principaux ministres ne transforme pas l'Église en une administration que l'État puisse modifier, bouleverser, repétrir à son gré, comme l'université actuelle, comme l'enregistrement, les douanes.

Dès qu'un État n'admet plus de culte dominant, et accorde la même liberté à toutes les religions, quelles prérogatives spéciales peut-il prétendre exercer sur l'une d'entre elles? Il ne l'aide pas de son prosélytisme, il n'accorde pas le moindre privilége à ses prêtres et à ses fidèles, de quel droit viendrait-il bouleverser son organisation, commander à ses ministres, comme aux employés d'une de ses administrations. Qu'elle fût favorable ou défavorable au catholicisme, l'immixtion de l'État dans son organisation la plus intime était en contradiction manifeste avec les principes de la révolution.

L'Assemblée avait déjà tranché assez malheureusement de graves questions sur la véritable organisation civile du clergé;

elle avait, avec une précipitation regrettable et sous l'empire de nombreuses illusions, posé en principe que le clergé catholique à la place des biens qui lui avaient été enlevés recevrait un salaire. Après avoir fait une raffle complète des biens des communautés, elle avait eu le tort très-grave d'interdire pour l'avenir toute profession de vie religieuse. Elle avait proclamé le droit d'association, et elle l'abolissait pour tout ce qui se rapportait à la religion. Que lui importaient les ordres religieux, dès qu'elle avait fait argent des abbayes et de leurs terres, et qu'il ne leur était plus possible de constituer des biens de mainmorte. Il n'y avait plus là qu'une question de conscience et de liberté individuelle. Une telle décision ne pouvait être prononcée par une assemblée purement politique sans pouvoir sur les consciences, et qui avait hautement proclamé la liberté d'association.

Malheureusement nos législateurs de 1789, voltairiens pour la plupart, et très-disposés à frapper sur le catholicisme, le regardaient comme bon uniquement à amuser les femmes et les enfants et à maintenir la canaille. C'était pour eux un serviteur du pouvoir, utile sans doute, à cause de la sottise humaine, mais chez qui l'État ne devait tolérer aucune velléité d'indépendance. Ils ne croyaient pas qu'il fallût compter avec la conscience religieuse. Au moyen de belles paroles, mêlées de quelques menaces on devait suivant eux venir facilement à bout de tous ces dévots, de ces petits esprits en retard, dignes seulement de dédain. Ces réformateurs de la société politique se refusaient à voir dans les croyances catholiques des principes à respecter; ils se regardaient comme les maîtres absolus de la religion, et pour lui avoir donné dans la société nouvelle une place bien réduite et bien misérable, pour l'y avoir garrottée, ils se croyaient naïvement des droits à sa reconnaissance.

La Constituante s'est déclaré solennellement le droit de transformer la société religieuse comme la société politique. Elle avait supprimé les parlements, les présidiaux, les bailliages, créé un nouveau système judiciaire; elle bouleversa toutes les circonscriptions ecclésiastiques, supprima les archevêchés, leur substitua des métropoles, changea le mode de nomination des évêques et des curés, leur défendit de recourir au saint siège. Tout ce qui n'était pas du dogme pur était de sa compétence, disait-elle : ainsi la discipline tout entière et la hiérarchie devaient être réglées par elle : tout ce qui dans la société religieuse nécessitait un acte matériel quelconque de la part du chrétien, elle se déclarait le droit de le réglementer à sa guise en consultant les lumières de la philosophie encyclopédiste. Mais qui jugera si elle n'empiète pas sur le dogme, si la question qu'on veut lui faire trancher ne touche pas seulement à la discipline mais au dogme lui-même? Elle, toujours elle, la philosophie encyclopédiste lui suffit amplement pour réformer les décisions des plus grands théologiens sur ce qui intéresse le catholicisme dans son essence, et se lie étroitement au dogme. Et c'est aux théologiens à se soumettre; au troupeau des croyants à attendre tête basse, et plus respectueux que devant un concile œcuménique, la lumière très-nouvelle que ces très-nouveaux pères de l'Église vont répandre sur une foule de questions! En vain les chrétiens s'imaginent-ils qu'elles sont résolues depuis longtemps par l'autorité compétente ; ce sont des factieux, s'ils parlent de pape et de concile quand Mirabeau et Camus sont là. Enivrée par son pouvoir absolu sur la société politique, l'Assemblée avait voulu aussi régir les consciences. Après avoir anéanti le régime qui existait en France depuis des siècles, elle était occupée à en créer un nouveau ; ce rôle ne suffisait pas encore à son ambition et à son orgueil, il lui fallait gouverner les âmes, être un concile! Peu importe que par tactique l'Assemblée n'ait pas prononcé ce dernier mot! elle n'en a pas moins voulu exercer tous les droits d'un concile œcuménique; après avoir joué ridiculement au concile, après avoir fait rendre par ses voltairiens de burlesques canons, elle a changé la comédie en drame sanglant, elle a mis en mouvement sur tous les points de la France le bras séculier pour imposer aux croyants ses décrets antireligieux, et pour venir en aide à ses administrateurs, à ses tribunaux, à sa police, elle a fait appel aux passions les plus subversives, et ruiné elle-même l'édifice politique qu'elle venait de construire!

Constituante en politique, l'Assemblée de 1789 voulut donc être un concile en religion. Elle ne touchait pas au dogme, disait-elle, mais le rôle d'un concile n'est pas d'abolir certains dogmes et d'en créer de nouveaux, comme le rôle d'une Assemblée politique est de modifier les lois suivant les besoins du temps. Un concile condamne les hérésies, précise la doctrine, peut déclarer que telle croyance admise toujours dans l'Église est un dogme ; mais en vérité l'Assemblée avait bien tort de soutenir qu'elle n'avait en aucune manière excédé son droit. Quand elle prétendait n'avoir pas usurpé sur le domaine de l'autorité religieuse, elle voulait dire, et bien à tort, qu'elle n'avait altéré aucun dogme, que son œuvre n'avait rien de commun avec celle de Luther ou de Calvin. Ainsi par exemple, elle n'avait pas interdit la confession, ni défendu de croire à la présence réelle comme l'avaient fait certains princes, et certaines villes d'Allemagne au seizième siècle. Nous verrons plus loin que si elle n'a pas commis une erreur dogmatique aussi apparente que celle-là, elle en a néanmoins professé une tout aussi grave en niant le principe fondamental de la constitution de l'Église. Nous n'avons donc aucune grâce à lui rendre ; elle a décrété et imposé l'hérésie sur les points qui l'intéressaient : elle voulait une Église esclave, et avec un peu plus d'hypocrisie elle a proclamé la doctrine d'Henri VIII. Si elle n'a supprimé aucun sacrement, nous ne le devons pas à son respect, mais à son mépris pour les questions qui intéressaient seulement la conscience. Qu'importait en effet à la Constituante que l'on conservât ou que l'on supprimât la confirmation ou l'extrême-onction ; que l'on professât telle ou telle doctrine sur la grâce ? Ce n'était, dans le jargon méprisant des révolutionnaires, que du bigotisme, et des détails de sacristie. D'ailleurs, il fallait bien attendre un peu ! gardons-nous de féliciter cette assemblée voltairienne de n'avoir ni aboli la confession ni copié le serment du test, ce qui n'eût servi qu'à effaroucher les simples sur l'adhésion desquels elle comptait si fort. La plupart des fauteurs et adhérents de la constitution civile étaient bien décidés à n'en pas rester là ; ils avaient pour l'avenir bien d'autres projets auxquels les événements ont coupé court ; la brèche une fois faite, bien des doctrines, bien des pratiques étranges se seraient vite introduites dans la nouvelle Église réformée par la Constituante. L'Assemblée n'avait pas dans la constitution civile décrété le mariage des prêtres ; annonçait-on qu'il viendrait fatalement à la suite de ses réformes, elle traitait de calomniateurs et de perturbateurs du repos public ceux qui tenaient de tels discours, et cependant les tribunaux laïques, juges des décisions des évêques constitutionnels prirent sur eux de leur imposer des curés mariés, et plus tard une loi vint leur donner raison et prononcer les peines les plus sévères contre les évêques qui voudraient priver de leurs places les prêtres mariés. Si l'Église constitutionnelle avait eu une plus longue existence, bien d'autres innovations plus graves encore y auraient été introduites d'autorité.

L'Assemblée a toujours soutenu avec jactance son prétendu droit de réorganiser l'Église aussi bien que l'État. Avons-nous besoin de rappeler qu'elle a constamment applaudi ceux qui lui accordaient toute compétence dans les questions religieuses, et proclamaient, comme Barnave, que le clergé existant pour la nation, celle-ci pouvait le détruire à son gré; et comme Garat, que l'État est si bien le maître de la religion, qu'il a le droit d'abolir le christianisme et ses ministres. Mirabeau n'a-t-il pas constamment, dans ses discours, identifié la religion aux services publics, à la magistrature, à l'armée, avant même que la constitution civile fût décrétée? Pour lui les prêtres étaient des « officiers de morale... » dépendant de l'État. A la séance du 1er juin 1790, Camus, l'auteur principal de la constitution civile, disait à l'Assemblée : « L'Église est dans l'État, et non l'État dans l'Église; nous sommes une convention nationale, nous avons assurément le pouvoir de changer la religion mais nous ne le ferons pas... » Robespierre, qui a joué un rôle important dans la confection de la constitution civile, disait au sujet des élections : « Le peuple peut élire ses pasteurs comme les magistrats et les autres officiers. » D'ailleurs l'Assemblée n'a pas attendu la discussion de la constitution civile pour annoncer hautement ses prétentions : en prohibant l'émission des vœux religieux qui n'auraient eu d'autre sanction que la conscience, et des peines toutes spirituelles, elle avait déjà commis un premier empiétement sur l'autorité de l'Église.

Cette prétention à régir la religion n'était pas seulement odieuse, elle rendait les constituants ridicules aux yeux des croyants et des hommes impartiaux. Des voltairiens qui n'avaient jamais dissimulé que leur plus grand bonheur serait d'écraser l'infâme parlaient avec affectation de leur dévouement et de leur amour pour la religion, et se répandaient en phrases hypocrites, à travers lesquelles on voyait toujours percer leur haine et leurs mauvais desseins : des don Juan bien connus tonnaient contre le relâchement des mœurs du clergé, parlaient avec une grotesque componction de la pureté de la primitive Église, qui les aurait excommuniés, et s'annonçaient gravement, comme devant ramener par leurs décrets dans l'Église actuelle la sainteté et l'union des temps primitifs. Quelle différence entre les paroles des apologistes de la constitution civile et le but que les plus modérés poursuivaient! Quel contraste entre ces tirades sur la pureté des premiers siècles et les opinions et les mœurs de ceux qui jouaient cette comédie! Car ces prétendus réformateurs, avec leurs fades amplifications sur les temps anciens, n'auraient pas même pu dire « *Video meliora, proboque sed deteriora sequor...* » La pureté, les vertus de la primitive Église, tout cela leur paraissait bon à débiter à la tribune pour éblouir les niais, mais en dehors des discussions solennelles ce n'était pour eux, que bigotisme, superstition, niaiserie. Pas plus que les augures de Rome, deux membres de la gauche, pourvu qu'ils eussent un peu d'esprit, après une discussion religieuse n'auraient pu se regarder sans rire!

Il est certain qu'aux yeux de l'Assemblée le seul fait de lui appartenir donnait toute compétence pour trancher les questions religieuses; elle n'en a jamais douté et elle s'en est vantée assez bruyamment. Les fidèles, disait-elle, ont le droit de régler l'organisation de leur culte, je les représente, donc l'organisation entière du culte m'appartient. Mais elle aurait du pour être logique, exclure de ses discussions ceux qui ne faisaient pas partie des fidèles, c'est-à-dire les juifs et les protestants. Nous ne prétendons pas, bien entendu, qu'elle eût dû éloigner de ses délibérations ceux qui étaient rejetés des Assemblées des fidèles par les canons des premiers siècles de l'Église; l'épuration aurait été trop forte, et le grand pourfendeur du clergé, l'éternel apologiste de la primitive Église, en vertu de ces mêmes règles qu'il vantait si fort, aurait été impitoyablement exclu de l'assemblée des fidèles, tout au moins comme le ravisseur très-impénitent de madame de Monnier. Nous ne reprochons pas à l'Assemblée de n'avoir point fait prêter à ses membres un serment contenant une adhésion explicite ou seulement implicite aux dogmes principaux de la religion, et d'avoir épargné ainsi à la France une scène révoltante d'hypocrisie et de parjure. Mais nous avons le droit de soutenir que pour être conséquente avec les prétendus principes qu'elle mettait en avant, et sauver les apparences, elle n'aurait pas du admettre au vote de la constitution civile les juifs et les protestants qu'elle comptait parmi ses membres.

Bien au contraire ce fut un protestant, Barnave, qui fut un des plus zélés défenseurs de ses décrets sur la religion, et qui en réclama dans la suite la plus rigoureuse application.

III.

Après ces considérations générales sur l'incompétence de l'Assemblée dans les questions religieuses, et sur le véritable caractère de la constitution civile, nous allons examiner soigneusement ses principales dispositions.

Pour en comprendre le vice radical, il n'est aucunement besoin d'être théologien, il suffit de posséder les notions les plus simples sur la constitution de l'Église. Malheureusement ces notions très-élémentaires font défaut à beaucoup de libéraux, quelquefois très-érudits sur tout autre sujet. De là ces étranges appréciations sorties de la plume d'hommes distingués, mais qui ne se doutaient pas qu'en pareille matière ils eussent tout à apprendre.

La constitution civile contenait plusieurs doctrines hérétiques, bouleversait la hiérarchie et la discipline, supposait à l'État le pouvoir de conférer la juridiction spirituelle, asservissait l'Église au pouvoir civil, et la constituait en état de schisme à l'égard du saint-siége et du reste de la catholicité (1). Les croyants avaient le droit de la repousser énergiquement, et nous démontrerons, qu'en l'envisageant à un point de vue purement politique, il était impossible de ne pas la considérer comme une œuvre déplorable.

Elle était hérétique, car elle niait le pouvoir qui appartient à l'Église, d'instituer ses ministres et de surveiller leurs doctrines, et transportait ce pouvoir aux autorités civiles et aux assemblées électorales qui se trouvaient être ainsi la source de la juridiction spirituelle. De là bouleversement général de la

---

(1) Nous ne ferons dans cet examen de la constitution civile que rapporter les traits principaux de l'argumentation des évêques français d'après l'exposition des principes et certains mandements qui ont presque obtenu la même autorité. Ceux qui voudront étudier la question théologique en détail trouveront dans la collection de documents de l'abbé Barruel tous les mandements des évêques, et une foule d'écrits émanant de canonistes tant ecclésiastiques que laïques.

hiérarchie et de la discipline et schisme avec toute l'Église.

Nous relèverons aussi certaines dispositions de détail qui sont loin d'avoir la même gravité, mais qui révèlent cependant une inintelligence profonde des besoins religieux des populations, et une haine mal dissimulée de la religion même remaniée et constitutionalisée.

La notion de l'Église est, dans la constitution civile, complétement perdue. Au lieu d'être distinct du pouvoir civil, le pouvoir spirituel n'en est plus qu'une émanation, ou pour mieux dire il n'y a plus de pouvoir spirituel. Aussi le janséniste Jabineau avait-il grandement raison d'écrire en tête de son admirable consultation (1) sur le projet du comité ecclésiastique. « Le conseil soussigné a peine à se persuader qu'une Assemblée qui réunit beaucoup d'hommes instruits des vrais principes ait pu former un projet qui les heurterait tous. »

L'Église est une société spirituelle ; mais elle commande à des hommes mêlés à leurs semblables et qui ont besoin de traduire leur foi par certains actes. Si le législateur perd de vue ce double caractère, il est sûr de se tromper gravement, et d'apporter une profonde perturbation dans les consciences, et par suite dans l'État. S'il entend imposer des doctrines à cette société spirituelle, il devient persécuteur : si, renonçant moins par respect que par impuissance à pénétrer dans les âmes, il prétend prohiber ou réglementer les actes commandés par la religion, s'il défend à certains fidèles, s'il ordonne à certains autres malgré l'Église elle-même de prendre telle ou telle place dans son organisation, et emploie la force pour se faire obéir, il devient également persécuteur.

Parce que l'Église est avant tout le gouvernement des âmes, il est absurde de soutenir que les droits de l'État ne s'arrêtent qu'à l'âme seule ; qu'il lui suffit pour la respecter de ne pas ordonner de croire ou de ne pas croire telle ou telle doctrine. Il est de l'essence même de toutes les religions, à la différence des philosophies, de se manifester par des actes extérieurs, c'est-à-dire d'avoir un culte, non point idéal, non point relégué dans la pensée de chaque fidèle isolé, mais se traduisant par des réunions, par des cérémonies. Le pouvoir civil qui n'est pas

---

(1) Voyez la Consultation de Jabineau. *Collection Barruel*, tome I, p. 253.

maître de la conscience le serait-il donc du culte qui consiste pourtant dans l'accomplissement d'actes extérieurs et matériels commandés par la conscience ? Ceci est inadmissible, et le bon sens résiste tellement à une semblable théorie, que liberté des cultes et liberté de conscience sont regardées et employées par tout le monde comme deux termes synonymes. Même avec ce système il reste à l'État un rôle très-beau et très-difficile ; c'est de veiller à ce que les manifestations extérieures des différentes croyances ne s'entrechoquent point et ne troublent point la paix publique (1).

« L'Église, dit très-bien Jabineau, ne tient absolument rien de l'autorité temporelle dans tout ce qui est essentiel à son régime et à sa discipline. Cette maxime connue qu'on se donne de main en main, que l'*Église est dans l'état*, est équivoque, en sorte que vraie en elle-même, elle peut donner lieu à une application fausse et à des conséquences dangereuses, si on n'y ajoute pas que, sous un autre rapport, un État chrétien est lui-même une portion de l'Église universelle répandue partout, et qu'en y entrant cet État a contracté l'engagement d'obéir à ses lois constitutives, qui existaient indépendamment de son admission. »

Écoutons maintenant l'épiscopat de France, dans l'exposition des principes.

«... Il est une juridiction propre et essentielle à l'Église, une juridiction que Jésus-Christ lui a donnée, qui se soutient par elle-même, dans les premiers siècles, sans le secours de la puissance séculière, et qui se contenant dans ses bornes avait pour objet l'enseignement de la doctrine et l'administration des sacrements... »

« L'Église conservait la doctrine soit en établissant ceux qui devaient la perpétuer dans tous les siècles, soit en réprimant ceux qui voulaient en altérer la vérité. »

« L'Église exerçait sa juridiction par l'institution des ministres de la religion et par les censures, et les peines spirituelles qui sont en son pouvoir. »

« Une autre partie de la juridiction ecclésiastique, et peut-être la

---

(1) Dans les pays soumis au régime concordataire, le rôle de l'État est plus étendu. Moyennant certains avantages qu'il accorde à l'Église, celle-ci lui fait certaines concessions, mais il ne doit pas oublier qu'il ne jouit de ces avantages qu'en vertu d'un contrat synallagmatique, et non en vertu d'un droit qui lui serait inhérent.

première, dit l'auteur de l'histoire ecclésiastique, était le droit de faire des lois et des règlements, ce droit essentiel de toute société. Les apôtres en fondant les Églises leur donnèrent des règles de discipline, qui furent longtemps conservées par la simple tradition... »

« Le fondement de cette juridiction était l'autorité donnée par Jésus-Christ lui-même à son Église ; c'était par cette autorité purement spirituelle que l'Église conservait la saine doctrine, combattait les hérésies, entretenait les bonnes mœurs, et maintenait l'unité de la communion... »

« Telle était la juridiction de l'Église sous des empereurs païens et dans le temps de ses persécutions. Telle était sa juridiction avant que les princes, devenus chrétiens, eussent favorisé sa croyance et son culte, et secondé l'exécution de ses lois... »

« Telle elle doit être dans tous les temps. »

Cette magnifique exposition des principes constitutifs de l'Église est toujours restée sans réponse. Personne n'a osé en contester sérieusement la vérité historique. La révolution a employé inutilement toutes les ressources de la sophistique pour nier les conséquences naturelles des principes les plus incontestables. Pour réfuter la constitution civile, il faut seulement tirer ses conséquences nécessaires de ce fait éclatant, et incontesté, l'indépendance primitive de la juridiction ecclésiastique, et la vérité apparaît clairement malgré les sophismes, les assertions mensongères, les théories subversives de l'ordre religieux que la révolution a jetées impudemment en avant, pour dissimuler le caractère faux et illogique de son œuvre et masquer ses usurpations sur le domaine de la conscience.

Une faute en entraîne toujours d'autres, un acte imprudent ou mauvais conduit trop souvent à commettre une suite d'actes encore pires. La Constituante avait confisqué en bloc tous les biens du clergé et s'était engagée à lui donner, en échange, un salaire qui n'était qu'une bien faible compensation de ce qu'elle lui avait enlevé. Quoi qu'elle en pût dire, la haine ou tout au moins le mépris de la religion, bien plus que l'amour du bien public, l'avait poussée à prendre ce parti. Après avoir privé le clergé de ses propriétés, elle trouva bien grave de consacrer une faible portion de ses opulentes dépouilles, à lui payer un salaire qui devait pourtant dans sa pensée contribuer puissamment à l'asservir. Elle avait fait sans doute de la religion un service public, par condescendance pour les petits esprits, les ignorants, le petit peuple, qui a besoin de croire en Dieu pour ne pas voler ses législateurs ; mais malgré tout elle la considérait seulement comme un ensemble de préjugés, comme une superfluité coûteuse, et qu'il fallait conserver au meilleur marché possible. L'Assemblée voulait donc ne pas se mettre en frais pour la religion, et pourtant faire aux évêques et aux curés une situation pécuniaire convenable, afin de ne pas les exaspérer. L'unique moyen de réaliser ce double vœu, c'était de réduire le nombre des évêques et des curés. L'Assemblée faisait ainsi une grande économie, et se créait une magnifique occasion de proclamer son omnipotence sur la hiérarchie ecclésiastique, en opérant à elle seule toutes ces suppressions, malgré l'opposition expresse de l'Église. Sans doute, l'Assemblée ne demandait pas mieux que d'abaisser le catholicisme, et d'anéantir la juridiction ecclésiastique ; mais son désir de faire à l'Église spoliée le budget le plus économique possible lui fournissait tout de suite un sujet de conflit avec cette juridiction spirituelle qui lui était si odieuse. « Ce serait bien agréable de payer moins de traitements d'évêques, disaient entre eux tous ces voltairiens ; supprimons-en beaucoup. — Mais on va dire que vous empiétez sur la juridiction spirituelle. — Ah ! la juridiction spirituelle nous gêne, eh bien ! nous la nions ; nous déclarons que l'Assemblée est souveraine maîtresse en cette matière comme en toute autre, et gare les tribunaux, sans compter la lanterne, pour qui ne sera pas content ! »

Nous n'exagérons rien : si beaucoup de Constituants étaient animés d'une haine systématique contre l'Église, certains autres n'avaient pour elle qu'une indifférence plus ou moins malveillante ; les décrets de suppression et de confiscation portés contre les couvents, les chapitres, les diverses corporations, avaient presque satisfait leurs passions, et ils n'auraient pas été entraînés à soutenir par système une loi oppressive et schismatique, s'ils n'avaient vu avant tout dans ce projet la réalisation d'une importante économie pour les finances de l'État, tout en s'illusionnant complétement sur les dangers de l'entreprise. Les zélateurs de la constitution civile ne cessèrent en effet de la représenter comme le corollaire indispensable de la confiscation des biens du clergé, et parvinrent ainsi à lui rallier beaucoup de révolutionnaires modérés mais peu perspicaces, qui l'envisagèrent surtout à ce point de vue.

L'Assemblée voulut donc ne payer qu'un évêque par département, et pour y arriver plus facilement elle proclama l'hérésie et le schisme. Au lieu de cent trente-cinq évêques, il ne devait plus y en avoir que quatre-vingt-trois, et quelques-uns d'entre eux devaient occuper des siéges nouveaux. L'Assemblée avait donc, d'un trait de plume, destitué près de la moitié du corps épiscopal, et modifié le pouvoir de tous les autres évêques.

Par les deux premiers articles de la constitution civile elle s'est attribué les droits les plus graves de l'autorité ecclésiastique. Elle a supprimé soixante-trois diocèses ; elle en a créé huit nouveaux; elle a refondu tous les autres ; elle s'est donnée comme la source de la juridiction spirituelle.

En effet, un évêque n'a de juridiction que sur son diocèse. Si l'on supprime la moitié des évêchés d'un pays catholique, en supposant même que les évêques destitués abandonnent volontairement leurs siéges, leurs évêchés n'en sont pas moins vacants, et doivent être régis, en conséquence, suivant les canons. Peu importent les évêques voisins, car chacun d'eux n'a juridiction que sur une région déterminée. Si on réunit tel ou tel pays à un diocèse déjà existant, par le fait même de cette réunion le chef de ce diocèse est nommé évêque du pays annexé. Pour augmenter un évêché, il faut donc le même pouvoir que pour en créer un nouveau; car il s'agit, dans l'un et l'autre cas, de conférer à un évêque la juridiction spirituelle sur un pays qui auparavant ne lui était pas soumis (1). L'Assemblée avait donc commis une véritable usurpation sur l'autorité spirituelle. La doctrine que nous venons d'exposer n'a pas subi depuis des siècles la moindre contestation ; elle était acceptée même par les gallicans les plus exagérés. Néanmoins l'Assemblée pour le besoin de la cause essaya de la contester, et de nier qu'elle fût la vraie doctrine, comme elle aurait au besoin nié que la confession fût un sacrement si ses décrets avaient pu s'en mieux trouver. Elle essaya de justifier la constitution civile par de prétendues considérations théologiques et historiques, et en se targuant de l'opportunité de cette réforme et de l'intérêt des fidèles.

Voyons d'abord les motifs d'intérêt public et religieux qu'elle

---

(1) En adaptant les diocèses aux départements, l'État n'avait peut-être pas respecté une seule circonscription, de telle sorte qu'en réalité les évêques conservés étaient pour une partie de leurs diocèses des évêques nommés.

invoqua pour justifier la suppression d'un si grand nombre d'évêchés et de cures. Diminuer le nombre des traitements était le premier motif; auprès de tous ces hommes qui, sauf peut-être quelques jansénistes, ne pratiquaient pas, le véritable intérêt des fidèles ne pouvait être compté pour quelque chose. Jabineau et l'avocat janséniste Maultrot avaient bien raison de s'écrier :

« ... C'est une règle d'arithmétique ; c'est une opération de calcul qui fixe la quantité des évêchés en France... Telle est cette raison d'État à laquelle doit être sacrifié tout ce qui n'est pas nécessaire dans l'Église... »

« ... Les instigateurs de ce projet ne voient en tout ceci qu'un arrangement d'économie, ou tout au plus une répartition géométrique de ces trois objets, département, tribunal, diocèse... »

Les auteurs de la constitution civile ont parlé avec beaucoup d'affectation de la disproportion qui existait entre un grand nombre de diocèses. Quelques-uns avaient vingt paroisses, et d'autres cinq cents. Les évêchés du nord, de l'est, du centre de la France étaient en général trois ou quatre fois plus grands que la plupart des évêchés du Dauphiné, de la Provence et du Languedoc. Ces différences de circonscriptions avaient leurs causes dans l'histoire. Les évêchés étaient beaucoup moins nombreux au nord qu'au midi de l'Europe, parce que la population y était primitivement plus clairsemée et les villes beaucoup plus rares. Le séjour des papes à Avignon avait donné lieu à la création d'un certain nombre d'évêchés nouveaux en Provence et dans le midi de la France. Il est certain qu'il y avait des diocèses très-étendus et d'autres très-restreints. Était-ce là un abus si criant qu'on pût être excusable de proclamer le schisme et la persécution religieuse pour en venir à bout? Quand bien même l'Église se serait refusée obstinément à tout accommodement sur ce point, il aurait été insensé d'en venir à de pareilles extrémités. On aurait pu par représailles ne pas rétribuer certains évêques, mais on n'aurait jamais dû les expulser violemment et imposer des intrus aux fidèles. Mais l'Assemblée n'avait même pas l'ombre d'une excuse; l'épiscopat et le saint-siége auraient consenti à entrer en négociation sur ce sujet et à faire des changements dans le nombre et la circonscription des diocèses. Leur concours aurait tranquillisé les consciences;

l'Assemblée n'en voulait pas. Elle avait refusé les voies de conciliation qui lui avaient été offertes quand il s'était agi des biens du clergé, car c'eût été hésiter à s'en proclamer maîtresse absolue ; de même lorsqu'il s'agit de la juridiction spirituelle, elle ne voulut pas négocier avec l'Église, de peur de lui reconnaître un autre droit que celui d'exécuter humblement ses décrets ; elle aima mieux lui dénier cette juridiction, et s'en déclarer maîtresse aussi absolue que de ses biens temporels. Elle se reconnaissait à elle-même un pouvoir supérieur, exclusif de celui de l'Église dans toutes les questions religieuses dont il lui convenait de s'occuper. Le pape, les conciles, les évêques, tout cela devait recevoir humblement les lois religieuses de la Constituante et s'effacer devant elle, comme, dans l'ordre civil, les parlements et les anciennes autorités avaient été obligés de le faire, et cette assemblée, bien qu'elle comptât dans son sein un grand nombre d'esprits distingués, était assez aveuglée par sa puissance et par ses préjugés pour croire tout bonnement qu'il en serait ainsi.

Quels motifs pouvait-on alléguer pour la suppression de tant d'évêchés ? L'intérêt des fidèles ? En aucune façon. Plus le diocèse est petit, mieux les fidèles s'en trouvent. Le clergé est surveillé de plus près, la discipline mieux observée, les paroisses plus fréquemment visitées par leur premier pasteur : il est bien plus facile de recourir à lui dans une foule de circonstances ; les besoins des diocésains sont mieux connus et appréciés ; il est clair comme le jour que pour les fidèles il vaut mieux appartenir à un petit évêché. Mais comme disait Maultrot', le grand nombre des évêchés n'est pas nuisible au salut des âmes, il l'est au trésor national. On se plaignait qu'à côté de très-petits diocèses il y en eût de très-vastes ; c'était un motif de se concerter avec l'Église pour réduire surtout les évêchés trop étendus, et établir une bonne moyenne ; mais une telle situation n'autorisait nullement le pouvoir civil à ne conserver en France que de vastes diocèses, et à prendre les arrangements les plus gênants et les plus tyranniques pour la religion.

On a dit souvent que le système de la constitution civile avait d'énormes avantages pratiques ; qu'il était bien plus simple d'avoir un seul évêque par département, que les rapports de l'administration avec le clergé étaient ainsi beaucoup plus faciles.

On se serait donc déterminé à une décision aussi grave, d'abord par une raison d'économie, ensuite par une raison de commodité administrative. Si l'on fait de la religion une simple branche de l'administration, si les évêques, les curés doivent être toujours occupés à correspondre avec l'autorité civile, à lui rendre des comptes, à lui faire des rapports, tout comme des administrateurs subalternes, nous reconnaissons la valeur de cet argument. Mais nous repoussons énergiquement un pareil système, parce que l'administration ecclésiastique regarde l'Église, et non l'autorité civile, qui ne doit intervenir que dans des cas exceptionnels et réglés par l'accord des deux pouvoirs. Ces arguments mesquins de commodité administrative n'auraient de valeur que si l'évêque était un administrateur subordonné aux autorités du département, les curés des maires spirituels des paroisses aussi dépendants de l'autorité civile que les maires des communes, si en un mot l'Église catholique de France était dans la situation de l'Église anglicane ou de l'Église russe. Ceci n'est pas, ne doit pas être, et n'existera jamais, tant qu'il restera une étincelle de foi religieuse dans les cœurs.

Pourquoi donc en 1790 a-t-on insisté si fort sur la nécessité d'avoir un seul évêque par département, que maintenant encore beaucoup de personnes trouvent indispensable un pareil arrangement? Dans le système de la constitution civile, il était nécessaire parce que l'évêque du département était nommé par le même corps électoral qui nommait les députés. Avec ce système on pouvait, à la grande rigueur, avoir deux évêques dans un département en divisant le corps électoral en deux sections, ce qui n'eût pas concordé du tout avec l'esprit de cette législation; mais il était impossible de l'appliquer si l'évêché pouvait s'étendre sur une partie du département voisin. On voulait que l'évêque fût nommé comme les députés, et cette assimilation était impossible dans ce dernier cas. Un évêque par département était nécessaire dans le plan de la constitution civile et avec son système schismatique d'élections. Heureusement il n'en est plus de même à présent.

L'intérêt des fidèles était donc complétement sacrifié à des considérations pécuniaires et administratives. D'ailleurs cette égalité qu'on prétendait établir entre les diocèses ne l'a pas été en fait. Est-ce que nos départements sont égaux en étendue et en population? Sans prendre les extrêmes, il en est beaucoup qui ont six à sept cent mille habitants et beaucoup d'autres qui en ont moins de trois cent mille ; aussi existe-t-il actuellement entre beaucoup de diocèses une grande disproportion. D'ailleurs on ne peut se régler absolument sur la population ; les évêchés pourraient tous contenir la même quantité numérique de fidèles, et ne point présenter les mêmes facilités d'administration. Dans certains diocèses la population est disséminée sur une superficie bien plus étendue ou plus difficile à parcourir comme dans les pays de montagnes. La révolution avait donc simplement supprimé des traitements, sans établir entre les diocèses une égalité même approximative. Ce qui prouve que la question d'économie en cette matière a toujours été prépondérante, c'est que l'administration sous le premier empire s'est très-bien arrangée de n'avoir en France que cinquante évêchés, ce qui avait pour résultat de donner deux, parfois même trois départements à beaucoup d'évêques et de les faire correspondre avec deux ou trois préfets. Maintenant encore les circonscriptions départementales et les circonscriptions diocésaines ne sont pas les mêmes partout (1). Nous ne saurions donc trop répéter que dans la prétendue nécessité d'adapter les diocèses aux départements il n'y avait en réalité qu'une question d'argent et un vif désir de vexer le catholicisme.

(1) Actuellement, plusieurs départements n'ont pas d'évêché et dépendent d'un évêché voisin. Deux départements, la Marne et les Bouches-du-Rhône, renferment deux diocèses. L'archevêché de Reims s'étend sur l'arrondissement de Reims dans la Marne, et sur le département des Ardennes. L'évêché de Fréjus s'étend sur le département du Var et sur l'arrondissement de Grasse dans les Alpes-Maritimes. Lors de l'annexion de Nice à la France le gouvernement demanda au saint-siége de détacher le diocèse de Nice de la province ecclésiastique de Gênes, pour en faire un suffragant de l'archevêché d'Aix, mais il ne jugea pas utile de demander en même temps que l'évêché de Nice s'étendît sur l'arrondissement de Grasse qu'on venait de détacher du Var pour augmenter un peu le très-petit département des Alpes-Maritimes. Les deux départements de Savoie comptent quatre évêchés. Il y a donc en France des diocèses qui contiennent un département et demi : il y a cinquante ans que cela dure pour le diocèse de Reims. On trouvait cela très-gênant et tout à fait inacceptable en 1790, et pourtant bien des gens qui sont du même avis n'ont garde de signaler un pareil fait et le connaissent à peine, tant il est vrai que l'administration n'en souffre pas. Dès qu'on économise un traitement d'évêque, un diocèse peut s'étendre sans réclamations sur n'importe quelle fraction du territoire.

Nous allons essayer maintenant de donner une idée de la discussion qui s'engagea sur les prétentions de l'Assemblée à supprimer et à refondre les diocèses. Il est curieux de voir par quels arguments les voltairiens et les ultrajansénistes coalisés, avec l'aide de quelques abbés du tiers qui mouraient d'envie d'être évêques, ont essayé de soutenir ce prétendu droit que les pouvoirs très-divers qui nous ont gouvernés depuis la révolution n'ont plus osé invoquer. Toute leur argumentation reposait sur une notion inexacte du caractère de la société formée par l'Église, et sur des allégations démenties par l'histoire.

L'Église est évidemment une société spirituelle ; elle commande aux âmes, mais ces âmes sont unies à des corps ; elle forme donc sur la terre une réunion d'hommes qui a ses chefs, ses lois, ses règlements. Il en résulte naturellement qu'elle a le droit de placer où bon lui semble ceux qui sont chargés de la conduite des âmes, et de leur assigner le gouvernement de telle ou telle portion de l'Église.

«... De ce droit exclusif d'exercer une autorité toute spirituelle, dit Jabineau, dérive le droit d'établir des pasteurs qui en soient les dépositaires, les agents, de fixer leur mission, de l'étendre, de la restreindre, droit qui n'a pu être communiqué que par le fondateur même de la religion, et pour le bien de cette religion... »

«... C'est l'Église qui confère à ses ministres la mission et la juridiction, dit Mgr de la Luzerne ; il serait absurde qu'elle eût seule le droit de leur donner ses pouvoirs spirituels, et que ce fût la puissance temporelle qui réglât la mesure de pouvoirs qu'elle donnerait à chacun d'eux. C'est évidemment celle qui est chargée de les donner qui est aussi chargée de les distribuer... »

Par quels misérables sophismes a-t-on essayé d'obscurcir des principes aussi clairs ? L'abbé Saurine, un des futurs évêques intrus, se fit donner par les avocats Faure et Agier une consultation dans laquelle ils soutenaient sérieusement que Jésus-Christ ayant dit « Mon royaume n'est pas de ce monde, » l'Église doit laisser à l'État le droit de régler les circonscriptions diocésaines, parce que son royaume n'étant pas terrestre, elle ne peut pas distribuer de territoire à ses ministres, car tout arrangement de territoire est un objet temporel qui n'appartient qu'à l'État.

On a certainement beaucoup abusé de ces paroles de l'Évangile, avant, pendant, et depuis la révolution. Pourtant on s'en est servi bien rarement pour nier la juridiction spirituelle, et les jurisconsultes qui en tiraient cette belle conclusion se montraient les dignes descendants de ces légistes qui soutenaient que les rois de France avaient droit à la régale... parce que la couronne était ronde !

Cet étrange argument repose uniquement sur une grossière et déloyale confusion que Maultrot et Jabineau ont parfaitement relevée. Le premier demanda ironiquement de définir avec exactitude ce qu'on appelle objet temporel (1).

« ... Je suis assez ignorant pour ne pas pouvoir ranger dans cette classe ce qui tend directement, principalement, uniquement au salut des âmes. Or il me semble évident que c'est la fin unique de la partition des diocèses et des paroisses sans que l'État puisse en recevoir dommage... »

Et Jabineau répondait à Agier :

« ... Le territoire, en cette matière, ce n'est ni les champs ni les maisons, ce sont des personnes, des êtres spirituels, des âmes. Régler souverainement le territoire, c'est revêtir tel individu de l'autorité nécessaire pour commander dans l'ordre du salut et imposer l'obligation naturelle de lui obéir. Or si ce droit peut appartenir à l'autorité séculière, il appartient à un prince païen comme à un chrétien... »

Ainsi Néron dans ce système aurait eu un droit incontestable à régler la juridiction de saint Pierre ; les empereurs de Chine, du Japon, du Tonkin, qui persécutent et torturent les chrétiens, ont ce droit sur l'Église catholique !

Le système soutenu par les Constituants conduit nécessairement à ces absurdes conséquences. Le grand argument de Camus, de Treilhard, de Mirabeau, de tous les zélateurs de la constitution civile est celui-ci : « L'Évangile ne rapporte point que Jésus-Christ ait tracé les circonscriptions épiscopales lui-même ; donc... c'est au pouvoir civil seul, sans aucune participation ecclésiastique, à les tracer... » Ce n'est point une caricature, c'est la base exacte de leur argumentation, et l'on rencontre constamment ces propositions dans leurs discours, et dans les

---

(1) Barruel, tome V, p. 541. *Lettre à M. Agier sur sa consultation.*

adresses envoyées par les assemblées départementales à l'occasion de la constitution civile.

Pour avancer de pareilles choses, il fallait se sentir soutenu à la fois par les baïonnettes de la force légale et par les fureurs d'une populace habituée déjà à commettre de lâches attentats. Nous n'avons pas besoin d'insister sur le caractère essentiellement grotesque de ce système qui en réalité exigeait que Jésus-Christ eût prédit aux apôtres quels pays seraient convertis, leur eut tracé les circonscriptions futures et établi lui-même des évêchés dans des villes qui ne devaient exister que mille ans après ; qu'en un mot il eût déroulé par avance toute l'histoire ecclésiastique devant eux, en y comprenant sans doute la révolution et le comité ecclésiastique. Pour justifier l'immixtion des laïques dans les élections des évêques, on aurait pu dire tout aussi bien que Jésus-Christ n'ayant pas plus désigné dans l'Évangile les évêques futurs que les diocèses futurs et leurs villes épiscopales, c'était aux électeurs et non au pape à les nommer. Cet argument aurait reposé sur des bases aussi solides et aurait dignement complété le système !

Parce que Jésus-Christ avait dit à ses disciples : « Euntes prædicate in universum mundum », on en concluait que la juridiction était universelle.

« Ce raisonnement, disait Mgr de la Luzerne, ou prouve trop, ou ne prouve rien. Si Jésus-Christ, envoyant ses apôtres prêcher par toute la terre, a rejeté toute division de juridiction, la distribution des territoires est contraire au précepte divin, et dans ce cas de quel droit l'Assemblée s'est-elle permis d'en tracer une ? Si au contraire les paroles du Sauveur n'excluent point les divisions de juridiction, que peut-on conclure contre le droit de l'Église de former ces divisions ?... »

« Les apôtres avaient deux manières de remplir cette mission, ou en prenant chacun le monde entier pour objet de leur ministère, qui eût été alors universel, ou en se distribuant les différentes parties du monde... Le précepte du Sauveur est donc susceptible de deux sens... On ne peut connaître plus sûrement lequel des deux sens est le véritable que par la manière dont les apôtres et l'Église l'ont entendu. D'abord personne n'a dû mieux comprendre les paroles du Sauveur que ceux à qui elles étaient adressées pour les exécuter ; ensuite nous tenons, et ce principe est la base de la foi catholique, que c'est à l'Église à fixer le vrai sens des divines écritures. Or nous voyons les apôtres après la descente du Saint-Esprit se partager entre eux le monde... Les évêques qu'établissent après eux les apôtres sont attachés à des lieux particuliers... Depuis ce premier moment de l'Église la division des diocèses a été constamment sa loi ; la tradition sur ce point n'éprouve ni variation ni interruption... »

Et Mgr de la Luzerne fournit à l'appui des preuves très-nombreuses. Les partisans les plus modérés de la constitution civile répondaient toujours : «... Il n'y a rien de positif là dessus dans l'Évangile que l'Assemblée interprète à sa guise et souverainement ; donc c'est l'affaire de l'État... » C'était la négation de l'existence d'une Église, d'une société spirituelle instituée par Jésus-Christ : le protestantisme d'État le plus radical n'est jamais allé plus loin doctrinalement.

Dans ce système, l'Église n'était plus qu'une branche de l'administration. L'État se déclarait le droit d'intervenir dans les affaires religieuses, au nom de la religion elle-même, au même titre que l'épiscopat, et même au-dessus de lui à la place de la papauté, qu'il supprimait en réalité. Le Corps législatif était à la fois pontife et législateur.

«... S'il est vrai, disait l'abbé Maury, que vous puisssiez supprimer de plein droit les chaires épiscopales, vous agissez tout à la fois en pontifes et législateurs, et si l'on disait à cinq cents lieues de Paris qu'il existe dans le royaume une puissance assez forte pour être à la fois juge, pontife et législateur, on ne soupçonnerait pas que ce fût en France, mais dans le sérail de Constantinople... »

Ces principes étant posés, César païen, à qui Jésus-Christ avait ordonné de rendre ce qui lui était dû, avait les mêmes

---

(1) Mgr de la Luzerne établit nettement les droits des deux puissances. « Non sans doute la puissance spirituelle n'a pas le droit d'exiger que la puissance civile stipendie ses pasteurs, elle ne peut pas la contraindre à en payer plus qu'elle ne veut... Mais l'Église n'en a pas moins le pouvoir de juger le nombre des pasteurs nécessaires aux besoins des peuples, c'est à elle à les envoyer, et à envoyer ce qu'il faut pour que toutes les fonctions soient exercées partout. Si l'État et l'Église ne s'accordent pas sur ce point, chacune des puissances restera dans ses droits et les exercera : l'État ne stipendiera que le nombre de pasteurs qu'il jugera convenable ; l'Église de son côté instituera ceux qu'elle jugera nécessaire... les charités des fidèles et leur travail les soutiendront... »

droits que César chrétien; et par conséquent un État quelconque, protestant, schismatique, musulman, bouddhiste, etc., avait un droit inaliénable à gouverner l'Église et à instituer ses ministres, et si l'Église refusait de s'y soumettre, elle était criminelle envers la religion elle-même? Pour échapper à ces ridicules conséquences, les Constituants soutenaient que ces priviléges exorbitants devaient appartenir naturellement à tout État qui adoptait la religion chrétienne et dotait ses ministres; ils s'efforçaient en dénaturant l'histoire de prouver que tous les gouvernements chrétiens avaient ainsi traité l'Église.

En supposant que cet argument eût quelque valeur, l'ancien régime eût pu seul le mettre en avant, car il reconnaissait le catholicisme comme religion officielle, le protégeait d'une manière toute particulière, accordait des honneurs spéciaux, des priviléges véritables à ses ministres. Ce titre de la religion officielle, cette prééminence sur les autres cultes, ces priviléges, la Constituante les avait détruits. Que pouvait-elle donc invoquer à l'appui de ses prétentions? Le traitement, c'était là son unique ressource et son éternel argument. Mais en accordant ce traitement, elle ne se trouvait nullement dans la situation de ces monarques nouvellement convertis, qui dotaient richement le christianisme introduit par eux dans leurs royaumes. Elle rétribuait le clergé avec une mince fraction des biens qui lui appartenaient précédemment, et dont elle s'était emparée à la charge de subvenir à ses besoins. Le traitement n'était point un acte de générosité de sa part, c'était le résultat d'une spoliation violente, ou, si l'on aime mieux, d'une spéculation dont elle retirait des bénéfices énormes; et on a le droit de dire que si elle consacrait au clergé une faible partie de ses dépouilles, c'était bien moins par respect de la religion que dans l'intention de l'asservir et de s'en faire un instrument!

IV.

L'Assemblée prétendait que l'État en dotant l'Église acquérait le droit de régler sa discipline, de nommer ses évêques, et qu'il en avait toujours été ainsi. C'était parfaitement faux et l'épiscopat démontra facilement l'inanité de ces prétentions.

La religion catholique a commencé par être complétement

séparée de l'État. Quand elle devint le culte officiel de la nation, les lois ont protégé les fonctions du clergé, la justice laïque a prêté sa force à l'exécution des jugements ecclésiastiques, des lois civiles ont confirmé la plupart des canons, des effets civils ont été donnés à des actes purement religieux qui primitivement ne trouvaient de sanction que dans la conscience. L'Église a reçu ces avantages de la puissance civile, mais ils n'altèrent point son caractère.

«... L'enseignement de la foi, dit l'Exposition des principes, l'administration des sacrements, l'ordre des cérémonies saintes, une juridiction purement spirituelle, les règles d'une discipline bornée aux objets de la religion, tels sont les pouvoirs que l'Église ne tient point des souverains de terre et qu'ils ne peuvent point lui ravir... »

Parce que la puissance civile a voulu accorder des effets civils à cette puissance purement religieuse, il n'en résulte pas que l'autorité religieuse ait passé des mains de l'Église dans celles de l'État, de telle sorte que l'État puisse la conserver, alors même qu'il cesserait de lui accorder des effets civils. Un pouvoir purement spirituel passerait ainsi à l'État d'une manière irrévocable par ce seul motif qu'il aurait passagèrement accordé aux actes de l'Église les effets civils, et qu'après l'avoir dépouillée, il daignerait lui laisser une mesquine portion de son ancien patrimoine, dans la seule intention de s'en faire un prétexte pour l'asservir !

Et ces gens qui auraient voulu voir les diocèses futurs, jusqu'à la fin des siècles, délimités par avance dans saint Luc ou saint Mathieu, ne pensaient plus au nouveau testament lorsqu'ils avançaient d'aussi exorbitantes prétentions. Y a-t-il seulement trace dans l'Évangile de l'absurde théorie que nous venons d'exposer? Où est-il dit dans les livres saints qu'il suffit à l'État de donner un traitement quelconque aux ministres de l'Église pour que la juridiction spirituelle lui appartienne aussitôt? Quand le Christ avait dit à ses disciples: « ... Allez et enseignez toutes les nations... Celui qui vous écoute m'écoute, et celui qui vous méprise me méprise », avait-il ajouté qu'ils devaient faire régler l'ordre de leur mission par les fonctionnaires de César, par les officiers municipaux, et les procureurs syndics de l'avenir ?

On n'insista pas beaucoup sur le grotesque argument d'Agier ; on essaya surtout de prouver historiquement que les États chrétiens avaient toujours délimité, établi, supprimé les évêchés ; quelque désir que l'on ait de croire à la bonne foi de tous ceux qui soutinrent cette thèse, il est difficile, quand on suit leur argumentation, et surtout quand on vérifie leurs citations, de croire qu'ils n'aient été que téméraires dans un débat aussi grave.

Il existait depuis des siècles entre l'Église et l'État une entente dont les constitutionnels voulaient à toute force dénaturer le caractère. Dès que l'État s'est fait le défenseur et le protecteur de l'Église, qu'il lui a accordé de nombreux privilèges, qu'il s'est même chargé de l'aider à propager et maintenir ses doctrines, elle a admis son concours dans certains règlements. Par exemple, les circonscriptions ecclésiastiques n'ont plus été généralement créées ou modifiées que par suite d'une entente avec lui.

«... La puissance civile, dit l'Exposition des principes, doit concourir avec celle de l'Église pour désigner les limites des diocèses, et des métropoles, dans les États où la religion catholique est reconnue comme la religion nationale... »

Et pourquoi cela?

«... Parce que la puissance civile protège l'exercice de la juridiction des évêques et des métropolitains et qu'elle maintient dans l'étendue des territoires désignés l'exécution des canons de l'Église. On ne peut pas exclure la puissance ecclésiastique, parce que la puissance civile doit concourir avec elle... les lois de l'État ont fait respecter les lois de l'Église et ne les ont pas détruites....... L'Église ne peut pas perdre son pouvoir ou son influence sur des objets spirituels en tout ou en partie. La juridiction épiscopale est purement spirituelle, et dans son objet et dans sa source, et si les lois de l'État peuvent donner des effets civils à son exercice, elles ne peuvent point en altérer les principes dans l'ordre de la religion. »

Après avoir essayé d'embrouiller une question aussi claire, les défenseurs de la constitution civile firent des efforts désespérés pour persuader aux esprits légers et superficiels que depuis quinze siècles il n'y avait pas eu sur ces matières entre l'Église et l'État une entente reposant uniquement sur les effets civils donnés par l'État aux actes de l'Église, mais que l'État, au contraire, avait toujours réglé tout seul et souverainement la discipline et la hiérarchie. Cette assertion se retrouve dans toutes les apologies de la constitution civile, qui sont malheureusement, à très-peu d'exceptions près, des chefs-d'œuvre d'impudence et de mauvaise foi.

Nous rappellerons seulement les points les plus saillants de cette discussion. Les partisans de la Constitution civile soutenaient deux thèses pour les besoins de leur cause. Dans les temps anciens, disaient-ils, les évêques étaient bien évêques de telle ou telle ville, mais ils n'avaient point autour d'elle une circonscription limitée; et lorsque la mode s'introduisit de délimiter les diocèses, cette délimitation fut toujours faite par le pouvoir civil.

On leur répondit que ces audacieuses assertions étaient démenties par l'histoire ecclésiastique tout entière. Saint Paul ne dit-il pas dans ses Épîtres qu'il a prêché l'Évangile là où le Christ n'a pas encore été proclamé, et non sur le territoire d'autrui (1)? N'a-t-il pas établi son disciple Tite évêque de Crète? Est-ce que Tertullien ne fait pas l'énumération d'un grand nombre d'églises anciennes, dont au second siècle on connaissait déjà les limites primitives. Aucun document ne laisse même simplement soupçonner l'existence de cette juridiction en commun exercée par les évêques, et il serait tout aussi impossible d'indiquer l'époque où l'on a commencé à délimiter les circonscriptions. Dès le quatrième siècle le nombre et les dépendances des provinces ecclésiastiques sont indiqués. Le 4ᵉ canon du concile de Nicée porte « Episcopum ab omnibus qui sunt in provincia constitui, » et il a appliqué lui-même ce canon en démembrant de l'évêché de Nicée celui de Bazinopolis. Le canon 57 du concile de Laodicée défend la trop grande division des évêchés. Le concile de Sardique en réserve l'érection aux conciles provinciaux (2).

De toute antiquité il est défendu aux évêques d'empiéter sur le diocèse d'un voisin (3). Le concile d'Antioche entre autres est

---

(1) Ne super fundum alienum ædificarem.
(2) Provinciæ episcopi debent in iis urbibus episcopos constituere ubi, etc.
(3) Ut nullus episcoporum quidquam disponat in aliena parœcia sine licentia proprii episcopi, I, cap. 38. »

formel sur ce point (1). Il tombe sous le bon sens qu'une société qui s'établit et se répand dans un vaste empire avec une hiérarchie d'autorités est obligée par la force même des choses à leur fixer des limites.

« Comment, dit l'Exposition des principes, pourrait-on distinguer les citoyens de chaque empire et les justiciables de chaque tribunal sans la séparation territoriale des ressorts, et des États?... »

L'évêque est à la fois administrateur et juge de la foi; il faut que ses administrés et ses justiciables au point de vue de la conscience le connaissent et en soient connus. On craignait tellement les empiétements dans les temps primitifs qu'on ne voulait pas d'évêque sans diocèse ; aussi en 1790 l'épiscopat français avait-il parfaitement le droit de dire que l'Église des premiers temps était bien éloignée de reconnaître une juridiction épiscopale sans limites, puisqu'elle ne voulait pas d'évêque sans territoire.

Les partisans de la constitution civile, pour justifier leurs innovations, essayèrent en effet de soutenir que la juridiction épiscopale était sans limite, que le pouvoir de chaque évêque était universel, et limité seulement par l'usage, par l'habitude, à une circonscription fixée par l'État. Dans l'ordre judiciaire un tribunal n'a d'autorité que dans son ressort ; en dehors il n'est plus rien ; si plusieurs juges font défaut, il se complète suivant certaines règles, et n'appelle pas les juges du tribunal voisin. Dans l'ordre administratif, un préfet, un maire, ont leur territoire et ne se font jamais remplacer par un voisin. L'Église, au contraire, d'après ces Constituants, aurait adopté un système radicalement opposé, un véritable communisme épiscopal, et tous les évêques du globe seraient dans une véritable indivision.

Mirabeau se fit le défenseur zélé de ce système ; mais moins habile que Camus et Martineau, il le compromit en l'exposant dans toute son absurdité, et en laissant voir maladroitement qu'il ne reposait au fond que sur une confusion grossière entre le caractère épiscopal et la juridiction. Sans doute l'évêque, en vertu de sa consécration, peut partout conférer validement les sacrements de l'ordre et de la confirmation réservés aux évê-

---

(1) « Episcopum non debere in alienam irruere civitatem, 1. canon 22. »

ques; mais il n'est pas plus évêque universel pour cela, que e simple prêtre, qui peut partout consacrer en disant la messe, n'est curé universel. Les Constituants reconnaissaient bien cette vérité pour les curés, et ils la niaient pour les évêques. Ils oubliaient ou feignaient d'oublier la différence essentielle qui existe entre l'ordre et la juridiction, pour ne reconnaître que le seul pouvoir d'ordre.

« Il est de foi, dit le concile de Trente (session 23, cap. 7), qu'il y a dans les ministres de l'Église deux pouvoirs très-distincts : le pouvoir de l'ordre, qui est confié par l'ordination, et le pouvoir de la juridiction, qui émane dans son principe de la même source, qui demeure incomplet suspendu et sans effet valide jusqu'à ce que l'Église en ait autorisé l'exercice et lui ait attribué des sujets; il est de foi également qu'il ne suffit pas pour qu'un évêque ou un prêtre puisse se dire légitime pasteur qu'il ait été ordonné, qu'il faut encore qu'il soit investi de la mission et de l'institution de l'Église, et que cette mission et institution ne peuvent être validement conférées que par les supérieurs qui en ont le droit et l'autorité... (1). »

(1) Les Constituants avaient beau entasser sophisme sur sophisme, afin de faire prendre le change, ils en venaient toujours à nier la juridiction spirituelle. Quoique canoniste, Durand de Maillane fut bien obligé de laisser paraître le bout de l'oreille. « L'Assemblée, disait-il, page 72 de son histoire apologétique du comité des cultes, a supprimé des évêchés; mais elle n'a pas destitué des évêques... » Voilà un vrai tour de force ! « Cette privation, continue-t-il, n'a été que la privation matérielle de leurs siéges, et la puissance civile a très-bien pu disposer de leur *emplacement* sans qu'elle ait entrepris sur la *spiritualité* du titre de l'évêque. Celui-ci n'a perdu que l'exercice en conservant le caractère. » Mais c'est là justement ce dont on se plaignait; un évêque empêché d'administrer son diocèse ne perd pas le caractère épiscopal, il était naïf ou tout au moins superflu de dire que l'Assemblée n'avait pu le lui enlever. Là n'était pas la question. Les catholiques réclamaient parce que la force publique allait empêcher leurs évêques de les gouverner, et que cette privation matérielle de leurs siéges imposée aux évêques laissait les consciences sans guide et sans direction. Il est du reste curieux de voir comment Durand Maillane cherchait à défendre l'Assemblée.

« Je réponds que l'Assemblée n'a pas destitué les évêques, elle a *rendu seulement nécessaire* la retraite de ceux dont les siéges se sont trouvés supprimés... » Cette distinction est fort jolie.

« Ah ! qu'en termes galants ces choses-là sont dites ! »

Ici Durand Maillane va verser dans la même ornière que ses collègues «... Cette double circonscription, nous l'avons dit, est purement territoriale et n'excède nullement les pouvoirs de l'Assemblée, *pas plus que la suppres-*

De même que le pire sourd est celui qui ne veut pas entendre, de même aussi le pire aveugle est celui qui ne veut pas voir. Les Constituants, afin de faire perdre à la France la notion de la juridiction spirituelle, étaient décidés à ne pas voir dans l'histoire le concours des deux puissances dans l'institution des évêchés, et à représenter toujours le pouvoir civil comme agissant seul en pareille matière. Sous l'empire romain, disaient-ils, les circonscriptions ecclésiastiques suivaient les circonscriptions administratives; donc l'État en était le seul maître. C'était parfaitement inexact.

Les premiers évêchés furent naturellement établis dans les villes où le christianisme se répandit tout d'abord. Leurs limites territoriales furent fixées d'après les divisions politiques. L'Église, qui trouvait là une délimitation toute faite et connue des fidèles, l'adopta généralement, mais ne se crut nullement obligée de la suivre. Elle prit les divisions de l'empire romain, comme nos missionnaires, en Chine, en Tonkin, fixent pour plus de commodité les limites de leurs vicariats apostoliques, d'après celles de telle ou telle province ou d'une subdivision de cette province, et pourtant ne se croient nullement tenus en-

---

sion des cours et tribunaux dont les juges cependant ne pouvaient également perdre leurs places que par forfaiture jugée... » L'y voilà ! c'est toujours la négation de l'Église elle-même. L'État peut supprimer des magistrats même inamovibles parce qu'ils ont été créés par lui et ne dépendent que de lui. Peut-il agir de même à l'égard des évêques ? Non, parce qu'ils ont été établis par une autorité religieuse distincte de l'État qui peut seulement leur enlever les avantages et les honneurs civils antérieurement concédés par lui. Si on dit oui, avec Durand de Maillane, c'est qu'on méconnaît l'existence même de l'Église, et qu'on voit dans l'État la source unique du pouvoir religieux de l'évêque, aussi bien que du pouvoir terrestre du magistrat.

Il résulte de toutes ces apologies, que d'après les auteurs de la constitution civile les évêques et les prêtres ne devaient recevoir de juridiction que de l'autorité laïque. Sans doute le second pouvoir qui existe chez les ministres de l'Église, le pouvoir d'ordre, n'était pas attaqué directement par la constitution civile. Elle n'avait pas besoin pour l'instant de le battre en brèche, mais si l'Église constitutionnelle avait duré seulement quelques années, que serait-il devenu ? Le mariage des prêtres dont la constitution civile ne parlait pas fut imposé par les tribunaux : qui sait s'ils n'auraient pas déclaré que l'élection suffisait pour faire un curé, et s'ils n'auraient pas proclamé comme les protestants que l'ordination catholique était une cérémonie inutile ?

vers les souverains de ces pays à tenir compte de ces divisions. Lorsque les deux puissances se sont entendues pour délimiter les diocèses, l'État n'y a concouru évidemment qu'en considération de la position officielle faite par lui aux évêques, et des effets civils très-sérieux qui étaient accordés aux actes ecclésiastiques. Un diocèse constituait alors une personne morale dans l'État aussi bien que dans l'Église ; il était donc naturel que les changements dans les circonscriptions et les créations de nouveaux évêchés se fissent d'accord avec le pouvoir. Mais jamais l'État n'a, du consentement de l'Église, créé à lui seul de nouveaux évêchés. Au sixième siècle, en France, on en a déjà la preuve. Childebert ayant voulu en 539 ériger un évêché à Melun, Léon métropolitain de Sens l'en empêcha. Sigebert en 573 voulut aussi établir un évêché à Châteaudun et en fut également empêché par le concile de Paris. Ces exemples ne sont pas les seuls.

Il fallait pourtant essayer de répondre aux adversaires de la constitution civile, qui disaient toujours comme Maultrot : « Que ne nous montre-t-on des diplômes impériaux qui établissent formellement un siége épiscopal dans une certaine ville, ou qui fixent l'enceinte d'un diocèse ? » Pour soutenir les assertions du comité ecclésiastique, Treilhard usa d'un singulier procédé, ou tout au moins dans une question de cette importance agit avec une déplorable étourderie. Il apporta triomphalement à la tribune des capitulaires de Charlemagne par lesquels cet empereur divisait la Saxe en huit évêchés ; il mentionna des érections de siéges épiscopaux faites par Carloman et Louis, et ces actes, disait-il, avec les applaudissements de la gauche, prouvaient jusqu'à la dernière évidence que le pouvoir civil créait seul des évêchés. Mais il oubliait de dire que Charlemagne, en annonçant la division de la Saxe en huit évêchés, avait ajouté que c'était avec le concours de l'autorité ecclésiastique « en exécution du décret du pape Adrien, et conformément aux avis des évêques présents à l'Assemblée ». Sans doute Carloman et Louis avaient érigé des évêchés par des actes solennels, mais « *una cum consensu ecclesiastico...* », ce que Treilhard avait passé sous silence ainsi que ces formules « per concilium sacerdotum, et optimatum meorum ». Sans doute Louis le Débonnaire avait rendu un décret qui ne pouvait être embarrassant pour les catholiques que si l'on supprimait ce préambule significatif « quamobrem una cum sacerdotibus etc. » Mais ce préambule une fois connu, il renversait le système des Constituants. Tous ces documents démontraient le concours des deux puissances, et Treilhard, pour prouver qu'on se passait alors du consentement de l'Église, avait eu soin de ne pas citer ce qui constatait ce consentement. Maultrot entre autres lui répondit :

« Que dirait notre réformateur d'un homme qui entreprendrait de prouver qu'en 1790 Louis XVI a seul exercé la puissance législative dans toute sa plénitude, et qui pour cet effet ne rapporterait que les termes impératifs de la sanction royale, en retranchant des édits et lettres patentes les décrets de l'Assemblée nationale ?... »

Il est fâcheux de constater que le discours de Treilhard n'a pas été un malheureux incident, mais que la discussion des partisans de la constitution civile, avant comme après sa promulgation, a toujours eu ce triste caractère. Beaucoup de défenseurs du schisme parlaient à tort et à travers sans rien connaître aux questions ecclésiastiques; mais il y avait parmi eux un assez grand nombre d'hommes de mauvaise foi qui voulaient uniquement en imposer à la foule des ignorants. Ils comptaient, au moyen de certaines assertions lancées audacieusement à l'Assemblée, surprendre l'opinion publique et en profiter pour la réalisation de leurs desseins. Il suffit en tout temps de répéter audacieusement des allégations inexactes, sans tenir compte des réfutations les plus péremptoires, pour que bien des gens s'y laissent prendre, surtout si leurs préjugés, si leurs passions les y poussent. Le but des auteurs de la constitution civile était de jeter assez d'idées fausses dans les esprits pour la faire voter et appliquer le plus vite possible. Ensuite bien des ruses, bien des manœuvres pourraient être mises à jour, mais ils auraient pour eux le fait accompli, et ils espéraient que le catholicisme ne pourrait pas s'en relever.

Les documents du temps de Charlemagne, de Louis, de Carloman, apportés si pompeusement à la tribune, étaient tout à fait défavorables au comité ecclésiastique. D'ailleurs quand bien même ils n'auraient pas attesté réellement le concours des deux puissances, il n'en serait pas forcément résulté que l'autorité civile, seule mentionnée dans ces actes, eût agi toute seule. Le concours de deux autorités dans une même opération peut être constaté par deux actes différents émanant chacun de l'une des deux puissances et ne parlant que d'elle seule. Aujourd'hui même pour les nominations des évêques en vertu du concordat, les choses ne se passent pas autrement. Lorsque le chef de l'État pourvoit à la vacance d'un siége, le décret ou l'ordonnance est rédigé absolument comme s'il s'agissait d'un préfet; il n'y est nullement fait mention du concordat ni du concours du saint-siége à la nomination (1).

On n'avait d'ailleurs nul besoin de remonter à Charlemagne. Les évêchés de Blois et d'Alais avaient été créés sous Louis XIV|; ceux de Saint-Dié et de Nancy avaient été démembrés de Toul peu d'années avant la révolution. Le roi et le pape avaient opéré ces changements de concert, et les gallicans les plus enragés n'avaient pas songé à protester. Mais ces faits étaient trop récents, et l'on ne pouvait pas les arranger comme ceux du temps de Charlemagne.

Comme il fallait bien lancer dans le public des raisons quelconques à l'appui de la constitution civile, les autorités administratives chargées de l'appliquer répétèrent à l'envi ces belles assertions, et nous verrons qu'elles dépensèrent beaucoup d'ar-

---

(1) Voici ce que contient le journal officiel en pareille circonstance (1870) :
Napoléon par la grâce de Dieu et la volonté nationale, empereur des Français.
A tous présents et à venir, salut.
Sur la proposition de notre garde des sceaux, ministre de la justice et des cultes,
Avons décrété et décrétons ce qui suit :
Art. 1. M. l'abbé...'est nommé à l'évêché de...
Art. 2. Notre garde des sceaux, ministre de la justice et des cultes, est chargé de l'exécution du présent décret.
Fait au palais des Tuileries le.....
Un étranger, qui ne saurait rien de notre législation politique et religieuse, pourrait-il soupçonner que cette nomination n'est point définitive et doit être acceptée par une autre autorité. Si pourtant, dans une des assemblées de l'avenir, quelque orateur venait affirmer qu'en France, en 1870, l'empereur seul sans le pape nommait aux évêchés, et s'il présentait cette formule de décret à l'appui de son assertion, en disant : « Vous voyez : le concordat, l'approbation du saint-siége, autant de fables, autant d'inventions des jésuites et des ultramontains. Voyez ce décret, en fait-il la moindre mention ? n'est-il pas écrasant ?... » Il est certain qu'on l'accuserait de mauvaise foi, ou tout au moins d'une profonde ignorance, et pourtant il aurait sur certains orateurs de la Constituante l'avantage d'avoir fait une citation intégrale.

gent à distribuer des brochures qu'elles répétaient. Mais leur argument favori, leur cheval de bataille, fut le concile de Chalcédoine.

En quoi le concile de Chalcédoine pouvait-il intéresser la Constituante? On ne s'en doute plus maintenant, et on ne s'en doutait guère avant Camus, car c'est lui qui fit cette découverte. Nos journaux prêtrophobes ou même soi-disant libéraux, qui conservent avec tant de soin la tradition des plus ridicules arguments de la révolution contre l'Église, parlaient encore de la papesse Jeanne, il y a peu d'années, mais ils avaient depuis longtemps oublié le concile de Chalcédoine. Il a fait pourtant grand bruit; Constituants, procureurs syndics de tous les degrés, procureurs de communes, présidents de colléges électoraux, évêques, curés constitutionnels, voire même les commandants de la garde nationale, tous ceux en un mot qui pendant les années 1790 et 1791 défendaient la constitution civile en ont rempli leurs discours, et se sont pâmés d'aise devant le canon 17.

Que s'était-il donc passé treize siècles auparavant au concile de Chalcédoine ?

On y avait tranché des difficultés qui s'étaient précédemment élevées sur les limites de plusieurs diocèses. A la 4ᵉ session, l'évêque de Tyr, qui était métropolitain, demanda justice au concile parce que l'empereur avait diminué ses droits en faveur de l'évêque de Béryte. Les commissaires de l'empereur eux-mêmes reconnurent qu'il fallait juger ce différend, non d'après les lettres impériales, mais d'après les canons. L'évêque de Béryte s'était fait donner le titre de métropolitain et la juridiction sur certaines églises par Théodose le jeune, et il avait fait confirmer cette concession par une réunion d'évêques tenue à Constantinople. Les Pères de Chalcédoine, s'en référant aux canons de Nicée, rejetèrent les prétentions de l'évêque de Béryte, et confirmèrent celui de Tyr dans ses droits. Il fut en outre décidé, par une disposition générale, que toutes les affaires de ce genre seraient réglées suivant les canons et non d'après les pragmatiques impériales.

A la 13ᵉ session, le concile eut à trancher la même difficulté entre l'évêque de Nicomédie et celui de Nicée. Ce dernier avait, comme l'évêque de Tyr, obtenu des rescrits impériaux qui élevaient la ville de Nicée à la dignité de métropole, et il prétendait exercer sur la province de Bithynie la juridiction métropolitaine qui avait toujours appartenu à l'évêque de Nicomédie. Le concile lui défendit d'exercer aucune juridiction en vertu de ces rescrits, mais lui permit de garder le titre purement honorifique de métropolitain.

A la 7ᵉ session, le concile avait également tranché un différend qui s'était élevé entre le patriarche d'Antioche et l'évêque de Jérusalem sur les limites de leurs juridictions respectives. L'empereur, le concile et les pontifes, intéressés dans l'affaire, avaient concouru à cet arrangement.

Ainsi donc le concile de Chalcédoine, loin de reconnaître les prétentions des empereurs à modifier et à créer des évêchés, avait condamné formellement de telles entreprises et maintenu les droits de l'autorité religieuse. Il avait formellement décidé qu'un évêque ne pouvait s'attribuer aucune juridiction en vertu des lois civiles, et qu'il ne pouvait même pas en principe recevoir du souverain le titre honorifique de métropolitain ; ce simple titre en effet n'avait été accordé à l'évêque de Nicée que comme une faveur du concile, et l'évêque de Béryte, également dépouillé de la juridiction que l'empereur avait prétendu lui conférer, n'avait pas été autorisé à prendre le titre de métropolitain, et le concile avait déclaré par là que le simple titre sans juridiction ne pouvait être porté qu'en vertu d'un concession de l'autorité religieuse.

Ces décisions sont formellement contraires aux prétentions de l'Assemblée, et elles offrent une telle clarté, que si dans les sessions postérieures du concile l'on en rencontrait d'autres qui parussent présenter quelques doutes, on devrait se référer aux premières pour les interpréter.

Camus et ses amis, qui n'eurent garde d'attirer l'attention sur les décisions que nous venons de citer, prétendirent que le concile de Chalcédoine s'était complétement déjugé et avait consacré, de la manière la plus formelle, les droits du pouvoir civil sur la juridiction épiscopale. Le canon 17 de la 15ᵉ session du concile en était la preuve, disaient-ils.

Voyons un peu ce que contient ce fameux canon 17.

Il prévoit le cas où les évêques de deux diocèses limitrophes se disputeraient une paroisse de campagne. Le canon donne des solutions pour trois hypothèses.

1° Si l'un des diocèses est en possession de cette paroisse depuis trente ans, elle ne pourra plus lui être contestée.

Le pouvoir civil évidemment ne reçoit aucun privilége de cette décision.

2° Si cette prescription ne peut être invoquée par aucune des parties, les supérieurs ecclésiastiques trancheront la difficulté.

Le pouvoir civil est donc mis formellement de côté dans cette hypothèse.

3° On suppose que l'empereur annexe formellement le pays contesté à une ville appartenant à l'un des diocèses; alors le pays contesté relèvera de l'évêque de cette ville.

Dans cette seule hypothèse, on suivra l'ordre établi par le pouvoir civil, mais d'après l'autorité du concile.

Après treize siècles Camus s'imagina de tirer de ce canon les conséquences les plus extravagantes. Il eut l'aplomb de soutenir qu'il donnait au pouvoir civil le droit de régler toujours et en tout endroit les circonscriptions ecclésiastiques, à l'exclusion de l'autorité spirituelle, et tous les défenseurs de la constitution civile répétèrent en chœur ses arguments.

Si Camus avait eu raison, le concile n'aurait pas prévu les deux premières hypothèses et aurait remis dans tous les cas le jugement de l'affaire au pouvoir civil.

« Vouloir qu'à l'occasion d'une querelle particulière entre deux évêques, répondait Maultrot, il ait établi une maxime générale qui devait régler tous les diocèses et toutes les paroisses de l'Église, et les régler jusqu'à la fin du monde, c'est ce qu'on peut imaginer de plus déraisonnable, de plus opposé aux règles reçues pour l'interprétation des lois. L'Église ne pourra ni établir ni conserver une distribution de provinces contraire à celle que la puissance civile aura établie... Quelque chose que renferme le concile de Chalcédoine, M. Camus ne fait pas attention que c'est le concile qui prononce, et non pas l'empereur... »

Il prouve ensuite que la puissance civile elle-même ne comprenait pas le canon 17 comme Camus, et que Justinien, en changeant des divisions civiles dans les provinces du Pont, a reconnu que les circonscriptions ecclésiastiques n'en pouvaient être modifiées (Novelle 28, cap. 2 ; Novelle 31, cap. 2). Au reste, quand bien même le concile de Chalcédoine n'aurait pas tranché les questions de limites qui s'étaient élevées entre l'évêque de Tyr et celui de Béryte, en repoussant fortement l'ingérence du pouvoir civil en cette matière, les termes du canon 17 protesteraient contre l'interprétation abusive que le comité ecclésiastique voulait lui donner. Si par impossible les Pères de Chalcédoine avaient voulu modifier le système qu'ils avaient adopté avec tant d'éclat, et déclarer à la fin du concile qu'ils mettaient les rescrits de l'empereur avant leurs canons, ils se seraient expliqués plus nettement. Il est certain d'ailleurs que l'Église n'a jamais interprété de cette manière le canon 17 ni en Orient ni surtout en Occident, et qu'elle a toujours agi conformément aux premiers canons du concile, qui repoussaient l'ingérence du pouvoir civil, et Camus lui-même, malgré son adresse à étendre les dispositions des canons, s'est exclusivement appuyé sur cette prétendue décision du concile de Chalcédoine. Nous verrons du reste, en traitant les élections ecclésiastiques, que dans les conciles postérieurs à celui de Chalcédoine, on condamna sévèrement les évêques qui auraient été institués par le pouvoir civil seul.

En ne tenant aucun compte des changements introduits par l'empereur dans la juridiction des métropoles, le concile de Chalcédoine ne fit que se conformer à l'antiquité. Cinquante ans auparavant, Alexandre, évêque d'Antioche, écrivait au pape Innocent I que la métropole civile d'Antioche venait d'être divisée en deux, et il lui demandait s'il devait y avoir aussi deux évêques métropolitains; et le pape lui répondait qu'il ne fallait pas bouleverser l'Église de Dieu, en suivant la mobilité des nécessités mondaines, ni consentir à accorder dans l'Église des dignités, des changements de limites que l'empereur n'a décrétés que pour les besoins de sa politique (1). Ce principe que les circonscriptions ecclésiastiques et les circonscriptions civiles peuvent être les mêmes, mais ne sont pas nécessairement les mêmes, a toujours été maintenu par l'Église dès les premiers temps.

D'ailleurs, et c'était un argument très-grave pour des ultra-gallicans comme Camus, bien des décrets disciplinaires du concile de Chalcédoine, et le canon 17 entre autres, n'avaient jamais été reçus en Occident (2). L'Église latine avait tou-

(1) Non vere visum est ad mobilitatem necessitatum mundanarum, Dei ecclesiam commutare, honoresque aut divisiones perpeti quas pro suis causis faciendas duxerit imperator.

(2) D'après Fleury, l'oracle des gallicans, il est fort douteux que les sessions du concile de Chalcédoine postérieures à la septième soient œcuméniques.

jours décidé que les débats entre évêques sur les limites de leurs diocèses ne devaient être tranchés que par l'autorité ecclésiastique, et l'Église des Gaules en particulier s'est prononcée énergiquement dans ce sens (1). Camus était très-érudit en droit canon et en histoire ecclésiastique, et mieux que personne il aurait dû se rendre compte de l'absurdité de ses allégations. Elles n'en firent pas moins le tour de la France, et le concile de Chalcédoine fut emphatiquement invoqué dans toutes les harangues officielles.

Nous avons cru opportun de présenter au lecteur un résumé de cette polémique, qui est maintenant si oubliée. Il est bon d'examiner à froid ce qui a si vivement passionné nos pères et de peser un peu la valeur de ces arguments qu'on a invoqués avec tant de persistance pour établir le schisme et la persécution!

(1) En 463 un concile d'Arles eut à régler une question de limites entre les métropolitains d'Arles et de Vienne. Saint Léon avait en 450 fixé les limites de ces deux métropoles, et le métropolitain de Vienne avait envahi sur son voisin. Ceci se passait dix ans après le concile de Chalcédoine, cependant personne alors ne parut le connaître aussi bien que Camus, pas même le premier intéressé, le roi des Bourguignons, qui au lieu d'invoquer le canon 17 se plaignit de l'évêque de Vienne au pape Hilarus. Un concile de vingt évêques, se réunit à Arles, et rendit compte au pape de cette affaire, en désapprouvant le métropolitain de Vienne, et le pape dans sa réponse maintint les droits du métropolitain d'Arles.

CHAPITRE V.

LA CONSTITUTION CIVILE (SUITE).

I. Les Constituants débitent, à propos des élections ecclésiastiques, une foule d'inexactitudes sur la primitive Église. — Leur système d'élections. — Ce ne sont pas des élections véritables, mais des nominations faites par des corps politiques. — Les électeurs de la constitution civile ne représentent pas les fidèles ; il font un acte politique, régi par la loi politique. — Les protestants et les juifs participent aux élections du clergé. — Vains efforts des jansénistes pour obtenir quelques modifications à ce système. — Robespierre, avec l'appui de Barnave et de Chapelier, fait rejeter leurs amendements.

II. L'institution canonique de la constitution civile est tout à fait dérisoire, car le tribunal de district est le juge supérieur du métropolitain. — L'autorité du pape est complétement annulée. — Sur ce point le projet primitif, rédigé par les jansénistes, est adouci quant à la forme par les Voltairiens. — Du droit de confirmation du saint-siége. — La constitution civile ne dit mot des conciles, mais les rend impossibles.

III. Rôle misérable des évêques dans l'Église constitutionnelle. — Projet insensé de réduction des paroisses. — Il est modifié par l'Assemblée. — Coup d'œil général sur la constitution civile. — Elle repose sur une doctrine éminemment protestante. — Si elle a respecté certaines choses dans le catholicisme, c'est par prudence, et en attendant. — Le mépris des philosophes pour les croyants leur a fait concevoir les plus étranges illusions sur les résultats de leur entreprise.

L'Assemblée constituante, en s'arrogeant tout d'abord le privilége exclusif de régler les affaires religieuses, et de bouleverser à sa fantaisie les circonscriptions ecclésiastiques, avait nié en principe qu'il y eût une juridiction spirituelle, une Église qui tînt de Dieu sa mission. En soumettant les évêques et les curés à l'élection de certains laïques, elle proclama, d'une manière plus éclatante encore, qu'elle voulait absorber complétement l'Église dans l'État.

A propos des élections ecclésiastiques, les Constituants débitèrent un grand nombre de tirades langoureuses sur la primitive Église. Ce mot était dans toutes les bouches. Plus on était voltairien, athée, plus on aimait à s'attendrir en séance publique sur les vertus de la primitive Église, et à jurer qu'on travaillait à la faire revivre. Quand bien même ces singuliers chrétiens auraient dépeint la primitive Église sous ses véritables traits, on ne pourrait s'empêcher de ressentir un dégoût véritable devant leurs fastidieuses et hypocrites tirades. Ces orateurs manquaient de sincérité dans leurs protestations, et sous prétexte de faire de l'histoire débitaient un roman à la tribune. On parlait beaucoup dans le camp révolutionnaire des vertus de la primitive Église, mais rien n'est plus vague que cette expression; on l'applique quelquefois aux temps qui se sont écoulés avant Constantin, quelquefois au premier et au second siècle, quelquefois au premier siècle exclusivement.

Les trois premiers siècles de l'Église sont marqués chacun par des gloires différentes et aussi par des schismes, des hérésies, des désordres divers. A quelle époque faut-il la prendre cette primitive Église idéale dont on a tant parlé? Peut-être la trouvera-t-on dans ces premiers convertis qui vivaient à Jérusalem autour des apôtres, et ne formaient qu'un corps et qu'une âme, disent les actes !

Mais plus tard, quand la foi chrétienne fut répandue dans tout l'empire et même au delà de ses frontières, quand l'Église eut attiré à elle des fidèles de toutes les races arrachés à toutes les superstitions, il était impossible qu'elle restât absolument comme au cénacle de Jérusalem. Sans doute si l'on se contente de lire les vies de quelques saints, les actes des martyrs, on reste saisi d'une pieuse admiration, et on prend en pitié et son temps et les chrétiens dont on est entouré ; et cependant on n'a pas complétement raison. Ces temps de ferveur avaient aussi leurs misères, leurs désordres. La plupart des historiens ecclésiastiques en vogue sous l'ancien régime, Fleury surtout, s'étaient appliqués à faire ressortir le côté sublime des temps primitifs ; tout ce qui était sainteté, héroïsme avait été mis par eux dans une éclatante lumière. Les siècles qui s'étaient écoulés entre cet âge d'or du christianisme et la société ordonnée et policée de Louis XIV les révoltaient par leur barbarie. Un vaste empire soumis à des lois absolues comme l'empire romain, malgré toutes ses turpitudes, leur paraissait encore bien au-dessus de l'Europe féodale. Dans l'indépendance grossière et turbulente de cette époque ils ne voyaient que désordre et barbarie ; ils ne savaient pas suffisamment apprécier les vertus héroïques mais incultes du moyen âge, tandis que sa grossièreté, la férocité de ses mœurs, le désordre politique qui régnait alors les scandalisaient fortement. Autant ils ont mis en lumière les vertus des temps primitifs, autant ils ont accusé les vices des siècles barbares, et tandis qu'ils insistaient trop peu sur les désordres des premiers temps, ils ne paraissaient pas comprendre les vertus de ceux qui les suivirent.

Tous ceux qui s'occupent sérieusement d'histoire, qu'ils soient croyants ou non, reconnaissent sans difficulté qu'au moment de la révolution on appréciait très-mal, à tous les points de vue, toute une période de plusieurs siècles. Les historiens de l'Église avaient peut-être, plus encore que les autres, cédé à l'influence des préjugés à la mode sous l'ancienne monarchie contre les époques de mœurs rudes et d'indépendance personnelle. Les Constituants, dans l'intérêt de leur cause, s'étudièrent à les dépasser, et déclarèrent hautement qu'ils voulaient faire revivre la pureté des temps primitifs. Tout les blessait dans l'Église du dix-huitième siècle ; il fallait suivant eux recourir à des moyens énergiques, c'est-à-dire bouleverser complétement le catholicisme pour revenir aux traditions de ces temps primitifs, qu'ils vantaient sans cesse ; comme un certain personnage de Molière, ils voulaient assassiner leurs ennemis avec un fer sacré. Il y avait malheureusement des abus dans l'Église de France ; nous avons vu plus haut à qui ils étaient surtout imputables ; mais ils n'étaient pas scandaleux à ce point que des hommes d'État fussent excusables de perdre la tête en essayant d'y remédier. S'ils avaient été de bonne foi, s'ils avaient essayé de savoir au juste ce qu'était la primitive Église, et lu pour s'instruire Origène et Tertullien, ils auraient vu que ces temps si vantés avaient aussi leurs misères, qu'il y avait alors beaucoup de chrétiens mondains très-relâchés dans leur piété et quelquefois aussi dans leurs mœurs. Origène s'élève contre de graves abus qui s'étaient introduits dans le clergé, contre certains ecclésiastiques et même contre des dignitaires ambitieux et cupides. Il ne faut pas s'en étonner ; les chrétiens vivaient au milieu des turpitudes et des superstitions de la société romaine, et il aurait été bien étonnant qu'il n'y eût aucun désordre parmi eux. Malgré tout, les mots de primitive Église, pureté des temps primitifs, exerçaient une grande influence même sur les meilleurs esprits : les Constituants essayèrent de l'exploiter au profit de leurs passions anticatholiques. Ils voulaient remédier aux abus, criaient-ils partout! L'indépendance dogmatique de l'Église à l'égard de l'autorité civile, son droit à nommer et à instituer ses pasteurs, voilà les abus qu'ils voulaient détruire, en se parant d'un faux zèle, et en invoquant la primitive Église!

C'est dans cet esprit qu'ils firent décréter par l'Assemblée les articles relatifs à l'élection des évêques et des curés. Nous établirons 1° que l'Assemblée était incompétente pour rendre de pareils décrets; 2° que les assertions historiques sur lesquelles elle a voulu les étayer ne sont pas exactes; 3° que ses décrets ne constituent pas de véritables élections ecclésiastiques, et ne rappellent en rien ce qui aurait pu être pratiqué anciennement, même en admettant le roman que ses orateurs avaient fait sur les temps primitifs.

Nous nous sommes déjà suffisamment étendu sur l'incompétence de l'Assemblée, sur le vrai caractère de l'Église, et sur son droit d'instituer ses pasteurs. Ne pas reconnaître ce caractère et ce droit, c'est violer en un point essentiel la liberté religieuse; et un pareil attentat contre une religion qui compte tant d'adeptes peut entraîner les suites les plus graves. Quand on est homme d'État, on a grand tort d'être très-ignorant des dogmes d'une religion avec laquelle on est obligé de compter, de les offenser de gaieté de cœur, et de répondre effrontément à ses fidèles lorsqu'ils s'en plaignent : « Vous ne savez ce que vous dites ». De telles fautes peuvent être expliquées par de grands préjugés, mais lorsqu'on a vivement irrité les sentiments religieux d'une partie de la nation, on est inexcusable de ne tenir aucun compte de cette émotion et de marcher toujours en avant avec plus d'arrogance et de brutalité que jamais. En tout pays, des hommes d'État sensés renoncent au moins provisoirement à opérer une réforme simplement administrative ou commerciale lorsqu'elle doit occasionner une agitation par trop grave; ils attendent que les esprits se soient calmés, que certains préjugés soient tombés. En voyant l'émotion produite en France par le projet du comité ecclésiastique, les Constituants auraient dû se trouver suffisamment avertis.

Quand bien même il eût été possible à l'Assemblée de se faire illusion sur sa propre compétence, il ne lui aurait fallu ni beaucoup de prévoyance ni beaucoup de perspicacité pour reconnaître qu'il était très-dangereux de décréter de pareilles mesures et qu'il fallait attendre.

Au dire des apologistes de la constitution civile, les fidèles dans les premiers siècles de l'Église élisaient leurs pasteurs; c'était pour eux un droit plein, absolu; ils rappelaient avec emphase que les évêques étaient jadis élus par le peuple; quant aux curés, il était impossible de trouver dans l'histoire des traces de leur élection par les fidèles; mais on insistait particulièrement sur l'élection des évêques, car le principe une fois admis à leur égard, il n'était pas difficile de l'étendre aux curés. Les Constituants prétendirent toujours avoir l'histoire ecclésiastique pour eux, et dans cette discussion méritèrent une fois de plus la flétrissure que Bossuet inflige à ceux « qui citent les canons et les décrets des saints Pères par pièces et par lambeaux, pour tendre des piéges aux simples et aux ignorants ».

Sans doute on a l'habitude de répéter que dans la primitive Église le peuple élisait ses évêques; mais il serait bien plus exact de dire qu'il coopérait à leur élection, car ce choix n'était pas définitif; l'autorité ecclésiastique le consacrait, le guidait et ne l'acceptait que sous certaines conditions. Très-souvent même il n'y avait pas de choix populaire; le peuple était consulté, et il acceptait par acclamation. Très-souvent aussi on a vu le concile de la province pourvoir à un siége vacant, et si le peuple ne réclamait pas très-ouvertement, on regardait cette acceptation tacite comme suffisante. Le peuple chrétien concourait donc aux élections épiscopales, tantôt par voie de proposition, tantôt par voie de consultation, tantôt par une acceptation expresse ou tacite.

Quelle importance la primitive Église attachait-elle à la participation des fidèles aux élections? Elle la regardait comme un témoignage des vertus du nouveau pasteur. Saint Paul, dans sa première épître à Timothée, dit que le futur évêque doit recevoir des fidèles un bon témoignage (1). Les élections

---

(1) « Oportet autem illum (episcopum) et testimonium habere.... » Pour caractériser le rôle du peuple dans l'élection des évêques, les anciens canons et les historiens se servent indifféremment des mots *testimonium*, *suffra-*

épiscopales, dirigées dans cet esprit, eurent avant tout le caractère d'une consultation à laquelle le peuple répondait par acclamation, ou d'une enquête faite avec un certain éclat, mais très-rapidement. Les anciens canons qui règlent minutieusement tant de choses beaucoup moins importantes, entrent dans fort peu de détails sur la manière dont le peuple doit en cette circonstance manifester sa volonté. Quelquefois même on s'en passait complétement; ainsi saint Basile érigea seul l'évêché de Sasime, et y plaça saint Grégoire de Nazianze. Les apôtres du reste avaient institué directement des évêques. Parce qu'on se sert du mot *élection* pour désigner l'ancienne manifestation populaire, on aurait grand tort de se représenter le peuple chrétien réuni dans ses comices, et procédant régulièrement à un scrutin pour nommer son évêque. Le mode d'élection variait suivant les temps, les lieux et les circonstances; il n'y avait point de règle uniforme.

Le peuple consulté était celui de la ville épiscopale; c'était bon dans les premiers siècles quand le christianisme n'était guère répandu hors des villes. Plus tard, lorsque la cité épiscopale ne fut plus qu'une simple fraction du diocèse, cette préférence donnée à ses habitants devint injuste, mais à partir de cette époque les fidèles furent beaucoup moins consultés.

Il est certain que le rôle des laïques dans les élections, pour être le plus bruyant et le plus tumultueux, n'était pas exclusif de celui des clercs. Quand on se reporte aux débats violents, quelquefois sanglants, auxquels ces élections donnèrent lieu lors des querelles de l'arianisme, on ne regrette pas que cette coutume ait été abandonnée (1). Dans les premiers temps où les chrétiens étaient peu nombreux, où leur union était rarement troublée, une semblable manière de procéder présentait peu

---

gium, judicium, consensus. Saint Cyprien veut que l'évêque « *præsente plebe eligatur... quæ singulorum vitam plenissime novit,* » mais que ses collègues le choisissent. D'après Origène, « *requiritur præsentia populi... Et hoc adstante populo ne postmodum retractatio cuiquam resideret.* » Les anciens évêques se disent élus, *ecclesiæ suffragio,* d'autres *nobilium suffragiis,* d'autres *honoratorum suffragio.*

(1) En Orient le concile de Laodicée (372) exclut le peuple des élections : le 2ᵉ concile de Nicée (787) en exclut même les princes. « Statuit neminem laïcorum etiam principum semet ingerere electioni episcopi, *ne inordinata hinc, et incongrua fiat confusio, vel contentio.* »

d'inconvénients. Plus tard, lorsque la conversion des empereurs amena dans les communautés chrétiennes un nouvel élément bien moins fervent et bien moins instruit, la dignité épiscopale valut beaucoup d'honneurs et d'avantages matériels, et fut souvent recherchée par des intrigants qui ne négligeaient rien pour s'attirer des suffrages; de là des brigues honteuses, des violences, de véritables scandales. En France aux dixième et onzième siècles, peu de temps avant que les chapitres fussent investis du droit d'élection, le métropolitain, les évêques de la province, le souverain concouraient au choix de l'évêque. Par respect pour les anciens usages, on faisait semblant de consulter les grands et le peuple, mais ils étaient surtout conviés à applaudir à l'élection. Le métropolitain dans tous les temps avait le droit d'examiner l'élu, à qui d'abord l'institution fut donnée en concile, et plus tard par le métropolitain assisté d'un ou de plusieurs suffragants, sans le moindre recours à l'autorité laïque contre leurs jugements (1).

Il est certain que dans tous les modes d'élection employés jusqu'à ce que l'Église donnât aux chapitres le droit d'élire les évêques, le clergé avait la principale influence. Pour mettre fin à de nombreux abus, l'Église avait supprimé toute intervention des fidèles dans les élections épiscopales. L'Assemblée était évidemment incompétente pour faire revivre une discipline légalement abrogée depuis des siècles. Quand même elle eût été très-bonne jadis, il ne s'ensuivait nullement qu'il fût nécessaire de la remettre en vigueur au dix-huitième siècle. Mais en annonçant qu'elle allait rétablir l'antique discipline, l'Assemblée commettait de plus un odieux mensonge, car ses décrets ne la rappelaient aucunement.

Dans le système de l'Assemblée, les évêques et les curés étaient nommés, non par les fidèles, mais par le corps élec-

---

(1) Dans les temps anciens lorsqu'on devait ordonner un prêtre, on avait coutume d'interroger l'opinion publique sur sa vie et ses mœurs. On conservé encore dans l'ordination une formule par laquelle les fidèles sont invités à révéler les fautes de ceux qui se présentent pour recevoir ce sacrement. La publication des noms de ceux qui doivent recevoir les ordres sacrés est un reste de ces anciens usages. On n'en a pourtant jamais tiré cette conclusion, que l'ordination doit dépendre du consentement et du choix des peuples. L'Assemblée aurait été conséquente avec elle-même en décidant que les évêques ne pourraient ordonner que des sujets reçus par le collége électoral.

toral, qui se composait des citoyens actifs, majeurs de vingt-cinq ans, domiciliés depuis un an dans le canton, et payant une contribution directe de la valeur locale de trois journées de travail. Ces citoyens actifs formaient, dans chaque canton, des assemblées primaires, et chacune de ces assemblées nommait un électeur à raison de cent citoyens actifs présents ou non à l'Assemblée, mais ayant droit d'y voter. Pour être électeur il fallait en outre payer une contribution de la valeur de dix journées de travail. L'Assemblée électorale nommait les représentants à l'Assemblée nationale, les administrateurs du département, et l'évêque par-dessus le marché. Ce dernier était donc assimilé aux administrateurs, et élu par le même corps électoral sans l'adjonction d'aucun élément particulièrement religieux.

Les électeurs se divisaient ensuite par districts, et chaque groupe au chef-lieu élisait les administrateurs du district, et nommait ensuite à toutes les cures vacantes dans le ressort.

On voit, par ce simple exposé, ce que valaient ces invocations hypocrites à la primitive Église, où le troupeau, disait-on, choisissait son pasteur. Au contraire avec la constitution civile, il ne le choisissait pas du tout. Des électeurs du second degré, nommés par des censitaires, élisaient l'évêque. Un groupe de ces électeurs nommait en bloc à toutes les cures du district. En décrétant que toute paroisse nommerait son curé, l'Assemblée aurait également violé la liberté de l'Église et usurpé sur ses droits, mais elle aurait du moins fait preuve de sincérité. Jamais, au grand jamais, dans les temps anciens, on n'avait rien vu de semblable à ce genre d'élections. Dans cette réunion du district, qui pouvait compter une centaine d'électeurs, chaque paroisse n'en pouvait envoyer plus de deux ou trois, quelques-unes n'en avaient qu'un seul ; il y en aurait peut-être qui ne seraient pas représentées. Ainsi donc quatre-vingts ou cent cultivateurs étrangers à la paroisse, qui n'avait tout au plus que deux ou trois représentants, lui donnaient un pasteur qu'ils ne pouvaient connaître. Avec un pareil système il était impossible que les choix fussent faits en connaissance de cause ; quelques meneurs devaient nécessairement lancer certains noms, et les électeurs seraient bien obligés de les proclamer pour en finir. Un ecclésiastique aspirant à une cure ne pouvait être connu des électeurs de tout un district par ses seules vertus sacerdotales ; il ne pouvait attirer leur attention que s'il s'occupait activement de politique, s'il présidait un club quelque part, s'il distribuait des brochures dans tout le district ; mais il faut reconnaître qu'une notoriété de ce genre ne rappelait nullement les traditions de la primitive Église.

Même en prenant pour point de départ le système erroné de l'Assemblée, on doit reconnaître que si les laïques pouvaient jadis intervenir dans certaines affaires de l'Église, ce n'était pas comme citoyens, mais comme chrétiens. Dans la constitution nouvelle l'État proclamait la liberté des cultes dissidents, et le citoyen n'était pas forcé d'être chrétien, ou plutôt pour être citoyen il n'était plus, comme jadis, nécessaire d'être chrétien. Le culte catholique n'était plus imposé à personne, il était donc souverainement inconséquent et illogique de conférer à tout citoyen quelconque, par cela seul qu'il était citoyen, le droit de coopérer à la nomination des évêques et des curés. Que tous les citoyens de tous les cultes eussent le droit de participer aux élections des divers directoires, des municipalités, des tribunaux, etc., rien de plus naturel, puisque tous devaient être administrés ou jugés par ces autorités. Mais il n'en était pas de même des évêques et des curés, à qui les électeurs dissidents ou incrédules devaient naturellement rester étrangers, et dont personne n'était tenu de réclamer le ministère. Le système de la Constituante, toute question d'orthodoxie mise à part, n'aurait pu être logique que dans un État ayant une religion nationale exclusive de toute autre et imposée à tout citoyen.

Dans la primitive Église, disaient les évêques de France, lorsque les laïques étaient consultés sur le choix de leurs pasteurs, « ... il ne s'agissait pas d'exercer les droits de citoyen dans une assemblée politique pour l'établissement des administrations civiles. Il s'agissait de nommer un évêque dans une assemblée religieuse... » En effet le peuple dont on parlait tant n'était pas alors une réunion d'électeurs investis par leurs concitoyens d'un mandat purement politique, c'était le corps des fidèles, et la seule qualité de chrétien, d'enfant de l'Église, donnait le droit d'élever la voix dans ces assemblées purement religieuses.

Qui a jamais entendu parler dans la primitive Église de cens électoral, de chrétiens actifs et non actifs lorsqu'il s'agissait de proclamer un évêque? On aurait bien révolté les premiers chrétiens si on était venu leur dire que parmi toutes ces âmes pour lesquelles Jésus-Christ a versé son sang, celles-là seules seraient appelées à donner de l'évêque le *testimonium bonum* dont parle saint Paul, qui pourraient payer une contribution de trois journées de travail. Ils auraient répondu que les païens, les juifs, les hérétiques, les pécheurs scandaleux et impénitents devaient être exclus des assemblées de l'Église, mais que tous les chrétiens baptisés étaient égaux en pareil cas. Rien n'est plus contraire que ce cens et ces classifications à l'esprit d'égalité et d'union qui a toujours régné dans ces temps si vantés par les auteurs de la constitution civile. Tous les chrétiens reçoivent le même enseignement religieux et participent aux mêmes sacrements; le pauvre est admis au même catéchisme que le riche; il entend prêcher à ses côtés tous les dimanches; il peut être tout aussi instruit que lui des principes de sa religion, et quelquefois il la connaît et la pratique mieux. Pour justifier l'existence d'un cens électoral et l'inégalité des droits politiques entre les citoyens, on peut soutenir que le nombre seul ne doit pas faire la loi, qu'il faut tenir compte des intérêts et assurer aussi leur représentation; mais les chrétiens, dans la société qui s'appelle l'Église, n'ont-ils pas tous, s'il est permis d'employer une telle expression, un même et unique intérêt, qui est le soin de leur âme? Peut-on dire que le payement d'une contribution plus forte entraîne la présomption qu'on connaît mieux son catéchisme, et qu'on est plus capable d'apprécier les vertus chrétiennes de son pasteur. Une plus grande aisance peut à la rigueur faire présumer une connaissance plus étendue des affaires de ce monde, mais non plus de sainteté! En adoptant un pareil système l'Assemblée, loin de faire revivre la primitive Église, foulait aux pieds toutes les convenances, toutes les traditions chrétiennes!

Un corps électoral, destiné à faire de nombreuses élections judiciaires et administratives, nommait par-dessus le marché aux fonctions ecclésiastiques. Ces dernières élections devaient beaucoup moins l'occuper que les premières, et par conséquent le choix des électeurs devait se faire avant tout au point de vue politique. Les citoyens, dans les assemblées primaires, se préoccuperaient bien plus de préparer le triomphe de tel ou tel parti dans la composition des administrations du département et des districts que de nommer des électeurs aptes à démêler parmi les curés ceux qui mériteraient de diriger une paroisse plus importante, et parmi les vicaires ceux qui seraient dignes d'être curés. L'assemblée des électeurs du district n'était-elle pas composée de telle façon que les électeurs s'ils faisaient un mauvais choix étaient assurés presque tous de n'en pas sentir personnellement les conséquences?

Par sa constitution même, par son objet principal, qui était l'élection de nombreuses autorités civiles, cette assemblée ne présentait aucune garantie pour le choix des curés; mais pour l'année 1791 ce vice était encore bien plus saillant parce que les assemblées primaires avaient déjà nommé les électeurs, qui, choisis pour faire des élections purement civiles, étaient ainsi appelés, par une loi postérieure, à procéder aux élections des évêques et des curés. Aurait-on fait les mêmes choix, si on avait su que cette nouvelle et délicate attribution leur serait confiée? Dans les pays où il se trouvait beaucoup de protestants, les catholiques des assemblées primaires auraient-ils voté de même? Cette question fut posée dans un écrit très-incisif par un avocat de Besançon appelé Fenouillot, qui était électeur et assesseur du juge de paix. Dans une lettre à ses commettants il attaqua les réformes religieuses de l'Assemblée, et protesta contre ces nominations ecclésiastiques confiées à des électeurs qui avaient été nommés seulement pour élire des administrateurs et des juges.

«... Aurait-on pris pour électeurs des citoyens protestants? N'aurait-on pas regardé comme nécessaire de placer dans le corps électoral un grand nombre de personnes qui, par leurs lumières dans les matières canoniques et la connaissance personnelle qu'elles auraient eue des divers ministres du diocèse, auraient pu devenir le conseil du surplus des électeurs, et les diriger dans la nomination si importante, soit du prélat, soit des curés ses coopérateurs? Il y a plus, si mon mandat avait eu cette étendue, mon respect pour mes commettants m'aurait imposé la loi de me refuser à leurs vœux; avec la meilleure volonté, je n'aurais pu promettre de la remplir, car mon état ne m'ayant jamais mis à portée de suivre la conduite des ecclésiastiques du diocèse, de juger de l'étendue de leurs lumières, je ne pourrais décider qu'au hasard du choix de ceux sur qui la confiance publique doit reposer de préférence... (1) »

(1) V. M. Sauzay, *Histoire de la persécution révolutionnaire dans le dé-*

Ainsi donc, l'exercice de ce prétendu droit inaliénable des fidèles était subordonné à l'exercice de certains droits politiques; pour des faits simplement civils ou politiques on pouvait en être privé temporairement ou définitivement. C'était la loi électorale qui le fixait, et il en subissait toutes les vicissitudes, toutes les modifications.

Les protestants, les juifs, les incrédules devaient donc nommer les évêques et les curés, parce qu'ils avaient le droit de nommer les administrateurs; si tous les cultes d'après la constitution devaient être libres, le catholicisme seul devait être soustrait aux catholiques pour être revu, corrigé, mutilé par les sectaires et les philosophes.

L'obligation imposée aux électeurs d'être présents à la messe qui précédait l'élection ne signifiait absolument rien; ce n'était qu'une pure mômerie. Si on avait voulu éloigner les dissidents par ce moyen détourné, il aurait été bien plus digne de les exclure formellement. Mais telle n'était pas l'intention des législateurs, et cette obligation ne rimait à rien. Tous les jours des dissidents, des incrédules assistent à une messe d'enterrement ou de mariage ou à un *Te Deum* officiel, et ne croient nullement abjurer leurs croyances ou leur incrédulité. La *messe d'élection* devait être de même une simple affaire de convenance. L'Assemblée a jugé à propos de ne pas séculariser trop complétement les élections des évêques et des curés, et de ménager un peu le bon sens populaire, en faisant aller une fois par hasard à la messse les électeurs chargés de donner des pasteurs aux fidèles. Quand on entreprend ainsi sur le véritable domaine de la religion, on se met dans la nécessité de faire des tartuferies!

Les partisans de la constitution civile pour justifier la coopération des protestants et des Juifs aux élections ecclésiastiques avaient deux réponses.

Les patrons laïques qui avaient le droit de présenter des sujets à certains bénéfices pouvaient être dissidents, disaient-ils; la situation des électeurs est absolument la même. On leur répondait que ce fait, exceptionnel sous l'ancien régime, serait

---

partement du Doubs, tome I, page 375. Nous verrons plus loin par quels outrages et par quelle persécution on voulut punir Fenouillot d'avoir trop raison.

bien plus fréquent sous le nouveau, et que d'ailleurs le sujet proposé par le patron laïque pour un bénéfice ayant charge d'âmes n'était admissible que sur l'investiture donnée en connaissance de cause par l'autorité ecclésiastique, tandis que dans la constitution civile l'institution canonique de l'évêque n'était pas autre chose qu'une vaine formalité, et qu'elle pouvait d'ailleurs être suppléée et imposée par un tribunal laïque jugeant en dernier ressort, et où des dissidents pouvaient siéger (1).

On disait aussi : la nation donne un salaire aux ministres du culte catholique; les protestants y contribuent par l'impôt : ils ne doivent donc pas être exclus des élections ecclésiastiques.

Cet argument renferme beaucoup d'erreurs : on peut donc lui adresser plusieurs réponses. D'abord une question de liberté religieuse domine tout le débat; il est impossible de nier que l'indépendance d'un culte soit blessée lorsqu'on le force d'accueillir à ses élections les adeptes d'un culte étranger et hostile. Agir ainsi c'est allumer la guerre entre les communions diverses, au lieu de les réconcilier.

Si les juifs et les protestants contribuaient par l'impôt au salaire du clergé, c'était une raison pour donner aussi un salaire à leurs ministres et non pour violer la liberté et l'indépendance religieuse des catholiques. Mais c'était inexact en fait. Les biens enlevés au culte catholique étaient tellement considérables, qu'en prenant sur leur produit le salaire établi par les décrets de l'Assemblée, l'État réalisait un immense bénéfice; ce traitement n'imposait donc aucune charge nouvelle à laquelle les dissidents dussent contribuer; bien au contraire, ils profitaient des avantages financiers de cette opération, et beaucoup d'entre eux s'enrichirent en achetant à un prix très-modique les biens énormes qui étaient à vendre. On ne pouvait donc soutenir raisonnablement que les dissidents contribuaient au budget du culte.

(1) Dans notre législation concordataire le ministre des cultes peut être protestant, et malgré cela présenter les futurs évêques au pape : des souverains non catholiques ont le droit par des concordats de nommer aux évêchés, et l'autorité religieuse examine les sujets qu'ils présentent. S'il plaisait tout à coup à ces monarques de déclarer qu'ils veulent désormais instituer des évêques sans le pape, et de dire : « N'avions-nous pas avec le concordat ce droit de nomination! » ils ne feraient pas un raisonnement plus absurde que celui des constitutionnels.

Avec le système que nous réfutons, les catholiques auraient pu afficher légitimement la prétention d'intervenir dans les élections des protestants d'Alsace. Ces protestants avaient des biens d'église qu'on leur enleva quelques années plus tard : les catholiques auraient pu dire en 1790 : « Puisqu'il n'y a pas, suivant vous, de propriété ecclésiastique, et que vous laissez leurs biens aux deux cultes protestants d'Alsace, nous voulons aussi nommer leurs ministres; nous contribuons à leur entretien, car l'État les laisse jouir de biens qui lui appartiennent d'après les principes posés par l'Assemblée; il devrait les prendre, les mettre dans la circulation, et nous fournir l'occasion de faire aussi d'excellents marchés : qu'ils tiennent du pays une dotation ou un traitement, il y a toujours là une générosité de l'État qui pèse aussi sur nous; nous demandons aussi à exercer dans les temples des protestants les droits qu'ils sont invités à exercer dans nos églises... » Il n'y aurait eu rien à répondre à une pareille demande; les protestants de l'Alsace n'étant pas dépouillés se trouvaient recevoir de l'État une dotation; les catholiques devaient donc être admis à la réciprocité en matière d'élections, ce qui eût amené des résultats absurdes. La religion de la majorité était donc mise sur ce point dans un état d'infériorité véritable à l'égard des dissidents.

Un pareil système d'élections ne pouvait passer même dans l'Assemblée constituante sans soulever des objections. Non-seulement les orateurs du côté droit mais même des députés fort peu catholiques le combattirent. A la séance du 9 juin l'abbé Jacquemart, membre de la droite, l'attaqua vivement.

« Autres temps, autres mœurs. Cessons de former des spéculations chimériques, d'élever des édifices idéaux. Regrettons les vertus apostoliques, mais ne nous flattons pas de les voir revivre parmi nous. On put confier au peuple le soin de choisir ses pasteurs tant que le nom de chrétien fut synonyme de saint, tant que les fidèles unis par la charité faisaient une famille de frères, dont l'ambition se bornait à la palme du martyre. Mais aujourd'hui, quelles que soient les bornes que vous imposiez à l'épiscopat, soyez sûrs qu'il tentera toujours la cupidité de certains ministres. Il faut fermer la barrière à l'intrigue. Croyez-vous y parvenir par la voie de l'élection populaire? Détrompez-vous : les habitants des campagnes, des fermiers peu capables de peser les vertus, d'apprécier le mérite, des maires de village, des êtres purement passifs, soit qu'ils soient éblouis par la richesse, soit qu'ils soient entraînés par les phrases d'un orateur intrigant, ne manqueront jamais de faire un mauvais choix. Ne pourrait-il pas se faire aussi qu'un grand nombre des électeurs soient des protestants qui se feront un plaisir d'avilir l'Église qu'ils rivalisent? Mais, dit-on, on pourra exiger une déclaration de catholicité? Avez-vous le droit d'établir une pareille inquisition? Avez-vous le droit de scruter les opinions religieuses ? Si un non-catholique peut bien présider l'Assemblée nationale, irez-vous ensuite leur ôter le droit d'élection devant les assemblées du peuple... »

L'abbé Grégoire, pour satisfaire son esprit de secte et son ambition personnelle, ne reculait pas devant le schisme; mais il voulait que cette Église constitutionnelle sur laquelle il comptait pour s'élever reposât sur des bases solides, et pût rallier beaucoup de fidèles; aussi le vit-on combattre ce projet. Tout en reconnaissant au peuple le droit de choisir les ministres du culte (1), il proposa de faire faire ces nominations par les assemblées du département et par le clergé, en présence du métropolitain et des évêques provinciaux. Les protestants devaient dans son système être exclus des élections. Goupil de Préfeln soutint cette dernière proposition. Les jansénistes de l'Assemblée trouvèrent qu'on allait un peu loin. Martineau se rallia au projet de Grégoire; Durand de Maillane demanda que dans chaque district deux ou trois curés fussent adjoints au corps électoral. Camus soutint un système analogue.

Mais si l'Assemblée permettait à ces jansénistes de lui formuler des projets de loi, et de préparer sa besogne, elle n'entendait nullement s'arrêter aux limites qu'il leur plairait de lui fixer. Robespierre, qui avait quelques jours auparavant demandé l'abolition des métropoles, du cardinalat, et excité de vifs murmures en réclamant le mariage des prêtres, se fit l'interprète des véritables sentiments de la majorité. Nommer des évêques, des officiers du culte, des officiers de morale, c'était exercer, d'après lui, une fonction politique qui ne pouvait être donnée au clergé, parce qu'il avait cessé d'être une corporation. Le peuple était beaucoup plus apte à démêler les

(1) *Le journal des Débats et Décrets*, n° 304, page 12, lui fait dire « les officiers du culte ». Cette expression de Mirabeau a fait fortune : un peu plus tard on fera quitter aux prêtres l'habit ecclésiastique, mais on commence déjà à exclure de la langue les termes ecclésiastiques.

véritables qualités d'un pasteur ; et là-dessus il se livra à une tirade sentimentale. Chapelier prétendit aussi qu'en adoptant les amendements de l'abbé Jacquemart et de l'abbé Grégoire on ressusciterait le clergé comme corporation. Biauzat et Barnave défendirent vivement l'élection faite par les laïques seuls. Ils triomphèrent; l'Assemblée repoussa les amendements des jansénistes. Elle repoussa également les amendements sur l'adjonction des ecclésiastiques aux électeurs de district, la proposition faite par Camus de former une assemblée spéciale pour la nomination des évêques, et la proposition d'exclure les électeurs dissidents (1).

Robespierre fut vivement secondé dans cette discussion par ses futures victimes, Barnave et Chapelier. Il était déjà bien séparé d'eux par ses opinions, mais ce jour-là ils présentèrent le touchant spectacle d'une union complète dans la prêtrophobie. Ce fut à qui écraserait le mieux l'infâme. On n'a pas assez fait ressortir l'importance du rôle joué par Robespierre dans les discussions religieuses de la Constituante ; il a plus d'une fois fait adopter ses idées par l'Assemblée, et, malgré son hypocrisie et sa duplicité habituelles, il a montré dans ces discussions plus de netteté et de franchise que les constitutionnels. Lorsqu'il s'agit de voter sur les élections ecclésiastiques, il fut l'interprète de la véritable pensée de l'Assemblée. La majorité, voltairienne, voulait réduire la religion à n'être plus qu'une institution civile, dirigée par des fonctionnaires très-soumis et ne vivant que par l'État. Admettre un mode spécial d'élections, une autre assemblée électorale pour nommer aux évêchés et aux cures, même en y assurant la prépondérance aux laïques, c'eût été reconnaître dans une certaine mesure que la religion ne se confondait pas avec l'État, que le peuple chrétien existait indépendamment du peuple légal, et l'Assemblée ne le voulait

---

(1) Ceci se passait à la séance du 9 juin. La nomination des curés par l'Assemblée électorale du district présentait des inconvénients si évidents, qu'à la séance du 15 des députés non suspects d'ultramontanisme proposèrent encore divers amendements. Gouttes voulait que la paroisse présentât trois vicaires au choix des électeurs. Loys demanda l'adjonction de quelques ecclésiastiques. Martineau combattit ces amendements par une raison assez étrange dans sa bouche. Il craignait, disait-il, les orages qui naîtraient dans les paroisses au moment de l'élection des curés, si les habitants avaient le droit de les choisir.

pas. On ne pouvait, d'après elle, exercer les droits du chrétien qu'avec la permission de l'État ; le chrétien était subordonné au citoyen actif ; le droit de nommer aux fonctions ecclésiastiques était l'accessoire du droit de nommer les autorités civiles, et se perdait avec lui : le baptême religieux, même pour choisir un pasteur, n'était rien ; la capacité politique était tout !

Ce n'était donc pas le peuple chrétien de fait, ou d'apparence, qui nommait les évêques et les curés, mais un corps politique choisi exclusivement au point de vue politique.

II.

Par une singulière inconséquence, mais dans le dessein évident d'en imposer aux esprits superficiels, l'Assemblée avait décidé que l'institution canonique serait conférée par l'Église aux sujets élus. Nous allons voir que cette prétendue institution canonique n'était et ne pouvait être qu'une vaine formalité.

L'évêque ou le curé une fois élus de cette absurde manière, qui jugeait sa doctrine? Les supérieurs ecclésiastiques en premier, le tribunal de district en dernier ressort ; et la théologie du tribunal devait l'emporter !

Le métropolitain s'il s'agissait d'un évêque, l'évêque s'il s'agissait d'un curé, avait la simple faculté d'examiner l'élu sur sa doctrine et ses mœurs. Cet examen n'était pas obligatoire : les électeurs étaient censés l'avoir déjà fait, et le système de nomination dans la constitution civile reposait sur l'adage *vox populi, vox Dei*. Il était donc fort probable que le métropolitain ou l'évêque, élu lui-même comme son inférieur, ne serait pas assez audacieux pour douter de l'excellence du choix fait par les censitaires, et userait bien rarement de son droit. Mais en supposant qu'il en usât, à quoi son courage pourrait-il lui servir? Il devait motiver son refus par écrit, et le tribunal jugeait. L'évêque trouvait l'élu hérétique, le tribunal, tenant lieu de pape et de concile, décidait qui des deux suivait la pure doctrine, et s'il donnait raison à l'élu, il l'établissait dans sa fonction malgré son supérieur (article 9 du décret des 15, 24 novembre 1790). Il dépendait ainsi d'un tribunal d'établir l'hérésie dans son district, puisque l'autorité judiciaire était investie du droit de trancher tous les différends même dogmatiques qui pouvaient s'élever sur la religion de l'élu. Un prêtre qui aurait professé que Jésus-Christ n'était pas Dieu aurait très-bien pu être institué de vive force dans une cure, malgré son évêque et les paroissiens, par un tribunal composé de philosophes ; car alors, comme aujourd'hui, beaucoup de libres penseurs prétendaient qu'on ne peut sans intolérance priver le ministre d'un culte de son titre et de son traitement, sous le misérable prétexte que ce ministre s'est mis en contradiction formelle avec la doctrine religieuse dont il prétend être l'organe (1). Les philosophes de 1790 avaient les mêmes préjugés que beaucoup de libéraux modernes et une notion encore moins nette des droits de la conscience, et si la constitution civile avait duré un peu plus longtemps il est probable que parmi les prêtres, qui pour des motifs très-divers l'avaient acceptée, il s'en serait trouvé qui auraient soutenu des doctrines tout à fait hérétiques et auraient eu l'appui des tribunaux de district. Il se serait ainsi formé çà et là des jurisprudences religieuses, en vertu desquelles l'orthodoxie aurait triomphé dans certains ressorts et succombé dans certains autres. L'élection des juges de district avait donc au point de vue purement religieux plus d'importance que celle de l'évêque ; celui-ci en effet ne pouvait faire que de la théologie en l'air, et devait s'incliner devant les décisions des trois ou quatre avocats ou procureurs de petite ville qui composaient pour six ans le tribunal du district.

Ce prétendu droit accordé aux évêques d'examiner les sujets élus ressemble fort à ce *congé d'élire* que le gouvernement anglais lorsqu'un évêque anglican vient de mourir envoie à son chapitre, qui est tenu d'élire celui que le pouvoir a déjà choisi. Cette institution canonique n'était pas plus sérieuse.

Le projet du comité, rédigé par le janséniste Martineau, était bien moins radical : dans ce système, l'élection de l'évêque

---

(1) N'a-t-on pas entendu, il y a quelques années, un grand nombre de libéraux crier à l'intolérance à propos de la destitution, par le consistoire de Paris, d'un pasteur bien connu qui niait la divinité de Jésus-Christ ? N'est-il pas évident que s'ils en avaient eu le pouvoir, ces libéraux auraient, au nom de la liberté de conscience, imposé aux calvinistes un ministre dont l'enseignement attaquait un article essentiel de leur foi. Et pourtant ils n'avaient aucune malveillance systématique contre cette communion, bien au contraire. Que serait-ce s'il s'agissait du catholicisme !

devait être approuvée par le roi ; s'il refusait, l'élection pouvait être recommencée deux fois par une assemblée d'électeurs choisis *ad hoc* dans les Assemblées primaires ; après deux refus elle nommait définitivement l'évêque, et cette fois l'approbation royale était forcée. (Articles 13 et 14 du projet.)

Le métropolitain ou l'évêque ne pouvait refuser l'investiture à l'élu qu'après avoir délibéré avec tout le clergé de son église, qui devait signer l'acte de refus (article 16) : le synode métropolitain jugeait en dernier ressort (article 17). Les refus d'investiture des curés devaient être jugés par le synode diocésain : l'agrément du roi devait couvrir les vices allégués contre la forme des élections des évêques.

On voit que dans le projet janséniste l'élément ecclésiastique n'était pas aussi complétement annulé que dans la constitution définitivement votée par la majorité voltairienne. Très-puissants pour faire le mal, les jansénistes du comité n'étaient pas capables de modérer le fanatisme antireligieux de l'Assemblée, qui ajoutait souvent à leurs projets de loi des dispositions encore plus absurdes et plus odieuses.

Malheureusement le comité ecclésiastique et l'Assemblée, les puritains admirateurs du diacre Pâris, et les philosophes enthousiastes de *Candide* et de *la Pucelle*, s'étaient parfaitement entendus pour annuler l'autorité du pape.

Le projet du comité portait (art 10).

« ... Le nouvel évêque ne pourra point s'adresser à l'*évêque de Rome* pour en obtenir aucune confirmation ; il ne pourra que lui écrire comme au chef visible de l'Église universelle, et en témoignage de l'unité de foi et de communion qu'il est dans la résolution d'entretenir avec lui... »

L'article fut corrigé quant à la forme, qui était trop franche ; on abandonna cette expression d'évêque de Rome, et on modifia un peu la dernière phrase, en disant : « mais il lui écrira comme au chef visible, etc. » La forme était plus douce, et l'évêque était obligé de remplir cette formalité à l'égard du saint-siége ; tandis que, d'après le projet du comité, il était libre de s'installer sans rendre au pape le moindre devoir de politesse. Pour mieux tromper les simples, les voltairiens contre leur habitude adoucirent le projet des jansénistes.

L'autorité du pape était donc niée par la constitution civile, puisqu'elle défendait aux évêques de s'adresser à lui pour ratifier leurs élections. Le schisme avec l'Église universelle était ainsi constitué. Pour jeter de la poudre aux yeux des gens superficiels on faisait sonner bien haut que les évêques devaient écrire au pape pour se mettre en communion avec lui. Mais tout homme de bonne foi sait que cela ne suffit pas pour être en communion avec l'Église. Pour être admis dans une société, religieuse ou non, il ne suffit pas de déclarer qu'on veut en faire partie, il faut être accepté par elle et satisfaire à ses obligations. D'après la constitution civile, il suffisait d'une lettre mise à la poste et de beaucoup d'aplomb pour être en communion avec le pape malgré lui-même! (1).

La constitution civile retirait expressément au pape le droit de confirmer les nominations épiscopales ; par l'ensemble de ses dispositions elle niait aussi sa primauté de juridiction, et le réduisait à n'être pour l'Église de France qu'un personnage purement passif, devant lequel chaque évêque devait faire une révérence en entrant en fonctions. On répétait constamment que les métropolitains instituaient jadis les évêques, que la révolution faisait simplement revivre l'ancienne discipline. Quand bien même l'Assemblée eût rappelé exactement l'ancienne discipline, elle aurait été parfaitement incompétente pour faire revivre des dispositions abrogées par l'Église. L'épiscopat français releva vivement ces assertions. Nous rappellerons seulement ses principaux arguments.

D'abord les évêques furent institués par le concile de la province, plus tard l'institution fut réservée au métropolitain ; mais ce droit du métropolitain n'est pas plus que celui des chapitres d'institution divine ; il n'a pu leur venir par tradition et succession de siége, puisque les métropolitains ne sont pas d'institu-

---

(1) Il existe actuellement en Angleterre des ministres anglicans ritualistes, qui se prétendent en communion avec l'Église catholique, bien qu'elle ne les reconnaisse pas ; ils s'intitulent anglo-catholiques, et soutiennent opiniâtrement qu'ils appartiennent à l'Église ; c'est une erreur analogue, mais bien autrement excusable : ces ministres sont en effet des hommes désireux de retrouver l'unité, et qui se font de bonne foi de singulières illusions, tandis que les auteurs de la constitution civile ont voulu rompre avec l'unité, et n'ont imposé à leurs évêques ces prétendues lettres de communion que par pure hypocrisie, et afin d'entraîner plus facilement les simples et les naïfs.

tion apostolique, et qu'ils n'ont pas été créés en même temps que les évêques. Les prélats auteurs de l'Exposition des principes ne faisaient que reproduire l'opinion courante parmi les théologiens, en disant que le métropolitain tenait du concile provincial son pouvoir d'institution. Dès que les réunions des évêques furent moins faciles, grâce aux troubles politiques, aux invasions, aux dangers des voyages, le métropolitain agit seul.

On a répété avec beaucoup trop de confiance que dans les temps anciens la confirmation du métropolitain suffisait, et que le pape n'intervenait en rien dans la nomination des évêques. Il faut préciser.

Le pape n'instituait pas directement et nominativement tous les évêques comme à présent ; mais pourtant il donnait l'institution directe aux évêques qui partaient chez les barbares pour les convertir, ou pour entretenir dans la foi les prosélytes qui avaient été déjà faits parmi eux. Mais l'évêque relevant du métropolitain était institué par ce dernier ; le métropolitain relevant du patriarche était institué par lui et le patriarche était reconnu et établi par le pape (1).

La confirmation était donnée alors sous la forme de lettres de communion « *communicatoriæ litteræ.* » Elles étaient généralement sollicitées pour les élus des grands siéges par une ambassade solennelle. La Constituante, suivant son système habituel de fourberie, a conservé ces mots, lettres de communion, en décrétant tout le contraire de ce qui se passait anciennement ; car, d'après la constitution civile, les évêques au lieu de demander des lettres de communion devaient se les faire à eux-mêmes.

Le pape ne donnait pas seulement ces lettres de communion

---

(1) Les patriarches étaient confirmés par le pape. L'usage leur permettait d'exercer provisoirement leurs fonctions jusqu'à ce que leur confirmation arrivât de Rome, parce qu'il eût été dangereux de laisser longtemps des églises vacantes, à cause de la lenteur des communications entre Rome et des villes comme Alexandrie, Antioche, Jérusalem. Le pape Innocent II déclare que les choses se passaient ainsi « dispensative propter ecclesiarum necessitates et utilitates ». Il fallait néanmoins qu'il n'y eût aucun doute sur la validité de l'élection, qu'elle eût été faite « in concordia » et sans ces violences et ces désordres qui ont trop souvent déshonoré les élections des églises d'Orient.

La confirmation pouvait dans certains cas être tacite. Une telle manière d'agir serait dangereuse à notre époque ; elle l'était beaucoup moins dans les premiers temps.

aux patriarches mais aussi aux métropolitains et aux évêques dans les élections desquels il avait dû intervenir. La primauté du pape n'est pas seulement une primauté d'honneur, mais aussi de juridiction : les gallicans les plus enragés ne l'ont jamais nié, et Durand de Maillane lui-même, dans son fameux dictionnaire de droit canon, l'a reconnu hautement. En vertu de sa primauté de juridiction et de son droit de confirmation qui ne s'exerçait alors que sur les patriarches, le pape intervint souvent dans les élections ecclésiastiques (1). Les pontifes injustement privés de leurs siéges par la méchanceté de leurs ennemis et la connivence de certains évêques recouraient à lui. Saint Athanase, déposé injustement et chassé de son siége par la force, parle ainsi au pape Jules :

« ... Tous nos frères sont convenus unanimement qu'il fallait s'adresser à la sainte Église romaine, à laquelle le Seigneur luimême a donné par un privilége spécial supérieur à celui qui a été donné aux autres églises, le pouvoir de lier ou de délier ; car elle a été établie par Dieu le soutien de toutes les autres : elle est la tête sacrée d'où la vie se soutient dans tous les membres, et dont dépend leur conservation et leur vigueur... »

Les ariens, ennemis de saint Athanase, ne nièrent point la juridiction du pape mais le prièrent d'approuver la déposition des évêques et l'élection de leurs successeurs. Ils ne firent aucune difficulté de principe, mais lorsqu'ils durent renoncer à l'espoir d'obtenir par ruse une décision favorable, ils ne comparurent point. Le pape les attendit pendant plus d'un an, et dans un concile de cinquante évêques prononça la réintégra-

---

(1) Avant la conversion des empereurs l'histoire ecclésiastique présente une preuve éclatante de la primauté du saint-siége. L'an 272 Paul de Samosate, patriarche d'Antioche ayant professé des doctrines hérétiques, fut dépossédé de son siége par un concile tenu à Antioche, Domnus fut élu pour le remplacer. Les évêques, pour obtenir la confirmation de cette déposition et de cette élection écrivirent au pape une lettre synodale qu'Eusèbe nous a conservée. Mais Paul ne voulait pas quitter son église. L'empereur Aurélien, qui passait alors par Antioche pour faire la guerre à Zénobie, ordonna sur l'invitation des évêques que la maison épiscopale serait livrée à celui avec lequel l'évêque de Rome et les évêques d'Italie se mettraient en communion. Cet empereur païen attesta donc par sa conduite la primauté de juridiction du saint-siége.

tion dans leurs siéges de saint Athanase et de ses collègues, et écrivit aux évêques orientaux une longue lettre qui est un monument très-important de l'histoire ecclésiastique.

Le concile de Constantinople s'adressa au pape pour obtenir la confirmation de Flavien, patriarche d'Antioche, dont l'élection était contestée. Le pape la refusa d'abord, et ne l'accorda que lorsqu'il eut pris une connaissance très-complète de l'affaire. On s'adressa aussi au saint-siége dans l'affaire de Maxime de Cyzique, élu clandestinement au siége de Constantinople. L'empereur Théodose envoya demander à Rome par une ambassade solennelle la confirmation de Nectaire.

Les Grecs eux-mêmes reconnaissaient donc au pape le droit de juger et de déposer les évêques. Socrate Sozomène et Épiphane le proclament hautement. L'histoire de saint Jean Chrysostome en est la preuve. Déposé, il recourut à Rome ; ses adversaires aussi, et s'ils se livrèrent contre lui à d'horribles violences, ils n'osèrent point nier qu'il y eût dans l'Église une autorité suprême. On pourrait citer encore bien d'autres exemples.

En Occident le pape était patriarche direct de l'Église latine ; les liens avec le saint-siége étaient encore plus étroits : on recourut constamment à lui pour juger les élections douteuses, pour poursuivre les évêques simoniaques ou usurpateurs.

Déjà en France, sous les rois de la seconde race et les Capétiens, les papes d'accord avec les rois nommaient à un grand nombre de siéges métropolitains. Les chroniqueurs rendent compte des discussions assez nombreuses qui s'élevèrent entre les papes et les rois sur le choix de ces métropolitains. En les lisant on se croit transporté six siècles plus tard, en plein régime concordataire.

Dès le treizième siècle tout vestige d'élection populaire avait disparu. Les chapitres étaient exclusivement investis du droit d'élire les évêques ; l'institution canonique était donnée suivant l'ancien usage. La manière dont les chapitres exercèrent un droit aussi grave excita une vive réprobation, et facilita l'établissement du concordat de François Ier, qui régissait encore les rapports de l'Église et de l'État lorsque l'Assemblée voulut imposer la constitution civile aux consciences.

Depuis près de trois siècles le pape était donc, du consentement de l'Église universelle, exclusivement investi du droit de conférer l'institution canonique à tous les évêques.

«... Ce serait à présent, avait dit d'Héricourt, une grande témérité de vouloir attaquer un point de discipline établi depuis deux cents ans. Si les chapitres des cathédrales ont pu faire exclure le peuple des élections sous prétexte des troubles que causaient ces assemblées nombreuses, les chapitres n'ont-ils pas mérité d'être privés du droit dont ils ont abusé en élisant des pasteurs par simonie, par faveur, contre le serment qu'ils faisaient de choisir celui qu'ils croiraient le plus digne.?. »

Mais l'Assemblée voulait avant tout soustraire les élections à toute influence religieuse. Interdit pour les nominations épiscopales, le recours au saint-siége l'était aussi pour tout autre sujet. Les évêques, si tel était leur bon plaisir, pouvaient le consulter sur des points de théologie spéculative, et voilà tout. L'Église de France était aussi séparée du saint-siége et du reste de la catholicité que l'Église anglicane ou l'Église russe.

On affectait de parler de l'antiquité chrétienne, des usurpations prétendues de Rome (1). Mais combien de fois, dans cette antiquité, le saint-siége n'a-t-il pas sans que l'Église ait réclamé condamné seul des hérésies sans convoquer les conciles généraux? Ménandre, Ebion, Cérinthe, Nicolas, Saturnin, les Gnostiques, Valentin, Cerdon, Marcian, Pélage, etc., etc. dans les temps anciens, Jansénius et ses adeptes au dix-huitième siècle, ont été condamnés par le saint-siége seul, et l'Église universelle les a toujours tenus pour hérétiques. Écoutons Bossuet, qui ne peut être suspect en cette matière.

«... Il est incontestable qu'il n'y a pas de siége au-dessus de celui de Pierre auquel la question puisse être portée, ni de tribunal plus auguste qui subsiste ordinairement dans l'Église, car le concile œcuménique n'est pas toujours rassemblé, on ne le convoque que dans certains cas extrêmement rares, et d'ailleurs il n'est ordonné par aucune loi ni établi par la coutume de porter au concile toutes les questions importantes, mais seulement celles qui sont embarrassées, douteuses et obscurcies par les nuages qu'ont répandus de

---

(1) Quand bien même ces usurpations auraient été prouvées, la constitution civile n'en aurait pas été légitimée. Si dans l'intérieur de l'Église un de ses ministres a usurpé sur les autres, il n'en est pas moins vrai que c'est l'autorité ecclésiastique qui a seule agi à l'exclusion du pouvoir civil, et ce dernier n'est nullement autorisé à exercer lui-même et à son profit ces usurpations prétendues.

grandes disputes ou qui occasionnent de grands troubles dans l'Église (1)... »

La constitution civile déniait au pape ce pouvoir que les gallicans les plus célèbres lui avaient reconnu. Qu'était-il dans ce système? Un personnage éloigné à qui chaque nouvel évêque écrivait une lettre de politesse, dont la réponse n'importait en aucune façon. L'évêque élu n'en faisait pas moins pour le président et le procureur syndic du département.

Mais les gallicans, tout en reconnaissant au pape une autorité très-importante, que la Constituante lui déniait, professaient le plus grand respect pour les conciles et surtout pour les conciles œcuméniques. La constitution civile traitait les conciles encore plus mal que le saint-siége lui-même; elle ne daignait même pas en parler, et par l'ensemble de ses dispositions elle en rendait la tenue impossible.

Certains jansénistes auraient désiré que l'Assemblée annulât l'autorité du saint-siége, pour confier exclusivement le gouvernement de l'Église au corps épiscopal délibérant en conciles. Ils détestaient la cour de Rome, parce qu'elle avait condamné leurs doctrines; les philosophes la détestaient aussi, parce qu'ils comptaient bien si son pouvoir était anéanti venir complétement à bout du catholicisme. Ces deux partis, bien différents mais réunis dans une haine commune, furent parfaitement d'accord pour réduire le saint-siége à une suprématie purement nominale. Mais les philosophes ne voulurent pas s'arrêter en si beau chemin. Pour ménager les naïfs, ils avaient fait dans la constitution civile une réserve menteuse en faveur de la papauté. Ils firent encore moins pour les conciles, et la constitution civile ne prévoit pas le cas où un concile œcuménique pourrait se réunir, et ne dit pas un mot des conciles provinciaux si fréquents dans la primitive Église; toutes les dispositions qu'elle contient les rendent impossibles.

D'après l'article 2 du titre 4 un évêque ne pouvait s'absenter plus de quinze jours consécutifs hors de son diocèse, que dans le cas d'une véritable nécessité, et avec l'agrément du directoire de département. Il lui était donc impossible d'aller sans autorisation à un concile œcuménique ou même à un simple concile provincial, si ce concile, comme c'était probable, devait néces-

---

(1) *Sur saint Augustin*, part. 3, liv. 9, chap. II.

siter une absence de seize jours. Supposons un concile œcuménique ; les quatre-vingt-trois évêques avaient besoin pour s'absenter du consentement de quatre-vingt-trois directoires. Les uns autoriseraient, les autres refuseraient. L'absence ou la présence de beaucoup d'évêques dépendrait tout simplement du caprice des administrations, dont les décisions en cette matière étaient sans recours. En un mot, la constitution civile, par l'organisation qu'elle donnait à l'Église de France, par son silence absolu sur les conciles, semblait ne pas même soupçonner qu'il pût en exister. Les évêques de cette nouvelle Église devaient vivre non-seulement à l'écart du saint-siége et de l'épiscopat du reste de la chrétienté, mais à l'écart les uns des autres. Ce n'était même pas une Église nationale, mais une Église départementale ; car le métropolitain n'avait aucun pouvoir sérieux. Les évêques n'avaient donc plus aucun lien commun, et se trouvaient absolument les uns envers les autres dans la même situation que les présidents de directoire à l'égard de leurs collègues des départements voisins. L'idéal de Mirabeau était réalisé ; l'État avait ses officiers d'administration dans les membres des directoires et des municipalités, ses officiers de justice dans les juges, ses officiers de morale dans les évêques et les curés.

Les jansénistes de l'Assemblée ne firent rien pour la liberté des conciles. Durand de Maillane lui-même semble en faire fi. Dans son apologie du comité des cultes (page 105), il essaye de réfuter les reproches qui lui furent adressés sur ce point comme sur tant d'autres : il prétend que plus tard lorsque le clergé ne comptera plus autant de nobles dans son sein, et ne sera plus dominé par eux, il obtiendra probablement du Corps législatif la permission de tenir des conciles. Du reste l'Assemblée n'a point agi hypocritement en cette matière ; elle n'a jamais donné à entendre que tôt ou tard le clergé pourrait jouir de la liberté des conciles, et Durand Maillane, qui était déjà un des arriérés du comité, s'est singulièrement avancé en annonçant que cette liberté pourrait être accordée, même dans un avenir très-éloigné.

III.

Quand on examine la constitution civile et dans son esprit, et dans ses détails, on est forcé de reconnaître qu'elle repose sur une théorie essentiellement protestante. Comme l'Église anglicane, elle gardait un aspect extérieur de catholicisme, mais les doctrines étaient protestantes. Le comité ecclésiastique, pour légitimer son système d'élections, avait proclamé bien haut « que la nation ne peut être dépouillée du droit de choisir celui qui lui doit parler au nom de Dieu... »

Rapprochons ces paroles de celles de Calvin. « Nous tenons de la parole de Dieu que la vocation d'un ministre est légitime quand il est établi du consentement et de l'approbation du peuple. »

L'analogie n'est-elle point frappante? Que dit maintenant le concile de Trente?

« Anathème à celui qui dira que les évêques choisis par l'autorité du souverain pontife ne sont pas de légitimes et vrais évêques... »

Le comité soi-disant ecclésiastique, malgré toutes ses protestations, avait proclamé hautement le système calviniste.

Mais, dira-t-on, tout en portant atteinte à la juridiction de l'Église, il reconnaissait le caractère sacerdotal. C'est vrai; mais Henri VIII a commencé comme l'Assemblée; ce n'est pas lui qui a aboli la confession en Angleterre. Il a rompu avec l'unité, et par la force même des choses, malgré sa volonté, malgré ses violences, les doctrines calvinistes ont envahi l'Église anglicane. Il abhorrait le mariage des prêtres, et pourtant il s'est bien vite introduit dans son Église, qui, au lieu de prêtres schismatiques, n'a plus eu bientôt que des prédicants. De même aussi, bien des Constituants criaient à la calomnie lorsque les catholiques annonçaient que le divorce et le mariage des prêtres allaient venir à la suite de la constitution civile; ils sont venus en effet, et très-rapidement! et si l'Église officielle avait duré seulement dix ans, les hommes politiques, qui regardaient les prêtres comme de simples officiers de morale, auraient fini par mettre de côté une hypocrisie devenue inutile, par traiter l'ordination de mômerie, par donner une libre carrière à leur haine pour la confession, et l'Église constitutionelle aurait subi de la part des philosophes une nouvelle et radicale transformation.

L'Église de France d'après la constitution civile ne formait même pas une Église à part, c'était une simple juxtaposition d'églises départementales sans lien ni cohésion. Nous allons examiner rapidement ce qu'était une de ces Églises.

A sa tête était l'évêque, nommé et institué comme l'on sait. Quelle était sa situation? il n'avait pas le droit de nommer les curés. Ceux-ci nommaient leurs vicaires et devaient seulement les choisir parmi des prêtres admis dans le diocèse par l'évêque. Ce dernier ne nommait que les vicaires épiscopaux, sauf quelques restrictions, et avec eux les supérieurs et directeurs du séminaire qui composaient son conseil. Ces vicaires n'étaient destituables qu'avec l'approbation de la majorité du conseil, et l'évêque ne pouvait choisir et congédier à son gré dans tout son diocèse que son secrétaire particulier.

L'administration était fort simplifiée, puisque l'évêque n'avait, pour ainsi dire, pas de nominations à faire. D'après l'article 14 du titre I, il ne pouvait faire aucun acte de juridiction qu'après en avoir délibéré avec son conseil. On se demanda si la constitution civile avait entendu obliger l'évêque à suivre l'avis de ce conseil, ce qui eût été du presbytéranisme tout pur, ou bien s'il était tenu simplement de le consulter. Les avis furent partagés; nous raconterons plus loin le rôle que le comité ecclésiastique joua dans cette affaire. Si l'évêque avait le caractère méfiant, il était libre de faire subir un examen, devant son inévitable conseil, aux curés choisis par les électeurs, en s'exposant bien entendu à recevoir des juges de district une leçon de théologie.

Du reste rien n'était changé au costume des évêques; l'Assemblée leur avait à peu près enlevé tout pouvoir, mais elle leur avait laissé leurs ornements pontificaux, leur crosse et leur mitre. Ils n'étaient plus juges de la foi; le tribunal de district était leur supérieur; ils n'avaient pas de nominations à faire : pourquoi auraient-ils cherché à bien connaître leurs inférieurs? La constitution civile, en attendant une réforme plus radicale, avait fait d'eux des machines à donner les sacrements de l'ordre et de la confirmation, et leur principale occupation devait être de parader en ornements pontificaux les jours de fête, et de donner solennellement leur bénédiction. Tout ce qui, dans l'épiscopat, pouvait flatter la vanité avait été conservé dans un but facile à comprendre. Ces mannequins crossés et mitrés ne pouvaient même pas prendre seuls avec leur conseil certaines mesures de pure administration. Un curé, pour s'absenter (titre III, art. 3), avait besoin d'un congé de l'évêque et du directoire de district qui était ainsi associé à son administration. Voilà le degré de confiance que le pouvoir civil accordait à un évêque nommé pourtant par des électeurs laïques !

Dans un but d'économie, il avait été décidé tout d'abord que beaucoup de paroisses seraient supprimées. L'article 16 du titre I du projet portait que dans les villes au-dessous de dix mille âmes il n'y aurait qu'une seule paroisse ; l'article 18, que toutes les paroisses de campagne non éloignées des villes et des bourgs de plus de trois quarts de lieue seraient réunies à la paroisse de la ville ou du bourg ; l'article 19, que dans la campagne chaque paroisse s'étendrait en tous sens à trois quarts de lieue environ. C'était tout simplement odieux et absurde. Ce plan était bien l'œuvre de bourgeois pleins de mépris pour les habitants des campagnes, et tout à fait ignorants de leurs besoins. Les paysans furent très-alarmés de ce projet, et les municipalités rurales envoyèrent contre lui un grand nombre de réclamations. L'amour-propre des villageois était profondément froissé par la perspective d'être annexés à une paroisse voisine ; et les nombreux inconvénients d'une pareille mesure furent exposés par eux avec beaucoup de franchise et de bon sens. Il était sans doute bien facile de déclarer que deux ou trois villages allaient former une seule et même paroisse ; mais il devait arriver le plus souvent que l'église conservée, autrefois suffisante pour un seul village, serait trop petite pour deux ou trois, et que les habitants des paroisses annexées, après s'être dérangés pour aller à la messe, seraient forcés de rester à la porte. Les vieillards, les personnes débiles, seraient presque dans l'impossibilité d'assister à aucun office ; il y aurait beaucoup d'inconvénients et même de danger à laisser ainsi les villages déserts pour aller au loin entendre la messe ; les maraudeurs et les voleurs ne manqueraient pas d'en profiter. Il serait aussi fort difficile au curé de visiter les malades et de porter à temps les derniers sacrements dans une paroisse aussi étendue. Dans les villes l'exécution de ce décret présentait aussi de graves inconvénients. On se plaignait de la multiplicité des petites paroisses ; certaines villes de huit ou dix mille âmes en avaient huit ou dix ; mais on n'était nullement assuré de trouver parmi toutes ces églises un édifice capable de contenir au besoin plusieurs milliers de fidèles, et très-souvent une paroisse comptant neuf mille âmes dans sa circonscription serait condamnée à n'avoir qu'une église capable tout au plus de contenir mille paroissiens. Le plan du comité présentait une foule d'inconvénients capables d'exciter le mécontentement le plus vif contre l'Assemblée. L'abbé Grégoire le comprit parfaitement, et dans l'intérêt même de la constitution civile il le combattit avec beaucoup d'amertume. L'Assemblée trouva que les réformateurs du comité étaient allés trop loin, et décida que dans les villes et bourgs (art. 15, titre I) qui ne comprendraient pas plus de six mille âmes au lieu de dix mille, il n'y aurait qu'une seule paroisse. Quant aux paroisses rurales, elle ne leur assigna point de limites ; elle décréta que les assemblées administratives s'entendraient avec l'évêque diocésain pour fixer leur circonscription.

Le clergé inférieur était beaucoup mieux traité que l'épiscopat, dont il était à peu près indépendant. La situation matérielle d'un grand nombre de curés était améliorée par la constitution civile, qui dans l'espoir de les gagner, leur accordait des traitements très-élevés si on les compare à ceux qu'ils reçoivent actuellement (voir chapitre IX). Une Église rampante, et qui n'est pour l'État qu'un instrument docile, est toujours grassement rétribuée même par ceux qui la méprisent. Mais en revanche beaucoup de partisans de la liberté et du progrès voient avec regret donner un morceau de pain à une Église décidée à remplir sa mission, et à ne point trahir les intérêts de la foi au profit du pouvoir civil quand il est entre leurs mains, ou de leurs passions politiques, quand ils cherchent à le conquérir.

Telles sont les dispositions fondamentales de cette constitution civile qui fut cause de tant de maux, valut tant d'ennemis à la révolution, et l'entraîna dans une voie déplorable, qu'elle n'a pas encore entièrement quittée. Elle était l'œuvre commune de deux partis momentanément réunis par la haine de l'Église, mais séparés doctrinalement par un abîme. Aussi les arguments les plus divers et les plus contradictoires ont-ils été soutenus par les défenseurs de la constitution civile, et leur œuvre présente-t-elle un monstrueux amalgame de philosophie encyclopédiste, de gallicanisme parlementaire, de jansénisme, et même de protestantisme. L'Assemblée s'est hâtée de coudre ensemble des lambeaux de toutes ces doctrines. Tantôt la philosophie du dix-huitième siècle a le dessus, tantôt les appelants de la bulle *Unigenitus* ont la parole, tantôt on se croit revenu au seizième siècle ! car la Constituante, au lieu de marcher en avant, a rétrogradé en somme de deux cent cinquante ans ! Elle s'est faite la plagiaire d'Henri VIII, de ces princes, de ces villes d'Allemagne et de Suisse, qui prenaient les biens du clergé et proclamaient ensuite un certain symbole réformé avec des lois draconiennes contre ceux qui refuseraient de s'y soumettre. Mais son symbole à elle n'était que provisoire : pour ménager la foule, les philosophes avaient fait un triage dans les canons, et en proclamant certaines théories, ils avaient accepté implicitement des dogmes qu'ils repoussaient en toute autre circonstance au nom de la raison. Ils s'étaient affublés d'un manteau janséniste, qu'ils jetaient bien vite de côté lorsqu'il les gênait. Des roués véritables s'étaient travestis en pharisiens ! Rien de plus incohérent, de plus contradictoire que cette œuvre, malgré la couleur janséniste dont le comité a eu soin de la couvrir. Chaque parti a fait à l'autre des concessions importantes, qu'il espère reprendre bientôt. Les jansénistes comptent sur l'apaisement des esprits, les philosophes sur les progrès des idées révolutionnaires, pour refaire bientôt la constitution civile à leur point de vue exclusif !

Animés de la haine prétendue philosophique du dix-huitième siècle contre l'Église, les voltairiens arrivés au pouvoir croyaient faire merveille en la détruisant. Cependant la religion leur paraissait bonne pour amuser et maintenir les femmes, les enfants, les esprits faibles, les classes inférieures, tous ces êtres enfin que la philosophie pouvait seulement éclairer de ses lumières dans un avenir bien éloigné. Il leur semblait dur, impolitique même de priver des cérémonies de l'église tant de pauvres gens qui y étaient habitués. Aussi la religion n'était-elle pour eux qu'une comédie, faite pour amuser longtemps encore tous ces pauvres d'esprit, mais dont la mise en scène devait être réglée par l'État. Ils se résignèrent donc à conserver l'appareil extérieur du catholicisme, mais en l'avilissant, en l'enchaînant au pouvoir civil, de telle sorte que toutes les erreurs, toutes les hérésies pussent y pénétrer sans obstacle. L'unité était rompue, la foi était blessée sur certains points, mais le rituel avait été laissé intact à dessein.

Les croyants étaient, au dire des philosophes, de petits esprits routiniers ; on n'avait qu'à s'abstenir de blesser leurs innocentes habitudes, et on était sûr du succès. D'ailleurs tous les schismes, toutes les hérésies ont ainsi procédé (1). En ne touchant pas au rituel, les Constituants voulaient pouvoir dire avec quelque apparence de vérité à des populations trop ignorantes de la hiérarchie et de la constitution de l'Église, que rien n'était changé, que les mécontents étaient tous des malveillants et des chicaniers.

En refaisant un catholicisme tout particulier, non point pour eux-mêmes (ils n'avaient foi qu'en leur propre mérite) mais à l'usage des croyants, les Constituants savaient bien qu'ils entreraient en lutte au moins avec une partie du clergé. Mais ils ne demandaient pas mieux que de faire naître l'occasion de maltraiter les prêtres qui voudraient tenir haut et ferme le drapeau du catholicisme. Pour les fidèles, ils n'en tinrent aucun compte. Ces arrogants philosophes, dans leur mépris pour les croyants, s'imaginaient qu'ils ne prendraient aucune part aux querelles religieuses, qu'il fallait simplement laisser les églises ouvertes sans toucher au rituel, et qu'on les verrait toujours accourir comme un stupide bétail là où ils avaient l'habitude d'aller les dimanches et fêtes. Les Constituants disaient alors assez haut : « Ceux qui pratiquent la religion ne peuvent être que des imbéciles ou des tartufes. Nous viendrons aisément à bout des imbéciles qui forment l'immense majorité, si nous protestons de notre respect pour l'intégrité de la foi, si nous ne changeons rien au culte extérieur tout en altérant l'essence du catholicisme. Ces gens-là n'y verront absolument que du feu. Pour les tartufes, comme il n'y aura plus aucun profit à exercer ce métier, ils se rangeront de notre côté ou adopteront quelque autre genre d'hypocrisie. Il y aura bien çà et là quelques fanatiques qui crieront, mais nous ferons des exemples ; ils seront d'ailleurs très-peu nombreux et sans influence sur la masse. » Ils virent bientôt combien ils s'étaient trompés.

La constitution civile mécontentait et les croyants et une partie considérable de ceux-là même qui l'approuvaient. Les croyants étaient fort blessés de ce qui était hétérodoxe dans ses

---

(1) Dans l'Église anglicane on a gardé longtemps toutes les cérémonies catholiques; dans l'Allemagne luthérienne, dans les pays scandinaves, le culte protestant longtemps après la réforme gardait encore les cérémonies et les ornements du catholicisme. Dans certaines contrées, les ministres luthériens, ont conservé la chasuble pendant plus d'un siècle.

dispositions; ses partisans, au contraire, sauf un petit nombre de jansénistes, partaient d'un point de vue tout à fait opposé, et trouvaient qu'il y avait encore trop de catholicisme dans leur œuvre. En effet des gens qui se croyaient le droit d'imposer aux catholiques la philosophie [du dix-huitième siècle devaient regarder la constitution civile comme une œuvre de sagesse et de conciliation. Au lieu de faire de nombreuses blessures à la hiérarchie, à la discipline, ils auraient pu les proscrire tout à fait! Ils croyaient donc avoir fait de grandes concessions aux préjugés religieux, et trouvaient naïvement que les catholiques se montraient bien ingrats envers eux.

Par la constitution civile l'État avait en réalité, malgré d'hypocrites protestations, affirmé son prétendu droit de modifier le catholicisme à sa guise dans son dogme et dans sa discipline; et de plus il avait formellement déclaré qu'il emploierait la force pour le soutenir. La liberté de conscience était inscrite dans la constitution générale, mais la constitution civile la restreignait singulièrement. On était libre d'être protestant, mais on n'était libre d'être catholique qu'à la manière de l'Assemblée, et le catholique réfractaire à sa théologie n'avait pas sa place au soleil de la liberté.

Pour que la constitution civile ne créât point d'embarras à la révolution, il aurait fallu que tous, prêtres et fidèles, l'eussent adoptée sans résistance, qu'il y eût en un mot une apostasie générale. Quand bien même elle aurait rencontré un nombre moindre d'opposants le résultat n'aurait pas été différent. L'État, dans cette hypothèse, se trouvait avoir seulement fabriqué une religion nouvelle, spolié en sa faveur l'ancien culte des temples qui lui appartenaient depuis tant de siècles, et excité contre lui-même des haines légitimes. S'il s'était contenté de créer à sa fantaisie une nouvelle Église officielle et de dépouiller en sa faveur le catholicisme de tous ses temples, il aurait déjà fait un acte extrêmement impolitique : en proscrivant le libre exercice du vrai catholicisme, en ordonnant, comme Henri VIII, aux prêtres et aux fidèles de se rallier à son Église, la Constituante, enivrée par sa toute-puissance, fit un acte de folie véritable, qu'on peut expliquer seulement par la violence de son fanatisme antireligieux qui l'avait complétement aveuglée sur l'injustice comme sur les dangers de son entreprise. La constitution civile ne supposait pas (l'Assemblée eut soin de le proclamer) qu'on pût lui opposer autel contre autel. Elle était tout entière fondée sur la proscription du vrai catholicisme. Si des catholiques étaient libres de ne pas l'admettre, elle devenait inutile et nuisible à l'État.

On recourut donc bien vite aux mesures de rigueur pour l'imposer, et le bras séculier fut toujours levé contre les adversaires de cette Église fabriquée par des libéraux qui n'y croyaient pas. Le récit de ces longues et déplorables persécutions va désormais nous occuper exclusivement. Plus on étudie la constitution civile en elle-même et dans les discussions de l'Assemblée, plus on reconnaît la vérité de cette appréciation, si sévère en apparence, de M. de Carné.

« ... Il a fallu moins de perversité morale pour préparer les attentats du 21 janvier et du 31 mai que pour élever à coup de mensonges l'édifice de cette église bâtarde, qui devait avoir pour conservateurs Gobel et Talleyrand... »

On eut tout de suite le droit de s'écrier devant ce honteux édifice : « Ceci est une œuvre de mauvaise foi. » En voulant imposer cette misérable Église au pays, l'Assemblée en fit une œuvre de larmes et de sang!

CHAPITRE VI.

LOUIS XVI ET LA SANCTION.

I. Les révolutionnaires attendent avec impatience la sanction de la constitution civile. — Leur éloignement pour tout moyen de conciliation. — Toute négociation était impossible. — Louis XVI cependant veut en entamer une. — Le pape lui écrit qu'il ne peut accepter la constitution civile. — Louis XVI tient sa lettre secrète. — Il cherche à effrayer le pape sur les conséquences de son refus. — Cette négociation a pour unique résultat de retarder la condamnation de la constitution civile et de donner naissance à de faux bruits très-préjudiciables à l'Église. — Louis XVI se détermine à donner sa sanction, et pourtant demande au pape son approbation provisoire. — Propositions présentées en son nom par le cardinal de Bernis. — Illusions du roi. — Le pape nomme une commission de cardinaux pour examiner les propositions, mais laisse peu d'espérance à Louis XVI, qui donne sa sanction. — Grande modération de Pie VI dans cette négociation.

II. Mandements des évêques français contre la constitution civile. — L'évêque de Tréguier acquitté par le Châtelet.

III. Les lois contre les ordres religieux des deux sexes sont exécutées. — Situation faite aux religieux et aux religieuses. — Noble conduite de ces dernières. — Le costume religieux.

La constitution civile était enfin terminée et les passions anti-catholiques avaient un commencement de satisfaction. Nous disons un commencement, car elles voulaient voir la religion avilie, les évêques et les prêtres fidèles chassés violemment de leurs églises et supplantés par des complaisants résignés d'avance à prêcher un catholicisme nominal, en attendant qu'il plût à la révolution de déclarer que cette comédie était désormais inutile. Le vote du 26 novembre fut pour l'Église catholique de France ce que deux ans plus tard le vote du 18 janvier 1793 devait être pour Louis XVI, et à peine fut-il rendu qu'on en réclama avec la même fureur l'exécution immédiate.

Non-seulement les révolutionnaires ardents, mais encore la plupart des hommes du parti constitutionnel, attendaient avec impatience le moment où chaque évêque conservé se verrait dans l'alternative, ou de déchirer de ses propres mains l'Église dont il était le chef, afin de conserver sa dignité et son traitement, ou bien de céder la place à un intrus élu par les clubs bien plus encore que par le collége électoral. Aucune inquiétude sérieuse ne venait troubler la joie des auteurs et des partisans de la constitution civile. Ils avaient décidé d'avance que les fidèles ne saisiraient nullement la portée de leurs innovations, et qu'il leur suffirait de voir célébrer la messe et les vêpres comme d'habitude. Quant aux évêques et aux prêtres, ils s'attendaient bien à rencontrer une résistance assez énergique chez quelques-uns d'entre eux; mais des pensions avaient été adroitement accordées aux évêques dont les siéges étaient supprimés, et on comptait bien qu'ils passeraient leur mauvaise humeur en mangeant leur retraite, et que la grande majorité des évêques conservés, tout en murmurant à part soi contre les décrets de l'Assemblée, prêterait serment pour éviter tout ennui et garder ses traitements, et ils se demandaient même, non sans une certaine inquiétude ce que deviendrait la constitution civile avec un clergé dirigé par des prélats qui lui étaient au fond si défavorables. On aurait peine à le croire maintenant, mais il est très-vrai que c'était là leur principale appréhension au moment d'appliquer la constitution civile, et que l'idée d'une résistance ouverte et sérieuse de la part d'un grand nombre de prêtres ne se présentait pas à leur esprit. D'ailleurs leurs craintes ne pouvaient être bien vives, car le pouvoir des évêques était tellement limité par les nouveaux décrets, et les administrations locales les surveillaient si étroitement, que dans le cas d'une feinte soumission leur mauvaise volonté n'aurait jamais pu être bien dangereuse.

Les partisans de la constitution civile, à part cette naïve inquiétude, trouvaient donc que tout marchait pour le mieux : le clergé, croyaient-ils, allait être obligé de passer sous les fourches caudines de leurs décrets, de s'incliner devant une constitution qui l'humiliait et de n'en parler qu'avec respect et soumission ! Quelques-uns de ses membres feraient peut-être des coups de tête, mais on comptait trouver un égal plaisir à savourer l'humiliation mal déguisée de la majorité, et à sévir rudement contre le petit nombre des récalcitrants. Quel triomphe pour les philosophes ! La constitution civile donnait à leurs passions haineuses une satisfaction complète et raffinée; il ne faut donc pas s'étonner qu'elle leur ait fait oublier et leurs belles maximes de tolérance, et les dangers auxquels ils s'exposaient eux-mêmes ainsi que leur œuvre politique en poursuivant, de concert avec les alliés les moins sûrs l'asservissement et l'humiliation des consciences catholiques.

La constitution civile était votée, mais il fallait obtenir la sanction royale. On connaissait l'attachement du roi à la foi de ses pères, on savait que chez lui le chrétien pourrait être bien plus ferme que le monarque. On ne craignait point cependant que sa répugnance non dissimulée pour la constitution civile l'entraînât à refuser nettement sa sanction. Il n'était point dans le caractère de Louis XVI de prendre une décision prompte et énergique ; quant à ses ministres, les uns étaient trop peu chrétiens, les autres trop mous pour lui conseiller d'agir ainsi. Il était donc presque certain, qu'après avoir longtemps hésité, tergiversé, pris des conseils à droite et à gauche, et bien témoigné son aversion pour la constitution civile, le malheureux monarque finirait par la sanctionner, mais s'y résignerait trop tard pour que les passions révolutionnaires voulussent bien lui tenir quelque compte de sa complaisance. Cependant la sanction pouvait se faire attendre longtemps, et les philosophes voulaient appliquer la constitution civile tout de suite et impitoyablement. Ils étaient pressés comme le sont toujours ceux qui croient le moment arrivé d'écraser leurs ennemis ; et les plus avisés craignaient que si la sanction tardait beaucoup, le clergé ne tirât parti de ce délai pour exciter encore plus les croyants contre leurs innovations religieuses, et inspirer aux indifférents des doutes sur leur opportunité. Les Constituants redoutaient aussi, sans vouloir l'avouer, le résultat des négociations du roi avec le pape. Il y avait dans la constitution civile plusieurs dispositions très-chères à la coterie janséniste qui l'avait élaborée, mais de fort peu d'intérêt pour la masse des partisans de la révolution ; aussi les jansénistes étaient-ils aussi pressés que les prétrophobes. Si les passions avaient un peu le temps de se refroidir, si le roi savait faire ressortir les dangers d'un schisme, si d'autres événements venaient faire diversion aux querelles religieuses, il se formerait peut-être un courant d'opinion qui obligerait les auteurs de la constitution civile à faire quelques modifications à leur œuvre dans un sens catholique, et l'impulsion une fois donnée dans cette direction, qui pouvait savoir où l'on s'arrêterait? Les ennemis du catholicisme ne voulaient pas laisser à la France le temps de la réflexion. Si l'opinion publique surexcitée par leurs manœuvres venait à se calmer, il n'était plus possible d'appliquer la constitution civile avec les mêmes chances de succès.

Les admirateurs quand même de la Constituante ont tout intérêt à faire paraître sa conduite sous l'aspect le moins défavorable et à rejeter sur ses adversaires, ou plutôt ses victimes, un blâme tout à fait immérité. Ils se sont plaints doucereusement du peu de zèle du cardinal de Bernis, alors ambassadeur à Rome, pour une transaction, et ont insinué que l'Assemblée constituante, si la cour de Rome avait été mieux disposée, aurait pu accueillir un plan raisonnable de conciliation.

Les catholiques ont le plus grand intérêt à ne pas laisser obscurcir la vérité sur un point aussi important de leur histoire religieuse, et la vérité pure est que la Constituante ne voulait d'aucune transaction, et que la cour de Rome lui eût fait en vain les plus grandes concessions.

Il ne peut y avoir de conciliation qu'entre deux personnes disposées chacune à céder quelque chose, et elle devient impossible si l'une d'elles déclare avec arrogance qu'elle attend de l'autre son humble soumission à toutes ses exigences. Telle était la situation en juillet 1790. Il n'y avait pas possibilité d'arrangement, parce que l'Assemblée n'en voulait pas, et que d'ailleurs elle déniait au pape toute qualité pour traiter avec elle.

Quand on n'a pas étudié avec soin les discussions religieuses de 1790, on a peine à concevoir comment une telle assemblée a pu montrer un pareil entêtement. Depuis 1802 les esprits en France se sont singulièrement habitués au régime concordataire, et les admirateurs de 1789 les moins sympathiques à l'Église conçoivent très-bien qu'on recoure au pape pour conclure un concordat, pourvu que le pouvoir civil trouve moyen de s'y faire la part du lion. Mais il ne faut pas oublier que le premier consul en traitant avec le pape a réagi contre l'opinion existante et a imprimé aux esprits une direction tout opposée à celle qui leur avait été donnée par la Constituante. Il suffit de se reporter un seul moment aux principes que cette assemblée a proclamés bien haut pour comprendre qu'il n'y avait pas moyen pour le pape d'entrer en arrangement avec elle.

Pouvait-il en être autrement? N'était-il pas impossible que l'Assemblée négociât avec un pontife auquel elle ne reconnaissait pas le droit de défendre les intérêts de l'Église? Elle avait trouvé la France régie par un concordat, et elle avait déclaré de suite que ce traité ne pouvait être respecté parce que ni le pape, ni le roi n'avait eu le droit de conclure. Elle avait hautement proclamé que le pape n'avait le droit de statuer dans l'Église que sur des questions purement dogmatiques, et intéressant uniquement le for intérieur; qu'un État dès qu'il salariait le clergé devenait maître absolu de régler à sa guise son organisation et sa discipline, et que le pape empiétait sur son droit lorsqu'il voulait se mêler de ces questions, car tout ce qui dans la religion se traduit par un acte extérieur et matériel est du domaine exclusif du pouvoir civil. Tels sont les principes proclamés avec fracas par les rédacteurs de la constitution civile, et consacrés par les votes de l'Assemblée. Il lui était impossible de les contredire formellement, et de renier l'œuvre qu'elle venait de terminer, en engageant une négociation quelconque avec le pape. Quand on traite avec quelqu'un, on reconnaît par là même qu'il a pour lui ou la force ou un droit quelconque. Le pape n'avait évidemment pas la force pour lui; il n'avait aucun moyen matériel d'entraver l'exécution de la constitution civile. Négocier avec lui, c'était reconnaître que pour apporter à la discipline et à l'organisation de l'Église des modifications légitimes son concours était indispensable; c'était renier le principe fondamental de la constitution civile, qui reposait sur le droit absolu de l'État à régler seul toutes ces questions.

Les Constituants s'en tinrent strictement aux principes qu'ils avaient posés; ils ne se montrèrent illogiques dans les questions religieuses que lorsque leurs principes contrarièrent leurs passions anticatholiques. Malgré leur culte pour la tolérance, ils se contredirent parfaitement en persécutant les catholiques; mais lorsqu'il s'agit d'appliquer la constitution civile, et avec elle tous les principes anticatholiques qu'ils avaient tant prêchés, ils furent très-conséquents avec eux-mêmes, et n'admirent aucun tempérament dans la pratique. Ils avaient fait la constitution civile sans plus consulter le pape que l'épiscopat français, ils agirent de même quand ils s'occupèrent de l'imposer au pays. Avaient-ils demandé au pape son assentiment lorsqu'ils avaient supprimé les parlements, et réorganisé l'ordre judiciaire sur de nouvelles bases? Non évidemment. Puisque dans leurs principes il n'y avait aucune différence entre le siége d'un évêque et celui d'un magistrat, et que tous deux pouvaient être également supprimés par l'autorité civile, seule compétente, pourquoi s'adresser à Rome? Le pape n'avait rien à permettre; son rôle était d'attendre les décisions de l'Assemblée et de s'incliner devant elles.

Nous mettons au défi ceux qui cherchent à jeter quelque blâme sur la cour de Rome, d'établir que les zélateurs de la constitution civile, ses champions attitrés, aient seulement laissé entrevoir la plus légère disposition à entrer dans une voie de conciliation. Que pouvait donc faire Pie VI? Répondre au clergé français de se conformer à la constitution civile? C'était impossible. Proposer une transaction quelconque? On n'en voulait pas, et d'ailleurs à qui aurait-il pu l'offrir?

L'Assemblée, après avoir voté la constitution civile, avait laissé Louis XVI aux prises avec les scrupules de sa conscience. Le malheureux monarque ne savait quel parti prendre. S'il refusait sa sanction, il s'exposait aux plus grands dangers, et on ne cherchait pas à lui dissimuler les conséquences probables d'un pareil refus. S'il acceptait la constitution civile, il introduisait en France le schisme et la persécution, et son âme si profondément catholique envisageait avec horreur cette conséquence fatale de la sanction. Abandonné à lui-même, il ne se serait fait sans doute aucune illusion sur l'impossibilité de concilier la constitution civile avec l'orthodoxie la moins étroite; mais parmi ses conseillers les uns n'avaient pas la conscience aussi délicate ni aussi éclairée que la sienne, et les autres étaient des trembleurs. Tous répétaient constamment autour de lui qu'il fallait absolument trouver un moyen terme pour sortir de là, et l'empêchaient d'envisager la situation sous son aspect véritable.

Le roi suivit donc l'avis de ses conseillers, et essaya de se persuader que le souverain pontife pourrait peut-être s'abstenir, au moins provisoirement, de condamner la constitution civile. Il lui dépeignit vivement les dangers de toutes sortes dont il était environné, et ne négligea rien pour lui faire partager ses angoisses et lui faire croire que s'il condamnait les erreurs de l'Assemblée, les malheurs les plus effroyables allaient fondre sur la famille royale et sur toute la catholicité.

. Cette négociation avait lieu uniquement entre le roi et le pape, l'Assemblée n'y était pour rien; elle voyait au contraire du plus mauvais œil que Louis XVI consultât le pape sur la constitution civile, et méconnût ainsi les principes sur lesquels elle reposait. Une pareille négociation devait fatalement ne pas aboutir, puisque la constitution civile ne pouvait être acceptée sans modification par le pape, et que le roi n'était pas le maître d'en changer un seul mot, et ne devait pas songer à faire à l'Assemblée aucune proposition de ce genre. Bouleversé par les supplications de son entourage, Louis XVI cherchait à se tromper lui-même sur le véritable caractère de la constitution civile, et désirait faire partager au souverain pontife ses erreurs et ses illusions.

C'est le propre des caractères faibles, et des hommes politiques de troisième ordre, comme l'étaient les conseillers de Louis XVI, de chercher constamment une conciliation entre des principes ou des doctrines inconciliables, et de temporiser, ors même qu'on ne peut rien gagner à attendre. Le pape ne leur avait pourtant pas permis de s'abuser, car le 10 juillet, deux jours avant la fin de la discussion de la constitution civile, il écrivait au roi une lettre très-catégorique :

« A notre très-cher fils en Jésus-Christ, salut et bénédiction apostolique. Quoique nous soyons bien loin de douter de la ferme et profonde résolution où vous êtes de rester attaché à la religion catholique, apostolique et romaine, au saint-siége centre de l'unité, à notre personne, à la foi de vos glorieux ancêtres, nous n'en devons pas moins appréhender que des artifices adroits et un captieux langage surprenant votre amour pour vos peuples, on ne vienne à abuser du désir ardent que vous avez de mettre l'ordre dans votre royaume et d'y ramener la paix et la tranquillité.

« Nous, qui représentons Jésus-Christ sur la terre, nous à qui il a confié le dépôt de la foi, nous sommes spécialement chargé du devoir non plus de vous rappeler vos obligations envers Dieu et envers vos peuples, car nous ne croyons pas que vous soyez jamais infidèle à otre conscience, ni que vous adoptiez les fausses vues d'une vaine politique ; mais cédant à notre amour paternel, de vous déclarer et de ous dénoncer de la manière la plus expresse que si vous approuvez les décrets relatifs au clergé, vous entraînez par cela même votre nation entière dans l'erreur, le royaume dans le schisme, et peut-être serez-vous la cause d'une cruelle guerre de religion. Nous avons bien employé jusqu'ici toutes les précautions pour éviter qu'on ne nous accusât d'avoir excité aucun mouvement de cette nature, n'opposant que les armes innocentes de la prière auprès de Dieu ; mais si les dangers de la religion continuent, le chef de l'Église fera entendre sa voix, elle éclatera, mais sans compromettre jamais les devoirs de la charité... (1).

« Votre Majesté a dans son conseil deux archevêques, dont l'un pendant tout le cours de son épiscopat a défendu la religion contre toutes les attaques de l'incrédulité ; l'autre possède une connaissance approfondie des matières de dogme et de discipline. Consultez-les ; prenez avis des nombreux évêques et des docteurs de votre royaume qui se sont distingués tant par leur piété que par leur savoir. Vous avez fait de grands sacrifices au bien de votre peuple ; mais s'il était en votre disposition de renoncer même à des droits inhérents à la prérogative royale, vous n'avez pas le droit d'aliéner en rien ni d'abandonner ce qui est dû à Dieu et à l'Église, dont vous êtes le fils aîné.

« Prenons confiance dans la Providence divine, et par un attachement invicible à la foi de nos pères méritons d'en obtenir le secours dont nous avons besoin. Quant à nos dispositions particulières, nous ne pouvons désormais être sans inquiétude et sans douleur, à moins de savoir la tranquillité et le bonheur de Votre Majesté assurés. C'est dans ce sentiment d'une affection toute paternelle, que nous donnons du fond du cœur à Votre Majesté ainsi qu'à votre auguste famille notre bénédiction apostolique. »

Les deux archevêques dont le pape parlait dans sa lettre n'étaient malheureusement pas à la hauteur de la situation : c'étaient l'ancien archevêque de Vienne, Lefranc de Pompignan, et l'archevêque de Bordeaux, Champion de Cicé, deux prélats respectables, mais qui devant les dangers qui menaçaient à la fois l'Église et l'État perdaient presque la tête de frayeur, et en même temps se berçaient des espérances les moins fondées. De

---

(1)... Ad nostrum idcirco munus spectat te non jam de explendis erga Deum populosque officiis admonere (non enim existimamus te a conscientia tua descicere, ac ad vanæ politices adduci commenta) sed ex paterno animi nostri erga te amore, majestati tuæ palam facere, certissimeque denunciare, si decreta ad clerum pertinentia approbes, eo ipso in errorem te universam inducturum nationem tuam, regnumque in schisma, et in crudele fortasse etiam religionis bellum esse impulsurum......

pareils conseillers ne convenaient nullement à un monarque faible et irrésolu comme Louis XVI.

Les révolutionnaires, pour séduire les esprits timides et superficiels, disaient partout que le pape n'était nullement hostile à la constitution civile, et, à force de l'entendre répéter, beaucoup de personnes finissaient par se demander si après tout le silence du saint-père ne devait pas être regardé comme une adhésion tacite aux décrets de l'Assemblée. Si Louis XVI désirait préparer un revirement en faveur de la liberté religieuse, il devait avant tout ne dissimuler aucun des obstacles que la constitution civile allait rencontrer. La question de justice n'était rien pour l'Assemblée, mais la certitude d'exciter un mécontentement extraordinaire chez un très-grand nombre de citoyens pouvait seule lui donner à réfléchir. Le malheureux monarque allait donc droit contre son but en laissant les personnes que la constitution civile avait choquées tout d'abord, espérer son acceptation, et en vue de cette éventualité s'abstenir de manifester franchement leurs sentiments. Si la lettre de Pie VI avait été publiée partout, bien des prêtres et des laïques auraient été aussitôt tirés d'incertitude ; il se serait échappé à travers toute la France comme un flot de protestations contenues jusqu'alors par une politique timide, et peut-être certains Constituants s'en seraient-ils émus ; peut-être la scission qui devait avoir lieu inutilement dans ce parti lorsque tout le mal était fait se serait-elle manifestée quand rien n'était encore compromis. Au contraire, Louis XVI et ses conseillers, pour ne pas nuire à une négociation impossible, invitaient les mécontents à mettre une sourdine à leurs plaintes, et cachaient la vérité à tous ceux qui n'attendaient qu'un mot du pape pour protester.

Les deux archevêques, loin de se laisser décourager par la lettre de Pie VI, ne songèrent qu'à enfouir un document qui paraissait ruiner leurs espérances, et recommencèrent de plus belle à proposer au pape de malheureuses combinaisons. Pendant ce temps-là on restait dans une cruelle incertitude, les révolutionnaires continuaient à crier bien haut que le pape ne condamnerait jamais la constitution civile, et beaucoup de prêtres et de fidèles ne savaient qu'en penser. L'entourage de Louis XVI suppliait le pape de ne pas la réprouver publiquement, parce que les plus grands maux devaient en résulter, et jouait ainsi le jeu des constitutionnels en donnant à leurs mensonges une apparence de vérité, sans que la situation du roi en fût améliorée. Plus tard le clergé en voulut profondément à ces deux archevêques, qui en ne servant point des lettres du pape, avaient mis la lumière sous le boisseau et secondé involontairement les artifices des constitutionnels.

Si le pape ne se prononçait pas ouvertement, c'était bien par pure condescendance pour Louis XVI et ses conseillers, qui s'étaient mis dans la tête que tout pourrait être sauvé si l'on gagnait du temps et laissaient les consciences dans l'incertitude. Pie VI était fort inquiet. Dans une lettre à l'archevêque de Bourges, datée du même jour que sa lettre au roi, il déclarait à ce prélat que s'il avait gardé le silence jusqu'alors c'était pour ne pas exaspérer les révolutionnaires (1), mais qu'il n'était plus possible de se taire puisqu'on voulait décidément implanter le schisme en France, et il invitait l'archevêque à user de tout son crédit auprès du roi pour le déterminer à ne pas accepter la constitution civile. Il écrivait aussi à l'archevêque de Vienne qu'elle devait être repoussée à un double point de vue (2), car elle contenait des erreurs et émanait d'une autorité incompétente, et il l'invitait à encourager Louis XVI à la résistance, parce qu'on ne pouvait jamais dissimuler la vraie doctrine, quand bien même on aurait le secret dessein de la proclamer dans un moment plus favorable (3). C'était indiquer assez clairement qu'il désapprouvait le système suivi par le roi. Mais ces lettres n'étaient connues que des prélats et de leur entourage; pour ménager la cour, on ne leur donnait pas de publicité, et le silence du saint-père inquiétait toujours les consciences.

Après avoir beaucoup hésité, Louis XVI se décida à donner sa sanction, sans renoncer pourtant à obtenir l'acceptation du pape. Il lui écrivit de Saint-Cloud, le 28 juillet, une lettre dans

---

(1) «... Nosque talia audientes, ne magis incitaretur furor auctorum, potius tacendum nobis tunc existimavimus, ac interim publicis privatisque precibus ad Dominum, confugere... » Theiner, tome I, p. 10.

(2) Recentia decreta istius conventûs nationalis circa res ecclesiasticas, parem præ se ferunt cum erroris tum nullitatis characterem... erroris scilicet quia falsam continent doctrinam, nullitatis vero quia pronuntiata sunt ab incompetenti auctoritate... V. Theiner.

(3)... Cum catholica veritas nequaquàm ullo tempore dissimulari possit, vel eo animo ad eamdem, mutatis rerum cirumstantiis, revertendi... » V. Theiner.

laquelle il protestait de son attachement pour la foi catholique et le saint-siége (1).

« Je regarde, disait-il, comme un de mes plus beaux titres celui de fils aîné de l'Église, de protecteur des canons, de gardien des lois, coutumes et libertés de l'église gallicane... »

Puis il annonçait au pape qu'il acceptait la constitution civile, ce qui ne semblait guère s'accorder avec ses protestations, et cependant il lui demandait de lui envoyer ses observations sur cette loi, et ne paraissait pas comprendre qu'elles étaient complétement inutiles par son fait. Il l'invitait toujours à attendre avant de se prononcer :

« Sa sainteté, disait-il, sent mieux que personne combien il importe de conserver les nœuds qui unissent la France au saint-siége. Elle ne mettra pas en doute que l'intérêt le plus puissant de la religion, dans la situation présente des affaires, ne soit de prévenir une division funeste, qui ne pourrait affliger l'Église de France sans déchirer le sein de l'Église universelle. »

En acceptant la constitution civile le pauvre Louis XVI rompait au contraire les liens qui unissaient la France au saint-siége, et légalement, après la sanction, le pape n'était plus rien pour le gouvernement français : le premier évêque qui viendrait à mourir serait remplacé par un intrus, et le roi lui-même avait abdiqué toute influence dans les affaires ecclésiastiques et s'était réduit à l'égard de la constitution civile au rôle d'un simple agent d'exécution. C'est ce que Louis XVI, malgré l'évidence, ne pouvait se mettre dans la tête, et il prétendait négocier avec la cour de Rome comme s'il était toujours le roi très-chrétien disposant d'une immense influence dans les affaires religieuses ! Si le schisme n'était pas encore établi dans l'Église de France, c'était seulement parce que le clergé n'avait pas imité la conduite du roi, qui pour éviter un schisme avait jugé à propos d'agir extérieurement en schismatique.

Louis XVI se fût sans doute exposé à certains dangers en refusant d'accepter la constitution civile, mais ces dangers auraient été bien moindres que ceux qu'il affronta plus tard en

(1) Theiner, t. I, p. 264.

apposant son veto aux épouvantables décrets de l'Assemblée législative. Lorsqu'il prit courageusement le parti de tenir tête à la persécution, il dut regretter d'avoir tant cédé au commencement. Un refus obstiné en 1790 lui eût peut-être valu un 20 juin prématuré, mais il n'est pas sûr du tout que ce 20 juin eût été suivi d'un 10 août. S'il avait eu la fermeté de refuser sa sanction en adressant à l'Assemblée des observations à la fois énergiques et habiles sur ses décrets; si dans ce manifeste il lui avait tenu tête vigoureusement sur tout ce qui blessait la liberté religieuse, et cédé sur le reste; s'il lui avait déclaré qu'il se faisait fort d'obtenir du pape une modification des circonscriptions diocésaines pourvu qu'elle renonçât à appliquer certaines dispositions schismatiques de la constitution civile, il est fort probable qu'il aurait prêché d'abord dans le désert, et soulevé une violente tempête; nul ne peut dire ce qui en serait résulté; mais on peut affirmer hautement qu'un refus ainsi motivé eût été moins dangereux et plus utile que son fameux veto. Certes nous sommes bien éloigné de désapprouver Louis XVI d'avoir tenu tête à la Législative; le seul sentiment de la justice lui a fait alors affronter résolûment et sans illusion aucune un effroyable danger. Le courage ne lui faisait pas défaut, il en a donné bien des preuves; mais il ne savait prendre un parti décisif qu'à la dernière extrémité. Dans certaines circonstances, il est beaucoup plus sûr d'aller droit son chemin que de biaiser. Une opposition franche et officiellement avouée à la constitution civile n'aurait certainement pas attiré sur Louis XVI plus ¦de haine et de colère que ses tergiversations et son apparente duplicité; et il aurait eu du moins la consolation de n'avoir jamais faibli un seul instant.

Comment Louis XVI pouvait-il espérer que la cour de Rome accepterait les singuliers arrangements qu'il s'obstinait à lui proposer? Il s'en voulait à lui-même de son acceptation, et cherchait par tous les moyens possibles à faire partager au pape ses propres illusions et à lui faire adopter sa ligne de conduite. Le cardinal de Bernis fut donc chargé de présenter à Pie VI une série de propositions (1).

Il lui déclara d'abord que si le roi avait sanctionné la constitution civile, c'était uniquement parce qu'il se trouvait dans

(1) Theiner, t. I, 266.

une situation telle qu'il n'était pas libre de refuser sa sanction à aucun décret de l'Assemblée. Néanmoins le roi désirait que le souverain pontife lui adressât une réponse provisoire sur la constitution civile sans attendre l'avis d'une commission de cardinaux, car il importait qu'il fût fixé promptement. Cette réponse ne pourrait être regardée comme complète que dans le cas où le saint-père approuverait provisoirement.

1° La nouvelle distribution des métropoles et la création de la métropole de Rennes ;

2° Les circonscriptions nouvelles, en invitant les évêques lésés par elles à montrer la même condescendance que le saint-père ;

3° Les vicaires épiscopaux substitués par la constitution civile aux chapitres ;

4° Les évêchés établis par l'Assemblée dans les villes qui n'en avaient jamais eu, et l'élection des évêques suivant le mode fixé par la constitution civile, sans que le saint-siége leur expédiât leurs bulles, mais avec le seul consentement du métropolitain ou du plus ancien évêque. Les évêques donneraient provisoirement les dispenses réservées au saint-siége.

C'était tout simplement demander au pape d'approuver toute la constitution civile. Il restait seulement à expliquer ce que la cour de France entendait par une approbation provisoire. C'est ce que fit le cardinal de Bernis dans des observations confidentielles.

Les uns, dit-il au pape, s'étonnent que le roi, dont on connaît la foi profonde et le zèle pour la religion, se résigne à accepter les décrets ; les autres ne sont pas moins surpris qu'après son acceptation il soumette encore la constitution civile au jugement du saint-père. Mais ceux qui connaissent l'état de la France savent que le roi ne jouit point de sa liberté, et que sa vie et celle de sa famille sont en danger. Les décrets de l'Assemblée contre la religion ont été en réalité rendus par une minorité, car la majorité n'est pas libre à Paris. La sanction du roi n'a été donnée qu'en raison de ces violences qui ont entraîné la majorité de l'Assemblée, et du reste Sa Majesté, d'après l'avis de ses plus fidèles conseillers, est décidée à donner sa sanction aux décrets les plus détestables sans demander qu'on les modifie en rien, afin de pouvoir dans la suite prouver plus facilement qu'elle n'a pas été libre.

Tout en France est au plus mal : le roi et sa famille sont très-exposés; le négociateur insiste beaucoup sur les dangers qu'ils courent. Si le pape entre en lutte ouverte avec l'Assemblée, on attentera peut-être à la vie de ce monarque, si zélé, si dévoué au saint-siége, et après cet attentat le schisme sera établi et la France perdue pour la religion catholique. Il faut donc que sa sainteté fasse un bref qui devrait être ainsi rédigé.

1° Le pape rendrait d'abord hommage à la bonne foi du roi, et déclarerait que son recours au saint-siége prouve formellement qu'il n'a jamais voulu attenter à la liberté de l'Église;

2° Les erreurs doctrinales contenues dans la constitution civile seraient ensuite exposées;

3° Après cette exposition, le pape déclarerait qu'il ne condamne pas encore formellement la constitution civile, parce que le recours du roi et l'aversion que l'épiscopat et le clergé professent pour ses erreurs lui font espérer un meilleur avenir;

4° Le pape déclarerait, en raison des circonstances, que pour calmer les consciences et ôter tout prétexte de discorde, il fait certaines concessions jusqu'à ce que la constitution civile soit soumise, conformément aux canons et à la discipline, à un examen sérieux;

5° En conséquence il approuverait provisoirement les métropoles, *pro bono pacis* et *vitando scandalo;*

6° De même pour les circonscriptions nouvelles, les évêques se feraient des délégations réciproques;

7° Il approuverait provisoirement l'institution des vicaires épiscopaux;

8° Tout en reconnaissant la nullité de l'érection faite par l'autorité laïque, le pape, pour éviter toute difficulté, ratifierait l'établissement des évêchés nouveaux, et sans accepter les décrets sur les élections ecclésiastiques, il approuverait par simple bref les nouveaux évêques, soit en le leur adressant directement, soit par l'intermédiaire du métropolitain. On aimerait mieux qu'il déléguât au métropolitain, et à son défaut à l'évêque le plus ancien l'institution canonique de ces évêques nouveaux;

9° Le pape accorderait aux évêques toutes les dispenses nécessaires;

10° Il exhorterait les fidèles à bien se mettre en garde contre les erreurs, à resserrer les relations de l'Église de France avec le saint-siége et à le consulter;

11° Ce bref serait adressé au roi : il en ferait l'usage qui lui paraîtrait convenable (!!!) sans compromettre l'autorité pontificale et la paix de l'Église.

Enfin on demandait au saint-père avec beaucoup d'instance d'accéder bien vite à ce plan. — L'ancien archevêque de Vienne, en priant le cardinal de Bernis de transmettre ses propositions au pape (1), reconnaissait au nom du roi lui-même qu'elles donnaient forte prise à la critique; mais la situation, disait-il, était si grave, qu'on désirait à Paris les voir accepter par le pape. D'ailleurs il ne s'agissait que d'une acceptation provisoire; c'était l'éternel refrain des conseillers de Louis XVI.

Le pape ne pouvait accéder à de semblables propositions : autant aurait valu accepter nettement la constitution civile, tant les palliatifs et les réserves conseillés par le cabinet des Tuileries étaient insuffisants et ridicules.

Il y avait dans la constitution civile des dispositions très-regrettables, mais sur lesquelles on pouvait passer plutôt que d'attirer sur l'Église de France une persécution. Mais il y en avait d'autres qui étaient inacceptables et que l'Église devait repousser sans s'inquiéter des conséquences, parce qu'elles établissaient l'hérésie et le schisme. Le roi proposait au pape de tout sanctionner indistinctement!

Louis XVI, en répétant constamment que cette approbation ne serait que provisoire, montrait seulement qu'il cherchait à se faire illusion à lui-même, mais ne résolvait nullement la difficulté.

En effet, il n'est pas permis d'approuver même provisoirement le schisme ni l'hérésie, pour éviter de grands maux, des persécutions. S'il était permis sous ce prétexte de consentir extérieurement à ce que demandent les persécuteurs, les premiers chrétiens auraient été en droit de sacrifier aux faux dieux quand les empereurs le leur ordonnaient, sauf à revenir au christianisme quand il n'y aurait plus eu à craindre de persécution immédiate. Si de simples fidèles doivent partout et toujours confesser hautement la saine doctrine, à plus forte

---

(1) 29 juillet 1790. — « Non ea quidem et optabam ego, et rex ipse voluisset quæ strictæ sacrarum regularum observationi ecclesiæque dignitati magis congruunt, sed quæ videtur exigere, luctuosi temporis necessitas, conscientiarum tranquillitas, imminens schismatis periculum. Et ista non ut leges perpetuæ, sed tanquam provisoriæ dispensationes proponuntur... » Theiner, I, 283.

raison le chef de l'Église doit-il éviter de laisser le schisme et l'hérésie prévaloir dans une partie de la catholicité, de sanctionner même provisoirement leurs doctrines et leurs actes, et de tromper ainsi sur la foi les fidèles qu'il doit éclairer. Si le pape avait consenti à ce que Louis XVI lui demandait, les conséquences en auraient été déplorables de toute manière. Les fidèles, prévenus que l'acceptation du pape était simplement provisoire, auraient été en droit de lui dire : « Si la loi que vous acceptez est telle que nos évêques l'ont dépeinte, telle que vous la dépeignez vous-même ; si elle blesse la divine constitution de l'Église, alors pourquoi l'acceptez-vous, même provisoirement ? Puisqu'en définitive vous la tolérez, nous sommes autorisés à croire que vous l'avez calomniée à dessein. Persistez-vous à soutenir qu'elle est hérétique, alors vous manquez à tous vos devoirs, vous faites preuve d'une faiblesse et d'une lâcheté détestables chez le plus humble ministre de l'Église, à plus forte raison chez le pontife suprême. » Tout porte à croire que la première interprétation aurait prévalu, qu'on aurait attribué les censures doctrinales du pape au dépit de n'avoir pas été consulté par l'Assemblée, et qu'on n'aurait vu dans son approbation provisoire qu'un aveu implicite de la parfaite orthodoxie de la constitution civile.

Mais il était fort probable que le bref du pape ne recevrait aucune publicité, que le roi le tiendrait secret, et qu'on saurait seulement que le pape tolérait la constitution civile. Alors toute la France, sauf quelques personnes initiées aux secrets de la cour, aurait cru sincèrement que la constitution civile était orthodoxe, et n'aurait pas entravé son exécution. Les conséquences en auraient été désastreuses pour la religion, les fausses doctrines sur la constitution et sur la liberté de l'Église se seraient accréditées dans les esprits, et si plus tard on avait annoncé que l'approbation du pape n'avait été que provisoire, on aurait excité beaucoup d'étonnement et de scandale.

Au reste, quand bien même le chef de l'Église eût été libre devant Dieu de donner une approbation provisoire à de tels décrets, il eût commis une grave imprudence en accédant aux propositions de Louis XVI.

Le roi cherchait évidemment à se tromper lui-même, et sur les conséquences de son acceptation, et sur les moyens qu'il pourrait avoir dans la suite de réparer le mal qu'il venait de faire à l'Église. Il savait que la constitution civile blessait la religion, et pourtant il s'était laissé abuser par de faux raisonnements, par des calculs non moins faux, et il l'avait acceptée; il en était venu à désirer que le pape s'abusât comme lui, et couvrît sa responsabilité de monarque chrétien en engageant la sienne propre. Mais il n'en pouvait être ainsi. Le pape plaignait sincèrement Louis XVI, mais il lui était impossible de compromettre les plus graves intérêts de l'Église et d'oublier ses devoirs les plus sacrés, pour faciliter les projets si chanceux que des conseillers timides et malhabiles avaient suggérés au roi de France.

En supposant que l'approbation provisoire fût possible, on se trouvait encore devant une question de la plus haute gravité. Combien de temps à peu près ce provisoire devait-il durer? Trois mois, six mois, un an, dix ans? Louis XVI et ses conseillers ne pouvaient donner là-dessus aucun éclaircissement, car ils n'en savaient pas plus que le pape lui-même, et pourtant un tel provisoire ne pouvait être que très-court. Les évêques, disait le projet, suppléeraient par des délégations réciproques à la nullité des nouvelles circonscriptions diocésaines; mais cet expédient ne pouvait être que de très-courte durée. Qu'un des cent trente évêques de France vînt à mourir et ce plan de conciliation était annulé quant à son diocèse, car la délégation finit forcément avec le délégant, et tout était remis en question, et chaque décès d'évêque aurait aggravé la situation. Que ce provisoire durât seulement un an, et dans certains départements ce qu'on voulait éviter à tout prix arrivait fatalement; les évêques délégués se trouvaient sans pouvoirs; l'autorité civile voulait imposer des intrus, les fidèles se verraient obligés de choisir entre le schisme et la persécution, et l'échafaudage construit avec tant de peine par les ministres de Louis XVI s'écroulerait misérablement. Il était impossible que le pape fît le moindre accueil à une pareille demande, si le roi n'essayait pas au moins de lui prouver qu'il ne se berçait pas de vaines illusions et de projets en l'air, mais qu'il pouvait raisonnablement croire à un meilleur avenir. Il était tout à fait invraisemblable qu'un monarque qui déclarait sa vie et celle de sa famille en danger s'il refusait de sanctionner les décrets les plus odieux, et malgré son zèle pour la religion, se disait forcé d'introduire lui-même le schisme en France, pût si vite rentrer dans la jouissance de sa pleine liberté, et devenir tout à coup assez fort pour défaire toutes les mauvaises lois qu'il s'était cru obligé de sanctionner. On se demandait au Vatican sur quoi Louis XVI pouvait compter pour parler avec autant d'assurance d'un avenir peu éloigné ; on avait beau chercher, on ne découvrait rien qui pût justifier de telles espérances, et on craignait avec raison que ce provisoire ne devînt définitif à la grande confusion de ceux qui se seraient ainsi leurrés eux-mêmes. Que Louis XVI eût une confiance déraisonnable dans le résultat final de certaines intrigues, ce n'était que trop vrai, mais il n'était pas possible qu'il la fît partager à la cour de Rome, car elle n'avait pas les mêmes motifs de s'illusionner. Le pape vit tout de suite que le roi lui demandait un acte à la fois impolitique et contraire à ses devoirs ; quand bien même il aurait donné cette approbation provisoire, elle n'aurait servi probablement qu'à tranquilliser la conscience du roi : la cour aurait dit que le pape approuvait tout, afin de ménager les Constituants et d'empêcher toute résistance; les fidèles auraient ignoré que l'approbation était purement provisoire, et Louis XVI lui-même au bout de quelques mois, après avoir vu successivement échouer tous ses plans, aurait été réduit à écrire au saint-père qu'il fallait absolument que ce provisoire eût une durée indéfinie, à cause des dangers qui le menaçaient plus que jamais. Pour une foule de raisons, Pie VI ne pouvait pas faire ce que le roi lui demandait ; il se contenta de ne point condamner de suite la constitution civile, et il fallut que les circonstances devinssent encore plus graves, pour qu'il se décidât à prononcer sur elle. Ce fut uniquement à cause des appréhensions et des supplications de Louis XVI que le pape s'abstint si longtemps de condamner solennellement les erreurs de l'Assemblée, et ce long retard, sans préserver le malheureux monarque d'aucun danger ni même d'aucun affront, eut pour la religion des conséquences déplorables.

Pendant ce temps-là l'Église de France tout entière était dans la plus profonde anxiété. Les évêques, pour la plupart, n'étaient pas bien instruits des négociations que le roi avait essayé d'entamer avec le saint-siége, et d'ailleurs s'ils respectaient profondément la personne et les intentions de Louis XVI, ils n'avaient aucune confiance dans la sûreté de ses vues ni dans son habileté à manœuvrer au milieu de pareilles difficultés. Ils appréhendaient avec raison que ses conseillers ne lui fissent sacrifier les intérêts véritables de la religion à de fausses considérations politiques. Et ils écrivaient au pape pour lui demander ce qu'il fallait faire, ce qu'il fallait éviter, quelle ligne de conduite ils devaient adopter. Bien que justement irrités contre la constitution civile, ils ne demandaient pas mieux que de faire toutes les concessions possibles, mais malheureusement ils ne pouvaient en faire sur les dispositions les plus importantes, et quelques concessions sur des points de détail n'auraient nullement désarmé les révolutionnaires, ni éloigné la persécution. On en trouve la preuve dans un curieux mémoire présenté au saint-siége par l'archevêque d'Auch en son nom et au nom des évêques de sa province en août 1790 (1). Ce prélat lui adressait une foule de questions indispensables sur la conduite que les évêques devaient tenir à l'égard des autorités civiles et de leurs innovations, et montrait un désir véritable de conciliation, qui venait malheureusement se briser contre les décrets schismatiques de la constitution civile. Le système d'élections adopté par la Constituante paralysait toute bonne volonté et rendait toute transaction impossible. L'archevêque d'Auch ne demandait pas mieux que de trouver quelque moyen de tout concilier, mais ses efforts même ne servaient qu'à lui démontrer encore mieux les vices de la constitution civile. Il avait cru d'abord trouver un moyen de tourner la difficulté en ce qui concernait les vicaires épiscopaux ; mais il avait reconnu qu'avec la meilleure volonté du monde on ne pouvait les admettre sans violer les règles de l'Église. Un examen attentif faisait encore mieux ressortir à ses yeux le caractère presbytérien de certaines dispositions de la constitution civile, et il demandait au pape quelle conduite l'épiscopat devait tenir. « Plus on étudie la nouvelle constitution ecclésiastique, dit le Mémoire, plus on voit s'accroître les embarras et les difficultés de la condition que doivent tenir les évêques. » Les prélats de la province d'Auch, après avoir fait ce tableau affligeant des erreurs de la constitution civile et des difficultés inextricables qu'elle avait suscitées, n'avaient que trop raison d'ajouter qu'ils craignaient des maux encore plus grands pour l'avenir, et qu'on en viendrait bientôt à décréter le divorce et le mariage des prêtres. Le pape recevait bien des lettres de ce

(1) Theiner, tome I, p. 285.

genre, il était consulté sur une foule de points délicats, et il hésitait à répondre catégoriquement afin de ménager Louis XVI. Ainsi le 4 août il répondait à l'évêque de Saint-Pol-de-Léon qu'il ne pouvait encore inviter l'épiscopat français à suivre une marche déterminée parce que dans des circonstances pareilles, quelque parti que l'on prît, on s'exposait à de grands dangers.

Bien que les propositions du roi fussent peu sérieuses, le pape ne crut pas devoir les rejeter immédiatement, et nomma une commission de cardinaux pour les examiner. Il annonça le 17 août cette nouvelle à Louis XVI dans une lettre écrite en français, mais il eut soin de ne pas lui donner de fausses espérances sur le résultat probable de la négociation. C'était seulement, disait-il, pour ne pas aigrir les esprits qu'il avait gardé le silence sur la constitution civile. Peut-être les évêques en ont-ils été surpris, mais Louis XVI peut attester qu'il ne lui a pas dissimulé sa pensée.

« ... Que si nous n'avons pas prêché sur le toit, nous n'avons pourtant dissimulé la vérité, quand nous avons pu la faire entendre à des souverains tels que vous, et lorsque nous n'avons pas eu à craindre de compromettre les ministres de l'autel sans aucun avantage pour la religion dont ils sont les organes. »

Le pape dans cette lettre traçait admirablement leur devoir aux membres du clergé français.

« ... Ils devront principalement réclamer les droits spirituels que l'Église de France est menacée de perdre, plus que le dépouillement de leurs biens et de leurs prérogatives. »

Cette recommandation faite dans une lettre confidentielle démontre la fausseté des accusations portées par les révolutionnaires contre Pie VI, qui suivant eux, dans son opposition à la constitution civile, n'aurait écouté que des rancunes politiques.

Cette lettre n'était pas faite pour confirmer le pauvre Louis XVI dans ses illusions : elle lui enlevait déjà l'espoir d'une prompte réponse. Ses propositions seraient examinées en détail et à loisir ; un refus dans de pareilles conditions était certain, car des propositions de ce genre ne pouvaient être prises au sérieux que dans un moment de panique ou d'imprudente compassion pour les alarmes du roi de France. On avait compté aux Tuileries sur les sympathies personnelles de Pie VI pour Louis XVI, sur un moment d'entraînement de la part du souverain pontife : c'était bien dans cette espérance qu'on l'avait prié de se décider sur l'heure, et sans consulter ses conseillers. Cette tactique n'avait pas réussi. Louis XVI désappointé accomplit ce qu'il avait déjà décidé depuis quelque temps, et en acceptant solennellement la constitution civile affligea les croyants sans se concilier les révolutionnaires, qui ne le crurent nullement converti à leurs innovations religieuses. Il écrivit au pape pour lui annoncer cette fâcheuse nouvelle, et se plaignit en même temps de ne pas recevoir de réponse. Le pape lui répondit le 22 septembre qu'il avait gémi du plus profond de son cœur en apprenant qu'il avait été forcé de sanctionner un pareil acte, et en témoigna une vive douleur. Louis XVI semblait se plaindre de n'avoir pas reçu de réponse par le retour du courrier extraordinaire envoyé par le cardinal de Bernis, mais le souverain pontife lui annonçait que la commission de vingt cardinaux nommée précédemment s'était réunie sans retard, et qu'elle examinait ses propositions. D'ailleurs, s'il était nécessaire que le pape prononçât sur la doctrine de l'Église après un mûr examen, il fallait aussi qu'il fût certain qu'on écouterait ses paroles, et il redoutait qu'elles ne fussent méprisées. « *Certe ut nunc in Gallia comparati sunt animi, multo plus mali nobis est timendum quam sperandum boni.* » Cependant il ne prononcerait aucune condamnation tant que la commission n'aurait pas achevé son travail, et il n'oublierait jamais que Louis XVI est le fils aîné de l'Église.

Le pape était donc décidé à ne pas agir précipitamment, à éviter tout ce qui pourrait exaspérer inutilement les révolutionnaires, mais il n'entendait nullement céder sur les principes, et compromettre même provisoirement les véritables intérêts de la religion pour favoriser les combinaisons prétendues politiques de Louis XVI et de ses conseillers. On l'a souvent accusé d'avoir, en résistant à la révolution, compté sur une réaction. Est-ce que le roi de France lui proposait autre chose? Est-ce que toutes ses combinaisons ne reposaient pas uniquement sur l'espoir d'une réaction prochaine? S'agissait-il dans l'esprit de Louis XVI d'un retour à l'ancien régime, ou simplement du triomphe de ces idées vraiment libérales, mais trop timides aux yeux de beaucoup de gens, que Malouet, Mounier, et d'autres esprits distingués avaient soutenues dès le début de la révolution? On ne peut le savoir, et Louis XVI lui-même ne le savait peut-être pas! Il recevait les plaintes, les offres de service de ces deux partis fort différents, et espérait que l'un des deux viendrait à bout de le soustraire au joug qui pesait sur lui. Si le pape s'était fait illusion sur la faiblesse du véritable parti de la réaction en France, il n'en aurait pas moins répondu qu'il ne pouvait donner à la constitution civile une approbation provisoire, mais ses lettres à Louis XVI et aux évêques auraient été écrites dans un tout autre esprit.

Cette correspondance du pape porte en effet l'empreinte d'une profonde tristesse. Le souverain pontife ne paraît plus guère compter sur aucun secours humain; il recommande au roi et aux évêques de défendre exclusivement les droits spirituels de l'Église; il leur rappelle les principes pour lesquels ils doivent souffrir et mourir au besoin, mais leur laisse beaucoup de latitude sur la manière de les défendre. On s'est plu quelquefois à représenter le clergé de France comme obéissant uniquement à l'impulsion de la cour de Rome dans sa résistance à la constitution civile : il n'en est rien. Il a toujours, et ce sera là son éternel honneur, lutté énergiquement contre les tendances, puis contre les décrets schismatiques de l'Assemblée. Il n'était pas nécessaire de consulter le saint-siège pour reconnaître que la constitution civile était hétérodoxe; il suffisait pour s'en apercevoir d'avoir une connaissance élémentaire de la religion, et de n'être pas, pour des motifs intéressés, un admirateur quand même de la révolution. Le clergé de France a surtout consulté le saint-siège pour être éclairé par lui sur la nature et l'étendue des concessions qu'il pouvait raisonnablement faire, et le chef de l'Église n'a pas eu besoin de lui rappeler ses devoirs méconnus, ni de relever son courage : il l'a même invité plutôt à patienter et à temporiser, et l'on peut regretter que par égard pour Louis XVI le pape ne se soit pas solennellement expliqué sur la constitution civile immédiatement après le vote de l'Assemblée. S'il avait agi de la sorte, les révolutionnaires du temps auraient poussé des cris de fureur, et les apologistes de la révolution se récrieraient aujourd'hui contre la précipitation et la violence d'une pareille conduite.

On soutiendrait certainement qu'en agissant ainsi le pape avait paralysé toutes les bonnes dispositions de la Constituante, et que s'il avait tardé quelques mois, avec une Assemblée aussi sage, aussi libérale, aussi tolérante, toutes les difficultés auraient été résolues de la manière la plus équitable et la liberté de conscience soigneusement respectée. Le pape a tardé quelques mois, et l'Assemblée a pu dévoiler tout à son aise son intolérance et son fanatisme anticatholique. Les admirateurs de la Constituante devraient regretter les lenteurs de la papauté, car elles ont permis aux Constituants et aux révolutionnaires de se montrer tels qu'ils étaient !

Les auteurs de la constitution civile et leur parti désiraient que le pape se soumît humblement à leur volonté. L'Assemblée se regardait comme souveraine dans toutes les questions religieuses sur lesquelles il lui plaisait d'affirmer sa compétence ; le pape n'avait donc qu'à plier comme Louis XVI. C'eût été un triomphe pour elle, et un moyen efficace de faire cesser toute opposition à ses innovations religieuses. On avait grand soin d'exalter la sanction de Louis XVI lorsqu'on discutait avec les royalistes ; et cette autorité royale, si abaissée, si méprisée, on affectait de l'opposer respectueusement à ses véritables défenseurs quand ils critiquaient les plus mauvais décrets de l'Assemblée. Il semblait, à entendre les révolutionnaires, que blâmer les décrets revêtus de cette sanction c'était commettre un acte de trahison. De même on aurait aimé à jeter avec le même respect et la même sincérité l'approbation du pape à la face de tous ceux qui osaient critiquer la constitution civile. Beaucoup de philosophes et de jansénistes désiraient pourtant que l'on se passât absolument du consentement du pape s'il fallait l'acheter de la plus insignifiante concession, s'il ne contenait pas un aveu formel du pouvoir de l'Assemblée sur les consciences. Le triomphe de la constitution civile était certain, suivant eux, quelque parti que le pape adoptât : il serait encore plus beau s'il n'était dû qu'au seul ascendant de l'Assemblée, qu'à la seule force de ces décrets, et s'il était impossible de soutenir qu'il avait été facilité par l'adhésion d'un pontife étranger et incompétent.

II.

Les évêques français, pendant que Louis XVI perdait son temps en vaines négociations, s'empressaient d'éclairer par des lettres pastorales le clergé et les fidèles sur les dangers qui menaçaient la religion. Plusieurs d'entre elles contiennent des réfutations très-complètes et très-remarquables de la constitution civile. Naturellement ces lettres écrites dans l'attente d'une odieuse persécution, souvent sous l'impression de récents excès, ne dépeignent point sous de brillantes couleurs la situation de l'Église et de la France. Les évêques étaient parfaitement instruits soit par eux-mêmes, soit par les rapports de leur clergé, des excès qui avaient été commis. Il leur était impossible de parler avec calme d'un régime qui prétendait imposer le schisme au pays ; du reste, devant les violences du peuple de Paris, la gêne et l'anxiété universelles, les troubles et les pillages qui se renouvelaient sans cesse, ils se sentaient en droit de demander aux philosophes si c'était là le bonheur et la prospérité qu'ils avaient tant promis à la France. L'impunité scandaleuse que le parti dominant accordait le plus souvent aux auteurs de tous ces excès, et ses procédés injurieux envers les victimes n'étaient pas faits pour réconcilier l'épiscopat avec le régime nouveau. Déjà la révolution avait porté des fruits détestables, déjà elle apparaissait sous un aspect effrayant et avec un long cortége de violences et d'iniquités, et ses plus zélés défenseurs avaient assez peu de bon sens et de sens moral, pour entasser sophismes sur sophismes dans le but de prouver que tout allait pour le mieux. Déjà l'odieuse maxime « il n'y a pas de crime en temps de révolution » commençait à être prêchée ouvertement. Quand un évêque avait entendu excuser les assassins, insulter les victimes, et demander dédaigneusement si le sang qui venait de couler était si pur après tout, il devait ressentir une légitime indignation contre de pareils hommes d'État, quand bien même ils n'auraient pas en outre réclamé bruyamment la persécution immédiate du catholicisme. L'épiscopat ne pouvait pas être dans une situation d'esprit qui lui permît de faire dans ses mandements de subtiles distinctions entre la révolution telle qu'elle se montrait alors et la révolution telle qu'elle aurait dû être si elle avait voulu tenir ses promesses. Ces distinctions ne nous sont pas encore très-faciles à faire en 1872 ; en 1790, au lendemain de nombreux excès, et dans l'attente de crimes plus grands encore, il n'y fallait pas songer. Sans doute on peut regretter que quelques évêques, comme du reste un grand nombre de laïques, effrayés du présent, très-inquiets de l'avenir, et désireux surtout de voir rétablir l'ordre matériel aient paru souhaiter trop vivement le retour de l'ancien régime comme unique remède à de si grands maux, mais on aurait tort de croire que l'expression de ces regrets ait beaucoup nui à la religion. Ils auraient fait les distinctions les plus raffinées et les plus libérales entre les principes raisonnables et les injustices de la révolution, qu'on les eût accusés d'hypocrisie et de fausseté. Il fallait alors tomber à genoux devant tous les décrets de l'Assemblée, adorer l'œuvre de la révolution dans ses moindres détails, si l'on ne voulait être accusé de regretter l'ancien régime ; l'éloge de la constitution civile surtout était devenu la pierre de touche du vrai patriotisme. Si l'on regrettait de ne pas voir figurer dans la constitution générale, soit les deux chambres, soit des attributions plus larges au pouvoir exécutif, soit une meilleure organisation administrative, une de ces choses enfin dont les libéraux ont toujours déploré l'absence dans cette constitution, on excitait de violentes clameurs, et on était accusé de poursuivre le rétablissement des priviléges de caste, de la dîme et de la corvée ! On oublie trop que pendant les années 1790 et 1791 les aristocrates incorrigibles et les libéraux dignes de ce nom qui voulaient une constitution mieux faite, étaient également hués, vilipendés, et accusés de vouloir rétablir les anciens abus. Il eût sans doute beaucoup mieux valu, au point de vue de l'art de la polémique, que tous les évêques condamnassent à la fois, et l'ancien régime, et les excès de la révolution, comme certains membres de l'Assemblée, Malouet par exemple. Mais ils auraient obtenu auprès des révolutionnaires le même succès que Malouet, et recueilli pour eux-mêmes et pour le catholicisme la même moisson d'injures et la même impopularité.

On avait au commencement de la révolution fait grand bruit d'un mandement de l'évêque de Tréguier. En flétrissant énergiquement les assassinats qui avaient souillé la capitale, ce prélat avait excité la fureur de ceux qui voulaient jeter sur tous ces excès un voile complaisant. Il avait protesté un des premiers contre les atteintes portées au principe de la propriété, et contre la vente des biens ecclésiastiques. Il avait dénoncé les dangers du moment avec une netteté et une exactitude bien capables d'exaspérer les optimistes, et fait de sombres prédictions qui ne devaient pas tarder à se réaliser. Aussi avait-il excité contre lui un déchaînement effroyable. Les naïfs qui ne voulaient pas être dérangés dans leur béate quiétude, les violents qui voulaient une révolution oppressive et sanguinaire, les constitutionnels surtout qui se sentaient particulièrement frappés lorsqu'on flétrissait des crimes que trop souvent ils auraient pu prévenir; tous ces partis divers s'étaient réunis pour crier haro sur l'évêque de Tréguier et l'accabler d'injures (1). A les entendre, il avait calomnié la révolution à plaisir et excité à la guerre civile. Le 7 août 1790, plusieurs mois après la publication de son mandement, il comparut devant le tribunal du Châtelet chargé alors de juger provisoirement les crimes de lèse-nation. Il se défendit énergiquement, et sans rien rétracter de ce qu'il avait avancé, il rétablit le véritable sens de ses paroles. Il protesta qu'en attaquant la vente des biens ecclésiastiques, il n'avait entendu réprouver que la confiscation, et non pas les sacrifices que le clergé pourrait faire volontairement. Il n'eut pas de peine à prouver que dans ce passage, si violemment attaqué... « si l'on ravit les antiques propriétés de vos seigneurs et de vos pasteurs, qui vous garantira les vôtres? » Il avait fait simplement usage du droit de discussion, et que ces paroles ne pouvaient servir de base sérieuse à l'accusation d'avoir voulu susciter contre l'Assemblée une coalition violente entre les nobles et les paysans. Il produisit plus de trente certificats de municipalités et de districts, qui attestaient que la publication de son mandement n'avait pas produit les effets déplorables qu'on lui attribuait. Le 14 septembre, près d'un an après l'apparition de ce mandement, il fut déchargé de l'accusation. Le tribunal qui a condamné Favras ne peut être suspecté de partialité envers ceux qui étaient, comme l'évêque de Tréguier, accusés de préparer une contre-révolution. Mais si les révolutionnaires n'entendaient

---

(1) L'Assemblée rendit aussi un décret contre un mandement de l'évêque de Toulon, et ordonna que son traitement serait séquestré (19 août).

pas supporter la liberté de discussion, un tribunal régulier ne pouvait prendre sur lui de déclarer coupable de lèse-nation un prélat qui avait usé de son droit, lorsque tant de libellistes qui excitaient au pillage et à l'assassinat jouissaient de l'impunité la plus complète. Du reste, les événements qui s'étaient passés depuis la publication du mandement avaient déjà donné raison en partie à l'évêque de Tréguier, et certains partisans de la révolution commençaient à avouer qu'elle pouvait aussi avoir ses ombres (1).

III.

On préludait à l'exécution de la constitution civile par celle du décret de mort porté contre les ordres monastiques. Depuis que l'Assemblée avait prononcé leur abolition en principe ainsi que la confiscation de leurs biens, les religieux se trouvaient dans la plus triste situation. Regardés par les autorités comme des intrus dans leurs couvents et comme une charge pour l'État, ils étaient soumis aux plus cruelles vexations. Les autorités civiles craignaient constamment qu'ils ne vinssent à détourner l'argent ou le mobilier de leurs couvents, et les administrateurs et les gardes nationaux, d'autant plus prompts à les soupçonner qu'à leur place ils ne s'en seraient pas fait le moindre scrupule, venaient à chaque instant faire chez eux des perquisitions, et entraînaient à leur suite une foule désordonnée qui venait s'assurer si, comme on le prétendait, des dilapidations avaient été com-

---

(1) L'Assemblée eut alors quelques velléités de réprimer la licence des tribunes, et l'insolence de certains révolutionnaires. Elle écouta favorablement Dupont de Nemours, qui vint lui dénoncer la manière dont les clubistes préparaient les émeutes. Ils offraient 12 francs à qui voulait crier avec eux, et quand c'était fait, ils disaient qu'on recommencerait, qu'il fallait revenir, « que tel jour il y aurait un grand désordre, des assassinats, un pillage important précédé d'une distribution nouvelle pour les chefs subalternes, pour les gens sûrs. » Ces annonces se répandaient au loin et attiraient à Paris des gens sûrs. (*Moniteur*, 7 septembre). L'Assemblée décréta, le 7 septembre, que les tribunaux informeraient contre ceux qui, le jeudi 2 septembre, avaient fait des motions d'assassinat sous ses fenêtres, et contre ceux qui avaient excité à ces motions, ou distribué de l'argent à cette fin. Ce décret ne changea rien à la situation, car il ne fut pris au sérieux ni par ceux contre qui il était dirigé, ni par ceux qui étaient chargés de l'appliquer. Beaucoup de députés ne l'avaient voté que par convenance et par respect humain, et auraient été bien fâchés de le voir strictement appliqué.

mises. Mais sous ce prétexte les inquisiteurs, et leur suite, se permettaient toutes sortes de brutalités envers les religieux, et souvent aussi des dilapidations très-réelles au détriment du trésor public. Les comités de l'Assemblée reçurent (1) à ce sujet une foule de plaintes.

Tous les membres des communautés des deux sexes durent déclarer s'ils entendaient quitter leur couvent ou conserver la vie commune. Les religieux qui préféreraient la vie commune devaient être réunis, au moins au nombre de vingt, dans certaines maisons désignées par les administrations, et des religieux de différents ordres pouvaient, en vertu du décret du 8 octobre, être obligés de vivre ensemble. Les habitants de chacune de ces maisons de retraite devaient tous les deux ans, sous la présidence d'un officier municipal, nommer un supérieur et un économe, et se faire un règlement que la municipalité était chargée de faire exécuter. L'Assemblée n'enleva point aux religieuses l'avantage qu'elle leur avait déjà concédé de rester dans leurs maisons, mais leur ordonna, comme aux religieux réunis, de se donner une supérieure et un règlement sous la surveillance de la municipalité, et de fouler aux pieds les règles de leur ordre. Ainsi la Constituante, tout en ayant l'air de respecter leur volonté de rester dans la vie religieuse, exigeait d'elles insidieusement une grave infraction à leurs vœux, et les plaçait entre une apostasie complète et une demi-apostasie. Elle les invitait à rompre leurs vœux, et lorsque leur volonté d'y persévérer s'était nettement manifestée, il leur fallait, pour la peine, payer une rançon à l'impiété de leurs persécuteurs. Si la philosophie tolérait encore des religieuses en France, ce n'étaient plus du moins des religieuses de tel ou tel ordre, c'étaient des religieuses innomées, des religieuses de par la constitution, que régissait un décret de l'Assemblée, et qui avaient pour chapitre messieurs les municipaux de l'endroit.

Les religieux et religieuses qui préféreraient quitter le cloître pouvaient emporter le très-modeste mobilier de leur cellule. Le traitement des religieux était fixé par la loi du 20 février, il ne subit point de modification. Le traitement des religieuses fut fixé par la loi du 8 octobre à sept cents livres pour les re-

(1) Les religieux de la Chartreuse de Mont-Dieu envoyèrent au comité ecclésiastique le récit complet d'une de ces invasions. V. Appendice n° 3.

ligieuses de chœur et à trois cent cinquante livres pour les converses. On alloua la même somme à celles qui restaient dans leurs couvents. Dans les maisons dont les revenus excédaient la somme de sept cents livres à raison de chaque professe, et de trois cent cinquante à raison de chaque converse, on leur donnait sur ce revenu une somme suffisante pour parfaire tous ces traitements. Si au contraire le revenu n'était pas suffisant, on le leur abandonnait sans supplément et elles vivaient comme elles pouvaient; c'était encore un moyen détourné de les pousser à quitter la vie commune.

Treilhard, au nom du comité ecclésiastique, proposa à l'Assemblée de faire courir le traitement des religieux du 1er janvier 1791 dans un but d'économie, et de les jeter ainsi hors du cloître sans argent. L'Assemblée, plus humaine, décida que le traitement courrait du 1er avril 1790; mais comme on manquait de fonds le payement en fut renvoyé au 1er janvier 1791. Les religieux étrangers furent renvoyés dans leur pays sans indemnité, sans moyens de retour.

On trouve dans cette loi (article 23) la disposition suivante : « Les costumes particuliers de tous les ordres religieux demeurent abolis, et en conséquence chaque religieux sera libre de se vêtir comme bon lui semblera. » Beaucoup d'administrations en conclurent qu'elles avaient le droit d'empêcher les religieux de porter leur costume, et le leur défendirent expressément. Elles invoquaient la première partie de l'article en négligeant systématiquement la seconde, et soutenaient que les costumes religieux étant abolis, elles ne devaient pas permettre qu'on les portât désormais. Mais leur aversion pour l'habit monastique leur faisait donner à cet article une interprétation forcée. Sous l'ancien régime la loi civile intervenait pour contraindre à l'observation des vœux; elle obligeait chaque religieux à porter le costume de son ordre. Les vœux avaient été abolis, mais rien n'avait été décidé d'abord quant aux costumes. L'Assemblée avait tranché la question en décidant que les costumes religieux étaient abolis au point de vue de l'obligation civile de les porter, et autorisé les religieux à se vêtir comme bon leur semblerait; ce qui impliquait nécessairement le droit de garder leur costume, autrement la seconde partie de l'article 23 n'aurait été qu'une superfétation ridicule, car un citoyen n'a pas besoin de permission pour s'habiller à sa guise. Si l'Assemblée avait voulu défendre aux moines

de porter leurs costumes, l'article 23 aurait été ainsi rédigé...
« En conséquence il est interdit à tout religieux de porter désormais le costume de son ordre. » Avec l'article 23 au contraire les religieux avaient le droit ou de garder leurs costumes, ou de s'habiller en prêtres séculiers ou même en laïques, ou même de porter la robe d'un autre ordre, s'ils n'avaient pas d'argent pour s'acheter des vêtements, ce qui leur aurait été interdit auparavant. Il ne faut pas oublier que l'Assemblée les renvoyait au 1er janvier 1791 pour toucher le premier sou de leur pension, qu'ils n'avaient pour tout bien que leur costume religieux, et se trouvaient pour la plupart dans l'impossibilité de faire les frais du costume séculier le plus modeste. Agir ainsi, c'eût été littéralement les jeter dans le monde sans argent et tout nus. Le comité ecclésiastique maintint par de nombreuses décisions le droit qu'avaient les religieux de garder leurs costumes, et nous n'avons fait que reproduire son interprétation de la loi. Malheureusement beaucoup de municipalités commencèrent par interdire d'abord aux religieux de porter leur habit, et ne tinrent aucun compte des avis du comité.

On avait proposé à l'Assemblée de supprimer complétement le costume ecclésiastique. L'évêque de Clermont protesta éloquemment. Cette proposition était prématurée. Treilhard et Chasset, au nom du comité ecclésiastique, déclarèrent qu'on ne voulait violenter personne, et l'Assemblée se contenta de voter simplement l'article 23.

Les autorités civiles s'empressèrent d'appliquer la loi du 8 octobre et de se transporter dans les couvents pour interroger les religieux et les religieuses sur le parti qu'ils comptaient prendre. On put constater alors la décadence affligeante dans laquelle la plupart des couvents d'hommes étaient tombés; mais les communautés de femmes présentèrent un heureux contraste, et grâce à cette solennelle épreuve les fables ridicules qu'on avait mises à la mode sur les *victimes cloîtrées* furent réduites à néant (1).

---

(1) Les archives du comité ecclésiastique contiennent un certain nombre de lettres de religieux et de religieuses qui désiraient quitter leurs couvents. On voit par ces lettres que les religieuses mécontentes étaient à peu près toutes aigries par des démêlés avec d'autres religieuses, quelquefois par l'espoir déçu de devenir abbesse ou supérieure. Les lettres des religieux n'ex-

On vit une foule de moines oublier leurs vœux, qui, pour être dépourvus de sanction civile, n'en obligeaient pas moins la conscience, et renoncer à la vie commune. Il serait intéressant de savoir au juste, et le nombre des religieux qui abandonnèrent leurs couvents, et le nombre de ceux qui restèrent fidèles à leurs vœux. L'Assemblée avait ordonné aux départements d'en faire la statistique et de la lui envoyer, mais tous n'ont pas exécuté ses ordres, et ces statistiques n'ont pas été conservées pour la plupart; néanmoins les archives du comité ecclésiastique en contiennent encore quelques-unes. Il y eut des départements où la grande majorité des religieux déserta honteusement la vie monastique. Ainsi dans le Jura cent quatre-vingt-six religieux rentrèrent dans le monde et soixante-neuf seulement optèrent pour la vie commune. Dans le département voisin du Doubs sur deux cent soixante-quatorze religieux, soixante-dix-neuf seulement restèrent dans leurs couvents (1). Dans le département de l'Aude, quatre-vingt-quatre moines s'en allèrent, quarante optèrent pour la vie commune, et dix-sept autres offrirent de la garder sous certaines conditions. Dans le Gard cent quarante-quatre religieux voulurent vivre en commun et cent seize se retirèrent. Même dans les départements où la plus grande partie des religieux opta pour la vie commune, une minorité assez importante quitta le couvent. Ainsi dans les Côtes-du-Nord cinquante-trois religieux restèrent et vingt se retirèrent dans leurs familles : dans les Landes soixante et un choisirent la vie commune et quarante-neuf partirent. Dans le Morbihan quarante-cinq persistèrent dans la vie religieuse, vingt et un la quittèrent et dix-huit ne firent aucune déclaration. Dans la Manche la majorité opta pour la vie commune, mais les déserteurs du cloître furent cependant assez nombreux.

Au contraire les religieuses refusèrent presque toutes de rentrer dans le monde. Le comité ecclésiastique devait s'y attendre, car il avait reçu de presque tous les couvents de femmes de touchantes protestations contre les décrets qui abolissaient les vœux religieux et contre le désir qu'on leur attribuait de quitter le voile. Quand la loi du 8 octobre fut appliquée, on vit bien

---

priment que leur désir de profiter de la loi nouvelle, et sont extrêmement ternes.

(1) V. Sauzay, tome I.

que ces protestations étaient sincères. Dans le département de l'Aude sur deux cent cinquante-huit religieuses quatre seulement se retirèrent; dans les Côtes-du-Nord, dans les Landes, il n'y eut pas un seul départ sur plus de deux cents religieuses; dans le Morbihan une seule se retira sur plus de deux cent cinquante. Dans le diocèse de Besançon trois cent cinquante-huit restèrent fidèles à leurs vœux, et dix-neuf se retirèrent. Partout les religieuses restèrent dans leurs couvents, sauf de très-rares exceptions.

Il est certain que la tiédeur était grande dans les communautés d'hommes, leur conduite lorsque la loi du 8 octobre fut exécutée ne le prouve que trop. Cependant on peut invoquer en faveur de ces moines quelques circonstances atténuantes. Les religieuses du moins restaient toutes dans leurs couvents avec la possibilité de suivre leur règle; les moines, au contraire, devaient être internés par l'autorité dans une maison où des religieux de trois ou quatre règles différentes pouvaient être réunis. Dans ces conditions, il leur était impossible d'exécuter ponctuellement leurs vœux, de suivre exactement la règle qu'ils avaient embrassée, et sauf l'existence en commun, ils ne pouvaient plus rien conserver de la vie monastique. La loi imposait aux religieux des deux sexes de méconnaître leurs vœux en se choisissant un supérieur ou une supérieure à certaines époques. Mais les religieuses restaient dans leur couvent, et elles pouvaient tourner la difficulté en élisant leur supérieure légitime : lorsqu'au contraire dix capucins, huit bénédictins, six dominicains, six carmes étaient réunis dans une même maison, ils n'avaient pas cette ressource, il leur fallait entrer en lutte avec les autorités ou se donner un supérieur contre les règles de leur ordre. De plus les religieux avaient lieu de craindre que la malveillance des autorités civiles ne convertît leur maison en une sorte de prison; qu'elle ne leur imposât des conditions capables de leur faire regretter plus tard d'avoir opté pour la vie commune. Il est certain que dans beaucoup d'endroits, des officiers municipaux qui voyaient avec dépit subsister un dernier reste de la vie monastique firent tous leurs efforts pour déterminer les moines à rentrer dans le monde. Les autorités devaient d'ailleurs désirer qu'un petit nombre de religieux choisît la vie commune, afin de leur abandonner seulement un couvent de peu d'importance, et de garder les grands monastères, qui pouvaient être vendus ou consacrés à des services civils. On chercha aussi à détourner les religieuses de leur vocation, mais ces odieuses manœuvres eurent le succès qu'elles méritaient.

On vit donc beaucoup de moines sortir de leurs couvents, et se rendre, les uns auprès de leurs familles, les autres, dans les localités où ils espéraient vivre le plus facilement. Les uns gardèrent leur habit, les autres s'habillèrent en prêtres séculiers. Les plus mauvais jetèrent bien vite le froc aux orties, se lancèrent dans le parti révolutionnaire, et cherchèrent à se créer une position nouvelle à force d'intrigues. On vit alors de singulières transformations; un génovefain de Péronne, Poultier, à force de déclamer dans les clubs, devint commandant des volontaires; il était destiné à être conventionnel, régicide, et plus tard sous l'empire officier supérieur dans la gendarmerie. Certains moines affectèrent un zèle patriotique très-prononcé, et sans toutefois se défroquer complétement vinrent chercher fortune dans les villes, et se firent nommer aumôniers des bataillons de la garde nationale. Ils désiraient pour la plupart s'attacher à des paroisses, et devenir ensuite vicaires ou curés; mais ils oubliaient que l'autorité religieuse ne leur avait pas permis de quitter leurs couvents. Sans doute, quelque parti qu'ils prissent, il leur était matériellement impossible de suivre exactement leur règle; mais tant que l'autorité n'avait pas prononcé, ils ne devaient pas rentrer dans le monde, ils devaient opter pour la vie commune, et leurs évêques, et leurs supérieurs leur avaient rappelé ce devoir. Les moines sortis ainsi de leurs couvents étaient frappés par les censures ecclésiastiques, et les curés, fidèles aux règles canoniques, leur interdisaient de célébrer la messe dans leurs paroisses. Nous avons raconté plus haut que l'Assemblée et les révolutionnaires de toutes nuances en furent exaspérés. La révolution prétendit que ses décrets n'avaient pas seulement enlevé aux vœux leurs effets civils, mais les avaient détruits complétement. Les autorités dans beaucoup de localités déclarèrent que ces moines avaient de par l'Assemblée le droit de dire la messe, et entreprirent de contraindre les curés à les laisser célébrer : ce fut pour elles une précieuse occasion de s'exercer à la persécution religieuse.

CHAPITRE VII.

LA PERSÉCUTION DÉCRÉTÉE.

I. Application rigoureuse de la loi qui a supprimé les chapitres. — L'épiscopat refuse de se conformer à la constitution civile. — Lettre du comité ecclésiastique à l'évêque de Saint-Claude. — Lutte de l'évêque de Nantes avec les administrateurs qui suppriment des cures. — Consultation de trois avocats. — Fureur des administrateurs. — Protestation de cent quatre prêtres du diocèse de Nantes contre la constitution civile. — Arrêté inqualifiable du département contre les signataires de cette adresse.
II. La mort de l'évêque de Quimper crée une situation extrêmement grave. — Correspondance du département du Finistère avec le comité ecclésiastique. — Le chapitre maintient son droit à administrer le diocèse, et nomme un curé. — Résistance de l'évêque de Saint-Pol de Léon. — Nomination d'Expilly à l'évêché du Finistère. — Prime accordée aux électeurs. — La liberté de la presse est souvent violée au détriment des catholiques. —
III. Rapport de Voidel. — Décret de persécution proposé par les comités. — Ce décret interdit expressément l'exercice du culte catholique, et doit fatalement en entraîner d'autres, encore plus persécuteurs. — Discours de Cazalès et de l'évêque de Clermont. — Discours très-violent de Mirabeau. — Il cite un faux article de la déclaration de 1682 et veut exploiter la confession dans l'intérêt de la révolution. — Il présente aussi un projet de persécution. — Réponse de Maury. — Camus nie la primauté de juridiction du pape. — Le projet des comités est voté.
IV. Exaltation des révolutionnaires. — Ils pressent la sanction, de peur que le pape ne cède. — La sanction est impérieusement demandée à Louis XVI. — Il hésite beaucoup, et finit par céder. — Fatale influence du décret du 27 novembre sur la révolution. — Double rôle joué par Mirabeau.

Pour appliquer les décrets sur les biens du clergé et sur les ordres religieux, il suffisait d'avoir la force en main, mais pour appliquer les dispositions de la constitution civile sur les circonscriptions diocésaines, sur les élections, sur les vicaires épiscopaux, il fallait absolument que les évêques consentissent à s'y prêter. La loi nouvelle leur donnait en effet la nomination des vicaires épiscopaux, et exigeait qu'ils participassent à la réduction des paroisses. Les prêtres élus aux évêchés nouveaux et aux cures étaient également tenus de leur demander l'institution canonique. Les évêques avaient un moyen bien simple de combattre la constitution civile ; il leur suffisait de refuser tout concours à son application. C'est ce qu'ils firent dès qu'elle fut promulguée. Les évêques supprimés continuèrent leurs fonctions comme si de rien n'était ; les évêques conservés tinrent la constitution civile pour non avenue, et la lutte commença entre l'épiscopat français et les administrateurs.

L'article 39 de la loi du 24 juillet déclarait que les évêques et curés conservés ne pourraient toucher leurs traitements, à moins d'avoir au préalable prêté le serment prescrit par la constitution civile. Les Constituants, qui prétendaient ramener tous ces débats à une question d'argent, pensaient ainsi venir à bout de la résistance du clergé, et disaient comme d'Alembert : «... *Hoc genus dæmoniorum non ejicitur nisi jejunio.* » Ils ne pensaient pas que les neuf dixièmes du clergé pussent hésiter entre leur conscience et la perte d'un quartier. Ce plan aurait été bon si l'opposition des ecclésiastiques n'avait été fondée que sur de mesquines rancunes ; mais les Constituants durent bientôt s'avouer à eux-mêmes qu'ils s'étaient grossièrement mépris sur les sentiments qui animaient leurs adversaires. Le clergé ne s'inquiéta point de son traitement, et s'empressa d'éclairer les fidèles sur les dangers que la religion courait en France.

Les chapitres des cathédrales, bien que supprimés par l'Assemblée, ne cessèrent point de se réunir, et de célébrer tous les jours l'office canonial jusqu'à ce qu'ils en fussent empêchés par une force matérielle. Les révolutionnaires surveillaient de près toutes leurs démarches, et se rendaient compte de leur manière d'officier, afin d'en faire la base d'une accusation. Les jacobins de Béziers dénoncèrent avec indignation à l'Assemblée la conduite de leurs chanoines, qui ne se trouvaient pas canoniquement destitués, car ils officiaient toujours suivant les formes anciennes avec un prêtre assistant, et ne se conduisaient nullement au chœur comme les vicaires du curé. L'amour des dénonciations faisait aller les révolutionnaires à l'office ; mais ils y employaient leur temps à regarder si les chanoines conservaient leur ancien cérémonial, et surtout s'ils gardaient leur costume canonial ; la vue de ce costume agaçait leurs nerfs irritables, et il fallait que l'Assemblée fût aussitôt instruite de la désagréable sensation qu'il leur avait fait éprouver. Pendant l'été et l'automne de 1790 beaucoup de révolutionnaires se donnèrent la peine d'examiner les camails des chanoines, et de rendre compte à l'Assemblée de leur patriotique surveillance. Elle les accueillait du reste avec beaucoup de faveur, et poursuivait vivement l'exécution de ses décrets. Les chanoines de Lisieux continuaient toujours leurs offices en commun malgré la municipalité, qui montrait beaucoup d'ardeur à exécuter la constitution civile. Le district était beaucoup moins zélé ! Le comité ecclésiastique (1) écrivit le 17 novembre à la municipalité de Lisieux, pour l'inviter à empêcher les chanoines de chanter désormais leur office : à chaque instant il stimulait le zèle des autorités de province. Les sociétés des jacobins étaient en correspondance continuelle avec lui sur les affaires religieuses, entassaient dénonciation sur dénonciation, signalaient les ecclésiastiques suspects, et envoyaient à l'Assemblée tous les écrits, toutes les brochures qui se publiaient contre la constitution civile, en réclamant la punition de leurs auteurs.

Dans beaucoup de villes, les autorités locales n'attendirent pas les ordres du comité ecclésiastique pour empêcher les chapitres cathédraux de se réunir. Ceux-ci déclarèrent qu'ils ne céderaient qu'à la force, et que la constitution civile n'avait pu leur enlever des droits établis par la discipline de l'Église (2).

---

(1) « Plusieurs citoyens patriotes de la ville de Lisieux, messieurs, voient avec peine que malgré la publication des décrets de l'Assemblée sur la constitution civile et le traitement du clergé, il n'ait point encore été donné les ordres nécessaires pour son exécution, que même le chapitre de cette ville continue de s'assembler en corps, pour faire des actes capitulaires, et même l'office avec le costume canonial d'hiver. Le comité vous prie, messieurs, de donner les ordres les plus prompts et les plus précis, pour l'exécution entière des décrets de l'Assemblée nationale des 14-24 juillet, 3, 6 et 11 août dernier, et notamment pour celle des suppressions et extinctions prononcées par l'article 21 des décrets du 14 juillet en faisant à cet égard tout ce qui vous est prescrit par l'instruction du 19 octobre qui vous a été adressée par les comités réunis des biens nationaux et des affaires ecclésiastiques... »

Au comité ecclésiastique à l'Assemblée nationale, signé : Expilly, président, Le Breton, secrétaire.

(2) On trouve un grand nombre de ces protestations dans la collection ecclésiastique de Barruel. Elles sont toutes rédigées avec beaucoup de dignité.

Dans chaque ville épiscopale, des commissaires nommés par le directoire du département vinrent avec la force armée occuper les cathédrales et faire main basse sur les ornements et les vases sacrés qui appartenaient aux chapitres. On mettait même les scellés sur les grilles du chœur pour empêcher les chanoines de se réunir. Avant que le schisme fût proclamé, presque toutes les cathédrales étaient en partie interdites aux prêtres et aux fidèles. Devant ce triste spectacle les croyants gémissaient et s'attendaient à des maux plus grands encore, les révolutionnaires se livraient à une joie insultante, les Constituants les plus sages cherchaient à se faire illusion.

Mais la conduite de l'épiscopat irritait bien plus encore les partisans de la constitution civile. Les évêques supprimés et les évêques conservés refusaient également de se conformer aux circonscriptions nouvelles, et les autorités locales s'en plaignaient violemment à l'Assemblée. La municipalité de Mont-de-Marsan demanda à l'évêque de Dax seul conservé dans le département des Landes de lui donner un desservant provisoire. Mais Mont-de-Marsan faisait partie du diocèse d'Aire supprimé par l'Assemblée. L'évêque de Dax répondit en ces termes à la municipalité :

«... Messieurs, la ville de Mont-de-Marsan n'a jamais été une portion du troupeau dont l'Église m'a confié la conduite. Plus cette portion est précieuse, et plus j'aurais à me reprocher d'en vouloir dépouiller le légitime pasteur. Votre piété, messieurs et votre justice, doivent donc vous engager à vous adresser à lui, pour réparer la perte que vous venez de faire. » (9 décembre 1790.)

La municipalité envoya cette lettre au département, qui la dénonça aux trois comités ecclésiastique, des rapports et des recherches, en même temps que la protestation du chapitre de Dax.

«... Ces écrits inconstitutionnels, disait le département, seraient une nouvelle preuve du système criminel adopté et suivi par le clergé, si l'Assemblée nationale n'en était déjà pleinement instruite par la foule des dénonciations qui lui sont adressées par tous les départements. »

Le directoire ajoutait « qu'il avait arrêté la publicité du

mémoire des ci-devant chanoines, » et mis les scellés au chœur de la cathédrale pour empêcher la continuation des offices; qu'il s'opposât enfin par tous les moyens possibles «... aux efforts de cette ligue ténébreuse des ennemis de la constitution.. à cette criminelle conjuration ».

Dans une autre lettre il annonçait aux comités que la proclamation du roi sur la constitution civile avait été mal accueillie non-seulement par les évêques et les chapitres, mais encore par un grand nombre de prêtres et de curés du département des Landes. L'évêque d'Aire quoique supprimé continuait toujours ses fonctions «... et certains curés ont prêché publiquement l'insubordination aux décrets... ». Ils ont été déférés aux tribunaux. De plus, s'il faut en croire le département, la municipalité de Dax, bien différente de la plupart des municipalités urbaines du royaume, aurait été d'accord avec le clergé (1).

L'évêque de Saint-Claude soutint aussi une lutte très-vive avec les autorités du Jura. Il commença par faire un mandement contre la constitution civile; la municipalité de Lons-le-Saulnier le saisit, et l'envoya au comité des rapports, qui lui répondit par une lettre de félicitations, et l'invita à renvoyer seulement au directoire du département les exemplaires saisis.

L'évêque de Saint-Claude ne s'était jamais montré hostile à la révolution politique, et le comité désirait le ménager : il se contenta pour cette fois de lui faire écrire en ces termes :

«... Le comité des rapports autorisé par l'Assemblée nationale me charge, monsieur, de vous instruire qu'après avoir examiné votre mandement et l'adresse que vous avez envoyée à l'Assemblée, il a pensé *que celui qui le premier a donné l'exemple du sacrifice des droits féodaux* ne pouvait être l'ennemi d'une constitution qui les avait détruits, et cette considération l'a déterminé à se borner à écrire la lettre dont copie est jointe à la municipalité de Lons-le-Saulnier et à vous inviter à ne donner aucune publicité à ce mandement, qui pourrait augmenter des inquiétudes que votre patriotisme et votre amour pour la paix vous engagera sans doute à calmer... »

Puisqu'ils étaient obligés de reconnaître qu'on pouvait ne

(1) Un prêtre démagogue de Dax écrivait alors au comité des rapports que cette ville était le repaire de l'*ecclésiastocratie* et de la *robinocratie*.

tenir nullement aux droits féodaux, et combattre leurs innovations religieuses, les Constituants auraient bien dû en faire leur profit pour agir plus sagement. L'évêque de Saint-Claude refusa comme auparavant de trouver le moindre rapport entre l'abolition des droits féodaux et la constitution civile, et continua d'administrer son diocèse, sans tenir compte des changements de circonscription. Le département lui fit sommation de transformer sa cathédrale en église paroissiale, et de se nommer un conseil. L'évêque répondit que la constitution civile ne pouvait être exécutée sans l'assentiment du pape, et qu'il fallait attendre sa réponse.

Le directoire lui reprocha très-vivement de ne pas exécuter les décrets de l'Assemblée et de s'en référer « à l'autorité de *l'évêque ultramontain...* » et le somma de : 1° dans les trois jours de la notification former son conseil; 2° dans vingt-quatre heures installer le clergé dans la nouvelle paroisse; 3° déclarer dans le même délai qu'il prendrait le titre d'évêque du Jura et non de Saint-Claude et qu'il exécuterait la constitution civile. L'évêque n'en tint compte. Le directoire déclara que le payement de son traitement était suspendu, le somma de nouveau d'exécuter la constitution civile, lui défendit de se qualifier soit seigneur et évêque de Saint-Claude, soit simplement évêque de Saint-Claude, et lui ordonna de se donner le titre constitutionnel d'évêque du Jura, sous peine de destitution si sa résistance se prolongeait. Le directoire, en envoyant ses arrêtés à l'Assemblée, lui conseilla d'agir avec violence. « Quelques actes de rigueur, dit-il, peuvent seuls assurer le succès de la constitution. » L'Assemblée ne suivit que trop ces imprudents conseils.

Tout était alors matière à conflit. Plusieurs cures du diocèse de Besançon se trouvaient comprises dans le département du Jura. Le district d'Orgelet invita l'évêque de Saint-Claude à nommer un desservant provisoire à l'une de ces cures. L'évêque déclara qu'il était sans juridiction. Le 30 décembre 1790, le district prit une délibération furibonde par laquelle il accusait l'évêque d'un complot dont il fallait instruire l'Assemblée pour qu'elle décrétât des mesures sévères. Le département était prié de mettre en séquestre les revenus de l'évêque jusqu'à ce qu'il eût obéi, et d'ordonner qu'il serait tenu dans la huitaine de pourvoir à la cure s'il ne voulait être destitué. Le département n'osa pas aller aussi loin, mais il déféra le refus à l'Assemblée, envoya les pièces au comité des rapports, et suspendit le traitement de l'abbé Sénaillac grand vicaire de l'évêque et porteur de sa réponse, après lui avoir adressé des menaces. Les nouvelles circonscriptions diocésaines donnaient lieu partout aux mêmes difficultés.

A Nantes, la constitution civile fut tout de suite une cause de discorde. Au début de la révolution les passions antireligieuses avaient déjà tenté de se donner libre carrière dans cette ville. Le culte y fut troublé et outragé; à ce point que dans le courant de l'année 1790 la municipalité fit défense «... à toutes personnes de troubler et d'interrompre les ministres du culte divin dans leurs fonctions et cérémonies religieuses, de se rassembler dans les églises, de monter en chaire pour y débiter des discours ». Mais lorsqu'il s'agit d'appliquer les décrets de l'Assemblée, les autorités nouvelles montrèrent fort peu de prudence et de modération, et déclarèrent tout de suite la guerre à l'évêque, M**gr** de la Laurencie, qui avait, le 21 février 1790, prêté le serment civique, mais n'entendait nullement se soumettre aux fantaisies théologiques de l'Assemblée. Des troubles avaient eu lieu à la foire des Enfants Nantais; le nouveau district vint le prier de faire un mandement, pour éclairer, disait-il, les paysans qui avaient pris part (1) aux troubles.

« Mon devoir et les fonctions sacerdotales dont je suis revêtu, répondit l'évêque, m'imposeraient de parler de religion, et si j'en parlais je ne pourrais le faire qu'en évêque catholique, et ce que je pourrais dire serait inévitablement critiqué. Quelles que fussent mes paroles écrites avec toute la bonne foi de mon caractère, elles seraient interprétées comme contraires aux décrets de l'Assemblée nationale. »

Les révolutionnaires s'indignèrent de ce refus, il en furent peut-être d'autant plus irrités que leur proposition cachait un piége.

Les autorités nantaises furent très-promptes à exécuter tous

(1) Mellinet (*Histoire de la commune de Nantes*, tome VI, p. 156) a signalé avec raison ce singulier système de rejeter bien loin le clergé lorsqu'il s'occupe de choses qui le concernent, et d'appeler son ingérence dans les affaires politiques, afin de l'exploiter.

les décrets qui pouvaient blesser les catholiques. Elles voulurent forcer Mgr de la Laurencie à exécuter la constitution civile en réduisant le nombre des paroisses de Nantes. Sur son refus, elles prononcèrent de leur propre autorité l'union ou la suppression de quelques-unes d'entre elles. C'était violer l'article 17 de la constitution civile, qui exigeait formellement que ce travail fût fait de concert avec l'évêque. Les curés supprimés protestèrent naturellement. Trois avocats de Nantes, Angebault, Marie et Raimbault, leur donnèrent une consultation qui établissait leurs droits et démontrait que l'autorité civile avait agi irrégulièrement. Cette consultation est rédigée avec beaucoup de modération, et la constitution civile n'y est même pas attaquée de front, mais elle prouve d'une manière péremptoire que même en se plaçant au point de vue de la constitution civile l'administration nantaise avait outrepassé ses pouvoirs. Le 13 octobre le corps municipal de Nantes envoya cette consultation au comité des rapports, et la lui dénonça avec une ridicule violence. « Tout le corps des avocats, disait-il, est imbu de ces maximes ultramontaines (!); nous voulons dénoncer à l'Assemblée *ce nouveau hoquet de sédition.* » Ces administrateurs, qui plus tard seront persécutés par les jacobins, montrent déjà une telle impatience de toute discussion et une telle rage de dénonciation contre les opposants les plus modérés, que si l'on ne voyait pas la date de cette pièce, on la croirait l'œuvre des hommes de 93. Le parti constitutionnel, depuis la promulgation de la constitution civile, agit dans toutes les affaires où la religion était mêlée, avec cette intolérance et cet insolent despotisme que les Montagnards devaient apporter plus tard en toute chose.

Cent quatre prêtres du diocèse de Nantes signèrent une adresse contre la constitution civile; les révolutionnaires en furent exaspérés au point de se croire tout permis contre les ecclésiastiques réclamants. Il fallut élire un juge sur ces entrefaites; l'entrée de l'Assemblée électorale fut refusée au curé de Rézé, signataire de l'adresse, à moins qu'il ne rétractât sa signature. Coustard, commandant de la garde nationale de Nantes, futur conventionnel, fit à cette occasion un discours frénétique, qui mérite d'être conservé.

« Non, s'écria-t-il, elle n'est pas douteuse cette conjuration du clergé contre la chose publique. La résistance combinée qu'il oppose aux sages mesures de nos législateurs, ses protestations *incendiaires*, ses manœuvres auprès des âmes simples, tout annonce que les prêtres séditieux ont juré de bouleverser l'État... Ils seront démasqués, ils seront traînés devant les nouveaux tribunaux. Ils seront dénoncés par les corps administratifs et punis par la loi. Accablés par le mépris public, ils seront forcés de se renfermer dans leurs fonctions, et la nation, se lassant enfin de tant d'audace, cessera de salarier des ingrats qui la trahissent... Quand la loi est attaquée, tout citoyen a le droit d'appeler la vengeance. *Ce qui serait sous un régime vexateur une basse délation devient une action vertueuse chez les hommes libres.* Je me hâte, messieurs, de vous dénoncer un prêtre parjure. Souffrirez-vous un tel homme parmi vous... Ce méchant citoyen, ce prêtre scandaleux (1)? »

Déjà on se croyait tout permis contre les prêtres : une réclamation pacifique au pouvoir législatif leur attirait les plus grossières injures et les plus odieuses vexations. Sous prétexte de venger la loi, on la violait audacieusement à leur égard en les empêchant d'user d'un droit qu'elle leur conférait. Déjà pour exercer son droit d'électeur, il ne suffisait plus de réunir les conditions exigées par l'Assemblée, il fallait passer un examen devant certains meneurs, et s'incliner devant les exclusions qu'il leur plaisait de prononcer. On commençait à propos de la constitution civile ces épurations du corps électoral qui furent si à la mode pendant la révolution. Les passions antireligieuses aveuglaient tellement certains révolutionnaires que l'on retrouve dans la bouche de Coustard, d'une future victime des jacobins, cette ignoble maxime des frères et amis, qu'un acte justement réputé honteux sous un autre régime est admirable en temps de révolution!

Le département ne voulut pas être en arrière des électeurs en fait d'illégalité. Par un arrêté du 12 novembre, il dénonça l'adresse du clergé à la Constituante, et la supplia d'ordonner des poursuites contre « ces criminels de lèse-nation... ». Mais provisoirement, jusqu'à rétractation, tous les prêtres signataires de l'adresse étaient privés de leur traitement par le directoire, et ceux d'entre eux qui étaient administrateurs, conseillers municipaux ou électeurs, étaient déclarés parjures à leur serment, et

---

(1) Journal de la correspondance de Nantes, cité par M. Lallié dans son savant ouvrage *le District de Machecoul pendant la révolution*, page 107.

tenus dans la huitaine de se présenter devant les districts pour avouer ou désavouer leurs signatures. Ceux d'entre eux qui étaient membres d'une municipalité devaient être suspendus faute de comparution. Ceux qui étaient administrateurs ou électeurs étaient dénoncés à l'Assemblée et le directoire l'invitait à les faire remplacer. Le département déclarait aussi que son arrêté serait envoyé aux départements de la Vendée et du Morbihan, pour qu'ils pussent, s'ils le voulaient, en appliquer les dispositions aux ecclésiastiques de leur territoire qui avaient signé l'adresse comme diocésains de Nantes. Ce bel arrêté devait être lu au prône!

Quelques jours après, le 17 novembre, le département priva l'évêque de son traitement. Le 26 décembre un nommé Carnet, député extraordinaire du département, et le médecin Julien Lefèvre, procureur syndic du district de Nantes, s'intitulant délégués du département, du district, de la commune, de la garde nationale, et du club des Amis de la constitution, demandèrent à l'Assemblée l'arrestation immédiate, le procès pour forfaiture et la destitution de l'évêque de Nantes. « Le salut de la constitution, dit cette pétition aussi sotte que violente, y est attaché. »

II

Les circonscriptions diocésaines donnaient lieu aux conflits les plus graves, mais la mort d'un évêque devait être infailliblement l'occasion d'un schisme. Le vénérable évêque de Quimper, Mgr Conen de Saint-Luc, était presque mourant lorsqu'il reçut de la municipalité l'invitation ou plutôt l'ordre de venir prêter serment à la constitution et de prendre des mesures pour appliquer à son diocèse les nouveaux décrets. Il avait déjà vu les commissaires de la commune occupés à faire briser les écussons épiscopaux qui étaient sculptés sur les murs de la cathédrale. Il était certain qu'il refuserait toute adhésion au schisme mais la mort ne lui en laissa point le temps.

L'évêché de Quimper était donc vacant par la mort de son titulaire. La situation était grave, car la révolution allait élever la prétention de lui donner un successeur d'après la constitution civile, et la lutte religieuse allait commencer. D'un autre côté, au point de vue même de la constitution civile, il se présentait une difficulté très-sérieuse : qui administrerait le diocèse pendant la vacance?

Le département écrivit à l'Assemblée pour lui exposer la situation.

« M. Conen de Saint-Luc, évêque du département du Finistère, vient de mourir. Toute la ville de Quimper ressent avec la plus vive affliction la perte d'un prélat dont les vertus et la solide piété n'avaient cessé de l'édifier pendant le cours d'une vie véritablement apostolique... Le chapitre de Quimper, également recommandable par ses lumières et ses vertus dignes des beaux jours de la primitive Église, éprouve plus particulièrement tous les regrets qu'une telle perte est propre à faire naître. »

Il est bon de noter en passant cet éloge non suspect d'ecclésiastiques qui bientôt, pour avoir résisté à la constitution civile, seront accablés par les révolutionnaires d'outrages et de calomnies de toutes sortes.

Le chapitre regardait naturellement la constitution civile comme impuissante à abroger les canons qui lui confiaient l'administration du diocèse pendant la vacance du siége. Le département était fort embarrassé. Il regardait le chapitre comme n'existant plus, en vertu de la constitution civile; mais les vicaires épiscopaux, qui aux termes de cette constitution devaient administrer pendant la vacance, n'avaient pas été nommés, de telle sorte que personne n'était autorisé légalement à administrer le diocèse, le chapitre n'existant plus et les vicaires épiscopaux n'existant pas encore.

Le comité ecclésiastique répondit le 12 octobre que le chapitre était supprimé, et qu'il fallait l'empêcher d'exercer aucun de ses anciens droits. Mais il ne dit point qui devait administrer le diocèse, car il était pris tout à fait au dépourvu comme le département.

Le chapitre, de son côté, prétendait exercer tous ses droits. La cure de Kerfeuntun, dont la collation lui appartenait, vint à vaquer. Il lui nomma un curé, l'abbé Vallet. L'administration déclara nulle cette investiture; mais les chanoines firent protestation sur protestation, et en appelèrent à tout le clergé et aux fidèles de la violence qui était faite à leur droit.

L'émotion était immense. Les paysans se pressaient en foule

à la suite du clergé dans la chapelle ardente où leur ancien évêque reposait, la figure découverte et revêtu de tous ses ornements épiscopaux. Là les curés juraient de mourir plutôt que d'adhérer au schisme, et leurs ouailles juraient de les défendre ; et les autorités de Quimper savaient très-bien que tous, prêtres et paysans, étaient capables de tenir ce serment !

Le département convoqua les électeurs pour nommer à la cure de Kerfeuntun (1). Ce fut peine perdue, le curé nommé suivant les décrets ne voulut point accepter. Le département demanda encore au comité comment il devait procéder : il lui fut répondu le 6 décembre : « Dans tous les cas, s'il y a protestation, cette affaire doit être portée devant les tribunaux et y être jugée contradictoirement avec le procureur-syndic du département, poursuite et diligence du procureur-syndic du district. » Ainsi le comité pensait que l'autorité judiciaire devait en décider : l'abbé Vallet était du même avis, car le district de Quimper lui ayant interdit d'entrer dans sa cure, il le cita devant le juge de paix. Il écrivit alors au directoire du département une lettre que nous croyons inédite, et qui est curieuse à plus d'un titre, car elle indique parfaitement la situation au point de vue légal, et montre le caractère froidement résolu de ce petit curé de campagne, qui osa le premier de son ordre engager la lutte contre la révolution (2).

« Messieurs, j'ai reçu avec la lettre que vous me faites l'honneur de m'écrire, une copie de l'arrêté du département en date du 11 de ce mois : il serait fâcheux que ma conduite étant chrétienne et canonique fût en même temps anticonstitutionnelle. Si vous avez fait votre devoir en me faisant passer cet arrêté, je remplirai le mien en soutenant par toutes les voies légitimes une institution à laquelle ma conscience me défend de renoncer. Loin de vouloir troubler l'or-

(1) L'arrêté est ainsi conçu : « Le directoire du département....... arrête que copie par extrait de l'avis du comité ecclésiastique de l'Assemblée nationale du 12 de ce mois sera sur-le-champ envoyée au procureur-syndic du district de Quimper, pour qu'il ait à s'y conformer et à faire procéder à la nomination d'un curé ou recteur à la paroisse de Kerfeuntun dans les formes prescrites par les décrets... » (Archives du comité ecclésiastique.) On voit que le comité ecclésiastique était traité par les départements comme une autorité légale, et qu'il empiétait quelque peu sur les attributions du pouvoir législatif.

(2) Archives du comité ecclésiastique.

dre public, je me ferai toujours un devoir de le prêcher d'exemple et de le maintenir autant qu'il sera en mon pouvoir.

« J'ai l'honneur d'être avec respect, messieurs, votre très-humble et très-obéissant serviteur.

« VALLET,
« *Recteur de Kerfeuntun.*

« Quimper, 14 décembre 1790.

« P. S. Je crois pouvoir vous observer, messieurs, que l'arrêté du département contredit une décision du comité ecclésiastique, lequel a déclaré que cette affaire en cas de contestation devait être portée devant les tribunaux, seuls compétents en pareille matière. Au reste, la provision étant due au titre on ne peut du moins contester cette provision. »

Dans ce post-scriptum, l'abbé Vallet se plaignait avec raison de ce que l'administration départementale ne suivait pas la voie que le comité lui avait d'abord indiquée. Le procureur-syndic du district de Quimper déclara que cette affaire était purement administrative et que l'autorité judiciaire était incompétente; le district, faisant droit à ses conclusions, défendit aux marguilliers de Kerfeuntun de donner des ornements à l'abbé Vallet. Mais ce dernier, se sentant soutenu par la population, ne voulut pas se contenter d'une simple protestation. Aux applaudissements de ses paroissiens, tous prêts à le soutenir s'il rencontrait quelque opposition, il enfonça la porte de la sacristie, s'empara des ornements et entra triomphalement en possession de sa cure.

On voit qu'avant de recourir à la force l'abbé Vallet avait usé de tous les moyens légaux avec une obstination véritablement bretonne. Le clergé catholique était disposé dans toute la province à agir de même, et si la révolution pouvait compter sur la populace des villes, elle était assurée d'avoir les campagnes contre elle. Les autorités, quoique bien prévenues, continuèrent à agir avec aussi peu de modération que de prudence.

La résistance du chapitre de Quimper avait mis naturellement en fureur les jacobins de cette ville : ils envoyèrent en novembre 1790 au comité ecclésiastique une dénonciation très-violente contre le testament de l'évêque et les écrits que l'on répandait, disaient-ils, sous son nom. C'est une dénonciation où nul fait précis n'est articulé, une diatribe digne d'être accueillie par un Fouquier-Tinville, mais que le comité ecclésiastique, surtout au début de la lutte, aurait dû repousser avec dédain. Elle fut pourtant prise au sérieux (1).

Les administrateurs du Finistère rencontraient aussi un rude adversaire dans Mgr de la Marche, évêque de Saint-Pol-de-Léon, qui avant d'embrasser l'état ecclésiastique avait été capitaine de cavalerie. Le directoire de Morlaix lui notifia la suppression de son évêché; il refusa de recevoir cette notification, et écrivit ainsi au directoire :

« Il m'est parvenu un paquet par la poste adressé à M. l'ancien évêque de Léon. Je ne suis pas ancien mais actuel évêque de Léon ; ce paquet n'est donc point à mon adresse, et je ne le reçois point ; » mais comme il a reconnu le cachet du district de Morlaix, il lui renvoie le paquet pour qu'il rectifie l'adresse ; si, comme on le dit, cet envoi a quelque rapport avec la constitution civile, il profite de l'occasion pour écrire « ce qu'il en pense » au directoire de Morlaix, et il lui envoie en effet une excellente réfutation.

Ses chanoines ne décachetèrent pas l'écrit qui leur annonçait leur suppression, et continuèrent leurs fonctions. Le procureur général-syndic somma le directoire de Morlaix d'aller poser les scellés à Saint-Pol ; mais celui-ci (17 décembre 1790) ne voulut en rien faire, « vu que cette démarche répugne au zèle religieux des uns, et que les autres ne peuvent y concourir par des motifs personnels ». Si dans toutes les localités où une persécution était nécessaire pour établir la constitution civile, les administrateurs avaient eu ce courage, l'Assemblée aurait peut-être reculé (2).

Mais les clubs de Morlaix, de Brest, de Landernau offrirent de marcher en armes sur Saint-Pol, et le département fit appliquer rigoureusement la constitution civile dans le Léonnais. Le directoire de Brest fut commis à la place de celui de Morlaix pour procéder bien vite aux expulsions nécessaires. Toutes ces

(1) Sur la pièce même le secrétaire du comité a mentionné le résultat de la délibération. « Les comités des recherches, des rapports, et ecclésiastique feront incessamment leur rapport. » Quand on voit à la fin de 1790 de pareilles diatribes prises en considération, on s'étonne moins que le comité de salut public ait pu en 1793 opprimer la France entière.

(2) Aussi les membres de ce directoire furent-ils poursuivis sans relâche par les dénonciations et les injures des jacobins !

rigueurs eurent pour résultat de dégoûter de la révolution des prêtres qui l'avaient acceptée jusqu'alors (1).

Les officiers municipaux de Morlaix, moins modérés que les membres du district, saisirent le mandement de leur évêque et le dénoncèrent à l'Assemblée.

« ... Nous oserons après cela, monsieur le président, disaient-ils dans leur lettre, lui exprimer notre vœu de lui voir en prendre un (décret) qui ne compromette pas la sûreté, ni même la tranquillité de ce malheureux évêque, qui a orné son siége de beaucoup de vertus, qui a répandu de grandes aumônes, et dont peut-être tout le tort consiste dans un attachement obstiné à des préjugés dans lesquels il a vieilli. Nous ajoutons que dépouillé de son bénéfice il nous paraît mériter une indulgence toute spéciale. »

Voilà quels étaient, de l'aveu même des révolutionnaires qui les avaient vus à l'œuvre, ces prélats que l'Assemblée dénonçait aux fureurs populaires.

Obligé de quitter son palais épiscopal, Mgr de la Marche se réfugia chez une famille notable de Saint-Pol-de-Léon, et continua à officier et à exercer ses fonctions épiscopales comme par le passé. Il fut cité devant le tribunal de Morlaix, qui ne se pressa nullement de sévir contre lui. Le département, exaspéré, donna l'ordre de l'arrêter. Mais il dépista ses agents, et s'enfuit en Angleterre, d'où il écrivit des lettres pastorales qui circulèrent dans son diocèse malgré la colère des autorités. Beaucoup de prêtres bretons suivirent son exemple, et se retirèrent soit en Angleterre, soit à Jersey.

Le département du Finistère résolut de procéder à la nomination d'un évêque constitutionnel à la place de Mgr Conen de Saint-Luc. Il y eut peu d'empressement au scrutin. Expilly, curé de Morlaix et constituant, fut élu le 31 octobre par 233 voix contre 125 données à Mgr de la Marche, qui n'aurait certainement pas accepté. Il fallait absolument pour le succès de la constitution civile que l'intrus de Quimper ne fût pas nommé par un très-petit nombre de voix ; le département avait donc résolu d'attirer au scrutin par l'appât d'une prime les

---

(1) C'est l'opinion de M. Duchâtellier, qu'on ne peut accuser de parti pris contre la révolution. (*Histoire de la révolution en Bretagne*, tome I, p. 353.)

électeurs dont les principes religieux n'étaient pas très-fermes. Beaucoup de départements et de colléges électoraux avaient déjà demandé pour les électeurs une indemnité variant de trois à six livres par jour. Le 9 octobre le département du Finistère arrêta qu'il serait donné à chaque électeur un mandat de cinquante livres payable du moment de la réunion du corps électoral à Quimper pour l'élection du nouvel évêque. La prime était hors de proportion avec toutes celles qui avaient été accordées jusqu'alors, car cette seule élection ne devait déranger les électeurs que trois ou quatre jours tout au plus, mais quand il s'agissait de nommer un évêque schismatique, pouvait-on y regarder? Le directoire fit part de cet arrêté au comité de constitution, et lui demanda de le faire approuver par l'Assemblée : cette disposition avait, s'il faut l'en croire, « merveilleusement contribué à ranimer le zèle des électeurs qui se trouvaient découragés par le silence de vos décrets des 30, 31 août et 1 et 2 septembre derniers sur l'indemnité qu'il paraissait de toute justice de leur attribuer (1) ». Malgré tout, le scrutin prouva que parmi ces électeurs un tiers au moins avait empoché ses cinquante livres pour voter contre la constitution civile en écrivant sur leurs bulletins le nom de Mgr de la Marche.

Le clergé du diocèse de Tréguier signa une protestation très-ferme contre le schisme. Les autorités s'empressèrent d'en persécuter les auteurs. Le 16 novembre le district de Lannion décida que les deux prêtres Dohallen, maire et recteur de Planlech, Morice, recteur de Ploumilleau, « prévenus l'un et l'autre de chercher à coaliser les recteurs et prêtres du district et à *soulever les peuples*, à demander des signatures contre le décret,... » seraient arrêtés en quelque lieu qu'ils fussent, et conduits à Lannion par un piquet de garde nationale.

La dissolution du chapitre de Vannes excita un mécontentement très-vif parmi les populations. Le clergé de Rennes imita la conduite de celui de Tréguier, signa des protestations, et déclara nettement aux autorités qu'il voulait persister dans l'orthodoxie.

La constitution civile avait établi un évêché nouveau à Laval. Le 12 décembre 1790 on procéda à l'élection dans l'église de la Trinité qu'on avait eu soin d'environner de troupes.

---

(1) Archives du comité de constitution.

Beaucoup d'électeurs s'étaient abstenus, car sur 425 il n'y en avait que 295 au scrutin, et pourtant on n'avait pas encore renoncé à tout espoir de conciliation. Un ecclésiastique justement respecté et nullement favorable aux innovations de l'Assemblée, l'abbé de Vauxponts, vicaire général du diocèse de Dol, fut élu. Il refusa d'abord, puis accepta, cédant aux sollicitations de son évêque, Mgr de Hercé, qui n'avait pas perdu tout espoir de conciliation et trouvait fort heureux que dans cette hypothèse le nouvel évêché de Laval fût occupé par un ecclésiastique aussi orthodoxe que M. de Vauxponts. Il ne faut pas oublier que Mgr de Hercé était un royaliste zélé, et qu'il fut mis à mort avec son frère pour avoir accompagné comme aumônier général la malheureuse expédition de Quiberon : on voit par là que les évêques même les plus royalistes étaient prêts jusqu'au dernier moment à accepter par amour de la paix tous les décrets de l'Assemblée qui n'avaient point un caractère essentiellement schismatique et pouvaient être régularisés. Mais l'évêque de Dol et son vicaire général durent bientôt revenir de leurs illusions, et M. de Vauxponts refusa définitivement. Le pape l'en félicita par un bref.

Plus d'une fois, tout en les dénonçant, les fauteurs de la constitution civile rendirent hommage aux vertus de ces évêques, contre lesquels la révolution allait lancer une foule de calomnies, trop facilement accueillies par nos libéraux modernes. Ainsi la société des Jacobins de Vienne fit une dénonciation en forme du mandement de l'archevêque supprimé Mgr d'Aviau, et on lisait dans cette dénonciation :

« ... Considérant qu'il est malheureux pour l'humanité que l'exercice des plus grandes vertus et d'une simplicité digne des temps apostoliques n'ait pas préservé le prélat dont cette instruction porte le nom des piéges que lui ont tendus les ennemis de la constitution : que sa religion a été surprise, et qu'il a signé un ouvrage dressé par le fanatisme, etc., etc. »

Tout en insultant son mandement et lui prodiguant les plus grossières injures, elle rendait forcément hommage aux vertus du prélat, et reconnaissant que son improbation était fâcheuse pour la constitution civile, elle cherchait à en atténuer la portée.

De même aussi, le président du directoire de l'Oise, Stanislas Girardin, écrivait au comité des recherches au sujet de Mgr de la Rochefoucauld, évêque de Beauvais. « C'est à regret que nous nous voyons obligés de dénoncer un des représentants de la nation, un homme que sa bienfaisance avait montré digne d'occuper la place de premier pasteur de ce département (16 novembre). » L'évêque de Beauvais venait de résister ouvertement à la constitution civile en nommant lui-même un curé à la paroisse de Puiseux. Le département, quelques semaines après, dénonça de nouveau son pasteur à cause de son adhésion au mandement de l'évêque de Boulogne.

Les archevêques d'Aix et d'Arles furent violemment dénoncés par les administrateurs des Bouches-du-Rhône à cause de leur zèle pour la religion. Ce directoire se signala tout de suite par son fanatisme anticatholique. Le 16 novembre il écrivait au comité ecclésiastique que le métropolitain d'Aix et la plupart de ses collègues avaient formé « une ligue séditieuse pour allumer partout la torche du fanatisme et tenter par ce moyen une contre-révolution ». En même temps il envoyait une adresse à l'Assemblée (1) pour lui dénoncer les manœuvres des évêques supprimés qui préparent un manifeste contre la constitution civile et «... se flattent d'allumer par ce moyen la guerre civile. Nous vous les dénonçons comme des traîtres à la patrie et comme des parjures à leurs serments. Tout nous annonce que la plupart des évêques conservés participent à cet attentat... », et le directoire demandait naturellement qu'on fût très-rigoureux pour les prélats ennemis de cette loi... « *qui sera immortelle comme la religion, à laquelle elle rend tout son état* ». Pauvres prophètes qui prédisaient l'immortalité à la constitution civile! Il est vrai que le même parti la prédisait aussi à la constitution de 91 et voyait une merveille dans la création des assignats! Pour conclure, le directoire proposait à l'Assemblée de voter à peu près toutes les mesures de rigueur qu'elle devait adopter le 27 novembre; seulement il allait encore plus loin, et voulait qu'on astreignît au serment les évêques et les bénéficiers supprimés, et qu'on punît leur refus par la perte de leurs pensions.

Huit jours après le directoire du département de l'Aude adhérait solennellement à cette adresse. Il était en lutte avec l'évêque de Carcassonne, Mgr de Vintimille, qui ne reconnaissait

---

(1) Archives du comité ecclésiastique.

pas la suppression de son siége. Le 14 décembre il prit un arrêté contre lui parce qu'il avait osé :

« ... Faire des fonctions épiscopales dans le territoire arrondi à celui de l'évêque du département, qu'il a donné des dispenses ainsi que la confirmation, et qu'après avoir célébré la messe dans plusieurs lieux du ci-devant diocèse de Carcassonne, il a affecté de faire déclarer publiquement au peuple par son ci-devant vicaire général que ceux qui avaient assisté à la messe célébrée par Mgr l'évêque de Carcassonne avaient gagné les indulgences... »

En conséquence le directoire le dénonça à l'accusateur public ainsi que les distributeurs de son mandement.

Le département du Var dénonçait l'évêque de Vence à l'Assemblée pour les mêmes motifs, lui annonçait qu'elle l'avait privé de son traitement, et réclamait des mesures de rigueur contre le clergé.

Partout l'Église et les autorités étaient en lutte, et plus on avançait, plus les révolutionnaires se montraient intraitables, et les hommes les plus modérés étaient obligés de renoncer à tout espoir de conciliation. L'évêque de Cahors, pour calmer un peu les révolutionnaires, avait réuni quelques paroisses ; le bruit se répandit qu'il allait faire adhésion à la constitution civile : il écrivit alors au département qu'il n'avait agi ainsi que dans un but de conciliation, mais qu'il ne voulait nullement se soumettre aux autres dispositions de la constitution civile, et renonçait à s'occuper des suppressions de paroisses.

Les brochures, les pamphlets pour ou contre les décrets religieux de l'Assemblée paraissaient en foule. Certains prêtres, décidés à flatter les passions révolutionnaires et à les exploiter à leur profit, firent des apologies de la constitution civile, et les révolutionnaires leur surent gré de leur bonne volonté, car ils obtinrent presque tous, quelques mois après, des évêchés ou des places importantes dans l'Église constitutionnelle, et plusieurs devinrent administrateurs et même députés à la législature suivante. Les orthodoxes de leur côté ne restèrent point dans l'inaction. Peu de temps après la promulgation de la constitution civile, les évêques membres de l'Assemblée nationale firent paraître la fameuse Exposition des principes dont nous avons déjà cité des extraits. Il est impossible de réfuter avec plus de précision plus de science et de modération les erreurs de la Constituante. L'Exposition des principes est bien plus qu'un écrit de circonstance, c'est une véritable apologie du catholicisme, une lumineuse explication de la constitution de l'Église, que les catholiques doivent toujours consulter et méditer lorsqu'il s'élève des difficultés sur les droits respectifs de l'Église et de l'État. Les évêques eurent beau montrer dans cet acte collectif la plus grande modération, reconnaître les droits de l'État dans une large mesure et ménager beaucoup les susceptibilités gallicanes, ils ne produisirent aucun effet sur les révolutionnaires, qui ne voulaient pas discuter, mais imposer leurs décrets aux consciences catholiques. Ils répondirent à l'Exposition des principes par des cris de rage et par de grossières injures. Mirabeau surtout se distingua dans ce dernier genre de réfutation. Moins ils étaient de bonne foi, plus leur colère devait être grande. Si les passions antireligieuses étaient trop excitées chez les révolutionnaires et même chez les Constituants pour que l'Exposition des principes produisît sur eux une impression salutaire, du moins elle rappela à beaucoup de catholiques incertains la véritable constitution de l'Église, leur ouvrit les yeux sur les dangers que courait la religion, et après les avoir affermis dans leur foi, elle leur inspira la ferme détermination de ne jamais pactiser avec l'erreur. A ce point de vue la fureur des révolutionnaires se comprend parfaitement.

Les évêques adressèrent à leurs ouailles un grand nombre de lettres pastorales. Celle de Mgr Asseline, évêque de Boulogne, fit grand bruit, et beaucoup d'évêques se contentèrent d'y adhérer et de l'envoyer à leurs diocésains. Elle est écrite avec beaucoup de netteté et de modération.

« La puissance civile, disait l'évêque de Boulogne, est souveraine absolue, indépendante, dans tout ce qui est de son ressort. Pour tout ce qui concerne les objets temporels, elle ne peut être comptable qu'à Dieu, et le voit seul au-dessus d'elle. Dieu, père et protecteur de la société, a établi cet ordre, même avant la prédication de l'Évangile, et l'Évangile, bien loin de l'affaiblir et d'y rien changer, l'a rendu plus inviolable. Jésus-Christ déclare que son royaume n'est pas de ce monde ; il fait le commandement exprès de rendre à César ce qui est à César, et donne lui-même l'exemple de la fidélité à accomplir ce précepte en faisant un miracle pour payer ce tribut. Soyez donc soumis à la puissance civile, en tout ce qui est de sa compétence, non-seulement par la crainte du châtiment, mais aussi par le devoir de la conscience. Rendez à chacun ce qui lui est dû ; le tribut à qui vous devez le tribut ; les impôts à qui vous devez la crainte ; l'honneur à qui vous devez l'honneur ; et marchant sur les traces des premiers chrétiens, vos pères dans la foi, montrez constamment, par votre conduite, combien notre sainte religion doit être chère aux empires, puisque c'est elle qui forme les meilleurs citoyens. »

« Mais après avoir rappelé les droits de la puissance civile et vos devoirs envers elle, nous ne pouvons nous empêcher de vous prévenir que cette puissance a des bornes qu'elle ne peut passer...; que toutes dispositions qu'elle entreprendrait de faire au préjudice de l'autorité spirituelle ne devraient être regardées que comme des erreurs dans lesquelles elle tomberait, et non pas comme des lois qu'elle aurait pu faire.

« Car elle existe sur la terre, cette autorité spirituelle, aussi souveraine, aussi absolue, aussi indépendante en ce qui est de son ressort que la puissance civile dans ce qui est du sien, et comme ce n'est pas aux dépositaires de l'autorité spirituelle qu'il appartient d'administrer l'empire, de même ceux qui servent la puissance civile n'ont pas le droit de gouverner l'Église...

« Si chaque Église nationale est dans l'État, chaque État catholique est dans l'Église, et comme chaque État catholique conserve dans l'Église une indépendance absolue en ce qui concerne l'ordre politique, chaque Église nationale conserve dans l'État la même indépendance, en ce qui concerne l'ordre spirituel... » (24 octobre 1790).

Tout en exposant les vrais principes, l'évêque de Boulogne s'exprimait avec beaucoup de ménagement pour les faiblesses et les infirmités de la société à laquelle il s'adressait. Mais il n'en fut pas moins traité de factieux et son mandement d'incendiaire, et les autorités s'épuisèrent à lui faire la chasse. Dire que l'État n'avait pas le droit de dicter des lois à la conscience religieuse, c'était alors encore plus criminel que de regretter ouvertement la féodalité ! Le district de Boulogne, apprenant que l'évêque venait de faire imprimer ce mandement, donna l'ordre de faire une perquisition chez l'imprimeur et de rompre les planches. Le directoire du département du Pas-de-Calais approuva sa conduite, et invita les autres districts à l'imiter. Celui de Calais déclara que cette lettre était très-dangereuse, et se signala par son zèle à la poursuivre (1). L'é-

(1) **Archives nationales.**

vêque de Beauvais et plusieurs autres prélats qui avaient adhéré à la lettre de l'évêque de Boulogne furent dénoncés à l'Assemblée par leurs directoires.

Lorsque de simples prêtres voulaient publier des écrits contre la constitution civile, ils étaient, comme les évêques, soumis à toutes sortes de tracasseries et de saisies administratives. La liberté de la presse était en fait déniée au clergé ; ceux qui n'attaquaient pas seulement le catholicisme, mais la famille, mais la propriété, qui poussaient au pillage et au meurtre, jouissaient d'une scandaleuse impunité ; mais il était très-dangereux de rien écrire ou prononcer en public qui pût être regardé comme une improbation même indirecte de la conduite des puissants du jour à l'égard de la religion. Quand on critiquait la constitution civile, on n'était qu'un vil conspirateur ; il fallait bien s'y attendre ! Mais il n'était même pas prudent de critiquer la philosophie. Messieurs les encyclopédistes, qui s'étaient affublés d'une peau gallicane pour faire leur constitution civile, se sentaient tout de suite atteints et brûlaient de châtier le maraud qui osait parler avec irrévérence des dieux du jour. Un laïque, qui n'était nullement un catholique zélé, M. Courvoisier, recteur de l'université de Besançon, en fit une désagréable expérience et fut indignement vexé et opprimé par le directoire du Doubs (1).

(1) M. Jules Sauzay raconte en détail ce curieux épisode de la révolution en Franche-Comté (tome I, p. 221). M. Courvoisier fit le 13 novembre un discours de rentrée en latin, sur le point de savoir si les écrits des philosophes ont été utiles ou nuisibles. Il adressa des critiques aux philosophes, mais ne ménagea point les éloges à l'Assemblée, et dit même qu'elle avait voulu rétablir l'Église dans sa pureté primitive. Le conseil général du Doubs s'en offusqua, lui demanda son discours et nomma une commission pour l'examiner. Les têtes s'exaltèrent à propos de cet incident si mesquin, et on en vint à accuser M. Courvoisier des plus noirs complots. Alors il imprima et distribua son discours. Le 22 novembre, le conseil général osa prendre un arrêté qui lui défendait solennellement de l'imprimer, ou de le faire distribuer s'il était déjà imprimé, et le sommait de comparaître le lendemain devant le conseil général pour recevoir une réprimande du président ! M. Courvoisier fit une protestation très-digne, dans laquelle il s'écriait avec raison : « Qu'est-ce que le pouvoir arbitraire aurait fait de plus sous l'ancien régime ? » et déclarait en appeler à l'Assemblée. Autre arrêté du conseil, qui ordonne la continuation des poursuites. On le lui signifie avec scandale au milieu de son cours. Il répond très-bien que l'administration n'a que la surveillance, le droit de dénoncer, mais non de juger et de contraindre par corps. Des fusiliers vinrent le saisir

Le clergé de France désirait vivement que le pape se prononçât sur la constitution civile, et voyait avec tristesse Louis XVI et ses conseillers compter sur des combinaisons frivoles, retarder, à force d'importunités, la décision solennelle du pape, et prolonger une situation extrêmement pénible, dont les révolutionnaires tiraient parti au grand détriment des consciences. L'archevêque de Narbonne écrivit au roi le 22 septembre avec beaucoup d'énergie. L'archevêque d'Embrun (30 octobre) déclara nettement au cardinal de Bernis que la cour s'engageait dans une très-mauvaise voie.

« ... Les évêques savent que Sa Majesté a consulté le souverain Pontife, et ils attendent sa décision avec cette soumission filiale dont le clergé de France ne s'est jamais départi. Si, par des ménagements qu'on n'aura pas manqué d'inspirer à la cour de Rome, le saint-Père, par quelque adoucissement, laissait subsister en tout ou en partie le régime actuel, je ne vois plus de ressources, la religion est à jamais exilée de l'empire français. »

Si le pape adoptait le plan de conduite qui lui était proposé par le cabinet des Tuileries, le clergé français ne jouirait plus d'aucune considération, et serait dans l'impossibilité de remplir sa mission. Si au contraire on prenait un parti décisif, l'archevêque d'Embrun pensait que la situation serait tout autre. C'était bien l'avis de Pie VI, mais Louis XVI, avec les meilleures intentions du monde, ajoutait beaucoup aux embarras de la situation, et l'Église de France en gémissait secrètement.

chez lui, et le forcer de comparaître devant le conseil général. Il publia encore une protestation éloquente. « ... Ma réclamation à l'Assemblée nationale, y est-il dit, était notifiée dans les vingt-quatre heures; et méprisant cette réclamation si respectable, le département a rempli les rues d'ignominieuses affiches; il a fait violer mes foyers et exercer sur moi une contrainte par corps. Mais sous l'ancien régime la simple opposition aux arrêts même les plus arbitraires en enchaînait l'exécution! Liberté sainte, c'est en votre nom que je demande vengeance... Mais les lois sont blessées, mais la constitution est violée, c'est à elle qu'il faut une réparation éclatante... » Le département, pour toute réponse, criait impudemment qu'il s'opposait à la constitution civile. Les événements marchèrent, et l'Assemblée ne trouva point le temps de s'occuper de sa réclamation. On voit avec quelle aveugle intolérance et quel mépris de toutes les lois les révolutionnaires agissaient dans les affaires qui de près ou de loin touchaient à la religion.

III.

Les fureurs populaires, les persécutions des corps administratifs, la perte de leurs traitements n'avaient pu décider les évêques à transiger avec leur devoir. Les Constituants se décidèrent à recourir à la violence, puisque ni l'intimidation, ni le besoin ne pouvaient faire fléchir les consciences de leurs adversaires.

A la séance du 26 novembre, Voidel vint faire une dénonciation générale contre le clergé au nom du comité des recherches. Il rappela la plus grande partie des faits que nous venons de raconter, et s'étendit sur les protestations des évêques.

« ... Vous avez pu remarquer, dit-il à l'Assemblée, dans les protestations dont je viens de vous rendre compte, qu'il n'y est parlé en aucune manière de l'aliénation des domaines nationaux, et comme il n'est pas possible, après ce que nous avons vu et entendu, de soupçonner les évêques d'indifférence sur cet objet, il faut leur savoir gré de cette réserve. »

Les chapitres avaient au contraire protesté contre la vente des biens du clergé; seulement si le rapporteur avait été équitable, il aurait rappelé qu'on n'avait pas seulement pris leurs biens, mais qu'on les avait complétement supprimés malgré les lois de l'Église. Voidel rendit naturellement compte des dénonciations des départements, des districts et des municipalités.

« ... Tous accusent la lenteur de votre justice, ils vous conjurent de rendre enfin la loi redoutable à ceux à qui vous n'avez pu encore la faire respecter. Quel serait l'effet d'un silence coupable sur les protestations de ces évêques! *Bientôt nous nous verrions ramenés à cet absurde système qui érige deux autorités*, deux souverains dans un État; bientôt l'un usurperait sur l'autre une prééminence qu'il réclamerait au nom du ciel... »

Il est impossible de nier plus carrément le principe de la distinction et de l'indépendance réciproque du spirituel et du temporel, qu'on assure pourtant être une des conquêtes de la révolution. Napoléon lorsqu'il tiendra le pape captif à Fontainebleau dira absolument la même chose. Voidel accusa aussi les évêques de violer les lois canoniques tout en les invoquant ; elles exigent la résidence, et pourtant l'évêque de Paris est en Savoie, l'évêque de Nantes est à Paris. Cette accusation prouvait uniquement la mauvaise foi du rapporteur. Ces évêques étaient obligés de se retirer pour n'être pas les victimes de violences que l'Assemblée ne cherchait nullement à réprimer, que ses plus dévoués partisans avaient même encouragées ; et on osait dans de pareilles conditions leur reprocher de s'éloigner ! C'était surtout en ce qui concernait l'archevêque de Paris que Voidel faisait preuve d'une odieuse impudence, car sa vie avait été sérieusement en danger ; et depuis, l'ordre n'avait pas été assez bien rétabli pour qu'il pût en toute sûreté revenir à Paris ; s'il s'y était risqué il aurait probablement été poursuivi par les mêmes énergumènes, et l'Assemblée la première aurait blâmé hautement son imprudence, et l'aurait probablement accusé d'avoir cherché par sa présence à soulever le peuple, et à fournir à ses ennemis l'occasion de le calomnier. Nous ne faisons pas ici une supposition téméraire ; le parti qui dominait alors dans cette Assemblée traita ainsi des gens qui n'avaient pas voulu émigrer et que la populace avait failli écharper. Après de violentes tirades Voidel termina ainsi son rapport :

« ... Ministres de la religion, cessez de vous envelopper de prétextes ; avouez votre faiblesse, vous regrettez votre antique opulence, vous regrettez ces prérogatives, ces marques de distinction et de prétendue prééminence. Songez que la révolution a fait de nous des hommes. Il en est temps encore, désarmez par une prompte soumission le peuple irrité de votre résistance. Le décret que je vais présenter est moins une loi sévère qu'une mesure d'indulgence... »

Ce prétendu décret d'indulgence était un décret de persécution.

L'article 1 ordonnait aux évêques et curés conservés, aux grands vicaires, supérieurs et directeurs de séminaires, aux vicaires des curés, aux professeurs des colléges de prêter dans le délai de huitaine le serment exigé par les articles 21 et 38 de la constitution civile et de jurer en conséquence d'être fidèles à la nation, à la loi et au roi, de *maintenir de tout leur pouvoir la constitution décrétée par l'Assemblée nationale et ac-*

ceptée par le roi, faute de quoi ils seraient déclarés déchus de leurs fonctions et remplacés suivant le mode prescrit par la constitution civile.

L'interdiction du culte catholique et la persécution religieuse étaient consacrées officiellement par les trois derniers articles du décret. Il faut citer textuellement de pareilles dispositions :

Article 6. « Dans le cas où lesdits évêques, ci-devant archevêques, curés, et autres fonctionnaires publics, après avoir prêté leur serment respectif viendraient à y manquer, soit en refusant d'obéir aux décrets de l'Assemblée nationale acceptés ou sanctionnés par le roi, soit en formant ou excitant des oppositions à leur exécution, ils seront poursuivis devant les tribunaux de district comme rebelles à la loi et punis par la privation de leur traitement, et en outre déclarés déchus des droits de citoyen actif, incapables d'aucune fonction publique. *En conséquence il sera pourvu à leur remplacement* à la forme dudit décret du 12 juillet dernier, sauf plus grande peine, s'il y échet, suivant l'exigence et la gravité des cas. »

Article 7. « Ceux desdits évêques, ci-devant archevêques, curés, et autres ecclésiastiques fonctionnaires publics conservés en fonctions, et refusant de prêter leur serment respectif ainsi que ceux qui ont été supprimés, ensemble les membres des corps ecclésiastiques séculiers également supprimés, *qui s'immisceraient dans aucune de leurs fonctions publiques,* ou dans celles qu'ils exerçaient en corps, seront poursuivis comme perturbateurs de l'ordre public, et punis des mêmes peines que ci-dessus. »

Article 8. « Seront de même poursuivies comme perturbateurs de l'ordre public, et punies suivant la rigueur des lois, *toutes personnes ecclésiastiques ou laïques, qui se coaliseraient pour combiner un refus d'obéir aux décrets de l'Assemblée nationale* acceptés ou sanctionnés par le roi, ou pour former ou pour exciter des oppositions à leur exécution. »

Ainsi les ecclésiastiques qui refuseraient ou rétracteraient leur serment devaient être sévèrement punis s'ils osaient continuer leurs fonctions. Il fallait donc que tout catholique suivît le culte constitutionnel ou renonçât à exercer le sien. La liberté de conscience était assurée aux calvinistes et aux luthériens, mais on ne pouvait être catholique qu'à la manière de l'Assemblée, et le catholique réfractaire n'avait pas sa place au soleil de la liberté.

L'article 8 complète l'article 7 en déclarant perturbateurs

les ecclésiastiques et les laïques qui se coaliseraient pour former opposition à l'exécution de la constitution civile. Par ses termes mêmes cette disposition prêtait beaucoup à l'arbitraire. Quand cette coalition coupable existerait-elle? A quels caractères la reconnaîtrait-on? Du reste, puisqu'on défendait aux prêtres non-conformistes d'exercer leur culte à leurs frais et à ceux des fidèles, il était logique de prononcer des pénalités contre les croyants qui s'associeraient à eux pour leur offrir une chapelle et leur fournir les moyens de célébrer le saint sacrifice. Ce n'était pas assez de frapper le pasteur, il fallait aussi frapper le troupeau fidèle qui voudrait se réunir à lui dans les lieux écartés où la fureur de ses ennemis l'aurait forcé de se retirer.

Et pourtant devant des textes aussi clairs, et confirmés par tant d'autres, il s'est trouvé des gens qui ont prétendu que la Constituante n'avait pas entendu proscrire le libre exercice du culte catholique. Un historien très-distingué et très-consciencieux, qui a subi quelquefois l'influence des préjugés du parti soi-disant libéral, mais jamais celle des passions révolutionnaires et antireligieuses, M. Duvergier de Hauranne dans son *Histoire si justement renommée du gouvernement parlementaire* (1) a osé dire que

« ... l'Assemblée, au nom de l'État qu'elle représentait, enlevai à l'Église romaine le titre et les avantages de l'Église officielle et qu'elle transportait ce titre et ses avantages à une autre Église; mais l'Assemblée n'empêchait nullement qu'à côté, en face de cette Église, l'Église catholique romaine, comme l'Église luthérienne ou calviniste, n'eût ses temples, ses prêtres, ses fidèles avec toute liberté de parler et d'agir. Or dans tous les temps et dans tous les pays c'est là ce qui constitue la liberté religieuse, et non la possession de quelques priviléges pécuniaires et honorifiques... »

Il est dur sans doute pour des libéraux zélés d'entendre accuser la Constituante d'avoir foulé aux pieds cette même liberté de conscience, dont le parti libéral lui a toujours fait honneur. Ils sont intéressés à laisser dans l'ombre ses persécutions religieuses, car si elles étaient mieux connues ils seraient obligés de montrer beaucoup plus de réserve dans les reproches qu'ils adressent journellement aux catholiques, et de le prendre

(1) Tome I, p. 161 et suiv.

de moins haut avec eux. Mais tout cela ne les autorise pas à refuser de voir dans les textes législatifs ce qui y est contenu, et encore moins à se dispenser de les lire attentivement.

Le plan que M. Duvergier de Hauranne prête gratuitement à l'Assemblée ne ferait pas beaucoup d'honneur à son esprit politique. Selon lui, les catholiques auraient été « seulement privés du titre et des avantages d'une Église officielle »; mais ils auraient eu, au moins théoriquement, « toute liberté de parler et d'agir », et « c'est là ce qui constitue la liberté religieuse, et non la possession de quelques priviléges pécuniaires et honorifiques ». En lisant de telles choses on croit rêver ! Et les églises et les cathédrales élevées par la piété de nos ancêtres, qui sans exception, sur toute la surface de la France, étaient brutalement enlevées au catholicisme, pour les donner au culte nouveau et officiel, M. Duvergier de Hauranne n'y pense seulement pas ! En vérité la distraction est trop forte ! Une spoliation aussi générale, qui entraînait après elle de si graves conséquences était évidemment un grand acte d'intolérance religieuse. Si l'on demandait que sans gêner leur liberté « de parler et d'agir » on enlevât en France tous leurs temples aux Églises luthérienne et calviniste avec la permission d'en bâtir ou d'en louer d'autres à leurs frais, M. Duvergier de Hauranne crierait à la persécution, et démontrerait sans peine qu'un pareil acte du pouvoir contre ces Églises gênerait beaucoup leur liberté « d'agir » et par voie de conséquence leur liberté « de parler », ne fût-ce qu'en chaire (1).

Il ne s'agit pas de rechercher ici quelles fautes la Constituante aurait pu faire, mais celles qu'elle a faites, et c'est en dénaturant ses lois qu'on essaye de plaider pour elle les circonstances atténuantes. M. Duvergier de Hauranne s'est contenté d'affirmer la tolérance des Constituants à l'égard du catholicisme ; nous regrettons qu'il n'ait pas essayé d'en fournir des preuves, il aurait vu bientôt combien il s'était trompé. Nous sommes persuadé que s'il s'était donné la peine de relire les articles 6, 7 et 8 de la loi du 27 novembre, il ne se serait pas aussi

---

(1) L'Église officielle dans la France régénérée aurait donc été à l'égard des catholiques, d'après M. Duvergier de Hauranne, dans une situation absolument identique à celle de l'Église anglicane d'Irlande à l'égard des Irlandais catholiques depuis l'émancipation. Rien ne prouve mieux la détresse des admirateurs quand même de la Constituante qu'une pareille assimilation !

complétement mépris sur le caractère véritable de la constitution civile.

Ces articles pour tout homme qui n'est pas étrangement prévenu sont de la plus grande clarté. Comment une Église catholique ayant naturellement des évêques et des curés peut-elle exister à côté de cette Église officielle? L'archevêque de Paris refuse de prêter serment : aux termes de la loi on le déclarera démissionnaire et on en élira un autre. S'il continue à se dire archevêque de Paris et légitime pasteur des catholiques du diocèse, à prêcher, à diriger les prêtres, il s'immisce dans ses anciennes fonctions conférées maintenant à l'intrus qui a pris sa place, et devient perturbateur public et passible des pénalités édictées par la loi! Peut-il en effet ne plus se dire archevêque de Paris et ne pas accuser de désobéissance les prêtres qui se sont ralliés à l'intrus? Dans chaque village, la situation du curé non assermenté est absolument la même, il lui est impossible d'exercer son ministère sans être aussi perturbateur public. Avec une telle loi le clergé n'avait évidemment pas « la liberté de parler et d'agir (1) ».

(1) On dira peut-être en désespoir de cause que cet article 7 n'était fait que pour protéger l'église officielle ; pour empêcher les évêques et les curés réfractaires de se faire passer pour constitutionnels, et de profiter de cette confusion pour enlever les fidèles à ces derniers. Nous avons entendu une fois soutenir cette opinion. Si les discussions auxquelles la constitution civile a donné lieu et la manière dont elle a été appliquée sous les yeux de la Constituante étaient mieux connues, une telle objection ne se présenterait à l'esprit de personne. Quand bien même la Constituante n'aurait point, par une déclaration formelle que nous citerons plus loin, proscrit d'avance cette interprétation, on ne saurait l'admettre parce qu'elle repose sur une donnée tout à fait fausse. Loin de vouloir être confondus avec les constitutionnels, les réfractaires criaient bien haut, beaucoup trop haut au gré de l'Assemblée qu'ils n'en voulaient pas faire partie. Il n'y avait donc pas de confusion à craindre, la division n'était que trop évidente, et partant l'article 7 n'a aucun sens s'il ne signifie pas qu'il est défendu sous des peines graves, de se dire évêque ou curé catholique en dehors de l'Église constitutionnelle, et d'agir en conséquence.

Lorsque la hiérarchie catholique fut rétablie en Angleterre par Pie IX, il y eut une véritable explosion de fanatisme anglican, et le parlement rendit un bill, resté heureusement à l'état de lettre morte qui interdisait sous certaines peines à tout membre d'un clergé autre que le clergé anglican de prendre le titre d'évêque. Eh bien, si quelqu'un pour justifier l'Angleterre du reproche d'intolérance, était venu dire que ce bill ne s'appliquait pas aux évêques catholiques et avait été simplement fait pour empêcher qu'on pût se dire faussement

Tous les historiens qui n'ont pas voulu de parti pris jeter un voile sur l'intolérance religieuse de la Constituante ont blâmé énergiquement le décret du 27 novembre. Les propositions du comité dont Voidel était l'organe furent accueillies par l'Assemblée comme le corollaire naturel de la constitution civile, et à ce point de vue elle avait raison. Le schisme ne pouvait être établi en France sans une persécution sanglante. On commença par le voter en principe ; on vit ensuite qu'il fallait employer la force et on vota le décret Voidel. Plus tard la Législative reconnut que ce décret était encore insuffisant, et vota l'internement et le bannissement des prêtres : la Convention devait les envoyer en foule à la guillotine, ou les faire périr de misère dans d'étroites prisons ou dans la cale d'un vaisseau. Quand on a commis une faute politique très-grave, ses plus désastreuses conséquences n'apparaissent pas toujours immédiatement. La révolution n'est arrivée à la persécution sanglante qu'après avoir décrété une série de lois de plus en plus barbares. Néanmoins le décret proposé par Voidel les contenait toutes en germe, puisqu'il interdisait aux catholiques toute liberté religieuse ; et cependant le comité reconnaissait publiquement que le parti opposé à la constitution civile était nombreux et puissant ; il ne fallait donc pas beaucoup de perspicacité pour comprendre que ce décret, quelque grave qu'il fût, serait bientôt insuffisant, et que pour imposer l'Église constitutionnelle au pays il faudrait recourir à des moyens plus violents encore. L'Assemblée ne voulut rien prévoir. Parmi les députés de la majorité les uns crurent naïvement qu'ils allaient en finir du coup avec toute résistance ; les autres, entraînés par leur fanatisme antireligieux, se lancèrent avec bonheur dans la voie de la persécution sans s'inquiéter des conséquences (1).

évêque anglican, on eût trouvé son explication absurde, insoutenable ! Elle est pourtant absolument identique à celle que nous venons de combattre.

(1) « Faire porter directement le serment sur la constitution civile du clergé, c'est-à-dire sur une mesure qui blessait profondément la conscience d'un grand nombre de prêtres honorables, c'était transformer la résistance en un devoir sacré... entrer dans une voie au bout de laquelle étaient la dictature et la proscription... On n'avait plus qu'un seul désir, écraser son ennemi, et on se souciait peu d'écraser avec lui la liberté qu'on avait voulu fonder, tant les passions déchaînées sont plus fortes que les principes... » (De Pressensé, *l'Église et la révolution*, p. 140.)

Cazalés, au nom de la droite, demanda l'ajournement du projet du comité (1). La gauche avait dénié au pape toute autorité dans les questions religieuses qu'elle avait tranchées à sa façon; elle se montrait conséquente avec elle-même en refusant d'attendre sa décision, et en exigeant que l'Assemblée prît un parti sans consulter personne. La discussion fut extrêmement violente; on laissait à peine parler les adversaires du projet. Estourmel appuya la motion de Cazalès, Barnave la combattit avec passion, et la demande d'ajournement fut rejetée. L'évêque de Clermont ouvrit la discussion par des paroles pleines de noblesse et de dignité :

« Ce n'est pas pour me plaindre du traitement qu'on prépare aux ecclésiastiques qui ne reconnaîtront pas vos maximes que je suis monté à cette tribune. Votre justice doit assurer notre subsistance puisque vous avez cru devoir vous approprier nos biens. Nous aurions beaucoup à dire sur ces objets mêmes, mais de plus grands intérêts réclament notre attention et notre zèle. Dans la constitution que vous avez organisée pour le clergé, dans cette constitution que vous appelez civile nous n'avons pu méconnaître une autorité qui se trouve en opposition avec l'autorité spirituelle, telle qu'elle nous a été conservée par la tradition la plus générale et la plus constante. Nous devons vous le dire, parce que la vérité ne doit pas rester captive sur nos lèvres, Jésus-Christ nous a confié une autorité indépendante des hommes. Vous le savez comme nous, l'Église n'est soumise qu'à ses propres lois. »

Il déclara que le clergé se résignait à la perte de ses biens, et insista fortement sur la nécessité d'un concile national.

Mirabeau lui répondit: Si on peut être éloquent dans une cause inique, tout en faisant litière de la bonne foi, du bon sens, de la saine politique, et en remplaçant les raisons absentes par de grossières injures, certes Mirabeau fut éloquent ce jour-là. L'éloquence est un don particulier du ciel, elle ne présuppose ni l'honnêteté, ni le savoir; on peut être éloquent en débitant des infamies. Si ce discours de Mirabeau au point de vue oratoire

(1) « C'est sur ce point que le débat devait se concentrer bien plus que sur le projet lui-même, car en obtenant l'ajournement, la droite réservait les droits de la papauté dont elle attendait la réponse. La gauche poussait à une conclusion immédiate pour ne pas reconnaître le droit de l'Église... » De Pressensé, *ibid.*, p. 140.)

vaut plus que les frénétiques tirades de Fauchet, d'Isnard, de Couthon demandant à grands cris l'incarcération et la déportation des prêtres coupables d'avoir refusé le serment, c'est uniquement parce que Mirabeau possédait un immense talent, et qu'il en restait toujours quelque chose, alors même qu'il le ravalait honteusement. Mais bien qu'il demandât de moindres rigueurs, il était certainement inspiré ce jour-là par une haine aussi grossière et aussi cruelle (1)!

Un discours comme celui de Mirabeau ne s'analyse pas : la discussion en est absente; c'est une dénonciation perpétuelle du clergé aux énergumènes de l'Assemblée et aux bandits des tribunes. Par les injures qu'il prodigua aux auteurs de l'Exposition des principes, on peut juger du bien qu'elle a dû produire, des incertitudes qu'elle a dû dissiper. Devant cette apologie si fortement raisonnée et si modérée dans la forme il ne sut que pousser des cris de rage et traiter ses auteurs de conspirateurs. Tous ceux qui s'opposaient à la constitution civile n'étaient et ne pouvaient être que d'horribles, de méprisables conspirateurs; ce fut son grand argument, et Robespierre dans ses plus venimeuses dénonciations ne montrera jamais plus de fiel ni d'impudence. L'exposition des principes, d'après Mirabeau :

« ... C'est la ruse qui cache sous le masque de la piété et de la bonne foi le punissable dessein de tromper la religion publique et d'égarer le jugement du peuple : c'est l'artifice d'une cabale infernale formée dans votre sein, qui continue de méditer des mesures pour le renversement de la Constitution en affectant le ton de la paix, et qui met en mouvement tous les ressorts des troubles et de la sédition, lorsqu'elle se donne pour ne vouloir plaider que la cause de Dieu... »

Cet homme dont l'impiété et le cynisme n'étaient un mystère pour personne, qui pendant longtemps avait été bien plus célèbre par les scandales de sa vie que par son talent, oublia que son plus ferme soutien dans l'Église était un Talleyrand; il eut l'audace et l'hypocrisie de tonner contre les vices du clergé, d'attribuer à tous ceux qui combattaient ses doctrines schismatiques les scandales de quelques abbés, parmi lesquels il comptait

---

(1) En 1790 tous ces énergumènes de la Législative n'en demandaient pas plus que Mirabeau.

de chauds partisans, et d'annoncer que la constitution civile allait ramener en France les vertus de la primitive Église !

Il reprocha avec fureur aux évêques de s'opposer à son exécution immédiate, tout en attendant la réponse de Rome, comme si le simple bon sens n'indiquait pas qu'en attendant cette réponse il fallait rester dans le *statu quo* et ne pas travailler à établir une nouvelle constitution de l'Église, qu'il faudrait plus tard réprouver, ou tout au moins modifier. Comme les Isnard et les Fauchet devaient le faire plus tard à la Législative, il s'emporta violemment contre ceux qui prédisaient une persécution prochaine, les traita d'indignes calomniateurs, et vanta la tolérance et l'esprit chrétien de la révolution, tout en soutenant un décret de persécution. Il essaya cependant de répondre aux objections de ses adversaires, mais sa profonde ignorance de la religion apparut aussitôt, et il s'embourba de la manière la plus ridicule. On l'entendit annoncer avec emphase que d'après l'article 1 de la déclaration de 1682 les évêques ont une juridiction universelle, « que chaque évêque est solidairement et par l'intention divine le pasteur de l'Église universelle ». Or, tout le monde sait que ce fameux article ne parle nullement des évêques mais affirme la distinction des deux pouvoirs spirituel et temporel. Si le fougueux orateur avait dit dans son discours que Louis XIII était fils de Louis XII, il n'aurait pas commis une plus grossière bévue, mais il était aussi téméraire et aussi impudent dans ses citations que dans ses accusations. L'abbé Maury releva d'une manière piquante cette preuve de l'érudition et de la bonne foi de son adversaire ; Mirabeau essaya vainement d'atténuer la portée de cette énorme bévue ; malgré toute son impudence il ne fit que s'embourber encore plus. Il revint alors à ses lieux communs déclamatoires, à ses accusations favorites contre les évêques, dont le premier devoir, à ses yeux, était de se faire les agents et les propagateurs de la révolution.

« Je suis scandalisé, s'écria-t-il, de ne pas voir des mandements civiques se répandre dans toutes les parties de ce royaume, et porter jusqu'à ses extrémités les plus reculées des leçons conformes à l'esprit de la révolution... »

Puis des évêques il passa aux confesseurs, exprima bien haut son regret de ne pas les voir user et abuser de la confession dans l'intérêt de la révolution, et déclara que l'Assemblée devait prendre des mesures sérieuses pour forcer les confesseurs à être patriotes.

« Tant que vous n'aurez pas trouvé dans votre sagesse un moyen de faire agir ce ressort de la religion suivant une détermination concentrique au mouvement du patriotisme et de la liberté, je ne saurais voir dans ces tribunaux sacrés qu'une loi sans doute irréfragable et divine a érigés dans l'enceinte de nos temples que les trônes d'une puissance adverse et cachée, qui ne croira jamais remplir sa destinée qu'autant qu'elle fera servir ses invisibles ressources à ruiner sourdement tous les fondements de la constitution. C'est encore là un de ces grands maux qui exigent l'application d'un prompt et puissant remède. »

Tout commentaire serait inutile ; ces paroles montrent trop clairement ce que Mirabeau pensait de la religion, et quel rôle il lui destinait. Le prêtre, dans son système, devait être l'agent soumis du pouvoir civil ; l'État devait le rétribuer, afin de l'exploiter. Il se plaignit aussi du trop grand nombre de prêtres et proposa d'interrompre les ordinations. Des murmures s'élevèrent dans l'Assemblée ; le janséniste Durand de Maillane vint à la rescousse, et soutint que cette proposition était très-canonique. Non-seulement elle constituait un empiétement sur les droits de l'Église, mais encore elle était insensée au point de vue politique. Rien n'était mieux fait pour maintenir l'ancien clergé dans des sentiments de défiance à l'égard du régime nouveau, tandis que l'accession continuelle au sacerdoce de membres plus jeunes qui n'auraient pas été mêlés personnellement à des luttes irritantes, et auraient moins connu l'ancien régime, devait être un excellent moyen d'apaisement. Cette proposition était absolument dépourvue de sens politique. Mais peut-être sa pensée secrète était-elle de décourager et d'éloigner les vocations pendant quelques années, de créer ainsi au clergé une position de plus en plus difficile dans la société nouvelle, et de préparer les voies à une réforme analogue à celle de Luther et de Calvin, à la transformation du clergé catholique en un corps d'officiers de morale, affranchis du célibat, et de toutes les obligations sérieuses de l'état sacerdotal.

Mirabeau prétendit que le projet du comité était incomplet,

et en présenta un autre, sur lequel il est bon de s'arrêter un moment.

L'article 1ᵉʳ est ainsi rédigé :

« L'Assemblée nationale, considérant que l'Exposition des principes de la constitution civile du clergé récemment publiée par les évêques députés à l'Assemblée nationale *est directement contraire aux libertés de l'Église gallicane* (1) et manifestement attentatoire à la puissance du corps constituant dont les lois sur cette matière ne peuvent être empêchées par quelque tribunal ou puissance ecclésiastique que ce soit, »

« Déclare déchu de son élection tout évêque convaincu d'avoir recouru au saint-siége pour se faire investir de l'autorité épiscopale, entendant que chaque évêque élu s'en tiendra purement et simplement à des lettres de communion et d'unité conformément à l'article 19 du titre II du décret du 12 juillet, déclare vacant le siége de tout évêque qui recourrait à la demande de nouvelles institutions canoniques, sur ce que la nouvelle démarcation des diocèses lui attribuerait des ouailles qui n'étaient pas auparavant soumises à sa juridiction. »

La même déchéance était proposée contre le métropolitain ou évêque qui, requis d'installer un curé ou un évêque élu, alléguerait d'autres motifs que ceux prévus par les articles 9 et 36 du décret.

Tout ecclésiastique qui protesterait contre la constitution civile serait privé de traitement jusqu'à rétractation.

L'article 2 porte que :

« tout ecclésiastique qui, soit dans des mandements ou des lettres pastorales, soit dans des discours, instructions ou prônes, se permettra de décrier *les lois* ou la révolution, sera réputé coupable du crime de lèse-nation, et poursuivi comme tel par devant les tribunaux à qui il appartient d'en connaître.. »

L'article 3 amendait les articles 22 et 33 de la constitution civile, et ordonnait aux évêques et aux curés de ne choisir leurs vicaires que parmi des ecclésiastiques déterminés par l'élection antérieure.

L'article 4 est le plus curieux, il décide :

(1) Mirabeau venait tout justement de prouver qu'il les connaissait bien, ces prétendues libertés, et qu'au besoin il les inventait !

« que chaque archevêque ou évêque enverra aux greffes de toutes les municipalités de son diocèse un état signé par lui et par le secrétaire diocésain de ceux des ecclésiastiques domiciliés dans chaque municipalité qui sont approuvés pour le ministère de la confession, et que *nul ne pourra exercer cette fonction qu'il n'ait au préalable prêté serment à la municipalité..* »

L'article 5 suspendait les ordinations jusqu'à nouvel ordre.

Au fond ce projet de décret ne différait pas beaucoup de celui du comité. Au lieu du serment, il imposait aux évêques, sous peine de déchéance, des conditions tout aussi impossibles à réaliser. Il aggravait la constitution civile sur plusieurs points. Il semble avoir été préparé tout exprès pour déjouer les plans de Louis XVI, dont Mirabeau devait au moins savoir quelque chose. Quand bien même le pape aurait accepté les propositions du roi, l'adoption de ce projet bouleversait complétement la situation, et ne laissait aucune place aux misérables expédients que Louis XVI aurait voulu employer de concert avec la cour de Rome. Le roi mettait tout son espoir dans l'autorisation que le pape donnerait aux évêques, d'observer les nouvelles circonscriptions, et le projet de Mirabeau déclarait déchus tous les évêques qui recouraient au pape. En imposant le serment aux confesseurs, en soumettant les vicaires des évêques et des curés à une élection préalable, il créait des difficultés nouvelles et dont il était impossible de sortir. Bien que le projet de Mirabeau fût très-rigoureux, le comité ne s'y rallia point.

L'abbé de Montesquiou répondit à Mirabeau :

« Il est donc dans la destinée du clergé de ne pouvoir parler des objets qui l'intéressent sans être en butte aux plus vives déclamations, aux sarcasmes les plus amers. S'il s'exprime avec la fureur d'un zèle alarmé on crie à l'emportement, s'il s'exprime avec douceur et modération on crie à l'hypocrisie ; je voudrais que ces odieux moyens fussent enfin proscrits ; je voudrais que l'on n'apportât dans cette tribune que les armes de la vérité, et que l'on fût pur, simple, éloquent comme elle. S'il est vrai que vous ne voulez que la paix, pourquoi sans cesse nous traiter en ennemis quand nous n'en avons ni le langage ni la conduite. On nous reproche de ne défendre que nos biens lorsque nous n'en faisons aucune mention. Nos soins et notre zèle ne se portent que sur des objets d'un plus haut intérêt. »

Il défendit avec calme et dignité l'indépendance du pouvoir spirituel menacée par la constitution civile, et finit en invitant ses adversaires à ne pas se renfermer dans de vagues dénonciations, mais à oser dire quels troubles le clergé avait suscités et quels étaient ses crimes.

Pétion vint dire que la théologie était à la religion ce que la chicane était à la justice, et que les décrets de l'Assemblée étaient des lois de l'État auxquelles il fallait absolument se soumettre. Si des catholiques croyaient leur conscience blessée, ils n'avaient qu'à présenter des pétitions au Corps législatif et se soumettre en attendant. Après avoir déclamé contre la résistance du clergé, il conclut à l'adoption du projet du comité.

L'abbé Maury dans un éloquent discours rappela toutes les erreurs de la constitution civile, et montra qu'il était nécessaire d'attendre au moins la réponse du pape, puisque le clergé, adhérant aux paroles de l'évêque de Clermont, venait de déclarer que l'opposition faite par lui à la constitution civile portait seulement sur le spirituel. Il se plaignit énergiquement de la conduite du comité ecclésiastique, qui, usurpant sur le pouvoir législatif, avait intimé aux chapitres l'ordre de se séparer, et écrit aux évêques sur le ton le plus absolu. De violents murmures l'interrompirent; rien cependant n'était plus exact. Nous avons déjà montré et nous montrerons encore plus d'une fois que le comité ecclésiastique, comme les autres comités, avait attiré à lui le pouvoir exécutif, qu'il administrait réellement et intimait ses ordres. Maury stigmatisa la conduite des révolutionnaires, et leur prédit ce qui devait se réaliser dans quelques semaines.

« ... Nous ne scruterons pas dans cette tribune, s'écria-t-il, des motifs qui ne sauraient échapper ni à nos amis ni à nos ennemis. Nous nous abstiendrons de caractériser une persécution qui renouvellerait pour l'Église cette époque de désastres et de gloire où les pontifes de la religion dévoués au ministère du martyre étaient obligés d'aller se cacher au fond des cavernes, pour imposer les mains à leurs successeurs; ces tableaux malheureusement trop prophétiques paraîtraient peut-être de calomnieuses exagérations aux yeux de ceux de nos adversaires qui ne sont pas dans le secret du parti auquel ils servent d'instruments... Législateurs d'un jour, législateurs de quelques journaux serviles, vous regardez comme de bons Français tous ceux que la révolution a enrichis, tandis que vous dénoncez comme de mauvais Français tous ceux qu'elle a ruinés (violents murmures). Vous avez beau m'interrompre en répondant par des murmures à mes raisons, comme si mes raisons étaient des injures. Eh! que craignez-vous pour vous abaisser aux menaces? Le règne de la justice n'est point encore arrivé, mais le moment de la vérité est venu et vous allez l'entendre... »

Il tint parole et fut pourtant beaucoup moins violent que Mirabeau. Ce fut dans ce discours qu'il prononça ces paroles mémorables : « Prenez garde, il n'est pas bon de faire des martyrs... » Cet adversaire de la révolution lui donnait un excellent avis. Mais l'Assemblée était décidée à ne pas apporter la moindre modification à la constitution civile; elle préférait risquer tout.

Camus vint soutenir d'un ton hautain et dogmatique que la demande d'ajournement n'était appuyée sur aucun motif sérieux, et qu'il serait fort dangereux de l'accepter. Les décrets sur les réformes religieuses ont été rendus et promulgués, le comité propose un moyen de les exécuter, on ne doit délibérer que sur cette proposition. On a dit qu'il fallait attendre la réponse du pape, mais on n'en a pas besoin pour l'exécution des décrets.

« ... Dans quel siècle sommes-nous donc? croira-t-on que ce soit dans le dix-huitième siècle que les évêques nous disent qu'ils ont les mains liées, qu'ils ne peuvent rien faire par eux-mêmes? Il est bien surprenant qu'à la fin du dix-huitième siècle des évêques de France prétendent ne pouvoir rien faire sans l'autorité du pape! le pape est le centre de notre foi, le chef suprême de l'Église, mais quel droit aurait-il dans le royaume? Comme évêque, il est évêque de Rome; il n'a pas plus de pouvoir qu'un autre évêque n'en a dans son diocèse. On sait au reste comment le Pape est arrivé au degré de puissance contre lequel nos pères n'ont cessé de réclamer, qu'ils ont toujours regardé comme une usurpation... »

Et là-dessus, Camus se lança dans une longue discussion qui avait pour but de prouver que le pape n'avait aucune primauté de juridiction. La doctrine de Camus n'était pas gallicane, n'était pas janséniste, puisque les jansénistes d'Utrecht eux-mêmes n'osaient pas dénier ouvertement au pape la primauté de juridiction, elle était protestante! Il disait, pour rassurer les niais, que le pape est le centre de la foi et le chef de l'Église, mais il anéantissait complétement sa protestation, en disant que le pape n'est rien en France, que c'est un évêque comme un autre. Or qu'est-ce qu'un chef qui ne peut absolument rien commander ? Qu'est-ce que ce centre de notre foi vers lequel nous n'avons pas le droit de nous tourner lorsque notre conscience est alarmée ? Le pape, dans le système de Camus, n'a qu'une primauté d'honneur, sans la moindre autorité : au lieu d'une mitre, il porte une tiare, et jouit d'un simple droit de préséance sur l'épiscopat. Camus avait du reste dans ses écrits en faveur de la constitution civile professé ouvertement la doctrine réprouvée de tout temps par l'Église de l'égalité des apôtres, et celle de l'égalité des évêques, et c'était en invoquant cette dernière doctrine qu'il avait obtenu de l'Assemblée la suppression des archevêques. Tel était le théologien que la Constituante prenait pour guide. Après avoir ressassé toutes les erreurs qu'il avait avancées dans les précédentes discussions, il s'écria :

« L'Assemblée nationale de France a la faculté, la malheureuse faculté de recevoir, ou de ne pas recevoir la religion catholique ; mais elle s'en est servie de cette faculté pour l'adopter; et la religion sera respectée ; vous aurez des évêques, vous aurez des métropoles, et je mets en fait que jamais elle n'a été autant respectée qu'elle le sera désormais... »

Le prophète chez Camus était à la hauteur du théologien. Il refusa cependant d'adopter le projet de Mirabeau. L'article sur la confession lui parut présenter de grands inconvénients. L'Assemblée lui donna gain de cause en votant le projet des comités.

Le décret du 27 novembre ne fit qu'augmenter l'état de trouble et de malaise dans lequel notre malheureuse patrie vivait depuis longtemps. Les révolutionnaires, violents ou modérés, poussèrent des cris de triomphe et redoublèrent d'insolence à l'égard des catholiques que ce décret soumettait à leur despotisme et à leurs vexations. Ceux-ci ne se laissèrent point abattre par un vote qui n'était que trop prévu, et les mandements, les brochures, les protestations se multiplièrent en attendant la sanction royale. Avant de se séparer complétement de la révolution, plusieurs évêques eurent soin de lui rappeler que c'était elle qui les y contraignait. L'évêque d'Avranches invita les autorités locales à ne pas oublier que le jour de la fédération il avait prêté le serment civique, et remis sa restriction sur le spirituel au procureur de la commune. L'évêque de Digne (19 décembre) écrivait aux administrateurs qu'il avait d'abord prêté le serment civique, mais que sa conscience ne lui permettait pas de prêter le serment prescrit par le décret du 27 novembre. L'évêque de Langres, Mgr de la Luzerne, qui ne fut jamais suspect d'ultramontanisme, était le 8 décembre privé de son traitement, ainsi que ses chanoines, pour ne s'être pas conformé aux décrets. L'évêque de Tulle offrit de prêter son serment avec restriction, et le département envoya contre lui une adresse furibonde à l'Assemblée.

« ... Tonnez, législateurs français, lancez vos foudres sur tous les rebelles, vous êtes à temps de prévenir de grands maux ; mais si vous tardez plus longtemps, la torche de la guerre civile est allumée dans nos malheureuses contrées. »

Sous prétexte d'établir la paix et la tolérance, on réclamait la persécution, et sous prétexte d'éviter la guerre civile, on réclamait à grand cris des mesures qui devaient l'amener infailliblement. Ainsi le conseil général du département de l'Aisne félicitait l'Assemblée de son décret du 27 novembre.

« Enfin, disait-il, le jour de notre triomphe, et celui de la chose publique est arrivé. Les corps administratifs n'auront plus à redouter une résistance funeste, et les mécontents ont perdu pour jamais l'espoir de ramener de nouveaux troubles et de nouveaux malheurs. »

L'évêque de Rennes avait déclaré qu'il fallait attendre la décision du pape. Le conseil général du département prit un arrêté ainsi conçu :

« ... Considérant que l'autorité du pape ne peut s'étendre que sur des choses purement spirituelles, et non sur les lois civiles du royaume ; que son approbation ou son improbation à la constitution civile du clergé étant absolument indifférente, rien ne peut arrêter la promulgation du décret du 27 novembre qui indique les mesures à prendre pour l'exécution des décrets des 12 et 14 juillet : arrête que l'Assemblée nationale sera suppliée de demander au roi la sanction et l'envoi dans les départements du décret du 27 novembre, afin de détromper les peuples sur la prétendue nécessité du concours de l'évêque de Rome à l'exécution d'une partie des lois civiles de l'État : charge son président d'adresser par le courrier de demain la présente délibération à M. le président de l'Assemblée pour en assurer le succès le plus tôt possible... »

Presque tous les évêques furent ainsi dénoncés à l'Assemblée, à cause de leur résistance à la constitution civile. Les révolutionnaires couraient à la persécution du catholicisme avec la plus entière confiance. Ils étaient sûrs de la populace des villes et espéraient ainsi venir à bout de toute résistance. Les campagnes auraient dû cependant leur inspirer quelques inquiétudes ; elles avaient vivement protesté contre la réduction des cures, et quelquefois elles avaient été plus audacieuses encore. Les comités de l'Assemblée ne l'ignoraient pas. Nous citerons seulement une protestation très-caractéristique qui fut envoyée au comité des rapports en décembre 1790.

Le département de la Somme avait demandé aux municipalités des renseignements sur la vente des biens nationaux. La municipalité de Montigny-les-Jongleurs, district de Doullens, lui écrivit en ces termes :

« ... Nous n'avons qu'un curé qui nous est utile pour le salut de nos âmes. Nous n'avons point cru en nommant les états généraux, ni le département ni le district, de leur donner l'autorité de primer sur nos très-dignes prêtres, ni sur leurs biens, qui leur sont aussi antiques et même plus antiques que les nôtres. Nous avons cru nommer des gens de justice, et ils se disposent à vendre des biens qui ne leur ont jamais appartenu, non plus qu'à nous ; ils ont donc la même autorité de vendre les nôtres. Si l'on vend ces sortes de biens, on va diminuer un grand revenu à l'État, et le *subsiste* du pauvre, et tout va tomber sur le citoyen à payer et à soutenir. Souvenez-vous que vous n'êtes que nos organes. Signé : Lefébure, maire ; Leblond, Bâton, Le Roy, Goguet, Cordier, Vasseur... »

L'incorrection du style prouve que cette lettre est bien l'œuvre de ces paysans et que personne ne l'a rédigée en leur nom. Le département l'envoya à l'Assemblée (20 décembre), et l'invita à prendre des mesures sévères contre « cette espèce d'insurrection ». Cette municipalité avait refusé également de donner aucun renseignement sur ses biens communaux, et aucun habitant ne s'était fait inscrire sur les registres de la garde nationale (1).

(1) La lettre du département porte cette mention : « Renvoyé au comité des

IV.

Après le vote du décret du 27 novembre, le roi se trouva dans le même embarras et le pays dans la même attente qu'après le vote définitif de la constitution civile. La situation s'était encore aggravée; l'infortuné Louis XVI s'était mal tiré d'un mauvais pas, pour retomber dans un pire. Au mois de juillet 1790 il fallait être bien peu perspicace pour espérer que les passions antireligieuses pourraient se calmer bientôt, mais au mois de décembre il devenait parfaitement clair que la persécution était votée et que le parti révolutionnaire voulait à tout prix l'exercer. Un refus de sanction à cette époque était encore plus dangereux que cinq mois auparavant, et cependant on ne pouvait plus se faire la moindre illusion : sanctionner le décret du 27 novembre, c'était commencer une persécution dont personne ne pouvait prévoir la durée. Le roi était dans une horrible anxiété; quelque parti qu'il prît, les conséquences devaient en être déplorables (1). Comme tous les caractères faibles et indécis, il refusa encore de se rendre à l'évidence, et essaya de tourner la difficulté. Il avait demandé à l'archevêque d'Aix, Mgr de Boisgelin, de lui indiquer dans un mémoire confidentiel les dernières concessions auxquelles l'Église pouvait se résigner pour éviter le schisme et la persécution. L'archevêque d'Aix lui apporta le 1er décembre un mémoire qui porte l'empreinte d'un découragement profond. La situation était déplorable sans doute, mais ce respectable prélat se trouvait encore sous l'influence du coup que le décret du 27 novembre lui avait porté.

rapports, avec prière de s'en occuper et d'en rendre compte promptement à l'Assemblée. Paris, le 30 décembre 1790; » signé Voidel. La réponse du comité du département devait être intéressante, malheureusement le modèle n'en a pas été conservé.

(1) « L'Assemblée, dit M. de Pressensé qui ne peut être suspect en pareille matière, l'avait réduit à l'extrémité tout en ébranlant de la manière la plus grave l'édifice constitutionnel qu'elle élevait à ce moment même. Le veto royal fut, comme on le sait, le ferment des terribles émeutes qui éclatèrent l'année suivante et aboutirent au 10 août et au jugement du prince. Ainsi ce fut la dictature assumée par l'Assemblée dans les questions religieuses qui inaugura la crise sanglante où la grande victime sacrifiée, fut après tout la liberté avilie et supprimée par tant d'attentats. » P. 146.

«... Il est peut-être à craindre, dit ce mémoire, que les bruits de Turin n'influent sur la cour de Rome, on se fait des illusions, on espère dans l'opposition unanime du clergé de France; il y a 44,000 curés, quelle sera la faible proportion de ceux qui ne seront pas retenus par la crainte ?... »

L'archevêque d'Aix calomniait involontairement le clergé du second ordre ; sans doute certains curés avaient trahi scandaleusement la cause de la religion pour acquérir de la popularité et des honneurs; sans doute beaucoup de prêtres du clergé paroissial s'étaient montrés trop envieux du haut clergé, avaient applaudi d'une manière inconsidérée aux attaques dont il était l'objet, et avaient paru jusqu'alors faire bon marché des confiscations et des empiétements de l'Assemblée, pourvu qu'ils y gagnassent un bon traitement ; mais ce n'était pas une raison suffisante de craindre qu'un petit nombre de curés seulement eût assez de courage pour lutter contre un schisme déclaré.

L'archevêque dans son mémoire montrait un louable désir de voir la paix régner toujours en France. « On pense, disait-il, que le peuple serait en mouvement pour la religion : ce serait un grand mal, il n'y a rien que les évêques doivent faire pour l'empêcher... » Il allait en effet, de son propre aveu, jusqu'à la dernière limite des concessions, et bien des évêques, malgré les dangers qui les environnaient, n'auraient pas cru en conscience pouvoir aller si loin. Le projet qu'il présentait ressemblait singulièrement à celui qui avait été envoyé au cardinal de Bernis, et on devait l'offrir à l'acceptation du pape, « en attendant qu'il soit fait un arrangement définitif, et se réservant de faire une réponse ultérieure sur les articles non répondus, ou répondus provisoirement. » Ces restrictions et ces réserves ne signifiaient absolument rien, et reposaient sur des espérances chimériques. La persécution était inévitable, il fallait lui tenir tête dignement et résolûment.

Le retard apporté à la sanction du décret irritait les Constituants ; c'était un blâme timide, et de plus il donnait un peu de temps aux catholiques pour se préparer à la persécution. On répétait partout que la réponse du pape allait arriver ; mais, loin de souhaiter une réponse favorable, l'Assemblée désirait vivement voir son décret exécuté avant que la cour de Rome eût rien décidé. Elle s'était proclamée la législatrice de l'Église, elle avait une fois de plus, en applaudissant le discours de Camus, déclaré que le pape ne pouvait exercer sur les catholiques de France aucun pouvoir effectif : il fallait que les croyants s'inclinassent devant ses réformes religieuses, uniquement parce qu'elles venaient d'elle et d'elle seule. Elle s'illusionnait assez pour croire que l'indifférence et la crainte détermineraient l'immense majorité des catholiques à se soumettre. Si le pape donnait son consentement avant la sanction du décret, on dirait que ce consentement avait été la cause unique de la soumission de tous les Français à la loi nouvelle, et l'Assemblée tenait à montrer à l'univers qu'elle seule avait autorité sur leurs consciences, et que l'acceptation de la cour de Rome ne pouvait exercer d'influence que sur une très-petite minorité; car elle craignait encore, malgré toute vraisemblance, que le pape n'accueillît les propositions de Louis XVI, et elle ne pouvait pas concevoir que personne fût capable de s'exposer aux plus grands périls pour l'intégrité de la foi.

Le décret du 27 novembre eut tout de suite les conséquences les plus regrettables, non-seulement en religion, mais en politique. Louis XVI dès ce moment perdit tout espoir de se réconcilier avec la révolution et ne vit plus dans les membres de la majorité que des fanatiques, soucieux avant tout d'opprimer la conscience de ses sujets et la sienne propre. Ce fut alors seulement qu'il adopta avec l'Assemblée une politique tortueuse, caressa des projets de fuite, et écrivit aux souverains étrangers pour s'assurer leur appui. Le 3 décembre, quelques jours après le vote de la loi du serment, il demandait du secours au roi de Prusse. L'Assemblée dans sa frénésie anticatholique jetait sans y penser la France dans une crise où la Constitution élaborée en 1790 et 1791 allait périr misérablement.

Il fallait que le malheureux monarque sanctionnât bien vite la loi du serment sans qu'il fût question du pape. L'Assemblée ne cessait de réclamer impérieusement la sanction. Le 23 décembre, sur la proposition de Camus, elle vota que son président serait chargé de demander au roi pourquoi le décret du 27 novembre n'était pas encore sanctionné. Le même jour, à la séance du soir, le président (d'André) lut à l'Assemblée la réponse que le roi lui avait faite. « Le décret du 27 novembre, avait dit Louis XVI, n'étant qu'une suite du décret du mois de juillet, il ne peut rester aucun doute sur mes intentions, mais il m'a

paru mériter la plus grande attention dans son exécution... »
Il exprimait ensuite son désir de voir la constitution civile s'établir sans troubles, et invitait l'Assemblée à avoir pleine confiance en lui. Cette lettre annonçait seulement que la sanction serait donnée plus tard. Camus la réclama immédiatement avec beaucoup d'âpreté. Le roi espérait encore la ratification du pape sous certaines conditions, et Camus n'en voulait à aucun prix. Cette fois il fut encore plus explicite que le 28 novembre, et tonna contre l'archevêque de Reims et tous les prélats qui déclaraient ne pouvoir prêter serment sans l'autorisation du pape.

« Les évêques, dit-il, déclarent qu'ils attendent la sanction de celui qu'ils appellent le souverain pontife dans l'Église, comme s'il y en avait un autre que Jésus-Christ, son fondateur... »

C'était bien cette fois du protestantisme tout pur. Un membre de la droite lui demanda ironiquement de quelle religion il était. Dans son discours du 27 novembre, Camus avait daigné appeler le pape le chef de l'Église, tout en déclarant que ce chef ne pouvait diriger que son propre diocèse. Il paraît qu'en lui accordant ce vain titre il avait, pour faire des dupes, dissimulé sa véritable opinion, qu'il laissa échapper ce jour-là. On voit que ces prétendus jansénistes en étaient arrivés à un protestantisme épiscopal dirigé par l'État, comme en Angleterre et en Suède. Camus insista encore sur la nécessité d'appliquer la constitution civile, et prétendit que les biens nationaux ne se vendraient pas ou se vendraient mal si le décret du 27 novembre n'était pas appliqué. Cet argument avait une grande valeur aux yeux de beaucoup de gens qui n'étaient point tourmentés par le fanatisme antireligieux. La vente des biens du clergé devait sauver l'État, disaient les révolutionnaires, et ils prêchaient partout avec une impudence admirable que la constitution civile était indispensable pour assurer le succès de cette merveilleuse opération, que les finances de l'État seraient ruinées si la constitution civile était modifiée dans un sens catholique. Ils parvinrent ainsi en alarmant certains intérêts à grossir le nombre des partisans de la persécution.

Camus finit en demandant à l'Assemblée d'envoyer au roi une

nouvelle députation. Toulongeon demanda un court délai tout en protestant de son mépris pour l'autorité pontificale.

« Aucun de nous, dit-il, n'a connaissance officiellement de l'envoi d'un courrier à Rome, cette nouvelle ne doit donc pas guider notre délibération, et j'ajoute que si nous étions instruits de cette démarche, *nous devrions précipiter plutôt qu'arrêter notre décision*. En effet, messieurs, nous n'avons rien de commun avec elle, la cour de Rome ne peut avoir aucune influence sur la législation française… »

Après s'être encore vivement défendu de reconnaître au pape aucun droit à être consulté, il soutint qu'il fallait malgré tout avoir égard aux scrupules de certains fidèles, et qu'on pouvait bien attendre quelques jours.

«… La chose publique n'est point en danger (on crie à gauche : Elle y est!). Si elle avait été réellement exposée vous n'auriez pas accordé de délai. Dans les circonstances actuelles, cinq à six jours ne peuvent la compromettre, surtout en consultant les expressions de la lettre du roi. »

Duquesnoy déclama contre ces factieux, ces fanatiques qui s'opposaient aux décrets de l'Assemblée, et déclara bien haut qu'ils devaient être exécutés sans le concours d'aucune puissance étrangère. Mais puisque le roi annonçait qu'il allait faire exécuter le dernier décret (quelle année? lui cria-t-on à gauche), on pouvait attendre. Camus et Chasset firent beaucoup de bruit parce que la lettre du roi n'était pas signée, et demandèrent que l'Assemblée exigeât de lui une réponse écrite et signée. Une vive discussion s'engagea là-dessus, et l'Assemblée vota cette proposition. La lettre fut renvoyée au roi, qui la signa docilement et se vit dans la nécessité de se prononcer. Il consulta encore plusieurs personnes, notamment Mgr de Boisgelin, qui tout éperdu lui donna les plus timides conseils. L'éloquent rédacteur de l'Exposition des principes dut plus tard se féliciter de n'avoir pu exercer alors une influence quelconque sur la marche des événements. Cependant l'agitation était vive et des rassemblements tumultueux se formaient dans Paris ; on craignait une nouvelle journée du 6 octobre. On annonça au roi que les faubourgs allaient peut-être s'insurger. « Peu m'importe, répondit-il, si on en veut à ma vie, j'en suis bien las. — Vos jours, lui disait-on, ne sont pas en danger, mais ceux de tout le clergé que votre hésitation va livrer à la fureur populaire... » Ainsi il fallait organiser la persécution pour empêcher le clergé d'être victime! Louis XVI s'entendit plus tard inviter à le déporter en masse, en vertu de ce beau raisonnement, et il dut bien regretter à tous les points de vue d'en avoir tenu compte une fois. Il avait assez de courage pour résister, mais trop peu de décision pour résister à temps. Il espérait d'ailleurs recouvrer un jour une partie de son autorité, et pour mettre sa conscience en repos il se regardait comme ne jouissant pas d'une liberté suffisante, et ne se croyait pas responsable de son acceptation. Il envoya donc sa sanction à l'Assemblée dans une lettre empreinte d'une grande humilité :

«... J'ai fait plusieurs fois connaître à l'Assemblée nationale, disait-il, la disposition invariable où je suis d'appuyer par tous les moyens qui sont en moi la constitution que j'ai acceptée, et juré de maintenir... Si j'ai tardé à prononcer l'acceptation sur ce décret, c'est qu'il était dans mon cœur de désirer que les moyens de la sévérité pussent être prévenus par ceux de la douceur, c'est qu'en donnant aux esprits le temps de se calmer, j'ai dû croire que l'exécution de ce décret s'effectuerait avec un accord qui ne serait pas moins agréable à l'Assemblée qu'à moi ; j'espérais que ces motifs de prudence seraient généralement sentis, mais puisqu'il s'élève sur mes intentions des doutes que la droiture connue de mon caractère devrait éloigner, ma confiance en l'Assemblée nationale m'engage à accepter... »

Cette lettre par laquelle Louis XVI semblait se réduire au rôle d'une machine destinée à sanctionner bien vite les décrets de l'Assemblée fut naturellement interrompue par de vifs applaudissements. Le malheureux monarque, qui méditait déjà une évasion, avait dit le même jour : « J'aimerais mieux être roi de Metz que de demeurer roi de France dans une telle position, mais cela finira bientôt... » Il eût été bien plus digne de refuser la sanction. En acceptant la constitution civile, il avait commis une première faute, mais la discussion du décret du 27 novembre lui avait certainement enlevé toute illusion, et il fallait refuser énergiquement. Sans doute Louis XVI ne pouvait pas prévoir l'avenir, mais il était déjà évident que les choses n'en resteraient pas là, que l'établissement de l'Église constitutionnelle provoquerait de vives résistances, et par suite des décrets encore plus intolérants et auxquels il serait encore plus pénible d'accorder la sanction et plus dangereux de la refuser.

De tous les discours que Mirabeau a prononcés sur les questions religieuses, celui du 27 novembre est le plus célèbre et a le mieux frayé la voie aux proscripteurs. Mais pour avoir été ce jour-là plus violent encore que d'habitude, il n'en est pas moins resté conséquent avec lui-même et avec les doctrines qu'il a toujours soutenues devant la Constituante. Nous ne prétendons point qu'on ait tort de l'appeler un homme de génie, mais nous croyons avoir le droit de soutenir que ce grand orateur n'a fait preuve dans les discussions religieuses ni de génie ni de sens politique, mais seulement du plus grossier fanatisme anticatholique. Lorsqu'on lit ses déclamations sur la constitution civile, on éprouve une pénible impression mêlée de surprise. Que de tels discours aient produit un grand effet sur la Constituante, qu'ils aient été souvent interrompus par des applaudissements frénétiques, nous n'avons pas besoin du *Moniteur* pour le savoir. Ils reflétaient trop bien les passions de la majorité pour ne pas valoir à l'orateur les triomphes les plus éclatants. Mais on y chercherait inutilement une connaissance même superficielle de la matière en discussion, et une théorie raisonnable sur les rapports de l'Église et de l'État. Ceux auxquels Mirabeau s'adresse n'écoutent que leurs passions contre le catholicisme et ses ministres : ils veulent abaisser la religion, lui ôter toute influence sur les âmes en asservissant le clergé; tout moyen leur est bon pour y parvenir, et le reste leur importe peu, car ils ne font pas une loi, à proprement parler; ils veulent frapper, flétrir, enchaîner l'Église. Mirabeau était bien l'homme d'une telle Assemblée : son éloquence la transportait, parce qu'elle faisait appel dans un magnifique langage aux passions qu'elle sentait gronder dans son sein. Son rôle était bien simple; il consistait à soutenir constamment ces deux thèses : l'omnipotence de l'Assemblée en toute matière, et la nécessité pour la France d'avoir un clergé servile, qui dans ses prônes, ses mandements, et même dans ses confessionaux, travaillerait surtout à faire de la politique révolutionnaire; et son triomphe était assuré auprès de l'Assemblée et des tribunes ! La contradiction à ces deux idées, ou à une seule d'entre elles, faisait sortir de sa bouche un flot d'invectives. On était alors bien reçu

à parler des droits de la conscience, du danger de détourner
de la révolution tant d'esprits honnêtes, et d'engager le pays
dans une impasse dont il ne pourrait sortir qu'à force d'arbitraire et de proscriptions ! Comme la majorité dont il était l'organe, il n'a voulu rien écouter, rien prévoir : sans doute l'Assemblée n'avait pas besoin de Mirabeau pour commettre de
lourdes bévues dans les questions religieuses ; mais sans lui elle
aurait beaucoup hésité à voter le fatal décret du 27 novembre.
L'éloquence passionnée du tribun l'a entraînée, et la persécution a été décrétée. Après tout, la révolution en a peut-être
encore plus souffert que la religion !

Il n'y a en réalité dans les discours de Mirabeau sur la constitution civile que de furieuses invectives contre le clergé. Lorsqu'il essaye de discuter sur la religion, lorsqu'il reproduit quelques-uns des arguments de ses compères les jansénistes, il est
mal à son aise, la théologie de Grégoire et de Camus en passant par sa bouche perd toutes ses habiletés. L'admirable netteté de son esprit ne lui permet pas d'embrouiller savamment
les questions, il débite mal sa leçon, et compromet sa cause.
Aussi revient-il bien vite à l'invective. S'en est-il toujours adroitement servi? Nous ne le croyons pas. Mirabeau tonnant contre
les vices du clergé, et célébrant avec emphase la pureté de la
primitive Église, que la constitution civile va ramener en France,
produit le plus singulier effet. Il ne faut sans doute pas pénétrer trop avant dans la vie privée des hommes politiques, ni leur
refuser le droit d'être meilleurs à la tribune que dans leur existence de tous les jours ; mais cependant il faut bien reconnaître
qu'un homme d'État, d'une irréligion et d'une immoralité bien
connues, et qui s'est fait une célébrité par ses aventures scandaleuses, doit, sous peine de se rendre ridicule, ne pas trop insister
sur les accusations d'immoralité qu'il plaît à son parti de lancer
contre ses adversaires, et laisser ce soin à des alliés moins compromis. C'était la mode alors de célébrer emphatiquement certaines vertus et de se livrer, à la connaissance de tout le monde,
aux vices les plus opposés ; Mirabeau la suivait fidèlement, mais
il a dépassé de beaucoup l'effronterie de ses contemporains. Eh
quoi, pouvait-on s'écrier, « Saül est-il parmi les prophètes, est-
ce que pour le ravisseur de madame de Monnier le chemin de
l'Assemblée a été le chemin de Damas? » Nullement : cet amour
subit de la morale et de la primitive Église a surgi tout à **coup**

pour les besoins de la cause. Ce vieux pécheur, usé par la débauche, a moins que jamais envie de se faire ermite! il a beau aspirer, en séance publique, après le retour de la pureté des temps primitifs, comme le cerf altéré du psalmiste soupire après les eaux limpides des fontaines; avec cet amour subit de la pureté et de l'austérité, il ne rappelle point Alceste tonnant contre les bassesses humaines, mais bien plutôt Tartufe offrant d'un air béat son mouchoir à Dorine.

Mais s'il est impudent quand il parle morale, il est aussi bien maladroit. D'où vient donc sa colère puritaine contre les évêques? De ce qu'ils n'acceptent pas la constitution civile; s'ils s'y rallient Mirabeau les tient quittes de toutes ses tirades, et va célébrer aussitôt leur patriotisme et leurs vertus. Il a cependant pour alliés un Talleyrand, un Jarente, un Loménie, en un mot les pires de leur ordre, des hommes qui méritent pleinement les accusations d'esprit mondain et d'immoralité qu'il jette à la face de tout l'épispopat, et il ne comprend pas que toutes ces invectives retombent lourdement sur ses meilleurs alliés, sur les soutiens de son Église. L'Assemblée subissait le joug des tribunes, et ses orateurs en étaient venus à parler pour elles; aussi ce singulier réformateur a-t-il péroré sur la morale et la primitive Église avec une effronterie qui n'aurait jamais été tolérée autre part. Dans une assemblée très-hostile à la religion, mais indépendante de son auditoire, Mirabeau, tonnant avec fureur contre le relâchement des mœurs du clergé, et se posant en restaurateur des vertus des premiers siècles du christianisme, aurait vu tout de suite le sourire sur les lèvres de ses auditeurs, et se serait bien vite arrêté, car il aurait compris qu'il se rendait ridicule fort inutilement. Mais devant la Constituante et ses tribunes, eût-il été l'auteur de *Faublas*, il pouvait, sans faire rire, parler vertus et pureté avec autant et plus d'autorité qu'un saint Louis de Gonzague; car un saint Louis de Gonzague aurait bien excité la risée des philosophes!

Quand on lit attentivement ces discours de Mirabeau, et qu'on n'y trouve ni érudition, ni sens politique, ni la moindre prévision des dangers d'une persécution, on est porté naturellement à croire que le fanatisme antireligieux l'entraînait complétement. Eh bien, tout en déclamant comme un énergumène à l'Assemblée, il jouait en secret avec la cour et certains évêques la comédie de la modération dans un but intéressé. Il était depuis quelque temps en relation avec Louis XVI et recevait son argent. Il ne pouvait rien faire de plus désagréable au roi que de pousser à la persécution religieuse. Il le fit pourtant; nous avons vu avec quelle violence et avec quel succès. Mais comment Louis XVI prendrait-il la chose? n'allait-il pas rompre des rapports si avantageux pour un prodigue comme Mirabeau! Le 26 novembre au matin, avant de présenter à l'Assemblée son projet de décret, il écrivait au comte de la Marck la lettre suivante :

« Avertissez l'archevèque, mon cher comte, que le décret des comités réunis contre le clergé est en 34 articles (1), bien superlativés, bien âpres, bien violents, et dont pas un seul ne va réellement au fait. Je ne connais point le rapport; avertissez que le mien est en cinq purement de précaution, purement comminatoire, sans terme fatal, tandis que le plus long répit du comité est de huit jours, et tout autrement décisif et muselant le clergé. Ma mesure est infiniment plus douce, et tellement, que le plus réfractaire d'entre eux a son échappatoire. Les deux seuls à qui j'ai pu insinuer un peu de français, l'abbé de Pradt et l'évêque de Perpignan, m'ont bien entendu. Il importerait que les autres fussent avertis qu'un discours plus ou moins vigoureux ne doit pas détourner la vue du décret, parce qu'en dernière analyse il n'y a que cela qui reste, et que cela qui agisse. Ce n'est qu'en se tenant dans une certaine gamme qu'on peut au milieu de cette tumultueuse Assemblée se donner le droit d'être raisonnable. Ils n'en seront pas à l'a, b, c de la conduite, tant qu'ils ne sauront pas cela. Au reste l'occasion est trop grande, et le fait trop important pour que l'on puisse hésiter. Les deux armées sont en présence. Si l'on veut nous pousser à une guerre religieuse, je dois m'y opposer. Si l'on ne le veut pas, entre eux tous, ils ne trouveront pas une mesure aussi *pacifique, négociatrice et conciliante* que la mienne. Voulez-vous que j'aille ce matin vous montrer mon décret... » (2).

Il fallait toute l'effronterie de Mirabeau pour soutenir que son projet était plus doux que celui du comité, et laissait aux plus réfractaires une échappatoire. Nous avons déjà établi qu'il renversait au contraire tous les plans de négociation de Louis XVI et que son application eût été aussi désastreuse

---

(1) Depuis réduits à dix.
(2) *Correspondance de Mirabeau avec le comte de la Marck*, par M. de Bacourt, tome II, p. 360 et suiv.

que celle du projet des comités. Lorsque Mirabeau met au défi de trouver une mesure « aussi pacifique, négociatrice, et conciliante que la sienne, » on ne peut que hausser les épaules.

L'archevêque de Toulouse répondit au comte de la Marck qu'il ne pouvait aller au rendez-vous demandé, et qu'il désirait fort que Mirabeau pût inoculer la modération à l'Assemblée. Au lieu d'un modérateur elle entendit un énergumène. Aussi l'archevêque écrivait-il le lendemain : « Le discours de Mirabeau m'a paru encore plus détestable que lorsque je l'ai entendu. » Il avait réfléchi sur l'odieuse duplicité du personnage.

Mirabeau n'agissait de la sorte que parce qu'il voulait à la fois satisfaire ses passions antireligieuses et conserver ses rapports avec la cour. C'est dans ce but intéressé qu'il a essayé de donner le change à Louis XVI sur ses intentions. S'il avait soutenu franchement le projet des comités, il se serait peut-être brouillé avec lui. Il a donc présenté un projet tout aussi perfide, tout aussi persécuteur, et en a profité pour accabler d'outrages le clergé français ; après avoir ainsi donné libre carrière à son fiel, et flatté les passions révolutionnaires, il est venu dire hardiment à la cour : « Si j'ai présenté un projet de loi qui vous a déplu, du moins je n'ai pas soutenu celui des comités, et je n'ai du reste agi ainsi que pour tendre un piége adroit à l'Assemblée. » Après avoir vilipendé les évêques devant la Constituante il la critiquait en secret auprès du roi et des évêques, et toujours soucieux de son double rôle il les priait de ne pas s'effaroucher « d'un discours vigoureux », et pour toucher toujours son argent il s'efforçait de persuader aux prélats que si, à la tribune il les traînait dans la boue, c'était pour jouer l'Assemblée (1).

---

(1) Mirabeau, pour se justifier auprès de la cour de son discours sur le pillage de la maison du duc de Castries, avait déjà fait preuve de la plus insigne mauvaise foi. Il avait obtenu la parole en disant qu'il allait parler contre les pillards, et avait pris leur défense de la manière la plus scandaleuse. Cet odieux discours était fait pour le brouiller complétement avec la cour, mais il résolut de payer d'effronterie. Rien de plus curieux que ses prétendues explications. Tout son discours n'était fait, selon lui, que pour déconsidérer les Lameth et pousser systématiquement au pire. On s'indigne qu'il ait fait l'éloge des pillards, mais si le peuple, flatté par ces éloges, fait de nouvelles insurrections, le blâme en retombera sur La Fayette, « ce héros, ce profond politique et militaire consommé, qui avec trente ou quarante mille hommes, ne peut contenir trente brigands. Puisqu'on fonde quelque espoir, non pas de *contre-révolution*, mais de *contre-constitution* sur le mécontent-

En effet depuis ce jour il entreprit de persuader à la cour que s'il poussait l'Assemblée à des mesures de violence contre le clergé, c'était uniquement pour la déconsidérer (1). De deux choses l'une ; ou bien il était sincère ; on a le droit de dire alors qu'il avait adopté une politique insensée : ou bien il mentait, et jouait par conséquent le rôle le plus odieux. On le mépriserait moins si on pouvait le regarder comme un homme absolument dominé par le fanatisme ; mais quand on le voit se livrer à ces honteux manéges afin de ménager d'un côté une popularité malsaine, de l'autre les largesses royales, qui lui étaient nécessaires pour la satisfaction de ses goûts désordonnés, quel que soit le génie de cet homme, on ne peut s'empêcher de sentir pour lui le plus profond dégoût, car sa conduite fut celle d'un Tartufe, peut être d'un Judas!

tement des bons citoyens, croit-on que les excès continuels, non de l'Assemblée, qui peut donner un autre résultat, mais du peuple y soient un obstacle ? Enfin, si l'on était un jour forcé de faire un manifeste contre les causes de l'anarchie, regarderait-on les insurrections de Paris comme d'inutiles matériaux ? »

« Moi, l'ami des Lameth, on m'entend si peu que j'ai cru les perdre !.. » Il soutient qu'il n'en a parlé que pour faire connaître les excès de leurs partisans. « Est-ce que je ne dis pas : Voyez leurs amis, des incendiaires ; et à ceux qu'ils égarent : Ils sont assez forts pour devenir vos tyrans. » (*Correspondance de Mirabeau avec le comte de la Marck*, tome II, p. 337.)

Cette lettre est tout simplement admirable d'impudence. Mirabeau pour l'affaire de l'hôtel de Castries prétend, comme pour la constitution civile, qu'il a voulu pousser au pire. Son explication, si elle était vraie, nuirait à sa réputation de profond politique.

(1) Mirabeau allant en secret de la cour à l'Assemblée, disant à l'une pis que pendre de l'autre, et recevant de chacune d'elles ce qu'elle peut lui donner, fait penser non pas à don Juan entre les deux paysannes (il n'en voulait pas à leur argent), mais à l'un des personnages les plus célèbres du théâtre du dix-huitième siècle, au *Chevalier à la mode* de Dancourt, qui courtise à la fois la vieille baronne et madame Patin, les berne toutes deux, et se fait donner des pistoles par l'une et par l'autre.

CHAPITRE VIII.

SITUATION INTÉRIEURE DE LA FRANCE EN 1790.

I. État des esprits à la fin de l'année 1790. — Grande confiance de la plupart des révolutionnaires dans le succès de la constitution civile. — On veut dans certaines localités que les curés soient nommés par les habitants et non par les électeurs de district.
II. Audace des municipalités ; leur insubordination envers les autorités supérieures. — Excès commis par la garde nationale. — Les verts et les bleus de Saint-Chinian. — Les Jacobins de Cambrai. — Excès commis le jour de la Fédération. — Les municipalités et le secret des lettres. — La municipalité de Saint-Aubin s'empare des papiers de deux ambassadeurs. — Arrestations arbitraires. — Le sieur Richard et la municipalité d'Exoudun. — Le directoire du Calvados et le comité des rapports. — Troubles et pillages dans les campagnes. — Lettre curieuse sur l'état de la province adressée de Niort au député Alquier. — Meurtre à Saint-Étienne. — Inertie de la garde nationale. — Incendies de châteaux.
III. Discours de l'avocat Pascalis à Aix, lors de la suppression du parlement. — Fureur des révolutionnaires. — De concert avec les autorités, ils l'accusent de conspiration. — Fondation à Aix d'un cercle modéré. — Irritation des Jacobins. — Les autorités agissent comme si elles croyaient à une conspiration. — Le cercle attaqué par les clubistes. — Résistance des officiers de Lyonnais. — M. de Guiraman blessé. — Pascalis est arrêté sans ordre légal. — On fait venir des gardes nationaux de Marseille. — Une foule de brigands armés vient à leur suite. — Les autorités les accueillent. — Les brigands ainsi que la populace demandent la tête de Pascalis. — Trois municipaux signent l'ordre de le livrer aux assassins. — Il est mis à mort avec M. de la Roquette. — M. de Guiraman et égorgé ensuite. — Les massacres d'Aix excitent une horreur universelle. — Les autorités cherchent à atténuer l'odieux de leur conduite, et à faire croire que leurs victimes ont provoqué la populace. — Persécutions éprouvées par Lieutaud à Marseille, Granet à Toulon comme complices de la prétendue conspiration de Pascalis. — Longues souffrances des accusés. — Impunité des assassins. — Sur le rapport du comité des recherches l'Assemblée met en liberté tous ceux qui sont accusés d'être complices de Pascalis. — Ce décret est exécuté avec beaucoup de peine.

Le pays venait de suivre avec une grande attention les discussions de l'Assemblée sur la constitution civile. Les croyants en avaient été navrés, les philosophes ravis. Quelques esprits vraiment politiques voyaient avec inquiétude la révolution entreprendre une tâche aussi difficile et n'en auguraient rien de bon ; mais leur très-petit nombre, et la peur d'être accusés d'aristocratie, les portaient à renfermer soigneusement en eux-mêmes leur désapprobation. Les discussions de l'Assemblée leur avaient prouvé jusqu'à la dernière évidence que le raisonnement était impuissant contre les passions qui enflammaient les auteurs et les défenseurs de la constitution civile, et que la vue seule des désastres qu'elle devait causer pourrait les déterminer à revenir en arrière. Ils attendaient donc les événements, en s'abstenant également de louer et de blâmer.

Quant aux révolutionnaires, qu'ils fussent modérés ou violents, Constituants ou Jacobins, sauf ce très-petit groupe qui n'osait pas élever la voix, tous vivaient dans une parfaite confiance et se croyaient assurés du succès. Pendant l'année 1790 ils s'étaient imaginé que la constitution civile serait appliquée sans résistance. L'attitude de l'épiscopat et du clergé les avait un peu détrompés ; alors ils avaient édicté la loi du serment, et s'étaient persuadé à eux-mêmes que le clergé non convaincu, mais intimidé, céderait partout : que l'amour des places, des commodités de la vie, et la crainte de la persécution feraient taire les scrupules de la conscience. Il était officiellement convenu parmi eux que la constitution civile était une œuvre admirable. Si un prêtre ou un laïque disait que l'Assemblée ne pouvait pas modifier les diocèses à sa guise, on lui répondait qu'il regrettait évidemment les droits féodaux. Se plaignait-on du nouveau système d'élections aux dignités ecclésiastiques, on était violemment accusé de regretter les lettres de cachet, la dîme, la corvée, et qui sait, le droit du seigneur peut-être !

Déjà pourtant vers la fin de 1790, cette constitution civile que la grande majorité du clergé et des fidèles repoussait comme attentatoire à la liberté de l'Église, ne paraissait plus assez radicale à certains révolutionnaires. Puisqu'il fallait renoncer à endormir les consciences, et en venir aux moyens de rigueur, il aurait bien mieux valu, disaient-ils entre eux, que la constitution civile fût plus radicale. Ils regrettaient qu'on n'eût pas officiellement proclamé, comme l'avait fait Henri VIII, la rupture avec Rome, et de plus décrété le divorce et le mariage des prêtres, taillé, rogné dans le dogme et la discipline. Mais la faute était commise, il fallait attendre un peu pour la réparer, et dans toutes les occasions solennelles les futurs iconoclastes de 93 et de 94 protestaient de leur amour pour la religion de leurs pères, et affectaient une noble indignation lorsqu'on les accusait de vouloir lui porter la moindre atteinte.

Cependant la constitution civile dans quelques localités éprouva une résistance très-imprévue de la part de certains ultra-constitutionnels.

Nous avons plus haut fait remarquer l'impudence avec laquelle les novateurs avaient assuré qu'ils rétablissaient l'ancien mode d'élections de la primitive Église. Ils n'avaient cessé de jouer audacieusement sur ce mot « élections » afin de faire des dupes. Il fallait sans doute beaucoup d'aplomb pour assimiler aux élections de la primitive Église celles qui seraient faites par le collége électoral, et surtout pour trouver le peuple chrétien dans les quatre-vingts ou cent électeurs du district chargés de nommer à toutes les cures du ressort; mais beaucoup de personnes ignoraient complétement ce qu'étaient les élections dans la primitive Église, et croyaient l'Assemblée sur parole. Les révolutionnaires exécutèrent strictement tous ceux de ses décrets qui flattaient leur fanatisme antireligieux, sans se demander s'ils étaient conformes à ce qu'elle avait annoncé; ils comprirent très-bien que pour faire passer des décrets injustifiables le mensonge était nécessaire. Mais quelques révolutionnaires naïfs prirent au sérieux leurs tirades sur la primitive Église, et sur le droit imprescriptible d'élire leurs pasteurs, qui allait être rendu aux populations. Puisque les fidèles devaient élire les curés, ils trouvaient singulier qu'après avoir proclamé ce principe avec tant de fracas on l'appliquât d'une façon dérisoire. Une réunion d'électeurs où le village ne comptait qu'un ou deux représentants, peut-être aucun, allait leur envoyer un curé qu'ils seraient forcés d'accepter, qui se prétendrait choisi par les fidèles, et en réalité ne serait pas plus élu par eux que son prédécesseur nommé directement par l'évêque ou par un chapitre. L'Assemblée, disaient ces révolutionnaires candides, a toujours soutenu que le peuple devait nommer ses pasteurs; mais le peuple c'est la population du village, c'est nous! Que chaque paroisse nomme son curé aussi bien que son maire et ses officiers municipaux ! Ces braves gens n'entendaient rien aux rouevries des philosophes et des jansénistes qui dirigeaient le mouvement.

Ils ne furent pas médiocrement surpris lorsqu'ils connurent le bizarre système d'élections adopté par l'Assemblée. Ils se soumirent généralement ; s'ils avaient fait la moindre observation on les aurait accusés d'aristocratie. Mais dans certaines localités des révolutionnaires têtus, préoccupés avant tout de leurs passions de clocher, maintinrent leur droit à nommer leurs curés. Grâce à leur obstination, le comité ecclésiastique fut obligé de s'occuper de quelques affaires désagréables, et de maintenir les droits des électeurs de district.

Ainsi, les habitants d'Augny, diocèse d'Auxerre, prirent sur eux, en mai 1790, de se nommer directement un curé, et jugèrent à propos d'envoyer à l'Assemblée une adresse emphatique au sujet de cette élection. Le comité dut s'entendre avec l'administration départementale pour réprimer cet empiétement.

Aux environs de Bordeaux, le peuple avait cru tout bonnement que l'Assemblée, conséquente avec elle même, lui laisserait nommer ses pasteurs. Duranthon, procureur-syndic du district de Bordeaux, écrivait en ces termes au comité ecclésiastique fort peu de temps après le vote de la constitution civile.

« ... Depuis que le directoire est en activité plusieurs cures ont vaqué dans son territoire. Le peuple qui a lu quelques-uns de vos décrets, qui sait que les curés comme tous les fonctionnaires publics doivent être élus, sans connaître cependant le mode de leur élection, s'était attendu dans chaque paroisse dont la cure était vacante à nommer lui-même son pasteur ; il s'était lui-même préparé pour la nomination ; il avait appelé, il avait exclu ; il a fallu agir, persuader, quelquefois même employer la menace, et notre situation a été d'autant plus pénible, que forcés de faire respecter les nominations arbitraires de l'ancien régime, nous ne pouvions nous empêcher d'applaudir secrètement au vœu du peuple, et de regretter que la loi de l'élection ne fût pas encore consacrée par la pratique... »

Cette erreur, qui était après tout fort excusable, créa de sérieuses difficultés à certaines administrations. Le 26 mai 1790, les habitants de Mouchy-la-Gache, district de Péronne, diocèse de Noyon, se choisirent un curé. La constitution civile n'étant pas encore exécutoire, le chapitre de Noyon, qui était collateur de ce bénéfice, nomma un ecclésiastique qui ne put prendre tout de suite possession de sa cure, à cause d'une émeute suscitée par certains révolutionnaires. La municipalité envoya une requête à l'Assemblée, pour la prier de confirmer son choix. Le comité ecclésiastique lui répondit que cette nomination était illégale, et que la prétention des habitants de ce village était «... d'autant moins fondée que d'après le projet présenté à l'Assemblée nationale par le comité ecclésiastique et non encore décrété, le droit d'élection pour les cures devra être exercé par le district et non par chaque paroisse en particulier... »

D'autres communes affichèrent les mêmes prétentions et voulurent les soutenir. Le comité ecclésiastique dut s'occuper de plus d'une affaire de ce genre.

Des municipalités voulurent aussi appliquer la constitution civile dès qu'elle leur fut connue, sans même vouloir attendre qu'elle fût légalement exécutoire. Le comité dut réprimer ces excès de zèle. Des administrateurs de district, ce qui est plus étonnant, commirent la même faute; le district de Cusset notamment s'attira une réprimande du comité pour avoir voulu faire nommer par les électeurs à une cure vacante, avant que la constitution civile fût exécutoire dans le département. Ces corps étaient très-pressés de l'appliquer et de la rendre plus odieuse encore par leurs procédés arbitraires.

II

Dès le début de la révolution, les municipalités et les gardes nationales avaient commis des abus, des excès de toutes sortes (1). On devait espérer qu'avec le temps elles se feraient une idée plus exacte de leurs attributions et de leurs devoirs, et qu'instituées pour faire régner l'ordre et la tranquillité, elles n'abuseraient pas de leur pouvoir pour assouvir des haines particulières et faire peser une lourde oppression sur de nombreux citoyens, tandis que les pillards et les malfaiteurs jouiraient d'une impunité complète. Il n'en fut rien malheureusement.

(1) V. chapitres II et III.

Les municipalités continuèrent à braver les conseils de district et de département, et à empiéter sur le pouvoir judiciaire. Les archives des comités de l'Assemblée sont pleines de lettres acrimonieuses, envoyées par ces administrations qui étaient toujours fort mécontentes, les unes des autres. En général les municipalités des villes étaient très-froissées d'avoir au-dessus d'elles des conseils de district et de département, et elles affichaient déjà dans leurs rapports avec eux une indépendance excessive, qui allait souvent jusqu'à la révolte. Elles se conduisaient presque avec les conseils supérieurs comme plus tard la Commune de Paris se conduisit avec la Convention. Composées généralement d'hommes qui auraient bien voulu faire partie de ces conseils, ou de démagogues appartenant à la petite bourgeoisie, ces municipalités voyaient avec dépit dans leur ville une administration plus élevée en dignité. Elles lui en voulaient à cause de sa supériorité d'attributions, et souvent aussi à cause de la supériorité sociale de ses membres. Le 22 juillet 1790, le comité de constitution voulant rétablir le respect dû à la hiérarchie administrative, prit une décision pour recommander aux municipalités de garder aux administrations supérieures le respect qui leur était dû, et de leur laisser toujours la première place dans les occasions solennelles. Des municipalités de villes voulaient en effet prendre le pas sur les conseils du département et du district, et le comité de constitution était assailli d'une multitude de plaintes et de réclamations suscitées par les questions de préséance. En général les conseils de département et de district soutinrent leurs droits avec modération, et les municipalités affichèrent leurs injustes prétentions avec beaucoup d'arrogance.

Les municipalités rurales étaient moins systématiquement insubordonnées que celles des villes, mais trop souvent la grossière ignorance de leurs membres, et quelquefois aussi les passions brutales qui les animaient, leur faisaient commettre d'étranges abus, et même d'horribles violences, dont il était extrêmement difficile d'obtenir réparation.

Dans les villes, l'arbitraire des municipalités, les violences des gardes nationaux et des clubs des Jacobins étaient à la fin de 1790 autant à redouter qu'au commencement de la révolution ; et cet arbitraire et ces violences étaient passés chez les révolutionnaires à l'état d'habitude. Enhardis par l'impunité, ils en étaient venus à se persuader que la révolution n'avait été faite que pour leur permettre de prendre toutes ces licences. Ces gens-là furent naturellement ravis quand la loi du serment fut décrétée; elle devait en effet leur fournir d'innombrables occasions de faire des adresses, de parler des dangers de la patrie, de s'en proclamer les sauveurs, de faire des perquisitions, de brandir leurs sabres, de faire des avanies à une foule de personnes qu'ils détestaient, soit pour leurs opinions, soit pour leur supériorité d'éducation et de position.

Dans les campagnes la vie était extrêmement dure, à cause des subsistances et de l'impunité dont jouissaient les pillards. Les cultivateurs, grands ou petits, ne pouvaient ni vendre leur blé à leur guise, ni le transporter où ils voulaient; ils étaient constamment exposés à voir leurs grains pillés ou taxés à un prix beaucoup trop faible. Les municipalités des villes et des campagnes, qui avaient toujours devant les yeux et le spectre de la famine et le spectre de la contre-révolution, prenaient à l'envi les arrêtés les plus malencontreux et les plus vexatoires, dans l'intention d'assurer les subsistances. Elles étaient toutes obsédées par la crainte des accaparements, et les mesures qu'elles prenaient contre les accapareurs produisaient souvent les résultats qu'elles voulaient empêcher. Bien qu'il y eût en France assez de grains pour l'alimentation du pays tout entier, on souffrait de la famine dans beaucoup d'endroits, parce qu'il était fort dangereux de faire des transports de blé et qu'on risquait à la fois sa marchandise et sa vie. Les gros et les petits fermiers étaient fort malheureux; les manouvriers, aigris par la misère, excités par les démagogues, se livraient à la fainéantise et au braconnage, et continuaient sur certains points de la France la guerre que les campagnards avaient faite aux châteaux lors de la fameuse panique de 1789; mais ils avaient soin d'étendre cette guerre à tous les propriétaires ruraux, nobles ou roturiers, grands ou petits.

Les comités des recherches et des rapports étaient inondés de plaintes de toutes espèces contre les abus d'autorité et les excès dont on était victime, soit à la ville, soit à la campagne. La garde nationale, instituée pour assurer la liberté des citoyens, les accablait trop souvent de vexations. Dans les plus petits endroits son organisation et ses dissensions intérieures donnaient lieu à des débats extrêmement vifs, qui, grâce à l'animosité des parties, étaient portés devant toutes les autorités administratives, et occasionnaient entre elles des conflits très-acerbes, qui donnaient beaucoup de peine aux comités de l'Assemblée (1). Certaines municipalités se croyaient souveraines maîtresses, et ne voulaient pas qu'on pût appeler de leurs décisions au district ou au département. Nous en donnerons un exemple. Le département de l'Hérault, voyant la petite ville de Saint-Chinian scandaleusement troublée par la présence de deux gardes nationales séparées et hostiles, l'une verte, l'autre bleue, voulut mettre fin à cette guerre des verts et des bleus de Saint-Chinian, et ordonna à la légion verte de se fondre avec la bleue. Les verts, qui étaient soutenus par la municipalité et par le parti révolutionnaire, entrèrent dans une fureur épouvantable. Les officiers municipaux déclarèrent qu'ils en appelaient du département à l'Assemblée, et osèrent décider que l'exécution de l'arrêté du département serait provisoirement suspendue. Ils firent en outre publier à son de trompe et afficher partout cette insolente délibération. La garde nationale verte s'assembla, et décida que deux de ses officiers, qui avaient donné leur démission malgré elle, seraient tenus de faire les excuses publiques devant toute la légion. Le département intervint, et décida qu'elle n'avait le droit de prononcer aucune peine; alors elle déclara en termes méprisants qu'elle en appelait à l'Assemblée et fit afficher sa protestation. Le directoire maintint son droit, cassa la délibération de la municipalité et envoya à l'Assemblée des déclarations très-énergiques contre l'attitude de la municipalité de Saint-Chinian (2),

(1) La garde nationale devait être composée seulement des citoyens actifs et de leurs fils, d'après les lois du 26 juillet et du 29 septembre 1791. Mais si les citoyens actifs furent dès le début obligés d'en faire partie, des individus de toutes espèces s'introduisirent en grand nombre dans ses rangs : les lois que nous venons de citer voulaient la composer d'hommes intéressés au maintien de l'ordre, et pourtant elles autorisèrent ces individus, qui ne présentaient aucune garantie, à rester armés à côté des citoyens actifs. Les résultats de cette disposition furent déplorables; car les gardes nationales, qui avaient grand besoin d'une épuration, gardèrent ainsi tous leurs éléments de désordre.

(2) Le procureur général en envoyant à l'Assemblée un long mémoire sur cette affaire, lui écrivit: «... Il est du plus dangereux exemple que les municipalités se permettent de tels écarts vis-à-vis des corps administratifs, en ce que sous prétexte d'un appel au Corps législatif l'autorité d'un directoire serait non-seulement méconnue, mais encore avilie par le refus précis ou par la suspension qu'elles apporteraient à l'exécution des arrêtés qui émaneraient des corps administratifs.

et le mépris de la hiérarchie administrative professé généralement par les autres municipalités. Mais les révolutionnaires de Saint-Chinian trouvèrent des protecteurs dans le comité des rapports, et l'Assemblée, sans approuver la conduite de la municipalité et de la garde nationale, décida qu'il aurait fallu, à l'inverse de ce qu'avait fait le département, incorporer la légion bleue dans la verte.

Les plaintes du directoire de l'Hérault n'étaient que trop fondées. L'intervention continuelle de l'Assemblée dans le domaine du pouvoir exécutif affaiblissait ce dernier sans rétablir l'ordre et la subordination entre les autorités diverses. On en appelait à elle pour gagner du temps, pour susciter des ennuis à ses adversaires, pour désobéir provisoirement, et prendre des dispositions irréparables pour le cas où l'on ne serait pas content de son décret.

Lorsque dans une petite ville la garde nationale et la municipalité ne s'entendaient pas, il se passait des scènes déplorables, et trop souvent les autorités légales étaient opprimées par la milice citoyenne. Lorsque la municipalité et la garde nationale étaient d'accord, il ne fallait pas souffler le plus petit mot contre cette dernière, si l'on ne voulait pas s'exposer à d'incroyables, avanies, et même à une arrestation, à une captivité arbitraires (1).

« Cet exemple donné par la municipalité de Saint-Chinian n'a malheureusement été que trop imité dans le ressort du département par d'autres municipalités telles qu'à Béziers, Saint-Pargoire, Villevoirac qui toutes comme la première ont cru pouvoir éluder l'exécution des arrêtés du Directoire par des appels à l'Assemblée nationale. »

(1) Le 25 août 1790 la garde nationale de Bernay (Eure) défilait solennellement . le bruit courut parmi les spectateurs qu'un sieur Gattier, avocat, avait fait des « mouvements dédaigneux », et avait dit « régiment de pitié ». La municipalité n'osa point affirmer au comité des rapports la vérité de ce fait, et cependant elle en fit un grand crime. Un officier arrêta aussitôt ce grand coupable, et le conduisit en prison. Il vint ensuite en rendre compte au corps municipal, qui applaudit à sa conduite, fit comparaître le criminel, assigna plus de trente témoins, et s'érigea en vrai tribunal. Gattier était avocat, il s'obstina à le récuser ; alors il renvoya cette grave affaire devant l'Assemblée. Mais l'inculpé était toujours sous les verrous. Il parvint à se faire élargir le surlendemain, mais seulement avec un certificat du médecin attestant qu'il ne pouvait rester en prison. La municipalité eut bien soin de déclarer que s'il n'avait pas été malade, elle ne l'aurait pas élargi. Elle essaya ainsi de justifier sa conduite. «... Le désir de prévenir tout désordre lui fai-

Dans les villes où la garde nationale ne prétendait pas s'ériger en autorité, les citoyens paisibles étaient souvent tyrannisés par la société des Jacobins. Quelquefois aussi cette société s'unissait à la garde nationale pour dicter des lois aux autorités. Presque toujours certains membres de la municipalité, parfois même la plupart faisaient partie de la société, et alors c'était au club que se préparaient ses décisions. Si les membres de la société étaient en minorité dans le sein du conseil de la commune, ils suscitaient mille obstacles à la majorité récalcitrante, ameutaient contre elle leur troupe bien disciplinée, excitaient du tumulte dans la ville, et parvenaient ainsi trop souvent à dégoûter leurs collègues de leurs fonctions et à intimider les électeurs lorsqu'il fallait élire de nouveaux membres de la commune. Ces sociétés, si improprement nommées des amis de la constitution, prenaient aussi de véritables arrêtés, qui empiétaient et sur l'autorité municipale, et sur l'autorité judiciaire, et même sur l'autorité militaire. C'est ainsi qu'en août 1790 la société patriotique de Cambrai prit une délibération qui décidait, entre autres choses, qu'on ferait une visite des magasins d'armes et de munitions de la ville, que la citadelle serait évacuée par les troupes et occupée par la garde nationale; qu'on ferait de nouvelles clefs des portes de la ville : et que ces clefs seraient remises à la garde nationale. La municipalité heureusement n'écouta point les injonctions du club, et le dénonça à l'Assemblée. Si elle n'avait point déclaré ouvertement qu'elle en référait au Corps législatif, elle se serait peut-être vu forcer la main par une émeute. Le comité des rapports sentit la nécessité d'empêcher cette société turbulente de s'emparer de la citadelle et des magasins d'armes de Cambrai, et par l'organe de Victor Broglie (28 août 1790) il donna l'ordre à la municipalité de s'opposer formellement aux exigences de ces prétendus

---

sait souhaiter que M. Gattier se justifiât ou qu'il fît publiquement une profession de sentiments qui eussent rassuré le public sur les opinions qu'il a soutenues... » En vérité les habitants de Bernay avaient donc bien besoin d'être rassurés sur l'habileté à manœuvrer de leur milice citoyenne ! Probablement le comité invita la commune de Bernay à ne pas recommencer ; nous n'avons pu trouver trace de sa décision, mais une municipalité qui avait agi de cette manière, alors même qu'elle s'attirait un blâme du comité, n'en avait pas moins atteint son but, qui était d'intimider les citoyens.

patriotes. Ceux-ci, voyant que l'Assemblée était avertie et assez mal disposée pour eux, n'osèrent pas aller plus loin.

La fête de la fédération du 14 juillet fournit aux municipalités, aux gardes nationaux et aux clubistes l'occasion de faire des avanies à ceux qui étaient soupçonnés d'hostilité ou simplement de tiédeur pour la révolution. Le comité des rapports reçut des plaintes nombreuses de personnes qui avaient été ce jour-là victimes de l'insolence et de la brutalité de certains révolutionnaires, dont les autorités toléraient les excès quand elles n'y participaient point. Le directoire du département de la Vienne, dans une lettre au comité des rapports du 20 juillet 1790, raconte les faits suivants. Un ancien notaire, nommé Laglaive, âgé de soixante-quatorze ans, demeurant à Blandière, district de Civray, n'avait pu assister à la fête de la fédération, à cause de son âge et de ses infirmités. La municipalité de Hinefay, suivie de la garde nationale, vient se présenter chez lui. Cette troupe fait une décharge devant la porte de sa maison et l'envahit ensuite ; un nommé Morisset, membre de la municipalité, tout en brandissant un sabre nu, reproche avec beaucoup de jurements à l'ancien notaire d'être resté chez lui, le traite de f... aristocrate, le menace de lui couper le cou avec son sabre, et lui déclare finalement qu'on le conduira mort ou vif à la fête. Le malheureux vieillard s'excuse sur sa faiblesse. Morisset demande du pain et du vin pour sa troupe, prend tout le pain de la maison, descend dans la cave, y fait prendre une provision de porc salé, qui s'y trouvait, ainsi qu'une barrique, puis, après avoir fait maison nette, il déclare au propriétaire qu'il va le conduire à la prison de Civray. Celui-ci répond qu'il lui est impossible de marcher ; alors son obstiné persécuteur lui offre un âne, et demande des cordes pour le lier sur cette monture. On voit cependant qu'il est impossible de le conduire à Civray ; alors Morisset lui demande de l'argent pour faire boire ses gens, et Laglaive s'en débarrasse enfin en lui donnant encore vingt-quatre livres. La municipalité avait commis toutes ces indignités au nom d'une prétendue mission de l'Assemblée ; elle avait agi comme municipalité, et le directoire, qui en était fort irrité, se demandait s'il était possible de citer directement ses membres devant les tribunaux (1).

(1) On trouvera peut-être que de tels faits n'ont pas assez d'importance pour être dignes de l'histoire ; mais c'est en relevant avec précision les excès

La fête de la fédération fut l'occasion de scènes honteuses dans une foule de localités. Dans la commune d'Asson en Béarn, MM. de Navailles et de Bailleux, retenus dans leurs lits par la maladie, n'étaient pas venus prêter le serment civique. Des furieux voulaient les faire venir « morts ou vifs... » Ils coururent à l'église, et brûlèrent leurs bancs ainsi que celui des officiers municipaux qu'ils trouvaient trop modérés. Si ces derniers n'avaient pas fait leur devoir, ils auraient brûlé les maisons de MM. de Navailles et Bailleux. On ne put cependant les empêcher de saccager et de démolir une maison isolée appartenant à ce dernier. Le comité des rapports écrivit une lettre de félicitation à cette municipalité; il en envoyait rarement d'aussi méritées!

Certaines municipalités ne rêvaient que complots, et voulaient à toute force en découvrir un. Personne ne pouvait traverser leur village sans exciter leurs soupçons, et si une idée saugrenue leur traversait l'esprit, elles ne reculaient devant aucune illégalité. Cette manie de voir partout des conspirations et des conspirateurs a existé en France dès le début de la révolution et bien avant la Terreur. Les municipalités de village et de petite ville désiraient avec une ardeur sans égale découvrir quelque complot bien noir et arriver ainsi à la célébrité.

L'ambassadeur de France à Vienne ayant besoin de faire parvenir à M. de Montmorin, son ministre, une nouvelle très-pressée, dépêcha une estafette à Strasbourg, et recommanda au directeur de la poste d'expédier le plus vite possible le paquet qui lui serait remis, en écrivant sur l'enveloppe : « service national, très-pressé. » La garde nationale de Saint-Aubin, village sur la route de Paris, arrêta le postillon qui portait le paquet. La municipalité voyant ce qui était écrit dessus, flaira un complot abominable, et procéda aussitôt à l'ouverture du paquet. Elle lut tout ce qui était écrit en français, mais fut bien attrapée en voyant des lettres en chiffres et dans une

---

de ce genre qu'on peut seulement arriver à constater quelle était la sécurité des citoyens dans ces années 1790 et 1791, qu'on se plaît souvent à représenter comme heureuses et tranquilles! Sans doute ces avanies, ces extorsions, bien que très-cruelles pour les victimes, ne sont rien si on les compare aux cruautés des terroristes, mais c'est ainsi que les révolutionnaires ont commencé à répandre la crainte autour d'eux, à courber sous leur joug une foule timide, et se sont préparés à exercer sur la France entière un abominable despotisme.

langue étrangère, et elle en conclut avec plus de certitude encore qu'elle avait en main les preuves d'une conspiration. Elle dressa procès-verbal, constata que le postillon était sans passe-port (il ne manquait plus que d'exiger des passe-ports des agents du service des postes), signala ce fait comme inquiétant, déclara que ses appréhensions étaient confirmées par la vue de ces dépêches en chiffres et en langue étrangère, et qu'il y avait lieu de croire qu'il s'agissait d'un complot ourdi entre l'ambassadeur et le ministre contre la constitution, et fit enfin conduire le courrier et son paquet à Bar-le-Duc par la garde nationale.

La municipalité et la garde nationale de Bar-le-Duc, qui voulaient jouer un rôle dans la découverte de cette nouvelle conspiration de Cellamare, expédièrent au plus vite à l'Assemblée le fameux paquet, avec le procès-verbal de la municipalité, et décrétèrent que le postillon serait tenu provisoirement « ... de ne désemparer de cette ville et de se présenter soir et matin devant M. le maire.. » Un tel prisonnier devait être soigneusement surveillé !

Le paquet intercepté, outre les dépêches de l'ambassadeur de France à Vienne, contenait une lettre adressée à l'ambassadeur d'Espagne à Paris, une autre au ministre des affaires étrangères d'Espagne, une troisième à un commis du ministère. Deux membres du comité des recherches, après avoir pris connaissance de toutes ces lettres, les apportèrent à M. de Montmorin. Le ministre, comme on le pense bien, se plaignit très-vivement d'un pareil procédé. Le comte de Fernan Nunez, ambassadeur d'Espagne à Paris, dont la correspondance avait été indignement violée, réclama une réparation. M. de Montmorin envoya sa lettre à l'Assemblée, en la priant de statuer bien vite sur cette plainte. « ... Il est de mon devoir comme ministre des affaires étrangères de l'avertir qu'elle peut avoir des suites désagréables et fâcheuses, et qu'une justice prompte et éclatante peut seule les prévenir (1). »

---

(1) Sa lettre à la Constituante (9 août) se termine ainsi : « ... Je croirais superflu d'arrêter les yeux de l'Assemblée sur le danger et l'indécence de la conduite de cette municipalité... L'Assemblée sentira sûrement les conséquences que peut avoir pour le service de l'État une pareille conduite de la part d'une municipalité, et la nécessité de la prévenir... »

L'Assemblée rendit le 10 août un décret qui infligeait un blâme à la municipalité de Saint-Aubin, et chargeait son président de se retirer devers le roi pour le prier de faire mettre le courrier en liberté « et pour que le ministre du roi soit chargé de témoigner à Monsieur l'ambassadeur d'Espagne les regrets de l'Assemblée de l'ouverture de ses papiers. »

La Constituante eut beau faire, elle ne put imposer aux nouvelles autorités le respect des correspondances. On les vit toujours, malgré les belles paroles des législateurs, s'armer des plus futiles prétextes pour violer le secret des lettres. Le principe révolutionnaire que chaque commune a le droit d'exercer sur son territoire une autorité absolue commençait déjà à être mis en pratique par certains municipaux, qui voulaient commettre des illégalités tout à leur aise. Un ministre responsable pouvait voir des dépêches importantes interceptées sous un ridicule prétexte, et communiquées à une foule de personnes; les lettres d'un ambassadeur étranger indignement violées pour satisfaire à la curiosité ou aux sottes appréhensions de quelques lourdauds! Et l'Assemblée, qui recevait à chaque instant des plaintes sur les excès des municipalités, qui avait suspendu des autorités diverses pour des causes moins graves, se contentait d'infliger aux municipaux de Saint-Aubin un simple blâme!

Aussi les municipalités n'en furent-elles aucunement intimidées. Malgré le décret de Saint-Aubin, elles se permirent encore des violations de correspondance administrative presque aussi scandaleuses. En voici un exemple : Un piéton venant de Gap portait le 31 décembre 1790 à l'archevêque d'Embrun une lettre du directoire du département; elle était cachetée et scellée de son sceau. La garde nationale du village des Crottes crut être sur la trace d'un complot. Bien que le sceau du département fût très-visible, elle prétendit que c'était une correspondance anti-révolutionnaire entre l'évêque de Gap et l'archevêque d'Embrun; car on était alors sur le point d'exécuter la constitution civile, et plus que jamais on rêvait de complots. Le piéton est arrêté et conduit à Embrun par un sergent et trois fusiliers, qui ont bien soin de publier sur la route et dans la ville qu'ils ont saisi une correspondance très-dangereuse pour la constitution. La foule, effarée, se presse autour de l'hôtel de ville. La municipalité invite le district à s'occuper avec elle de cette grave affaire. On reconnaît tout de suite le sceau du département ; néanmoins on décide que la lettre sera ouverte par deux commissaires, et qu'on invitera l'archevêque à venir entendre sa lecture, ou à se faire représenter par un mandataire. Mais la population s'alarme de plus en plus, et réclame tumultueusement la lecture publique de la lettre. Sous prétexte d'éviter une émeute, on s'empresse de la lire, et on voit qu'elle traite seulement d'affaires particulières, sans aucun intérêt pour le public. La municipalité des Crottes n'avait nullement sauvé la patrie !

Le département fut très-irrité de l'ouverture de sa lettre et de la scène ridicule qui avait eu lieu à Embrun. Il envoya son président et son procureur général au village des Crottes et à Embrun réprimander les autorités qui s'étaient si singulièrement conduites. On leur fit bien entendu de pitoyables excuses.

II.

La liberté individuelle n'était pas plus respectée que le secret des lettres. Beaucoup de municipalités avaient la prétention d'emprisonner des citoyens suivant leur bon plaisir, et quand on avait un démêlé avec de semblables administrateurs, il fallait s'attendre à toutes les vexations, à toutes les violences possibles, ou s'exiler de la commune. Le comité des rapports fut saisi de nombreuses réclamations à ce sujet. Nous en citerons quelques exemples :

Un nommé Richard, habitant Exoudun en Poitou, se prit de querelle avec un officier de la garde nationale, et ce dernier l'accusa d'avoir injurié la milice citoyenne. La municipalité le condamna à payer deux cents livres de pain aux pauvres comme amende. Quelques jours après, dans une réunion assez orageuse de citoyens actifs, il eut une altercation avec un officier municipal, qui, de concert avec ses collègues, le fit arrêter comme un criminel et enfermer dans un cachot infect. On le priva de toute communication avec les siens ; ils firent alors constater sa détention par un notaire. Le procès-verbal dressé par cet officier public constate qu'on avait enfermé Richard dans une étable à pourceaux, et qu'il n'avait pour respirer qu'une ouverture de six pouces carrés à la porte d'entrée. On refusa de laisser le notaire communiquer avec le détenu. Il interpella les municipaux pour savoir d'eux s'ils consentiraient à l'élargir, et les conditions qu'ils mettraient à sa mise en liberté. Ils lui répondirent qu'ils n'avaient rien à dire là dessus. Il leur demanda pourquoi ils avaient mis Richard au secret : même réponse. Le notaire et un parent du prisonnier demandèrent alors communication de la délibération du corps municipal : malgré la loi (article 59 du décret du 14 décembre 1789), on la leur refusa. Le procureur de la commune, interpellé particulièrement, déclara être étranger à tout cela; les autres s'obstinèrent dans leurs refus, et dans leurs réponses dérisoires.

On s'adressa au département, qui ordonna l'élargissement provisoire. Alors les municipaux, au lieu d'exécuter l'ordre de l'autorité supérieure, comme c'était leur devoir, eurent l'audace de déclarer qu'ils ne mettraient pas le prisonnier en liberté, et qu'ils le garderaient dans leur Bastille, en attendant que l'Assemblée rendît un décret sur cette affaire. On revint deux et trois fois à la charge ; ils refusèrent toujours d'élargir leur victime et d'expliquer leurs motifs.

Le procureur-syndic et le district de Saint-Maixent commirent un huissier pour faire exécuter l'ordonnance du département. Le commandant de la garde nationale d'Exoudun refusa de lui prêter main forte sans ordre de la municipalité ; l'huissier lui répondit qu'il agissait en vertu d'un ordre supérieur ; il persista à demander les ordres de la municipalité, puis prétendit ne pas savoir où était la clef du cachot, puis finalement refusa. L'huissier se rendit à la prison et fut repoussé par les gardes nationaux qui faisaient sentinelle.

Le district fit une nouvelle sommation ; les officiers municipaux commencèrent à s'inquiéter des suites possibles de leur rébellion, et lorsque l'huissier vint une seconde fois à Exoudun avec des ordres nouveaux, le prisonnier venait d'être enfin élargi.

Nous avons raconté cette affaire dans tous ses détails, afin de montrer ce qu'il en coûtait d'être mal avec certaines municipalités ; lors même que les autorités supérieures voulaient réprimer leurs excès, ce qui n'arrivait pas toujours, on était sûr d'être opprimé tout d'abord, et en mettant les choses au mieux, on ne pouvait espérer qu'une réparation très-insuffisante. Quand les chances de la lutte étaient aussi inégales, les hommes paisibles et craintifs se résignaient à courber la tête devant les petits tyrans de leur localité.

Du reste, certains directoires du département se faisaient un jeu d'attenter à la liberté des citoyens. Le directoire du Calvados fut plusieurs fois dénoncé au comité des rapports pour des actes de ce genre. L'un d'eux lui attira de la part du comité une mercuriale aussi sévère que méritée. Il s'agissait d'un pauvre diable nommé Laporte, père de cinq enfants, qui avait eu une dispute avec les municipaux de Trouville au sujet de la distribution de blé et de la taxe. Le directoire du Calvados osa le condamner, sans même lui permettre de se défendre, à un mois de prison et à faire des excuses à la municipalité de Trouville. Laporte fit son mois de prison, mais refusa de faire des excuses. Alors on voulut le remettre sous les verrous, et il fut obligé de se cacher. Heureusement il trouva moyen d'intéresser le comité des rapports à son affaire, et Vieillard fut chargé de faire connaître au directoire le mécontentement du comité, ce qu'il fit en fort bons termes (1). Malheureusement les comités

(1) Cette lettre commence ainsi : « Le comité des rapports, autorisé par l'Assemblée nationale, a pris lecture d'une dénonciation qui lui a été faite par Philippe Laporte, de Trouville, sur une ordonnance que vous avez rendue contre lui le 26 juillet dernier. Il a joint à cette dénonciation un exemplaire imprimé de cette ordonnance, par laquelle vous l'avez condamné à un mois de prison pour avoir manqué à la municipalité de Trouville, à donner acte d'excuse à celle-ci dans les huit jours de sa relaxation, faute de quoi il sera réintégré en prison... » Il déclare que le comité n'a pas à s'occuper de l'affaire en elle-même. «... Le seul objet de son examen est de savoir si, même en supposant que cet homme fût coupable des délits dont il a été accusé, la connaissance de ces mêmes délits pouvait vous appartenir. Il est certain que sous aucun rapport cette affaire n'était de votre compétence... » Il leur montre qu'ils ont complètement excédé leurs pouvoirs, et blâme énergiquement leur conduite... «... Le comité n'a pas aperçu que, même en supposant ce qui ne peut pas être, que vous dussiez connaître de cette affaire, vous ayez rempli les formalités imposées aux tribunaux. Ce particulier paraît avoir été emprisonné sans avoir prêté interrogatoire, sans avoir été entendu, sans s'être défendu, sans avoir pu se défendre. Tout tribunal qui se serait conduit de la sorte aurait manqué aux lois sacrées de la liberté, et aux décrets de l'Assemblée nationale. En abrogeant le système oppresseur des intendants, des gouverneurs de province, le corps législatif n'a jamais entendu le faire revivre en conférant aux départements la funeste faculté d'attenter arbitrairement à la liberté et aux droits des citoyens... » Il invite le directoire à dire clairement s'il croit avoir des droits aussi étendus, ou si sa conduite envers Laporte n'est que le résultat d'une erreur. Il finit sa lettre en lui rappelant qu'il s'est déjà permis d'autres détentions arbitraires, et que s'il persiste il s'expose au mécontentement de l'Assemblée (9 septembre 1790). Laporte n'était ni prêtre ni noble ; le comité crut devoir le protéger énergiquement.

de l'Assemblée ne montraient cette fermeté que par exception.

Le directoire du Calvados n'était pas le seul qui voulût empiéter sur le pouvoir judiciaire. Le 24 novembre 1790 le directoire des Basses-Alpes déclara deux habitants suspendus de leurs droits civiques pendant six mois, comme ayant fait des mémoires diffamatoires pour leur municipalité. Six autres signataires de ces mémoires furent condamnés à les désavouer publiquement, sinon à être privés de leurs droits pendant trois mois.

La seconde moitié de l'année 1790 fut aussi attristée par des pillages, des émeutes, des assassinats commis dans les circonstances les plus déplorables. Partout, sous prétexte d'accaparements, la circulation des grains était arrêtée; il se formait des attroupements tumultueux qui très-souvent se portaient à d'horribles excès. Le directoire du département de l'Aude écrivait, le 30 août 1790, au comité des rapports, que les têtes des ouvriers étaient fort exaltées; qu'il n'était pas possible de percevoir les impôts dans les campagnes; qu'on s'insurgeait pour ne pas payer du tout les droits féodaux déclarés rachetables; qu'enfin il fallait envoyer des troupes dans le département. Partout, au nord comme au midi, dans la Flandre et l'Artois comme dans le Languedoc, à l'est comme à l'ouest, dans la Bourgogne comme dans le Poitou, on avait de graves désordres à réprimer. Les comités des rapports et des recherches recevaient tous les jours des administrations diverses les rapports les moins rassurants.

Dans le département des Deux-Sèvres les prétendus accaparements et le prix du blé avaient causé une grande perturbation. Une lettre adressée de Niort au député Alquier par un de ses amis et coreligionnaires politiques contient des renseignements intéressants sur la crise à la fois politique et économique que la France traversait alors.

« Il semble, mon cher ami, que dans la ci-devant province de Poitou, et surtout dans le département des Deux-Sèvres, l'esprit d'insurrection soit une épidémie. Déjà quatre villes viennent d'éprouver des secousses violentes. Dans l'une (Saint-Maixent) le peuple arracha

---

(1) Cette lettre, du 3 septembre 1790, fut déposée par Alquier au comité des recherches.

samedi dernier l'écharpe au maire, et le frappa. Dans l'autre (Parthenay), on a été obligé de sortir le drapeau rouge; à Celle on a couru les plus grands risques, à Marans de même; à Niort le peuple a taxé le blé malgré la garde nationale...

« Quelques ennemis sans doute de la tranquillité publique soufflent le désordre, en insinuant aux peuples des conseils perfides. La cherté du blé est la raison banale, on ne veut plus souffrir de marchands de cette denrée, prétendant que ce sont eux qui la font enchérir... Le peuple se laisse abuser dès qu'on lui parle d'accapareurs. Aussi s'est-il déclaré l'ennemi mortel des marchands de blé ; partout il a juré leur perte, partout il parle de les lanterner (car ce mot est à la mode), et désormais si l'Assemblée nationale ne se hâte d'organiser les milices nationales et les tribunaux de justice, ou qu'elle n'autorise provisoirement ceux existants à faire le procès aux auteurs de ces révoltes, les villes, pays et provinces qui ont fait de mauvaises récoltes sont dans le cas de manquer de pain. Hier le peuple a impunément, parce que la force publique n'existe plus, forcé la main à ceux qui approvisionnaient le marché. Des marchands qui avaient acheté le blé sur le prix de cent dix sous le boisseau *furent obligés de le donner, sous peine de la vie, à quatre francs.* Voilà une perte réelle du cinquième et demi, et ce n'est pas où cela en demeurera... »

« En vain la garde nationale (sur laquelle on ne peut plus compter parce qu'elle est composée de gens du peuple dans la plus grande partie, et favorisant plutôt que s'opposant au désordre) en vain les troupes de ligne se transportèrent-elles au marché, le blé n'en fut pas moins livré au mot du peuple, qui injuria les municipaux, les propriétaires aisés, à qui il fait un crime d'avoir quelque chose et de vendre sa denrée le prix courant. Le calme se rétablit enfin, mais le peuple en se retirant jura que jeudi prochain il pendrait un des marchands de blé ou des riches. Voilà notre position, mon cher, prêts à être assaillis par la populace ; sans force publique, puisqu'elle ne veut reconnaître ni l'autorité légitime, ni vos décrets malgré tous ses serments... »

L'habitant de Niort insiste de nouveau sur la nécessité de réorganiser l'ordre judiciaire, et d'assurer la répression des délits. Les notables des conseils municipaux ne songent qu'à flatter le peuple et à parader dans les fêtes publiques. Ces notables, pour acquérir de la popularité, ont demandé la suppression des marchands de blé et l'interruption du commerce libre des grains. On vient de nommer un maire qui n'a pas le sou, et qui s'est attiré les suffrages du peuple en lui promettant effrontément le pain à six liards la livre. Après avoir fait le plus triste tableau de la situation des propriétaires ruraux, il finit en se plaignant de la lenteur de l'Assemblée.

« ... Craignez qu'à la fin le mal ne soit incurable. Vous ne savez rien à Paris. Il faut être instruit de ce qui se passe en province et du peu de patriotisme qui y règne pour sentir le danger. L'esprit public est encore au berceau ; cependant Niort est encore une des villes où il y en ait le plus de toutes celles qui l'environnent... »

C'est ainsi qu'un partisan de la révolution apprécie en 1790 l'état du pays et les autorités issues du mouvement. Il aurait fallu que les révolutionnaires modérés s'unissent étroitement pour chercher un remède à tous ces maux, au lieu de fermer les yeux à l'évidence, de passer leur colère sur les aristocrates, et d'exciter encore plus la populace.

Des lettres adressées par le département des Deux-Sèvres confirment les assertions du correspondant d'Alquier. Le 5 septembre le maire et les officiers municipaux de Niort furent forcés par la populace de taxer le blé. Le lendemain le département annula cette délibération, et demanda à l'Assemblée les moyens de faire exécuter ses propres décisions,

« ... Attendu que la garde nationale, divisée par des factions, s'était en partie concertée avec le reste du peuple pour contraindre les officiers municipaux à ordonner et faire publier cette taxe, et qu'il est dans ce moment-ci sans force publique nécessaire. »

Dans toute la France les mêmes causes produisaient les mêmes effets. Les cultivateurs et les marchands de blé étaient opprimés et pillés, la garde nationale restait généralement impassible, et souvent même elle participait au pillage. On vit dans certaines localités des gardes nationaux appelés pour maintenir l'ordre, se saisir du blé, et le vendre à leur profit.

La populace, enhardie par la mollesse de la garde nationale, ne se bornait pas toujours à piller, et à menacer de la lanterne ceux qu'elle pillait. Le 4 août 1790 la ville de Saint-Étienne est souillée par une scène épouvantable. Une bande de mutins veut saccager la maison d'un nommé Berthéas, qu'elle accuse d'accaparement, et pousse contre lui des cris de mort. La garde nationale faiblit aussitôt. Le maire pour apaiser les furieux leur offre d'entrer avec quelques-uns d'entre eux et deux boulangers dans la maison du prétendu accapareur, pour voir si elle contient réellement du blé. On accepte son offre, on fait une perquisition minutieuse, et on ne trouve rien. Les émeutiers n'en persistent pas moins à réclamer son jugement à grands cris. Le maire, pour obtenir un peu de répit, leur promet que le lendemain on commencera l'instruction de l'affaire devant six d'entre eux. Berthéas est conduit en prison. Mais quelques heures après quatre ou cinq cents individus accourent à la mairie, et réclament son jugement, c'est-à-dire sa tête. Le maire assemble le conseil de la commune. On fait appel au courage et au dévouement de la garde nationale, mais le procès-verbal rédigé par le maire et les municipaux porte que les officiers ont répondu «.... que la garde nationale, qu'ils avaient voulu rassembler le matin, ayant éprouvé des *désagréments*, et la multitude étant encore plus nombreuse, elle se refuserait au service, ainsi que la très-majeure partie en avait fait le refus le matin... » Pendant ce temps-là, la porte de la prison était forcée, et le malheureux Berthéas était traîné dans la ville et égorgé.

Bien des châteaux furent pillés pendant l'année 1790. Les campagnes avaient bien plus souffert que les villes des abus de l'ancien régime, et cependant elles s'étaient beaucoup apaisées depuis l'été de 1789; mais les clubs ne cessaient de les exciter contre les propriétaires, et comme il n'y avait plus de police ni de force armée, les châtelains qui n'avaient pas voulu émigrer voyaient souvent leurs propriétés ravagées et leurs vies sérieusement menacées (1). Il ne fallait jamais compter sur la protection de la garde nationale des villes; mais quelquefois c'était la fameuse milice citoyenne qui pillait, brûlait les châteaux, et assassinait leurs habitants. Alors le malheureux qui avait vu sa demeure saccagée et incendiée, et qui n'avait sauvé sa vie qu'à grand'peine, courait encore des dangers d'une autre espèce. Plus l'infamie de ses oppresseurs était grande, plus ils étaient impudents à le calomnier; des accusations de conspiration et même d'assassinat étaient lancées contre

---

(1) L'Assemblée rendit le 2 juin un décret contre « les troupes de brigands et de voleurs », qui dévastaient les départements du Cher, de la Nièvre, de l'Allier, de la Corrèze, et le 8 août contre ceux du Loiret. Elle a constaté qu'ils entraînaient les populations par de faux décrets. Malheureusement ses ordres étaient bien mal exécutés.

la victime si elle avait essayé de se défendre, et elles étaient facilement accueillies par des autorités qui avaient mille raisons de ménager les brigands. Après avoir échappé par miracle à la fureur des voleurs et des incendiaires, il fallait quelquefois passer des mois entiers en prison, et se défendre devant la justice contre leurs absurdes accusations (1).

III.

La ville d'Aix fut à la fin de 1790 le théâtre d'un drame épouvantable qui excita dans toute la France l'horreur et l'indignation des honnêtes gens. On avait eu à déplorer bien des excès, bien des crimes, depuis le commencement de la révolution; mais les atrocités commises à Aix firent frémir les plus optimistes. On savait trop bien déjà combien la population était prompte à tomber dans d'incroyables paniques, et à commettre des actes abominables; mais les crimes d'Aix révélaient une telle désorganisation dans la seule force armée qu'on voulût employer, une telle ineptie et une telle lâcheté chez les administrateurs, que le pays en fut profondément ému. Aussi les admirateurs quand même de la révolution se donnèrent-ils beaucoup de mal pour atténuer les faits, et dissimuler à la masse de la population les affreuses vérités que les assassinats d'Aix lui avaient fait entrevoir un moment.

Il y avait en Provence, comme en Bretagne, comme en Alsace, un certain nombre de citoyens attachés aux coutumes locales, et qui, sans être aucunement hostiles à la révolution, auraient voulu qu'elle ne fît point table rase de toutes les institutions qui existaient avant 1789, et que chaque province pût conserver au moins une partie de ses anciennes coutumes, et une existence propre au sein de la grande famille française (2). La suppression des parlements et des corporations qui s'y rattachaient les avait naturellement mécontentés. Pascalis, avocat au parlement d'Aix, et l'un des hommes les plus connus du

---

(1) Voyez, Appendice n° 4, le récit du pillage de plusieurs châteaux et l'affaire de M. de Clarac.
(2) Ils tenaient à ce que leur pays conservât son nom, et aimaient à dire que le roi de France avait droit à leur obéissance, en sa qualité de comte de Provence.

pays, voulut faire une protestation éclatante contre l'anéantissement politique et administratif de sa chère Provence. Le 27 septembre 1790, avec cinq de ses confrères, il se présenta à la barre de la chambre des vacations du parlement qui tenait sa dernière séance, et prononça le discours suivant :

« Les édits de 1788 me forcèrent, comme administrateur du pays, de consigner dans vos registres les réclamations d'un peuple jaloux de sa constitution, esclave de sa liberté, idolâtre des vertus de son roi. Dans des circonstances plus désastreuses, je viens remplir un devoir moins imposant, et, au nom d'un ordre qui s'honorera toujours de seconder vos efforts pour le maintien des droits du pays, déposer dans votre sein les alarmes des vrais citoyens, le désespoir de la nation. Si le peuple, la tête exaltée par des prérogatives dont il ne connaît plus les dangers, et dont le cœur est corrompu par le poison des opinions républicaines, souscrit au renversement de la monarchie, à l'anéantissement de notre constitution, à la destruction de toutes nos institutions politiques; s'il applaudit à la proscription de votre chef, qu'il surnomma son ami; à la dispersion de la magistrature, qui veilla sans cesse sur son bonheur, et à l'anarchie, qui exerce déjà ses ravages ; si, dans l'excès de son aveuglement, il se refuse au vœu de cette foule de communautés supportant la moitié des charges du pays qui ont inutilement sollicité la convocation de nos états ; enfin si, pour comble d'infortune, il provoque les calamités de toutes espèces qui l'affligent, plaignons ses erreurs, gémissons sur le délire qui l'agite, et craignons qu'il ne se charge un jour de sa vengeance.! »

« Le temps viendra, et nous osons prédire qu'il n'est pas éloigné, où le prestige dissipé par l'excès même des maux qu'il aura produits, vos citoyens rendus à leurs sentiments naturels de fidélité, de franchise et de loyauté, béniront la sagesse d'une constitution proclamée par les publicistes l'égide de la liberté sociale, le garant de la félicité publique. Puisse le ciel hâter ce moment où, nous gratifiant de ce nouveau bienfait, nos concitoyens détrompés se réuniront à l'envi pour assurer la proscription des abus de l'ancien régime, l'exécution de nos traités avec la France, et avec le retour de nos magistrats celui de la tranquillité publique! tels sont les vœux d'un ordre non moins célèbre par ses talents que par ses vertus, qui sut mériter l'estime des différents barreaux du royaume et conserver la vôtre; qui mit toujours sa gloire à partager vos travaux et vos disgrâces, qui n'eut d'autre récompense que celle de veiller plus spécialement au maintien de la constitution et au soulagement du peuple, et qui, décidé à s'ensevelir avec la magistrature, veut vivre et mourir citoyen provençal, bon et fidèle sujet du comte de Provence, roi de France. »

Le président de Cabres lui fit une réponse sympathique, et déclara que son discours serait inscrit sur les registres du parlement. Les procureurs, par l'organe de M° Bernard, déclarèrent aussitôt adhérer à la protestation des avocats.

Le discours de Pascalis était inspiré par un désir très-ardent de voir son pays conserver une autonomie provinciale, c'était presque ce qu'on appelle dans l'Autriche contemporaine du particularisme. Rien n'était plus odieux aux révolutionnaires, même modérés, que des doctrines pareilles. S'élever contre le nivellement absolu auquel ils soumettaient la France, c'était commettre un crime aussi grand à leurs yeux que de déplorer l'égarement du peuple, l'absence d'ordre matériel, et le renversement prochain de la monarchie constitutionnelle. On avait déjà assassiné des gens qui n'avaient commis qu'un seul de ces crimes, et le malheureux Pascalis osait les commettre tous à la fois. Ce discours courageux, mais imprudent, remplit de rage les révolutionnaires de Provence, qui résolurent d'en tirer une vengeance éclatante.

Leur plan était tout trouvé. En 1790, quand on voulait perdre un homme, on excitait contre lui la fureur populaire en l'accusant de complot contre-révolutionnaire. Si on critiquait un décret de l'Assemblée, les procédés arbitraires d'une administration quelconque, vite on vous dénonçait comme un affreux conspirateur. C'est ce qu'on fit immédiatement contre Pascalis, et beaucoup de révolutionnaires crurent naïvement que s'il les avait ainsi bravés, c'était uniquement parce qu'il se sentait soutenu par un grand nombre de conspirateurs, et, comme ils le publièrent «... on ne trouva pas croyable que le sieur Pascalis eût prophétisé aussi publiquement la contre-révolution, sans des connaissances certaines sur quelque complot caché, et sans une assurance positive sur sa propre sûreté. » Qui a écrit ces lignes? Les officiers municipaux d'Aix, dans un mémoire où ils cherchent à expliquer comment, après avoir entassé ineptie sur ineptie, plusieurs d'entre eux, pour assurer leur propre sûreté, ont consenti à laisser égorger deux personnes, et les ont livrées eux-mêmes à leurs assassins. On conçoit aisément que des gens aussi prudents, aussi désireux d'éviter tout danger, n'importe à quel prix, n'aient pu croire à l'aventureux courage de Pascalis, et qu'au premier moment ils se soient imaginé qu'il était sûr d'être soutenu; mais ils eurent le temps de reconnaître leur erreur, et malgré tous leurs efforts leur conduite restera sans excuse.

A peine Pascalis a-t-il prononcé son discours à la barre du parlement, que deux membres du directoire du département viennent s'entendre avec la municipalité sur les mesures à prendre pour punir un pareil attentat et en prévenir les conséquences.

De leur côté, les amis de la constitution s'empressent de dénoncer Pascalis à la municipalité et de lui offrir leurs services. On prend des mesures extraordinaires, capables de faire croire à une population beaucoup moins impressionnable qu'une insurrection va éclater dans la ville ou qu'une armée ennemie est à ses portes. On envoie la garde nationale dans toutes les imprimeries avec ordre de saisir les exemplaires du discours déjà imprimés, et de briser les planches, mais elle ne trouve rien. Sommation est faite au parlement de produire ses registres sur lesquels le discours doit être transcrit avec mention des noms des avocats qui accompagnaient Pascalis.

Le lendemain, 28 septembre, le directoire du département, qui était composé de révolutionnaires assez ardents, dénonçait en termes très-violents à l'Assemblée et le discours de Pascalis, et la réponse du président de Cabres, et l'adhésion des procureurs. Les lettres du département et de la municipalité, d'après lesquelles nous faisons le récit de tous ces faits, ne disent point qu'il y ait eu à Aix aucun mouvement populaire contre Pascalis, comme la municipalité le soutint plus tard, lorsqu'elle avait tout intérêt, afin de se disculper elle-même, à exagérer l'émotion produite par le discours du courageux avocat.

Le club des Jacobins envoya naturellement à l'Assemblée sa dénonciation contre ce discours « séditieux et incendiaire ». Le comité des recherches fut aussitôt saisi de cette affaire. Pascalis se retira dans une maison de campagne à une lieue d'Aix, et y attendit tranquillement les événements. S'il s'était retiré dans une ville de Provence, les autorités et le club d'Aix l'auraient dénoncé comme un conspirateur qui cherchait à émigrer et l'auraient fait sans doute arrêter sous ce prétexte, comme tant d'autres. S'il avait été reconduit à Aix dans de semblables circonstances, sa perte aurait été assurée.

Malgré le dangereux voisinage d'Aix, rien de sérieux ne fut d'abord tenté contre lui; il avait beaucoup d'amis, et les autorités hésitaient à employer la violence contre lui, dans la crainte d'exaspérer la partie la plus recommandable de la population. D'ailleurs son affaire était portée devant l'Assemblée, et son ami d'André, député de la Provence, lui écrivait de Paris qu'il devait s'estimer heureux d'être ainsi dispensé de se défendre devant la justice locale, « ces corps nouveau-nés, disait-il, font claquer leur fouet tant qu'ils peuvent, et ils ne demanderaient pas mieux que de vexer un honnête homme, » et il l'invitait à venir à Paris, où il serait plus en sûreté.

Pascalis eut tort de ne pas suivre ce conseil. Il avait à Aix un ennemi terrible, l'abbé Rives, espèce de Marat provençal, qui exerçait une grande influence sur les Jacobins du lieu et ne cessait de les pousser au crime (1). Pendant les mois d'octobre et de novembre il exalta les esprits, en annonçant continuellement des complots royalistes. Il fit faire à des avocats, membres du club des Jacobins, une protestation violente contre Pascalis. Le 31 octobre il créa un club des *antipolitiques*, composé surtout des révolutionnaires des environs, et devint le maître absolu de cette bande d'énergumènes. Dans les premiers jours de décembre, lorsque déjà les esprits étaient bien exaltés, un incident se produisit, dont ils profitèrent pour mettre toute la ville en émoi. Il y avait à Aix deux sociétés révolutionnaires; les modérés résolurent d'en former une qui s'appellerait « Société des amis de l'ordre et de la paix ». La constitution leur donnait ce droit; mais les révolutionnaires voulaient les empêcher d'en user, car ils ne craignaient rien tant que la formation de sociétés modérées, où les doctrines de Mounier et de Malouet auraient chance de prévaloir (2). Nous verrons plus loin quelles indignes vio-

(1) M. Ch. de Ribbe, dans son savant ouvrage intitulé « Pascalis, étude sur la fin de la constitution provençale », fait un portrait fort curieux de cet énergumène, qui ne cessait de déclamer dans des pamphlets frénétiques contre les nobles, les prêtres et tout ce qui n'était pas jacobin. Il appelait l'archevêque d'Aix « un mitrophore scélérat ».

(2) Lorsque l'affaire vint à l'Assemblée, le rapporteur du comité, Cochon Lapparent pour diminuer l'odieux de la conduite des révolutionnaires d'Aix, fit une tirade contre les sociétés modérées, qui, établies déjà à Lyon et à Perpignan, étaient devenues selon lui des sujets de discorde, critiquaient librement l'Assemblée et s'occupaient à « *agacer la sensibilité du peuple* et irriter sa fureur par d'insolentes bravades et d'indécentes provocations. » User de son droit de citoyen, se redresser quand un drôle criait derrière vous à la lanterne, c'était d'après Cochon et la plupart des révolutionnaires du temps commettre une provocation véritable, qui excusait bien des violences.

lences la société monarchique de Paris eut à subir, et comment elle fut obligée de cesser ses réunions.

Les révolutionnaires d'Aix se déclarèrent provoqués, et résolurent d'empêcher par tout les moyens possibles la formation de cette société modérée. Bien qu'elle renfermât dans son sein des boutiquiers, des artisans, et que deux de ses organisateurs fussent des menuisiers, elle fut dénoncée à l'avance comme l'œuvre exclusive des ex-nobles et des parlementaires. On annonça partout que l'un de ses organisateurs, M. de Guiraman, chevalier de Saint-Louis, vieillard de près de quatre-vingts ans, faisait des enrôlements à prix d'argent, et que des cocardes blanches étaient commandées. Les autorités locales accueillirent tous ces bruits, et les propagèrent en agissant comme si elles croyaient sérieusement à l'existence d'un immense complot. Elles firent des perquisitions pour trouver les amas de cocardes blanches qu'on avait annoncés, et ne trouvèrent absolument rien. Les révolutionnaires ne se tinrent pas encore pour battus, et se rejetèrent sur les déclarations suspectes de deux ou trois ouvriers à qui on aurait commandé des cocardes, mais qui auraient refusé de les faire. Ces bruits, ces perquisitions, ces interrogatoires causèrent bien vite une grande effervescence.

Une troupe de conjurés royalistes devait, disait-on, mettre tout-à-coup la ville à feu et à sang, mais la crédulité de bien des gens n'allait pas encore jusque-là. On imagina, pour semer l'épouvante, un conte moins maladroit.

Le régiment de Lyonnais était depuis longtemps en garnison à Aix. Il avait toujours vécu en bonne intelligence avec les habitants; mais, depuis quelque temps seulement la populace l'avait pris en aversion. Elle avait voulu empêcher l'exécution d'un assassin, et ce régiment avait fait bravement son devoir et protégé l'œuvre de la justice (1). Depuis cette malheureuse journée,

---

(1) Le jour de la fédération, M. d'Albertas, ancien président de la chambre des comptes, avait ouvert le parc de son château de Guemenos à la garde nationale pour y célébrer un banquet patriotique. Un garde national de Toulon se précipita sur lui, et le poignarda devant toute sa famille. Il se nommait Anicet Martel; il alléguait seulement contre M. d'Albertas un motif très-futile de colère : un arrêt du parlement le condamna au supplice de la roue qui n'était pas encore aboli. La populace d'Aix voulut l'y soustraire au moment de l'exécution, et sans l'énergie des soldats et surtout des officiers du régiment de Lyonnais, elle y serait parvenue.

le parti révolutionnaire accusait les officiers de Lyonnais d'exciter leurs soldats contre les habitants d'Aix et de méditer une contre-révolution; quelques-uns d'entre-eux étaient allés voir Pascalis dans sa maison de campagne; on les représenta comme ses complices, comme ses agents. A un moment donné, les conspirateurs, cachés aux alentours, devaient se joindre au régiment de Lyonnais, mettre la ville d'Aix au pillage et proscrire impitoyablement tous les bons patriotes; la société modérée n'avait pas d'autre but que de réunir les chefs de la contre-révolution, et de leur fournir les moyens de se concerter, d'assembler leurs hommes, et de tenter un coup à l'improviste.

Cette société si attaquée même avant sa naissance devait ouvrir ses séances le 12 décembre. La fermentation était grande, grâce aux bruits de complots répandus partout, et aux perquisitions faites par l'autorité. Les révolutionnaires étaient furieux, et, de l'aveu même de la municipalité, beaucoup de gardes nationaux se promenèrent ce jour-là dans la ville avec leurs sabres. Ils insultèrent M. de Guiraman, qui se tenait devant le café Guyon, où la société nouvelle devait se réunir. Les officiers du Lyonnais ont toujours soutenu qu'on lui avait adressé des menaces de mort, ce qui est malheureusement vraisemblable, et tout à fait dans les habitudes du temps (1).

Après avoir bien traîné leurs sabres toute la journée, les membres des deux clubs révolutionnaires songèrent à faire le soir une démonstration. Le club des Antipolitiques vint en corps rendre visite au club des Amis de la Constitution réuni au Collége. Après avoir fraternisé, les membres des deux clubs réunis sortirent ensemble en chantant *Ça ira!* Lorsqu'ils passèrent devant le café Guyon, ils crièrent encore plus fort, « les aristocrates à la lanterne (2) ». Ici nous suivons surtout le récit que l'accusateur public d'Aix, adversaire passionné des modérés, envoya au comité des recherches. Un bourgeois, qui était M. de Guiraman et trois officiers, entendant tout ce tapage, viennent à la porte du café et regardent le défilé des deux clubs.

(1) La municipalité a prétendu qu'il avait l'air *de braver le peuple* ; qu'un citoyen le supplia *les mains jointes* de se retirer, et qu'il n'en fit rien. Ne pas se cacher, lorsqu'on était insulté par une troupe d'aboyeurs, et les regarder en face, cela s'appelait dans le langage du temps, braver le peuple.

(2) Cela résulte des dépositions des témoins. L'accusateur public lui-même en est convenu.

Un révolutionnaire interpelle un officier, et lui reproche de les toiser : l'officier répond qu'il n'entend toiser personne. Mais le clubiste se jette sur lui, saisit son épée, et lui met le sabre sur la gorge ; deux autres patriotes se jettent également sur l'officier et l'entraînent à la mairie. Un autre officier tire son épée, et lutte avec l'homme au sabre, qui bat en retraite et appelle du renfort. D'autres officiers arrivent du café. Plusieurs clubistes dégaînent et se jettent sur M. de Guiraman, à qui ils en voulaient particulièrement. C'est alors, paraît-il, que M. de Guiraman tira un coup de pistolet, qui seulement effleura la main d'un de ses nombreux adversaires. Mais ce malheureux vieillard fut blessé à la cuisse, et il aurait été égorgé à l'instant même si les officiers ne l'avaient dégagé. Au bruit de cette lutte les clubistes accoururent, et commencèrent par échanger des injures avec les officiers (1); des injures on en vint tout de suite aux voies de fait. La foule des clubistes lança des pierres contre le cercle ; les portes et fenêtres furent brisées. Beaucoup de révolutionnaires, comme l'instruction l'a prouvé, malgré les mensonges qui furent mis tout d'abord en circulation, étaient munis d'armes à feu : ils commencèrent une fusillade contre les fenêtres du club. L'un d'eux, garçon menuisier de son état, et membre du club des Jacobins, pénétra un moment dans le local de la société, déchargea ses deux pistolets sur les officiers, et blessa l'un d'eux grièvement (2). La position des membres du cercle n'était plus tenable, les clubistes allaient les fusiller par les portes et les fenêtres brisées. Quelques bourgeois s'évadèrent par une porte de derrière. Les officiers, avec M. de Guiraman au milieu d'eux, sortirent en peloton, l'épée à la main, par la porte principale ; ils firent reculer leurs adversaires et battirent

---

(1) Ceux-ci, dit l'accusateur public, qui oublie de rapporter les cris des clubistes, les traitaient de *canailles* et de *polissons* ; on peut être certain qu'ils ne crièrent pas : *à la lanterne !* comme les révolutionnaires l'avaient fait quelques minutes auparavant.

(2) Cet individu, nommé Laurent, l'a déclaré dans l'instruction. Un autre clubiste a également reconnu qu'il avait frappé un officier avec la crosse de son fusil. Pour soutenir que la provocation venait des officiers, on a osé prétendre que les clubistes n'avaient pas d'armes à feu, mais la procédure qui a pourtant été faite avec une grande partialité en leur faveur prouve le contraire. Deux des officiers, MM. de Peybert et d'Esparbès, reçurent des blessures provenant d'armes à feu chargées de grenailles. Les certificats des chirurgiens furent envoyés au comité des recherches.

en retraite vers leur quartier en repoussant résolument ceux qui venaient les attaquer.

Arrivés au quartier, les officiers veulent mettre leurs soldats en armes pour arracher aux clubistes plusieurs de leurs camarades, sur le sort desquels ils éprouvent les plus vives appréhensions. Mais le major qui les commande, s'effraye de la responsabilité qu'on va faire peser sur lui ; un officier, nommé Ferriol, qui désire avant tout les louanges des jacobins, harangue les soldats pour les empêcher de marcher, et les grenadiers, qui avaient sans doute été travaillés par les révolutionnaires de la ville, refusent de quitter la caserne sans ordre de la municipalité : le major parvient à arrêter les officiers, et avec quelques-uns d'entre eux se rend à l'Hôtel-de-Ville.

Les officiers municipaux, dans un procès-verbal dressé à l'instant même, rapportent qu'il fut décidé avec le major que le régiment de Lyonnais quitterait la ville de grand matin. On leur avait amené plusieurs officiers du régiment en les accusant d'avoir tiré sur les révolutionnaires, mais à un premier essai de confrontation personne n'avait pu les reconnaître pour ceux que l'on accusait d'avoir tiré. L'accusateur public s'imagine que Catilina est aux portes et en dedans des portes d'Aix, et lance des décrets contre Guiraman et six officiers de Lyonnais. Ses notes sont fort curieuses à cause de la partialité qu'elles décèlent, et de l'emphase grotesque de leur style. « Ces officiers, fermés au remords et au repentir des *assassinats* commis le 12 au soir » voulurent, d'après ce magistrat retarder leur départ, et laisser à la ville.. « des témoignages plus nombreux d'atrocités plus cruelles.. » Ces témoignages d'atrocité, l'instruction l'a prouvé, se réduisaient à deux blessures légères et à un chapeau percé d'une balle, tandis que trois officiers, Guiraman, et un bourgeois du cercle, avaient été blessés. Vient ensuite une tirade du même goût sur les horreurs que les royalistes préparaient contre la ville d'Aix «... Cette conjuration menaçait la vie de tout ce que la Constitution a de défenseurs plus zélés... » ; et il concluait emphatiquement à la continuation de l'information. Les scellés furent apposés aussitôt sur les papiers de Pascalis, retiré depuis longtemps à la campagne, et sur ceux de plusieurs personnes appartenant au barreau et à l'ancien parlement.

Les révolutionnaires mirent bien vite les circonstances à profit. Ils avaient fait déjà décréter par la municipalité le renvoi du régiment de Lyonnais. Le soir du même jour, 12 décembre, vingt députés des deux clubs vinrent trouver leur chef, l'abbé Rive, qui leur conseilla de se saisir de Pascalis (1). Une bande alla donc sans aucun ordre l'arrêter pendant la nuit dans sa maison de campagne, et l'amena à l'hôtel de ville à quatre heures du matin (2). On vit aussitôt paraître un libelle hideux, dans lequel l'abbé Rive se vantait d'avoir fait arrêter Pascalis et excitait le peuple à l'assassiner. Il n'était pour rien dans l'affaire du café Guyon, mais le parti révolutionnaire profitait de l'occasion pour proscrire tout ce qui lui déplaisait. A cinq heures, une autre bande amena aussi un M. Morelet de la Roquette, qui passait pour favorable au nouveau club, et contre qui l'on avait récemment excité les fureurs de la populace en lui rappelant que quelques années auparavant sa voiture avait écrasé un enfant. Le parlement l'avait, à cause de cet accident, condamné à payer six mille livres au père de l'enfant. Pascalis et la Roquette furent retenus provisoirement à la maison commune avec un jeune homme que les clubistes y avaient conduit après l'avoir blessé d'un coup de sabre.

La municipalité avait envoyé un courrier demander aux autorités de Marseille de lui envoyer quatre cents hommes du régiment étranger d'Ernest, et quatre cents gardes nationaux. Ces troupes arrivèrent à deux heures de l'après-midi. Les captifs furent conduits à la prison, qui touchait alors à la caserne. La municipalité, dans son récit, ne laisse pas soupçonner qu'ils aient couru quelque danger pendant ce trajet.

Des renforts importants venaient d'arriver, et les conspirateurs ne donnaient pas le moindre signe de vie; les autorités d'Aix devaient se rassurer un peu. Soit qu'elles aient cédé elles-mêmes à une véritable panique, soit qu'elles aient jugé à propos de continuer encore cette comédie de la peur que le parti révolutionnaire avait si bien jouée pour empêcher l'établissement du nouveau cercle et éloigner le régiment de Lyonnais, elles agirent comme si une armée invisible menaçait la ville. Les administrations du département, du district et de la commune se réunirent

---

(1) L'abbé Rive s'en est vanté dans un pamphlet. «... Mon excitation fut suivie du plus grand succès, à onze heures du soir, c'est-à-dire environ quatre heures après, ce scélérat fut enlevé... » V. M. de Ribbe, p. 269 et suiv.
(2) Procès-verbal de la municipalité.

pour veiller en commun au maintien de la tranquillité publique ; on va voir avec quel succès ! Le rapport de ces trois administrations réunies servira de base à notre récit des assassinats du 14 décembre.

Les soldats du régiment d'Ernest furent logés dans les casernes ; les gardes nationaux de Marseille soit chez les particuliers, soit dans les auberges « ... L'administration, dit le rapport, a été prévenue, qu'il arrivait successivement nombre de gens armés de la même ville disant venir au secours de celle-ci, ils ont été pareillement logés... » Et tout de suite après on lit cette phrase significative et qui se lie évidemment avec la précédente «... L'assemblée délibère sur les moyens de pourvoir à la sûreté des prisonniers pendant la nuit. » Quelque inepte qu'elle fût, cette administration ne pouvait pas ne pas soupçonner les véritables intentions de ces prétendus défenseurs, que cependant elle accueillait et logeait comme une troupe régulière.

La nuit se passe sans aucun désordre sérieux. Le 14 au matin, la garde nationale de Marseille, voyant que cette fameuse armée contre-révolutionnaire dont les patriotes sont si épouvantés, ressemble singulièrement à un mythe, se prépare à partir. A huit heures elle est en grande partie réunie sur le cours, et la garde d'Aix lui fait ses adieux. Tout-à-coup, disent les administrateurs, « on est averti qu'il commence à se former des pelotons dans la ville et que le peuple demande la tête de M. Pascalis. »

Ces hommes armés, si justement suspects et si sottement accueillis par les autorités, avec les clubistes d'Aix et probablement aussi certains soldats de la garde nationale de Marseille, qu'on venait de réorganiser ou plutôt de désorganiser dans un sens révolutionnaire, courent en foule à la prison, en criant que Pascalis a voulu les faire égorger tous, et qu'ils veulent sa tête. Trois officiers municipaux en écharpes se dirigent vers la prison. Chemin faisant ils rencontrent le colonel de la garde nationale, qui déclare n'avoir aucune force à opposer à ces furieux. Le procureur général syndic et plusieurs autres administrateurs se joignent aux municipaux, et veulent haranguer la foule.

Mais tous ces énergumènes, altérés de sang, ne se soucient guère d'écouter ces administrateurs qui ont fait tant de bruit du prétendu complot dont les officiers de Lyonnais, Pascalis et

Guiraman, sont les chefs. Cette populace trouve très-singulier qu'après avoir pris tant de mesures extraordinaires contre les conspirateurs et les assassins du peuple, ils désirent maintenant les soustraire à sa fureur. Les casernes sont envahies, les gardes nationales d'Aix et de Marseille en ont laissé la garde au seul régiment d'Ernest, et ces soldats, étrangers pour la plupart, restent immobiles. On vient d'arrêter une partie des officiers de Lyonnais comme conspirateurs et assassins du peuple, et de chasser honteusement ce régiment parce que ses officiers ont eu une rixe avec les habitants, et que les soldats ont été sur le point de marcher sans réquisition : les officiers d'Ernest ne se soucient pas de s'exposer à de semblables affronts ; les soldats, presque tous Allemands ou Suisses, ne comprennent pas grand'chose à ce qui se passe, mais, instruits de ce qui vient d'arriver au régiment de Lyonnais, ils laissent ces fous de Français faire des émeutes, et attendent une réquisition formelle et spéciale de la municipalité. Elle a prétendu depuis qu'il y avait eu entre elle et les officiers d'Ernest un véritable chassé-croisé ; ceux-ci auraient été lui demander une réquisition spéciale pour repousser la foule ; et pendant ce temps-là les administrateurs auraient couru aux casernes (1). La populace, voyant tous ces soldats immobiles, réclame avec plus de fureur encore la tête de Pascalis, en criant toujours qu'il a voulu égorger le peuple. Les administrateurs font, à ce qu'ils prétendent, de grands efforts pour la détourner de son horrible entreprise. Bien loin de les écouter, ces furieux veulent les obliger à leur faire ouvrir la prison. Un d'entre eux, disent les municipaux, porte au procureur-syndic Jaubert un coup de sabre, qui est heureusement paré ; ils saisissent ce fonctionnaire et le tiennent prisonnier dans une boutique. On somme les trois officiers municipaux de livrer Pascalis ; on leur fait d'horribles menaces, on les frappe, on leur met le couteau sur la gorge, s'il faut les en croire ; enfin ils signent l'ordre aux geôliers de remettre Pascalis à ceux qui demandent sa tête (2). Les assassins s'emparent de leur victime, ainsi que de

---

(1) La municipalité a reproché au régiment de n'avoir pas agi : sa première réquisition, disait-elle, était suffisante. Mais elle a déclaré ensuite qu'il était impossible de repousser l'émeute !

(2) Deux d'entre eux, disent leurs collègues, écrivirent à la suite « contraints et forcés... » S'ils n'étaient pas très-braves, ils étaient du moins prévoyants !

SITUATION INTÉRIEURE DE LA FRANCE EN 1790.   381

M. de la Roquette, les pendent à des poteaux du cours (1), puis coupent leurs têtes, et se livrent à toutes sortes d'atrocités sur leurs corps.

Le vice-maire, le procureur de la commune, d'autres officiers municipaux, se rendaient pendant ce temps-là aux casernes, dit la seconde relation de ces autorités ; mais l'encombrement des rues ralentissait leur marche. On les arrêta en leur disant que tout était fini ; ils continuèrent cependant, et arrivèrent pour voir les victimes suspendues aux poteaux du cours !

« ... Nous apprenons, dit leur seconde relation, que les deux têtes avaient été coupées par un valet de l'exécuteur, que celle de Morelet avait été placée sur un arbre devant le cercle de Guyon, et que l'on portait l'autre (celle de Pascalis) à la suite de la garde nationale de Marseille (2)... »

Cette horrible scène avait eu lieu dans la matinée. Mais il fallait encore du sang aux révolutionnaires. Vers midi, des gens venant de Meyreuil ramènent Guiraman qui avait été décrété la veille. Le procès-verbal des administrations réunies, rédigé le lendemain, assure que les administrateurs ont envoyé à sa rencontre des hommes chargés de le protéger. Peine perdue ! on vient tout de suite leur apprendre qu'il a été égorgé (3).

Dans ces rapports qui furent faits à l'instant même, avant que les autorités eussent pu combiner un système de mensonges pour se justifier, il n'est pas question de Guiraman avant le

(1) On refusa un prêtre à Pascalis.
(2) On lit après : « Nous sûmes le lendemain que cette garde nationale, voyant venir après elle cet indigne trophée porté par une foule d'hommes armés, les avait forcés les fusils en joue à s'arrêter et à l'inhumer... » Il paraît que cette scène eut lieu à mi-chemin de Marseille ; les brigands voulaient rentrer en triomphe dans cette ville avec la tête de Pascalis, et exciter un mouvement qui leur aurait permis d'assassiner aussi certaines personnes de Marseille. Il paraît que ce n'est pas la garde nationale, mais la gendarmerie qui a forcé les assassins à enterrer la tête de Pascalis.
(3) Ce malheureux fut pendu à un arbre du cours auquel avait été attaché, en mars 1789, un garçon boucher condamné par le parlement pour avoir participé au pillage du grenier d'abondance et mis le feu à la maison d'un marchand de blé. La populace d'Aix, qui avait été complice de tous ces méfaits, conservait encore un vif ressentiment du supplice de ce misérable, et s'il faut en croire les autorités elle cria au milieu du tumulte qu'il fallait tuer Guiraman là où on avait fait périr un innocent.

passage où l'on raconte son horrible fin. Dans le récit de la scène qui eut lieu au café Guyon, les autorités ne parlent que des officiers de Lyonnais.

Quand la populace eut à son aise égorgé ces trois victimes, le colonel de la garde nationale vint annoncer qu'il avait réuni une partie de sa troupe. Les émeutiers avaient réalisé leurs affreux projets, ils avaient quitté la ville en promenant avec eux la tête de Pascalis; la garde nationale jugeait à propos de se montrer !...

... Les administrations réunies ayant alors « une *lueur d'espérance que l'ordre pourrait être rétabli* », se hâtent de faire proclamer que chaque citoyen ait à rentrer chez lui, pour n'en sortir que lorsque la tranquillité publique serait rétablie.

Vraiment, les administrations réunies, on se demande pour quoi faire ! sont d'une naïveté qui déborde jusque dans leurs rapports. On demandait la tête de Pascalis, elles l'ont laissé prendre avec deux autres encore; elles ont maintenant une *lueur d'espérance* qu'on n'en redemandera plus pour cette journée ! Une partie des brigands a quitté Aix, les autres rentrent dans leurs tanières; maintenant qu'il n'y a plus personne à protéger, citoyens restez chez vous, les administrations réunies, dont vous avez pu apprécier la prévoyance, la promptitude et le courage, songent à vous défendre?

Après avoir raconté toutes ces horreurs, les administrations réunies essayent de se justifier en accusant les victimes. Elles prétendent qu'un officier de la garde nationale, qui a fait pour sauver Guiraman des efforts naturellement infructueux, l'a entendu avouer en mourant qu'il y avait un complot. Plus tard l'instruction réduira à néant ce dramatique aveu (1), qui vient si à propos pour les autorités. Du reste, elles ne nomment pas cet officier qui était peut-être un des assassins. Elles assurent aussi qu'on a trouvé dans les poches de Pascalis une

---

(1) Des témoins ont déclaré depuis que Guiraman avait toujours soutenu qu'il s'agissait simplement d'un cercle et non d'une conspiration.

A trois heures de l'après-midi Anglès père et fils, tous deux menuisiers et fondateurs du cercle, furent arrêtés et conduits en prison, mais ils ne furent pas égorgés. Les assassins étaient pour la plupart sur la route de Marseille, les autres s'étaient dispersés. Les administrateurs crurent pourtant mériter des éloges pour ce simple fait.

lettre qui prouve l'existence d'un vaste complot. Nous sommes là-dessus de l'avis de la Constituante, qui refusa plus tard de reconnaître qu'il y eût là un complot quelconque.

Déjà dans ce rapport (1) on voit poindre le système que les administrateurs d'Aix suivirent plus tard avec une remarquable impudence, déjà ces fonctionnaires accusent les victimes pour se sauver eux-mêmes du ridicule d'avoir cru à un complot chimérique, et de l'odieux d'avoir laissé commettre de pareilles atrocités grâce à leur commune impéritie et à la lâcheté de quelques-uns d'entre eux.

Il fallait absolument qu'il y eût eu un effroyable complot. Les administrations réunies ne reculèrent devant aucune extrémité pour essayer de se procurer quelque document qui rendît vraisemblable cette fameuse conspiration. Elles enjoignirent bien vite au directeur du bureau des postes d'Aix de livrer à trois commissaires toutes les lettres qui étaient à l'adresse de Pascalis, Morelet, Guiraman, et de plusieurs autres personnes décrétées. En revanche elles ne s'inquiétèrent nullement de poursuivre les assassins. Le directeur répondit que les décrets de l'Assemblée le mettaient sous les ordres du directoire des postes et de son président nommé par le roi. On le menaça d'employer la force, et il fut obligé de céder (2).

Les administrateurs firent d'innombrables perquisitions chez les personnes soupçonnées d'entretenir des relations d'amitié avec les victimes du 14 décembre. On fit les recherches les plus inquisitoriales, non-seulement à Aix, mais dans les campagnes environnantes, dans les endroits les plus reculés et même, c'est la municipalité qui le reconnaît, « dans les aqueducs et

(1) Il est signé par un membre de chaque administration. Les signataires sont Martin fils d'André président du département, Bernard fils, président en absence du district, Émeric David officier municipal.

(2) « Ces messieurs, écrivait le directeur au président du directoire des postes, m'ont répondu qu'il était des circonstances où les règles devaient céder, qu'il s'agissait ici du *salut de la patrie*, qu'on n'ouvrirait les lettres qu'avec les formalités qu'exigent la prudence et la justice, et que les corps administratifs ne laisseraient point leur délibération inexécutée. On a mis à mon bureau une garde de trois gardes nationales, et il y a apparence qu'on exigera par toutes sortes de moyens l'exécution de la délibération. » Le président du directoire des postes envoya cette plainte au comité des rapports, qui la renvoya au comité des recherches, et il n'apparaît pas que le directoire d'Aix ait été réprimandé pour sa conduite.

dans les tombeaux, *fait que plusieurs narrateurs ont relevé avec méchanceté.* »

Ce dernier trait est fort joli. Rappeler fidèlement les actes des autorités d'Aix, c'était réellement leur faire une terrible méchanceté !

La ville d'Aix était tellement troublée par ce prétendu complot, même après le massacre de ses prétendus auteurs, qu'à Marseille, à Toulon, dans toute la Provence, les autorités locales s'émurent ou feignirent de s'émouvoir. Nombre de personnes soupçonnées d'avoir eu des relations avec le malheureux Pascalis, ou simplement de partager ses opinions, furent sérieusement inquiétées.

Les massacres d'Aix causèrent une vive émotion dans toute la France. La conduite des autorités fut énergiquement stigmatisée par tous les hommes honnêtes et clairvoyants. Pour dissoudre un cercle qui ne leur plaisait pas, et empêcher des citoyens d'exercer un droit garanti par la constitution, elles avaient accueilli et propagé des bruits absurdes, suscité des troubles, et pour combattre une prétendue armée contre-révolutionnaire, elles avaient attiré à Aix une foule de brigands. On trouva monstrueux que des bandes d'assassins en armes pussent ainsi traverser un pays à la suite d'une troupe régulière, être accueillies par les autorités, égorger tranquillement et sans obstacle sérieux ceux qui étaient désignés à leur rage, et promener des têtes sur les grands chemins. Mais ce n'était pas tout ; beaucoup de personnes étaient encore détenues à l'occasion du complot qui avait servi de prétexte à ces atrocités ; on agissait avec la plus grande rigueur contre une foule de gens sous prétexte d'une conspiration chimérique, et l'on ne faisait rien pour rechercher les auteurs d'assassinats horribles commis en plein soleil. Quelle responsabilité redoutable les autorités d'Aix n'avaient-elles pas assumée ? Si leur conduite était le résultat d'un plan prémédité, aucun terme ne pouvait être assez fort pour en caractériser l'infamie ! autrement, tout le monde était en droit de s'extasier sur leur ineptie et leur stupidité. La conduite des trois administrateurs qui avaient signé l'ordre de livrer Pascalis fut universellement flétrie. Sans doute on n'était pas habitué depuis la révolution à voir les autorités montrer beaucoup d'habileté ni de courage contre l'émeute, mais on n'avait encore rien vu de pareil. Les autorités d'Aix le sentirent très-bien ; pour atténuer l'odieux de leur conduite, elles répandirent la calomnie sur les victimes ; pour excuser la lâcheté de leurs collègues, elles s'appliquèrent à dénaturer les faits et à exagérer les dangers qu'ils avaient pu courir.

Trois mois après les massacres, le 17 mars 1791, le maire et les officiers municipaux d'Aix envoyèrent au comité des recherches un mémoire apologétique, pour repousser, disaient-ils, les calomnies qu'on avait jetées sur leurs concitoyens. Par leurs concitoyens, il faut sans doute entendre seulement leurs collègues, qu'ils essayaient de disculper, car leur mémoire est fait pour donner l'idée la plus horrible de la population d'Aix.

Ils tiennent, bien entendu, pour la conspiration; et en indiquant les raisons de croire à son existence, ils rappellent involontairement à la mémoire du lecteur l'interrogatoire auquel Gil-Blas déguisé en inquisiteur procède au sujet d'un certain Samuel Simon, et les belles raisons par lesquelles il prouve qu'il exerce le culte juif en secret. Pascalis a parlé très-ouvertement; c'est qu'il avait connaissance d'un complot : il est resté dans une maison de campagne voisine d'Aix ; d'autres en concluraient qu'il se sentait innocent, mais que faire en un tel gîte, à moins qu'on n'y complote ? S'il ne s'est pas sauvé, c'est qu'il y avait évidemment un complot et des conspirateurs prêts à le défendre. Pascalis complotait évidemment, puisque des officiers sont venus le voir ; et ces officiers complotaient évidemment, puisqu'ils allaient voir Pascalis. Dans cette longue apologie les municipaux d'Aix présentent solennellement une foule d'arguments de cette force, et ne cessent de regarder comme prouvé ce qui est en question. Toutefois ils paraissent craindre un peu que l'Assemblée ne refuse de croire à la grande conspiration, et s'empressent d'amasser par avance des excuses pour ceux qui ont cru tout bonnement à son existence. Aussi veulent-ils absolument établir que les troubles ont été causés par les provocations des fondateurs du nouveau cercle et surtout par celles du malheureux Guiraman.

Des trois victimes de la journée du 14 décembre une seule avait joué un rôle dans la scène du café Guyon, c'était Guiraman. Les deux autres étaient simplement accusées d'avoir participé à un complot qui pourrait bien être déclaré imaginaire, et alors leurs meurtriers et ceux qui les avaient favorisés n'auraient plus aucune excuse. Mais Guiraman, accusé également de conspiration, s'était courageusement défendu contre les clubistes avec les officiers de Lyonnais. Le système de calomnies était tout trouvé ; il fallait le représenter comme un provocateur, un meurtrier, et traiter d'assassin un homme qui avait essayé de se défendre. On avait eu l'audace, aussitôt après la scène du café Guyon, de traiter les officiers d'assassins, afin de faire partir leur régiment et d'empêcher l'établissement du cercle. Alors il n'était pas question de Guiraman ; dans les rapports rédigés sur l'heure, on ne parlait de lui que pour constater son arrestation et sa mort. Trois mois après on entreprit de faire retomber sur lui la responsabilité de ces événements, on osa prétendre, lorsque l'instruction prouvait le contraire, que Guiraman s'était amusé à tirer sans provocation aucune un coup de pistolet sur les clubistes qui passaient. La populace, lorsqu'elle égorgeait un homme, ne pouvait avoir complétement tort ; tel était l'esprit du temps : on voulut diminuer l'odieux du crime en accusant une des victimes d'avoir commis une provocation et une violence insensées (1).

Déjà dans ce mémoire la scène du café Guyon n'est pas racontée tout à fait comme dans les premiers procès-verbaux (2). La municipalité essaye de se disculper du grave reproche de n'avoir ni prévu ni entravé l'arrivée et les entreprises de ces hommes armés qui suivirent la garde nationale de Marseille ; elle prétend avoir invité, mais trop tard, les chefs de cette garde à repousser les hommes armés qui pouvaient se joindre à eux avec des desseins sinistres, et entre là-dessus dans des explications longues et peu satisfaisantes. Il n'en est pas question dans les premiers rapports, qui contiennent pourtant des choses moins importantes. Mais même en admettant que tout ceci n'ait

(1) Lorsqu'une victime des fureurs révolutionnaires a fait la plus légère tentative pour se défendre contre de lâches assassins, le parti l'accuse de meurtre et glorifie son assassinat. Lyon a vu en décembre 1870 une scène semblable à celle du meurtre de Guiraman. Comme ce malheureux, le commandant Arnaud était coupable d'avoir essayé de se défendre avec un pistolet contre une foule d'ennemis, et comme lui il a été égorgé et traité d'assassin. En mars 1871 le préfet de Saint-Étienne, M. de l'Espée a été lâchement assassiné ; les révolutionnaires ont prétendu également pour justifier ce crime, qu'il avait tiré des coups de revolver sur ses agresseurs.

(2) On parle de l'arrivée de deux personnes blessées à l'hôtel de ville, ce qui augmente les rumeurs, tandis que le premier rapport mentionne seulement l'arrivée d'un jeune homme blessé par les révolutionnaires.

pas été inventé après coup et pour les besoins de la cause, comment ces administrateurs, qui s'attendaient à voir arriver une troupe d'assassins dont ils avaient deviné le projet, n'ont-ils pris aucune précaution pour les empêcher d'entrer dans la ville ? Pourquoi leur ont-ils donné des billets de logement? On les avait accusés de négligence et d'impéritie pour n'avoir pas prévu ce danger ; en prétendant avoir tout deviné ils s'exposent à des reproches encore plus amers et à des soupçons bien plus humiliants!

D'après ce dernier rapport, la vie des prisonniers aurait couru tout de suite les plus grands dangers. Le premier procès-verbal de la municipalité, rédigé le jour même, rapporte qu'aussitôt après l'arrivée des troupes de Marseille, Pascalis et la Roquette furent conduits de l'hôtel de ville à la prison pour leur sûreté, et ne parle d'aucune scène violente pendant ce trajet. Dans l'apologie rédigée trois mois après, les autorités prétendirent que la vie des prisonniers avait été menacée plusieurs fois ; que le colonel de la garde nationale et les officiers municipaux en tête du cortége fendaient la foule et avaient fort à faire pour empêcher une catastrophe. Mais le besoin s'était fait sentir d'exagérer la haine que la populace portait aux prisonniers, et de prêter en revanche des traits de courage à ceux qui en avaient manqué d'une manière si éclatante au moment décisif. Ces municipaux qui prétendent disculper les habitants d'Aix des calomnies qu'on avait répandues contre eux ne cessent, pour se justifier eux-mêmes, de les représenter comme des tigres altérés de sang. Les trois municipaux (dont on ne donne jamais les noms) ont déployé un courage surhumain avant de signer l'ordre de livrer Pascalis. On ne conçoit pas que des gens qui avaient si bien débuté aient pu montrer une telle faiblesse. On assure qu'ils ont cédé le couteau sur la gorge quand ils étaient sûrs d'être assassinés : des citoyens honnêtes, effrayés des suites de leur refus les auraient suppliés de livrer Pascalis (1).

Ils insistent beaucoup sur la prétendue provocation attribuée à Guiraman. Son coup de pistolet aurait mis la populace en

---

(1) Ce dernier trait n'est que trop vraisemblable ; certains révolutionnaires modérés trouvaient alors que ce n'était pas la peine de s'exposer à un danger pour sauver la vie d'un homme suspecté d'aristocratie.

fureur, et lui aurait donné cette soif de vengeance qui n'a été assouvie que par trois meurtres accomplis dans des circonstances horribles. Et pourtant leur récit renverse ce système. La populace d'Aix et les bandits de Marseille ne réclamaient point le supplice de Guiraman, qui avait été acteur dans la scène de la veille, et qu'on avait laissé s'évader de la ville ; ils demandaient avec fureur la tête de Pascalis, qui n'avait tiré aucun coup de pistolet et qui était resté toujours à la campagne (1). L'émeute du 14 décembre, d'après les apologies des municipaux eux-mêmes, était dirigée contre les modérés d'Aix, dont Pascalis était réputé l'orateur principal ; aussi en a-t-il été la première victime.

Les trois municipaux éprouvèrent aussi le besoin de se justifier eux-mêmes, et envoyèrent au comité des recherches un curieux mémoire. Leur système est le même que celui du corps municipal ; mais ils renchérissent encore sur la férocité des habitants d'Aix. Ainsi, immédiatement après la scène du café Guyon, le major de Lyonnais, qui s'était rendu à l'hôtel de ville pour s'expliquer, aurait couru les plus grands dangers s'il n'avait été préservé de la fureur du peuple par l'un d'eux nommé Simon. Il est fâcheux qu'aucun rapport officiel n'ait mentionné ce fait, si honorable pour un officier municipal qui avait si grand besoin de relever sa réputation compromise. Ils auraient sauvé Pascalis de la fureur de la populace lorsqu'on le conduisait en prison. « Le peuple, disent-ils, arrêtait tous les réverbères pour le suspendre... » Eux seuls donnent ce détail. Du reste ce Simon aurait déjà, quelques semaines auparavant, arrêté les révolutionnaires qui voulaient aller saisir Pascalis dans sa maison de campagne. Ceci est encore du nouveau. Ils insistent longuement sur les menaces horribles qu'on leur a faites pour obtenir l'ordre de livrer Pascalis ; ils parlent de Bailly et de Lafayette, devant qui Foulon et Berthier ont été égorgés, et qu'on n'a pas incriminés comme eux. Il est vrai que Bailly et Lafayette n'avaient pas signé l'ordre de remettre les prisonniers aux assassins ; mais un argument de ce genre devait produire un certain

---

(1) Guiraman a été ramené à Aix par ses gardes au moment où les assassinats venaient d'être commis ; il a été égorgé comme M. de la Roquette, à qui on n'attribuait ni discours ni coup de pistolet : ces brigands auraient alors tué de même tout autre prisonnier.

effet sur le comité des recherches. Les trois municipaux font aussi appel à la pitié, en parlant de leurs dangers, des angoisses de leurs familles; les femmes de deux d'entre eux étaient alors enceintes. Enfin ils se débattent contre la réprobation universelle qui pèse sur eux (1).

L'Assemblée fut prévenue des massacres d'Aix par une lettre du président du département, qui lui annonçait que les quinze ou vingt membres du cercle qui se trouvaient alors au café Guyon, s'étaient jetés sans provocation sur sept ou huit cents clubistes et avaient voulu les assassiner. Le 20 décembre une discussion très-vive s'engagea sur les troubles d'Aix : l'abbé Maury flétrit énergiquement la conduite des autorités. Mirabeau et Charles Lameth, s'appuyant sur les rapports inexacts du département, plaidèrent les circonstances atténuantes. Charles Lameth osa s'apitoyer sur le peuple « qu'on égarait pour lui donner des torts ». Tout cela était arrivé par la faute des aristocrates; encore un peu et Lameth les accusait de faire pendre leurs amis pour calomnier le peuple. Ne prétendait-on pas qu'ils faisaient brûler leurs châteaux dans ce but ! Lameth ne voulait même pas qu'on envoyât des commissaires en Provence, et déclarait « que si l'on regardait les événements qui se sont passés sous leur véritable point de vue, on verrait que ce sont des affaires de poste dans lesquelles les ennemis de la chose publique avaient toujours le dessous; » mais l'Assemblée, sur la demande de Mirabeau, décréta le contraire (2). Les trois commissaires, Debourges, Gay et Lafisse, partirent immédiatement; ils essayèrent d'apaiser les esprits, et firent dans ce but une proclamation très-sage, pour inviter les patriotes à croire moins facilement aux complots et aux conspirations. Le nouvel ordre de choses, disaient-ils, avait fait éprouver à beaucoup

(1) Aucun rapport émanant des autorités d'Aix ne mentionne leurs noms; on ne les trouve même pas au bas de ce mémoire. Mais deux d'entre-eux y sont nommés. Nous avons déjà vu qu'il y en avait un qui s'appelait Simon, un autre se nommait Miollis. Ils étaient élus depuis peu.

(2) Mirabeau en savait plus qu'il ne voulait le faire paraître. La veille de cette séance, le 19 décembre, il écrivait au comte de la Marck. « L'affaire d'Aix est plus horrible encore qu'on ne le sait, et l'état des deux tiers du royaume est presque au même point. » A la même séance Foucaud annonça que dans les départements du Lot et de la Dordogne quinze châteaux et plusieurs maisons bourgeoises venaient d'être pillés et incendiés

de personnes des pertes très-sensibles ; il était impossible d'exiger qu'elles en parussent très-satisfaites, et il ne fallait pas pour ce seul motif les soupçonner légèrement d'affreux complots contre l'État. Des conseils aussi raisonnables devaient être fort mal reçus par les patriotes, qui accusèrent tout de suite les commissaires d'être des suppôts de l'aristocratie, et leur rendirent leur tâche très-difficile.

Les événements d'Aix eurent leur contre-coup dans toute la Provence. La révolution s'était aisément établie à Marseille, où il n'y avait presque pas d'aristocratie, mais la démagogie y avait bien vite levé la tête. Déjà, à la fin de 1790, tout homme coupable de modération, fût-il noble ou négociant, était un odieux aristocrate. Un club, soi-disant patriotique, dont la plupart des officiers municipaux faisaient partie, exerçait à Marseille un despotisme véritable : il faisait complétement la loi aux autorités et avait décidé, entre autres choses, que tout juge de paix serait tenu d'avoir pour greffier un associé du club. Un membre de la bonne bourgeoisie, Lieutaud, avait dès le début rendu dans cette ville de grands services à la révolution modérée comme commandant général de la garde nationale. Il résigna son commandement ; mais après l'assassinat de M. de Beausset, major du fort Saint-Jean (1), le vœu des habitants rappela Lieutaud à la tête de la garde nationale. Il avait eu déjà le bonheur de sauver M. de la Roque, major de Saint-Nicolas, du sort de M. de Beausset ; il mérita bien vite la haine du club. Il représentait le parti de la révolution modérée, et ce parti était déjà fortement battu en brèche à Marseille. La municipalité lui suscita toutes espèces de désagréments, et par une suite de manœuvres qui avaient pour but d'éluder la loi, elle le destitua de son commandement, et reconstitua la garde nationale de Marseille sur de nouvelles bases, en y admettant les hommes les plus dangereux pour l'ordre public (2). Le détachement qui fut

---

(1) Le fort Saint-Jean avait été occupé par surprise le 1ᵉʳ mai 1790 ; Marseille s'était donné la satisfaction de prendre une Bastille, mais il lui fallait aussi tuer son Delaunay ! Le major de Beausset, commandant du fort, fut immédiatement accusé d'avoir caché des armes, et lâchement assassiné. Les révolutionnaires commirent sur son cadavre les mutilations les plus abominables. Sa tête et ses parties sexuelles furent coupées et promenées en triomphe au bout d'une pique par toute la ville.

(2) La municipalité et le club en voulaient beaucoup à Lieutaud parce

envoyé à Aix appartenait à cette nouvelle garde nationale.

Aussitôt que les événements d'Aix furent connus, les démagogues de Marseille résolurent d'englober dans la prétendue conspiration tous ceux dont ils voulaient se débarrasser. Lieutaud était un des chefs du parti modéré, un membre du département, Blanc Gilly, l'avait publiquement traité de vil conspirateur; les jacobins étaient bien capables de lui faire subir le sort de Pascalis. Prévenu qu'on allait envahir sa maison, pendant la nuit, sous prétexte de saisir ses papiers, il comprit tout de suite que s'il restait à Marseille il serait assassiné chez lui ou égorgé par les jacobins pendant qu'on le conduirait à l'hôtel de ville ou à la prison. Il loua une barque, et s'enfuit avec sa femme, le 17 décembre pendant la nuit. Un membre de son ancien état-major, nommé Lembarine, qui était également poursuivi par la haine des démagogues, s'enfuit avec eux; mais le mauvais temps les força de débarquer à Bandol. La garde nationale du lieu les arrêta, parce qu'ils n'avaient point de passe-port, et les conduisit à Toulon, où les autorités les mirent en arrestation provisoire jusqu'à ce qu'elles eussent reçu de Marseille des renseignements sur les causes de leur départ. Voilà où en étaient réduits les hommes qui avaient fait la révolution, mais qui la voulaient pure de tout excès. Ils fuyaient leur ville natale pour sauver leurs vies, et la persécution les attendait partout (1). A Toulon, on faisait aussi la chasse aux prétendus complices des conspirateurs d'Aix; un avocat, nommé Cyprien Granet, qui avait écrit une lettre à Pascalis pour le féliciter de son discours au parlement, venait d'être jeté en prison. Dès qu'elles furent prévenues de l'arrestation des fugitifs, les autorités de Marseille n'eurent rien de plus pressé que de violer encore le secret des lettres, sous prétexte de découvrir des preuves du fameux complot (2). Elles réclamèrent les fugitifs comme leur proie; mais le tribunal engagea un conflit avec elles. Il prétendit, à bon droit,

---

qu'il avait demandé que la garde nationale de Marseille eût un uniforme, afin d'empêcher des brigands armés de se mêler à elle dans certaines circonstances.

(1) La Provence était troublée à ce point que Mirabeau écrivait au comte de la Marck, le 22 décembre : « Marseille est sur le moment d'être perdu pour la France, et de se déclarer en république. »

(2) En une seule journée, dit le directeur de la poste, elles saisirent de force 85 lettres.

qu'il lui appartenait exclusivement de lancer des décrets de prise de corps, et la nuit du 27 au 28 décembre il déclara nuls les décrets de la municipalité, en lança lui-même contre Lieutaud et Lembarine et les envoya à Toulon. Le directoire du Var avait refusé de les livrer à la municipalité de Marseille; sur un décret régulier, il les mit à la disposition du tribunal ; Lieutaud fut conduit enchaîné à Marseille, où l'on commença à instruire son procès de la manière la plus inique. Les jacobins avaient soin d'exciter la populace en le lui dépeignant comme un horrible conspirateur. Les prisonniers d'Aix, de Marseille et de Toulon, impliqués dans le prétendu complot de Pascalis, étaient traités si inhumainement que l'Assemblée dut rendre, le 21 janvier, un décret en leur faveur. Leur perte semblait presque aussi assurée que celle de Pascalis.

Heureusement le comité des recherches se fit envoyer la procédure de Marseille, et celle qui avait été faite à Aix contre les assassinés et leurs amis. On n'en avait fait aucune contre les assassins. Les officiers du régiment de Lyonnais mirent leurs adversaires au défi de rien prouver contre eux malgré les recherches inquisitoriales qu'ils avaient faites. Les autorités et les sociétés jacobines de Provence expédièrent] au comité une masse de délibérations, de procès-verbaux, de lettres saisies chez les victimes et leurs amis, afin de prouver que Pascalis, Guiraman, Lieutaud, Lembarine, les officiers du régiment de Lyonnais, étaient à la tête d'une vaste conspiration qui devait introduire en France une armée étrangère et faire une Saint-Barthélemy de patriotes. Le comité vit tout cela, et malgré les objurgations des révolutionnaires il acquit la conviction qu'il n'y avait jamais eu de conspiration, et que la conduite de toutes ces autorités était une honte pour la révolution. Mais comment accueillerait-on une pareille déclaration ? Il crut faire assez pour la justice en proclamant l'innocence de ceux qui étaient injustement poursuivis; mais, en revanche, il prit le parti de jeter de l'odieux sur la mémoire des victimes, et d'atténuer considérablement, pour le public, les torts des autorités, afin de ménager les passions révolutionnaires et l'orgueil de municipalités puissantes, qui se sentiraient assez humiliées et déçues, en voyant acquitter ceux qu'elles dénonçaient depuis plusieurs mois comme des conspirateurs sanguinaires.

Cochon de Lapparent fut chargé de rédiger un rapport dans

ce sens. A l'en croire, Guiraman, « furieux des huées qu'il avait ou non excitées », aurait été le provocateur. Il osa raconter sa mort en ces termes.

« Guiraman, décrété de prise de corps par le tribunal pour la scène du 12, est aussi arrêté par le peuple furieux, et paye de sa tête les crimes qu'il a provoqués. »

Il suivit en général la version des administrateurs d'Aix, mais pour arriver à des conclusions tout à fait opposées, et il eut le courage de faire une protestation contre la faiblesse des autorités.

« Tous ces crimes sont restés impunis : la terreur avait enchaîné tous les organes de la loi. Elle fut muette, et celui qui a provoqué ces sanglantes exécutions, celui qui tous les jours égare le peuple, en prêchant le partage des terres et le refus des impôts, cet homme n'est pas poursuivi ! »

Cet homme sanguinaire, que Lapparent n'a pas nommé et dont les administrateurs d'Aix, dans leurs lettres et leurs rapports, n'ont jamais rappelé l'existence, c'est l'abbé Rive. Les autorités d'Aix ont envoyé au comité des recherches une interminable procédure contre les assassinés et leurs prétendus complices, mais elles n'ont pas fait la plus légère recherche contre les assassins et surtout contre leur chef. On le comprend aisément, une enquête sérieuse n'aurait pas seulement prouvé que la prétendue conspiration n'avait jamais existé, elle aurait été accablante, et pour les révolutionnaires, et pour les autorités qui avait si bien joué leur jeu. Elle aurait établi jusqu'à quel point certains municipaux avaient été les dupes ou les complices des clubistes et des égorgeurs. On aurait pu, grâce à elle, apprécier les risques courus par ceux qui avaient livré Pascalis et voir s'ils pouvaient être excusés, ou bien, au contraire, s'ils avaient joint le mensonge à la lâcheté. Une telle information eût été compromettante pour tant de personnes, que les commissaires eux-mêmes ne la réclamèrent pas. On crut, à cause des circonstances, ne pas payer trop cher la liberté des vivants, en laissant calomnier les victimes du massacre.

Le rapporteur insista sur les illégalités qui avaient été accumulées dans le procès de Lieutaud. On le conduisit enchaîné à Marseille ; il demanda qu'on l'interrogeât, et quarante-huit jours se passèrent avant qu'on fît droit à sa juste requête. D'après le rapporteur, qui n'est pas suspect, « on prolonge la procédure avec affectation. — Trente-six témoins sont entendus ; il n'existe ni traces ni indices du complot... » Il relève en outre de monstrueuses irrégularités ; mais le comité cherche à arranger l'affaire, et il se contente de dire que la conduite de la municipalité et du tribunal de Marseille n'a pas été régulière. « Ces corps n'ont pas été exempts de prévention, » prévarication eût été le mot propre ! Mais déjà en 1791 on se croyait un héros quand on rendait une demi-justice à ceux qui étaient injustement persécutés. Enfin, vu les circonstances, le civisme des villes d'Aix et de Marseille, « l'époque des faits assez reculée, » il proposa à l'Assemblée de vouer à l'oubli toutes ces procédures, et de faire poursuivre les assassins du 14 décembre. L'Assemblée vota donc, le 21 mai 1791, la mise en liberté de Lieutaud, Lembarine, des officiers du régiment de Lyonnais et de leurs coaccusés, en tout quarante-quatre personnes, dont plusieurs étaient détenues depuis cinq mois.

Il en était du complot Pascalis, du complot Lieutaud, comme du complot du comte de Toulouse Lautrec, du complot Mignot de Bussy, et de plusieurs autres, tous plus affreux les uns que les autres, tous admirablement prouvés au dire des révolutionnaires, et auxquels pourtant l'Assemblée a refusé d'ajouter foi. Sans doute elle y mettait beaucoup d'égards ; elle faisait délicatement ressortir le civisme et le zèle des autorités qui lui avaient adressé ces effrayantes et chimériques dénonciations ; la France municipale était certainement pavée de bonnes intentions révolutionnaires ; mais il n'en était pas moins évident que tous ces braves administrateurs et officiers de la garde nationale avaient la vue singulièrement trouble, et des paniques fort désagréables, d'abord pour ceux qui en étaient victimes, ensuite pour leur propre parti, qu'ils rendaient ridicule. Les plus honnêtes d'entre tous ces rêveurs de conspirations brûlaient de se signaler par la découverte de quelque trame bien noire pour faire parler d'eux à l'Assemblée et dans les journaux, monter au capitole de leur bicoque natale, et y proclamer devant la garde nationale qu'ils avaient sauvé la patrie. Et les arrestations se succédaient les unes aux autres, et les procédures s'amoncelaient, procédures de comédie d'ancien répertoire, pleines de procès-verbaux, informations, enquêtes, contre-enquêtes, dires, déclarations, protestations, proclamations, etc., etc., capables en un mot de remplir non des sacs à procès, mais des sacs à blé. Les semaines, les mois s'écoulaient bien lentement pour les prisonniers et leurs familles, et les dénonciateurs du complot se pavanaient pendant ce temps-là.

Enfin arrive un décret qui déclare, après un grand luxe de précautions oratoires, que le fameux complot n'a jamais existé, qu'à X. il n'y a pas eu de Catilina, partant point de Cicéron sauveur et père de la patrie. L'Assemblée a beau rouler délicatement dans le miel cette amère pilule, elle n'en proclame pas moins implicitement que ces braves gens, dont elle vante le civisme, ont pris des livrées pour des uniformes, un dîner de trois amis pour un grand conciliabule, un dîner de six pour la formation d'un corps d'armée contre-révolutionnaire, quelques fusils de chasse dans un château pour un grand dépôt d'armes de guerre, en un mot des vessies pour des lanternes. Les oies du Capitole ont crié à tort et à travers, aucun Gaulois n'escaladait le rocher; elles ont eu seulement le cauchemar!

Malheureusement ces désaveux arrivaient trop tard. Les faux bruits, qu'il était toujours dangereux de contredire, s'étaient si bien accrédités à la fin que l'Assemblée elle-même ne pouvait plus les infirmer complétement. On disait qu'elle avait été trompée, ou qu'elle avait faibli, que d'ailleurs elle vieillissait, et devait céder la place à une nouvelle législature. L'amnistie, quelle proclama à la fin de son existence, pour se débarrasser honnêtement de toutes ces procédures, arriva trop tard pour apaiser les esprits. On avait de fort loin, quelquefois à travers toute la France, conduit avec un imposant appareil de prétendus conspirateurs à Paris ou à Orléans. A chaque étape on avait requis la garde nationale du lieu pour leur faire escorte jusqu'à la première ville; les populations des plus petites localités avaient été dérangées, effrayées; les accusations chimériques qui avaient amené ces arrestations leur avaient été racontées avec de nombreux embellissements par les hommes de l'escorte, et la crainte et la terreur se répandaient de plus en plus parmi des populations qui s'étaient déjà montrées si accessibles aux plus incroyables paniques. L'Assemblée relâchait ensuite les accusés par un décret; bien des gens n'y faisaient pas attention, et d'ailleurs l'effet était produit, un décret ne pouvait le défaire, d'autant mieux qu'il restait toujours à statuer sur d'autres conspirations du même genre auxquelles la crédulité populaire ajoutait foi.

Nous n'avons pas besoin de dire que, malgré le décret du 21 mai, les assassins d'Aix ne furent pas poursuivis. L'abbé Rive, qui le lendemain du meurtre de Pascalis avait admiré « le beau support qui venait d'être mis à une lanterne (1) », fut un peu inquiété pour la forme, mais il est très-probable qu'il aurait fourni à la Terreur un monstre de plus si une attaque d'apoplexie n'en avait débarrassé sa patrie dans le courant de 1791. Lorsque le décret de l'Assemblée qui rendait la liberté à Lieutaud et à ses coaccusés dut recevoir son exécution, bien que le régiment d'Ernest eût été mis sous les armes pour maintenir l'ordre, la populace, excitée par leurs ennemis, montra une telle fureur, que, pour éviter une collision sanglante, les autorités de Marseille crurent devoir retarder leur élargissement. On a le droit de croire que leurs craintes étaient exagérées. Les commissaires royaux pour ne pas les laisser indéfiniment en prison, ce qui était à la fois illégal et dangereux, firent évader Lieutaud et ses amis pendant la nuit, en les mêlant aux soldats dont ils avaient pris l'uniforme. Pour plus de sûreté, le régiment les escorta jusqu'à Aix. Lieutaud jugea prudent de quitter la Provence et de s'établir à Paris.

Dès qu'il fut connu à Toulon que l'avocat Granet, dont nous avons déjà parlé, allait être élargi, la populace s'ameuta, et la municipalité prit sur elle de ne pas le mettre en liberté. Le département en rendit compte au comité des recherches, et laissa entendre très-clairement qu'il croyait la municipalité de connivence avec les émeutiers. Le comité des recherches écrivit aux municipaux une lettre d'une faiblesse désespérante. Il ne leur adressa que de doux et timides reproches après beaucoup de louanges, et se contenta de dire modestement : « Il faut espérer que le peuple n'aura plus mis d'obstacle à un élargissement ordonné par l'Assemblée nationale... » Il se sentait déjà débordé et impuissant.

Un ami de Lieutaud, procureur-syndic du district de Marseille, Brémond Julien, qui avait pris chaudement sa défense et s'était compromis avec les révolutionnaires, se retira dans une

---

(1) M. de Ribbe.

maison de campagne près d'Aix. Les assassins vinrent l'y chercher, et l'égorgèrent avec deux de ses amis. La garde nationale arriva naturellement quand tout était fini.

Nous avons beaucoup insisté sur les troubles d'Aix et de Marseille, parce qu'ils jettent une sombre clarté sur la situation de la France à la fin de l'année 1790. La force armée, lorsqu'il s'agissait de maintenir l'ordre, était complétement désorganisée; les ferments de discorde et de haine étaient assez nombreux pour que l'on dût déjà s'attendre aux plus grands maux. Il ne manquait plus que d'infliger au pays le fléau d'une persécution religieuse, que de confier à ces clubistes dont on connaissait trop bien les instincts sanguinaires, et à ces administrateurs si passionnés et si intolérants, le soin d'imposer violemment à la France une Église nouvelle! L'Assemblée ne sut pas résister à cette tentation.

CHAPITRE IX.

LE SERMENT.

I. La persécution légale et générale date de l'application de la loi du serment. — Quels ecclésiastiques étaient astreints au serment? — La loi est à ce point de vue mal appliquée par les autorités. — Conséquences politiques et religieuses, soit de la prestation, soit du refus de ce serment. — Complexité préméditée de sa formule. — Pourquoi l'Assemblée a interdit les restrictions. — Tous les moyens sont employés pour déterminer les prêtres à prêter ce serment.

II. Triste situation des curés de campagne. — Manœuvres odieuses employées pour tromper le clergé et pour l'effrayer. — Le directoire du Finistère et l'abbé Coroller. — On essaye par des pamphlets et des parades de déshonorer le clergé.

III. L'ambition, l'ignorance, la peur entraînent une fraction du clergé, et lui font prêter serment. — La persécution relève certains caractères, et en avilit d'autres. — Le clergé en refusant le serment a-t-il voulu se venger de la perte de ses biens? — Examen de la situation matérielle que la constitution civile lui faisait. — Avantages pécuniaires et politiques que l'Église constitutionnelle offrait à ses ministres. — On ne peut raisonnablement attribuer la résistance du clergé qu'à des motifs de conscience.

L'application de la loi du 27 novembre 1790 est le premier acte important de la persécution révolutionnaire. On avait déjà essayé d'imposer des évêques intrus. D'indignes violences avaient été commises contre le clergé fidèle au nom de la révolution, des laïques même avaient été menacés, mais à partir de ce moment, la persécution fut solennellement décrétée et s'étendit sur toute la France. Il ne fut plus permis de l'imputer au fanatisme de quelques révolutionnaires égarés, elle devint l'œuvre préférée de la révolution elle-même. Jusqu'au concordat, ce fatal serment créera en France une classe de parias, dont un grand nombre sera mis à mort, et les autres plus ou moins traqués, internés, déportés suivant que la frénésie révolutionnaire exercera plus ou moins d'empire sur la nation. Avant de commencer le long et lamentable récit des persécutions et des massacres auxquels ce serment a donné lieu, il importe de bien préciser ce qu'il demandait au clergé, et quelles obligations il lui imposait au point de vue religieux.

Aux termes de l'article 1er du décret du 27 novembre, les évêques et les curés conservés en fonctions devaient prêter le serment dont il était parlé aux articles 21 et 38 de la constitution civile. Ils devaient jurer

« De veiller avec soin sur les fidèles du diocèse, ou de la paroisse qui leur est confiée, d'être fidèles à la nation, à la loi et au roi, et de maintenir de tout leur pouvoir la constitution décrétée par l'Assemblée nationale et acceptée par le roi. »

Cette obligation était imposée aux évêques, curés non supprimés, vicaires des évêques, supérieurs et directeurs des séminaires, vicaires des curés, professeurs des séminaires et colléges, et tous autres ecclésiastiques fonctionnaires publics. Cette dernière désignation n'avait pas toute la clarté nécessaire; elle fut généralement interprétée comme s'étendant aux aumôniers ou chapelains des hôpitaux, colléges, et autres établissements publics, et le 15 avril 1791 une loi nouvelle soumit ces ecclésiastiques au serment. Mais beaucoup d'administrations l'entendirent autrement, et adressèrent au comité ecclésiastique de singulières questions. Ainsi le 28 janvier 1791 les administrateurs du directoire de la Mayenne osaient lui demander si les prêtres habitués devaient prêter serment, et si les ex-bénéficiers qui le refusaient devaient perdre les pensions qu'ils recevaient à cause de la suppression de leurs bénéfices. Il est évident qu'ils n'avaient fait attention ni à la loi, ni à la discussion qui l'avait précédée. Mais beaucoup d'administrations ne voyaient dans le serment qu'un moyen de vexer le clergé, et tout prétexte leur était bon pour l'exiger du plus grand nombre de prêtres possible.

Un décret du 11 février assujettit les prédicateurs au serment. Tel curé, qui n'avait prêté qu'à regret le serment constitutionnel afin de garder sa cure, faisait prêcher dans son église des prêtres non assermentés qui ne dissimulaient pas leur aversion pour l'Église constitutionnelle; c'était un moyen de composer avec sa conscience, et de retenir dans son église les orthodoxes prêts à l'abandonner. Nous avons établi déjà qu'il fut sérieusement question d'imposer le serment aux confesseurs :

certaines administrations et beaucoup de sociétés des amis de la constitution le réclamèrent vivement, et si l'Assemblée ne rendit point un décret dans ce sens, ce fut moins par respect pour les consciences, que parce qu'il était impossible de faire exécuter strictement une pareille loi.

Les ecclésiastiques non compris dans les dispositions légales que nous venons de mentionner n'étaient pas tenus au serment. C'étaient les évêques et archevêques dont les siéges avaient été supprimés par la constitution civile, ainsi que leurs grands vicaires, et les professeurs de leurs séminaires; tous les membres, chanoines, semi-prébendiers, chapelains, des chapitres cathédraux ou collégiaux, ainsi que tous les autres ecclésiastiques dont les bénéfices avaient été précédemment supprimés et remplacés par une pension. Tous les membres des communautés religieuses non enseignantes, et les religieux appartenant à ces dernières, mais n'exerçant pas les fonctions de professeurs, étaient également compris dans cette catégorie. D'après la constitution civile tous ces ecclésiastiques n'étaient plus que des prêtres retirés vivant de leur pension. Ils pouvaient du reste exercer dans l'Église des fonctions actives, en prêtant le fameux serment.

La constitution civile avait détruit tous les titres ecclésiastiques autres que ceux d'évêque, de curé, ou de vicaire, et elle imposait le serment à tous ceux qui les possédaient, c'est-à-dire à tous ceux qui dans le clergé exerçaient des fonctions actives en vertu d'une juridiction propre ou déléguée : elle ne s'inquiétait pas des autres ecclésiastiques, parce qu'ils n'avaient pas de rapports directs avec les fidèles. Celui qui exerçait une fonction dans l'Église était, selon les Constituants, fonctionnaire de l'État par là même, et tenu au serment.

Il nous faut maintenant préciser les obligations que le serment imposait, ainsi que les conséquences nécessaires de sa prestation ou de son refus.

On faisait prêter à chaque ecclésiastique ayant charge d'âmes serment de veiller avec soin sur les fidèles confiés à sa garde; serment inutile et ridicule ! Inutile, car lorsque l'Église lui avait confié son troupeau, il avait déjà pris cet engagement; ridicule, parce que l'État n'a point charge d'âmes, et qu'un ecclésiastique n'a pas à lui rendre compte de sa mission toute spirituelle.

Il fallait jurer fidélité à la nation, au roi et à la loi. C'est le devoir du clergé d'être soumis au pouvoir civil, dans tout ce qui ne blesse pas la conscience, et le clergé français avait toujours prouvé par sa conduite qu'il ne refusait pas de rendre à César ce qui appartenait légitimement à César. A ce point de vue le serment était encore bien inutile.

Il fallait s'engager à « maintenir de tout son pouvoir la Constitution décrétée par l'Assemblée nationale et acceptée par le roi », par ce pauvre roi dont on invoquait le nom avec un feint respect, toutes les fois qu'il s'agissait de nuire à la religion! Le clergé devait donc travailler activement à maintenir la future constitution de 1791. On ne lui demandait pas simplement de s'y soumettre, mais de concourir par des actes au maintien de cette constitution qui n'était pas encore terminée ; et cette obligation toute politique était mise sur la même ligne que celle d'accomplir ses devoirs d'évêque ou de curé !

Mais la constitution générale encore incomplète contenait déjà la constitution civile du clergé, ce qui était bien autrement grave. L'Assemblée, très peu de temps avant sa retraite, et lorsque les dissensions religieuses avaient déjà désolé le pays, inséra dans la constitution de 91 la disposition la plus schismatique de la constitution civile, et ne dit point si pour le reste elle devait être simplement considérée comme une loi ordinaire. Mais au moment de la prestation du serment, on considérait la constitution civile comme une partie intégrante et nécessaire de la constitution politique, et toutes les autorités le répétaient bien haut afin d'effrayer les timides en leur faisant craindre les conséquences d'un pareil refus, et d'exciter la colère des populations contre les non-jureurs en les leur dépeignant comme des hommes qui refusaient à la nation le droit de se faire une constitution. Dans toutes les pièces officielles du temps, on les représente comme des rebelles non pas à la constitution civile du clergé, mais à la constitution. Nous insistons sur ce point parce qu'il n'a pas été mis suffisamment en lumière, et que plus tard, sous le Directoire, les prêtres constitutionnels, pour justifier leur conduite, ont eu l'impudence de soutenir que ce serment ne s'appliquait qu'à la constitution politique du royaume (1).

(1) L'Assemblée, dans son instruction du 21 janvier 1791, s'est chargée de réfuter elle-même par avance cette misérable imposture, en déclamant contre

Celui qui prêtait serment donnait donc une adhésion sans réserve à tous les actes politiques et religieux, passés, présents et futurs de la révolution, y compris bien entendu l'hétérodoxe constitution civile; à ce prix il conservait ses fonctions ecclésiastiques, et les émoluments très-convenables que la loi nouvelle lui accordait.

L'assermenté était donc à l'abri de toute malveillance de la part de l'État et de tous ceux qui soutenaient le nouvel ordre de choses; il pouvait de plus se faire une situation politique très-avantageuse; s'il montrait du zèle, s'il flattait les passions du jour dans ses sermons, il était sûr d'acquérir de l'influence et de jouer un rôle politique. Le lecteur verra plus tard avec quelle habileté les curés constitutionnels surent se glisser en grand nombre dans les conseils électifs de toutes sortes, combien d'évêques et de prêtres de cette secte se firent nommer à l'Assemblée législative et à la convention.

Au point de vue religieux l'assermenté acceptait toute l'œuvre anticatholique de la constitution civile, les démarcations nouvelles qu'elle avait créées, l'intervention des tribunaux civils dans les questions religieuses les plus délicates, et se trouvait faire partie d'une Église schismatique. Si son évêque légitime était supprimé ou refusait le serment, il s'engageait à accepter celui que la constitution civile lui désignait, ou qu'il plairait aux électeurs laïques de lui donner. S'il était simple vicaire, il s'engageait à ne recevoir une cure que du suffrage des électeurs du district. En un mot il jurait d'accepter toutes les innovations religieuses de l'Assemblée, sans s'inquiéter des canons, ni d'aucune décision ecclésiastique qui pourrait intervenir sur les affaires de l'Église de France, vînt-elle du pape ou d'un concile œcuménique. L'Assemblée constituante avait parlé par la bouche de ses voltairiens et de ses jansénistes, la cause était finie; il devait dorénavant faire comme les ministres de l'Église anglicane, ne penser à Rome que pour crier contre elle, et tourner

---

ceux qui pour éloigner du serment «..... s'étudient à disséquer minutieusement chaque expression employée *dans la constitution civile du clergé,* pour faire naître des doutes dans des esprits faibles et indéterminés... » Donc le serment portait sur elle; d'ailleurs cette longue instruction est uniquement consacrée à prouver aux Français que la constitution civile n'est pas nuisible à la religion, et qu'on peut et doit lui prêter serment.

ses regards avec amour vers le parlement laïque, comme l'unique foyer des lumières de l'Église régénérée !

La position de l'insermenté était bien différente.

L'État s'était arrogé le droit de le déclarer déchu de ses fonctions. Son refus de serment était assimilé à une démission, et il ne pouvait continuer l'exercice de son ministère que jusqu'au jour de son remplacement, et le remplacement effectué, il n'avait plus qu'à vivre tranquille dans son coin : il pouvait dire la messe dans les églises occupées par les constitutionnels, mais il ne lui était pas permis d'exercer le ministère, il était réduit à la condition de prêtre habitué des paroisses constitutionnelles.

La position de l'insermenté était donc très-dangereuse, car en refusant, pour obéir à sa conscience, de prêter ce serment complexe, il paraissait aux yeux du vulgaire rejeter toute l'œuvre de la révolution, et se poser en défenseur de l'ancien régime, ce qui donnait occasion aux malveillants de le désigner aux fureurs populaires, comme un ennemi de la liberté et un partisan du despotisme écroulé.

Les auteurs de la constitution civile comptaient pour avoir des adhésions sur les sacrifices de position et d'argent que le refus de serment devait entraîner. Mais ils comptaient encore plus peut-être sur l'intimidation.

Le serment devait être prêté et à la constitution politique et à la constitution religieuse à la fois, dans des termes qui excluaient toute distinction ; et même avant le décret explicatif qui interdit, à peine de nullité du serment, tout préambule, toute restriction, il était bien entendu que cette formule ne pouvait être modifiée. Une assemblée désireuse de respecter la liberté de conscience, et dont la majorité n'eût pas été imbue de violents préjugés contre le catholicisme, aurait rejeté la constitution civile. Mais en supposant que, dans une période d'égarement, elle se fût laissée entraîner à la voter, devant l'émotion et le trouble causés par son œuvre, elle eût jugé qu'il fallait éviter toute équivoque, et poser nettement la question au clergé. Les uns disaient qu'il repoussait le serment parce que la constitution civile blessait sa conscience, les autres que ce prétexte était faux, et que le clergé soupirait après le retour de l'ancien régime. Une Assemblée qui eût été de bonne foi dans son erreur, et n'eût pas recherché avant tout l'occasion de persécuter aurait permis de prêter serment séparément sur la constitution politique et sur la constitution religieuse. Si cette épreuve avait été tentée, il n'y aurait pas eu de persécution religieuse, partant pas de *veto* et probablement pas de 10 août; la révolution aurait tourné tout autrement et avec bien moins de désastres. Il est certain que l'épiscopat et le clergé auraient prêté serment à la constitution politique, et que la constitution religieuse s'il n'y avait eu ni équivoque, ni intimidation, aurait eu un nombre bien moins grand encore d'adhésions qu'elle n'en eut en effet. Le serment politique n'aurait peut-être pas été prêté avec enthousiasme par beaucoup d'ecclésiastiques du haut clergé; ils avaient d'ailleurs aussi bien que les laïques le droit d'avoir leur opinion sur la constitution de 1791; mais dans l'intérêt même de la religion, après les tentatives de conciliation que nous avons déjà indiquées, ils auraient certainement prêté serment à la constitution politique, et au besoin le pape les y aurait invités. Si l'Assemblée avait ainsi posé la question, il est bien évident que tous ceux qui dans la suite refusèrent le serment l'auraient refusé de même, et que d'un autre côté beaucoup d'ecclésiastiques qui le prêtèrent par peur, ou dans l'espérance de voir les choses s'arranger, n'auraient pas faibli un seul instant. Un serment ainsi proposé, sans menaces ni violences pour le faire prêter, aurait valu à la constitution civile un si petit nombre d'adhésions, que ses auteurs voyant les ennemis du clergé confondus par son serment à la constitution politique, auraient été obligés de reconnaître qu'ils s'étaient complétement fourvoyés, et une transaction équitable aurait eu lieu.

Les meneurs du parti n'en doutèrent jamais. Ils comprirent très-bien que l'opposition à leur constitution civile ne paraîtrait pas assez grave à elle seule pour soulever les esprits contre le clergé et les catholiques; qu'on se lasserait bientôt de mesures de rigueur établies dans un but bien avéré de persécution religieuse. « Au fait, puisqu'ils ont prêté serment à la constitution politique, aurait dit la foule des indifférents, pourquoi ne pas les laisser tranquilles? » Il fallait donc un serment rédigé avec assez d'artifice, pour qu'il fût possible de persuader aux esprits passionnés et superficiels, qu'on le refusait par haine de la révolution et non par un motif de conscience. A ce point de vue le serment était parfait, et il faut rendre à l'habileté malhonnête de ceux qui le rédigèrent l'hommage qu'elle mérite.

Il est impossible de dire que nous interprétons mal la pensée de l'Assemblée. Elle l'a manifestée assez clairement lors de la discussion du décret, et en interdisant ensuite toute restriction. Elle prétendait hypocritement qu'elle ne voulait pas empiéter sur le spirituel, et elle défendait d'insérer cette restriction dans le serment ! Malgré ses belles protestations, elle ne craignait rien tant que de voir affirmer par le clergé les droits de la conscience et la distinction des deux pouvoirs. Il fallait que le prêtre prêtât un serment de fonctionnaire public, d'agent de l'autorité.

On a soutenu quelquefois que le clergé avait tort de demander un serment spécial autre que celui qui était proposé à tous les fonctionnaires. Mais il ne faut pas oublier que l'existence de la constitution civile faisait au clergé une position toute différente de celle des fonctionnaires, car on lui demandait de maintenir de toutes ses forces, par sa parole et son exemple, une loi qui établissait le schisme en France, et de s'en faire l'exécuteur perpétuel (1).

Le prêtre insermenté était donc dépouillé par l'État de ses fonctions et de son traitement, et en butte à toutes sortes de vexations et de violences. S'il voulait continuer à exercer son ministère, il était poursuivi comme perturbateur public, et dans les communes où l'on n'exécutait point la loi dans toute sa rigueur, il lui fallait louer un local pour exercer le culte tandis que les constitutionnels l'insultaient et le dénonçaient dans ces églises enlevées au vrai catholicisme. Le clergé français était obligé, dans les localités même où il était exceptionnellement bien traité, de subvenir avec des aumônes aux frais du culte et à la subsistance de ses ministres, comme le clergé catholique

---

(1) Lorsque l'Église constitutionnelle fut établie par force, des laïques, officiers municipaux, magistrats, furent obligés en vertu même de leurs fonctions de concourir à des actes de schisme et de persécution, et beaucoup d'entre eux, ou bien refusèrent un serment qui sans les lier au schisme aussi directement que s'ils avaient été prêtres leur imposait l'obligation de le favoriser, ou bien donnèrent leur démission pour ne pas coopérer à des actes que leur conscience réprouvait. Nous montrerons que le serment fut pour bien des laïques une cause d'avanies et de persécutions. V. Appendice n° 6 : « *Les catholiques laïques et le serment.* »

d'Irlande. Il aurait été encore bien heureux, s'il n'avait eu à subir que la spoliation et la pauvreté!

II

Nous avons énuméré plus haut, et avec de minutieux détails, toutes les catégories d'ecclésiastiques soumis au serment. La loi était claire; néanmoins les autorités chargées de l'appliquer surent lire une foule de choses entre ses lignes, et la grande préoccupation de beaucoup d'administrations fut d'ajouter à la rigueur de la loi, soit en demandant le serment à des ecclésiastiques qui n'y étaient pas tenus, soit en remplaçant immédiatement les réfractaires malgré la volonté bien exprimée de l'Assemblée.

Dans beaucoup de localités on demanda le serment à des ecclésiastiques qui n'y étaient pas obligés, à des moines, à des chanoines, à des prêtres habitués. Quelquefois des prêtres clubistes, qui n'étaient pas tenus au serment, venaient le prêter volontairement à l'église, et les autorités n'avaient garde de les repousser. Mais quand on vit que la majorité des prêtres dits fonctionnaires publics refusait d'adhérer à l'Église constitutionnelle, on fit tout ce qu'on put pour grossir la liste des serments, et on usa de tous les moyens pour en obtenir dans l'autre catégorie d'ecclésiastiques. Des prêtres sacristains, ou attachés aux chapitres, des précepteurs, des moines, intimidés ou séduits par de belles promesses, prêtèrent serment, et on les inscrivit triomphalement sur les listes des jureurs tout en les comptant audacieusement parmi les fonctionnaires publics assermentés. On fit ainsi prêter serment à de simples clercs, à des religieux qui n'étaient pas dans les ordres. Le serment d'un frère cuisinier était un triomphe pour une municipalité patriote!

Des musiciens ecclésiastiques étaient attachés à certaines églises. On fut très-heureux d'inscrire parmi les jureurs ceux d'entre eux qui y consentirent. Mais, ce qui est fort plaisant, on demanda quelquefois le serment à des musiciens laïques; dans certaines paroisses de Paris, on obtint le serment de musiciens laïques mariés, et on se servit de leurs noms pour grossir la liste des jureurs. Nous dirons plus loin à quelles impostures, à quelles indignes comédies on eut recours pour faire croire que beaucoup de prêtres avaient prêté serment.

Quoique l'intention de l'Assemblée fût bien connue, beaucoup d'ecclésiastiques prêtèrent serment avec un préambule explicatif. Ainsi, par exemple, ils faisaient un discours dans lequel ils déniaient à l'Assemblée le droit de commander aux consciences et d'imposer aux catholiques de France une nouvelle organisation religieuse, et après ces explications ils prêtaient serment sans rien changer à la formule légale. Beaucoup de curés prêtèrent serment de cette manière, et furent comptés d'abord comme jureurs par les administrations qui ne s'occupèrent point de les remplacer. L'installation des évêques constitutionnels les fit s'expliquer carrément contre la constitution civile.

D'autres ecclésiastiques, obéissant à la même pensée, inséraient des restrictions dans le corps même du serment. Tantôt la modification était l'œuvre de l'ecclésiastique lui-même, tantôt il adoptait une formule déjà connue. Le serment restrictif, proposé vainement par l'évêque de Clermont à l'Assemblée, fut prononcé par un très-grand nombre d'ecclésiastiques.

Très-souvent les autorités locales, ne voulant point prendre elles-mêmes une décision, envoyaient les serments restrictifs au comité ecclésiastique et les soumettaient à son examen. Les archives de ce comité en contiennent un grand nombre. Voici quelques exemples de restrictions apportées au serment par des prêtres du département de l'Ain.

« ... M'en référant au jugement de l'Église pour tout ce qui appartient à la foi, et à la discipline ecclésiastique..... »

« ... Pourvu qu'il n'y ait rien de contraire à la religion... »

« ... Avec exception de ce qui peut concerner la puissance ecclésiastique..... »

Beaucoup de prêtres, bien que l'Assemblée s'y fût nettement opposée, prêtèrent serment avec préambule ou restriction, afin de prouver à leurs calomniateurs qu'ils protestaient seulement contre les innovations religieuses de la Constituante. Il y en eut qui le prêtèrent ainsi dans le but de rassurer le pouvoir sur leurs sentiments quant à l'ordre civil, et dans l'espoir que l'Assemblée, mieux éclairée, reviendrait un peu en arrière. Leur honnête confiance fut bien déçue !

Dans certaines communes, où l'esprit révolutionnaire était

très-violent, les préambules ou restrictions étaient aussi mal accueillis que les refus purs et simples. Dans beaucoup d'autres, au contraire, ils étaient parfaitement acceptés, et bien des communes demandèrent au comité ecclésiastique la conservation de curés qui avaient juré avec préambule ou restriction.

Les municipalités décidaient si le serment avait été valablement prêté : les tribunaux recrutés comme elles par l'élection étaient formellement exclus de l'examen de ces questions. L'arbitraire administratif se donna une libre carrière. Ce fut la passion qui décida tous ces jugements.

Plus d'une municipalité, afin de garder son curé, supprima, dans le procès-verbal qu'elle devait envoyer au district, les restrictions qu'il avait apportées à son serment. Un jeune curé, l'abbé Tournier, qui fut fusillé à Besançon en 1794 comme coupable d'être rentré en France après son banissement pour y exercer le ministère ecclésiastique, avait été de cette manière porté tout d'abord sur la liste des jureurs (1).

Le refus de serment, aux termes de la loi, équivalait à une démission ; mais l'ecclésiastique démissionnaire devait continuer ses fonctions jusqu'à son remplacement qui ne pouvait être instantané, puisqu'il fallait réunir les électeurs du district pour nommer à toutes les cures vacantes dans son arrondissement. L'Assemblée fit rappeler plusieurs fois cette disposition de la loi ; dans son instruction du 21 janvier, elle exigea très-nettement son application ; néanmoins beaucoup d'administrations n'en tinrent aucun compte, et dans un grand nombre de villes les réfractaires furent, au mépris de la loi, expulsés tout de suite de leurs églises et de leurs presbytères par des municipaux qui avaient l'air de se croire très-généreux parce qu'ils ne les jetaient pas en prison.

---

(1) V. M. Sauzay. Il résulte de la correspondance des comités avec les administrations la preuve que beaucoup de municipalités de campagne agirent ainsi dans un grand nombre de départements. Les directoires faisaient leurs statistiques de serments prêtés d'après des procès-verbaux ainsi arrangés, et grossissaient involontairement le nombre des ecclésiastiques constitutionnels. Bientôt après, ils étaient obligés d'écrire aux comités, que malgré tant de serments prêtés en apparence, tout allait mal.

III

Dès que la loi du 27 novembre fut connue, les partisans des idées nouvelles, dans chaque localité grande ou petite, se demandèrent avec anxiété : « Le clergé prêtera-t-il serment? » Beaucoup de révolutionnaires honnêtes et modérés, mais atteints d'indifférence religieuse, et trop peu instruits pour se rendre compte des vices de la constitution civile, ne demandaient pas mieux que de travailler sans violence à son établissement. Ils avaient tellement entendu vanter l'excellence et la bonté de cette constitution civile par de soi-disant apôtres du progrès et des lumières, qu'ils avaient fini, sans rien approfondir, par les croire sur parole. Mais il y avait une autre classe de révolutionnaires pour qui le succès de cette constitution était d'une importance capitale; elle se composait d'éléments très-disparates, mais momentanément unis dans un même but par une haine commune contre le catholicisme. Mirabeau, Barnave, Robespierre, représentaient la révolution à des points de vue bien différents; ils ont pourtant concouru tous les trois avec une même ardeur aux lois qui ont créé et établi la constitution civile. La coalition prêtrophobe, qui avait dans l'Assemblée réuni trois personnages aussi différents, se répéta dans presque toutes les villes de France. Des membres très-modérés mais très-voltairiens du parti constituant se liguèrent avec ceux qui devaient être les girondins et les jacobins pour intimider le clergé et faire prêter le fameux serment. Plus d'un philosophe, persuadé que la constitution civile devait amener peu à peu la réalisation de son rêve favori, c'est-à-dire la destruction du catholicisme, pour faire prêter ce serment recourut aux plus indignes manœuvres, et se fit le complice de gens qui devaient le faire plus tard monter à l'échafaud comme aristocrate, peut-être à côté du curé qu'ils avaient persécuté ensemble!

Cette classe de révolutionnaires avait la majorité dans la plupart des directoires des départements et des districts : elle montra une grande ardeur à faire exécuter les lois contre le clergé. Elle s'était déjà exercée contre lui, lors de la confiscation de ses biens et de la suppression des chapitres et des communautés : la loi sur le serment devait donner lieu forcément à des scènes regrettables, car la lutte avait déjà duré assez longtemps pour causer une vive irritation et trop peu pour qu'on en fût déjà fatigué. Du reste, là où les esprits n'étaient pas suffisamment excités, les sociétés des Jacobins se chargeaient de les troubler. Répandues même dans les plus petits bourgs, elles exerçaient déjà une détestable influence ; elles encourageaient les autorités à l'arbitraire et à la persécution, lançaient en attendant mieux des dénonciations trop facilement accueillies contre les corps administratifs qui leur semblaient trop tièdes ; propageaient les fausses nouvelles, excitaient la populace par d'atroces calomnies, et quelquefois se sentaient déjà assez fortes pour faire des émeutes devant lesquelles les autorités locales, effrayées ou complices, s'inclinaient humblement. Naturellement elles se regardèrent comme chargées de l'exécution de la loi du serment, et souvent elles donnèrent en 91 un avant-goût de 93.

Dans les campagnes les choses ne se passèrent point tout à fait de même. Là où il y avait des patriotes et des libres penseurs en sabots, ceux-ci se donnèrent autant de mal, firent autant de mauvaises actions pour faire jurer leur seul curé, que leurs confrères des villes pour obtenir le serment d'un nombreux clergé. Il va sans dire que leurs obsessions et leurs manœuvres eurent un caractère particulièrement grossier et brutal. Mais dans un grand nombre de paroisses la révolution n'avait pas encore créé de partis, et les municipalités n'étaient nullement anticatholiques ; les directoires des départements et des districts s'efforcèrent d'abuser de la simplicité de ces campagnards, et de révolutionner ces villages trop paisibles par l'envoi d'une masse de lettres et de proclamations de toutes sortes, qui avaient pour but de les tromper sur le véritable caractère de la constitution civile. Les sociétés des Amis de la Constitution lancèrent dans les campagnes des émissaires chargés de répandre les mensonges les plus impudents, les calomnies les plus atroces et souvent les plus contradictoires, afin d'y produire une émotion qui réagît à son tour sur les résolutions des curés.

Si les paroissiens furent tourmentés, les pasteurs, comme c'était naturel, le furent bien plus.

« Pendant plus de deux mois, dit Barruel (tome I, p. 75), dans toute l'étendue de la capitale ou des provinces, les jours de fête furent pour les pasteurs de vrais jours de supplice. L'imagination ne suffit pas à se faire une idée de toutes les tentations, de toutes les persécutions, de toutes les sollicitations auxquelles il fallait résister pour n'être point parjure. Aux approches du jour marqué pour la fatale épreuve, tantôt c'étaient des bandes envoyées par les clubs pour apprendre au pasteur le sort qui l'attendait s'il refusait, tantôt c'étaient les prières, les instances, de parents, d'amis intéressés cherchant à le séduire ; dans son propre cœur, c'était l'affection même, l'habitude de vivre avec une paroisse dont il avait eu jusqu'alors la confiance et qui l'aimait encore, mais que les décrets avaient séduite, et qui allait ne voir en lui qu'un ennemi. »

« La postérité, dit aussi un contemporain, ne croira jamais les trames qu'on a ourdies, les ténébreux stratagèmes qu'on a employés, les impostures effrontées qu'on a avancées surtout pour séduire les curés de campagne. On leur a fait dire par cent langues, plus impudentes les unes que les autres, que tel pasteur qui fait sensation dans la province avait juré simplement quoiqu'il n'en fût rien ; on leur a envoyé des listes frauduleuses où l'on avait inscrit le plus grand nombre de jureurs et où l'on avait eu le plus grand soin de faire disparaître les restrictions formelles attachées à leur serment... on les a priés jusqu'à la bassesse la plus rampante. »

Qu'on se figure en effet la position d'un pauvre curé de campagne, à cette terrible époque. Pour lui les moyens d'informations sont rares et lents, et cependant les nouvelles les plus étranges, les plus absurdes circulent partout. On est surpris tous les jours par des événements si singuliers, les prévisions en apparence les mieux fondées sont tellement déconcertées qu'on s'attend à tout et qu'on ne sait ni ce qu'on doit croire ni ce qu'on doit rejeter. Le malheureux est là depuis plusieurs semaines, observé, surveillé par toute sa paroisse ; les conversations du village roulent sur ce point unique : prêtera-t-il ou non le fameux serment? Ses prônes, ses catéchismes, ses discours aux malades, ses moindres paroles, l'expression même de sa figure, sont épiés et commentés de toutes manières. Tantôt on le prend par la menace, tantôt par la bonhomie et l'hypocrisie. Certaines gens essayent d'exciter son ambition, et pour obtenir son serment lui font entrevoir la perspective d'une plus belle cure, d'une place de vicaire épiscopal, et même d'un évêché. On l'attaque de toutes les façons ; pour l'effrayer on lui rappelle le sort de Foulon, de Berthier et de bien d'autres, et puis après on lui parle à la fois paix, fraternité, lumière, bonheur des peuples, primitive Église, etc., etc. Si on le juge inaccessible à la crainte et à la corruption, on essaye de calmer ses scrupules par des tirades toutes faites sur les abus, la primitive Église, les droits de la nation, les manœuvres de l'aristocratie ; il est assailli par un tas de Grosjean qui veulent lui en remontrer et sur la foi, et sur la discipline. Que d'incertitudes ! que de faux bruits ! Un tel, maire ou officier municipal, revient du marché de la ville ; il a entendu dire que l'évêque allait jurer, que tout le clergé dans toute la France jurerait, que le pape laisserait faire, bien plus, que le pape approuve formellement la constitution civile, et il tire triomphalement de sa poche une gazette qui enregistre cette nouvelle avec bien d'autres de la même force. Sans doute le pauvre curé n'avale pas ces bourdes grossières, mais combien est grand son embarras ! car après tout Rome n'a pas prononcé, le roi désire vivement une transaction ; il paraît qu'on y travaille : faut-il par un refus trop précipité exciter de violentes colères qui rendront toute pacification impossible ? On dit que certains plans sont si près de réussir ! L'amour de la conciliation, dans de pareilles circonstances, est lui-même un écueil ; comme il vient bien colorer les faiblesses et les défections conseillées par la peur et l'intérêt personnel !

Du moins les prêtres des villes sont plus vite et plus exactement informés. Ils peuvent se soutenir, s'éclairer mutuellement. Mais dans un village perdu, comment faire pour discerner les fausses nouvelles machiavéliquement combinées, pour connaître les dispositions de ses confrères ? car on n'est pas libre de réunir plusieurs curés voisins dans son presbytère, afin de causer des affaires publiques, et de se concerter sur la conduite que le clergé doit tenir. En supposant que cette pacifique conférence ne soit pas troublée par l'irruption de malheureux armés de bâtons et de fourches, les autorités, trop heureuses de faire briller leur zèle à peu de frais, ne manqueront pas de crier à la coalition, au complot, d'entamer des procédures plus ou moins légales, de faire même des arrestations arbitraires et de forcer les comités de l'Assemblée à l'entretenir quelques minutes de leur zèle bruyant. Et après tout cela les populations seront encore plus troublées et la situation des curés encore plus périlleuse !

Le clergé des villes est par sa position même à l'abri de certaines manœuvres, il est moins facile de le tromper. On cherche davantage à l'effrayer ; on a grand soin de lui faire entendre qu'en cas de refus il aura tout à redouter des fureurs de la populace, et il sait très-bien que les autorités ne le protégeront guère. Les révolutionnaires ne cessent de faire appel à l'ambition, à l'avarice de certains ecclésiastiques, et leur promettent des places avantageuses dans l'Église constitutionnelle et la faveur publique qui peut les faire entrer dans les conseils des départements. Les administrations des villes, généralement recrutées parmi la bourgeoisie voltairienne, sont aux petits soins pour ceux qui paraissent chanceler, et font espionner soigneusement les membres du clergé qui restent indifférents à leurs menaces et à leurs séductions. Il n'y a pas de vexations qu'elles ne leur infligent! quelquefois même elles osent violer ouvertement la loi.

Le directoire du Finistère se signala tout de suite entre tous par ses actes de persécution et d'arbitraire. L'abbé Lecoz, principal du collège de Quimper, comme beaucoup de prêtres, s'était associé dès le principe au mouvement généreux qui entraînait les esprits. Mais le zèle qu'il déployait pour la cause de la révolution n'était pas complétement désintéressé ; il comptait sur elle pour réaliser ses vues ambitieuses. Il était devenu procureur-syndic du district de Quimper. Avec la constitution civile l'épiscopat devait nécessairement cesser d'être l'apanage à peu près exclusif de la noblesse, et les premiers évêchés vacants paraissaient dévolus aux ecclésiastiques du tiers qui auraient dès l'origine montré un grand zèle pour la révolution et pour ses innovations religieuses. Personne ne le comprit plus tôt ni mieux que Lecoz ; aussi prit-il bien vite la défense de cette constitution civile qui devait faire de lui un évêque et un député. Il écrivit donc une brochure en sa faveur ; mais en habile homme il présenta le manuscrit au directoire du département, qui en fut ravi et prit un arrêté par lequel il se chargea de l'impression, et

« Pour faire voir la conformité de la doctrine (de la constitution civile) avec les apôtres et les conciles, avec les maximes des plus savants docteurs, avec les usages de la primitive Église, avec les pratiques de ces temps de ferveur et de zèle véritablement évangélique où le christianisme tint ses premiers triomphes, etc., etc. »

il déclara qu'on l'enverrait à toutes les communes, avec recommandation expresse de le faire répandre surtout dans les campagnes, à tous les départements, à l'Assemblée et (1) au roi. Lecoz était sûr que son pamphlet pénétrerait dans les plus petits recoins du département et lui vaudrait la faveur des puissants du jour, sans lui coûter un sou.

Sa brochure était habilement rédigée et supérieure, quant à la forme et quant au fond, aux odieuses diatribes que les apologistes de la constitution civile publiaient tous les jours.

L'abbé Coroller, curé de Saint-Mathieu de Quimper, s'empressa de la réfuter et adressa plusieurs lettres à Lecoz. Il releva habilement ses erreurs, ses citations inexactes ou tronquées, et fit ressortir d'une manière très-piquante cette assertion singulière de Lecoz, que dans la primitive Église, le métropolitain était soumis au *comité national*. Il lui demanda ironiquement des explications sur cette organisation restée inconnue jusqu'à la révolution, et s'il y avait alors autant de comités que de métropolitains et combien de métropolitains obéissaient à ce comité. Son énergique réfutation eut un grand succès. La polémique continua entre eux, et les autorités qui avaient beaucoup compté sur les écrits de Lecoz commencèrent à redouter les résultats d'une discussion libre et sans entraves. Le 25 novembre 1790 le district de Rostrenem, «... indigné de la manière scandaleuse dont le S* Coroller traite les Lechapelier, les Treilhard, les Camus, ces colonnes de la liberté ; considérant que ce libelliste a pour but de jeter l'alarme parmi les habitants des campagnes et d'occasionner par là une guerre civile ... » dénonce son écrit à l'accusateur public, « comme attentatoire à l'autorité des lois, comme injurieux à l'auguste diète, comme tendant à allumer les premiers feux de la guerre

---

(1) La lettre du directoire à l'Assemblée débute ainsi : « Un administrateur aussi patriote qu'éclairé, M. Lecoz, procureur-syndic du district de Quimper, vient de rédiger quelques observations sur vos décrets relatifs à la constitution civile du clergé. Il nous a présenté son travail, nous l'avons accueilli comme très-propre à détruire les impressions funestes que pouvait occasionner dans le public la circulation du prétendu mandement de feu Mgr. l'évêque de Quimper. En conséquence nous nous sommes déterminés à donner la plus grande publicité à ces observations et à faire imprimer à la suite notre arrêté approbatif. Nous nous empressons de vous faire parvenir quelques exemplaires de cet ouvrage intéressant... » 26 octobre 1790.

civile... » L'abbé Coroller n'en continuait pas moins sa polémique : l'administration départementale résolut de couper court à toute controverse. Le 16 mars 1791 elle donna l'ordre de s'emparer des ballots d'écrits qui étaient envoyés à l'abbé Coroller par son imprimeur. Le club des Jacobins eut l'audace de demander que le libraire Fauvel dépositaire de ses écrits fût expulsé de Quimper. Trois commissaires de la municipalité, escortés par la populace, saisirent les ballots chez Fauvel, et oublièrent leur devoir au point de demander à cette populace si le libraire devait être mis en prison. Il leur fut répondu naturellement par des cris et des hurlements d'adhésion, et le libraire fut conduit en prison. Mais le département fut pris de honte, et le fit remettre en liberté. Cet odieux abus de pouvoir, arrivant au plus fort des discussions religieuses, nuisit beaucoup à la cause de la révolution en Bretagne (1).

Il se passa en France bien des scènes de ce genre. On voit comme la controverse était libre pour les adversaires de la constitution civile. Quand les catholiques voulaient se servir de la liberté de la presse, ils étaient bientôt victimes d'illégalités de toutes sortes. Nous ne parlons pas des procès absurdes qui leur étaient intentés : les tribunaux étaient alors assez équitables, on pouvait se défendre devant eux ; mais les administrations, en cette matière comme pour tout le reste, traitaient fort souvent les catholiques en parias au-dessous du droit commun. On saisissait les écrits, on faisait des perquisitions chez les libraires, sous le prétexte banal d'un complot contre-révolutionnaire. Peu de jours après l'illégalité des procédés et l'inanité des accusations étaient flagrantes toutes deux, mais le tour était joué. Les catholiques avaient aussi le désagrément de voir ces administrations employer l'argent des contribuables, le leur par conséquent, à faire imprimer et distribuer des libelles contre tout ce qu'ils vénéraient. Le directoire de Quimper n'était pas le seul qui répandît des écrits à profusion, afin d'exalter la constitution civile et de calomnier ceux qui lui faisaient opposition. A un autre bout de la France, les autorités de la Moselle faisaient la même chose, et vantaient au comité ecclésias-

---

(1) M. Duchatellier, *Révolution en Bretagne*, tome I, p. 398. — Tresvaux, *Persécution révolutionnaire en Bretagne*, tome I, p. 106.

tique le zèle du directoire de Longwy à répandre des écrits favorables au serment.

L'abbé Nusse, curé de Chavignon, avait fait un libelle contre Mgr de Bourdeilles, évêque de Soissons, qui refusait de prêter serment : le directoire de l'Aisne décida que ce pamphlet serait imprimé à 2,500 exemplaires aux frais du département et distribué partout. On agissait ainsi dans presque tous les départements. La constitution civile a coûté à la France des larmes et du sang : on s'en souvient trop peu; mais on a complétement oublié qu'elle lui a coûté énormément d'argent.

Le département du Morbihan avait aussi fait distribuer une apologie de la constitution civile dans les campagnes : la municipalité de Theix, bien connue déjà pour son attachement au catholicisme, la lui renvoya avec cette réponse :

« Nous adhérons plus fermement que jamais aux sentiments dont nous vous avons fait part; nous vous renvoyons le libelle intitulé « le département, etc. », que nous regardons comme contraire à notre foi, à nos mœurs, à notre religion... Nous vous prions de ne pas nous envoyer davantage de ces sortes d'écrits, parce qu'au lieu de nous attacher à la constitution, ils ne feraient que nous en dégoûter de plus en plus (1). »

Pour agir sur la population des villes on recourut à d'autres moyens : outre les pamphlets, les écrits calomnieux, les fausses nouvelles, les actes arbitraires, on eut encore recours aux plus grossières parades. Ferrières, cet observateur si exact et si fin de tout le côté extérieur de la révolution, nous apprend par quels moyens on excitait la populace contre le clergé fidèle. Les fustigations des religieuses en 1791, les massacres des prêtres en 1792, et les profanations du culte de la Raison surprennent moins quand on se reporte aux ignobles pantalonnades tolérées et encouragées par le parti constitutionnel à la fin de l'année 1790. Le témoignage de Ferrières est d'autant moins suspect, qu'il paraît n'avoir pas compris grand chose aux discussions religieuses, et qu'il blâme indistinctement les deux partis.

(1) Jager, *Histoire de l'Église pendant la révolution*, tome I, p. 174.

« Une foule de jeunes gens dévoués au parti composèrent des ouvrages à la portée du peuple et propres à balancer l'impression que l'on craignait que fissent sur lui les mandements des évêques et les discours des partisans du clergé. On s'efforçait dans ces écrits d'avilir le sacerdoce et même la religion, car les révolutionnaires décidés à vaincre tous les obstacles, du moment qu'ils reconnurent qu'ils ne pouvaient allier le christianisme avec la Constitution, abjurèrent dans le secret de leur cœur une religion qui entravait leur marche.

« On distribua ces écrits à des hommes d'une voix sonore, et d'un talent pour la déclamation proportionné au grossier auditoire qui leur était destiné. La plupart de ces ouvrages étaient en dialogues. Le clergé y était peint sous des couleurs odieuses, propres à lui attirer le mépris du peuple. Ses richesses, son luxe, son ambition, ses vices y devenaient l'objet des plus violentes déclamations; tout cela, entremêlé de quelques contes bien orduriers de moines et de religieuses, de filles et d'évêques, propres à égayer l'auditoire. Les deux interlocuteurs, montés sur des espèces de tréteaux, s'attaquaient réciproquement, animant leur récit de gestes comiques. On juge que celui qui jouait le rôle d'avocat du clergé était fort bête, que son adversaire n'avait pas de peine à triompher des faibles raisons qu'il alléguait en faveur des prêtres et à mettre les rieurs de son côté. Les révolutionnaires joignirent à ces instructions publiques des caricatures encore plus appropriées aux hommes pour lesquels elles étaient destinées.

« On y voyait des prélats figurés de la manière la plus grotesque, revêtus des marques de leur dignité, auxquels des paysans pressaient un ventre monstrueux et faisaient rendre des sacs de louis; des moines et des religieuses dans des postures indécentes; des abbés avec des formes ridicules. Ces caricatures exposées avec profusion sur les quais, les boulevards, les promenades publiques allaient chercher les regards du peuple, et lui offraient de tous côtés les prêtres sous un aspect vil fait pour leur faire perdre son estime et sa confiance. »

On eut soin partout de répandre le bruit que le clergé se soumettait au serment avec une touchante unanimité. On espérait ainsi entraîner les ecclésiastiques récalcitrants par l'exemple de leurs confrères et la crainte de se trouver après leur refus dans un isolement complet. Trop souvent des administrateurs s'abaissèrent dans ce but à de honteux mensonges.

Un ecclésiastique du diocèse de Soissons, l'abbé Traizet, dans des mémoires cités par M. Ed. Fleury (1) raconte en ces termes comment on essaya de le tromper :

---

(1) *Le clergé de l'Aisne pendant la révolution*, tome I, p. 184.

« ... M. Jeffroy, un de mes confrères, vint me voir. Il me dit en arrivant que Messieurs du district avaient enfin déterminé le curé de... à faire le serment, et qu'il venait d'apprendre ce fait de la bouche même du président. » Je l'ai entendu dire, repris-je, et la chose va être vérifiée, car je l'ai invité à venir dîner avec vous, et s'il a fait ce serment il n'osera sans doute venir. Comme nous étions déjà à table il arriva. Il fut bien étonné de notre dire, et soutint que le président avançait un fait absolument faux. Ainsi prétendait-on nous abattre, par l'exemple controuvé de confrères plus âgés que nous. »

On comprend aisément que ce genre d'imposture devait être facile à exercer dans les campagnes.

Pour soulever les paysans contre les curés qui ne voulaient pas jurer, on ne se contentait pas toujours de leur parler du retour de la dîme, de l'aristocratie, etc.; on mettait leur amour-propre en jeu ; on leur persuadait dans certains endroits que si leur curé refusait le serment, et se résignait ainsi à sa destitution, c'était par mépris pour son troupeau ; de semblables contes suscitèrent à certains curés des dangers très-sérieux.

Les journaux révolutionnaires prétendaient qu'il y avait fort peu de réfractaires, et les partisans de la constitution civile montraient trop d'empressement à propager de pareils bruits. En février 1791 Lanjuinais écrivit à ses amis de Rennes que le pape ne condamnait point la constitution civile, qu'elle réussissait : « De toutes parts, disait-il, on apprend que le serment est prêté par le total ou le plus grand nombre des fonctionnaires ecclésiastiques. » Le directoire du département fit afficher ces nouvelles très-inexactes sur les murs de Rennes, dans l'espoir d'effrayer quelques prêtres et d'obtenir leur serment. L'abbé Guillon, à propos de cette affiche, adressa à Lanjuinais une lettre énergique, où sa conduite et celle de son parti étaient sévèrement caractérisées.

Les constitutionnels, qui devaient plus tard soutenir effrontément envers et contre tous la fausseté des brefs du pape contre la constitution civile, fabriquèrent de faux brefs qui leur étaient favorables. On fit circuler un bref supposé avec un extrait d'une bulle pontificale qui approuvait provisoirement les changements décrétés jusqu'à la tenue d'un concile. Cette supposition ne manquait pas d'habileté ; bien des ecclésiastiques s'y laissèrent prendre, au moins pour un temps Pie VI fut obligé de signaler ces faux brefs et de les flétrir publiquement.

On voit combien était difficile la position du prêtre consciencieux appelé à prêter serment. Il était entouré des piéges les plus dangereux, et se voyait dans l'alternative ou de trahir ses convictions ou d'affronter un avenir ténébreux, plein de périls pour l'Église entière comme pour ses plus infimes serviteurs.

Il est certain qu'il y eut tout d'abord des ecclésiastiques qui, soit par simplicité, soit parce qu'ils n'avaient pas assez étudié les discussions de l'Assemblée, ne comprirent pas complétement la gravité de la situation. Dans quelques départements beaucoup d'ecclésiastiques n'attachèrent pas plus d'importance religieuse au serment exigé par la loi du 27 novembre, qu'au serment patriotique prêté quelques mois auparavant, et quelquelques-uns eurent la naïveté de demander s'il ne suffisait pas d'avoir prêté ce dernier serment. Ils étaient décidés à rester toujours fidèles à l'Église, mais ils pensaient, par cet acte de soumission à la constitution du royaume, apaiser les malveillants et les faire entrer dans la voie de la conciliation. Voilà pourquoi dans certains départements le serment pur et simple fut prêté par un très-grand nombre d'ecclésiastiques, qui se rétractèrent deux mois après. Malheureusement il y eut des prêtres bien intentionnés, mais peu énergiques, qui après avoir ainsi adhéré au schisme en apparence, manquèrent de courage pour s'en détacher.

IV

La plus grande partie du clergé évita tous les piéges et affronta intrépidement la persécution; mais une fraction assez considérable, surtout au commencement, fléchit devant la révolution menaçante, et prêta serment.

On se demande naturellement quels étaient les traits distinctifs de chacun de ces deux clergés qui se firent pendant dix ans une guerre si déplorable. Il importe de constater que cette scission n'avait été amenée par aucune division préexistante. La constitution civile ne répondait nullement à un ensemble de tendances novatrices qui se serait manifestée dans une partie du clergé de France.

Nous avons montré plus haut que le premier plan des jansénistes, ses principaux auteurs, avait subi de très-graves modifications. Tous les ecclésiastiques assermentés n'étaient point jansénistes, il s'en fallait de beaucoup; et tous les jansénistes n'avaient pas prêté serment. Cette scission était exclusivement l'œuvre d'un pouvoir politique; elle avait lieu entre ceux qui voulaient que la religion ne fût pas dépendante du pouvoir civil et ceux qui se résignaient à cette servitude plutôt que de courir les chances de la lutte,

Pour être juste, on doit reconnaître que le plus grand nombre des prêtres constitutionnels envisageaient cette absorption de l'Église par l'État avec une résignation coupable sans doute, mais au fond sans aucune prédilection, et que s'il n'y eût eu aucun danger à courir ils eussent certainement préféré l'orthodoxie. Leur adhésion était donc purement passive, et dans le clergé assermenté, pour un janséniste qui voyait avec bonheur la constitution civile imposer à la France quelques-unes de ses erreurs, il y avait au moins vingt prêtres indolents exclusivement préoccupés de rester dans la paroisse à laquelle ils étaient habitués.

M. Mortimer-Ternaux s'exprime ainsi sur leur compte :

« Le gros de l'armée assermentée se composait de curés timides et naïfs, qui ne voulaient pas, sur une question qu'ils regardaient comme assez indifférente, se séparer des ouailles qu'ils étaient habitués à conduire; d'ecclésiastiques qui convoitaient les places les plus élevées de la hiérarchie sacerdotale, que le suffrage populaire, si étrangement appliqué en pareille matière, allait distribuer désormais; d'anciens moines défroqués, qui ne sortirent de leur cloître que pour se jeter sur les biens terrestres avec d'autant plus d'avidité qu'ils avaient fait jadis profession de les mépriser, et enfin de prêtres interdits, qui vinrent de toutes les parties de l'Europe s'abattre sur la France (1). »

Il est impossible de mieux rappeler les divers éléments qui composaient le clergé constitutionnel.

Il est de tradition que peu de jours avant la prestation du serment, lorsqu'on cherchait à prévoir le parti que prendraient les prêtres de la localité ou des paroisses voisines, on rangeait toujours parmi les futurs jureurs ceux qui paraissaient le moins pénétrés de l'esprit de leur état, et n'envisager le sacerdoce

(1) Tome I, p. 16.

que comme une profession ordinaire. Le fait donna presque toujours raison à ces prévisions. Il fallait en effet avoir l'esprit de son état, et ne pas tenir à ses avantages matériels pour refuser le serment. Les esprits les plus prévenus en faveur de la révolution, et des gens qui l'ont soutenue ou lui ont cédé, sont bien obligés de reconnaître que le refus de serment entraînait la perte du traitement. Tout ce qui voyait dans le sacerdoce un métier prêta serment. Naturellement les poltrons suivirent cet exemple. Les prêtres qui avaient de l'ambition et peu de scrupule s'empressèrent de jurer, car la constitution civile leur offrait de séduisantes perspectives. Beaucoup d'évêchés allaient être vacants, et à la nomination des électeurs laïques. Quelle excellente occasion pour certains abbés bourgeois qui séchaient de rage en voyant des nobles porter presque toujours la crosse et la mitre ! On avait l'avantage de n'avoir pas pour électeurs des confrères dont on était parfois trop connu, mais des laïques peu compétents pour apprécier les vertus épiscopales, et très-disposés à proclamer qu'un prêtre qui court les clubs, les banquets, y pérore emphatiquement en l'honneur de la révolution, parle peu de la religion, et enfin les jours de fêtes civiques officie avec une écharpe tricolore par-dessus ses ornements, doit forcément faire un évêque modèle et tout à fait à la hauteur des circonstances. On voyait déjà surgir tant de fortunes politiques inattendues, que de très-petits personnages pouvaient nourrir les plus hautes espérances. Toutes ces considérations agirent fortement sur les déterminations de certains curés de ville, de certains chanoines et prieurs, qui avaient longtemps contemplé de près et avec envie les splendeurs de l'épiscopat. Des prêtres qui occupaient une position bien plus modeste, mais qui s'étaient distingués dans les clubs, firent les mêmes calculs, et réussirent.

Aux ambitieux se joignirent naturellement les mauvais prêtres, tous les membres du clergé séculier ou régulier dont la conduite était équivoque, ou qui avaient su à force d'adresse éviter le scandale et jeter un voile sur leurs désordres secrets. Dès qu'un prêtre se déclarait pour la constitution civile, le parti dominant le proclamait un vertueux et savant ecclésiastique, et ces deux épithètes étaient accolées aussi invariablement à son nom par les constitutionnels, que celle de factieux au nom de l'insermenté le plus pacifique, et celle d'incendiaire à la réfutation la plus mesurée de la constitution civile. Le prêtre constitutionnel n'avait plus besoin ni de prendre souci de sa réputation, ni d'apporter aucune réserve dans sa conduite, il était sûr qu'on le défendrait énergiquement même contre l'évidence, et que ses adversaires pourraient payer cher leurs censures. Quelques ecclésiastiques, tout à fait fatigués de leur état, le regardaient comme tué par la révolution, et se sentaient beaucoup plus disposés à jeter le froc ou la soutane aux orties, qu'à s'attacher à une Église officielle qu'ils ne croyaient pas viable : pour ces ecclésiastiques dégoûtés de leur ministère, la constitution civile fut comme un pont jeté entre l'Église qu'ils voulaient quitter, et la société civile dans laquelle ils voulaient rentrer. Un bon serment à cette constitution était en attendant ce qu'il y avait de mieux à faire, à leur point de vue, pour leur préparer le succès dans quelque carrière civile. Personne ne sut le faire plus adroitement que l'évêque d'Autun. Bien avant les apostasies de la Raison un certain nombre de prêtres constitutionnels avaient comme lui quitté tout à fait l'Église ou violé ses règles les plus sacrées, avec plus ou moins de scandale.

Il est certain que la lie du clergé de France s'est jetée dans l'Église constitutionnelle, mais nous sommes loin de prétendre que cette Église fût composée exclusivement de très-mauvais prêtres conduits par quelques intrigants. La majorité au contraire se composait d'hommes ignorants, abusés ou peureux; on y comptait de ces prêtres qu'un de nos plus illustres évêques qualifie de « respectables dans le sens abaissé du mot ».

Il arriva en 1791 au clergé de France ce qui arrive nécessairement à toute corporation, à toute société qui subit une épreuve terrible et très-imprévue. L'adversité en pareil cas relève certains caractères, et abaisse complétement certains autres. Presque tous les prêtres mauvais ou suspectés entrèrent dans l'Église constitutionnelle, les bons restèrent pour la plupart dans l'orthodoxie, mais il y eut de singulières exceptions. Des ecclésiastiques qui jusqu'alors avaient honoré leur profession fléchirent tout à coup. Tant d'événements imprévus avaient développé chez certains prêtres des idées d'ambition qui ne s'étaient jamais manifestées jusqu'alors, et la peur avait complétement affolé certains autres. Au contraire, des ecclésiastiques mondains et frivoles, à la vue des insultes dont on accablait l'Église et des dangers qui menaçaient la foi, sentirent un zèle nouveau s'éveiller en eux, et étonnèrent par leur dignité et leur courage ceux qui croyaient qu'une vie oisive et molle avait étouffé chez eux tout sentiment généreux, tout dévouement sacerdotal. Tel pendant la Terreur a roulé de chute en chute jusqu'à l'apostasie la plus honteuse, qui avant la constitution civile avait été par l'austérité de sa conduite un continuel sujet d'édification. Tel autre qui sous l'ancien régime était justement blâmé pour son luxe et sa frivolité s'est retrempé dans la persécution, a soutenu la constance de ses frères dans les plus mauvais jours, et pendant la seconde partie de sa vie n'a laissé que des souvenirs de dévouement et d'austérité.

Il importe ici de réfuter un préjugé assez généralement répandu. Afin de détourner l'attention du caractère schismatique et intolérant de la constitution civile, on a dit et on n'a pas encore cessé de dire que la résistance du clergé venait uniquement de sa mauvaise humeur d'avoir perdu ses biens. Il aurait voulu se venger de cette confiscation, en suscitant les plus grands obstacles à la révolution. Certaines gens ont même l'aplomb de soutenir que ce fut là l'unique motif de l'opposition faite à la constitution civile. D'autres, plus modérés, ont l'air de croire que si le ressentiment de la perte de ses biens n'a pas été pour le clergé réfractaire le motif déterminant de son opposition, il a du moins beaucoup influé sur elle, et prétendent que si les intérêts matériels du clergé avaient été moins lésés il aurait été bien plus traitable, et aurait trouvé la constitution civile bien moins défectueuse.

Nous avons reproduit l'objection dans toute son injustice. Il suffit de rappeler certains faits, et les textes mêmes de la constitution civile pour montrer qu'elle ne soutient pas l'examen.

Si le clergé, en résistant seulement à la constitution civile, avait cédé seulement à un sentiment de rancune, il aurait vu bien vite qu'il jouait là un jeu dangereux et se mettait dans une situation bien pire encore que celle qui lui avait été faite par les lois de confiscation. Ainsi donc, ce serait seulement pour faire pièce à ceux qui avaient confisqué ses biens que le clergé aurait exercé le ministère en 1791 et en 1792, malgré les violences de la rue, les emprisonnements, les internements, les bannissements que les autorités lui infligeaient sans cesse. S'il en avait été ainsi, pourquoi donc, pendant l'année 1792, lorsque l'Assemblée législative édictait contre eux des mesures atroces, exécutées par beaucoup de départements malgré le veto, tous ces prêtres réfractaires ne se ralliaient-ils pas en masse à l'Église constitutionnelle, ou tout au moins ne renonçaient-ils pas à élever autel contre autel? Il n'était plus possible alors de se faire illusion, la persécution était depuis longtemps commencée, et c'était folie d'exposer sa liberté et sa vie pour ne même pas pouvoir satisfaire sa rancune. Il est absurde de prêter à quarante mille individus un tel plan de conduite.

Et les rétractés si nombreux en 1791 et en 1792 qui après avoir adhéré à l'Église constitutionnelle la répudiaient ensuite étaient-ils donc guidés par un pareil motif? Ces prêtres qui avaient accepté d'abord les innovations de la Constituante et touché ses traitements auraient-ils sacrifié leur intérêt et bravé tant de colères s'ils n'avaient été intimement convaincus de l'hétérodoxie de la constitution civile? Comment se fait-il encore que d'un côté si peu de réfractaires aient fléchi dans leur résistance, et que de l'autre un si grand nombre d'assermentés aient fait une rétractation publique, lorsqu'elle ne les menait évidemment qu'à être internés ou bannis?

On refusait le serment parce que la révolution prenait les biens ecclésiastiques! a-t-on dit. Mais il faudrait savoir si ceux à qui on demandait le serment perdaient beaucoup à la révolution, et si l'Église constitutionnelle ne leur offrait aucune compensation. A qui demandait-on le serment? Aux évêques, curés et vicaires. Voyons un peu dans quelle mesure la confiscation lésait leurs intérêts matériels.

Les évêques étaient sans doute les plus maltraités. Le décret des 24 juillet-24 août 1790, modifiant avantageusement la constitution civile, avait ainsi fixé leur sort. Le traitement de ceux dont les revenus ecclésiastiques n'atteignaient pas douze mille livres était de cette somme. Ceux-là ne perdaient donc rien; quelques-uns d'entre eux s'enrichissaient au contraire! Les évêques dont les revenus excédaient douze mille livres avaient cette somme, plus la moitié de l'excédant, sans que le traitement pût dépasser trente mille livres. L'évêque de Paris en avait soixante-quinze mille, au lieu des cinquante mille que lui donnait la constitution civile (article 1). Les évêques dont les siéges étaient supprimés recevaient pour pension de retraite les deux tiers du traitement qu'ils auraient eu (article 2) (1). Les évêques conservés qui par méfiance pour le nouvel ordre de choses donneraient leur démission recevraient une retraite calculée sur les mêmes bases, mais ne pouvant dépasser dix mille livres. Dix mille livres d'alors valaient certainement vingt mille francs d'aujourd'hui. Si les évêques avaient fait passer la question d'argent avant tout, ils auraient mangé tranquillement leurs retraites, qui pour ceux dont les siéges étaient supprimés pouvaient monter à vingt mille livres. Les Constituants, qui ne croyaient guère à la conscience, avaient, comme on le voit, poussé la prévoyance jusqu'à assurer une retraite fort convenable aux évêques conservés, qui, soit par scrupule religieux, soit par prévention politique, voudraient donner leur démission. Ils espéraient ainsi écarter de leurs siéges des prélats qui n'y seraient restés que pour leur traitement, et adoucir au moyen d'une retraite très-convenable le ressentiment des évêques démissionnaires dont ils redoutaient l'influence sur le clergé inférieur. Si les évêques avaient été des fonctionnaires ordinaires, préoccupés surtout de leur intérêt privé, le calcul aurait été excellent.

Sans doute les revenus de la plupart des évêques étaient diminués, mais ils ne subissaient pas une perte tellement énorme qu'elle pût les pousser au parti désespéré de refuser tous les dons du pouvoir, de lui déclarer la guerre ouvertement, et de se mettre dans la nécessité de vivre d'expédients et d'aumônes à l'étranger, s'ils n'aimaient mieux en restant en France s'exposer aux violences de la populace, ou bien à être emprisonnés par les autorités, en attendant pire encore.

D'ailleurs la situation d'évêque constitutionnel avait bien ses avantages.

Sous l'ancien régime, les évêques recevaient beaucoup d'hon-

(1) Les villes dont les siéges épiscopaux furent supprimés réclamèrent toutes. Les autorités, que le zèle religieux n'animait guère, firent valoir leur intérêt : elles n'osaient pas demander deux évêchés dans le département, mais les autorités de chaque ville demandaient l'évêché unique pour elle. Elles priaient l'Assemblée de ne pas oublier que l'évêché entraînait un collége, un séminaire, que déjà la suppression des communautés et des chapitres avait fait partir un grand nombre de bénéficiers qui avaient vendu leurs maisons, ce qui avait fait baisser le prix de la propriété et nui à la vente des biens nationaux. Elles faisaient valoir aussi les pertes que la suppression des tribunaux avait fait éprouver à bien des villes.

neurs. Plusieurs d'entre eux ont occupé des emplois politiques très-importants, exercé les fonctions de ministre, d'ambassadeur. Mais le nombre de ceux qui occupaient de hauts emplois a toujours été minime. Sur près de cent quarante prélats, deux ou trois généralement exerçaient des fonctions politiques. Grâce à la Constitution de 1791 et à l'esprit qui prédominait alors, les évêques constitutionnels se trouvèrent mêlés à la politique, non plus par l'influence de la cour, mais par les fonctions administratives qu'ils se firent donner. L'évêque qui avait su, par son zèle révolutionnaire, trop souvent par ses discours dans les clubs, capter les suffrages des électeurs, recevait d'eux bien souvent un nouveau gage de sympathie : s'il n'en faisait pas déjà partie, ils le nommaient membre du conseil général de son département. Que diraient certains libéraux s'il était dans les habitudes de la France actuelle que l'évêque fût en même temps conseiller général du département? Comme ils crieraient contre la réunion de qualités si diverses sur une seule tête, comme ils plaindraient doucereusement les fidèles dont le premier pasteur serait détourné par des travaux étrangers à son ministère? En 1791, par amour pour les schismatiques, on ne fit aucune de ces réflexions, et pourtant ces fonctions avaient bien plus d'importance que n'en ont actuellement celles de conseiller général. Bien plus, des évêques étaient membres et même présidents du directoire de leur département, comme Séguin du Doubs et plusieurs autres. Ainsi une fraction des pouvoirs qui maintenant sont entre les mains du préfet pouvait être entre celles de l'évêque, qui s'en servait très-bien dans son intérêt personnel contre les réfractaires (1). Sans doute l'article 6 du titre IV de la constitution civile avait établi une incompatibilité entre les fonctions ecclésiastiques et celle de maire, d'officier municipal, de membre des directoires de district et de département, sans l'étendre toutefois à la qualité de membre du conseil général; mais cet article ne devait avoir d'effet que dans l'avenir et ne pas s'appliquer aux ecclésiastiques déjà élus à ces fonctions administratives. Ainsi pendant cette période si grave de l'installation de l'Église constitutionnelle, plusieurs de

---

(1) Si un évêque était membre de la commission départementale du conseil général, ne crierait-on pas contre une telle réunion de pouvoirs en sa personne?

ses évêques étaient revêtus de fonctions civiles et s'en servaient dans l'intérêt de leur secte, on vit le président du directoire du département faire adopter et signer lui-même des arrêtés de persécution contre ceux qui refusaient de le reconnaître comme évêque constitutionnel (1).

Mais si la qualité de membre du conseil général, de président du directoire donnait à l'évêque constitutionnel un pouvoir politique souvent très-supérieur à son pouvoir religieux, qui était partout très-contesté, elle n'était qu'un acheminement à des honneurs plus élevés. L'Assemblée législative, élue quelques mois après l'installation de l'Église constitutionnelle, compta dix évêques et un certain nombre de prêtres dans son sein. Il ne faut pas oublier que parmi les nouveaux évêques beaucoup étaient inéligibles, comme ayant appartenu à l'Assemblée constituante. Dix évêques furent donc députés sur soixante éligibles. La révolution avait énormément crié contre les prélats non résidents; c'était, à l'entendre, un des abus les plus déplorables de l'Église. Elle trouva tout naturel que ses évêques pussent abandonner leur diocèse pour consacrer tout leur temps à la politique. A la Convention le clergé schismatique fut représenté par seize évêques et trente-deux prêtres : l'ambition trouvait donc parfaitement son compte dans l'Église constitutionnelle. Le lecteur va voir que la situation matérielle de ses curés était fort bonne.

On sait que jadis les curés n'étaient pas riches : la gêne de beaucoup d'entre eux comparée à l'opulence des bénéficiers oisifs avait été un thème inépuisable de déclamations contre l'ancien régime : il était certain en 1789 qu'il y avait là un abus à corriger.

La suppression des dîmes, la confiscation des biens ecclésiastiques passaient donc, de l'aveu même des révolutionnaires, par-dessus la tête de la plupart des curés. Sur ce point, pas de diffi-

---

(1) Il est très-probable que l'Assemblée voulut ainsi récompenser les prêtres constitutionnels qui par leur zèle s'étaient fait élire à des fonctions administratives, et faire nommer plus facilement aux dignités ecclésiastiques des hommes déjà connus des électeurs, et qui devaient naturellement pousser les corps administratifs dont ils faisaient partie à soutenir énergiquement la constitution civile. L'événement ne trompa point son attente. Il ne faut pas oublier qu'un traitement était attaché aux fonctions de membre du directoire.

culté. On va voir que la constitution civile leur assurait un sort parfaitement convenable.

Leur casuel était supprimé, mais l'article 5 du titre III de la constitution civile fixait ainsi leur traitement : à Paris, six mille livres ; dans les villes de 50,000 âmes et au-dessus, quatre mille ; entre 10,000 et 50,000 âmes, trois mille ; entre 3,000 et 10,000 âmes, deux mille quatre cents. Puis, suivant la population, le traitement descendait à deux mille, dix-huit cents, quinze cents, douze cents livres : le plus petit curé avait ce dernier traitement, et maintenant que l'argent a une bien moindre valeur, trente mille desservants n'ont pas mille francs par an, c'est-à-dire en réalité moins de la moitié.

La confiscation des biens ecclésiastiques atteignait les vicaires bien moins encore que les curés. Leur traitement était très-convenable ; le minimum était de sept cents livres.

Mais l'article 4 de la loi du 24 juillet permettait aux curés de choisir un autre mode de traitement. Ils devaient avoir dans ce système : 1° douze cents livres ; 2° la moitié de l'excédant des revenus de la cure, pourvu que le chiffre de six mille livres ne fût pas dépassé. Ainsi le curé d'une paroisse richement dotée, mais située dans une petite ville, conservait la plus grande partie de son ancien revenu ; et les curés congruistes, dix fois plus nombreux, étaient bien plus à l'aise qu'auparavant.

Les curés supprimés par suite de la refonte des circonscriptions paroissiales étaient imposés comme vicaires aux curés dans le territoire desquels se trouvait leur ancienne paroisse. Les curés des cathédrales et des paroisses réunies aux cathédrales étaient de droit les premiers d'entre les vicaires épiscopaux. Tout avait été combiné pour ménager les intérêts et l'amour-propre des curés.

Les évêques constitutionnels avaient le droit de nommer leur conseil, composé de seize ou douze vicaires, suivant la population de la ville qu'ils habitaient. A Paris le premier vicaire recevait six mille livres ; le second quatre mille, les autres trois mille. En province ils étaient divisés en deux classes, et les moins rétribués avaient deux mille livres, traitement bien supérieur à celui que les chanoines reçoivent actuellement. Ces places de vicaires épiscopaux devaient plaire beaucoup aux curés supprimés, ainsi qu'aux bénéficiers réduits à la pension, et aux religieux des couvents détruits. L'évêque en disposait ;

elles devaient attirer les ecclésiastiques dont les électeurs n'auraient pas voulu et qui auraient cru au-dessous d'eux d'être simples vicaires.

Ainsi donc une partie très-considérable des ecclésiastiques tenus au serment ne souffraient point de la perte des biens du clergé ; et la situation d'un grand nombre était améliorée. La constitution civile faisait encore une position très-sortable à ceux qui avaient le plus souffert des décrets de l'Assemblée ; et le nouvel ordre de choses offrait à leur ambition des perspectives nouvelles.

Au contraire, les chanoines les chapelains et les bénéficiers de tous genres, les abbés, les prieurs et les religieux des couvents supprimés souffraient réellement de la vente des biens du clergé. On aurait pu supposer qu'un refus de serment de leur part tenait au regret des pertes qu'ils avaient éprouvées. Mais ils n'étaient pas tenus au serment.

Ainsi la constitution civile avait humainement toutes les chances pour elle, car les prêtres que la révolution avait le plus lésés n'étaient pas appelés à lui prêter serment, et ceux dont elle améliorait la position étaient invités à le prêter. Et pourtant il fut refusé ou rétracté bien vite par la grande majorité de ces derniers. Peut-on raisonnablement attribuer cette conduite au ressentiment que leurs pertes leur auraient fait éprouver ?

Voyons maintenant quel était le sort des ecclésiastiques appartenant aux corporations supprimées et aux ordres religieux.

Les abbés et prieurs commendataires, les dignitaires des chapitres, chanoines prébendés, semi-prébendés, chapelains, officiers ecclésiastiques et tous bénéficiers quelconques dont les bénéfices étaient supprimés, avaient droit à une pension ainsi fixée par la loi du 24 juillet.

Tous ceux dont les revenus ecclésiastiques étaient au-dessous de mille livres n'éprouvaient aucune réduction.

Les revenus de beaucoup de chapellenies et même de nombreux canonicats étaient inférieurs à mille livres. Il y avait même des bénéfices qui valaient tout au plus cent livres. Les ecclésiastiques de cette catégorie n'avaient donc pas lieu de se plaindre, car ils avaient le même revenu et n'étaient plus astreints à chanter leur office. Il faut donc retrancher du nombre des adversaires intéressés de la révolution tout ce menu fretin des bénéficiers.

Ceux dont les revenus dépassaient mille livres recevaient : 1° mille livres; 2° la moitié du surplus, sans pouvoir aller au delà de six mille livres.

Ainsi le chanoine dont la prébende valait deux mille livres par an était réduit à quinze cents : si elle en valait trois mille, il n'en touchait plus que deux mille.

Les gros bénéficiers étaient certainement les plus lésés. Pour toucher la pension la plus élevée, c'est-à-dire six mille livres, il fallait avoir eu au moins onze mille livres de revenu : c'était bien déchoir ! les titulaires d'abbayes qui rapportaient trente ou quarante mille livres devaient être les plus mécontents.

Mais ces gros bénéficiers n'étaient pas nombreux. Nous ne faisons pas non plus difficulté de croire que les titulaires des bénéfices moyens, quoique bien moins maltraités, ne devaient pas être favorables au régime qui avait considérablement rogné leur aisance. Mais en quoi leur mécontentement a-t-il pu contribuer à l'échec de l'Église constitutionnelle, puisqu'ils n'étaient pas appelés à prêter serment ?

On dira peut-être que par ressentiment ils ont tellement agi, intrigué auprès des prêtres tenus au serment et des populations catholiques que la constitution civile a dû rencontrer tout de suite une formidable opposition.

Il faudrait alors leur supposer sur le clergé et les laïques une influence dont ils étaient complétement dépourvus.

Les gros bénéficiers étaient peu nombreux, et, comme dit Barruel, n'avaient le plus souvent d'ecclésiastique que la moitié de l'habit. Quelques-uns menaient une vie scandaleuse, les meilleurs et les plus estimés n'étaient puissants que par leurs biens, mais n'avaient aucune influence religieuse. Les curés les jalousaient, et n'étaient nullement disposés à s'en rapporter à eux pour la direction de leurs consciences. Pour les populations c'étaient des gentilshommes en petit collet, et rien autre chose, et non-seulement elles n'avaient aucune confiance dans leur capacité à comprendre et à défendre les intérêts de l'Église, mais elles se défiaient encore d'eux à cause du septicisme et des doctrines philosophiques que beaucoup de ces abbés mondains affichaient publiquement.

Les chanoines des cathédrales et des collégiales étaient certainement des adversaires bien plus nombreux et bien autrement redoutables. Néanmoins, s'ils avaient été les seuls instigateurs de l'opposition qui fut faite à la constitution civile, elle aurait réussi à s'implanter en France.

Les membres du clergé paroissial se voyaient avec peine primés et tenus à distance par les membres des chapitres cathédraux et de certains chapitres nobles. Dans quelques diocèses l'hostilité entre les curés et ces corporations était très-vive; les révolutionnaires devaient les réconcilier. En attendant, le clergé des chapitres n'exerçait qu'une très-faible influence sur le clergé paroissial, et si ce dernier ne s'était pas senti blessé dans sa conscience, le seul ascendant des chapitres n'aurait entraîné à une scission qu'un nombre extrêmement restreint de curés et de vicaires.

Quant aux laïques, les chanoines et chapelains n'avaient, par leurs fonctions mêmes, aucun rapport spirituel avec eux dans les villes : ils ne catéchisaient ni ne confessaient pour la plupart; leur influence sur eux devait donc être très-bornée. Ils pouvaient encore moins agir sur les campagnes, car ils y étaient tout à fait inconnus et n'avaient aucun moyen d'en prémunir les habitants contre le schisme (1).

On voit donc, en examinant la situation de près, qu'il est impossible d'attribuer à un ressentiment mesquin l'admirable résistance que le clergé opposa à la constitution civile.

En effet, le serment était demandé seulement aux ecclésiastiques qui souffraient le moins de la confiscation et à ceux dont la situation se trouvait améliorée par les nouveaux décrets.

Et d'un autre côté on ne le demandait pas à ceux qui étaient les plus maltraités dans leurs intérêts, et cette catégorie d'ecclésiastiques avaient peu d'influence sur le reste du clergé !

Nous avons supposé, pour faciliter la discussion, que tous les bénéficiers réduits à une pension étaient hostiles à la révolution. Nous faisions une trop grande concession à nos adversaires.

Plus d'un bénéficier pensionné se jeta dans l'Église constitutionnelle et sut très-bien réparer ainsi ses pertes pécuniaires.

---

(1) Il y avait de petits chapitres dans quelques localités de très-peu d'importance qu'on peut même qualifier de villages, mais leur nombre était trop infime et leur influence trop faible pour qu'ils pussent susciter des obstacles à la révolution.

Plusieurs d'entre eux furent évêques (1). Des moines et des religieux furent également portés à l'épiscopat constitutionnel (2). Beaucoup d'ecclésiastiques de cette catégorie acceptèrent des places de vicaires épiscopaux ou demandèrent, pour devenir curés, les suffrages des électeurs de district.

Les moines, il faut en convenir, ne se conduisirent pas tous comme ils l'auraient dû. Beaucoup d'entre eux, habitués à une existence trop douce, connaissaient aussi mal la théologie que la pratique des devoirs sacerdotaux ; ils ne virent dans l'Église constitutionnelle qu'un carrière nouvelle qui s'ouvrait devant eux, et coururent après ses traitements.

Nous dirons donc du clergé qui n'était pas tenu au serment ce que nous avons dit de l'autre : tout ce qui était fatigué de son état, ambitieux ou cupide, entra dans l'Église constitutionnelle.

Pour obtenir des serments, la révolution eut grand soin de faire constamment appel aux passions les plus antisacerdotales, à l'ambition, à la cupidité et à la peur. Tout avait été calculé pour effrayer les malheureux ecclésiastiques ; on les avait à dessein exposés aux colères aveugles de la populace en les obligeant de prêter ou de refuser le serment en public. Certains prêtre, au moment de refuser leur serment au milieu de la messe, devant la municipalité et une troupe de révolutionnaires furieux, sentirent leur courage défaillir. Ne soyons pas trop sévères ; plus d'un fut épouvanté par la vue de sinistres figures, par d'atroces menaces. Des furieux, le jour désigné pour le serment, se rendaient armés à l'église avec l'intention bien arrêtée de se servir de leurs armes contre le curé s'il refusait de jurer (3).

Le curé du village de Septsaux, en Champagne, était en chaire et expliquait à ses paroissiens les raisons de son refus de serment. Un coup de fusil lui fut tiré par un des assistants, et il tomba mort dans sa chaire.

---

(1) Séguin dans le Doubs, Cazeneuve dans les Hautes-Alpes, Besaucelle dans l'Aude, Pacareau à Bordeaux, Pelletier à Angers.

(2) Villar, doctrinaire, dans la Mayenne ; Torné, doctrinaire, dans le Cher ; Lamourette, lazariste, dans le Rhône ; Constant, dominicain, dans le Lot ; Sermet, carme, dans la Haute-Garonne ; Sanadon, bénédictin, dans les Basses-Pyrénées ; Molinier, doctrinaire, dans les Hautes-Pyrénées ; Primat, de l'Oratoire, dans le Nord ; Périer, de l'Oratoire, dans le Puy-de-Dôme.

(3) Nous en avons trouvé des preuves dans les archives des comités.

A Fertans, dans le département du Doubs, le curé déclarait en chaire à ses paroissiens qu'il ne pouvait prêter le serment pur et simple. Un chirurgien de l'endroit tira de sa poche un pistolet chargé, et fit feu sur lui. Heureusement il ne l'atteignit pas, mais l'intention était aussi bonne que celle de l'assassin du curé de Septsaux (1).

Bien d'autres misérables vinrent le jour du serment dans les églises avec le même dessein, et occasionnèrent des scènes épouvantables. L'Assemblée, en exigeant que le serment fût prêté ou refusé en public, savait bien ce qu'elle faisait; mais la fermeté d'un grand nombre d'ecclésiastiques rendit ce honteux calcul à peu près inutile. Si l'on doit être indulgent pour ceux qui faiblirent un moment devant de pareils dangers, il faut du moins rendre l'hommage le plus complet aux prêtres qui trouvèrent dans leur conscience assez de force pour les braver.

(1) M. Jules Sauzay, *Histoire de la persécution révolutionnaire du Doubs*, tome I, p. 176.

APPENDICES.

APPENDICES.

I.

La police du comité des Recherches. (*Voir* chapitre II.)

Peu de temps après son établissement, les membres du comité des recherches voulurent apporter un peu de méthode dans leurs travaux, et firent ce règlement, d'après lequel on peut connaître les attributions que le comité s'était adjugées tout d'abord.

« Le comité des recherches, considérant que malgré toute l'activité qu'il a mise dans les fonctions qui lui ont été confiées, la quantité extraordinaire de papiers qu'il a trouvés dans les cartons, ou qui lu ont été apportés, a formé une espèce de *cahos* (sic) duquel il ne peut sortir sans un ordre de travail particulier, a arrêté ce qui suit :

« 1° M. le président Le Berthon, M. l'abbé Gouttes, et M. Goupil de Préfeln ont été chargés de faire un journal des opérations du comité, à compter du jour où il est entré en fonctions jusqu'à celui où il les quittera, journal dans lequel ils auront soin principalement de rapporter les découvertes de quelque importance qui auront été faites. M. le président, et M. l'abbé Gouttes qui tiendra la plume, feront en outre ouverture des lettres et paquets qui seront adressés au comité, les enregistreront, et les *remetront* (sic) à l'instant aux personnes ci-après nommées.

« 2° MM. Salomon, Boudeville, du Metz et Chasset recevront des mains de M. le président et de M. l'abbé Gouttes les lettres et paquets qui seront adressés au comité pour en faire sur-le-champ le rapport et y faire les réponses qui seront nécessaires ; de plus ils entretiendront la correspondance convenable sur tous les objets du ressort du comité ; ils recevront en outre toutes les déclarations qui seront faites, et en dirigeront la suite.

« 3° M. le comte Charles de Lameth, M. Rewbell et M. Buzot feront ou se procureront de la manière qu'ils jugeront convenable aux frais de l'État, s'il est nécessaire de faire quelques dépenses à ce sujet, le dépouillement des papiers déposés à l'hôtel de ville, même ceux déposés aux différents districts et confiés au comité de police ainsi qu'à celui des recherches de la ville, dans lesquels il peut ou il pourrait y avoir des renseignements ou des preuves des délits nationaux pour la recherche desquels le comité de l'Assemblée nationale est établi.

« 4° MM. Emery, Glezen et Pethion de Villeneuve, suivront les procédures commencées ou qui s'introduiront au Châtelet relativement aux délits nationaux; ils se procureront la communication des pièces de ces procédures pour en faire le rapport au comité, ainsi que celui des procédures qui seront envoyées au comité des autres tribunaux, tant de Paris que des autres parties du royaume.

« 5° Pour plus d'accélération de toutes les opérations ci-dessus, tous les papiers actuellement dans les cartons seront répartis à chacun des membres du comité proportionnellement pour chacun d'eux en faire un rapport succinct qui sera joint à la liasse de chaque affaire...

Fait au comité des recherches de l'Assemblée nationale le 7 septembre 1789; signé Le Berthon, Charles Lameth, Goupil de Préfeln, Gouttes, curé d'Argilliers', Buzot, Salomon', de la Faugère, Chasset, Rewbell, Bouteville, Dumetz, Gouttes, curé d'Argilliers, secrétaire.

Le comité à peine formé prétendait exercer une surveillance haute de police sur toute la France, et s'occupait spécialement des procès politiques. Il se donna bientôt de nouvelles attributions, et son intervention soit dans le domaine de l'administration, soit dans celui de la justice devint tous les jours plus marquée.

Nous avons dit que le comité des recherches avait une police et de nombreux espions. L'argent ne lui manquait pas pour récompenser leurs services. Il se fit remettre par le trésor public des sommes assez importantes. Nous avons retrouvé une note de dépenses du comité précédée de cette mention : « Emploi des 173,600 livres touchées au trésor royal sur les mandats de M. de la Fayette. »

Les dépenses sont ainsi détaillées :

« Pour observations dans l'intérieur à Paris et dans les diverses provinces de la France, il a été payé aux sieurs Paul Longpré, Vaugien, Sommellier, Carpentier et La Borde, qui étaient à la tête de ces opérations pendant les mois d'octobre, novembre et décembre 1789, janvier, février, mars, avril 1790, la somme de 83,428 livres. »

« Ces observations ont porté principalement :

« 1° Sur des hommes suspectés de tramer des complots de contre-révolution, ou d'exciter des troubles, tels que MM. de Riole, de Guer, la Bintinaye, Simon, Poupart de Beaubourg, d'Agout, de Malaisie, de Boisgelin, Vitré, Croaré, Phénix de la Prade, Morizon Beaulieu, de Gourgues, Rutledge, La Clos lorsqu'on a cru qu'il y revenait (sic) ;

« 2° Sur les faiseurs de faux billets de la caisse d'escompte...

« 3° Sur les étrangers soupçonnés de répandre de l'argent ;

« 4° Sur les ambassadeurs, M. de Mercy, l'ambassadeur de Naples et sa femme, l'ambassadeur de Sardaigne... »

Viennent ensuite des détails de moindre importance, signés Lafayette, Bailly, Duport.

Lorsque Bonne de Savardin fut arrêté sous l'inculpation de complot contre-révolutionnaire, Charles de Lameth écrivit au comité (25 août 1790) une lettre dans laquelle il demandait une gratification pour la personne qui l'avait arrêté et apporté en même temps cinquante-quatre paquets relatifs à son affaire. « Votre attachement pour la patrie, disait Charles de Lameth, vous portera à vous occuper de ses intérêts. » Cette chaleureuse recommandation fut transmise par Bailly au comité, qui ne paraît pas l'avoir prise en considération.

M. La Borde de Méréville, député, fit une offrande patriotique de 50,000 livres le 7 mai 1790. — Cette somme passa au comité des recherches, qui l'employa en voyages et investigations. Le compte détaillé existe aux archives du comité.

On lit à l'article 7 : « Le 30 juin remis à M. le maire de Paris, et pour voyages par ordre du comité, 2,401 livres 4 deniers. »

Article 8 : « Le 5 juillet, remis à M. Bailly, pour recherches, 2,000 livres. »

Des voyages à Nancy, Rouen, Limoges furent payés sur cette somme. Le voyage de Limoges se rapportait sans doute à l'arrestation de Mme de Jumilhac (v. chapitre II, page 86).

Le 27 mai 1791, envoyé à Strasbourg et menues dépenses, 3,845 livres 12 deniers.

Pour des avances en recherches à la municipalité de Strasbourg, 2,400 livres.

Un courrier envoyé au comité par cette municipalité, 300 livres.

Le maire de Strasbourg, Dietrich, reconnaît avoir reçu des mains de M. Victor Broglie pour espionnage sur la rive droite et écrits utiles à la Constitution 2,400 livres en assignats, le 22 juillet 1791. — Le 2 juin précédent, il avait également donné quittance à Victor Broglie de la même somme pour le comité de surveillance de Strasbourg. Cet argent était employé surtout à propager des écrits favorables à la constitution civile.

Les espions du comité lui adressaient de nombreux rapports, et aussi de nombreuses demandes d'argent. Il existe aux archives du comité un dossier rempli de leurs quittances. Le sieur Richard, secrétaire, était chargé de les payer.

Un nommé Goisset, soi-disant avocat au parlement, était espion voyageur du comité. En octobre 1790, il se rendit en Suisse et en Savoie avec deux autres espions pour surveiller les royalistes réfugiés dans ces deux pays. Ils se faisaient passer pour de chauds partisans de l'ancien régime, affectaient un grand zèle et fréquentaient partout les émigrés. Goisset adressa au comité un rapport très-étendu et de peu d'intérêt. Il ne se trouva pas suffisamment payé de ses peines, et tout en espionnant pour le compte du comité des recherches la société monarchique fondée par M. de Clermont-Tonnerre, il ne cessa de l'importuner de ses demandes. Il avait cependant reçu en très-peu de temps une somme de 600 livres et une autre de 300, mais il se prétendait ruiné par ses voyages et ses absences multipliées. Pendant qu'il voyageait pour le comité, ses créanciers avaient fait mettre les scellés chez lui en son absence; pour obtenir de l'argent, il déclarait au comité qu'il allait être forcé de justifier des causes de son voyage et de produire ses ordres. Ces messieurs le traitaient absolument comme un chien importun auquel on jette de temps en temps un os pour s'en débarrasser.

Une note constate qu'il doit être payé 900 livres au sieur Delaborde pour avoir surveillé Marat; elle est du 21 septembre 1791 et signée Ch. Delacour.

Toutes ces notes, instructions, quittances, etc., étant faites sur des feuilles volantes, il s'en est perdu un très-grand nombre. Mais il en reste assez pour qu'on puisse se convaincre que le comité des recherches s'occupait bien plus des émigrés et des conspirateurs plus ou moins authentiques du dedans, que des hommes qui prêchaient ouvertement le pillage et le meurtre, et de ces officiers municipaux qui au lieu de veiller à la sécurité publique, pactisaient avec les brigands. S'il a quelquefois surveillé Marat, il s'est bien plus occupé des amis de Malouet et de Clermont-Tonnerre.

La municipalité de Paris avait aussi son comité des recherches, dont Garran de Coulon et Brissot faisaient partie, et son comité de police dont les membres étaient beaucoup plus préoccupés de chercher des royalistes conspirateurs que de punir les misérables qui cherchaient constamment à faire subir le sort de Foulon et de Berthier à de nouvelles victimes. Ces comités étaient en rapport avec ceux de l'Assemblée; très-souvent ils agissaient de leur propre autorité, mais quelquefois aussi ils les consultaient pour mettre leur responsabilité à l'abri. Ainsi le comité de police crut opportun de demander au comité des recherches la permission de violer le secret des lettres.

« Le comité de police de Paris, ayant eu avis qu'un paquet adressé à un banquier de Chambéry contient des lettres importantes qui peuvent intéresser essentiellement la chose publique, a donné avis à M. le directeur de la poste aux lettres de retenir le paquet et de l'envoyer au comité de police. Messieurs du comité des recherches de l'Assemblée nationale, dont M. Le Baroy d'Oigny demande la permission pour être autorisé à remplir les intentions de la ville, sont suppliés d'approuver ce moyen de précaution contre les ennemis de la patrie.

« Fait au comité de police, le 26 octobre 1789; signé Isnard de Bonneuil, Poussin de Grandhuy, de Caudin, l'abbé Fauchet. »

L'ordre au directeur des postes, signé l'abbé Fauchet, Isnard de Bonneuil, Duport du Tertre, est joint à cette lettre.

On voit que dès le début de la révolution le secret des lettres fut violé, et malgré plusieurs manifestations éclatantes de l'Assemblée, il ne cessa de l'être. Tous les comités, y compris ceux de l'Assemblée, se servaient de lettres interceptées violemment.

L'abbé Fauchet s'occupait donc de police en 1789. La révolution trouvait bons à tout les prêtres qui l'encensaient. Le futur girondin prenait très au sérieux ses fonctions de membre du comité de police, comme le prouve un billet de ce comité, qu'il a déposé, nous ne savons pour quel motif, au comité des recherches ; il est ainsi conçu :

« M. l'abbé Fauchet est prié de s'expliquer

1° sur les subsistances ;

2° Augeard ;

3° Bezenval (leurs procès allaient être jugés par le Châtelet) ;

4° Sur la conversation que M. de la Fayette a eue avec le roi en présence de M. le duc d'Orléans, et s'il se présente des preuves contre ce dernier... »

Fauchet ne pouvait guère donner de renseignements sur cette conversation que par des rapports de subalternes ou de domestiques des Tuileries. Plus tard il convint en pleine séance qu'on recevait régulièrement les délations de certains serviteurs du roi, et loua leur conduite.

Au moment où des courriers paraissaient sur toutes les routes, annonçant qu'on fauchait des blés, et qu'on voyait accourir des milliers de brigands, quelques-uns des auteurs de cette panique eurent l'idée d'organiser dans les tribunes une véritable claque au profit des orateurs de la gauche de l'Assemblée. D'autres auxiliaires devaient faire le métier d'espion. Leur projet fut mis à exécution, mais au bout de quelques mois l'argent fit défaut ou le zèle des organisateurs se ralentit, et quelques-uns de ceux qu'ils avaient employés écrivirent au comité des recherches une lettre curieuse dont nous avons respecté l'orthographe.

« ... M. Julien (aide-de-camp de Lafayette!) fit mettre en occupation l'année dernière dans le courant du mois d'août environ 200 personnes qu'il a payé à 40 sous par jour; leur occupation était d'aller à l'Assemblée nationale et d'y applaudir MM. de Mirabeau, Clermont-Tonnere (il n'avait pas encore rompu avec la gauche), Lamethe frères, Barnave, Bailly maire et autres. D'autres de ces personnes était soit à Saint-Cloud ou à Paris chez le roi pour veiller aux personnes qui lui rendait visite ainsi qu'à la reine. D'autre était pour écouter les motions de ce qu'il se disait, tant aux Thuilleries qu'au Palais-royal, et de faire attention aux personnes qui parlait contre MM. de la Fayette et Bailly, et de faire en sorte de les suivre et connaître leur nom et demeurent. D'autres était suivre les démarches de plusieur député dont on donnait les noms et demeurent ; dans cette intervalle, M. Julien fit venir d'Orléans M. Delaborde l'un de ses cousins pour être à la tête de ses affaires, et pour recevoir tous les matins les rapports de chaque personne qui était proposée à cet effet, et M. Desborde faysait le payement tous les quinze jours, et depuis environt deux moy, M. Julien a suspendu tous les payement sans avoir averty aucune personne tandit qu'il avait promis de les occuper jusqu'à la nouvelle législature ; il y a plusieur de ses personnes qui n'ont pas même été payé depuis le mois de février et qui ont travaillé comme du passé, et ses deux cent personnes depuis que M. Julien a suspendu ses paiements, ont réclamé tant à M. Lafayette qu'à M. le Maire, s'il était en connaissance de ses affaires, et ont répondu qu'il n'en avait aucune connaissance et qu'il n'avait jamais débourser un sol pour cette affaire, pourquoi nous nous sommes rendu au comité des recherches de l'Assemblée nationale pour savoir s'il était à la connaissance de messieurs du comité. »

Cette singulière épitre porte les signatures : Goulard, Girardot, Hure, Huot, François, Labranche. Le comité des recherches en reçut d'autres du même genre. Lorsque Rewbell le présidait, deux individus nommés Lolive et Leroy lui adressèrent des réclamations semblables, comme chargés de mettre l'ordre dans les tribunes. Ils donnèrent dans leur lettre l'adresse de toute leur bande. Rewbell leur répondit qu'il ne savait pas de quoi il s'agissait. Le comité des recherches avait fini par prendre la direction de la police de l'Assemblée, et les groupes de députés qui avaient organisé au début de la révolution des polices particulières s'en reposaient alors sur lui.

II.

Réclamation par les colléges électoraux d'une indemnité pécuniaire.

Aux termes de la loi du 22 décembre 1789 tous les électeurs du département se réunissaient alternativement au chef-lieu de l'un des districts pour nommer les députés, l'évêque, le conseil général du département : les électeurs de chaque district se réunissaient à son chef-lieu pour nommer les membres du conseil de district, les juges, les curés, etc.

Le nombre des fonctionnaires électifs étant très-grand, les électeurs étaient exposés à de fréquents dérangements. Comme ils étaient soumis à un certain cens, on pouvait les supposer au-dessus de cette dépense; néanmoins chez un grand nombre d'entre eux, le zèle patriotique ne fut pas assez fort pour les empêcher de se plaindre vivement des frais auxquels leur qualité d'électeurs les obligeait; et dans un grand nombre de départements on les vit réclamer avec beauconp de persistance une indemnité pour chaque jour de déplacement.

Il ne faudrait pas croire que ces électeurs fussent déjà fatigués, blasés par un long exercice de leur droit : ces réclamations se produisirent dans les premiers temps de la révolution. Plusieurs d'entre elles datent de mai et juin 1790, et la loi électorale est du 22 décembre précédent. En 1791 un nombre considérable de colléges électoraux avait impérieusement réclamé cette indemnité, soit aux administrations locales, soit au comité de constitution, et comme l'Assemblée faisait la sourde oreille à une demande aussi contraire à l'esprit qui l'avait animée lors de la confection de la loi du 22 décembre, les électeurs se faisaient très-souvent allouer une indemnité par le département. Les démagogues de tout temps ont prétendu qu'il fallait donner une rémunération à tout citoyen dérangé de ses affaires par l'accomplissement d'un devoir civique, et c'est en vertu de ce principe qu'on a fini par payer les gens du peuple pour les faire venir aux assemblées de sections.

Le 12 juin 1790 l'Assemblée électorale des Côtes-du-Nord demanda une indemnité à la Constituante qui ne lui répondit rien. Mais le directoire du département n'osa pas résister aux sollicitations persistantes des électeurs, et le 10 novembre il leur alloua trois livres par jour (1).

Le même jour, 10 novembre, Moysset, président du département du Gers, demanda au comité de constitution d'accorder une indemnité aux électeurs.

Le 8 juillet 1790 le directoire du Cantal avertissait l'Assemblée que ses électeurs réclamaient vivement une rémunération, et l'avaient chargé de la fixer. Nous avons rapporté dans le chapitre VII que le 25 octobre 1790 le département du Finistère, pour faciliter l'élection de l'évêque constitutionnel, décida que chaque électeur recevrait un mandat de 50 livres.

Le 13 novembre 1790, le directoire de la Corrèze accordait aux électeurs trois livres dix sous par journée de déplacement. Il déclarait à l'Assemblée qu'il avait reçu des sommations impérieuses, et qu'il avait pris cet arrêté dans la crainte de les voir déserter le scrutin.

Le 19 novembre le directoire du Doubs déclarait au comité de constitution que si l'on ne donnait une indemnité aux électeurs il faudrait craindre les effets de leur découragement.

Les électeurs des Basses-Alpes fixèrent eux-mêmes leur indemnité à 6 livres par jour et 25 sols par lieue. Le directoire des Hautes-Alpes appuya auprès de l'Assemblée une demande semblable. Les électeurs de la Dordogne, de la Côte-d'Or, du Gard, du Pas-de-Calais, de l'Aisne, de l'Ain, de la Haute-Garonne, de la Haute-Loire, de la Gironde firent les mêmes réclamations. La pétition des électeurs de la Gironde est signée en tête par Guadet, président de l'Assemblée électorale.

Les directoires d'Indre-et-Loire et de l'Ardèche avaient pris sur eux de payer les électeurs.

Le 23 mars 1791, les électeurs des Ardennes demandaient à l'Assem-

---

(1) Archives du comité de constitution.

blée de les rétribuer, et déclaraient que c'était au défaut d'indemnité qu'il fallait attribuer l'abstention d'un tiers du corps électoral.

Le 28 février l'Assemblée électorale du département de l'Aude, réunie à Carcassonne pour élire l'évêque et un membre du tribunal de cassation, avait déclaré nettement qu'elle ne procéderait pas à ces élections, si on ne lui accordait pas une indemnité ; et le directoire, craignant justement que les élections n'eussent point lieu, accorda à chaque électeur cinq livres par jour (1).

Le 3 juin 1791 le conseil général de Maine-et-Loire demandait à l'Assemblée d'allouer aux électeurs trois livres par jour lorsqu'ils seraient réunis en assemblée générale : deux livres lorsqu'ils seraient en assemblée particulière ; de plus lorsqu'il y aurait assemblée générale il leur serait compté un jour pour aller et un jour pour revenir, et deux lorsqu'ils seraient à dix lieues de distance. L'Assemblée électorale des Bouches-du-Rhône se vota un traitement.

Beaucoup d'autres départements durent envoyer à l'Assemblée des pétitions semblables, qui n'auront pas été conservées ; mais il n'en est pas moins certain que les électeurs de vingt-trois départements au moins ont réclamé l'indemnité, et que plusieurs directoires l'ont accordée sans l'autorisation de l'Assemblée : cette singulière tendance d'une partie importante du corps électoral n'a guère été relevée jusqu'ici par les historiens de la révolution.

Le ton de ces pétitions est assez curieux : ces électeurs regardent l'indemnité comme une chose due, et n'ont pas l'air de comprendre qu'on puisse leur demander de se déranger pour rien. Il ne faut pas oublier qu'il s'agit ici d'électeurs du second degré, payant au minimum une contribution de la valeur de dix journées de travail. Ils devaient pour la plupart payer bien plus que le minimum exigé par la loi ; aussi est-il difficile d'accepter leurs dires et d'expliquer par une gêne véritable l'âpreté et la persistance de leurs réclamations. L'électorat, d'après la loi du 22 décembre 1789, était une véritable fonction qu'on briguait dans les assemblées primaires, il est donc singulier que beaucoup d'électeurs se soient immédiatement montrés si peu pressés de l'exercer. C'est pourtant ce que les pétitionnaires ne cessent de répéter, ils prétendent qu'un nombre considérable d'électeurs s'abstient, et ils attribuent cette abstention à la crainte de dépenser. Nous ne croyons pas que cette raison soit sérieuse, mais il n'en est pas moins curieux de constater que dans une partie notable de la France on a dû dès le début de la révolution déplorer le peu d'empressement des électeurs à remplir le mandat si important que la loi venait de leur accorder. Lors de la révision de la Constitution, à la séance du 11 août 1791, Thouret proposa d'exiger pour être électeur une contribution qui ne se-

---

(1) V. tome II, chapitre III.

rait plus de dix mais bien de quarante journées de travail. Beaumetz fit valoir à l'appui de cette proposition la désertion du scrutin et les demandes de traitement adressées par les électeurs. Barnave soutint avec beaucoup d'habileté cette demande d'élévation du cens électoral.

Plusieurs pétitions insistent beaucoup sur le traitement accordé aux administrateurs de département et de district, et prétendent que la situation des électeurs est absolument la même. Il est inutile de relever l'absurdité de cette prétention, mais il faut reconnaître qu'elle est tout à fait caractéristique. Nous avons eu souvent occasion de faire remarquer au lecteur qu'à cette époque aucun corps, aucune autorité ne voulait rester dans ses attributions, et que les assemblées électorales se mêlaient souvent d'émettre des vœux et d'empiéter sur l'administration. Les quatre ou cinq cents électeurs d'un département ne pouvaient se mettre dans la tête que leur rôle se bornait à élire les administrateurs, les magistrats, les juges de paix, etc. Ils étaient la source des pouvoirs de toutes les autorités du département, et ils trouvaient fort dur de ne pas avoir sur elles un droit de contrôle et de surveillance plus étendu que celui de tous les autres citoyens actifs. Délégués du peuple légal pour élire, ils se croyaient volontiers ses délégués pour administrer, et finissaient par regarder les fonctionnaires qu'ils avaient élus comme leurs agents directs, comme responsables envers eux. Cette disposition d'esprit chez les électeurs du second degré alla toujours en s'accentuant. Ils réclamaient très-vivement une indemnité parce qu'ils se croyaient des fonctionnaires aussi bien que les administrateurs. Ensuite ils voulurent administrer eux-mêmes, et avant la fin de la Constituante on vit les électeurs des Bouches-du-Rhône (1) usurper le pouvoir. Plus tard on verra les collèges électoraux, réunis seulement pour procéder à certaines élections, se déclarer investis de tous les droits du peuple, destituer et remplacer tous les fonctionnaires électifs qui leur déplaisent, bien que les lois déclarent formellement qu'ils doivent continuer leurs fonctions.

III.

Invasion de la Chartreuse de Mont-Dieu. (*Voir* chapitre VI.)

... « Quinze cents hommes au moins de milices nationales et des villages des environs, ayant leur commandant à leur tête, sont entrés le 4 dans la Chartreuse avec tout l'appareil militaire, et se sont ensuite répandus dans tous les endroits de la maison, sans ordre, sans discipline, sous le prétexte qu'il y avait une quantité considérable d'armes et de munitions de guerre qui y avait été déposée depuis peu : il n'est

(1) V. tome II, chap. 10.

pas un seul endroit où ils n'aient fouillé, ils ont pénétré dans les réduits les plus secrets, et ont commis plusieurs désordres dont ils (les moines) se sont plaints à quelques-uns de messieurs les officiers, mais quelle que soit la perte que leur occasionne l'enlèvement de plusieurs choses et les denrées que les soldats ont perdues ou consommées, ils se contentent d'en gémir en secret, s'ils n'avaient pas eu d'autres sujets de plaintes et s'ils se croyaient exempts de crainte pour l'avenir. L'espèce de fureur qui animait le soldat n'a pu être arrêtée par la prudence et la fermeté de la plupart de messieurs les officiers : ils se sont répandus en propos les plus injurieux et les plus atroces. Les religieux en ont entendu proposer avec feu de les égorger tous et de mettre le feu à la maison. Plusieurs même ont pris querelle entre eux parce que quelques-uns voulaient s'opposer à de pareilles violences, et presque tous sont sortis en disant que la visite était mal faite, que quoiqu'ils n'y eussent rien trouvé ils n'en étaient pas moins persuadés que les religieux étaient des ennemis de la nation, qu'ils avaient mieux réussi à cacher leur dépôt qu'eux à le trouver, et qu'ils ne tarderaient pas à revenir, et qu'ils ne quitteraient pas qu'ils ne l'eussent découvert. Le ton animé avec lequel ils ont proféré ces menaces en aurait imposé aux personnes les plus accoutumées au tumulte et à la licence militaire ; quelle impression n'ont-elles pas dû faire sur des religieux qui ne connaissent depuis longues années que la tranquillité et la paix du cloître! Le lendemain nous crûmes le danger passé, les troupes nationales, qu'une fausse alerte avait portées sur Stenay, revenaient à leurs foyers : nous sortîmes pour la promenade d'usage. Les transes de la veille la rendaient bien nécessaire! Les deux religieux soussignés abordèrent la chaussée, qui est distante de leur maison d'environ un quart de lieue, la traversèrent sans parler à personne pour entrer dans un autre chemin. A peine furent-ils éloignés de vingt à trente pas qu'on leur déchargea successivement sept ou huit coups de fusil, dont quatre les frisèrent de si près que ce n'est que par le plus grand bonheur qu'ils échappèrent à ce péril. Ils ne connaissent que très-imparfaitement les auteurs de ce crime, ils les connaîtraient qu'ils se garderaient bien de les nommer, et ce n'est pas pour les dénoncer qu'ils osent vous en écrire, c'est uniquement pour faire connaître le danger auquel ils sont journellement exposés, et l'injuste fureur que le peuple conserve contre eux. Tous les citoyens sont individuellement sous la sauvegarde de la loi, plusieurs décrets de l'Assemblée nationale protègent et les personnes et les propriétés, et défendent aux municipalités de les violer sans des ordres supérieurs. Ce n'est donc plus la loi qu'il faut invoquer, puisqu'elle est sans force : il n'est plus de moyen de salut que dans votre humanité et dans votre sagesse. »

Ils finissent en déclarant que depuis la révolution on a tellement excité les esprits contre eux par de fausses inculpations d'aristocratie, qu'ils n'ont plus qu'à choisir entre la fuite et la mort. La lettre est signée Jacques Guillot et Joseph Lépicié, 10 août 1790.

Le 26 août le comité leur répondit : « ... Le comité ecclésiastique, qui a vu la pétition à lui adressée par les sieurs... religieux de la Chartreuse de Mont-Dieu, ne peut leur indiquer d'autre moyen d'échapper aux vexations et aux dangers dont ils se plaignent que celui que leur présentent les décrets de l'Assemblée nationale. Les exposants ne doivent pas se faire scrupule d'user de la liberté qui leur est accordée, leur conduite édifiante dans le monde pourra être plus utile à la religion que l'observation de règles, très-respectables sans doute, mais dont l'influence, concentrée dans le cloître, est nulle pour la société... »

Il est écrit plus bas : « Le comité observe aux exposants que l'époque à laquelle les traitements accordés aux religieux commenceront à courir, et celle où le payement sera ouvert ne sont pas encore déterminées, et vont l'être incessamment. »

Il était écrit sur le projet que le payement n'aurait lieu qu'à partir du 1er janvier prochain (on était alors au mois d'août), mais on a rayé cette date éloignée pour ne pas effrayer les pétitionnaires. Il fut décidé plus tard que les religieux ne toucheraient leur pension que le 1er janvier.

Ainsi donc la loi leur donnait le choix de rentrer dans le monde ou de rester dans leur couvent, mais s'ils prenaient ce dernier parti ils subissaient de cruelles tracasseries et couraient de véritables dangers, l'Assemblée se déclarait incapable de les protéger et les invitait doucereusement à rentrer dans le monde, leur donnant à entendre que si elle les avait autorisés à rester au couvent, c'était pour la forme ; certaines gens diraient, pour la farce ! Mais elle les prévenait charitablement que s'ils rentraient dans le monde il leur faudrait se passer de leur pension, et vivre, en attendant, avec les économies qu'ils n'avaient pas pu faire : le comité leur offrait donc cette gracieuse alternative : ou bien rester à l'abbaye pour y être maltraités et peut-être écharpés, ou bien la quitter et mourir de faim !

IV.

Les révolutionnaires et la sacristie.

La noblesse héréditaire et les titres nobiliaires furent abolis par la loi des 19-23 juin 1790, dont l'article 2 est ainsi rédigé :

« Aucun citoyen ne pourra prendre que le vrai nom de sa famille : personne ne pourra porter ni faire porter des livrées et avoir des armoiries ; *l'encens ne sera brûlé dans les temples que pour honorer la divinité et ne sera offert à qui que ce soit.* »

La seconde partie de cet article donna lieu aux plus étranges prétentions. Beaucoup de révolutionnaires voulurent l'interpréter comme n'interdisant pas seulement de présenter l'encens au roi, aux princes, aux seigneurs, etc., comme c'était l'usage sous l'ancien régime, mais comme interdisant aussi tous les encensements prescrits par les cérémonies de l'Église. L'encensement était dans certains cas un hommage rendu au rang : l'Assemblée supprimait les distinctions nobiliaires, elle interdisait les livrées et les armoiries ; elle se montrait donc conséquente avec elle-même en interdisant un encensement qui était entré seulement dans les usages de l'église pour rendre hommage à des dignités civiles désormais abolies. Mais l'encensement du célébrant, des clercs, des images des saints, etc., etc., d'après le rituel, était évidemment hors de question, car il n'avait aucun rapport avec les distinctions nobiliaires, et il aurait été vraiment trop absurde de le supprimer. On ne pouvait du reste supposer que l'Assemblée l'eût entendu ainsi, car la loi des 19-23 juin 1790 s'occupait exclusivement des distinctions nobiliaires, et ne traitait aucune question qui intéressât la religion. D'ailleurs on savait que l'Assemblée, par système, ne voulait pas toucher au rituel.

Mais il y avait alors si peu de calme et si peu de réflexion dans les esprits, qu'ils étaient accessibles à la fois aux passions les plus violentes et aux préoccupations les plus mesquines. On sait comment les décrets du 4 août sur l'abolition du régime féodal furent interprétés, et quels excès furent commis par suite de ces fausses interprétations. Beaucoup d'autres décrets encore moins susceptibles d'être mal compris furent aussi sottement commentés et travestis par les autorités elles-mêmes, et, s'ils n'ont pas occasionné des désordres aussi grands, ils ont du moins excité vivement les petites passions locales, et donné lieu à d'innombrables tracasseries, dont les comités de l'Assemblée ont été obligés de s'occuper. Les fonctionnaires de la révolution avaient l'habitude d'appliquer les lois avec violence et brutalité ; et lorsque par hasard elles ne s'y prêtaient pas, elles leur servaient de prétexte à des tracasseries mesquines et ridicules. La question de l'encens revint très-souvent troubler le comité ecclésiastique : il avait beau redresser les interprétations saugrenues des municipalités, c'était peine perdue ; tous les jours il recevait de nouvelles plaintes ! La constitution civile n'était pas encore appliquée, et les esprits forts cherchaient, en attendant, tous les moyens possibles de taquiner le clergé et de réglementer à tort et à travers les affaires de l'église.

La loi était exécutée ; personne ne dénonça le clergé au comité pour avoir offert l'encens à quelque prince ou seigneur. Ce que l'on poursuivait avec une obstination comique, c'était l'abolition de l'encensement dans les cérémonies religieuses.

Le curé de Montgeron, près Corbeil, envoya au comité ecclésiastique une ordonnance de sa municipalité qui lui défendait d'encenser sous peine de 50 livres d'amende. Cette ordonnance est ainsi rédigée :

« Sur ce qui nous a été représenté par le procureur de la commune et après les conclusions prises, nous, premier officier municipal, en l'absence du maire, après avoir pris l'avis de messieurs les officiers municipaux, donnons et ordonnons que le décret du 19 juin 1790 sera exécuté suivant sa forme et teneur, et défendons à M. le curé de la commune et autres fonctionnaires publics, et même aux encenseurs, d'encenser à aucun office divin *ni le curé, ni les autres fonctionnaires, ni les chantres,* ni aucune personne sous tel prétexte que ce soit, à peine d'être condamné à 50 livres d'amende, et qu'on ne passera outre le règlement qui sera posé par notre greffier, *affiché dans la sacristie,* et que sera requis la force pour arrêter les contrevenants à notre règlement, et en outre que le présent sera notifié à M. le curé de la commune, afin qu'il n'en ignore. Donné en notre hôtel commun, assisté de notre greffier, le 20 avril 1791, et ont signé : Vigoureux, Paquet, Loriot, Landrieux, tous officiers *municipal* (sic). »

Non-seulement cette municipalité interprétait la loi d'une manière stupide, mais elle commettait un abus de pouvoir des mieux caractérisés. Les municipalités campagnards n'étaient point seules à faire cette ridicule guerre à l'encensement.

Le curé de Saint-Louis de Brest envoya au comité ecclésiastique un mémoire très-bien fait sur la question, et lui exposa les tracasseries dont il avait été victime. Le conseil général de la commune de Brest s'était solennellement occupé de cette grande affaire, et lui avait défendu d'encenser. Les députés envoyés à l'Assemblée par la sénéchaussée de Brest avaient été consultés sur la portée de la loi du 19 juin ; ils avaient répondu :

« 1° Que le décret devait être entendu dans le sens littéral ; qu'il est dans l'esprit de ce décret qu'on se borne à encenser l'autel, qui est *le terme de la représentation !!!*

« 2° Que ce qui s'observait à l'égard du célébrant, du chœur, etc., rentre dans les rits intérieurs, qu'il appartient à la puissance civile de modifier et de faire cesser. » Ces messieurs étaient évidemment partisans de l'état maître des cérémonies et sacristain !

Le curé de Saint-Louis trouva avec raison cette interprétation fort risquée, et écrivit à Durand de Maillane, membre du comité ecclésiastique, qui sur ces matières était plus compétent et mieux informé que personne. Il lui répondit :

« ... L'Assemblée n'a entendu supprimer que les encensements faits aux ci-devants seigneurs et autres particuliers qui jouissaient de ces droits honorifiques, et n'a voulu rien innover du rit de l'église... »

Le curé se fit envoyer aussi deux certificats des curés de Saint-Roch et de Saint-Germain l'Auxerrois attestant « que rien n'est changé à la rubrique des encensements, et qu'on continue dans ces deux églises et dans toutes les paroisses de Paris d'encenser le célébrant, le chœur, les chantres... » Mais il eut beau donner l'avis d'un membre bien connu du comité et prouver que dans les églises de Paris, sous les yeux de l'Assemblée, le décret était appliqué comme ne s'étendant nullement aux cérémonies religieuses, le conseil général de la commune ne tint compte de rien, et lui défendit formellement de continuer ses encensements. Il se plaignit au comité, qui lui répondit, ainsi qu'à bien d'autres, par l'explication de Durand Maillane.

De même aussi le curé de Saint-Martin du Tertre près Luzarches écrivait, le 28 décembre 1790, au comité ecclésiastique pour se plaindre de l'interprétation donnée à la loi du 19 juin par ses paroissiens, qui prétendaient qu'il était interdit par elle d'offrir l'encens « aux ecclésiastiques revêtus des habits sacerdotaux, aux ministres faisant le sacrifice et représentant la personne de Jésus-Christ, aux crucifix exposés sur les autels et sur les bancs des pauvres... »

Les jacobins menaient vivement cette compagne contre l'encensement... « Jésus-Christ et les apôtres ne se sont pas fait encenser... » écrivaient les jacobins de Montfort (Gers) au comité ecclésiastique.

Nous pourrions multiplier les citations à l'infini. Le comité de constitution se joignit au comité ecclésiastique pour rectifier cette fausse interprétation, mais des municipalités entêtées n'en tinrent aucun compte, et leur attirèrent de nombreuses réclamations.

Le casuel avait été aboli en principe par les décrets de l'Assemblée : mais elle s'était contentée de le supprimer sans dire un mot sur certaines questions qu'il était pourtant indispensable d'élucider. Sans doute, depuis les décrets de l'Assemblée, il était interdit évidemment de recevoir aucun honoraire pour les mariages et les enterrements, mais les fondations anciennes de messes devaient être acquittées ; la loi avait même pris des précautions pour assurer l'exécution de la volonté des testateurs. Serait-il interdit dorénavant de demander un honoraire pour une messe ; et le premier venu pourrait-il exiger gratuitement autant de messes qu'il lui plairait ? Il y eut des gens qui le comprirent ainsi, et des municipalités qui voulurent forcer le clergé à se conformer à leurs exigences. Ainsi, par exemple, le curé et les vicaires de Villiers-le-Bel réclamèrent auprès du comité ecclésiastique contre le maire de leur commune, qui, interprétant à sa guise la suppression du casuel, leur avait ordonné dans une proclamation de dire des messes gratuites. Le comité ne fut nullement de l'avis du maire, et le 26 janvier 1791 il écrivit aux plaignants que cette proclamation était nulle. Cette décision n'est pas sans importance.

Mais les révolutionnaires n'avaient pas besoin d'interpréter sottement un décret nouveau pour prétendre régler les cérémonies du culte et entrer dans de véritables détails de sacristie. La manie d'immixtion et d'empiétement dont les municipalités étaient possédées devait les pousser naturellement à se mêler des cérémonies religieuses, avant que la constitution civile leur fournit une magnifique occasion d'exercer leur activité brouillonne et malfaisante. Elles ne se contentèrent pas de faire la guerre à l'encens; et bien qu'aucun décret ne leur en fournît le prétexte, elles s'en prirent au pain bénit.

Le 4 juin 1790 le district de Saint-Nicolas du Chardonnet à Paris adopta par acclamation la motion « de faire substituer au pain brioche un pain ordinaire, de supprimer les cierges qui se mettent autour, et de fixer le poids du cierge que tient à la main la personne qui présente le pain bénit ». Un commissaire du district se présenta alors chez le paroissien qui le lendemain devait rendre le pain bénit, et lui notifia l'arrêté du district, avec ordre de s'y conformer. Cette délibération portait qu'elle serait imprimée et affichée. Le curé et les marguilliers réclamèrent auprès du comité ecclésiastique, qui le 19 août les invita à poursuivre l'annulation de cet arrêté par la voie administrative, et leur annonça que bientôt un règlement de l'Assemblée sur les fabriques empêcherait toutes ces contestations.

Le pain bénit fut aussi pour les pères conscrits de Montmartre l'occasion de cette belle proclamation :

« L'an 1790, le vendredi 24 décembre, six heures après midi, la municipalité assemblée en l'hôtel de la Mairie, lieu ordinaire des séances,

« M. le procureur de la commune a représenté à la municipalité que les premiers fruits de la révolution ont été la reconnaissance de l'égalité parmi les hommes et la destruction de toutes ces prérogatives qui devaient faire rougir ceux mêmes qui les recevaient;

« Que l'Assemblée nationale ayant aboli les priviléges, il était étonnant que l'on conservât encore au milieu du temple un usage contraire à ses sages décrets;

« Qu'il a remarqué avec chagrin que dans la distribution du pain bénit (dont l'institution a pour but de rappeler aux hommes la fraternité qui les unit) on accordât à quelques citoyens une distinction qui ne doit plus exister;

« Et qu'il est du devoir de la municipalité de faire disparaître cet abus, dont la destruction prouvera aux citoyens avec quelle ardeur elle entre dans l'esprit de la révolution, et combien elle est particulièrement pénétrée de cette égalité précieuse sans laquelle il n'y a point de liberté.

« D'après ces motifs M. le procureur de la commune a proposé à la municipalité de vouloir bien arrêter que désormais dans la distribution du pain bénit il ne sera plus présenté aux fidèles que des parts égales...

« La municipalité arrête : 1° Qu'on le distribuera par parts égales, sauf à conserver au clergé la priorité pour la présentation s'il la requiert;

« 2° Que les citoyens sont invités à présenter du pain de pâte ferme dont la plus grande partie sera réservée pour le besoin des pauvres qu'ils voudront bien désigner ».

« La municipalité a arrêté en outre que la présente délibération serait affichée demain aux portes de l'église, et que M. le curé serait prié de la publier avant ou pendant la messe... »

Les révolutionnaires de Paris et de la banlieue n'étaient point seuls occupés de la réforme du pain bénit. Le comité ecclésiastique dut écrire le 8 juillet 1790 la lettre suivante aux officiers municipaux de Bettainvilliers près Bellême, en Perche. Elle a été rédigée par Lanjuinais.

«... Le comité ecclésiastique, messieurs, instruit que par une fausse interprétation des lettres patentes du roi du 28 mars dernier sur le décret de l'Assemblée nationale concernant les droits féodaux, vous avez cru pouvoir défendre *de présenter d'abord au clergé le pain bénit et l'eau bénite pendant le service divin*, s'empresse de vous faire connaître que les défenses que vous avez présentées à cet égard sont tout à fait déplacées. Cette présentation fait partie du rituel ecclésiastique, et n'est défendue ni par le texte ni par l'esprit d'aucun décret... »

Le curé de ce village avait écrit au comité qu'il avait absolument besoin d'une réponse, car bien d'autres localités étaient troublées par les mêmes prétentions.

Voilà donc ce qui faisait trop souvent la grande préoccupation des municipalités. Les historiens de la révolution ont souvent parlé de leur zèle, de leur dévouement, de l'immense travail qu'elles avaient à faire, mais en vérité elles savaient trouver trop de temps pour s'occuper de l'encens, de l'eau bénite, et du pain bénit en pâte ferme! Et elles traitaient ces questions avec un entêtement, une passion qui mettaient souvent le trouble autour d'elles. Ceux qui combattaient leurs ridicules prétentions étaient dénoncés aux fureurs de la populace comme voulant ramener la féodalité. Ces persécutions sont bien grotesques, mais cette même manie d'immixtion et d'interprétations fantaisistes était encore plus vive lorsqu'il s'agissait de questions de la plus haute importance ; alors elle ne produisait plus seulement des tracasseries mesquines et ridicules comme celles que nous venons de raconter, elle faisait commettre aux révolutionnaires les actes les plus odieux. Du reste tous les décrets concernant la religion, bien qu'ils fussent suffisamment injustes et tyranniques par eux-mêmes, ont subi des interprétations abusives. Le décret sur l'habit religieux fut étendu et travesti comme le décret sur l'encens, et les autorités qui l'avaient ainsi interprété, de mauvaise foi, persévérèrent dans leurs décisions abusives malgré les explications de l'Assemblée. La liberté religieuse elle-même dans ses droits les plus élémentaires n'a-t-elle pas été violée par des directoires qui ont pris contre les catholiques des arrêtés de persécution que l'Assemblée elle-même avait repoussés! Que la loi ait été constamment aggravée et même violée au détriment des catholiques, c'est ce qui ne peut faire aucun doute, et nous croyons l'avoir souvent démontré dans le cours de cet ouvrage; mais en rappelant ces vexations de détail à propos de l'encens et du pain bénit nous avons voulu montrer que les révolutionnaires dans leur guerre à l'Église ont su bien souvent joindre le ridicule à l'odieux.

V.

Pillages de châteaux en 1790. (*Voir* chapitre VIII.)

Pendant la nuit du 17 juillet le château d'Aboucourt en Lorraine, appartenant à M. de Malvoisin, fut complétement saccagé. Deux municipalités des environs avaient jeté l'alarme dans le pays en adressant aux municipalités voisines une circulaire pour les mettre en garde contre un vagabond, que l'on soupçonnait de mauvais desseins. Aussitôt, comme dans une certaine fable de la Fontaine, au lieu d'un brigand on en dit deux, puis trois, puis une bande, puis une armée ; il y eut une panique semblable à celle qui avait eu lieu en 1789, et le bruit courut que quatre ou cinq mille malfaiteurs allaient tout saccager. Ceux qui voulaient piller profitèrent de cette panique pour se répandre en armes dans le pays. Le tocsin sonna dans toutes les paroisses, les paysans s'attroupèrent au nombre de plusieurs centaines contre ces prétendus brigands. On ne savait pas encore comment la fête de la Fédération s'était passée à Paris, et les bruits les plus étranges avaient été mis en circulation ; on répétait comme en 1789 que les brigands allaient faucher les blés à Aboucourt et dans les communes environnantes. Les villageois vinrent en masse au château demander des armes. Madame de Malvoisin, qui y était restée seule, leur donna tout ce qu'ils demandèrent. Mais tout à coup une troupe de paysans d'autres communes fond sur le château, demande encore des armes à Mme de Malvoisin, puis l'accable d'injures, et lui demande à boire en la menaçant de mettre sa tête au bout d'une pique ou d'une fourche. On leur donne du vin, mais rien ne peut les apaiser ; ils se livrent à toutes sortes d'excès, ils braquent leurs fusils sur la châtelaine, qui est obligée de s'enfuir dans la campagne et de se cacher dans un fossé ; de nouveaux pillards arrivent ; un fermier de M. de Malvoisin, qui commande la garde nationale d'un village des environs, entre à cheval dans les appartements et ordonne de tout détruire ; ses ordres ne sont que trop bien exécutés ; titres, meubles, boiseries, tout est cassé, brûlé, pillé, ainsi que les papiers de famille, l'argent, et des titres de créance d'une valeur de cinquante mille francs. M. de Malvoisin dut renoncer à revenir dans son château saccagé, et reçut encore des menaces terribles qui avaient pour but de l'empêcher de recourir à la justice. Le comité des rapports répondit froidement que l'affaire appartenait aux tribunaux, et qu'il n'y avait pas lieu pour lui d'en délibérer. Si la justice avait eu ses coudées franches, cette décision aurait été juste, mais lorsqu'il s'agissait de faire des recherches sur de pareilles affaires, sa marche était constamment entravée par la mauvaise volonté des autorités administratives, les procédures d'information et l'exécution des jugements étaient souvent paralysées par elles et par les comités eux-mêmes. Il aurait été très-opportun au contraire, quand la justice avait si peu de force, de lui donner l'appui moral du comité et de l'Assemblée.

M. de Clarac habitait un château situé près de la petite ville de Buzet dans le département de la Haute-Garonne. Il avait dans l'armée le grade de maréchal de camp, et les patriotes de Buzet surveillaient ses moindres mouvements avec beaucoup d'attention. On vit arriver chez lui, le 3 janvier 1791, le colonel d'Escayrac, son parent, avec un M. de Caminel; les espions virent arriver aussi à l'heure du dîner un ami qui demeurait aux environs. Pendant cette aimable époque, tous ceux qui allaient à un château étaient surveillés avec le plus grand soin. Trois personnes étaient donc chez M. de Clarac; les patriotes décidèrent aussitôt qu'il y avait chez lui un rassemblement d'aristocrates, et que la patrie, au Buzet tout au moins, était en danger. Ceci n'est pas une plaisanterie; la volumineuse procédure qui fut faite sur les événements de Buzet démontre d'abord qu'il y avait seulement trois invités au château, et ensuite que les patriotes n'ont jamais pensé qu'il y en eût davantage. Ils n'en ont pas moins parlé de « *rassemblements suspects* ».

Le colonel d'Escayrac avait laissé en arrière son nègre, qui était chargé de son portemanteau. La municipalité de Buzet l'arrête et saisit le portemanteau. M. de Clarac l'envoie réclamer et donne toutes les explications possibles. Peine perdue! la garde nationale de Buzet se met en armes, et vient bloquer toutes les avenues du château. L'alarme se répand dans les environs, et une foule de vagabonds et de curieux vient se joindre à la milice de Buzet. Après quelques heures de blocus, quand tout le pays est en émoi, la garde nationale, avec toute cette foule, marche tambour battant contre l'armée de M. de Clarac.

Les officiers municipaux et le maire de Buzet marchent en tête sans écharpes. M. de Clarac se présente devant cette troupe, n'ayant pour toute arme qu'un pistolet, afin de pouvoir se défendre contre quelque lâche surprise. Les municipaux entrent dans le vestibule et la garde nationale reste devant la porte. M. de Clarac invite la municipalité à lui expliquer pourquoi une foule pareille vient en armes faire irruption dans son domicile. Des individus cherchent aussitôt à se glisser dans le vestibule, probablement pour se saisir du châtelain. Tout à coup on entend des coups de feu; les gardes nationaux et la foule s'élancent dans le château en criant que M. de Clarac vient de tirer un coup de pistolet sur eux et de blesser le major de la garde nationale; qu'il faut tirer vengeance de cet assassinat. Les murs du château sont criblés de balles; parmi les assaillants les uns cherchent le propriétaire pour l'égorger, les autres se mettent aussitôt à piller. M. de Clarac essaye inutilement à se justifier auprès de cette horde de furieux et de pillards ; il jette par la fenêtre un billet dans lequel il déclare ne s'être pas servi de son pistolet; il est obligé pour ne pas être assassiné, de se cacher dans un souterrain avec MM. d'Escayrac et de Caminel ; son troisième convive avait pu s'esquiver. Après avoir bien pillé, volé, saccagé, on met le feu au château ; on suppose que M. de Clarac et ses amis sont cachés dans les caves, et on y jette par les soupiraux force tisons enflammés. M. d'Escayrac, craignant d'être asphyxié a l'imprudence de sortir du souterrain ; à peine l'a-t-on aperçu qu'on tire sur lui, et qu'il tombe mort.

La garde nationale de Lavaur, conduite par son maire, arrive au milieu de la nuit devant les ruines fumantes du château. Les dépositions faites dans la procédure par le maire et les gardes de Lavaur donnent à cette scène son véritable caractère. A peine arrivés, ils restèrent stupéfaits devant le sang-froid des incendiaires qui se chauffaient au feu. D'autres jetaient des fagots embrasés dans les caves, pour obliger M. de Clarac à sortir, et lui faire subir le sort de M. d'Escayrac. Un ancien domestique de M. de Clarac renvoyé par lui parcourait les rangs des émeutiers et l'accusait d'avoir tiré un coup de pistolet sur le major de la garde de Buzet. Le cadavre de M. d'Escayrac était là étendu sur le sol, et un garde national de Buzet se vanta devant ceux de Lavaur de l'avoir tué. Des habitants de Buzet avaient leurs fusils braqués sur l'incendie, et disaient au maire de Lavaur qu'ils étaient là pour tirer sur ceux qui sortiraient des ruines ; qu'ils en avaient déjà tué un.

Pendant ce temps-là le maire de Buzet, qui avait conduit ces brigands au château, s'était éclipsé pour décliner toute responsabilité, et était revenu chez lui. Le maire de Lavaur le trouva couché tout habillé ; il se prétendait malade, il avait été pris, disait-il, d'une colique subite, et se déclarait d'ailleurs impuissant à retenir la foule. Plusieurs des gardes de Lavaur ont déclaré dans l'instruction tenir des gens de Buzet que leur maire avait tranquillement assisté à l'incendie, et les y avait même encouragés.

Le maire de Lavaur, qui était heureusement un tout autre homme, fit ranger sa garde nationale autour des ruines du château, et se mit à haranguer les pillards. Il leur dit que M. de Clarac, s'il avait commis un crime, devait être jugé, et leur fit jurer de ne pas attenter à sa vie et de le confier à la garde nationale de Lavaur, qui le conduirait à Toulouse, où il serait définitivement jugé. La garde de Buzet y consent, et donne sa parole. Le feu était éteint partout, mais on venait de le rallumer près de l'endroit où l'on supposait que M. de Clarac était caché ; le maire de Lavaur le fait éteindre. Un domestique fidèle offre d'aller chercher son maître dans le souterrain, si la garde nationale jure encore une fois de ne pas attenter à sa vie ; elle renouvelle son serment, le domestique s'aventure dans les décombres, et ramène M. de Clarac et son compagnon. Mais les gardes nationaux de Buzet, au mépris de leur parole, veulent s'emparer d'eux : le maire de Lavaur leur représente vainement qu'ils se sont engagés sur l'honneur ; il offre même de rester en otage.

Mais on voit arriver un fort détachement de la garde nationale de Toulouse, conduit par deux hommes destinés à jouer un certain rôle dans la révolution ; ce sont Delmas, alors major général de la garde nationale de Toulouse et Mailhe, procureur général syndic. Ce dernier, qui représentait pourtant la plus haute autorité du département, ne montra ni beaucoup de zèle, ni beaucoup de courage, car au lieu de courir tout de suite au chateau, il s'arrêta chez le maire de Buzet pour y prendre des renseignements, disait-il ; mais le maire de Lavaur déclara l'avoir trouvé si mal instruit, qu'il ignorait la captivité de M. de Clarac et l'assassinat de M. d'Escayrac. Il invita solennellement le maire de Lavaur à veiller sur le château, et celui-ci dut lui répondre qu'il n'y avait plus rien à sauver.

Enfin Mailhe se dirigea vers les ruines du château, fit à la foule une harangue assez plate, et décida que pour calmer les esprits M. de Clarac serait conduit à Toulouse par dix hommes de chacune des trois gardes nationales de Lavaur, de Toulouse et de Buzet. Bien qu'il eût une troupe très-forte à sa disposition, il montra fort peu de fermeté. Au moment de partir, il parla chapeau bas à cette bande d'incendiaires : « Messieurs, leur dit-il, je suis l'homme du peuple ; je suis votre défenseur... » Et il les consulta sur les arrangements à prendre pour conduire M. de Clarac.

Le malheureux châtelain reçut, pendant qu'on le conduisait à Toulouse, mille outrages de son escorte, en partie composée de gens qui avaient incendié son chateau, assassiné son parent, et qui avaient peut-être les poches pleines de ce qu'ils lui avaient volé. L'information établit en effet que le château fut livré au pillage. Un témoin, garde national de Lavaur, déclara avoir vu le lieutenant-colonel de la garde nationale du Buzet prendre dans les appartements du château deux bougeoirs d'*un métal blanc* et les cacher sous ses habits. C'est pourtant sur les dénonciations du maire de Buzet, et de ces gardes nationaux qui venaient de commettre un meurtre et d'incendier un château, que Mailhe, sans daigner entendre M. de Clarac, rédigea pour l'Assemblée un procès-verbal qui l'accusait d'avoir tiré sur des hommes inoffensifs, et atténuait singulièrement l'odieux de la conduite des habitants de Buzet.

Un nommé Planchon, major de la garde nationale et ennemi violent de M. de Clarac, avait été atteint de quelques grains de plomb au moment où on s'élançait sur le château. Cette blessure était évidemment accidentelle ; la bande qui entourait le château avait fait une décharge, et l'un des tireurs avait par maladresse blessé ce major. Est-il croyable que M. de Clarac ayant des centaines d'hommes armés devant lui ait pu commettre l'insigne folie de tirer sur eux avant d'être attaqué? Est-il supposable qu'un militaire se soit amusé à charger un pistolet avec du plomb de chasse? car le rapport du médecin constate que le major n'avait été blessé que par des grains de plomb. Et le major lui-même, qui s'était porté plaignant, n'a pas dit dans sa déposition qu'il avait vu M. de Clarac tirer sur lui; il a dit seulement qu'il s'était senti blessé et qu'il pensait que c'était par le fait de M. de Clarac. Les gardes nationaux de Buzet soutinrent cette calomnie, mais ils n'étaient guère croyables; c'était pour eux l'unique moyen d'excuser leur invasion à main armée dans le château, le pillage, l'incendie, et le meurtre qui avaient été commis à la suite. Ils eurent l'audace de se représenter comme indignement attaqués par M. de Clarac, un conspirateur dangereux, qui avait trois personnes réunies chez lui : l'incendie du château, le meurtre de M. d'Escayrac devaient être attribués à l'explosion d'une légitime indignation, et tout devait retomber sur la tête de M. de Clarac.

C'était la mode alors d'accuser les victimes et de s'attendrir sur les pillards et les meurtriers. Des nobles ne pouvaient demander justice; le peuple ne pouvait avoir été ni oppresseur ni criminel. C'était bien pis quand une garde nationale s'était déshonorée en corps comme celle de Buzet; il fallait absolument que ses victimes eussent mérité leur sort.

M. de Clarac, pillé et incendié, fut donc jeté en prison et eut à se débattre contre une accusation d'assassinat, pendant que les incendiaires et les meurtriers de M. d'Escayrac étaient en pleine liberté. L'accusateur public de Toulouse chercha à étouffer l'affaire en faveur des gens de Buzet; dans ce but il s'ingénia à charger M. de Clarac, et dans une lettre au comité des rapports il reproduisit complétement la version des incendiaires. Il était plein d'ardeur contre M. de Clarac, mais quant à l'incendie du château et au meurtre de M. d'Escayrac, il prétendait n'avoir pu rien découvrir encore. Il traitait ces deux affaires très-dédaigneusement, c'étaient des moyens de défense, il aurait dit volontiers de chicane, pour M. de Clarac, et il serait toujours temps de s'en occuper. Il paraissait très-désireux de les étouffer. C'était du reste l'habitude constante des pillards et des assassins d'accuser d'assassinat les personnes qu'ils avaient pillées ou égorgées; notre histoire contemporaine en fournit de nouveaux exemples, et il en sera de même toujours.

FIN DU TOME PREMIER.

TABLE DES MATIÈRES.

DU TOME PREMIER.

Pages.

Introduction.. 1

CHAPITRE PREMIER.

LE CLERGÉ FRANÇAIS EN 1789.

I. La grande lutte entre l'Église et la révolution commence réellement à partir de la constitution civile. — La confiscation des biens du clergé n'aurait pu par elle-même entraîner un pareil résultat, si les révolutionnaires, après l'avoir exécutée, avaient laissé l'Église de côté. — Le fanatisme antireligieux les entraîne. — II. La révolution est intéressée pour plusieurs causes à calomnier l'ancien clergé. — Sa division en haut et bas clergé. — Elle est plus politique qu'ecclésiastique. — Comment les richesses du clergé étaient réparties. — Le clergé, ordre politique, avait ses assemblées. — Leur caractère. — Diverses sortes d'Assemblées. — Modes d'élection. — Les Assemblées levaient des décimes sur le clergé pour payer à l'État le don gratuit et subvenir aux besoins de l'ordre. — Elles s'occupaient de sa situation financière et politique. — Le clergé levait sur lui-même ses décimes, les répartissait et jugeait les différends qui s'élevaient dans son sein à leur sujet. — Il se trouvait ainsi plus mêlé à la société laïque que le clergé actuel. — Ordres religieux. — Leur décadence. — Elle doit être en grande partie attribuée à la commende. — Cet abus a été soigneusement entretenu par l'ancien régime dans son intérêt propre. — Triste rôle des abbés commendataires. — III. Situation fâcheuse de l'Église en 1789. — Langueur générale. — Les philosophes prétendent juger tout le clergé sur quelques abbés de cour. — L'épiscopat en 1789. — Sa dignité. — La jalousie des curés contre le haut clergé se fait jour lors des élections aux états généraux. — Ils se laissent abuser un moment par les philosophes. — Ceux-ci trouvent dans le gallicanisme et le jansénisme deux auxiliaires puissants. — Importante distinction à faire entre le gallicanisme parlementaire et le gallicanisme épiscopal. — Pourquoi le gallicanisme a subsisté avec l'ancien régime et n'a pu lui survivre. — L'existence des abbés de cour lui a été favorable. — Formation d'un parti philosophico-janséniste qui s'allie aux philosophes contre l'Église. — Caractère libéral des cahiers de l'ordre du clergé................. 27

CHAPITRE II.

CONFISCATION DES BIENS DU CLERGÉ.

I. Les élections du clergé ne se font point en prévision d'une persécution. — Flatteries intéressées prodiguées aux curés. — Les philosophes en veulent à la religion elle-même. — Leur programme tracé par Voltaire, Montesquieu et Rousseau. — Ils se hâtent d'en poursuivre l'application. — II. Le clergé consent avant la noblesse à la réunion des ordres. — Nuit du 4 août. — L'Assemblée agit avec une précipitation imprudente. Excès à Paris. — Sac de la maison de Saint-Lazare. — Prise de la Bastille. — Foulon et Berthier assassinés. — Pitoyable attitude de Bailly. — Pour exciter un soulèvement général contre l'ancien régime, certains révolutionnaires envoient de faux courriers annoncer dans toute la France que des brigands fauchent les blés. — Panique générale. — On s'arme partout. — Excès de toutes sortes, pillages, extorsions, incendies, meurtres, commis par les populations affolées. — Dans une foule d'endroits on fait croire aux paysans que le roi leur ordonne de piller les châteaux. — Attitude déplorable de l'Assemblée devant toutes ces horreurs. — Elle craint surtout les complots royalistes et institue les comités des rapports et des recherches. — Ces comités empiètent sur le pouvoir exécutif et l'annulent. — Le major de Belzunce assassiné à Caen. — Des individus s'emparent des lambeaux de son corps pour les manger. — Interrogatoire et aveux des coupables. — Horribles excès dans le midi jusqu'en 1790. — Mollesse et imprévoyance des révolutionnaires modérés. — Insolence des tribunes. — Leur odieuse influence. — III. Les révolutionnaires veulent un clergé salarié, parce qu'ils espèrent ainsi poursuivre plus facilement leurs desseins contre la religion. — On propose de revenir sur une décision prise, et de déclarer la dîme non rachetable. — Discours insensé de Mirabeau sur le salariat et la propriété. — Discours très-important de Sieyès sur le rachat de la dîme. — Nouvelle renonciation du clergé le 11 août. — Il renonce encore à l'argenterie des églises. — Grégoire exprime des appréhensions sur la sûreté du clergé. — Projet de Talleyrand sur la confiscation des biens ecclésiastiques. — Projet plus radical de Mirabeau. — Discussion. — Aveux précieux de Barnave et de Garat. — Plan remarquable de Malouet. — Il conciliait tout et prévenait la persécution religieuse. — Mirabeau assimile la religion à la magistrature et à l'armée. — Sa proposition est adoptée. — Mesures d'exécution. — Le 20 décembre l'aliénation d'une partie des biens du clergé est votée. — Proposition de Bouche contre l'archevêque de Paris............................ 64

CHAPITRE III.

LE SCHISME SE PRÉPARE.

Pages.

I. La loi départementale et la loi municipale votées par l'Assemblée livrent la France à l'anarchie. — Ridicule impuissance du pouvoir central. — Les municipalités seules chargées de maintenir l'ordre. — Elles s'en acquittent fort mal et empiètent sur toutes les autres autorités. — Le directoire du Jura dénonce leurs excès et leurs illégalités. — Certaines municipalités osent s'ériger en tribunaux. — Lettre du comité des rapports. — Les pillages continuent. — L'Assemblée, au lieu de prendre des mesures énergiques, fait une mauvaise proclamation. — Les populations sont soulevées par des contes absurdes. — Lettre des autorités de Bourbon-Lancy. — Émeutiers du midi. — Le blé est pillé ou taxé de force en Normandie. — Lettre de la ville de Dieppe. — II. Rôle déplorable de la garde nationale. — Son arrogance. — Les municipalités ne peuvent rétablir l'ordre que par elle, et l'Assemblée la soustrait à leur autorité. — La garde nationale au lieu de réprimer les émeutes ne songe qu'à tracasser les prétendus contre-révolutionnaires. — Ses prétentions ridicules. — Lettre de la garde nationale de Limoges. — Lettre du comité des rapports à la garde nationale de Puylaroque. — Pillages commis par celle de Rocroy. — Arrestations arbitraires. — Violences commises par la garde nationale de Hesdin. — Son Arrêté. — M. de Goyon et la garde nationale de Montréal, violences, menaces de mort, séquestration, extorsion d'argent. — Émeute à Anderny contre les juges. — Nouveaux assassinats. — III. Le comité ecclésiastique. — Le décret qui supprime pour le présent et l'avenir les ordres religieux, blesse les droits de la conscience. — Le rapport de Chasset montre que le schisme va être décrété. — Proposition de dom Gerle. — Sa véritable portée a été obscurcie par l'esprit de parti. — En l'adoptant on épargnait à la France des maux immenses. — Fureur des révolutionnaires. — Adoption de l'ordre du jour La Rochefoucauld. — L'Assemblée veut forcer l'Église à reconnaître que les vœux religieux sont canoniquement dissous par ses décrets. — Autre décret attentatoire à la conscience. — Protestations des catholiques du midi. — La fermeture de beaucoup d'églises occasionne dans le midi des scènes déplorables. — Bailly et Maillard. — Vente des biens nationaux. — Manœuvres. — Fraudes et vols commis à cette occasion. — Le pape déclare que le silence gardé par lui jusqu'alors sur l'Église de France ne peut être considéré comme une approbation de ce qui a été fait...... 122

CHAPITRE IV.

LA CONSTITUTION CIVILE.

I. L'inopportunité et l'hétérodoxie de la constitution civile démontrées même par des jansénistes hostiles à la cour de Rome. — Son texte. —

Décret additionnel du 24 novembre. — II. La constitution civile n'était pas civile le moins du monde, elle tranchait évidemment une foule de questions de l'ordre spirituel. — Une constitution vraiment civile n'aurait pu exister que sous l'ancien régime. — La révolution ayant enlevé au clergé ses priviléges et son pouvoir politique, il n'y avait plus matière à une constitution vraiment civile du clergé. — Mépris des Constituants pour la religion qu'ils trouvaient bonne seulement pour les faibles d'esprit et les classes inférieures. — L'Assemblée s'est déclarée au-dessus de l'Église dans toutes les questions qu'il lui plairait de traiter. — Langage de ses membres les plus autorisés. — Ridicules tirades des Constituants sur la primitive Église. — III. La constitution civile n'était pas seulement schismatique, elle était encore hérétique, car elle niait le caractère essentiel de l'Église. — L'Église est une société spirituelle composée d'hommes, de là un double caractère, de là deux sortes d'actes qu'elle commande. — L'Assemblée méconnaît violemment cette vérité. — Beaucoup de Constituants très-ignorants en religion sont entraînés à soutenir des décrets schismatiques par le désir d'avoir moins d'évêques et de curés à payer sur les biens enlevés à l'Église. — La réduction des évêchés constituait un grave empiétement sur le pouvoir spirituel. — Polémique engagée à ce sujet. — Cette réduction n'était pour les fidèles d'aucune utilité. — L'Assemblée a prétendu l'opérer elle-même en repoussant avec mépris le concours de l'Église. — L'exposition des principes. — Mgr de la Luzerne. — Moltrot et Jabineau. — Singulière consultation d'Agier. — IV. Le système des constitutionnels revient à dire que l'État en donnant un traitement aux ministres de l'Église, devient le maître absolu de l'Église elle-même et l'absorbe complétement dans ses attributions les plus essentielles. — Discours de Treilhard. — Son étrange manière de discuter. — Le concile de Chalcédoine. — Les prétentions de l'Assemblée démenties par les faits.................................... 180

CHAPITRE V.

LA CONSTITUTION CIVILE (SUITE).

I. Les constituants débitent à propos des élections ecclésiastiques une foule d'inexactitudes sur la primitive Église. — Leur système d'élections. — Ce ne sont pas des élections véritables, mais des nominations faites par des corps politiques. — Les électeurs de la constitution civile ne représentent point les fidèles, ils font un acte politique régi par la loi politique. — Les protestants et les juifs participent aux élections du clergé. — Vains efforts des jansénistes pour obtenir quelques modifications à ce système. — Robespierre avec l'appui de Barnave et de Chapelier fait rejeter leurs amendements. — II. L'institution canonique de la constitution civile est tout à fait dérisoire, car le tribunal de district est juge supérieur du métropolitain. — L'autorité du pape est complétement annulée. — Sur ce point le projet primitif rédigé par les jansénistes, est adouci, quant à la forme, par les Voltairiens. — Du droit de confirmation du saint-siége. — La constitution civile ne dit mot des conciles, mais les rend impossibles. — Rôle misérable des évêques dans l'Église constitutionnelle. — Projet insensé de réduction des paroisses. — Il est modifié par l'Assemblée. — Coup d'œil général sur la constitution civile. — Elle repose sur une doctrine éminemment protestante. — Si elle a respecté certaines choses dans le catholicisme, c'est par prudence, en attendant. — Le mépris des philosophes pour les croyants leur a fait concevoir les plus étranges illusions sur les résultats de leur entreprise........................... 228

CHAPITRE VI.

LOUIS XVI ET LA SANCTION.

I. Les révolutionnaires attendent avec impatience la sanction de la constitution civile. — Leur éloignement pour tout moyen de conciliation. — Toute négociation était impossible. — Louis XVI cependant veut en entamer une. — Le pape lui écrit qu'il ne peut accepter la constitution civile. — Louis XVI tient sa lettre secrète. — Il cherche à effrayer le pape sur les conséquences de son refus. — Cette négociation a pour unique résultat de retarder la condamnation de la constitution civile, et de donner naissance à de faux bruits très-préjudiciables à l'Église. — Louis XVI se détermine à donner sa sanction et pourtant demande au pape son approbation provisoire. — Propositions présentées en son nom par le cardinal de Bernis. — Illusions du roi. — Le pape nomme une commission de cardinaux pour examiner les propositions, mais laisse peu d'espérance à Louis XVI, qui donne sa sanction. — Grande modération de Pie VI dans cette négociation. — II. Mandements des évêques français contre la constitution civile. — L'évêque de Tréguier acquitté par le Châtelet. — III. Les lois contre les religieux des deux sexes sont exécutées. — Situation faite aux religieux et aux religieuses. — Noble conduite de ces dernières. — Le costume religieux........ 262

CHAPITRE VII.

LA PERSÉCUTION DÉCRÉTÉE.

I. Application rigoureuse de la loi qui supprime les chapitres. — L'épiscopat refuse de se conformer à la constitution civile. — Lettre du comité ecclésiastique à l'évêque de Saint-Claude. — Lutte de l'évêque de Nantes avec les administrateurs qui suppriment les cures. — Consultation de trois avocats. — Fureur des administrateurs. — Protestation de cent quatre prêtres du diocèse de Nantes contre la constitution civile. — Arrêté inqualifiable du département contre les signataires de cette adresse. — II. La mort de l'évêque de Quimper crée une situation extrêmement grave. — Correspondance du département du Finistère avec le comité ecclésiastique. — Le chapitre maintient son droit à administrer le diocèse et nomme un curé. — Résistance de l'évêque de Saint-Pol de Léon. — Nomination d'Expilly à l'évêché du Finistère. — Prime accordée aux électeurs. — La liberté de la presse est souvent violée au détriment des catholiques. — III. Rapport de Voidel. — Décret de persécution proposé par les comités. — Ce décret interdit expressément l'exercice du culte catholique et doit forcément en entraîner d'autres encore plus persécuteurs. — Discours de Cazalès et de l'évêque de Clermont. — Discours très-violent de Mirabeau. — Il cite un faux article de la déclaration de 1682, et veut exploiter la confession dans l'intérêt de la révolution. — Il présente aussi un projet de persécution. — Réponse de Maury. — Camus nie la primauté de juridiction du pape. — Le projet des comités est voté. — IV. Exaltation des révolutionnaires. — Ils pressent la sanction de peur que le pape ne cède. — La sanction est impérieusement demandée à Louis XVI. — Il hésite beaucoup et finit par céder. — Fatale influence du décret du 27 novembre sur la révolution. — Double rôle joué par Mirabeau... 295

CHAPITRE VIII.

SITUATION INTÉRIEURE DE LA FRANCE EN 1790.

État des esprits à la fin de l'année 1790. — Grande confiance de la plupart des révolutionnaires dans le succès de la constitution civile. — On veut dans certaines localités que les curés soient nommés par les habitants et non par les électeurs du district. — II. Audace des municipalités, leur insubordination envers les autorités supérieures. — Excès commis par la garde nationale. — Les verts et les bleus de Saint-Chinian. — Les jacobins de Cambrai. — Excès commis le jour de la Fédération. — Les municipalités et le secret des lettres. — La municipalité de Saint-Aubin s'empare des papiers de deux ambassadeurs. — Arrestations arbitraires. — Richard et la municipalité d'Exoudun. — Le directoire du Calvados et le comité des rapports. — Troubles et pillages dans les campagnes. — Lettre curieuse sur l'état de la province adressée de Niort au député Alquier. — Meurtre à Saint-Étienne. — Inertie de la garde nationale. — Incendies de châteaux. — III. Discours de l'avocat Pascalis à Aix lors de la suppression du Parlement. — Fureur des révolutionnaires. — De concert avec les autorités, ils l'accusent de conspiration. — Fondation à Aix d'un club modéré. — Fureur des jacobins. — Les autorités agissent comme si elles croyaient à une conspiration. — Le cercle attaqué par les clubistes. — Résistance des officiers de Lyonnais. — M. de Guiraman blessé. — Pascalis est arrêté sans ordre légal. — On fait venir des gardes nationaux de Marseille. — Une foule de brigands armés vient à leur suite. — Les autorités les accueillent. — Les brigands ainsi que la populace demandent la tête de Pascalis. — Trois municipaux signent l'ordre de le livrer aux assassins. — Il est mis à mort avec M. de la Roquette. — M. de Guiraman est égorgé ensuite. — Les massacres d'Aix excitent une horreur universelle. — Les autorités cherchent à atténuer l'odieux de leur conduite, et à faire croire que leurs victimes ont provoqué la populace. — Persécutions éprouvées par Lieutaud à Marseille, Granet à Toulon comme complices de la prétendue conspiration de Pascalis. — Longues souffrances de ses prétendus complices. — Impunité des assassins. — Sur le rapport du comité des recherches l'Assemblée met en liberté tous ceux qui sont accusés d'être complices de Pascalis. — Ce décret est exécuté avec beaucoup de peine........ 348

CHAPITRE IX.

LE SERMENT.

I. La persécution légale et générale date de l'application de la loi du serment. — Quels ecclésiastiques étaient astreints à ce serment? — La loi est à ce point de vue mal appliquée par les autorités. — Conséquences politiques et religieuses soit de la prestation, soit du refus de ce serment. — Complexité préméditée de sa formule. — Pourquoi l'Assemblée a interdit les restrictions. — Tous les moyens sont employés pour déterminer les prêtres à ce serment. — II. Triste situation des curés de campagne. — Manœuvres odieuses employées pour tromper le clergé et pour l'effrayer. — Le directoire du Finistère et l'abbé Coroller. — On essaye par des pamphlets et des parades de déshonorer le clergé. — III. L'ambition, l'ignorance, la peur entraînent une fraction du clergé et lui font prêter serment. — La persécution relève certains caractères et en avilit d'autres. — Le clergé en refusant le serment a-t-il voulu se venger de la perte de ses biens? — Examen de la situation matérielle que la constitution civile lui faisait. — Avantages pécuniaires et politiques que l'Église constitutionnelle offrait à ses ministres. — On ne peut raisonnablement attribuer la résistance du clergé qu'à des motifs de conscience.......................... 398

APPENDICES.

N° 1. La police du comité des recherches........................ 437
N° 2. Réclamation par les collèges électoraux d'une indemnité pécuniaire. 442
N° 3. Invasion de la Chartreuse de Mont-Dieu.................... 445
N° 4. Les révolutionnaires et la sacristie........................ 447
N° 5. Pillages de châteaux en 1790............................. 453

FIN DE LA TABLE DU TOME PREMIER.

A LA MÊME LIBRAIRIE

Gallia Christiana, Recueil commencé par les Bénédictins de la congrégation de Saint-Maur, et continué, depuis le tome XIV, par M. Barthélemy Hauréau, de l'Institut. 3 volumes petit in-folio. Ouvrage terminé.

Tome XIV. *Province de Tours*. 1 vol .... 50 fr. »
Tome XV. *Province de Besançon*. 1 vol .... 50 fr. »
Tome XVI. *Province de Vienne*. 1 vol................. 37 fr. 50

Nouveau Testament de N.-S. Jésus-Christ, *traduction française avec notes*, par M. l'abbé J.-B. Glaire, ancien doyen de la faculté de théologie de Paris; *seule approuvée par le Saint-Siège*. 1 vol. grand in-4°, illustré d'après les tableaux des grands maîtres.
Broché... 50 fr.
Relié dos chagrin, tranche dorée................ 60 fr.
Relié plein chagrin .... 80 fr.
Relié en maroquin du Levant..................... 110 fr.

L'ornementation du livre a été empruntée, comme ses gravures principales, à l'école italienne de la Renaissance.
Chacune des pages est décorée de bordures, d'ornements, de lettres initiales habilement copiées sur les plus beaux manuscrits italiens du XV° et du XVI° siècle. De nombreux médaillons, tirés des cartons de Raphaël, ont de plus été introduits dans les bordures marginales.

Theiner (R. P.), préfet des archives du Vatican. *Affaires religieuses de la France* depuis 1790 jusqu'à 1800, recueil de documents inédits extraits des archives secrètes du Vatican. 2 vol. in-8°. 16 fr.

— *Histoire du pontificat de Clément XIV*, d'après les documents inédits des archives secrètes du Vatican. 3 volumes in-8°. 20 fr.
Le tome III contient les documents, en latin.

Le même ouvrage, édit. allemande. *Geschichte des Pontificats Clemens XIV.* 3 vol................................ 20 fr.

www.ingramcontent.com/pod-product-compliance
Lightning Source LLC
Chambersburg PA
CBHW070204240426
43671CB00007B/544